Die Bedeutung der Betreuungsintensität für die persönliche Dienstleistung

Hans-Peter Sattler

Die Bedeutung der Betreuungsintensität für die persönliche Dienstleistung

Die persönliche Gästebetreuung im Kontext von Guest Centricity und Guest Care

Springer Gabler

Hans-Peter Sattler
Universität Leipzig
München, Deutschland

Von der Wirtschaftswissenscchaftlichen Fakultät der Universität Leipzig angenommene Dissertation zur Erlangung des Grades Dr. rer. Pol.
Zugl.: Leipzig, Univ., Diss., 2024

ISBN 978-3-658-46379-3 ISBN 978-3-658-46380-9 (eBook)
https://doi.org/10.1007/978-3-658-46380-9

Die Deutsche Nationalbibliothek verzeichnet diese Publikation in der Deutschen Nationalbibliografie; detaillierte bibliografische Daten sind im Internet über https://portal.dnb.de abrufbar.

Planung/Lektorat: Karina Kowatsch
Springer Gabler ist ein Imprint der eingetragenen Gesellschaft Springer Fachmedien Wiesbaden GmbH und ist ein Teil von Springer Nature.
Die Anschrift der Gesellschaft ist: Abraham-Lincoln-Str. 46, 65189 Wiesbaden, Germany

Vorwort

Die vorliegende Arbeit reichte ich, als externer Promovend, im Mai 2023 an der Fakultät Wirtschafts- und Sozialwissenschaften der Universität Leipzig als Dissertation ein. Beweggrund für diese Arbeit war meine Vita und meine damit verbundene Leidenschaft für das Hotelgewerbe und für den faszinierenden intensiven Umgang mit den Hotelgästen. Die persönliche Beziehung zu Gästen auf Augenhöhe gehört meiner Auffassung nach zu den branchenkulturellen Notwendigkeiten im Hotelgewerbe und sollte deshalb besonders gewürdigt werden. In Zeiten von hybriden Gästen, Individualisierung, Kostendruck, Fachkräftemangel und Digitalisierung stellt sich daher die Frage nach der Bedeutung der individuellen Gästebetreuung als persönliche und individuell intensive Dienstleistung, da kurioserweise weder „Guest Centricity" noch „Guest Care" oder „Guest Relation" in den hotelspezifischen deutschen Ausbildungen vertieft vermittelt werden. Wie können also Hotelmitarbeiter Gäste individuell und intensiv betreuen, wenn sie im Grunde kaum etwas über Gästemotive, Gästeverhalten, Gästepsychologie, Interkulturalität und Interaktionswirkungen lernen? Stimmt vielleicht deswegen das Klischee „Bedienen/Kellnern kann ja jeder"? Ist vielleicht deswegen auch die „dienende Rolle" als Dilemma der Branche nicht totzukriegen? Warum dürfen Hotelgäste Hotelmitarbeiter bewerten und umgekehrt eher nicht? All diesen Fragen geht die hier vorliegende Arbeit nach und sucht nach Antworten. Motiviert dazu haben mich die eigenen langjährigen operativen Erfahrungen mit Gästen sowie die zahlreichen bereichernden Diskussionen mit meinen Schülern und Studenten. Meine Arbeit soll deswegen als ein Plädoyer für die persönliche und individuelle Gästebetreuung, für die Zuwendung von Mensch zu Mensch und für eine qualitative Ausbildung sein. Ich bin davon überzeugt, dass absolute „Guest

Centricity“ und wertvolles „Guest Care“ für das deutsche Hotel- und Gastronomiegewerbe, mit Begegnungen und Gästebeziehungen auf Augenhöhe, also mit einer zwischenmenschlichen Professionalität das Mega-USP der Zukunft sein werden!

Mein sehr geschätzter Betreuer bei dieser Arbeit war Prof. Dr. habil. Dubravko Radić, Leiter des Fachgebiets Dienstleistungsmanagement der Universität Leipzig. Für seine geduldige und aufgeschlossene Betreuung, auch auf Distanz, danke ich ihm herzlich. Besonders schätzte ich als „Externer“ die gelungene Kombination von fachlicher Anleitung und Offenheit für meine Anliegen. Er erlaubte mir in großem Maß, eigene Ideen sinnvoll umzusetzen. Wertvolle Anregungen verdanke ich zudem meinem Zweitgutachter Prof. Dr. Matthias Schmidt vom Institut für Unternehmensrechnung, Finanzierung und Besteuerung der Universität Leipzig sowie Prof. Dr. Ludwig Schweers, Studiengangsdekan für Betriebswirtschaft und Tourismus an der Europäischen Fernhochschule Hamburg. Außerdem bin ich Prof. Dr. Wolfgang Fuchs, Studiengangsleiter BWL-Hotel- und Gastronomiemanagement an der DHBW Ravensburg, Inhaber des Lehrstuhls Tourismus und Leiter des Zentrums für Entrepreneurship an der Universität Eichstädt, Prof. Dr. Christian Buer, Hochschule Heilbronn sowie Prof. Dr. Axel Gruner zu Dank verpflichtet. Sie haben mich zu Beginn meines Promotionsvorhabens mit Ratschlägen, kritischem Hinterfragen und eigener Vita erst recht zur Promotion motiviert.

Dankbar bin ich darüber hinaus meinen wunderbaren und loyalen Schülern an der Städtischen Berufsschule für das Hotel-, Gaststätten- und Braugewerbe, an der Kermess Berufsfachschule für Hotel- & Tourismusmanagement, meinen talentierten Studenten an der Deutschen Hotelakademie sowie der Europäischen Fernhochschule Hamburg, da ich durch sie dem Berufsalltag nahe bleiben und Bildung als integriertes System leben kann. Auch außerhalb der Universität erfuhr ich wichtige Unterstützung. Besonderer Dank geht an meine Interviewpartner für die Zeit, die sie sich für die Gespräche nahmen, sowie für die Einblicke in ihren Arbeitsalltag und ihre persönlichen Ansichten, die sie mir gewährten: Jochen Ehmann, Claus Banczyk, Eike Gethmann, Wolfgang Skuballa, Anne Siemeister (jetzt Holländer), Heidi Velz, Lars Seesemann, Martin Wright, Georg Kaesler, Heinrich Hutterer sowie Thomas Munko.

Zu Dank verpflichtet bin ich auch den Hotelièren und Hoteliers der Romantik Hotels & Restaurants, die an meiner Online-Befragung teilnahmen und somit einen entscheidenden Teil dieser Arbeit erst ermöglichten. Für den Zugang zu diesen Betrieben zeigte sich der Romantik-Vorstand, namentlich Thomas Edelkamp und Ralph Düker, sehr offen und interessiert. Ähnliches durfte ich im Freundeskreis erfahren. Insbesondere für praktische Hilfestellungen bei der Online-Befragung bedanke ich mich weiters bei meiner Freundin Heidi Oberschelp-Lüttgens, Kantar Deutschland, für ihre Unterstützung in Fragen von Data Science. Erheblichen Anteil am Gelingen dieser Arbeit hatten außerdem: Martha Nierada, Heidi Landsknecht-Brucker sowie zahlreiche Kollegen und Freunde, die sich immer wieder für den Fortgang der Arbeit interessiert haben. Dank gebührt auch meinen „Ersatzfamilien", den Familien von Einem, Gradert und Hanus-Krieger.

München
im August 2023

Hans-Peter Sattler

Zusammenfassung

Die vorliegende Arbeit untersucht die Bedeutung der individuellen Betreuungsintensität aus der Perspektive der hotelspezifischen Dienstleistung der Betreuung von Hotelgästen. Hierzu wird analysiert, wie Kultur, historische Branchenentwicklungen und ausbildungsrelevante Kompetenzen und Verhaltensweisen die Entwicklung der hotelspezifischen Dienstleistungen beeinflusst haben. Basierend auf der Forschungsfrage „Welche Bedeutung hat die Betreuungsintensität für die Erbringung von persönlichen Dienstleistungen?" ist es das Ziel, am Beispiel der hotelspezifischen persönlichen Gästebetreuung im Hotel zu verstehen, welchen Stellenwert diese für die Gästebindung und die Beziehungsqualität zwischen Hotelgästen, Hotelmitarbeitern und Hotelbetrieb haben sollte.

Dafür wird einerseits die Bedeutung der hotelspezifischen Gästebetreuung als komplexe Dienstleistung umrandet und zur Ermittlung der individuellen Betreuungsintensität nicht nur ein Kompetenzprofil für Hotelmitarbeiter, sondern ebenso ein Modell zur ganzheitlichen Betrachtung von Hotelgästen vorgeschlagen. Zum Zweck dieser Arbeit werden schließlich Instrumente zur Ermittlung der persönlichen individuellen Betreuungsintensität entwickelt und vorgestellt.

Dazu werden einerseits Primärdaten von Hotelmitarbeitern – deren Hauptaufgabe die Gästebetreuung ist –und andererseits von Hotelbesitzern – deren Hauptaugenmerk die Gästebindung ist – erhoben und unter Anwendung eines Mixed-Design-Ansatzes ausgewertet.

Als Ergebnisse dieser Arbeit stehen einerseits die Neubewertung der persönlichen Gästebetreuung als hotelspezifische Dienstleistung, die Etablierung des Gästequadranten als ganzheitliches Gästebetreuungsmodell sowie andererseits die

Möglichkeit für Hotelmitarbeiter, Hotelbesitzer und/oder -betreiber, die individuelle Betreuungsintensität von Hotelgästen mithilfe vorgeschlagener Fähigkeiten, Berechnungsmethoden und Beurteilungsinstrumenten diagnostizieren zu können[1].

[1] Aus Gründen der besseren Lesbarkeit wird im Folgenden auf die gleichzeitige Verwendung weiblicher, männlicher und diverser Sprachformen verzichtet und das generische Maskulinum verwendet. Sämtliche Personenbezeichnungen gelten gleichermaßen für alle Geschlechtsidentitäten.

Inhaltsverzeichnis

1 Einleitung ... 1
1.1 Individuelle Betreuungsintensität im Hotel: praktisches Phänomen und Problemstellung des Vorhabens ... 2
1.2 Theoretische Rahmung ... 4
1.3 Forschungsziele und -fragestellungen ... 7
1.4 Eingrenzungen ... 8
1.5 Aufbau der Arbeit ... 9
1.6 Stand der Forschung ... 11

2 Kultur als universelle Ressource für Gastfreundschaft und Gästebetreuung ... 13
2.1 Touristische Kulturen ... 15
2.1.1 Touristische Kulturen nach Thiem ... 16
2.1.1.1 Quellkultur – Zielkultur ... 16
2.1.1.2 Ferienkultur – Dienstleistungskultur ... 18
2.1.1.3 Auswirkungen der touristischen Kulturen auf die Zielkultur ... 20
2.1.1.4 Professionalisierte Dienstleistungskultur ... 22
2.1.2 Erweiterte touristische Kulturen nach Schimany ... 24
2.1.2.1 Globale (touristische) Kultur ... 24
2.1.2.2 Interaktionskultur ... 26
2.1.3 Fazit ... 30

3 Historische Entwicklung der deutschen Hotelkultur ... 33
3.1 Gasthäuser, Gasthöfe und Fürstenherbergen ... 35
3.1.1 Wirtefamilien ... 39
3.1.2 Personelle Verstärkung ... 41

3.1.2.1 Bewirtung ... 43
3.1.2.2 Bedienung ... 44
3.2 Hôtels ... 45
3.3 Grand- und Palasthotels ... 47
3.3.1 Raumangebote ... 48
3.3.2 Aufbauorganisation ... 49
3.3.2.1 Bedienung ... 51
3.3.2.2 Gästebetreuung ... 53
3.3.3 Transnationale Vorbilder und nationalsozialistischer Einfluss ... 54
3.4 Vom Hotel zur Hospitality Industry ... 57
3.4.1 1950er- und 1960er-Jahre – Wiederaufbau ... 59
3.4.1.1 Bedienung ... 60
3.4.1.2 Gästebetreuung ... 61
3.4.2 Gastlichkeit in der DDR ... 62
3.4.2.1 Sozialistische Bedienung ... 65
3.4.2.2 Sozialistische Gästebetreuung ... 66
3.4.3 1970er- und 1980er-Jahre – Ferntourismus, Kongresse und Kuren ... 68
3.4.3.1 Service, Beratung und Verkauf ... 71
3.4.3.2 Gästebetreuung ... 72
3.4.4 1990er- und 2000er-Jahre – Industrialisierung und Investmentobjekte ... 74
3.4.4.1 Service als immaterielle Dienstleistungskomponente ... 78
3.4.4.2 Gästebetreuung und Guest Relation ... 81
3.4.5 Die 2010er-Jahre bis heute ... 82
3.4.5.1 Dienstleistung als Erlebnis ... 84
3.4.5.2 Gästebetreuung und Gästebindung ... 86
3.4.6 Fazit und Ausblick ... 87

4 Die persönliche Gästebetreuung als Guest-Centricity- und Guest-Care-Komplex ... 93
4.1 Hotelgäste als mehrdimensionales Konstrukt ... 95
4.1.1 Strategische Dimension der Gästepersönlichkeit ... 96
4.1.1.1 Altersstufe ... 97
4.1.1.2 Personenstand ... 98
4.1.1.3 Geschlecht (Gender) ... 100
4.1.1.4 Kultur/Herkunft ... 102
4.1.1.5 Reisemotivation ... 105

4.1.2 Operative Dimension der Gästebedürfnisse 107
4.1.2.1 Orientierungsbedürfnisse 109
4.1.2.2 Organisationsbedürfnisse 112
4.1.2.3 Konsumbedürfnisse 114
4.1.2.4 Kommunikationsbedürfnisse 117
4.1.2.5 Emotionale Bedürfnisse 119
4.1.3 Operative Dimension der Gästeanlässe 122
4.1.3.1 Begleitung 124
4.1.3.2 Besorgung 126
4.1.3.3 Beratung 128
4.1.3.4 Beschwerde 130
4.1.3.5 Begeisterung 132
4.1.4 Strategische Dimension des Gästewertes 135
4.1.4.1 Hotelgäste als Informationslieferanten 137
4.1.4.2 Hotelgäste als Meinungsmacher 143
4.1.4.3 Hotelgäste als Innovatoren 145
4.1.4.4 Hotelgäste als Umsatzbringer 147
4.1.4.5 Hotelgäste als Zusatzkäufer 150
4.1.5 Der Gästequadrant als ganzheitliches Betrachtungsmodell 153
4.1.6 Zwischenfazit 160
4.2 Von der Customer Journey zur Guest Journey 161
4.2.1 Vor der Anreise – Search & Explore-Phase 162
4.2.2 Die Anreise – Travel & Arrival-Phase 164
4.2.3 Der Aufenthalt – Stay & Experience-Phase 166
4.2.4 Die Abreise – Departure & Reflection-Phase 169
4.2.5 Nach der Abreise – Evaluation & Re-Connection-Phase 171
4.3 Von der Gästeorientierung zu Guest Centricity und Guest Care 175
4.3.1 Von der Customer Centricity zu Guest Centricity 175
4.3.2 Guest Care als operationalisierte Guest Centricity 178
4.3.3 Guest Care-Phasen in der Guest Journey 186
4.3.3.1 Treatments in der Pre-Care-Phase 190
4.3.3.2 Treatments in der Care-Phase 193
4.3.3.3 Treatments in der After-Care-Phase 197

4.4 Deskription eines hotelspezifischen Kompetenzprofils für die persönliche, individuell intensive Gästebetreuung 198
4.4.1 Kinderbetreuung 200
4.4.1.1 Fachwissen 201
4.4.1.2 Emotionale Kompetenzen 203
4.4.1.3 Interkulturelle Kompetenzen 204
4.4.1.4 Diagnostische Kompetenzen 205
4.4.2 Rechtliche Berufsbetreuung 206
4.4.2.1 Fachwissen 207
4.4.2.2 Emotionale Kompetenzen 208
4.4.2.3 Interkulturelle Kompetenzen 210
4.4.2.4 Diagnostische Kompetenzen 211
4.4.3 Patientenbetreuung 212
4.4.3.1 Fachwissen 213
4.4.3.2 Emotionale Kompetenzen 215
4.4.3.3 Interkulturelle Kompetenzen 217
4.4.3.4 Diagnostische Kompetenzen 218
4.4.4 Gästebetreuung 220
4.4.4.1 Fachwissen 227
4.4.4.2 Emotionale Kompetenzen 229
4.4.4.3 Interkulturelle Kompetenzen 234
4.4.4.4 Diagnostische Kompetenzen – Hospitality Reasoning 237
4.5 Definition der Determinante Gästebetreuungsintensität 245
4.5.1 Betreuungsintensität aus erzieherischer oder pädagogischer Sicht 245
4.5.1.1 Personalschlüssel 246
4.5.1.2 Fachkraft-Kind-Relation 247
4.5.2 Betreuungsintensität aus pflegender oder medizinischer Sicht 248
4.5.2.1 Behavior Pain Scale (BPS) 249
4.5.2.2 Integrierte Palliative Care Outcome Skala (IPOS) 251
4.5.2.3 Modifizierter Barthel Index – Hamburger Manual 253
4.5.3 Betreuungsintensität aus hotelspezifischer Sicht 254
4.5.3.1 Potenzialorientierter Gästebetreuungsschlüssel 259
4.5.3.1.1 Potenzialpunktwerte 261
4.5.3.1.2 Modellberechnung 264

4.5.3.2 Gäste-Vollzeitäquivalente 266
4.5.3.2.1 Voraussetzungen 267
4.5.3.2.2 Modellberechnung 268
4.5.3.3 Gästebetreuungsintensitätsskala 273
4.5.3.3.1 Voraussetzungen 274
4.5.3.3.2 Aufbau und Konstruktion der Items 279
4.5.3.3.3 Dokumentation und Interpretation 285
4.5.4 Forschungsleitendes Fazit 287

5 Empirische Untersuchung der Gästebetreuungsintensität am Beispiel der Gästebetreuung 293
5.1 Qualitative Methoden 293
5.1.1 Vor- und Nachteile qualitativer Forschung 294
5.1.2 Abgrenzung zu quantitativen Methoden 294
5.2 Quantitative Methoden 295
5.2.1 Vor- und Nachteile quantitativer Forschung 295
5.2.2 Abgrenzung zu qualitativen Methoden 296
5.3 Mixed-Methods-Ansatz 297
5.4 Übersicht über die verwendeten Forschungsmethoden 298
5.4.1 Methodische Grundlagen der ersten Untersuchung 299
5.4.2 Methodische Grundlagen der zweiten Untersuchung 299
5.4.3 Strategie des verwendeten Mixed-Methods-Ansatzes 299
5.5 Befragung von Hotelmitarbeitern mit leitfadengestützten Experteninterviews 300
5.5.1 Grundsätze zur Entwicklung des Fragenkatalogs 301
5.5.2 Fragengestaltung für den Interviewleitfaden 303
5.5.3 Differenzierung der Forschungsfrage 305
5.5.4 Auswahl der Experten – Samplingbeschreibung 307
5.5.5 Durchführung der Interviewreihe 311
5.5.6 Datenaufbereitung der digital aufgezeichneten Interviews 315
5.5.7 Auswertung der Experteninterviewreihe 318
5.5.7.1 Berufliche Erfahrungen im Umgang mit Betreuungsaufgaben 318
5.5.7.2 Betreuungsintensität und Gästebetreuung 330
5.5.8 Zusammenfassung und Interpretation der Experteninterviews 354

5.5.8.1 Identifikation mit Betreuungsaufgaben 354
5.5.8.2 Fachwissen und spezifische Kompetenzen 360
5.5.8.3 Bedeutung der individuellen Betreuungsintensität 363
5.6 Befragung von Hotelbesitzern und/oder Hotelbetreibern mittels Online-Fragebogen 368
5.6.1 Onlinebefragungen als Typus der standardisierten Befragung 368
5.6.1.1 Charakteristika von Onlinebefragungen 368
5.6.1.2 Die Onlinebefragung als thematisches Instrument dieser Arbeit 369
5.6.2 Die Befragungskomplexe der Onlinebefragung 370
5.6.2.1 Relevanz der vier Dimensionen des Gästequadranten 371
5.6.2.2 Vertrautheit mit den Indikatoren der Gästedimensionen 371
5.6.2.3 Beurteilung diagnostischer Kompetenzen 372
5.6.2.4 Arbeitsumfeld der Gästebetreuung 372
5.6.3 Auswahl der Studienteilnehmer 373
5.6.4 Durchführung der Onlinebefragung und Rücklauf 374
5.6.5 Ergebnisse und Auswertung I (Multivariate Statistik) ... 376
5.6.5.1 Reliabilitätsanalyse 377
5.6.5.2 Ermittlung von Korrelationskoeffizienten 378
5.6.5.2.1 Hypothese 1 380
5.6.5.2.2 Hypothese 2 382
5.6.5.2.3 Hypothese 3 384
5.6.5.2.4 Hypothese 4 385
5.6.5.2.5 Hypothese 5 387
5.6.5.2.6 Hypothese 6 388
5.6.5.2.7 Hypothese 7 389
5.6.5.2.8 Hypothese 8 391
5.6.6 Ergebnisse und Auswertungen II (Deskriptive Statistik) 392
5.6.6.1 Arbeitsumfeld der Gästebetreuung 392
5.6.6.2 Relevanz der vier Dimensionen des Gästequadranten 397
5.6.6.2.1 Operative Dimension der Gästebedürfnisse 397
5.6.6.2.2 Operative Dimension der Gästeanlässe 404

5.6.6.2.3 Strategische Dimension der Gästepersönlichkeit 408
5.6.6.2.4 Strategische Dimension des Gästewertes 410
5.6.6.3 Vertrautheit mit den Indikatoren der Gästedimensionen 411
5.6.6.3.1 Operative Dimension der Gästebedürfnisse 412
5.6.6.3.2 Operative Dimension der Gästeanlässe 413
5.6.6.3.3 Strategische Dimension der Gästepersönlichkeit 414
5.6.6.3.4 Strategische Dimension des Gästewertes 415
5.6.6.4 Beurteilung diagnostischer Kompetenzen 417
5.6.6.4.1 Operative Dimension der Gästebedürfnisse 417
5.6.6.4.2 Operative Dimension der Gästeanlässe 418
5.6.6.4.3 Strategische Dimension der Gästepersönlichkeit 419
5.6.6.4.4 Strategische Dimension des Gästewertes 420
5.6.7 Zusammenfassung und Interpretation der Onlinebefragung 421

6 Bestätigung der Bedeutung der Betreuungsintensität für die persönliche Dienstleistung 437
6.1 Implikationen für die Aus- und Weiterbildung 441
6.2 Implikationen für Hotelgäste 442
6.3 Implikationen für Hotelmitarbeiter 443
6.4 Implikationen für Hotelbesitzer und/oder -betreiber 444
6.5 Implikationen für weitere Forschungen 445

Bibliographische Beschreibung 447

Literaturverzeichnis 449

Abbildungsverzeichnis

Abbildung 1.1 Aufbau der Arbeit ... 9
Abbildung 2.1 Erweiterte touristische Kulturen, adaptiert nach Schimany (Schimany, 1997) ... 25
Abbildung 3.1 Wirtschaftliche Differenzierung, adaptiert nach (H. Müller & Scheurer, 2003, S. 73; Pine & Gilmore, 2000, S. 22) ... 76
Abbildung 3.2 Dimensionen der Hotelleistung, adaptiert nach (Gardini, 2014, S. 51; Poggendorf, 1991, S. 98) ... 79
Abbildung 3.3 Adaptiertes Kano-Modell der Erfüllung von aktuellen hotelspezifischen Kundenanforderungen nach (Hinterhuber, 2004; Kano et al., 1984) ... 90
Abbildung 4.1 ERG-Theorie, adaptiert nach Alderfer (Lippold, 2019, S. 22) ... 109
Abbildung 4.2 Systematisierung der Gästewertdeterminanten, adaptiert nach (Lennartz, 2017, S. 26; Rudolf-Sipötz, 2001) ... 136
Abbildung 4.3 Informationsgewinnung durch nicht wissenschaftliche Hypothesenbildung, adaptiert nach (Proner, 2011, S. 27) ... 141
Abbildung 4.4 Arten des informationsbezogenen Gästewertes, adaptiert nach (Kleinaltenkamp, 2017, S. 197) ... 142
Abbildung 4.5 Ausschnitt der Prominenten- und Stammgästewand im Hotel Stanglwirt (Stanglwirt, n. d.) ... 145

Abbildung 4.6 Die vier Quadranten eines Individuums, adaptiert nach Ken Wilber (Esbjörn-Hargens, 2009, S. 5; Wilber, 2011; Wilber, 2012, S. 77 ff.) 155
Abbildung 4.7 Mehrdimensionaler Gästebetreuungsquadrant 157
Abbildung 4.8 Phasen der Guest Journey 162
Abbildung 4.9 Aufenthaltsbezogener Evaluationsprozess, adaptiert nach Berkemeyer und Müller (Berkemeyer, 2008; Berkemeyer, 2009, S. 529 ff; Berkemeyer & Müller, 2010, S. 196 ff.) 173
Abbildung 4.10 Guest Care im TZI-Modell (Cohn, 2018) 183
Abbildung 4.11 Beziehungsqualität als Handlungsprodukt von Guest Care im TZI-Modell (Cohn, 2018) 184
Abbildung 4.12 Wirkungskette von „Guest Care“ 185
Abbildung 4.13 Phasen und Care-Dimensionen der Guest Journey 188
Abbildung 4.14 Guest-Care-Prozess und Prozessdiagnostik 189
Abbildung 4.15 Gästepotenzialanalyse, adaptiert nach Anton Schmoll und Nino Raddao (Raddao, 2009, S. 76; Schmoll, 2006, S. 70 ff.) 191
Abbildung 4.16 Korrelation zwischen Alderfers ERG-Theorie und hotelspezifischem Betreuungskonzept (Alderfer, 1969) 195
Abbildung 4.17 Co-Relation zwischen Gästeerlebnissen, -anlässen und -bedürfnissen (Schober, 1993, S. 138) 196
Abbildung 4.18 Persönliche Betreuungserfahrungen im Lebensverlauf 199
Abbildung 4.19 Herzig und Koefers Adaption des ärztlichen Professionsmodells (Herzig & Koerfer, 2018, S. 241) nach Ellaway et al., 2007; Harden et al., 1999; Simpson et al., 2002 214
Abbildung 4.20 Diagnoseformen im Diagnoseprozess (Rothgangel & Schüler, 2010, S. 197 ff) 219
Abbildung 4.21 Modell der Dienstleistungsproduktion und -interaktion am Beispiel der Gästebetreuung, adaptiert nach Kuhlmann (Kuhlmann, 1998, S. 168), Meyer, Mattmüller (A. Meyer & Mattmüller, 1987, S. 187–195), Henselek (Henselek, 1999, S. 6) und Bruhn (Bruhn, 1991, S. 21 ff.) 222

Abbildung 4.22 Hotelspezifisches Professionsmodell, adaptiert nach Herzig und Koerfer (Herzig & Koerfer, 2018, S. 241) ... 225
Abbildung 4.23 Phasen im Verkaufsgespräch, adaptiert nach (Tiffert, 2021, S. 25) ... 233
Abbildung 4.24 Hospitality Reasoning als Bindeglied der Elemente der evidenzbasierten Hotelpraxis, adaptiert nach (J. Behrens & Langer, 2006; Spitzer, 2012, S. 160) ... 241
Abbildung 4.25 Voraussetzungen der persönlichen, individuell intensiven Gästebetreuung ... 256
Abbildung 4.26 Exemplarische hotelspezifische Hierarchiestufen ... 264
Abbildung 5.1 Befragungsrücklauf im Zeitverlauf ... 376
Abbildung 5.2 Signifikanz der Zusammenhänge der Variablen 9a und 10a ... 382
Abbildung 5.3 Signifikanz der Zusammenhänge der Variablen 9b und 10b ... 383
Abbildung 5.4 Signifikanz der Zusammenhänge der Variablen 9c und 10c ... 385
Abbildung 5.5 Signifikanz der Zusammenhänge der Variablen 9d und 10d ... 386
Abbildung 5.6 Signifikanz der Zusammenhänge der Variablen 10c und 20 ... 388
Abbildung 5.7 Prozentuale Verteilung der Studienteilnehmer nach Betriebsart ... 393
Abbildung 5.8 Anzahl Hotelmitarbeiter pro Betrieb ... 394
Abbildung 5.9 Anzahl Hotelmitarbeiter mit Betreuungsaufgaben ... 394
Abbildung 5.10 Anzahl von Abteilungen mit Gästebetreuungsaufgaben ... 395
Abbildung 5.11 Durchschnittliche Auslastung der Hotelbetriebe ... 396
Abbildung 5.12 Durchschnittliche Gästeanzahl mit Betreuungswunsch ... 397
Abbildung 5.13 Mittelwerte der Wichtigkeit der Gästebedürfnisindikatoren ... 398
Abbildung 5.14 Wichtigkeit orientierungsbezogener Gästebedürfnisse ... 398
Abbildung 5.15 Wichtigkeit organisationsbezogener Gästebedürfnisse ... 400
Abbildung 5.16 Wichtigkeit konsumsbezogener Gästebedürfnisse ... 401

Abbildung 5.17 Wichtigkeit kommunikationsbezogener Gästebedürfnisse ... 402
Abbildung 5.18 Wichtigkeit emotionaler Gästebedürfnisse ... 403
Abbildung 5.19 Mittelwerte der Wichtigkeit der Gästeanlassindikatoren ... 404
Abbildung 5.20 Mittelwerte der Gästepersönlichkeitsindikatoren ... 409
Abbildung 5.21 Relevanz gästewertbezogener Indikatoren ... 411
Abbildung 5.22 Schwierigkeitsgrad der Bewertung der Gästedimensionen ... 424
Abbildung 5.23 Relevanz der operativen und der strategischen Gästedimensionen im Vergleich ... 426
Abbildung 5.24 Mittelwerte der Dimensionen des Gästequadranten im Vergleich ... 427
Abbildung 5.25 Mittelwerte der Vertrautheit der befragten Hoteliers mit den einzelnen Dimensionen des Gästequadranten im Vergleich ... 430
Abbildung 5.26 Mittelwerte der Vertrautheit der Hotelmitarbeiter mit den einzelnen Dimensionen des Gästequadranten im Vergleich ... 431

Tabellenverzeichnis

Tabelle 2.1 Gestaltungsmaßnahmen zur neuen touristischen Ferien- und Dienstleistungskultur (Thiem, 1994, S. 227–236) 23
Tabelle 3.1 Exemplarisches männliches Haus- und Hotelpersonal im Vergleich (Hegenbarth, 1897) 50
Tabelle 3.2 Exemplarisches weibliches Haus- und Hotelpersonal im Vergleich (Hegenbarth, 1897) 50
Tabelle 4.1 Alderfers Bedürfnisklassen aus der operativen und der strategischen Dimension (Alderfer, 1972; Lippold, 2019, S. 22) 159
Tabelle 4.2 Customer Care Eigenschaften (S. Cook, 2008, S. 9) 180
Tabelle 4.3 Gästebetreuung als komplexes Dienstleistungsbündel (Freyberg et al., 2019, S. 22 ff.; K.-H. Hänssler, 2016, S. 108 ff.; Henschel et al., 2013, S. 74 ff.; G. Walterspiel, 1969, S. 130) 227
Tabelle 4.4 Auszug aus der Behavioral Pain Scale (Basler, 2016, S. 119) 250
Tabelle 4.5 Auszug aus der Ipos-Skala (Portal für Medizinische Datenmodelle, 2019) 252
Tabelle 4.6 Ausschnitt aus der Betreuer-Version der IPOS-Skala in der Intensiv- und der Palliativmedizin (Portal für Medizinische Datenmodelle, 2019) 252
Tabelle 4.7 Auszug aus dem Barthel Index nach dem „Hamburger Manual“ (Lübke, 2022, Anhang; Lübke et al., 2004) 254

Tabelle 4.8 Adaptiertes hotelspezifisches Anforderungsprofil nach dem Genfer Schema (Bullinger, 1995; Lindner-Lohmann et al., 2016) ... 262
Tabelle 4.9 Berechnung des hotelspezifischen Gästebetreuungsschlüssels ... 265
Tabelle 4.10 Berechnung des bereinigten hotelspezifischen Gästebetreuungsschlüssels ... 266
Tabelle 4.11 Ermittlung der Betreuungszeiten anreisender Gäste ... 269
Tabelle 4.12 Ermittlung des Ganztagesinanspruchsäquivalenten ... 269
Tabelle 4.13 Ermittlung der Gästebetreuungsstunden pro Arbeitstag ... 270
Tabelle 4.14 Antwortoptionen von Hotelgästen auf die persönliche, individuell intensive Gästebetreuung ... 280
Tabelle 4.15 Gästebetreuungsintensitätsskala am Front Office ... 284
Tabelle 4.16 Gästebetreuungsintensitätsskala in gastronomischen Outlets ... 285
Tabelle 4.17 Gästebetreuungsintensitätsskala im Housekeeping ... 285
Tabelle 5.1 Struktur des Forschungsvorhabens ... 298
Tabelle 5.2 Häufigkeitsverteilung der soziodemografischen Variablen ... 309
Tabelle 5.3 Kategorien- bzw. Codierungssystem zur Forschungsfrage nach Mayring (Mayring, 2015) ... 316
Tabelle 5.4 Reliabilitätsanalyse der Online-Umfrage ... 378
Tabelle 5.5 Berechnungen der Korrelationen der Variablen 9a und 10a ... 381
Tabelle 5.6 Berechnungen der Korrelationen der Variablen 9b und 10b ... 383
Tabelle 5.7 Berechnungen der Korrelationen der Variablen 9c und 10c ... 384
Tabelle 5.8 Berechnungen der Korrelationen der Variablen 9d und 10d ... 386
Tabelle 5.9 Berechnungen der Korrelationen der Variablen 10c und 20 ... 387
Tabelle 5.10 Berechnungen der Korrelationen der Variablen Auslastung und Gästedimension ... 389
Tabelle 5.11 Berechnungen der Korrelationen der Variablen Gästeanzahl und Schwierigkeit der Bewertung der Betreuungsintensität ... 390

Tabelle 5.12 Mittelwert und Standardabweichung orientierungsbezogener Gästebedürfnisse 399
Tabelle 5.13 Mittelwert und Standardabweichung organisationsbezogener Gästebedürfnisse 400
Tabelle 5.14 Mittelwert und Standardabweichung konsumbezogener Gästebedürfnisse 401
Tabelle 5.15 Mittelwert und Standardabweichung kommunikationsbezogener Gästebedürfnisse 402
Tabelle 5.16 Mittelwert und Standardabweichung emotionsbezogener Gästebedürfnisse 403
Tabelle 5.17 Relevanz anlassbezogener Gästebegleitung 405
Tabelle 5.18 Relevanz anlassbezogener Gästebesorgung 406
Tabelle 5.19 Relevanz anlassbezogener Gästeberatung 406
Tabelle 5.20 Relevanz anlassbezogener Gästebeschwerden 407
Tabelle 5.21 Relevanz anlassbezogener Gästebegeisterung 407
Tabelle 5.22 Vertrautheit der Studienteilnehmer mit den Indikatoren der Gästebedürfnisse 412
Tabelle 5.23 Vertrautheit der Hotelmitarbeiter mit den Indikatoren der Gästebedürfnisse 413
Tabelle 5.24 Vertrautheit der Studienteilnehmer mit den Indikatoren der Gästeanlässe 413
Tabelle 5.25 Vertrautheit der Hotelmitarbeiter mit den Indikatoren der Gästeanlässe 414
Tabelle 5.26 Vertrautheit der Studienteilnehmer mit den Indikatoren der Gästepersönlichkeit 415
Tabelle 5.27 Vertrautheit der Hotelmitarbeiter mit den Indikatoren der Gästepersönlichkeit 415
Tabelle 5.28 Vertrautheit der Studienteilnehmer mit den Indikatoren des Gästewertes 416
Tabelle 5.29 Vertrautheit der Hotelmitarbeiter mit den Indikatoren des Gästewertes 416
Tabelle 5.30 Diagnostische Kompetenzen der Studienteilnehmer im Umgang mit den Gästebedürfnissen 417
Tabelle 5.31 Diagnostische Kompetenzen der Hotelmitarbeiter im Umgang mit den Gästebedürfnissen 418
Tabelle 5.32 Diagnostische Kompetenzen der Studienteilnehmer im Umgang mit den Gästeanlässen 418
Tabelle 5.33 Diagnostische Kompetenzen der Hotelmitarbeiter im Umgang mit den Gästeanlässen 419

Tabelle 5.34 Diagnostische Fähigkeiten der Studienteilnehmer im Umgang mit der Gästepersönlichkeit ... 419
Tabelle 5.35 Diagnostische Fähigkeiten der Hotelmitarbeiter im Umgang mit der Gästepersönlichkeit ... 420
Tabelle 5.36 Diagnostische Kompetenzen im Umgang mit dem Gästewert ... 420
Tabelle 5.37 Diagnostische Kompetenzen der Hotelmitarbeiter im Umgang mit dem Gästewert ... 421

Formelverzeichnis

Formel 4.1 Ganztagesinanspruchsnahmeäquivalent 269
Formel 4.2 Ganztagesbetreuungsäquivalent 270
Formel 4.3 Vollzeitbetreuungsäquivalent 271
Formel 4.4 Gästebetreuungsschlüssel 271
Formel 4.5 Hotelmitarbeiter-Gast-Relation 272
Formel 5.1 Rangkorrelationskoeffizient 380

1 Einleitung

Die vorliegende Arbeit untersucht die individuelle Betreuungsintensität von Hotelgästen. Hierzu wird analysiert, wie Kultur, historische Branchenentwicklungen und ausbildungsrelevante Kompetenzen und Verhaltensweisen die Entwicklung der hotelspezifischen Dienstleistungen beeinflusst haben. Ziel ist es zu verstehen, warum bis heute keine branchenspezifische Definition der Gästebetreuung existiert, warum diese sich heute, in Zeiten von hybriden Gästen (Rath, 2018), zur eigentlichen Dienstleistung des Hotelgewerbes entwickeln sollte und mit welchen Kompetenzen und Instrumenten Hotelmitarbeiter für ein zunehmend interkulturelles Umfeld ausgestattet werden sollten.

Die individuelle Betreuung von Gästen existiert nicht erst seit den Anfängen des modernen Tourismus im 19. Jahrhundert, sondern reicht kulturell gesehen zurück bis in die Frühzeit. Traditionen und Rituale manifestieren sich in der sukzessiven Professionalisierung eines kulturellen, gesellschaftlichen und sozialen Phänomens als Gästebetreuung und begründen sogar diesbezügliche politische Aneignungen (z. B. in der Verwendung der Begriffe Gastfreundschaft oder Gastarbeiter). Da Hotelbetriebe die jeweiligen gesellschaftlichen Entwicklungen ihrer Länder und Epochen prototypisch spiegeln, lässt sich der zunehmende Stellenwert der Gästebetreuung im Zuge der Industrialisierung und Globalisierung der Hotelbranche, der Individualisierung der Hotelgäste und der Internationalisierung der Hotelmitarbeiter in geeigneter Weise abbilden und in den Kontext dieser Arbeit einbetten. Dies wird deutlich, wenn man beobachtet, dass bis heute die persönliche Gästebetreuung – hauptsächlich als supportive Leistung – als Serviceleistung und nicht als eigentliche hotelspezifische Dienstleistung und damit als Kernkompetenz von Hotelmitarbeitern betrachtet wird. Übersättigte Hotelmärkte, austauschbare Hotelkonzepte, Fachkräftemangel, Ausbildungsmängel und zunehmend sprunghaftere Gäste sind nur einige der Phänomene, die den Hintergrund

H.-P. Sattler, *Die Bedeutung der Betreuungsintensität für die persönliche Dienstleistung*, https://doi.org/10.1007/978-3-658-46380-9_1

für diese Arbeit abbilden. Sie soll einen Diskussionsbeitrag liefern, die Bedeutung der individuellen Betreuungsintensität branchenspezifisch aufzugreifen, diesbezüglich über die Professionalisierung der Hotelmitarbeiter eine Novellierung der Auffassung der Gästebindung über die Beziehungsqualität zu erreichen und mögliche verallgemeinerungsfähige Systematiken für andere touristische und tourismusnahe Bereiche zu identifizieren. Sie liefert damit eine wissenschaftliche Grundlage für die Personalisierung der hotelspezifischen Dienstleistung und einen Diskussionsbeitrag zur Auffassung der Dienstleistungsqualität im hotelspezifischen Kontext.

1.1 Individuelle Betreuungsintensität im Hotel: praktisches Phänomen und Problemstellung des Vorhabens

Die persönliche Gästebetreuung hat viele Gesichter und doch vieles gemeinsam: Dienstleistungsorientierung, kommunikative Fähigkeiten, ein offenes und herzliches Zugehen auf Hotelgäste und die individuelle Auseinandersetzung mit Gästepersönlichkeiten, -bedürfnissen und -anlässen vor, während und nach dem gebuchten Hotelaufenthalt. Diese Charakteristika ziehen sich wie ein roter Faden durch alle in diesem Berufsfeld vereinten Berufsbereiche wie Front Office und Reservations, Guest Relations, Sales sowie Food & Beverage und Housekeeping. Sie alle tragen zur Personalisierung ihres Unternehmens, ihrer Hotelmarke bei und stehen damit repräsentativ für die Einstellung zur Gästebindung einerseits und zur Beziehungsqualität mit ihren Hotelgästen andererseits.

Überall, wo viele Menschen zusammenkommen, sind gewisse Qualitätsstandards einzuhalten. Die Entwicklung eines attraktiven Preis-Leistungs-Verhältnisses genießt deswegen im deutschen Hotelgewerbe seit Jahren höchste Priorität, sei es im Ferienhotel, im familiengeführten Stadthotel oder im Kettenbetrieb. Entsprechend vielseitig sind die grundsätzlichen Einsatzbereiche und -möglichkeiten der Gästebetreuung und reichen von digitalen bis hin zu persönlichen Angeboten, je nach Niveaustufe bzw. Preisklasse des jeweiligen Betriebs. Mit zunehmender Marktsättigung und einhergehender Individualisierung der Hotelgäste werden in der letzten Zeit branchenspezifische Qualitätsbemühungen, wie z. B. die Sterneklassifizierung der Hotelbetriebe, zunehmend kritisch hinterfragt, was nicht zuletzt daran liegt, dass dort mehrheitlich die Qualität der Hotelhardware als weniger die Qualität der persönlichen Dienstleistungen fixiert sind (Redaktion Rolling Pin, 2015). Nicht zuletzt die belegungsabhängigen, tagesaktuellen Hotelzimmerpreise hinterlassen bei vielen Hotelgästen Unverständnis und führen zu einem gewissen Misstrauen gegenüber dem hotelspezifischen Dienstleistungsangebot. Trendforscher prognostizieren zudem seit einigen Jahren, dass für viele Hotelgäste das Wohnen in Hotels zukünftig kein explizites Highlight mehr sein wird, sondern Routine (Gatterer & Rützler, 2012). Hotelbetriebe würden deshalb zukünftig eher als erweiterte Wohnlandschaft gesehen werden, womit die Übernahme von häuslichen Gewohnheiten, von kulturellen und gesellschaftlichen Traditionen wie auch Ritualen und damit die Hinwendung zur persönlichen Gästebetreuung als Konstrukt zur Überwindung von defizitären Empfindungen, von negativen Gefühlen wie Fremdheit sowie zum Aufbau von Verbundenheit einhergehen müssen:

> *„Die Menschen emanzipieren sich als Konsumenten und Gäste und wissen genau, was sie verlangen und erwarten. Sie werden zum Prosumenten. Bei den Reisenden entsteht zunehmend die selbstreflexive ‚Destination-Ich', um die sich die Anbieter bemühen müssen. Wichtig ist nicht mehr, wohin die Urlauber wollen, sondern welche Erfahrung sie machen möchten. Es kommt zu einer Renaissance der Werte. Die Menschen sehnen sich nach Nähe, nach Unmittelbarkeit, nach neuer Einfachheit. Die Suche nach Schutz und Geborgenheit nimmt in einer Welt der unvorhergesehenen Katastrophen weiter zu."* (Geson, 2012, S. 2)

Das deutsche Hotelgewerbe hat diese Entwicklung zwar auch wahrgenommen, jedoch weiterhin eher in die Produkt- als in die Mitarbeiterentwicklung investiert, was nicht zuletzt in den Neuordnungen der hotelspezifischen Ausbildungen sichtbar wird, die 2022 – nach 20 Jahren – finalisiert wurden und in denen soziologisches, psychologisches und diagnostisches Wissen über Hotelgäste immer noch eine untergeordnete Rolle spielt (BIBB, 2022). Die Frage nach Gästebindung wird deswegen hauptsächlich mit der Generierung von Erlebnissen beantwortet, wobei oft übersehen wird, dass Hotelmitarbeiter dafür ihre Hotelgäste auch wirklich gut kennen sollten bzw. Fachwissen und Kompetenzen benötigen, dieses best- und schnellstmöglich erreichen zu können. Eine fein orchestrierte Kombination aus Hotel-Hardware, gastzentriertem Unternehmensleitbild und gästebetreuend ausgebildeten Hotelmitarbeitern stellt somit eine große Herausforderung dar, bietet jedoch die Chance, für Hotelgäste herausragende Erlebnisse zu schaffen, Beziehungsqualität aufzubauen und langfristige Gästebindung herzustellen. Dies geschieht genau dann, wenn die gewonnenen Eindrücke der Hotelgäste ineinandergreifen und sich in ein emotional stimmiges, authentisch anmutendes Gesamtbild wandeln.

Die vorliegende Arbeit wird deswegen das Potenzial der Gästebetreuung aus der Perspektive der Betreuungsintensität untersuchen. Alle Akteure – sowohl die Hotelgäste, die Hotelmitarbeiter als auch die Hotelbesitzer/-betreiber – verfolgen also das gleiche Ziel: Sie möchten über optimale Erlebnisse Beziehungsqualität in Form von Gästebindung schaffen.

Die Dienstleistungen, die Hotelgäste wahrnehmen, und die Möglichkeiten, die mit der persönlichen Gästebetreuung individuell intensiv kreiert werden können, thematisiert und erforscht diese Arbeit. Hotelverantwortliche und Ausbilder gleichermaßen können die Ergebnisse der vorliegenden Arbeit zur Hand nehmen und damit ihr Unternehmenskonzept und das Qualifizierungsniveau ihrer Mitarbeiter überprüfen und gegebenenfalls neu ausrichten.

1.2 Theoretische Rahmung

Um zu verstehen, welchen Impact die persönliche Gästebetreuung an sich und die individuelle Betreuungsintensität insbesondere für Hotelgäste, Hotelmitarbeiter und Hotelbetriebe haben kann und welche hotelspezifischen Wechselwirkungen sich daraus ergeben, verfolgt die vorliegende Arbeit einen interdisziplinären Forschungsansatz, der darauf ausgerichtet ist, durch kooperatives Zusammenwirken verschiedener wissenschaftlicher Disziplinen ein angemessenes Problemlösungspotenzial für die thematisierten Zielsetzungen bereitzustellen:

> *„Notwendig ist sowohl eine Weiterentwicklung der theoretischen Konzepte zu den Beziehungen zwischen den verschiedenen Akteuren als auch die Durchführung von empirischen Längsschnitt Untersuchungen, um den Prozesscharakter der Reisemotivation und Beziehungsstruktur erfassen zu können.“* (Kolland, 2006, S. 268)

Dabei soll die nicht eindeutige Verortbarkeit des Tourismus und damit verbundener Fachbereiche in ein eindeutiges wissenschaftliches Gebiet als Vorteil gesehen und offensiv damit umgegangen werden, um ein möglichst ganzheitliches Verständnis der Gästebetreuung sowie der individuellen Betreuungsintensität erwirken zu können[1] (Thimm, 2018).

[1] „Die Diskursanalyse zeigte den hohen Komplexitätsgrad der Tourismuswissenschaften als Stärke und Schwäche zugleich: Vielfältige Zugänge erlauben die adäquate Untersuchung lebensweltlicher und theoretischer Aspekte, gleichzeitig können sie ein tourismuswissenschaftliches Profil verwischen. Einer generellen Stärkung bedarf die Wirkung der Tourismuswissenschaften in Gesellschaft, Politik und wissenschaftliche Gemeinschaft hinein; ein Ausbruch aus dem Selbstbestätigungsdiskurs kann den Tourismuswissenschaften hier eine höhere Relevanz verschaffen und die eigenen Diskursräume weiten. Sie würde damit nicht nur sich selbst dienen, sondern sich auch dem gefährlichen Trend, Wahres und Unwahres

Die Kulturforschung, insbesondere die touristische Kulturforschung bildet damit den ersten Forschungsstrang dieser Arbeit. Eine der Hypothesen innerhalb dieser Lehren ist, dass Kultur aus sich überlappenden Raumkonstrukten besteht (Schimany & Seifert, 1997), die im Tourismus gezielt überwunden werden wollen, um eskapistischen Bedürfnissen nachkommen zu können (Harari, 2019; Kolland, 2006).

Um diesen Vorgang nachvollziehen zu können, muss die Gästebetreuung aus Sicht der Tourismuswissenschaft als zweiter Strang betrachtet werden. Nicht jeder Hotelgast benötigt eine vollumfängliche persönliche Gästebetreuung und reagiert auf zu viel Betreuung genauso negativ wie auf zu wenig Betreuung. Eine Betrachtung der Bedürfnisse von Hotelgästen sowie deren aufenthaltsbezogener Veranlassungen scheint deshalb ein vielversprechender Ansatz zu sein, mit dem man zukünftig neue Gästebetreuungsangebote effektiver und bestehende Angebote optimaler gestalten kann. Hierzu eignet sich die Analyse anhand der hotelspezifischen Guest Journey als eine prozessuale Aneinanderreihung einzelner Betreuungsabschnitte bzw. einzelner Betreuungspotenziale, die Hotelgäste im Zuge der Distanzüberwindung unweigerlich durchlaufen müssen (Alex Rawson et al., 2013). Neue Erkenntnisse sind im Besonderen im hotelspezifischen Kontext nötig, denn innerhalb dieses Untergebietes der Tourismusforschung stand bislang die Perspektive des Hotelgastes kaum emotional und beziehungsbezogen als vielmehr konsum- und marketingorientiert im Mittelpunkt (Inbakaran & Jackson, 2005; Jackson & Inbakaran, 2006). Innerhalb der Guest Journey gilt es, für die Ermittlung der individuellen Betreuungsintensität „Touchpoints" – also Berührpunkte, an denen Hotelmitarbeiter diese diagnostizieren müssen – zu identifizieren, zu analysieren und zu klassifizieren. Bei den klassischen hotelspezifischen Points of Sales fällt auf, dass diese zumeist im Sinne von „Brand Touch-Points" bzw. „Brand-owned Touch Points" durchstandardisiert sind (Lemon & Verhoef, 2016), indem hotelspezifische Dienstleistungserbringungen dort in der Hauptsache kategorie- und markenspezifisch durch die Hotelmitarbeiter erbracht werden müssen (Burmann et al., 2015). Im Anliegen dieser Arbeit für die persönliche, individuelle und intensive Gästebetreuung müssen diese Touch-Points darum in Care-Points und somit zu einem „individually-owned" Momentum transferiert werden. Auch Katherine N. Lemon und Peter C. Verhoef verweisen auf die Notwendigkeit, die Touch-Points genauer zu betrachten, um u. a. das Kundenentscheidungsverhalten im Zusammenwirken der Touch-Points

---

gleichwertig zu handhaben, entgegenstellen. Hierbei soll nicht einem ausschließlichen Solutionismus gefrönt werden. Die Hinwendung zur Gesellschaft bedeutet keinen Verzicht auf wissenschaftliche Reflexion und auch keine Banalisierung" (Thimm, 2018, o. S.).

besser nachvollziehen zu können[2]. Die vorliegende Arbeit leistet einen Beitrag, diese Fragen im Rahmen der Tourismuswissenschaft, aus der hotelspezifischen Perspektive, möglichst ganzheitlich zu beantworten.

Betrachtungen aus der Soziologie, der Pädagogik, der Psychologie, der Betriebswirtschaft als auch aus der Medizin bilden den komplexen dritten Forschungsstrang. Da bislang keine hotelspezifische Definition der hotelspezifischen Betreuungsintensität, noch der hotelspezifischen Gästebetreuung existiert, muss erst ein Verständnis für mögliche Definitionen aufgebaut werden, um darauf aufbauend die Bedeutung der Betreuungsintensität für die persönliche Dienstleistung, am Beispiel Hotel entwickeln und aufzeigen zu können. Damit dies gelingen kann, werden in solchen Berufsbildern Anleihen ausfindig gemacht, in denen, wie im Hotel auch, zu betreuende Menschen im Mittelpunkt stehen, deren körperliches und emotionales Wohlbefinden durch persönliche, individuell intensive Betreuung entwickelt bzw. gesteigert werden soll. Dabei hat natürlich der Grad der Involviertheit dieser Auswirkungen darauf, auf welche Art und Weise, die zu Betreuenden den Umgang mit ihnen wahrnehmen und diesen durch „Sich-Einlassen" verarbeiten. Eine rein ökonomisch-rationale, kognitiv getroffene Entscheidung ist dabei nicht der Normalfall, sondern eher die Ausnahme, womit geeignete Rückschlüsse auf das emotionale Betreuungsverhalten von Hotelgästen möglich sind. Abgeleitet aus der Konsum- und Marktforschung lassen sich dabei schließlich durch die Situationsabhängigkeit und die Individualität der zu Betreuenden Parallelen zum Gästebetreuungsprozess vermuten. Daher werden sie in der vorliegenden Arbeit immer mit einbezogen, wenn versucht wird, dazugehörige Phänomene wie z. B. Vorurteile und Stereotype gegenüber Hotelgästen in Form von Erlebnissen und Auswirkungen ganzheitlich zu beschreiben und zu analysieren. Ebenso integriert, müssen immer ökonomische und damit betriebswirtschaftliche Belange berücksichtigt werden, indem Hotelbetriebe bis heute aufgrund ihres erhöhten Mitarbeiterbedarfs als renditeschwach und – abgesehen vom Immobilienwert – als wenig profitabel gelten und deswegen auch seit Jahrzehnten nahezu jeden Rationalisierungstrend und jede Effektivitätsbemühung aus anderen Wirtschaftszweigen aufgegriffen und adaptiert haben (Buer, 2007; Hartl, 2007).

---

[2] „How do customer choices for touch points in the customer journey relate to each other?" (Lemon & Verhoef, 2016).

1.3 Forschungsziele und -fragestellungen

Das Ziel der vorliegenden Arbeit ist es, die Bedeutung der Betreuungsintensität für die persönliche Dienstleistung am praktischen Beispiel der Gästebetreuung im Hotel systematisch und möglichst ganzheitlich zu konstruieren und mögliche verallgemeinerungsfähige Systematiken zu identifizieren, um eine wissenschaftliche Grundlage für die Auseinandersetzung mit gefühls- und emotionsgeleiteten Dienstleistungen im Tourismus und anderen Branchen zu liefern. Die Forschungsfrage lautet somit:

„Welche Bedeutung hat die Betreuungsintensität für die persönliche Dienstleistung?"

Das Ergebnis dieser Arbeit lässt sich in deskriptive, analytische und normative Teilergebnisse unterteilen und wird am Beispiel der Gästebetreuung als persönliche, individuell intensive Dienstleistung abgebildet.

Als deskriptive Teilergebnisse der vorliegenden Arbeit soll ein allgemeines Verständnis für die hotelspezifische Gästebetreuung als persönliche Dienstleistung geschaffen werden. Für die individuell intensive Betreuung müssen Hotelgäste möglichst ganzheitlich betrachtet werden. Ein dafür entwickelter Gästebetreuungsquadrant soll dazu strategische wie auch operative Perspektiven liefern. In der ganzheitlichen Auffassung der Gästebetreuung soll ferner die Idee eines hotelspezifischen Unternehmensleitbildes im Kontext von „Guest Centricity" und „Guest Care" dargestellt werden, in das schließlich das Betreuungskonzept und die Diagnosefähigkeit der Hotelmitarbeiter einzubinden ist. Zur Erreichung dieses Ziels werden die oben beschriebenen Forschungsstränge herangezogen und in den hotelspezifischen Kontext eingebettet.

Daran anschließend ist das analytische Ziel dieser Arbeit, die Bedeutung der Betreuungsintensität für die persönliche Dienstleistung sowohl aus der Perspektive des Hotelgastes als auch der Hotelmitarbeiter und des Hotelbetriebs zu kategorisieren sowie ihre Verbindung zum kurz-, mittel- und langfristigen Unternehmenserfolg in Form von Gästebindung und Beziehungsqualität zu analysieren. Hierbei sollen unterschiedliche Möglichkeiten des Zusammenspiels verschiedener notwendiger Faktoren herausgearbeitet werden, welche schlussendlich die Gästebindung und die Beziehungsqualität zwischen Hotelgästen, Hotelmitarbeitern und Hotelbetrieb ermöglichen und eine Diskussion zur Dienstleistungsauffassung im Hotelgewerbe einerseits und zur Gefühls- und Emotionsarbeit bzw. deren Ausbildung in der Branche andererseits anstoßen können.

Das normative Erkenntnisziel ist zweigeteilt: Erstens soll der (touristischen) Forschungsgemeinschaft ein Vorschlag zur Kategorisierung der Gästebetreuung als Hauptdienstleistung im Hotelgewerbe gegeben werden. Diese Kategorisierung kann bei zukünftigen Forschungsprojekten als Ansatzpunkt dienen, um einzelne Aspekte der Ursache-Wirkungs-Beziehungen von Beziehungen mit betreuendem Charakter konkret sichtbar und verständlich zu machen. Zweitens sollen Handlungsempfehlungen an touristische Akteure, vornehmlich Hotelbesitzer und/oder -betreiber bzw. aus- und weiterbildende Institutionen abgeleitet werden. Mithilfe dieser Handlungsempfehlungen ist es den Akteuren möglich, ein besonderes Alleinstellungsmerkmal der Hotelbranche zu schärfen und eine optimale Symbiose im Sinne sich verstärkender Kräfte von Hotelgästen und Hotelmitarbeitern herzustellen und damit den Arbeitsplatz Hotel interkulturell und zukunftsfähig aufzustellen.

1.4 Eingrenzungen

Nachdem der Forschungsgegenstand vorgängig bereits erläutert wurde, werden die wesentlichen Eingrenzungen vorgestellt.

Im Rahmen der vorliegenden Arbeit werden Hotelgäste, Hotelmitarbeiter und der Hotelbetrieb gleichermaßen als Akteure der Betreuung beleuchtet, in der empirischen Forschungsarbeit werden die Hotelgäste jedoch nicht gesondert befragt. Es wird vielmehr davon ausgegangen, dass eine überwiegende Mehrheit dieser sich eine individuell intensive Betreuung wünscht, was u. a. mit der häufigen Nennung des Wortes „Gästebetreuung“ auf Online-Vergleichsportalen wie z. B. Tripadvisor belegt werden kann (Tripadvisor, 2023).

Der Fokus der Arbeit liegt zudem nur auf Betreuungsleistungen als hotelspezifische Dienstleistungen und greift damit den umgangssprachlichen Umstand als Fakt auf, dass alle hotelspezifischen Dienstleistungen letztlich Betreuungsleistungen abbilden, die jeweils mit einem bestimmten zusätzlichen Charakterzug versehen sind. Deswegen werden auch nicht explizit unterschiedliche Unternehmensleitbilder daraufhin untersucht, vielmehr wird angenommen, dass zum Ethos der Hotelbranche, wenn nicht sogar der gesamten Gastronomiebranche per se, die Betreuung der Hotelgäste gehört (Dettmer, 2000).

Des Weiteren werden bei der ganzheitlichen Gästebetrachtung, insbesondere bei der Gästepersönlichkeit, bewusst keine spezifischen Charaktereigenschaften betrachtet, sondern nur solche Elemente dargestellt, die unabhängig von Charakterzügen anschaulich für die Ermittlung der persönlichen, individuell intensiven Gästebetreuung erscheinen. Damit soll keinesfalls erreicht werden, dass charakterliche Ausprägungen für die individuelle Betreuung als nicht notwendig klassifiziert werden. Es geht vielmehr darum, ein Verständnis für Ursächlichkeiten wie z. B. dem soziokulturellen Herkunftsmilieu der Hotelgäste aufzubauen (Neyer & Asendorpf, 2018a), auf welche auch hotelspezifische Phänomene wie Gästereklamationen und andere Konflikte zurückzuführen sind (Schwarz, 2014).

In der Onlinebefragung wurden schließlich nur Privathoteliers zur Gästebetreuung befragt, was letztlich mit dem Umstand begründet werden soll, dass privat geführte Hotelbetriebe lange vor Marken- bzw. Kettenhotels vorhanden waren und darum ursächlich für die Prägung der Branche bis heute mitverantwortlich sind.

1.5 Aufbau der Arbeit

Die vorliegende Arbeit unterteilt sich in sechs Kapitel (Abbildung 1.1).

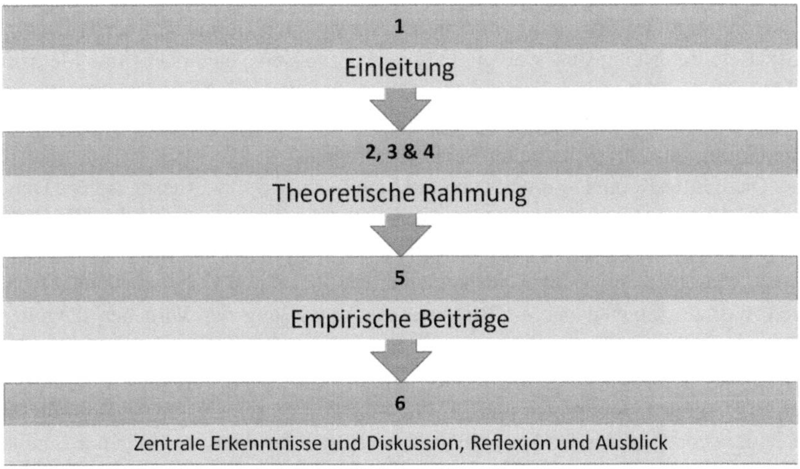

Abbildung 1.1 Aufbau der Arbeit

Nach den ersten einleitenden Unterkapiteln, die im Folgenden noch den Stand der Forschung umfassen, folgt der Theorieteil der Arbeit. Zunächst wird ein Einblick in die Grundlagen der touristischen Kulturtheorie gegeben. Die Bedeutung und Auffassung der persönlichen Gästebetreuung wird dabei als kulturelles Gut betrachtet, welches durch tourismuskulturelle Räume transportiert, in diesen durch Gastfreundschaft bzw. Gastlichkeit repräsentiert, in individuelle Bedeutungen transformiert und als Erfahrungen weitertransportiert wird.

Dieser Gedanke wird auch im anschließenden dritten Kapitel aufgegriffen, indem die professionelle Entwicklung des deutschen Hotelgewerbes sowie der persönlichen Gästebetreuung in Deutschland, im Kontrast der wechselhaften deutschen Geschichte, mit exemplarischen Meilensteinen verdeutlicht werden soll. Dabei werden nicht nur die Professionalisierung und Globalisierung der Branche sichtbar, sondern auch die Entwicklung der hotelspezifischen Dienstleistungen zwischen den gesellschaftspolitischen Systemen der BRD und der DDR. Begleitet wird dieses durch unterschiedliche Beiträge aus allen Literaturgattungen, die zur Verdichtung und Veranschaulichung der Arbeit beitragen sollen und atmosphärisch als auch fachspezifisch für den weiteren Verlauf der Arbeit von Bedeutung sind.

Gleiches gilt für die Bedeutung der Betreuungsintensität, die im vierten Kapitel aus der Perspektive der hotelspezifischen Gästebetreuung vielschichtig, ausdifferenziert und möglichst ganzheitlich betrachtet wird. Dieses Kapitel ist besonders wichtig für das Anliegen dieser Arbeit als auch für die spätere Interpretation der Forschungsergebnisse. Als weiteren Bestandteil der Bedeutung der Betreuungsintensität werden mögliche Ermittlungsmethoden und Messverfahren vorgeschlagen, die unterstützend zur Bedeutung der persönlichen Betreuungsintensität von Hotelgästen einsetzbar sein können und der zunehmenden Interkulturalität der Mitarbeiter Rechnung tragen.

Das fünfte Kapitel widmet sich dem empirischen Beitrag dieser Arbeit. Dabei wird zuerst in den gewählten Mixed-Design-Ansatz eingeführt und sodann Ziel und Zweck des gewählten Ansatzes sowie Limitationen und Kritik daran vorgestellt. Anschließend werden nacheinander die gewählten Datenerhebungsverfahren und -instrumente dargestellt sowie die Umsetzung der Vorhaben dargelegt. Datengrundlagen dieser Arbeit sind einerseits elf einzelne Hotelmitarbeiter-Interview-Rohdatensätze, welche Informationen zur Gästebetreuung an sich, zum Umfeld, zu den Hotelgästen und zur individuellen Betreuungsintensität umfassen. Die daraus resultierenden Ergebnisse wurden auch für die darauffolgende qualitative Studie berücksichtigt, die nachfolgend vorgestellt wird. Mit einem ähnlichen Fokus auf die Bedeutungen der Betreuungsintensität und der Gästebetreuung an sich wurden in einer Online-Umfrage Rohdaten von 22 Hotelbesitzern und/oder Hotelbetreibern gesammelt und ausgewertet.

Die gewonnenen Erkenntnisse aus dem dritten und dem vierten Kapitel werden im fünften Kapitel sodann anhand von drei unterschiedlichen Perspektiven, nämlich der von Hotelgästen, von Hotelmitarbeitern und letztlich von Hotelbesitzern/-betreibern verdichtet und diskutiert. Hierzu werden Forschungsfragen und Hypothesen generiert. Es wird argumentiert, dass schlussendlich die Bedeutung der persönlichen Betreuungsintensität für die persönliche Dienstleistung – exemplarisch abgebildet an der Gästebetreuung für alle involvierten Akteure – ähnlich hoch ist, Individualität als hotelspezifische Exaktheit anerkannt werden sollte und neben anderen (notwendigen) qualitativen Standards gleichberechtigt positiv zu akzeptieren und zu fördern ist.

Schließlich bildet das sechste Kapitel den Abschluss. In diesem werden die zentralen Erkenntnisse der Arbeit zusammengefasst, Limitationen des Gesamtprojektes herausgestellt und weitere Ansätze zur Forschung gegeben sowie mögliche Antworten auf jetzige und zukünftige praktische Herausforderungen im Hotelgewerbe diskutiert.

1.6 Stand der Forschung

Für die vorliegende Arbeit gibt es quasi kaum eigenständiges Forschungsmaterial. Die individuelle Betreuungsintensität und die Gästebetreuung im Hotelgewerbe können aus dem Kontext von „Guest Centricty“ und „Guest Care“ tourismuswissenschaftlich nahezu als „weiße Flecken“ betrachtet werden. Darum muss auf branchenverwandte Betrachtungen bzw. ergänzende Veröffentlichungen im Dienstleistungsmanagement genauso zurückgegriffen werden wie auf emotions-, kultur- und wirtschaftspsychologische Inhalte. Ebenso werden pädagogische oder sogar medizinische Quellen berücksichtigt, die an die persönliche Betreuung adressieren. Der Mangel an hotelspezifischen Veröffentlichungen im deutschsprachigen Raum zur Betreuungsintensität und zur Gästebetreuung soll dabei nicht als Makel, sondern eher als Bestätigung angesehen werden, sich näher mit den vorgeschlagenen Themenkomplexen dieser Arbeit auseinanderzusetzen.

2 Kultur als universelle Ressource für Gastfreundschaft und Gästebetreuung

> *„Die Deutschen lieben Gastfreundschaft. Vor allem, wenn sie auf Reisen sind. Wieder daheim sagt der Deutsche gerne: ‚Gäste und Fische fangen nach drei Tagen an zu stinken'. (…) Dem Volksstamm der Schwaben, dem ich zum Beispiel angehöre, wird nachgesagt, dass er zunächst eher abweisend, ja mürrisch bis unfreundlich auf jeden Nicht-Schwaben reagiere. Ja sogar garstig anstatt gastlich zu ihm sei und erst nach langem Abwarten auf sogenannte ‚Reingeschmeckte' zugehe. (…) Ob es auch eine saarländische Gastfreundschaft, eine ostfriesische oder niedersächsische Variante gibt, ist mir nicht bekannt. Es wird sie geben, denn sie ist wahrscheinlich in der menschlichen DNA verankert. In allen Kulturen. Ein universelles Menschengut. Nur die Form ist nicht überall dieselbe. Und um auf die Schwaben zurückzukommen: Sie werden oft missverstanden. In einer Gegend, wo der Ausdruck ‚Jetzt leck mich am Arsch!' als ein freudiger Ausruf des überraschenden Wiedersehens verwendet wird, können Außenstehende die Zeichen der Gastgeberkultur nicht immer als solche erkennen."*
> (Maußhardt, 2017)

Eine Gastgeberkultur äußert sich in gelebter Gastfreundschaft bzw. angebotener Gastlichkeit[1] und repräsentiert entweder eine familiäre Tradition oder eine unternehmerische Entscheidung in spezifischen dafür notwendigen kulturellen Räumen. Eine Gastgeberkultur ist nur wirksam in der Interaktion von mindestens zwei Akteuren, dem Gastgeber und seinem Gast (seinen Gästen). Diese können im politischen Kontext abstrakt[2] als auch sehr persönlich erscheinen. Im gewerblichen Kontext des Hotel- und Gastronomiegewerbes muss die Gastgeberkultur

---

[1] „Gastlichkeit beinhaltet Gastfreundschaft und optimalen Service. Gästeerwartungen sind nicht nur zu erfüllen, sondern zu übertreffen. Auf diese Weise können Wettbewerbsvorteile gegenüber den Mitbewerbern erzielt werden" (J. F. Herrmann, 2005, S. 333).

[2] Titel einer Rede, die Bundeskanzler Dr. Helmut Kohl anlässlich der Eröffnung der Internationalen Tourismus-Börse 1997 am 8. März 1997 in Berlin hielt: „Deutschland – weltoffener Gastgeber und moderner Standort" (Bundesregierung, 1997).

H.-P. Sattler, *Die Bedeutung der Betreuungsintensität für die persönliche Dienstleistung*, https://doi.org/10.1007/978-3-658-46380-9_2

zudem aus der Perspektive von wahrgenommenen bzw. erwartetem Angebot bzw. erzeugter Nachfrage betrachtet werden. Insbesondere mit der Verwendung des emotional aufgeladenen Begriffs Gastfreundschaft verquicken sich landläufig emotional und motivational aufgeladene Sehnsüchte, Bedürfnisse, Vorannahmen und Stereotype in der jeweiligen Ausprägung bzw. Interpretation der erwarteten und der angetroffenen Gastgeberkultur bzw. der erhofften bzw. angebotenen Gästebetreuung als operative Ausführung derselben. Dabei werden nicht selten Rückschlüsse auf die gastgebende Kultur als Ressource gezogen. Helen Spencer definiert diese in Anlehnung an Alfred L. Kroeber, Clyde Kluckhohn[3] und Geert Hofstede[4] deshalb als „die Gesamtheit von Attitüden, Grundsätze, Annahmen, Werten und Wertvorstellungen, Verhaltensnormen und Grundeinstellungen, die von einer Gruppe geteilt werden, die das Verhalten der Gruppenmitglieder beeinflussen und mit wessen Hilfe diese das Verhalten anderer interpretieren" (Spencer-Oatey, 2008, S. 2). Aus der Perspektive der Gastgeberkultur, insbesondere für die Interaktion mit Gästen, erfüllt die kulturelle Ressource daher wichtige Aufgaben (Nünning, 2012):

a) Eine Gastgeberkultur kann Gastgebern und Gästen Orientierung bei einer individuellen Entscheidung über richtig oder falsch bieten.
b) Durch eine Gastgeberkultur kann menschlichen Handlungen tiefere sinnstiftende Bedeutung zugewiesen werden.
c) Eine Gastgeberkultur grenzt Einheiten (z. B. Gruppe, Familie, Nation, Ethnie etc.) voneinander ab.
d) Eine Gastgeberkultur hält somit bestimmte soziale oder kontextuale Gruppen zusammen und koordiniert deren erwünschtes bzw. verhindert deren unerwünschtes Verhalten.
e) Eine Gastgeberkultur schafft explizite Ordnungssysteme, in den Zusammenhängen einer sozialen oder kontextualen Einheit.
f) Eine Gastgeberkultur hat das Potenzial, Raum für trans-, multi- oder hybride Kulturkonzepte zu lassen.
g) Eine Gastgeberkultur begründet kulturelle Filter und damit Stereotype und Vorannahmen.

---

[3] „Culture consists of patterns, explicit and implicit, of and for behavior acquired and transmitted by symbols, constituting the distinctive achievement of human groups, including their embodiment in artifacts; the essential core of culture consists of traditional (i.e., historically derived and selected) ideas and especially their attached values; culture systems may, on the one hand, be considered as products of action, on the other, as conditioning elements of future action" (Kroeber & Kluckhohn, 1952, S. 181).

[4] Ähnlich Geert Hofstedes Kulturzwiebel (Hofstede & Hofstede, 2012).

h) Eine Gastgeberkultur liefert tiefere Begründungszusammenhänge, indem kulturelles Verhalten und Handlungen sowohl nach innen und außen gerechtfertigt werden können.

Im Kontext des Tourismus an sich und des Hotelgewerbes im Speziellen sind Kulturbegegnungen somit von grundlegender Bedeutung. Sie können jedoch nur durch Raum-Zeit-Überwindungen (Reisen) ermöglicht werden und benötigen dafür explizite touristische Kulturräume:

> *„Alles Gesellschaftliche, also auch jeder Tourismus, findet immer im (physischen) Raum statt. Diese Dualität des Raums rahmt die Forschung. Denn bei allen Hinweisen auf die soziale Konstruktion touristischer Räume (bzw. ihre Produktion, Gestaltung, Regulierung usw.) untersucht die Tourismusforschung regelmäßig Tourismus in Räumen (im Ort X, in der Region Y) bzw. die Folgen touristischer Entwicklungen für Räume.“* (Pott, 2007, S. 11)

2.1 Touristische Kulturen

> *„Der Tourismus ist darüber hinaus auf einer über den spezifischen Kulturtourismus hinausreichenden Ebene unweigerlich ein Kontakt von Kulturen – jene der Reisenden und jene der Bereisten. Reisende bringen, ob sie es wollen oder nicht, ihre Heimatkultur mit in die Ferienregionen und die Bereisten sehen sich wachsenden Anforderungen der touristischen Inszenierung ihrer eigenen Kultur gegenüber. Dies wirft Fragen der kulturellen Identität und ihres drohenden Verlustes ebenso auf wie Fragen der Sozial- und Kulturverträglichkeit des Tourismus überhaupt. Im Tourismus haben sich verschiedene Muster dieser Begegnung unterschiedlicher Kulturen entwickelt, die im Spannungsfeld eines ‚Reisekolonialismus‘ einerseits und einer selbstbewusst gelebten Gastfreundschaft andererseits spezifische ‚Kulturen des Reisens‘ (und des ‚Bereistwerdens‘) ergeben.“* (Mörth, 2004, S. 2)

In der modernen (Arbeits-) Gesellschaft hat sich der Tourismus als ein weltweit wichtiger Wirtschaftszweig manifestiert. Das Kennenlernen anderer Kulturen gehört zu den am häufigsten genannten Reisemotiven und äußert sich im Tourismusmarketing insbesondere in der zentralen Bedeutung von kulturellen Ausdrucksformen und Hervorbringungen[5]. Kultur als Reisemotiv würde damit,

---

[5] Dies würde, so Mörth, zwei Spezies von Reisenden als Touristen hervorbringen: „Kultururlauber sind einerseits Reisende, für die das Kulturmotiv im Zentrum ihres Urlaubs steht, also die Studien- und Bildungsreisenden, die nach wie vor wissensdurstigen Entdecker naher und ferner Länder und Kulturen, andererseits aber auch Erholungsreisende, die ihren Urlaub mit Besichtigungen und kulturellen Veranstaltungen würzen – die ‚Auch-Kultururlauber‘“ (Mörth, 2004, S. 1).

so Ingo Mörth „zunehmend auch zur kaum verzichtbaren ‚Würze' im Tourismusgeschehen" (Mörth, 2004, S. 1) avancieren. So beschreibt schließlich der Kulturwissenschaftler Dieter Kramer den Tourismus als einen bipolaren Teil des Kulturprozesses und charakterisiert ihn als aktiven und passiven Teil dessen. Er geht davon aus, dass sich Menschen in, mit und durch Tourismus kulturell entfalten können und somit Tourismus immer kulturgeprägt ist. Er leitet dieses u. a. an Reisestilen und Reisemotiven ab sowie an inhärenten Sinnzielen und Werten, die das gesellschaftliche und somit auch das touristische Leben regeln und beeinflussen (Kramer, 1992).

2.1.1 Touristische Kulturen nach Thiem

> *„Die Ferienkultur ist doch nicht – wie häufig behauptet – eine reine ‚Abwendung von' (nämlich der Kultur der Quellregion), sondern auch eine ‚Hinwendung zu'. Diese Hinwendung gilt Träumen und recht konkreten Vorstellungen von einer Alternative zur Lebensform der Kultur der Quellregion, ohne dass letztere verändert werden soll. Das macht eben den utopischen Charakter der Ferienkultur aus: dass sie den Traum vom ‚besseren Leben' an einen anderen Ort verlegt, wobei dies im Wesentlichen eine Fiktion bleibt."* (Thiem, 1994, S. 17)

Während allgemeine Kulturmodelle über unterschiedliche Schwerpunkte versuchen, landesspezifische kulturelle Phänomene aufzuzeigen und mögliche Handlungsszenarien deskriptiv darzustellen, befassen sich Tourismus-Kulturmodelle mit spezifisch interkulturell eingebetteten touristischen Kulturräumen. Für die Bedeutung der Gastgeberkultur im Hotel- und Gastronomiegewerbe ist es darum notwendig, tourismusspezifische Kulturmodelle gesondert zu betrachten und diesbezügliche Besonderheiten hervorzuheben. Marion Thiem befasst sich darum in ihrem „Vier-Kulturen-Schema" mit kulturellen Wechselwirkungen, die im touristischen Raum entstehen können und involviert vier spezifische touristische Kulturarten (Thiem, 1994).

2.1.1.1 Quellkultur – Zielkultur

> *„Es fällt auf, dass in der Debatte um den Tourismus und seine kulturellen Wirkungen vor allem die negativen Aspekte, also die Gefahren diskutiert werden. Das geht zum Teil so weit, dass mögliche positive Aspekte, also Chancen, gar nicht in Erwägung gezogen werden. Zum anderen wird häufig die Wirkung auf die Kultur der Zielregionen des Tourismus ins Zentrum des Interesses gerückt, die Bedeutung für die Kultur der Entsenderegionen jedoch vernachlässigt. Ich gehe nicht von einem wertenden, engen Kulturbegriff aus, sondern von einem beschreibenden, weiten. In der einfachsten Form*

wird er nach Hans A. Pestalozzi[6] *wie folgt definiert: ‚Kultur ist das, was für eine menschliche Gemeinschaft in einer bestimmten Region typisch ist.'"*

(Thiem, 2011, S. 27)

Thiem bezeichnet (aus der Perspektive eines Touristen als Gast) die Kultur des Gastgebers als typische und charakteristische Zielkultur[7], die mit allen materiellen und immateriellen Attributen so ausgestattet sein muss, dass sie sowohl eine (touristische) Empfangskultur[8] als auch eine entsprechende Dienstleistungskultur[9] als Teil der Ferienkultur eines touristischen Wirtschaftsraumes erzeugen kann. Sie charakterisiert diese Zielkultur fortführend in ihrer Eigenschaft als Empfangsregion, die in sich einen attraktiven Gegenpol zur Quellkultur darstellt, die als idealtypische Industriegesellschaft „mit den Merkmalen extreme Rationalisierung, Arbeitsteilung, Atomisierung des Lebenszusammenhanges" vorgestellt wird (Thiem, 2011, S. 27).

Thiem bezeichnet deshalb die daraus hervorgebrachten Touristen (Gäste) als eine „gesellschaftliche Mehrheit" (Thiem, 1994, S. 47), wobei sie eindeutig differenzierende Formen des Tourismus (Städtetourismus, Geschäftstourismus, Medizintourismus, religiöser Tourismus) genauso wie spezifische nationale Ausprägungen inklusiv betrachtet[10]. Schließlich bezeichnet sie das Motiv des „Erreichens", also das Ankommen in der Zielkultur, als ein individuelles „Prädikat", als eine Art touristische „Zustandsbeschreibung" in Form einer internalen „Black

---

[6] (Pestalozzi 1987).

[7] „Die Kultur der Zielregion ist das, was für alle Bewohner einer touristischen Empfangsregion (in ihrer Eigenschaft als Lebens- und Wirtschaftsraum) typisch ist" (Thiem, 2011, S. 28).

[8] Die Empfangskultur resultiert hier aus der Annahme, dass eine (touristische) Entsenderegion eine Entsendekultur, eine entsprechende Empfangsregion eine spezifische Empfangskultur aufweist.

[9] „Die Dienstleistungskultur stellt das dar, was für die vom Tourismus Betroffenen einer bestimmten Empfangsregion (in ihrer Eigenschaft als Wirtschafts- und Erholungsraum) typisch ist; sie umfasst den Lebensstil, den Einheimische in ihrer Rolle als Gastgeber praktizieren sowie die in einer Region geschaffenen Einrichtungen für den Tourismus" (Thiem, 2011, S. 28).

[10] „Das Schema berücksichtigt keine Differenzierungen innerhalb der einzelnen Kulturen. Die Kultur der Quellkultur kann ein Cluster verschiedener Subkulturen und die Kultur der Zielregion verschiedene ethnische Gruppen repräsentieren. Für eine vertiefte Untersuchung eines Einzelfalles kann es sich unter Umständen auch als sinnvoll erweisen, die Ferienkultur und die Dienstleistungskultur in verschiedene (Sub-)Kulturen zu differenzieren, so zum Beispiel nach Reiseformen (…)" (Thiem, 1994, S. 48).

Box" (Thiem, 1994, S. 49). Der Wirtschaftswissenschaftler Juan L. Nicolau verweist diesbezüglich unter Berufung auf Neil Carr (Carr, 2002), dass Touristen zumeist versuchen, am gewählten Aufenthaltsort aus typischen kulturellen (häuslichen) Gewohnheiten auszubrechen (Nicolau, 2016). Dagegen deutet Mörth den touristischen Aufenthalt als eine selbstbestätigte Wahrheit längst gebildeter Stereotype und Vorannahmen und stellt ihn als „kontrollierenden Umgang mit der Fremde" dar (Mörth, 2004, S. 3). Der Sozialwissenschaftler Christoph Henning geht abschließend sogar noch einen Schritt weiter, indem er den Tourismus als eine Art von Fiktion demontiert:[11]

> *„Wie in der Literatur, im Film, in der bildenden Kunst geht es im Tourismus nicht primär um Erkenntnis, sondern allein um das Erleben fiktiver Räume, um die Verzauberung ihrer Selbst in neuartigen Umgebungen, die selbst doch immer nur Resonanzboden bleiben, auf denen die Reisenden ihre Subjektivität umso lustvoller empfinden können. Die große weite Welt schrumpft somit zur Requisitenkammer, aus der der moderne Tourist als Impresario sein Selbst seine Reise wie ein Theaterstück in Szene setzt (...)."* (Hennig, 1999, S. 11)

2.1.1.2 Ferienkultur – Dienstleistungskultur

> *„Die Erfüllung der menschlichen Bedürfnisse nach dem Mythischen, nach dem Rituellen und nach der Utopie werden in der modernen Industriegesellschaft im Wesentlichen von der Ferienkultur übernommen. Sie ist derjenige Bereich, auf den uralte seelische Grundmotive, Archetypen in erster Linie und in besonderem Masse projiziert werden und der die entsprechenden Bedürfnisse für die Kultur der Quellregion erfüllt. Mythischer, ritueller und utopischer Charakter der Ferien erfüllen wichtige Funktionen für Pluralismus, Sicherheit und Aktivität und damit für die kulturelle Identität in der Quellregion. Die Bedeutung der Ferien geht damit weit über die physische und psychische Wiederherstellung hinaus."* (Thiem, 2011b, S. 31)

Thiem fokussiert sich in der Ferienkultur insbesondere auf die Wirkung derselben auf die Zielkultur und beschreibt diese, ähnlich wie Carr (Carr, 2002), als „den Lebensstil, den Touristen auf Reisen pflegen, sowie Reiseveranstalter, Reisebüros, touristische Werbung usw." (Thiem, 2011, S. 28).

---

[11] Für diese Sichtweise sprechen auch die Erkenntnisse des Schweizer Tourismusforscher Roland Flückiger-Seiler: „Die Touristen, die stets von außen kamen, nahmen das Leben der Einheimischen aus der ‚Schaufensterperspektive' wahr. Im Zeichen der Alpenentdeckung verklärten sie das bäuerliche Leben meistens als ländliches Ideal. (...) Die Einheimischen konnten die Grand Hotels in dieser Zeit höchsten als Bedienstete, etwa als Bergführer oder als Hotelangestellte betreten, in der Regel durch einen eigenen ‚Hintereingang'. In der Umgebung der vornehmen Hotels durften sie sich zudem nur nach bestimmten Regeln bewegen" (Flückiger-Seiler, 2015, S. 90).

Sie begründet diesen Sachverhalt „mit der sogenannten Fluchtthese“ als „eine Art von monokausalem Erklärungsansatz“[12] und sieht die Notwendigkeit, diesen touristisch-eskapistischen Ansatz zu erweitern. Mit Berufung auf Christoph Henning (Hennig, 1999) versucht Thiem daher, „die hinter dem Reisen stehenden Bilder, Symbole und Metaphern“ zu entschlüsseln (Thiem, 2011) und lokalisiert sowohl den mythischen, den rituellen als auch den utopischen Charakter von Ferienregionen:

> *„Die Erfüllung der menschlichen Bedürfnisse nach dem Mythischen, nach dem Rituellen und nach der Utopie werden in der modernen Industriegesellschaft im Wesentlichen von der Ferienkultur übernommen. Sie ist derjenige Bereich, auf den uralte seelische Grundmotive, Archetypen in erster Linie und in besonderem Masse projiziert werden und der die entsprechenden Bedürfnisse für die Kultur der Quellregion erfüllt. Mythischer, ritueller und utopischer Charakter der Ferien erfüllen wichtige Funktionen für Pluralismus, Sicherheit und Aktivität und damit für die kulturelle Identität in der Quellregion. Die Bedeutung der Ferien geht damit weit über die physische und psychische Wiederherstellung hinaus.“* (Thiem, 2011, S. 31)

Henning geht an dieser Stelle noch ein ganzes Stück weiter, indem er dem Tourismus religiöse Funktion beimisst:

> *„Der Tourismus übernimmt Funktionen der Religion. Besichtigen ist ein kollektiver Akt mit einer moralischen Kultur: Bestimmte Dinge muss man sehen. In diesem Ritual wird die Zeichenfunktion der Sehenswürdigkeiten deutlich. Sie stehen für etwas anderes: für die Gesellschaft und ihre letzten ‚Werte‘.“* (Hennig, 1999, S. 39).

Touristen (Gäste) würden daher, so Hennig, eine Form der Dienstleistungskultur[13] benötigen, die sowohl der Ferienkultur als auch der Zielkultur gerecht werden

---

[12] „Diese These besagt, dass die Ferienkultur suspensiven (die Zwänge zeitweilig aufhebenden), regenerativen (die körperliche und seelische Erschöpfung ausgleichenden) und kompensativen (für Defizite aus der Alltagswelt entschädigenden) Charakter hat und somit die durch die Rationalisierung, Spezialisierung und Verlust des Lebenszusammenhanges gekennzeichnete Industriegesellschaft funktionstüchtig erhalte“ (Thiem, 2011, S. 30).

[13] „Das Vorhandensein der Ferienkultur (also der ‚Nachfrage‘) gibt den Impuls zu Ausbildung und Ausgestaltung einer Dienstleistungskultur. (…) Durch die Definition und die Ausgestaltung der Rolle des Touristen in der Ferienkultur wird der Verlauf des Kontaktes mit der Dienstleistungskultur bestimmt. Durch die rein physische und – aus der Sicht der

könne und dem Spannungsverhältnis zwischen der Suche nach „Identität" und authentischem Erlebnis im „Erfahrungsraum Urlaub"[14] standhalten könne/müsste:

> *„Das Streben nach Authentizität ist seit dem Beginn des modernen Tourismus eines der wesentlichen Abgrenzungsmerkmale der ‚besseren' Reisenden. (...) Die besuchten Orte werden als ‚Marktplätze kultureller Güter' wahrgenommen, an denen man die geeigneten Beweise für die dort erfahrene Authentizität erhält. Das Streben nach ‚echten', ‚ursprünglichen', ‚unverfälschten' Erlebnissen ist bis heute ungebrochen. Es hat komplexe Ursachen; doch spielt die Abgrenzung vom ‚oberflächlichen' Normaltouristen, der sich mit dem Schein der Dinge zufriedengibt, dabei nach wie vor eine wesentliche Rolle."* (Hennig, 1999, S. 22)

2.1.1.3 Auswirkungen der touristischen Kulturen auf die Zielkultur

> *„Das für die Zielregion formulierte Ziel ‚Verbesserung der Lebensqualität ‚gilt hier sowohl für die Ziel- wie für die Quellregionen. Damit wird der Möglichkeit Rechnung getragen, dass der Tourismus durch seine Bedeutung (Rückwirkungen und/oder Funktion) für die Kultur der Quellregion einen Beitrag zu den immateriellen Komponenten der Lebensqualität leisten kann."* (Thiem, 1994, S. 53)

Unter Berufung auf Helge Majer (Majer, 1984) bezeichnet Thiem Kultur neben Ökonomie, Ökologie, Sozialem, Politik und Natur als eine elementare Komponente von Lebensqualität (Thiem, 1994, S. 53) und würdigt, unter Berücksichtigung zahlreicher Quellen[15], dass die „vielfach ge- bzw. zerstörte

---

Dienstleistungskultur – permanente Anwesenheit der Ferienkultur können Auswirkungen auf Einstellungen, Erwartungen etc. der Träger der Dienstleistungskultur nicht ausbleiben. (...) Durch die Definition der Rolle des ‚Gastgebers' in der Dienstleistungskultur wird der Verlauf des Kontaktes mit der Ferienkultur bestimmt. (...) Die Kultur der Zielregion liefert die kulturlandschaftlichen, personellen und kulturellen Grundvoraussetzungen für die Dienstleistungskultur. Die Kultur der Zielregion bestimmt Einstellungen und Verhalten der Träger der Dienstleistungskultur. Durch neue Denk- und Verhaltensweisen kann die Dienstleistungskultur die Kultur der Zielregion verändern" (Thiem, 1994, S. 44–45).

[14] „Die Konstruktion des Erfahrungsraumes ‚Urlaub' vollzieht sich auf zweierlei Art. durch Einwirkung auf die äußere Welt und durch selektive Wahrnehmung. Einerseits können Ferienwelten eigens für die Bedürfnisse der Reisenden hergerichtet werden. Solche Prozesse beginnen mit der Pseudo-Folklore von Heimatabenden und enden bei den durchgeplanten Freizeitparks, in denen kein Detail des Unterhaltungsprogramms dem Zufall überlassen bleibt. In all diesen Fällen wirken touristische ‚Anbieter' auf die kulturelle und natürliche Umgebung ein, um touristischen Bedürfnissen entgegenzukommen – oftmals mit schwerwiegenden ökologischen und sozialen Folgen" (Hennig, 1999, S. 55).

[15] (Erikson, 1978, S. 17; Greverus, Ina-Maria, 1978, S. 227; Krippendorf, 1986, S. 73).

kulturelle Identität" der Zielregion durch die Ferien- und Dienstleistungskultur in ihrer existenziellen Lebensqualität gestärkt werden könne, insofern „Identität" als „flexibles Konzept" touristisch verwendet wird[16]. Sie sieht Pluralität als Charakter solcher touristischer Prozesse, als „Pendeln zwischen Anpassung und Widerstand" und beschreibt das Konstrukt Anpassung als das „menschliche Grundbedürfnis nach Sicherheit und Zugehörigkeit", im Gegensatz zur „Abgrenzung und Eigenständigkeit" der involvierten Akteure (Thiem, 1994, S. 55). Thiem leitet daraus die touristische Dienstleistungskultur als Vermittlungsfunktion ab und erklärt:[17]

> *„Sicherheit meint im Zusammenhang mit Identität in erster Linie Verhaltenssicherheit, schließt aber auch materielle Sicherheit mit ein. Gerade wenn die Identität eine Balancierende ist und die Wahlmöglichkeiten groß sind, muss Sicherheit bezüglich der zu erwartenden Konsequenzen von Verhalten bestehen. Auch dieses Gefühl des Aufgehoben-Seins in einer Gruppe und die Ausprägung eines positiven Wir-Gefühls gegen eine Außengruppe sind wichtige Aspekte der Sicherheit. Die Dienstleistungskultur kann hier auf verschiedenen Ebenen und auf verschiedene Weise positiven Einfluss haben. (...) Auch die Bewohner von Tourismusregionen selbst festgestellten Verbesserungen der materiellen Lebensbedingungen zeugen von einer Zunahme des Gefühls der Sicherheit durch die Dienstleistungskultur. Im Verlauf der touristischen Entwicklung einer Region lässt sich auch – im Allgemeinen nach einer anfänglichen Phase des Unterlegenheitsgefühls ein gestiegenes Selbstbewusstsein gegen Außengruppen feststellen."* (Thiem, 1994, S. 250–251)

Thiems Raumkonzept muss jedoch gerade in der Dienstleistungskultur bestimmter touristischer Bereiche, wie z. B. dem Hotel- und Gastronomiegewerbe, kritisch hinterfragt werden. Gerade der Pluralismus in deren spezifischer Dienstleistungskultur kann z. B. angesichts eines hohen Anteils migrantischer (kulturfremder)

---

[16] „Da selbst für die Randregionen heute keine stabile, traditionelle Identität mehr angenommen werden kann, ist davon auszugehen, dass auch hier Eigenart beständig neu geschaffen oder wiederbelebt werden muss. Gleichzeitig muss das Identifikationsangebot breit genug sein, um verschiedenen sozialen Gruppen die Integration möglich zu machen. Der so auszubildende oder zu fördernde Pluralismus kann von außen – in unserem Falle der Dienstleistungskultur – entscheidende Impulse erfahren. Zum Pluralismus sowohl durch zeitliche wie auch durch räumliche Orientierung kann die Dienstleistungskultur materiell (zum Beispiel durch Einkommen) und immateriell (zum Beispiel durch förderndes Interesse) Entscheidendes beitragen" (Thiem, 1994, S. 249).

[17] „Sich als Gruppe aktiv zu erfahren, ist eine dritte wichtige Voraussetzung kultureller Identität. Sowohl Wille als auch Fähigkeit zu eigenständiger Gestaltung, zu Abwehr von Fremdbestimmung, zu Wahrnehmung vergrößerter Aktivitätsangebot im Freizeitbereich, zu Verwirklichung sozialer Mobilität etc. sind Ausdruck vorhandener Aktivität in einer Gesellschaft" (Thiem, 1994, S. 251).

Mitarbeiter dazu führen, dass die Kultur der Zielregion durch den Gast (Touristen) als ge- oder zerstört wahrgenommen und als (nicht mehr) authentisch abgelehnt wird, indem Kulturfremde sich gezwungenermaßen kulturspezifische Symbole aneignen (z. B. Dirndl als Uniformen oder regionale Umgangsformen und dialektische Sprachformen wie „Servus"). Thiem schlägt darum vor, die Dienstleistungskultur von der Zielkultur zu entkoppeln und als Pufferfunktion zur Zielkultur zu entwickeln. Damit könne schließlich nicht nur die Ferienkultur angereichert, sondern auch die Lebensqualität der Träger der Zielkultur verbessert werden.

2.1.1.4 Professionalisierte Dienstleistungskultur

> *„Es werden klare Bekenntnisse seitens der Tourismusverantwortlichen zur Einführung einer eigenständigen Dienstleistungskultur gefordert. (...) Diese Dienstleistungskultur ist durch und durch zu professionalisieren, was insbesondere bedeutet, dass nicht Hobbies von Einheimischen (...) sozusagen schleichend zu Touristenattraktionen gemacht werden, (...). Über die Professionalisierung dürfen weder die Träger der Dienstleistungskultur noch diejenigen der Kultur der Zielregion noch der Ferienkultur in Zweifel gelassen werden, die Dienstleistungskultur ist also für alle Seiten als eigenständige Kultur zu definieren."* (Thiem, 1994, S. 234)

Zur Gestaltung einer „neuen touristischen Ferien- und Dienstleistungskultur" sollten, so Thiem, Veränderungen auf drei verschiedenen Ebenen angestrebt werden: auf der Ebene des Bewusstseins, der des Verhaltens sowie der Ebene der Einstellung.

> *„Um ein eigenes Gesicht aufweisen und als spezifische Kultur erkennbar und von anderen unterscheidbar sein zu können, bedarf die Dienstleistungskultur der Inspiration durch die Kultur der Zielregion. Gerade dabei ist die klare Trennung aufrechtzuerhalten. (…) Es muss langfristig für alle Träger der Dienstleistungskultur selbstverständlich sein, dass es einen Unterschied gibt zwischen der gewachsenen Kultur einer Region (Kultur der Zielregion) und der den Touristen angebotenen Kultur einer Region (Dienstleistungskultur). (…) Die Kenntnis von Inhalt und Bedeutung der Kultur der Zielregion sowie der Verzicht auf deren Ausbeutung müssen für alle Träger der Dienstleistungskultur zum guten Ton gehören."* (Thiem, 1994, S. 235–236)

Thiem gelingt es, eine sachlogische, strukturelle sowie intuitiv verständliche und nachvollziehbare wechselseitig einnehmbare Perspektive zu vermitteln, welche Raum lässt, individuelle Handlungsalternativen zu entwickeln, zu gestalten und in ein inklusives Verständnis von professionalisierter, touristischer Dienstleistungskultur einzubetten (Tabelle 2.1).

Tabelle 2.1 Gestaltungsmaßnahmen zur neuen touristischen Ferien- und Dienstleistungskultur (Thiem, 1994, S. 227–236)

Adressat	Ebene	Forderungen
Ferienkultur	Bewusstsein	• Erkennen des Bildungsbedürfnisses in der Ferienkultur • Erkennen der eigenen Bedürfnisse und ihrer Unterscheidung vom „Authentischen“
	Verhalten	• Suche nach „heiler Welt“ als modernes Reisemotiv festigen • Benutzung von massentouristischen Einrichtungen oder Infrastrukturen schließt ein individuelles Erlebnis nicht aus
	Einstellung	• Suche nach „heiler Welt“ als gängiges und volles Reisemotiv annehmen • Originalität im individuellen Erleben ist wichtiger als ausgefallene Reiseziele
Dienstleistungskultur	Bewusstsein	• Bewusstmachung der Unterschiede zwischen Dienstleistungskultur und Kultur der Zielregion • Erkennen der Notwendigkeit einer Grenzziehung zur Kultur der Zielregion
	Verhalten	• Klare Definierung und Etablierung der Dienstleistungskultur • Bewusste Gestaltung der Dienstleistungskultur unter Berücksichtigung von Elementen der Kultur der Zielregion
	Einstellung	• Die Dienstleistungskultur wird als allgemein eigenständige Kultur mit funktionalem Charakter akzeptiert • Verantwortung gegenüber der Kultur der Zielregion hat hohes Prestige

Damit diese professionalisierte Dienstleistungskultur nicht (ungewollt) dazu beiträgt, „synthetische Urlaubswelten“ zu erzeugen, ist eine entsprechende Professionalisierung nach Hennig insbesondere für die Träger der Dienstleistungskultur in ihrer Funktion als Attraktionen und „kulturelle Determinanten“ notwendig:

> *„Die fundamentale Bedeutung der Attraktionen beinhaltet zugleich, dass kulturelle Determinanten sehr viel stärker als in anderen Wirtschaftsbereichen in das touristische Nachfrageverhalten eingehen. Der Tourist handelt nicht rational im Sinne der ökonomischen Theorie, er ist alles andere als homo oeconomicus. Seine Entscheidungen resultieren nicht aus einem Abwägen von Preis und erwarteter Gegenleistung, sondern*

es gehen darin Wünsche und Bedürfnisse ein, die sich einer ökonomistischen Betrachtung entziehen. Nicht die ‚objektiven' Qualitäten der Attraktion sind entscheidend, sondern allein ihre Wahrnehmung durch die Touristen. Der ‚Wert einer Attraktion' ist, ohne die Kenntnis kulturell geformter Vorstellungsmuster, nicht zu bestimmen." (Hennig, 1999, S. 161)

2.1.2 Erweiterte touristische Kulturen nach Schimany

„Der Tourismus als gesellschaftsrelevante Thematik ist in der sozialwissenschaftlichen Forschung und Lehre kaum vertreten, da im Sinne puristischer Wertvorstellungen Muße- und Genussperspektiven, die natürlich mit dem Reisen zentral verbunden sind, im asketischen Betrieb der universitär verfassten Soziologie offensichtlich stören. Als Folge davon sind die Kultur-, vor allem aber die Sozialwissenschaften im betriebswirtschaftlich dominierten Wissenschaftssystem ‚Tourismus' immer noch marginal verankert. Dabei erweist sich der Tourismus in geradezu idealtypischer Weise als ein grenzüberschreitendes und grenzziehendes Phänomen. So ist Reisen einerseits zwar grenzenlos geworden, indem Sozialgrenzen durchbrochen, Kulturgrenzen verlassen, Raumgrenzen überwunden und Zeitgrenzen überschritten werden. Andererseits ist im Zuge von ‚Reisen als Massenphänomen' und ‚Internationalisierung des Tourismus' die Frage nach den Grenzen und Begrenzungen auf individueller und gesellschaftlicher Ebene notwendig geworden. Belastungsgrenzen sowohl für Reisende und Bereiste als auch für die ‚Natur' – als das zentrale ökologische und ästhetische Gut des heutigen Tourismus – werden zunehmend angemahnt." (Schimany, 1999, S. 273)

Peter Schimany befasst sich unter dem Eindruck des Massentourismus ebenfalls mit kulturellen Aspekten des Tourismus und erweitert Thiems Modell um zwei weitere kulturelle „Einheiten": die globale touristische Kultur zum einen und die Interaktionskultur zum anderen. Dabei erkennt er ebenso wie Thiem die „Modernisierungsfunktion" des Tourismus für westliche Kulturen an, welche „als soziales Phänomen, grenzüberschreitende Prozesse auslöst, gesellschaftlichen Entwicklungen vorauseilt und soziokulturellen Wandel anstößt" (Schimany, 1999, S. 274–275).

2.1.2.1 Globale (touristische) Kultur

„Denn als das eigentliche Charakteristikum der kulturellen Globalisierungsphänomene deutet sich vielmehr der Trend zur Grenzauflösung und Unschärfe an, der die vermeintlich autonomen Kulturelemente als fließende Phänomene an die globalen Entwicklungsbewegungen anschließt." (Schimany & Seifert, 1997, S. 12)

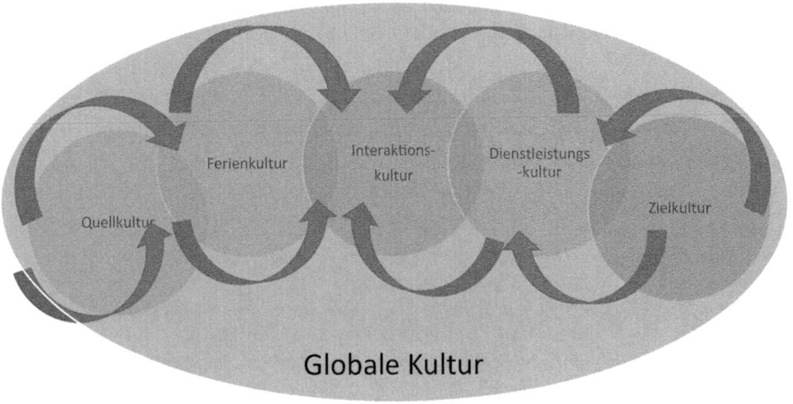

Abbildung 2.1 Erweiterte touristische Kulturen, adaptiert nach Schimany (Schimany, 1997)

Schimany betrachtet den Tourismus als globalisiertes Phänomen und verweist auf die Gefahr, dass in einer entgrenzten (touristischen) globalen Kultur latent alle darin enthaltenen (Sub)Kulturen zu einem einzigen Kulturraum verschmelzen könnten und damit dem Identitäts- bzw. Authentizitätsverlust Vorschub leisten könnten. Auch Michael Zinganel bestätigt diesen Sachverhalt (Abbildung 2.1) :

> *„Diese globalen Kulturen werden aber nur nicht im Sinne eines einseitigen Kolonisierungsprozesses von global agierenden Tourismusunternehmen importiert, sondern sie werden aus den transnationalen Medien- und Reise-Erfahrungen aller involvierten Akteure gemeinsam hergestellt.“* (Zinganel, 2005, S. 42)

Die Soziologen Hans-Werner Prahl und Albrecht Steinecke sehen darum die globale Kultur als Markt, auf dem der „Gebrauchswert Tourismus“ gehandelt wird:

> *„Denn der Gebrauchswert – das Glück in Fremde und Freiheit – bleibt unklar, er ist bloßes Versprechen, solange dem Tourismuskonsumenten keine konkreten Alternativen aufgezeigt werden. Der Massentourismus lebt gerade davon, dass er ‚Glück‘ verspricht, Bedürfnisse weckt und manipuliert, ohne sie voll erfüllen zu können. Würde der Tourismus auf das reduziert, was er einlösen kann – Tauschwerte: Gegen Bezahlung, Unterkunft, Verpflegung, organisiertes Vergnügen oder sonstige touristische Attraktionen – würde er seine Kraft verlieren, die gerade aus der Spannung von Anspruch*

und Wirklichkeit, von ständiger Neuschöpfung und Selbstzerstörung lebt. Hier schließt sich der Kreis.“ (Prahl & Steinecke, 1989, S. 248).

Walter Kiefl und Ursula Klörs hingegen sehen in der globalen Kultur zahlreiche Momente für natürliche und reflexhafte Abgrenzungsphänomene und schaffen eine Verbindung zu Schimanys Interaktionskultur, die nachfolgend als ein Puffer zwischen Ferien- und Dienstleistungskultur vorgestellt wird:

> *„Obgleich im touristischen Selbstverständnis der Aspekt der Grenzüberwindung betont wird, lassen sich dort auch vielfaltige verordnete und frei gewählte Ab- und Begrenzungen feststellen, z. B. nach Schicht, Alter, Lebensstil u. a. m. Charakteristisch ist aber auch die Distanzierung von Einheimischen, verursacht u. a. durch fehlende Sprachkenntnisse oder Unsicherheit. Sowohl Grenzüberwindungsbedürfnisse als auch Abgrenzungswünsche lassen sich ökonomisch verwerten. Hohe Preise hat auch die Aufgabe, ‚Exklusivität‘, d. h. Abgrenzung zu Angehörigen niedrigerer Sozialschichten zu garantieren.“* (Kiefl & Klörs, 1999, S. 278)

2.1.2.2 Interaktionskultur

> *„Die Interaktionskultur ergibt sich durch direkte und persönliche Begegnungen zwischen TouristInnen und im Tourismus beschäftigten Einheimischen. Dieser Bereich umfasst den Raum, wo interkulturelle Kommunikation und Kulturaustausch stattfinden. Zusätzlich werden die soziokulturellen Auswirkungen, die aus der Interaktion zwischen Gästen und GastgeberInnen resultieren, in dieser Dimension berücksichtigt.“* (Kahlenbach, 2013, S. 46)

Schimany bezeichnet die Schnittmenge, in der zwei touristische Kulturen (z. B. die der Ferienkultur und der Dienstleistungskultur, aber auch die von unterschiedlichen Herkunftskulturen) aufeinandertreffen, als Interaktionskultur. Christina Kahlenbach als auch Schimany beschreiben darum deren dynamischen und intensiven Charakter als „eine kulturelle Beschleunigungsfunktion“ (Kahlenbach, 2013, S. 46; Schimany, 1997, S. 175). Auch Rainer Alsheimer, Alois Moosmüller und Klaus Roth sehen in ähnlicher Weise die Interaktionskultur als Schnittstelle für den Kulturkontakt[18]. Karl

---

[18] „Die zentrale Schnittstelle für den Kulturkontakt markiert die Interaktionskultur. Hier nehmen die Personengruppen der touristischen Kontaktnahme die ungewohnte bzw. fremde Kultur der jeweils anderen Gruppe wahr. Dabei vollziehen sich Demonstrationseffekte, d. h., die kulturellen Unterschiede werden (vielfach überprägnant) vergegenwärtigt. Dies stimuliert auch den emotionalen Bereich, wodurch Gefühle der Akzeptanz und der Ablehnung entstehen. (…) Auf der Basis solcher intuitiv-emotionalen Vorentscheidungen werden gewisse Verhaltensweisen ausgelöst und übergreifende Entwicklungen eingeleitet“ (Alsheimer et al., 2000, S. 48).

Heinz Wöhler betrachtet darum die Interaktionskultur als denjenigen sozialen Raum, in dem während des touristischen Konsums zusammen mit einheimischen „Kulturträgern" immaterielles Nutzen „hergestellt" werden könne:

> „*(…) erschließt sich Kultur bzw. das Kulturelle nicht mehr aus der Zuschauerrolle, sondern aus der Mitmachrolle in einer Situation, die Touristen nach der Trennung von zu Hause und der Passage in den Zustand der Liminalität versetzt – in eine Zwischenexistenz, gekennzeichnet durch eine Schwelle, an der das Zuhause sein definitiv endet und das Andere beginnt. (…) Im Modus des liminalen Zustands gilt es, kulturell geprägte soziale Räume zu erschließen. Diese Erschließung als Raumkonsum im Sinne des Mitnehmens eines immateriellen Nutzens, den Touristen oder Reisende durch performatives Handeln erzielen, zu begreifen, kann nur bedeuten, dass erstens die Schwelle mit einer Offerte des Eintretens oder Willkommens im liminalen Raum verbunden ist (selbst wenn dies mit einem Entgelt verknüpft ist). Und zweitens ist ein Zusammensein und Zusammenwirken von Touristen und Trägern der Kulturgegenstände vonnöten, um Ereignisse und somit Wirklichkeiten zu generieren, die auf etwas darüber hinaus deuten – hier auf den immateriellen Nutzen für Touristen zum Performativen.*" (Wöhler, 2011, S. 141)

Die von Schimany thematisierte Interaktionskultur ist insbesondere vom Unternehmenskonzept, explizit von der gelebten Unternehmenskultur[19] abhängig, da sie ausdrückt, was in der unternehmensspezifischen Dienstleistungskultur festgelegt wurde. Hotelbetriebe begründen ihre Unternehmenskulturen zumeist auf familiären Traditionen:

> „*Die enge Verzahnung von Familie und Unternehmen führt zu einer erhöhten Relevanz der Unternehmenskultur, da nicht nur der Gewinn am Jahresende eine Rolle spielt, sondern auch, wie dieser erwirtschaftet wurde und wie soziale Aspekte, wie z. B. der Umgang innerhalb des Unternehmens, charakterisiert sind.*"
>
> (Hennemann, 2018, S. 146–147)

Dies bestätigt auch die Geschichte des deutschen Hotel- und Gastronomiegewerbes, die mittelständisch geprägt ist und sich seit Jahrhunderten auf Familienunternehmen und deren (kulturelle) Traditionen beruft:

[19] „Wenn wir eine Unternehmenskultur wollen, die Spielräume für Exzellenz lässt, dann gibt es gar keine andere Option, als dass diese Kultur für alle gilt. Nicht nur für die Teppich-Etage. Entscheidungen können kein Führungsprivileg sein. Ein Mitarbeiter, der keine Entscheidungen treffen kann, kann keine Kunden begeistern. Genauso wie die Verantwortung. Wenn wir die Verantwortung innerhalb der Führung und bei der Mitarbeiterführung aufteilen wollen, dann gibt es keinen anderen Weg, als auch die Freiheit aufzuteilen. Und das bedeutet zuerst: die Entscheidungsmacht verteilen. Ein Mitarbeiter, der keine Entscheidungen treffen kann, der kann auch keine Kunden begeistern!" (Rath, 2017, S. 34).

„Alles für das Wohl des Kunden. Es wird kein Hotel hierzulande geben, das dieses Motto nicht überschäumend bejaht. Doch es gibt große Unterschiede bei der Umsetzung – und nicht immer gelingt sie. Hier kommen mittelständische, eher kleinere Häuser ins Spiel, die Eigentümer-geführt sind, oft sind es Familienbetriebe. Sie haben in Deutschland einen höheren Marktanteil als im übrigen Europa. Und in den vergangenen Jahren haben sie sich attraktiv entwickelt – weil sie sich um ihre Klientel Gedanken machen und oft flexibler auf Wünsche eingehen als Konzerne." (Mischke, 2018)

Durch die Dominanz zahlreicher internationaler Hotelketten im deutschen Markt sind seit dem Zweiten Weltkrieg eine Vielzahl an angeeigneten Unternehmenskulturen hinzugekommen, deren Ursprung häufig konzeptueller Art sind:

„Die Multikulturalität international operierender Hotelunterunternehmen zeigt sich insbesondere im Kontext verschiedener Kulturebenen, wie sie bspw. von Pizam (1993) und anderen Vertretern der internationalen Managementliteratur (Dülfer, 2001; K. H. Schmidt, 1996)*; thematisiert wurden. Diese Kulturebenen umfassen dem allgemeinen Verständnis nach, die Landeskultur, die Unternehmenskultur, die Branchenkultur sowie die jeweils individuelle Herkunftskultur der beteiligten Stakeholder im Unternehmenskontext der Hotellerie (Mitarbeiter, Gäste, Investoren, Lieferanten, Kooperationspartner, Politik, Öffentlichkeit etc.) und beschreiben damit die kulturelle Diversität eines international tätigen Hotelunternehmens* (Nazarian et al., 2017). *(…) Im Kern geht es für multinationale Hotelunternehmen darum, sowohl auf der Markt- als auch auf der Organisationsebene, das Spannungsfeld zwischen landes- und unternehmenskultureller Prägung zu berücksichtigen und das Verhältnis zwischen diesen Einflusskräften zueinander zu bestimmen."* (Gardini, 2018, S. 188)

Karla Henschel, Axel Gruner und Burkhard von Freyberg ergänzen diesbezüglich, dass Hotelketten und -konzerne multikulturelle Unterschiede und Gemeinsamkeiten häufig nur gering berücksichtigen und deshalb in der Hauptsache die Unternehmenskultur des „Stammhauses" betonen würden (Henschel et al., 2018, S. 174). Umfangreiche international einheitlich zu verwendende Standardisierungen[20] kennzeichnen deshalb zumeist die als Markengarantie positionierte Umsetzung der entsprechenden Unternehmenskulturen, wie Menz ausführt:

[20] „Hinzu kommt eine organisationale Entwicklungstendenz, die in den letzten Jahren immer wichtiger wird: eine wachsende Standardisierung der Produkte, die zunehmend transnational zentralisiert definiert werden. Damit differenzieren sich zwei Bereiche aus, die in der klassischen Privat- bzw. Individualhotellerie zusammenfallen. Die Produktdefinition entfernt sich von den Akteuren vor Ort. Diejenigen, die die Umrisse des Dienstleistungsangebots gestalten, und diejenigen, die es in der konkreten Interaktion mit den Kunden vermitteln, konkretisieren und inhaltlich füllen, entkoppeln sich. Ebenso wächst die Distanz zum Kunden. Steht der klassische Privathotelier zumeist noch in persönlichem Kontakt zu den Gästen seines Hauses, so werden die Richtlinien für die Gestaltung der Angebote in der Markenhotellerie von professionellen Produktentwicklern formuliert, die vermittelt über Medien und

„Erstens definiert das Unternehmen bestimmte Rahmenbedingungen, die für den Interaktionsverlauf relevant werden, beispielsweise in Form von Produktdefinitionen. Die Beschäftigten sind in den Aushandlungsprozessen um das Dienstleistungsprodukt natürlich keineswegs frei; sie müssen nicht nur eigene Vorstellungen und Ziele, sondern auch die Vorgaben und Definitionen des Unternehmens mit denjenigen der Kunden abstimmen. Und sie müssen die Aushandlungsprozesse um das Dienstleistungsprodukt so steuern, dass im Ergebnis ein Produkt entsteht, das den unternehmerischen Produktdefinitionen weitgehend entspricht. Zweitens beeinflusst das Unternehmen – und gegebenenfalls auch Franchisenehmer und Hoteldirektoren – den Verlauf der Interaktionsprozesse dadurch, dass konkrete Vorgaben für Inhalte der Gespräche definiert werden (z. B. dazu, welche Informationen in einem Standardgespräch gegeben werden sollen, wie die Ansprache im Telefonat erfolgt usw.). Und drittens schließlich besteht ein zumindest indirekter Einfluss darin, dass das Unternehmen (bzw. die Franchisenehmer und die Hoteldirektoren) durch die Personalpolitik wesentlich den Umfang der zur Verfügung stehenden zeitlichen Ressourcen bestimmt, die die Mitarbeiter/innen in Anspruch nehmen können."

(Menz, 2012, S. 119–120)

Bei konzeptuellen Unternehmenskulturen besteht die latente Gefahr, dass sie sich in eine autoritative Unternehmenskultur entwickeln, in der zusehends gemeinsame Werte und Normen einen geringen Stellenwert haben bzw. nur noch in außerbetrieblichen Subkulturen gelebt werden (Meiren, 2007). Die Autoren des Kompetenzzentrums des Bundes sehen deshalb, unter Berufung auf eine Studie des Zukunftsinstitutes (Egger et al., 2019), Potenziale in der Entwicklung des Resonanz-Tourismus, indem Sie feststellen, dass touristisch Reisende gezielt Beziehungserfahrungen suchen würden:

„Um das Grundbedürfnis nach Resonanz zu befriedigen, suchen Reisende Beziehungserfahrungen. Für die Tourismusbranche bedeutet das, dass sie Möglichkeiten, in denen Resonanz entstehen kann, identifizieren und Angebote zur Identitätsbildung und Selbstentfaltung schaffen muss. Das Ökosystem eines Resonanz-Tourismus basiert auf vernetzten Lebensräumen mit einer gemeinsamen Identität, in denen die Grenzen zwischen Wohnen, Arbeiten und Reisen verschwimmen. Touristische Anbieter müssen diese gemeinsame Identität in einem kontinuierlichen Aushandlungsprozess finden, als Geschichte aufbereiten und kommunizieren (Storytelling). Resonanz kann auch innerhalb des Unternehmens als Schlüsselstrategie genutzt und damit zur Sicherung von Fachkräften im Tourismus beitragen. Gastfreundschaft steht dabei im Mittelpunkt der Unternehmenskultur. Es gilt den Werten und Anforderungen zukünftiger Generationen durch Empathie und sozial intelligente Führung zu begegnen." (Kompetenzzentrum Tourismus des Bundes, 20120)

---

besondere Kanäle der Kundenbefragung mit den Gästen in Kontakt treten" (A. Hoffmann et al., 2012, S. 220).

2.1.3 Fazit

„Je weiter die Globalisierung voranschreitet, umso mehr scheint die Eigenart der Regionen – ihre kulturelle Identität – in den Blickpunkt des Interesses zu rücken. Es gibt im Hinblick auf diese Identität seit einiger Zeit zwei gegenläufige Tendenzen: Die eine weist in Richtung Vereinheitlichung und Angleichung der Kulturen im Sinne des wirtschaftlichen Wohlstandes und Wachstums, die andere in Richtung einer Zunahme der Bedeutung der kulturellen Identität der Regionen. Im zweiten Falle ist eine neue Betonung regionaler Eigenart im Sinne der umfassenden Wohlfahrt des Menschen auszumachen, wozu die Identität maßgeblich beiträgt. Zugleich nimmt in vielen Ländern die Besorgnis zu, von der Einheitskultur – auch gegen ihren Willen – überrollt zu werden: durch die weltweit operierenden Wirtschaftskonzerne, durch zunehmend vereinheitlichte Erziehungssysteme, durch die Medien und durch den internationalen Tourismus." (Thiem, 2011, S. 27)

Das Hotel- und Gastronomiegewerbe kann als spezifischer tourismuskultureller Raum kulturelle Bedürfnisse erfüllen, insofern die angebotene unternehmenskulturell beeinflusste Dienstleistungskultur den kulturellen Bedürfnissen und Erwartungen entsprechen. Die Schwierigkeit für ein Hotel liegt nach Roy C. Wood darin, für einen individuellen Service zu sorgen und gleichzeitig seine eigentliche Bestimmung, dass die Dienste an alle Gäste verteilt werden sollen, in den Hintergrund treten zu lassen." (Wood, 1994)

„Dies bedeutet, dass die gewünschte persönliche Betreuung für die Gäste inszeniert wird. Es soll ihnen das Gefühl gegeben werden, dass ihnen besondere Wertschätzung und Aufmerksamkeit entgegengebracht wird. Von den Dienstleistern wird dieser Kontakt mit den Gästen als wichtiger Teil ihres Berufes interpretiert (...)." (Schrutka-Rechtenstamm, 1999, S. 105)

Erkennbar herausfordernd diesbezüglich erscheint, dass hotelspezifische Dienstleistungen neben materiellen bzw. tangiblen Komponenten (z. B. das gebuchte Zimmer, die bestellte Speise) einen wesentlichen Anteil an immateriellen Komponenten beinhalten, wobei deren Erbringung die Integration des externen Faktors Gast zwingend benötigt. Aufgrund der kulturellen Verschiedenartigkeit von Gästen als auch von Hotelmitarbeitern kann die Art und Weise sowie die Intensität dieser Koproduktion bei der Erstellung einer hotelspezifischen Dienstleistung situationsbedingt variieren. Erst durch beiderseitiges Involvement kann das vorgehaltene Leistungspotenzial aktiviert und so die nutzenstiftende Wirkung für den Gast entfaltet werden. Um dem entgegenwirken zu können, muss eine hotelspezifische Unternehmenskultur darum wertkonsistente Kulturräume als Projektionsflächen schaffen, in der sowohl die Dienstleistungskultur als auch die Interaktionskultur gastorientiert und gastnah individuell umgesetzt werden kann:

> *„In einer zunehmend säkularisierten Welt geraten andere Bereiche menschlicher Erfahrung auf der Suche nach dem ‚Echten' und schließlich auch nach dem ‚echten Selbst' in das Zentrum des Interesses. Die Suche nach Authentizität dient sogar als wichtiger Schlüssel zum Verständnis der Moderne."*
>
> (Schrutka-Rechtenstamm, 1999, S. 104)

Giancarlo Bethke betont deshalb, dass Gäste „gerne bereit sind, einen etwas höheren Preis zu bezahlen, wenn mit Flexibilität und Persönlichkeit individuellen Gästeansprüche erfüllt werden" können (Bethke, 2012, S. 167). Dies wird auch von Chris K. Anderson bestätigt, der deswegen die Notwendigkeit einer individuell intensiven Gästebetreuung aufzeigt:

> *„Information about the guest, from their temperament to their hobbies, will create a holistic understanding of each individual. This in turn facilitates thoughtful interactions and a personalized experience that will truly resonate. (...) Uniqueness can be expressed as an experience, service, a hotel's personality – or all three. (…) The hotels that bring customers back (…) are the ones who foster deeper emotional connections with their guests in order to meet their higher expectations. When a brand gets it right, it can create a cult-like status among consumers."*
>
> (C. K. Anderson, 2019, S. 18)

Die persönliche und individuelle Gästebetreuung kann demnach, als ein kulturell entwickeltes Dienstleistungsprodukt bezeichnet werden, welches sich im historischen Kontext betrachtet, immer wieder anpassen musste. Im nächsten Kapitel soll deshalb anhand exemplarischer Meilensteine der deutschen Hotelgeschichte nun der Frage nachgegangen werden, wie sich diese speziell in Hotels als touristische Kulturräume manifestiert und über die Jahrhunderte entwickelt hat.

3 Historische Entwicklung der deutschen Hotelkultur

> *„Ursprünglich war der Fremde rechtlos und friedlos. Und wenn auch nicht jedes Zusammentreffen feindliche Begegnung bedeutete, so konnte sie es doch bedeuten. Das lateinische ‚hostis', der ‚Feind', und der deutsche ‚Gast' sind von Haus aus dasselbe Wort. Genosse und Ungenosse, Einheimischer und Fremder standen in einem latenten Zustand, der weder Frieden noch Krieg war, einander gegenüber. Wenn man es für besser hielt, sich nicht feindlich zu begegnen, so mußte man sich um den Frieden vergleichen, d. h. man mußte freiwillig einen Teil dessen hergeben, was der andere sonst im Kampf ganz nehmen konnte, wenn er stark genug dazu war. So gab man sich gegenseitig oder auch einseitig Geschenke, d. h. man gab dem anderen, was er sich wünschte. Das ist die Wurzel sowohl für Tausch und Kauf, den Markt, als für Tribut und Zoll, und auch die Wurzel für die Gastfreundschaft, die dem Fremden gab, was er vor allem brauchte und wünschte: Herberge, Nahrung, selbst Frauen und Weiterhilfe auf der Reise durch Gestellung von Transportmitteln und Führern."* (Rauers, 1941, S. 1)

Flucht, verstoßen zu werden, als auch Naturkatastrophen sind nach Erich J. Leed die archaischen Hauptmotivsysteme, die in der Fremde dazu führen, bei Unbekannten um Gastfreundschaft zu ersuchen (Leed, 1991). Hunger, Durst, das Bedürfnis nach Obdach und Schlaf sowie der Schutz vor Gefahren bilden dabei das Grundmuster ab, gepaart mit physisch-existenzieller Angst. Die damit einhergehende wechselseitige Annäherung von fremden Gästen einerseits und fremden Gastgebern andererseits sowie der Aufbau einer (emotionalen) Wechselbeziehung findet sich darum in zahlreichen überlieferten Sprichwörtern, Gedichten und Aphorismen, Weisheiten oder Dichtungen:

> *„An dem Gaste wird's verspürt, / Wie der Wirt den Handel führt."* (Deutsche Welle, n. d.; Unbekannt, n. d.)

H.-P. Sattler, *Die Bedeutung der Betreuungsintensität für die persönliche Dienstleistung*, https://doi.org/10.1007/978-3-658-46380-9_3

Mit dem Zerfall des Heiligen Römischen Reiches Deutscher Nation in eine Reihe von poströmisch-germanischen Nachfolgestaaten im Frühmittelalter, die spätestens seit dem 7. Jahrhundert nach Chr. als souverän gelten können, setzt die sukzessive Verstädterung bzw. Urbanisierung in den germanischen Gebieten ein (Auge et al., 2016). In den ersten mehr oder weniger gewerblichen Beherbergungs- und Verpflegungsstätten greifen zunächst noch Fragmente germanischer Stammesrechte. Diese wurden von der 2. Hälfte des 5. bis ins 9. Jh. als Rechtsaufzeichnungen etabliert und waren von der Begegnung mit den römischen Besatzern geprägt.[1] Friedrich Rauers zitiert aus einem dieser lateinischen Gesetzestexte die überlieferten und verbrieften Gastrechte:

> *„(…) dem Reisenden soll niemand Herberge verweigern. Man soll ihm zu gerechten Preisen verkaufen, was er braucht, wenn man es selber hat, wenn man es nicht hat, ihm von den Nachbarn verschaffen, bei Strafen für den Gastgeber wie dem Gast, wenn sie sich nicht dem Gastrecht gemäß verhalten. Auch Weide steht dem Gast zu, er darf auch Obst brechen. Es ist schon Übergangszeit. Statt ein Gastgeschenk zu geben, zahlt der Gast schon für die ihm gelieferten Nahrungsmittel und Bedürfnisse der Reise.“* (Rauers, 1941, S. 13)

In den aufkommenden Städten sucht auch die christliche Kirche nach Möglichkeiten zur Einflussnahme auf die mehr oder weniger gewerbliche Gastfreundschaft der indigenen Bevölkerung. Die Christianisierung der Germanen durch klerikale Missionare ermöglicht, dass die Kirchen mit ihren Klöstern und Hospizen Aspekte der germanisch archaischen Gastfreundschaft mit der christlichen und moraltheoretischen Caritas[2] verbinden kann:

> *„Als nun das Christentum in Deutschland eingeführt wurde, übernahm fast ausschließlich die Kirche die Aufgabe der Gastfreundschaft, stellte sie aber auf eine neue Basis. Indem sie den Fremden aufnahm und bewirtet, erwies sie in ihm Christo selbst diese karitative Tat. (…) Als Arme galten der Kirche an erster Stelle diejenigen, die der Heimat entbehrten, die Wanderer und Pilger, weiterhin auch alle besitzlosen, Kranken, Witwen und Waisen. Die Sorge für die Fremden und armen trug die Kirche vor allem der Geistlichkeit, dem Welt- und Ordensklerus auf und an erster Stelle den Bischöfen. Ihre Häuser sollten Zentren der Gastfreundschaft sein.“* (Stehle, 1937, S. 15)

---

[1] Neben der „Lex Romana Visigothorum“ (ca. 506 n. Chr.) gehörte das „Pax dei“ (ca. 1083 n. Chr.) zu den bedeutsamsten von den Germanen aufgezeichneten „Römerrechten“.

[2] „Für die Caritas gilt der biblische Auftrag, allen Fremden Schutz, Gastrecht und Solidarität zu gewährleisten. Damit die Menschenwürde im täglichen Leben geschützt wird, braucht es das Engagement von Einzelnen und Gruppen. Die Eigenverantwortung des Einzelnen und die soziale Verantwortung der Gesellschaft müssen dabei in einer guten Balance stehen“ (Standera, 2013).

Im Rahmen mehrerer Reichskirchenreformen zwischen 816 und 819 wird die Caritas entscheidend reformiert und vom Gewerbezweck entbunden (Naberhaus, 1930). Insbesondere die Klöster müssen sich fortan von weltlichen Wirkungsstätten zurückziehen und sich auf die Arbeit innerhalb des Klosterbereichs, auf Gottesdienst und Chorgebet konzentrieren. Mönchen, Nonnen und Geistlichen wird sogar der Besuch gewerblicher gastronomischer Betriebe streng untersagt (Kettemann, 2008):

> *„Mit der aufkommenden Stadtwirtschaft, mit dem Entstehen von wirtschaftlichen, kulturellen und religiösen Zentren, mit der Abnahme der Gastlichkeit in den Klöstern und Burgen war die Zeit zur Ausbildung von besonderen Gasthäusern reif geworden und damit auch der geeignete Boden für das aufstrebende Gasthausgewerbe geschaffen. Seit dem 13. Jahrh. finden wir in den Städten und auf dem Lande zahlreiche Stellen des Wein- und Bierausschanks, besonders mannigfaltig sind sie in den Städten."* (Kachel, 1924, S. 48)

3.1 Gasthäuser, Gasthöfe und Fürstenherbergen

> *„Ist das Pferd besorgt, so begibst du dich, wie du bist, in die Stube mit Stiefeln, Gepäck und Schmutz. Diese geheizte Stube ist allen Gästen gemeinsam. Daß man wie bei den Franzosen eigene Zimmer zum Umkleiden, Waschen, Wärmen oder Ausruhen anweist, kommt hier nicht vor, sondern in dieser Stube zieht du die Stiefel aus, bequeme Schuhe an und kannst auch das Hemd wechseln. Die vom Regen durchnäßten Kleider hängst du am Ofen auf und gehst, dich zu trocknen, selbst an ihn hin. (...). So kommen in demselben geheizten Raume häufig 80 oder 90 Gäste zusammen, Fußreisende, Reiter, Kaufleute, Schiffer, Fuhrleute, Bauern, Knaben, Weiber, Gesunde und Kranke."* (Rotterdam, 1927)

Die früh- und hochmittelalterlichen Gasthäuser[3] auf deutschem Boden weisen keine festgelegte Größe auf. Liebenau erwähnt deshalb, dass diese äußerst primitiv anzusehen sind und sich kaum von Privathäusern unterscheiden (Liebenau, 1891). Wallner ergänzt, dass in katholischen Gegenden ein frommer Spruch oder Wunsch über oder neben dem Eingang angebracht ist (Wallner, 1968). Gasthäuser werden über einen zentralen Eingang betreten, ankommende Gäste werden direkt in der Gaststube empfangen. In den zumeist eingeschossigen Gebäuden verteilen

[3] „Das Gasthaus, des -es, plur. die -häuser. 1) Das Haus eines Gastgebers oder Gasthalters, ein öffentliches Haus, in welchem Gäste oder Reisende für Geld aufgenommen und verpfleget werden; in den niedrigen Sprecharten ein Wirthshaus. Schon in dem Tatian Gasthus, im Angels. Gysthus, bey dem Ottfried Gastuissi" (Adelung, 1796, S. 430).

sich alle gewerblichen Räume zumeist auf einer Ebene. In vielen Gasthäusern (insbesondere denen im landwirtschaftlichen Nebengewerbe) ist die zumeist offene Küche noch in den Gastraum integriert. Die familiäre „Bauernstube“ ist damit auch Gaststube.

Für den Getränkeausschank ist bereits früh ein Schanktisch[4] installiert, die gemeinsame Mahlzeit wird am Wirtstisch, der patriarchisch geführten Gemeinschaftstafel[5] eingenommen. Liebenau illustriert dazu, dass bis ins 16. Jahrhundert zum Sitzen selten Stühle, sondern Bänke mit verschließbaren Schubladen für die Habseligkeiten der Gäste vorhanden sind (Liebenau, 1891). In den frühen Gasthäusern werden zur Nacht Stroh oder Holzspäne auf dem Boden ausgestreut, auf dem Reisende ihre (mitgebrachten) Matten und Decken ausbreiten können. Andere schlafen auf den Sitzbänken, die manchmal mit Kissen oder Polstern ausgestattet sind (Rauers, 1941). Die primitiv anmutende Dienstleistungskultur ist nicht zuletzt dem elaborierten Habitus der Epoche geschuldet. Reisende nehmen allgemeinhin eigene Unterkunfts- und Lagerutensilien in Form von Zeltwagen oder Zelten mit. Da kaum ein Straßennetz noch verlässliche Straßenkarten oder Reiseführer vorhanden sind, ist das Lagern[6] oder Biwakieren bei Anbruch der Dunkelheit völlig normal, das Übernachten in Gasthäusern eher Ausnahme (Henkel, 1983; Rösener, 1993).

Im Hochmittelalter zeichnete sich zunehmend ab, dass Gasthausanlagen insbesondere an relevanten Orten (Verkehrsknotenpunkte, Handelsplätze und bedeutenden Kirchen- oder Herrschaftsorten) größer und zumeist vierseithofartig, mit einem oder selten mehreren Haupthäusern und weiteren funktionalen Wirtschaftsgebäuden ausgebaut werden. Um einen Innenhof gruppiert[7] entstehen so Schutzräume für Transportfahrzeuge, Transportgüter und Zugtiere (Doehler-Behzadi & Cârstean, 2013, S. 5 ff.; Kleemaier-Wetl, 2015, S. 80 ff.). Diese

[4] Der Schanktisch entwickelt sich in späteren Jahrhunderten zum Schanktresen und zur Bar weiter.

[5] „Der Gast, der ankam, musste sich auf eine Bank setzen, und wenn diese besetzt war, unter Umständen mit dem Boden ‚Vorlieb nehmen‘. (…) In den Gaststuben hatte man die Tischbretter auf Schragen gelegt und nach Beendigung der Mahlzeit hob man sie wieder auf, wovon der Ausdruck ‚die Tafel aufheben‘ noch heute kündet“ (Hoffman, 1961, S. 41).

[6] Daniel Chodowiecki berichtet von einer Reise nach Danzig um 1773, über die Nacht in einem Gasthof in Wutzkow (heute Oskowo, Polen): „Endlich sucht man das Strohlager auf, nur der Kaufmann kriecht unter das Verdeck seines Wagens“ (Chodowiecki, 1994; Das Goethezeitportal, n. d.).

[7] Vorbildcharakter hatten diesbezüglich Burgen, Wehranlagen der weltlichen und Klöster der geistlichen Herrschaft im jeweiligen Herrschaftsgebiet.

ausgebauten Gasthäuser werden regional als Gasthöfe bezeichnet[8] und zeigen in ihrer Architektur erstmals ein differenziertes Raumprospekt von Wirtschaftsräumen, Wohn- und Schlafräumen sowie Privaträumen der Betreiber, die von den Gästen nicht betreten werden dürfen. Die vormals eher improvisierten Schlaflager in der Gaststube werden zugunsten von Schlafstuben aufgegeben, in denen sich Gäste sogar oft Betten teilen müssen (Benker, 1974). Die qualitativen Unterschiede in Komfort und Hygiene sind in den verschiedenen deutschen Herzog- bzw. Fürstentümern und Reichsstädten groß und variieren erheblich:

> *„Wir bemerkten niemals Spinngewebe noch Schmutzspuren in all diesen Gasthäusern; in einigen gibt es Vorhänge, die man nach gefallen vor die Fenster ziehen kann. Tische finden sich nicht in den Zimmern, ausgenommen die an dem Fuß jedes Bettes angebrachten, die sich nicht in Scharnieren bewegen und nach Belieben auf- und zugeklappt werden können. Die Bettfüße ragen 2-3 Fuß über die Bettstellen hinaus, oft so hoch wie das Kopfkissen; das Holz, das dabei verwendet wird, ist gut und zeigt schöne Arbeit (…) an die Betten sind vor die Wand oft Tücher und Vorhänge gezogen, damit man die Wand nicht anspuckt oder verunreinigt."* (M. Hoffmann, 1961, S. 73; Montaigne & Flake, 1921; Rauers, 1941, S. 399)

Im 17. Jahrhundert verstetigen sich die Bemühungen, die beherbergenden Betriebe nach Ständen und/oder Gewerken zu unterscheiden und gesetzlich zu statuieren:

> *„Es liegt im System des Lehns- und naturalwirtschaftlichen Staates, daß wie alles Land, auch alle Rechte, auch das Recht auf bestimmte Arten von Arbeit, als von höchster Hand letzten Endes verliehen erschien. Dass mit der Schildgerechtigkeit war der eigentliche Dorfkrug. In den Städten war dieselbe Scheidung, nur komplizierter. Die Garköche, die eigentlich nicht herbergen sollten, konnten, wenn sie Lust hatten, armes*

[8] „Außerdem sind da und dort, z. B. in Bayern, im Elsass, am Rhein etc., Gasthöfe aus der Renaissance-Zeit erhalten, deren im Allgemeinen übereinstimmende Anlage ungefähr folgende ist. Vorn an der Straße oder am Platze liegt der Hauptbau, der mit dem Schilde (zum Rothen Roß, zum Engel, zu den drei Kugeln oder wie er sonst heißen mag) als Wirthshaus bezeichnet ist. Hieran schließt sich nach hinten ein mit offenen Stein- oder Holz-Galerien umbauter Hof, zu dem man mittels einer gewölbten Thorhalle nächst dem einen Ende des meist beiderseits angebauten Grundstückes gelangt. Diese Thorhalle führt unten (im Erdgeschoss) unmittelbar in die Schenke und Wirthsstube; hinter diesen liegen Küche und Vorrathsräume. Hier am Eingang zum Hofe ist auch die Treppe, zum Theile frei in die Thorhalle eingebaut. Erstere mündet in die Hofgalerien der oberen Geschosse, welche den Verkehr mit den ringsum liegenden Gastzimmern vermitteln. Im Vorderhause ist überdies am Austritt der Treppe eine Art Vorsaal oder große Diele angeordnet. Bei großen Anlagen pflegt im rückwärtigen Theile des Anwesens, welches zu ebener Erde die Stallungen enthält, eine zweite Verbindungstreppe im Anschluss an die Galerien vorhanden zu sein" (Hude, 1885a, S. 175).

> *und fahrendes Volk aufnehmen, das sich die Schildwirte, gern vom Halse schafften. Die Karrenwirte hatten mittlere Taxen und konnten in neuerer Zeit nur Bauern und Fuhrleute beherbergen, dagegen nicht den Herrenwirt spielen, da sie höhere Taxen, wie sie den größeren Ansprüchen der Herren entsprachen, nicht nehmen durften. Die Herrenwirte hatten höhere Taxen und somit kamen die Leute mit höheren Ansprüchen allein zu ihnen, durften sie allein Herren herbergen. In der Stadt sind die Wirte in die städtische Entwicklung eingespannt, ihre Taxen bestimmt der Rat; (...).“* (Rauers, 1941, S. 162)

Die fokussierte Zielgruppenspezialisierung ist auch Außen am Gebäude sichtbar, indem z. B. heraldische Symboliken als Aushängeschild (Nasenschild) angebracht werden (müssen) oder Fassadenmalereien (Lüftlmalereien) den Anspruch des Betriebs zum Ausdruck bringen (Wallner, 1968). Insbesondere an den großen Handelsstraßen, Reichsrouten oder aber auch in Konzil- oder Reichsstädten spezialisieren sich besonders repräsentative Gasthöfe zu Fürstenherbergen[9], in denen Herrschende bei Besuchen ihrer Ländereien oder bei Gerichtsbarkeiten residierten. Die Fürstenherbergen[10] bilden damit einen hotelähnlichen Betriebstypus ab, aus dem Ende des 18. Jahrhunderts schließlich die ersten Hotels hervorgehen werden:

> *„Auf dem Lande heißen die Gasthäuser vorzugsweise Wirthshäuser, während sich die größern in den Städten Hôtels, Höfe (Gasthöfe) nennen und sich durch Schilder bemerklich machen, auf denen der Name eines Fürsten, Orts, Landes, Thiers usw. angegeben ist. Die besteingerichteten Gasthäuser findet man in Deutschland, in der Schweiz, in England und Frankreich.“* (Brockhaus, 1838, S. 148)

---

[9] „Das Gastgewerbe nahm allmählich Verbesserungen an, welche sich auch mit der steigenden Sicherheit und der Vervollständigung der allerdings immerhin noch primitiven Verkehrsmittel besser rentierten. So fand man denn bereits am Anfange des XVIII. Jahrhunderts – besonders in grösseren Städten, wo die Entwicklung naturgemäss eine schnellerer sein konnte – öfters Gasthöfe, welche eine Sonderung der Reisenden ermöglichten und eine grössere Befriedigung der individuellen Ansprüche anstrebten“ (Hegenbarth, 1897, S. 2).

[10] Fürstenherbergen übernahmen mit der Aufnahme ihrer Gäste nicht nur beherbergende und verpflegende, sondern auch repräsentative und residierende Funktionen. Sie waren dabei sogar zeitweiliges Refugium für monarchische Aufgaben, was am Beispiel des Gasthofs Krone in Ulm (erbaut 1320) deutlich wird: „Die Krone in der Kronengasse ist die älteste Gaststätte von Ulm. Sie wurde erstmals im Jahr 1320 als Herberge erwähnt. Die Krone war eine Fürstenherberge für berühmte Männer wie König Ruprecht oder den Reformator Johannes Hus. Im Jahr 1430 nahm Kaiser Siegesmund in der ‚Cron‘ zu Ulm Quartier. Auch während des 30-jährigen Krieges stiegen berühmte Persönlichkeiten in der Krone ab. Insgesamt waren 30 verschiedene Könige und ein Kaiser zu Gast in der Krone. Sie saßen meist an der heute unverputzten Wand – es ist die älteste sichtbare Hauswand der Stadt – und nahmen Huldigungen und Geschenke der Ulmerinnen und Ulmer entgegen“ (Krone Ulm, n. d.).

3.1.1 Wirtefamilien

„I) Vorsteher der Haushaltung: pater familias (der Hausvater). – aedium dominus (Besitzer des Hauses, in Bezug auf die Mietleute). [2716] – ein guter W. (v. Hausvater), pater familias diligens: ein schlechter W., pater familias neglegens. – ein guter W. sein, attentum esse ad rem; rei familiaris rationem habere; rei familiari operam dare: kein guter W. sein, paulo omissiorem esse ab re; rem familiarem neglegere. – II) Verpfleger von Gästen, a) = Gastfreund, w. s. – b) = Gastgeber, w. s. – c) = Gastwirt, w. s." (Georges, 1870, Sp. 2716–2717)

Das Nomen „Wirt" hat im Mittelhochdeutschen ein erkennbar breites Bedeutungsspektrum. Hans Conrad Peyer merkt dazu an, dass im Neuhochdeutschen jedoch bald eine starke sprach-evolutionäre Reduktion des Begriffs auf Beherbergung und Speisung als Wirtschaftsfaktor zu beobachten ist, worauf schließlich der Gast- und Schankwirt als Besitzer bzw. Betreiber eines gastgewerblichen Betriebs zurückzuführen ist (Peyer, 1983). Ähnliches gilt für die weibliche Form „Wirtin", welche seit dem frühen Mittelalter bekannt ist:

„Dort hingegen, wo die Frau des Hauses aktiv beteiligt ist an der Aufnahme und der Betreuung des Gastes, ist sie die Wirtin. Mit der Ausnahme alleinstehender Herrscherinnen wird es in der Regel die Ehefrau des Wirtes sein; da macht auch wohl die Frage nach privater oder professioneller Gastlichkeit keinen Unterschied: Es dürfte sich auch bei Gasthäusern um Familienbetriebe gehandelt haben, in denen die Frau des Chefs die Chefin ist." (Friedrich & Parr, 2009, S. 109–110)

Wirt und Wirtin als auch die Branche an sich haben bereits früh ein negatives Image. Der Typus des verdorbenen Gastwirtes lässt sich daher auch konsistent ab dem frühen Mittelalter nachweisen. Er taucht in zahlreichen in- und ausländischen Erzählungen auf (Potthoff & Kossenhaschen, 1932). Ebenso häufig werden Gerüchte über gepanschte Getränke oder vergiftete Speisen kolportiert. Das Spannungsverhältnis zwischen Gastgebern und Gästen ist wechselseitig geprägt von Misstrauen gegenüber fremden Reisenden, die als Elende bezeichnet werden, sowie der Notwendigkeit zu überleben. Die Margen sind niedrig, die Abgabe von Alkoholika ist hoch besteuert und wird penibel von den Obrigkeiten überwacht. Auch die mittelalterliche Kirche hat ein Auge auf das Leben in den Gasthäusern und Gasthöfen und verurteilt das dort vermutete Laster von Maßlosigkeit, Vielweiberei und Völlerei (Benker, 1974). Deswegen werden den Wirten strenge Regeln auferlegt, indem sie die Gäste zu beobachten haben:

„Hinzu kamen zudem herrschaftlichen Regelungen, Verordnungen bzw. Gesetze, welche den Wirt bzw. die Wirtfamilien gegen Strafe oder Verlust des Geschäfts dazu

zwangen, Gäste nicht nur anzumelden, sondern ebenso zu beobachten, zu überwachen und Maß zu regeln: Sobald Sie im Hause sind, soll der Wirt oder die Wirtin ihnen das Schwören, Fluchen, Schelten, Zanken, Greinen, jede nutzlose Rederei oder alles ungefügige Wesen verbieten. (...) Neue Gesetzgebungen, die vor allem den Alkoholkonsum und damit verbundene Streitereien und Prügeleien eindämmen sollen, werden von den Gastwirten häufig umgangen, die Branntwein herstellen. Per Gesetz ist der Gastwirt zudem verpflichtet, für sicheres Geleit auf den Straßen zu sorgen. Steuern und Abgaben auf gastgewerbliche Leistungen werden nach und nach eingeführt. 1748 erlässt die Residenzstadt Braunschweig ein Wirtsgesetz, das sogar die Abgabe bzw. Annahme von Trinkgeld regelt. Nach und nach weicht die Erlaubnis der Herrschaft (Adel oder Klerus) der Konzessionspflicht und dem Wirte-Eid. Beide umfassen eine Menge an Bestimmungen. So sind Steuerfragen, Fragen der gastlichen Leistung, das Meldewesen sowie die Behandlung von Verdächtigen geregelt.“ (Stehle, 1937, S. 21)

Unternehmen und Eigentum der Wirtefamilien sind deshalb auch weitestgehend abhängig vom Adel oder der Herrschaft, als Besitzer von Grund und Boden und der Liegenschaft. Der familiäre Zusammenhalt innerhalb der Gastwirtsfamilie, der kulturell bedingte traditionelle Kontext von Familienbanden, sicherte daher das Überleben und die generationsübergreifende Fortführung des Betriebs:[11]

„Ein Familienunternehmen kann für die Familie und jedes einzelne ihrer Mitglieder eine Bereicherung sein. (...) Die Geschichten und Legenden von Familienunternehmen sind ebenfalls eine Bereicherung, da sie Familienmitgliedern einen historischen Kontext bieten. Die Familienmitglieder wachsen mit dem tief verinnerlichten Bewusstsein für die Anfänge des Unternehmens und seine Geschichte auf (...).“

(Schwass, 2007, S. 21)

Die familiäre Arbeitsteilung[12] im Gasthaus bzw. Gasthof des Mittelalters zeigt sich arbeitsorganisatorisch geschlechts- und rollenspezifisch geprägt. Der Wirt führt, die Wirtin und ihre weiblichen Kinder erledigen die Hilfsarbeiten wie auch

[11] Während in vielen anderen mittelalterlichen Berufen und Gewerken aufgrund von Zunftgesetzen die Nachfolgeregelung auf den erstgeborenen Sohn übergehen und Töchter eine eher untergeordnete Rolle spielten, kann dieses Phänomen, mutmaßlich aufgrund der haushaltsnahen Tätigkeiten, im Gastgewerbe des Mittelalters nicht beobachtet werden. Frauen bzw. Witwen dürfen zwar kein eigenes Gastgewerbe eröffnen, jedoch dieses weiterführen, was in zahlreichen Aufzeichnungen, Dichtungen und Erzählungen beschrieben wird (Benker, 1974).

[12] „Früher war es selbstverständlich, dass die Wirtstöchter in Haus und Hof eingesetzt wurden. Gelegentlich kann man auch heute noch einen derartigen Familienbetrieb antreffen. Ein Beispiel für viele möge hier Platz finden: Als der tüchtige Zantl-Wirt in Bad Tölz durch einen Betriebsunfall ums Leben kam, stand die Wirtin mit ihren drei Töchtern vor der schweren Aufgabe, das große Anwesen allein in Schwung zu halten“ (Benker, 1974, S. 184).

die Bedienung und Versorgung der Gäste. Insbesondere das Anbieten von Speisen und Getränken ist deswegen häufig durch die animierende Art des „Anbietens" mit erotischen und sehnsuchtsvollen Narrativen[13] aufgeladen, wie u. a. im Liedtext der deutschen Ballade „Der Wirtin Töchterlein" von Johann Ludwig Uhland (1787–1862) deutlich wird:

> *„Es zogen drei Burschen wohl über den Rhein; Bei einer Frau Wirtin, da kehrten sie ein;*
> *Frau Wirtin, hat sie gut Bier und Wein? Wo hat sie ihr schönes Töchterlein?*
> *Mein Bier und Wein ist frisch und klar; Mein Töchterlein liegt auf der Totenbahre;*
> *Und als sie traten zur Kammer hinein, Da lag sie in einem schwarzen Schrein.*
> *Der Erste schlug den Schleier zurück; Und schaute sie an mit traurigem Blick,*
> *Ach, lebtest Du noch, Du schöne Maid! Ich würde Dich lieben von dieser Zeit!"*
> (Assel & Jäger; Foshag, 2010)

3.1.2 Personelle Verstärkung

> *„Wie das ‚Kind im Haus' wurde von rechtschaffenen Wirtsleuten so manche Köchin oder Dienstmagd gehalten, streng, aber gerecht, rau, aber herzlich, umsorgt in alten und kranken Tagen. So ein Mädchen war in der guten alten Zeit ein Familienstück, um das mancher moderne Gaststättenbesitzer, sein ständig wechselndes Personal bedenkend, die Vorgänger beneidet."* (Benker, 1974, S. 184)

Umso größer der Gasthof, umso mehr zusätzliches Personal und Gesinde wird benötigt. So beschreibt beispielsweise der Augsburger Patrizier Philipp Hainhofer (1587–1864) einen Regensburger Gasthof, der von einer Witwe (weiter-) geführt wurde, indem zahlreiche Mägde(lein)[14] zur Bedienung bereitstanden (Hainhofer, 1901). Eine ähnliche Schilderung der Arbeitsteilung findet sich auch

[13] Auch in der späteren Sexwelle der 1960er- und 1970er-Jahre werden diese Narrative wiederbelebt. So entstehen Filme mit Titeln wie „Frau Wirtin´s tolle Töchterlein", „Frau Wirtin hat auch eine Nichte" oder „Frau Wirtin bläst auch gern Trompete".

[14] „Magd, Maid, Magedeie, Mägdlein, Mädchen, ursprünglich eine unverheirathete Frauensperson. Die Bibel nennt Maria eine ‚reine Magd'. Nach unserm heutigen Sprachgebrauche ist Magd ein weiblicher Dienstbote, welchem die niederern und schwerern Arbeiten im Hauswesen obliegen. Nach Art der Beschäftigung gibt es Küchenmägde, Scheuermägde, Kuhmägde etc. Was sich in die Stube und Kammer hinauf versteigt, erhält das Diminutiv Mädchen: Kammermädchen, Stubenmädchen (s. Gesinde)" (Herloßsohn, 1834, S. 471).

in den Reiseschilderungen von Antonio de Beatis, der die Reise des Kardinals Luigi d´Aragona (1474–1519) durch Deutschland festgehalten hat. In allen Gasthöfen, so Beatis, seien „drei oder vier Mädgelein" als Serviermädchen zu Diensten, denen man, wie der Wirtin auch, die Hand geben müsse, die sich trotz Einladung zum Mittrinken jedoch nicht küssen ließen (Beatis, 1905). Insbesondere in den besseren Gasthöfen wurden neben Mägden (Dienstmädchen) und Knechten (Burschen) nun auch Küchen- und Schankpersonal beschäftigt. Eduard Schmahl beschreibt dieses am Beispiel eines namentlich nicht bezeichneten, besseren Gasthofs (wahrscheinlich einer Fürstenherberge) in Kassel, im Fürstentum Kurhessen:

„Vor dem Hause, dessen Schild und Zeichen ich weiter nicht nenne, mit eigenem Fuhrwerk angekommen, empfing mich der Wirth an der Thür, fragte mit freundlicher Höflichkeit, ob ich bei ihm übernachten würde, und in welcher Etage mir ein Zimmer gefällig wäre. Nachdem ich mich hierüber erklärt hatte, wurde dem Zimmerkellner aufgetragen, mir die vom Wirthe bezeichnete Nummer anzuweisen. Hier erschien ein reinlich gekleidetes Stubenmädchen, besorgte frisches Wasser und fragte bei dieser Gelegenheit, ob ich – es war Sommerszeit – auf Matratzen, unter leichten Decken, oder in Federbetten zu schlafen wünschte. Der Hausknecht brachte zugleich den Koffer und bat sich meine Effekten zur Reinigung aus, sodann erschien der Kellner mit dem Fremdenbuche, bat um Eintragung des Namens und erkundigte sich ohne unnützes und überlästiges Fragen nach meinen Bedürfnissen (…).“

(Schmahl, 1834, S. 3)

Aus dem Zunftrecht heraus begründet sich auch das aufkommende gastgewerbliche Lehrlingswesen. Hoffmann bedeutet dazu, dass minderjährige Lehrlinge (12–14 Jahre) mit Beginn ihrer Lehrzeit in die häusliche Gemeinschaft des Gasthofs eintreten und sich den Sitten, Gebräuchen und „Ausbildungsmaßnahmen" unterwerfen müssen, wie am Beispiel des Rechtsbuchs von Kaiser Ludwig (1282–1347) um 1346 deutlich wird:

„Von Lehrkindern. Schlägt ein Mann sein Lehrkind mit Gerten oder mit der Hand, ist er niemandem Rechenschaft schuldig. Macht er ihm Blutrunst an der Nase, so ist er gleichfalls keine Rechenschaft schuldig. Macht er ihn blutrünstig anderswo, dass (so) mit Gerten und Ruten geschieht, soll er es büssen den Angehörigen und dem Richter; schlägt er es zu Tode, muß er es büßen, als hier vorgeschrieben ist. Niemand soll einem Lehrkind mehr Schläge geben denn zwölf ungefährlich.“ (Hoffman, 1961, S. 49)

3.1.2.1 Bewirtung

> *„Von einer fachmännischen Ausbildung der Wirthe, wie dies bei den zünftigen Gewerben in der Schweiz bis 1798 der Fall war, finden wir keine Spur. Für die sprachliche Ausbildung wurden die Wirthssöhne in die Fremde geschickt, wo sie auch im Servieren unterrichtet wurden. Die Buchführung und den Einkauf der Weine erlernten sie zu Hause. Die Lingerie und Küche dirigierte meist die Frau, die in der Regel aus der Zahl der Wirthstöchter gewählt wurde.“* (Liebenau, 1891, S. 218)

Das Wirtepaar und auch das Hilfspersonal sind in der Regel nicht bzw. kaum ausgebildet bzw. verfügen lediglich über kulturell bedingtes Erfahrungswissen. Benker merkt dazu an, dass die fast bei allen Handwerken und Gewerben übliche Sitte des Gesellenwanderns nach der Lehre für das Gastgewerbe nicht besteht. Regeln und Bewirtungstraditionen[15] werden von Generation zu Generation nach dem Gewohnheitsrecht weitergereicht und als „Best Practices“ reproduziert (Benker, 1974). Die Bewirtung orientiert sich am familiären Gewohnheitsrecht, wie Gabriele Jahnke abschließend betont:

> *„Die juristischen Traktate zu Gastfreundschaft waren trotz ihrer Ausrichtung auf obrigkeitliche Zugriffe zugleich Abhandlungen über eine Gesellschaft auf der Basis von Haushalten, in denen die Verfasser sich vor allem mit Fragen der haushaltsexternen Integration befassten. Eine aus Haushalten bestehende Gesellschaft und ihre Strukturen waren für die Juristen das als gegeben Vorausgesetzte, das der Darlegung nur bedurfte, um den genauen Ort des rechtlich relevanten Geschehens in diesem Feld deutlich zu machen.“*(Jancke, 2013, S. 210–211)

Zur „Bewirtungskultur“ gehört, dass zahlreiche Gebrauchsgegenstände (noch) nicht für Gäste vorgehalten werden. Es gibt nur ein Minimum an Geschirr, Messer (und andere nutzbare Bestecke) müssen die Gäste selbst mitbringen[16] (Zischka et al., 1994).

---

[15] „Ob überall dieselbe Art die Gäste zu behandeln herrscht, weiß ich nicht; ich kann nur erzählen, was ich selber sah. Den Ankommenden begrüßt kein Mensch, damit es ja nicht den Anschein habe, als ob sie auf Gäste aus wären, denn das halten sie für schmutzig und gemein und eines ernsthaften Deutschen unwürdig. Hat man lange genug gerufen, so streckt schließlich jemand den Kopf aus einem Fensterlein der geheizten Stube. (…)“ (Potthoff & Kossenhaschen, 1932, S. 276–290).

[16] „Vornehme Reisende pflegten bis ins 19. Jahrhundert hinein die von ihnen benötigten Service in Koffern mitführen zu lassen, da öffentliche Herbergen sich den Luxus edlen Tafelgeschirrs oft nicht leisten konnten. (…) Besonders prunkvolle Koffer des 18. Jahrhunderts versorgten fürstliche Gesellschaften von sechs bis zwölf Personen bei der Tafel, vergaßen aber auch Toilettenutensilien oder Schreibgarnituren nicht“ (Zischka et al., 1994, S. 364).

3.1.2.2 Bedienung

„Die Bedienung, plur. die -en. 1) Die Leistung häuslicher und niedriger Dienste; ohne Plural. Er ist zu meiner Bedienung da. 2) Als ein Collectivum, alle Bedienten, die jemand hat. Seine Bedienung und Küche bestehen aus sehr wenig Personen. Und dann aus übertriebener Höflichkeit bey einigen auch so viel als ein Bedienter oder eine Bediente, in der ersten Bedeutung. Ist ihre Bedienung noch nicht da? 3) Ein Amt. Eine gute, austrägliche Bedienung. Er hat noch keine Bedienung. Einem eine Bedienung geben, zu einer Bedienung verhelfen. Im Oberdeutschen ist dafür Bedienstung üblich."(Adelung, 2014, S. 782)

Insbesondere adelige und geistliche Reisende werden auf ihren Reisen üblicherweise von zahlreichen (leibeigenen) Bediensteten begleitet, deren „Benutzung" synonym mit „Bedienung" zu verstehen ist.[17] Die Domestiken stehen in den Gasthöfen in Mittlerfunktion zwischen Herrschaft und Gastwirtspersonal und sind auch dort für deren Bedienung zuständig (Knoch, 2016):

„Das Personal (…) mit Ausnahme vielleicht des Besitzers und Geschäftsführers, denen eine solche Auszeichnung möglicherweise zu Theil werden kann, wird selten Gelegenheit haben, mit den hohen und höchsten (…) abgestiegenen Herrschaften in ein Gespräch zu kommen, ja es wird sogar vielfach nicht einmal eine directe Anfrage zu stellen oder denselben eine Antwort zu geben haben. Denn die wichtigeren Angelegenheiten erledigen die Reisebegleiter, wie Kammerherren, Adjutanten, Hofdamen u. s. w., während für die geringfügigeren die eigene Dienerschaft der Herrschaften eintritt, welche sämmtlich mit den Bedürfnissen und Eigenheiten derselben auf das Genaueste vertraut ist. Diesen liegt demnach die Empfangnahme der Befehle und die Ausführung derselben vorzugsweise ob, (…). In all´ diesen Fällen wäre es eine unverantwortliche Taktlosigkeit der Angestellten, ohne Vorwissen der herrschaftlichen Reisebegleiter eigenmächtig zu verfahren." (Hegenbarth, 1897, S. 79–80)

Das mitreisende Haus- bzw. Hofpersonal liefert somit einen Maßstab für die Professionalisierung der gehobenen Dienstleistungskultur[18] des Gastgewerbes und skaliert damit das Beziehungskonstrukt zwischen Gastwirt und gesellschaftlich höherstehenden Gästen sowie dem Bedienungspersonal untereinander:

---

[17] „ūtor, ūsus sum, ūtī, von etwas Gebrauch machen, etwas gebrauchen, anwenden, benutzen, sich etw. zunutze machen, einer Sache sich bedienen, auch etw. genießen, einer Sache sich erfreuen (…)" (Georges und Georges (1918, Sp. 3335–3336).

[18] „Servīl (v. lat.), 1) knechtisch, sklavisch; 2) kriechend, niederträchtig. Daher Servile, 1) diejenigen, welche aus Furcht, Eigennutz od. anderen niedrigen Beweggründen gegen hochgestellte Persönlichkeiten, namentlich gegen die Inhaber der Macht, einen Diensteifer beweisen, welcher des freien Mannes unwürdig ist" (Pierer (1862, S. 901).

„Es gibt kaum eine Gesellschaftsklasse, die so auf Rangordnung hält, als wie die Dienstboten untereinander. In großen Herrschaftshäusern werden immer 3-4 verschiedene Tische geführt. Die Oberköchin würde niemals mit der Unterköchin, die Jungfer nicht mit dem Garderobemädchen, der Kammerdiener nicht mit dem Jäger an einem Tische sitzen und so geht es stufenweise hinunter bis zu dem Abwaschmädchen und Stiefelputzer. Dem Küchenmädchen, das sich erlauben würde, bei der Unterköchin Klage zu führen, weil man an ihrem Tische Kartoffelpuffer und einem anderen Fisch und Tauben bekommen hätte – würden Küchenbeil, Kasserole, Messer oder was immer die Vorgesetzte erwischt hätte, an den Kopf fliegen."

(Rosen, 1903, S. 26)

3.2 Hôtels

„Das Wort Hôtel ist neueren Datums für ein Gasthaus. (…) da in Deutschland wie im anderen Europa die Fürsten des 18. Jahrhunderts den Stil ihrer Lebenshaltung von Frankreich bezogen, kann es nicht wundernehmen, daß diese Monumentalbauten des Hochadels sich überall einbürgerten. (…) Die Hôtels der Fürsten waren aber im wahrsten Sinne Verpflegungs- und Beherbergungsstätten. Hatte doch der Hochadel seine ganze Hofhaltung, manchmal ein ganzes Heer von Hofchargen und Bedienten, zu beherbergen und zu verpflegen, da sich Rechte dieser Art herausgebildet hatten, die unablösbar waren. So kann es nicht wundernehmen, daß der Begriff sich übertrug auf die vornehme Gastwirtschaft, die schon äußerlich sich von den bisherigen unterschied, daß sie mit monumentalen Fassaden prunkte. So wurde das Wort als Begriff des Gasthauses für anspruchsvolle Reisende in Deutschland und den übrigen Ländern übernommen." (Glücksmann, 1917, S. 10–11)

Hôtels lösen als neue namentliche Betriebskategorie zunächst im städtischen Kontext die Gasthöfe ab, die fortan hauptsächlich in den Vorstädten und im ländlichen Kontext als solche verblieben (Potthoff & Kossenhaschen, 1932). Eine Erklärung für die Verwendung des Begriffs Hôtel[19] liefern die deutsch-französischen Kriege. In den von Frankreich besetzten deutschen Gebieten entlang des Rheins gelten nach dem ersten Koalitionskrieg zwischen 1792 und 1797 die gleichen Zivilverwaltungen wie in Frankreich. Jedes Departement leitet ein von Kaiser Napoleon

[19] In Frankreich war das „Hôtel particulier" ein feststehender Begriff für palast- oder villenartige Zweitwohnsitze des Adels oder hoher Funktionsträger: „die Wohnung einer vornehmen Familie od. eines hohen Staatsbeamten (Ministers, Gesandten etc.)" (Pierer, 1862, S. 556).

Bonaparte (1769–1821) ernannter Präfekt, der in einem sogenannten „Hôtel particulier" residiert[20] (Müchler, 2019; Willms, 2019) bzw. für die Amtsausübung vorhandene repräsentative Bauten[21] als solches nutzt:

> *„Hôtel (frz., spr. -éll), großes prächtiges Gebäude, als Wohnung von Standespersonen (Ministern, Gesandten etc.); dann größeres Gasthaus; H de Ville (spr. wil), Stadt-, Rathaus (...)."* (Brockhaus' Kleines Konversations-Lexikon, 2008, S. 830)

Es ist daher anzunehmen, dass in den besetzten deutschen Gebieten dafür bestehende repräsentative Bauten wie besonders exponierte Gasthöfe (Fürstenherbergen) zweckentfremdet wurden. So dokumentiert beispielsweise Rauers, dass beim Kongress von Augsburg der französische Gesandte César Gabriel de Choiseul, Duc de Praslin (1712–1785) 1761 den gesamten Gasthof „Zu den drei Mohren" belegte und bei Abreise dem Betrieb das Recht verlieh, die drei bourbonischen Lilien im Wappen zu führen. Mit dieser Auszeichnung kann nicht nur der besondere Status hervorgehoben werden, sondern kennzeichnet diesen Gasthof ebenso als „Hôtel particulair" für zukünftige Aufenthalte des Gesandten[22]:

> *„Hôtel (franz., spr. [h]otell), ursprünglich ein großes palastähnliches städtisches Haus, namentlich als Wohngebäude hoher Staatsbeamten (z. B. Gesandtschaftshotel) oder einer reichen aristokratischen Familie, dessen Eigenartigkeit im 17. Jahrh. sich in Frankreich ausbildete. Von der Straße wird es durch ein eisernes Gitter oder einen niedrigen Torbau und den cour d'honneur abgesondert. Zur Seite dieses vordern, oft mit Gartenanlagen verzierten Hofes liegen Diener- und Wirtschaftsräume. Der Hauptbau (corps de logis) enthält an der Straßenseite die Wohnräume, an der gegenüberliegenden Gartenseite im Erdgeschoß die Festräume. (...)."* (Meyers Großes Konversations-Lexikon, 1906b, S. 575–576)

[20] „Das Wort Hôtel bezeichnet zunächst ein Wohngebäude dessen Mittelfront zurück zwischen vorgeschobenen Flügeln lag und so von der Straße durch eine Gartenanlage getrennt war. Die Zeit des französischen Barocks (Hermann, 1983) und Rokoko baute in diesem Stile, der überall dort Verbreitung fand, wo französische Kultur eindrang. Da in Deutschland wie im anderen Europa die Fürsten des 18. Jahrhunderts den Stil von Frankreich bezogen, kann es nicht wundernehmen, dass diese Monumentalbauten des Hochadels sich überall einbürgerten. Der Begriff Hôtel wurde dann weitergebildet zum Begriff des Monumentalbaus schlichtweg" (Glücksmann, 1917, S. 10).

[21] Die in Frankreich Hôtel de Ville (dt. Rathaus) genannt wurden.

[22] „Oft genügte ein solcher Monarchenbesuch, um das Haus bekannt zu machen. Nobilitierung und Patronage waren wichtige Werbemittel auf dem Weg zur distinktionierten Kommerzialisierung des Beherbergungswesens" (Knoch, 2016, S. 36).

3.3 Grand- und Palasthotels

> *„Ein wesentliches Kennzeichen des palastartigen Baus ist seine Monumentalität. Zum Teil resultiert sie aus der Anlehnung an das fast verbindlich zu nennende Vorbild, den Schloß- bzw. Palastbau in seiner Ausprägung als Residenzschloß. (…) Abgesehen von Stil- und Motivrezeption ist es vor allem die Idee, die in den monumentalen Formen zum Ausdruck gebracht werden sollte. Monumentalität, gesteigerte Prunk und großzügige Innenkonzeption sollten der Demonstration von Status, Reichtum und luxuriösem Lebensstil der Bewohner dienen."* (M. Schmitt, 1982, S. 134–135)

Als erste ausländische Touristen der Neuzeit werden tourismusliterarisch übereinstimmend englische Adelige ausgemacht, die aufgrund von Bildungsidealen als auch aufgrund von Auswirkungen der ersten britischen industriellen Revolution ab 1820 vermehrt ins alte Europa, vornehmlich in die Alpen(länder) reisen (Grohmann & Jäger, 2012; Hobsbawm & Wrigley, 1999; Opaschowski, 1994). Ganz den Idealen der Romantik folgend werden imposante geografische Anziehungspunkte und historische Gebäude als „Ideale der heilen Welt" verklärt und mithilfe erster Reiseführer[23] erkundet. In der Tradition adeliger Kavaliers- und Bildungsreisen (der „fahrenden Scholaren") genießen diese Touristen das, was sie als „sehenswürdig" annehmen[24] und aus der klassischen Literatur her kulturell hochwertig anerkennen[25]. Da die bestehenden Beherbergungsangebote kaum

---

[23] Erika Flückinger Strebel resümiert diesbezüglich die Eigendynamik der Reiseliteratur am Beispiel der Schweiz: „Reisebeschreibungen des 18. Jahrhunderts konnten selten für bare Münze genommen werden, da sie meist als Spiegel benutzt wurden, um dem Leser die Mängel der heimischen Gesellschaftsordnung vor Augen zu halten. Und dazu eignete sich kein anderer Flecken Europas besser als die Schweiz. Hier sah man das Ideal der väterlichen Obrigkeit verwirklicht, die über sittsame und tugendhafte Hirten und Sennen regierte. Während des ganzen 19. Jahrhunderts stellte die Reiseliteratur die Welt der Schweizer Alpen als Gegenwelt zur städtischen Industriegesellschaft dar und zementierte damit den Mythos des harmonischen Idealreiches" (Flückiger Strebel, 2013, S. 9).

[24] Das durch Reiseführer gelenkte touristische Verhalten hat als Theorie der Visual History relativ starken Anklang gefunden, die der britische Soziologe John Urry, in Anlehnung an Überlegungen Michel Foucault für die Tourismusforschung entwickelt und durch Cord Pagenstecher in die bundesdeutsche Tourismusforschung eingeführt hat (Pagenstecher, 2003; Urry, 1990).

[25] In der deutschsprachigen Tourismusforschung prägt zudem auch Hans Magnus Enzensbergers (1929) Essay „Theorie des Tourismus" die Diskussion. Er sieht den Tourismus als gesellschaftliches eskapistisches Fluchtphänomen, was auf dem Freiheitswunsch der oberen gesellschaftlichen Schichten und der Unwirtlichkeit der modernen industrialisierten und urbanisierten Lebenswelt basiert, unterstützt durch mediale Fiktionen der „idealen Sehnsuchtsorte" (Enzensberger, 1958).

für mehrmonatige Aufenthalte ausgelegt sind, entwickelt sich ein neuer repräsentativer Hoteltypus mit Residenzcharakter, die Grand- oder Palasthotels. Mit einem architektonischen Potpourri aus unterschiedlichen historischen Baustilen können sie erfolgreich den „Romantic Gaze" der Reisenden bedienen (Urry, 1990) und stehen bald als Synonym für standesgemäße Wohn- und Begegnungsorte in der Fremde[26] (Glücksmann, 1917; Hoffman, 1961; Knoch, 2016; Wenzel, 1991).

Mit der zusätzlichen Verwendung adeliger Attribute bzw. Beiwörter wie Grand, Palast,[27] Royal, Elite, Excelsior oder durch Namen herrschender Persönlichkeiten soll zusätzlich Noblesse signalisiert werden.

3.3.1 Raumangebote

> *„Durch den gesteigerten Reiseverkehr und die schnelle Entwicklung auf industriellem Gebiet wurden viele und gute Gasthäuser notwendig. Kaum ein anderer Gewerbezweig hat in so kurzer Zeit eine so schnelle und vorteilhafte Entwicklung durchgemacht wie das Gaststättengewerbe. Kleinere Gasthöfe, die nicht mehr den erhöhten Anforderungen der Reisenden entsprachen, wurden zu Hotels umgebaut, zahlreiche große Hotelbauten vor allem an Knotenpunkten der Eisenbahn errichtet, deren Betrieb oft großkaufmännische Formen annahm. (...) Auch die Aufgaben des Hotels sind mit dem stärkeren reise- und Fremdenverkehr gewachsen. Es dient nicht nur Unterkunfts- und Verpflegungszwecken, sondern auch der Unterhaltung. Mehr als noch im mittelalterlichen Wirtshaus spielt sich in ihm das öffentliche Leben ab."* (Stehle, 1937, S. 31)

Grand- und Palasthotels müssen auch im Inneren das raumbezogene Selbstverständnis der herrschenden Gesellschaftsschicht widerspiegeln (Eisl, 2010) und damit den adeligen Charakter des standesgemäßen und repräsentativen Wohnens wahren (Wenzel, 1991):

---

[26] „Der in einer Stadt unbekannte Fremde wird übrigens auch die Wahl seines Gasthofes vielfach von der äußeren Erscheinung desselben abhängig machen und der anspruchsvolle Gast verlangt von seiner Aufenthaltsstätte neben bester Verpflegung auch ein ‚gutes Äußere'. So bedingen volkswirtschaftliche wie privatwirtschaftliche Interessen eine geschmackvolle und großzügige architektonische Gestaltung des Hotelbaus, (…)" (Damm-Etienne, 1910, S. 29).

[27] Maria Wenzel bedeutet die Wertigkeit des Begriffs Palast im 19. Jahrhundert, indem mit der Attribuierung desselben Begriffs zahlreiche repräsentative Baugattungen in Verbindung gebracht werden können, „welche Assoziationen im Sinne von groß, prächtig, herrschaftlich usw. zuließen." Beispielhaft benennt sie Orte wie Tanzpaläste, Glaspaläste oder den Münchner Justizpalast (Wenzel, 1991, S. 36–37).

„Teils zu gemeinsamer Bewirtung, teils zu geselliger Benutzung und Erholung sämtlicher Gäste des Gasthofes dienen der Speisesäle mit ihren Nebenräumen, die Lese-, Musik- und Damensalons, sowie die Billard-, Spiel- und Rauchzimmer. (…) Zahl und Größe der Gesellschaftsräume richten sich nach Rang und Ausdehnung des Gasthofes, sowie nach der Art des darin zu erwartenden Betriebes. In einem Hause ersten Ranges genügt ein einziger Speisesaal nicht; man verlangt heutzutage außer einem großen Saale, welcher auch für Festlichkeiten benutzt werden kann, noch kleinere Restaurationssäle, in denen auch das Frühstück eingenommen wird." (Hude, 1885b, S. 308)

3.3.2 Aufbauorganisation

„Die Gesamtleitung liegt in den Händen des Prinzipals, oder wenn sich derselbe nicht direkt mit dem Betrieb beschäftigt, in den Händen seines Geschäftsführers (Oberkellner, Gérant, Directeur, Manager)."(Hegenbarth, 1897, S. 34)

Mit den ersten Grand- und Palasthotels in Deutschland muss die traditionelle familiär geprägte Betriebsorganisation an die wachsende Betriebsgröße und die Gewohnheiten der Hotelgäste angepasst werden. Der Personalbedarf orientiert sich deshalb hauptsächlich an adeligen Haus- und Hofhaltungen und deren Hofordnungen bzw. -organisationen (Gorse, 2019), wie nachfolgend in den Tabellen 3.1 und 3.2 deutlich wird.

Gesellschaftliche und herrschaftliche Konventionen und Machtverhältnisse drücken sich in strikten Hierarchien, in einer vielfältigen Ämter- und Funktionsgliederung aus, die insbesondere auch den direkten Gastkontakt regeln:

„Das Personal (…) mit Ausnahme vielleicht des Besitzers und Geschäftsführers, denen eine solche Auszeichnung möglicherweise zu Theil werden kann, wird selten Gelegenheit haben, mit den hohen und höchsten (…) abgestiegenen Herrschaften in ein Gespräch zu kommen, ja es wird sogar vielfach nicht einmal eine directe Anfrage zu stellen oder denselben eine Antwort zu geben haben." (Hegenbarth, 1897, S. 79–80)

Im Umgang mit dem Personal gleichen die Betriebsinhaber bzw. die eingesetzten Geschäftsführer/Generaldirektoren ihre Führungskultur an elaborierte, patriarchische und militärische Vorbilder an[28]. Otto Walterspiel bestätigt dies am Beispiel

[28] „Das Auftreten und Wesen des Wirtes oder des Geschäftsführers den Gästen gegenüber soll Achtung und Zutrauen erweckend und mit Ruhe und Takt, ja mit einer gewissen Würde verbunden sein. (…) Dem Personal gegenüber sei er streng, aber gerecht und gebe seine Befehle kurz und bündig. Je straffer die Hausordnung gehandhabt wird, desto leichter wird

Tabelle 3.1 Exemplarisches männliches Haus- und Hotelpersonal im Vergleich (Hegenbarth, 1897)

Hauspersonal männlich	Hotelpersonal männlich
Majordomus, Butler	Maître d'hôtel[29], Oberkellner
Leibdiener	Etagenkellner
Lakaien	Kellner
Pagen	Pagen
Oberkoch	Küchenchef
Unterkoch	Postenköche
Kutscher	Kutscher, Wagenmeister
Knecht	Hausdiener

Tabelle 3.2 Exemplarisches weibliches Haus- und Hotelpersonal im Vergleich (Hegenbarth, 1897)

Hauspersonal weiblich	Hotelpersonal weiblich
Obersthofmeisterin[30]	Hausdame, Oberaufseherin
Mamsell	Wirtschafterin, Wäschebeschließerin[31]
Kammerfrau/-zofe	Etagenaufseherin
Kammerdienerin/Stubenmädchen	Zimmermädchen
Küchenmädchen	Küchenmädchen

des Führungsstils seines Vaters und seines Onkels im Münchner Hotel Vier Jahreszeiten:

> *„Den Angestellten gegenüber pflegten die beiden einen patriarchischen, sehr strengen Führungsstil. Leistung wurde respektiert und hochgeachtet, aber wehe, die Leistung*

---

die Pflichterfüllung für alle Teile. Also mit seinem Hauspersonale stehe er auf keinem zu vertraulichen Fuße, er erntet selten Dank dafür" (Behlendorff, 1920, S. 17).

[29] „Haushofmeister (franz. Maître d'hôtel, ital. Majordome) heißt der erste Diener eines großen Hauses, dem die Aussicht über die gesamte Dienerschaft obliegt, und der überhaupt den ganzen Dienst im Hause leitet und regelt (vgl. Major domus)" (J. Meyer, 1907, S. 889).

[30] „Obersthofmeisterin, die vornehmste Charge unter dem weiblichen Hofstaate einer Fürstin, mit dem Titel Excellenz. Sie führt die Oberaufsicht über das gesamte weibliche Dienstpersonale, sowohl in disciplinarischer als moralischer Hinsicht, ist das Organ der Befehle vom Hofmarschallamte und wacht über die Aufrechthaltung der Etiquette" (Herloßsohn, 1836, S. 466).

[31] Der Mamsell unterlag das, was heute in den Abteilungen Wäscherei und Einkauf abgebildet wird (Walling, 1847).

ließ einmal zu wünschen übrig, oder jemand erlaubte sich sonst einen Fehltritt! Dann konnten die beiden sehr lautstark werden." (O. Walterspiel & Skudlik, 2012, S. 96)

3.3.2.1 Bedienung

„*Mit Ausnahme der vom Obersaalkellner aufsteigenden Betriebsangestellten darf kein anderer eine Unterhaltung mit den Gästen von selbst anknüpfen und auch jene haben genau zu erwägen, ob eine solche auch dem Gaste angenehm sei.*" (Hegenbarth, 1897, S. 69)

Das Hotelpersonal der Grand- und Palasthotels setzt sich aus ehemals adeligem oder großbürgerlichem Dienstpersonal sowie angelerntem[32] Hilfspersonal zusammen. Gestus und Habitus der hotelspezifischen Dienstleistungskultur entwickeln sich daher aus dem, was durch höfische Erfahrung oder durch Beobachtung der Gäste adaptiert werden kann[33]. Umfangreiche Haus- und rigide Dienstordnungen regeln darüber hinaus explizit den Umgang mit Hotelgästen und Vorgesetzten. Sie entsprechen bzw. adaptieren zumeist Gesindeordnungen[34] des Adels und der Herrschaften:

„*Die Hausordnungen für Hotelkellner waren nicht im Geringsten besser als diejenigen für die Restaurantkellner. (...) Darin hieß es, daß der Angestellte sich alle getroffenen Anordnungen ohne Widerrede zu fügen und sich jeder Einwendung zu begeben habe. Der Angestellte war verpflichtet, die ‚gesetzliche Kündigungsfrist' einzuhalten,*

---

[32] „Die Saalkellner sind gewöhnlich jüngere Kräfte, von denen der moderne Hotelbetrieb beim Antritt ihrer Stellung praktische Kenntnisse des für die Saalarbeit erforderlichen Tafelwesens und der für ihren Arbeitskreis nothwendigen Umgangsformen voraussetzt. (...) Es liegt in solchen Fällen im eigenen Interesse der jungen Saalkellner, durch Vorstudium und bei ihrem geschehenen Uebertritt, durch eifriges Beobachten und fleissiges Lernen sich zunächst die erforderlichen feinen Umgangsformen und Kenntnisse des modernen Tafelwesens anzueignen" (Hegenbarth, 1897, S. 44).

[33] „Ein weiterer, sehr wichtiger Teil der Kunst eines tüchtigen Hotelangestellten ist Menschenkenntnis, die er sich im Lauf der Jahre durch fortgesetzte, aufmerksame Beobachtung der Gäste aneignen soll. Ist er ein guter Menschenkenner, so wird er es leicht treffen sich in alle Eigenschaften seiner Gäste hineinzufinden. Er wird seine Gäste durch individuelle Befriedigung ihrer Bedürfnisse entzücken und sich selbst manches Unangenehme ersparen" (Sztankovits, 1926, S. 2).

[34] „Die preußische Gesindeordnung wurde erstmal 1794 in 208 Paragraphen erlassen. Bis zur Ablösung 1918 wurde sie mehrfach angepasst. (...). Die Gesindeordnung schrieb die Unterwerfung des Gesindes unter die Willkür der Herrschaft fest. Die Vertragspartner waren nach heutigem Verständnis nicht gleichgestellt. Trotzdem bedeutete sie einen Fortschritt, da das Verhältnis zwischen Herrschaften und Dienstboten sich aus grundsätzlich freiwil-

dagegen war es dem Herrn Prinzipal gestattet, wenn der Angestellte ‚nicht genügend befunden' werden sollte, diesen sofort zu entlassen." (Poetzsch, 1928, S. 68–69)

Von Beginn an ist das Hotelpersonal vom Trinkgeld[35] der Hotelgäste abhängig, da dieses als Trinkgeldlohn bis zum Ersten Weltkrieg die einzige Entlohnungsform für das angestellte Bedienungspersonal darstellt:

> *„Grundverschieden war bis zu dem großen Umbruch im Herbst 1918 in Deutschland das Lohnsystem der verschiedenen Kategorien der gastgewerblichen Angestellten. Während das kaufmännische und Küchenpersonal festes Gehalt erhielten, waren die bei der Bedienung der Gäste in Frage kommenden Angestellten, Oberkellner, Kellner, Portier usw. in der Regel hauptsächlich auf das Trinkgeld angewiesen. (…) Alle Versuche auf Abschaffung des Trinkgeldes scheiterten in der Hauptsache an dem Widerstand der Gastwirts- und Hotelbesitzerkreise; diese erklärten, dass sie nicht in der Lage wären, die großen Mehrausgaben für entsprechendes festes Gehalt tragen zu können. Und das Trinkgeld hatte sich so tief eingebürgert, dass es für unausrottbar gehalten wurde, obgleich es besonders von einsichtsvolleren Prinzipalen und Gehilfen als demoralisierend und charakterverderbend empfunden wurde."*
>
> (Behlendorff, 1920, S. 28)

Die Dienstleistungskultur ist daher schon allein aus existenziellen Gründen von Servilität und demonstrativer Unterwürfigkeit der vom Trinkgeld abhängigen

lig zu schließenden vertraglichen Vereinbarungen ergab und nicht mehr durch feudalistische Dienstverpflichtungen. Unterschieden wurde rechtlich zwischen Haus- und Hofgesinde (Dienstbotinnen, Gouvernanten und Mägde sowie Landarbeitern, Tagelöhnern). Betroffen von der Gesindeordnung waren vor allem Frauen. Ein Fünftel der um 1900 registrierten weiblichen Erwerbstätigen waren als Dienstmädchen beschäftigt. Die Gesindeordnung regelte das Koalitionsverbot unter den Dienstboten. Vorgesehen war alle 14 Tage das Recht auf einen Sonntagsausgang, aber dieser konnte jederzeit aufgehoben werden. Nur ein Teil des Lohns wurde ausgezahlt, der übrige Lohn wurde in Naturalien, insbesondere Kost und Logis, erbracht. Der Herrschaft stand ein Züchtigungsrecht zu; gegen körperliche Übergriffe durfte sich das Gesinde nur im Falle der Gefährdung des eigenen Lebens wehren" (VdA, 2014, S. 1).

[35] „Die Trinkgelder sind für den Kellnerstand ein Nachteil; desgleichen für den Hotelier, denn sie verderben den Charakter des Kellners, auf den sie wirken wie Gewinn aus dem Hazardspiel; sie lassen ihn das Gehalt von seinem Herrn geringachten und mehr auf das Interesse der Trinkgeldgeber als auf das des Hoteliers bedacht sein. Diese Erscheinung wird von durchtriebenen Gästen namentlich an Badeorten ausgebeutet und das beim Ankommen gegebene Trinkgeld nimmt immer mehr den Charakter eines Bestechungsgeldes an" (Hotel Revue, 1895, S. 1).

Hotelmitarbeiter geprägt und führt zu Erfahrungs- und Handlungsmustern[36], die bis heute in der Branche manifestiert sind:

> *„Scheinbar devote Diener gehören bis heute in jedes gute Restaurant. Die Ungleichheit hinterm Tresen ist real. (…) In vielen gehobenen Bars und Restaurants erwartet den Gast eine inszenierte Ständegesellschaft, in der die festen Rangordnungen längst vergangener Zeiten als bloßes Rollenspiel wiederholt werden. Auf den wirklichen Status der Beteiligten kommt es dabei nicht an. Auch diejenigen Gäste, die sparen mussten, um sich die extravagante Bewirtung leisten zu können und denen der Kellner dies mit geübtem Blick auch anmerkt, genießen für ein paar Stunden das alte Adelsprivileg, sich in öffentlichen Situationen bedienen zu lassen. (…) Ein Herr ist, wer bezahlen kann. (…) Der angemessene Gebrauch des Trinkgeldes besteht vielmehr darin, es in eben dieser Funktion weiterzugeben."* (Kieserling, 2020)

3.3.2.2 Gästebetreuung

> *„Ungeachtet des Verhaltens der Gäste musste vor allem der Portier als erster Repräsentant des Hotels immer in ‚blitzsauberer Tuchuniform mit funkelnden Messingknöpfen und Goldlitze werbend auftreten'. Er hatte die Ordnung des Eingangsbereichs und den Zugang zum Hotel zu kontrollieren. Den Aufstieg des Portiers im Zuge der frühen Rationalisierung des Hotelwesens bedingte nicht zuletzt die Erwartung wohlhabender Reisender, ihr umfangreiches Gepäck wohlversorgt sehen zu wollen und angemessen empfangen zu werden. Darüber wurde der Posten zu einer der respektabelsten Beschäftigungsmöglichkeiten im Hotel, die zugleich äußerst profitabel war, wenn der Portier Zuwendung und Distanz je nach Situation mit diplomatischem Geschick und voller Diskretion austarierte."* (Knoch, 2016, S. 199)

Die Gästebetreuung in den Grand- oder Palasthotels orientiert sich am höfischen Befehl und Gehorsam und basiert mangels Ausbildung, auf erfahrungsbedingter laientheoretischer Alltagspsychologie, angereichert mit kulturellen, politischen bzw. ideologisch bedingten Stereotypen[37]:

---

[36] „Gäste und Kellner trafen in einer Konstellation voller Erwartungen aufeinander. Beide Seiten wollten profitieren. Der Gast, indem ein entsprechend zuvorkommendes Verhalten der Hotelangestellten seinen Status in der Umgebung des Hotels widerspiegelte oder aufwertete, der Kellner, indem seine professionelle Kompetenz eine adäquate und nicht zuletzt auch materielle Würdigung in Form des Trinkgeldes fand. Um ihre Rolle in dieser ungleichen Paarung wahrnehmen zu können, hatten Kellner ein umfangreiches Set an Regeln und Codes zu beherrschen, (…)" (Knoch, 2016, S. 242).

[37] „Ein Concierge hatte sein Cardex, das war ein geheimes, schwarzes Büchlein, in welchem er sich Notizen zu den Vorlieben und Gewohnheiten der Gäste gemacht hatte" (Hechenblaikner, 2021, S. 18).

„Mit dem Portier begann die Taxierung der Gäste daraufhin, ob ihr Vermögen und ihre Reputation eine Aufnahme rechtfertigten. Dementsprechend wurden renommierte Portiers ihrerseits zu Institutionen und standen für ihren guten Ruf.“

(Knoch, 2016, S. 199)

Der Vermögenstand bedingt somit die Gästebetreuung und die Aussicht auf ein reichhaltiges Trinkgeld. Das asymmetrische Abhängigkeitsverhältnis zwischen Hotelgästen und ihren Bedürfnissen und Hotelmitarbeitern und ihren Bedürfnissen birgt erhebliches Konfliktpotenzial, wie Bettina Spoerrie am Beispiel der Gästekartei-Analyse eines schweizerischen Grand Hotels bestätigt:

„Unter der Maske des erfreuten oder gar überschwänglichen Gastgebertums, dass zeigen die Bemerkungen auf den Karten, schwelen Vorwürfe, Verachtung, Minderwertigkeitskomplexe und Rachegefühle – und nicht nur das, sondern auch Vorurteile, Rassismus, Antisemitismus finden zu einer teilweise sehr deutlichen Sprache.“ (Sporrie, 2021, S. 374)

3.3.3 Transnationale Vorbilder und nationalsozialistischer Einfluss

„Die Entwicklung des deutschen Hotelwesens und damit die großen Fortschritte in der Ausstattung unserer Gasthöfe sind vornehmlich dem Einfluss des internationalen Reiseverkehrs zuzuschreiben. Die Angehörigen vieler ausländischer Staaten, insbesondere die Franzosen, Engländer und Amerikaner waren an eine bessere Lebenshaltung als der Deutsche gewöhnt. Und da der Ausländer auf seinen Reisen von seinen Lebensgewohnheiten nicht abweichen wollte, mussten die deutschen Hotelbetriebe den Bedürfnissen des ausländischen Publikums durch Verbesserungen in der Einrichtung usw. entsprechen.“ (Damm-Etienne, 1910, S. 70)

Die ansteigenden Zahlen international touristischer Reisenden gehen im 19. Jahrhundert mit dem sich verstetigenden Massentransport und dem sich entwickelnden internationalen Verkehrsnetz einher. Auch die zunehmenden weltwirtschaftlichen Verflechtungen führen zu einem stark wachsenden internationalen Reiseaufkommen. Mit den neuen Gästen kommen jedoch auch Komfortansprüche, die diese gewohnheitsmäßig als Standard reklamieren und die Hotelbetriebe zwingen, diese zu übernehmen. So sind die Jahre bis zum Ersten Weltkrieg in den Grand- oder Palasthotels insbesondere gekennzeichnet durch technische Innovationen (Elektrifizierung, Zentralheizung, Fahrstühle, Telekommunikation etc.) und dem damit verbundenen Ausbau des Dienstleistungs- und Mitarbeiterangebotes:

> *„And already the faint cry was heard in London, in Paris and Berlin – the cry of voices in the wilderness: ‚What – no ice-water? What – no Pullman cars? What – no bathrooms? What – no bars? These American travelers had enough money to pay for comfort – and they demanded it'.“* (Ritz, 1938, S. 42)

Die hohen Innovations- und Investitionskosten verschlechtern schnell die ohnehin magere Rentabilität vieler Hotels, insbesondere der Saisonbetriebe und führt zur Gründung erster Hotelgruppen, die ganz amerikanischen Managementkonzepten folgend, als Hotelaktiengesellschaften mit eingesetzten Direktoren und Verwaltungsräten firmieren (Reckendrees, 2012). Infolgedessen werden alle Hotelräume nach amerikanischem und englischem Vorbild auf Rentabilität und Notwendigkeit untersucht, womit die sukzessive Wandlung der den Hotelgästen vorbehaltenen Aufenthalts- und Gesellschaftsräumen in öffentliche gastronomische Outlets erklärbar ist:

> *„Das Grand- oder Palasthotel als ein geschlossener Ort, der es nahezu uneingeschränkt erlaubte, ein beschränktes Inventar von Menschen unterschiedlichster Provenienz – und zwar nationaler wie stratifikatorischer – miteinander immer wieder in Kontakt treten und dann auf natürliche Weise saisonal auch wieder auseinandergehen zu lassen, war damit ausgestorben.“* (Streitler-Kastberger, 2013, S. 113)

Die „Amerikanisierung“ wird schließlich in der Wirtschaftskrise der Weimarer Republik politisch instrumentalisiert und führte dazu, dass sich in der wandelnden politischen Kultur dieser Jahre auch im Hotelgewerbe eine Art von „Anti-Amerikanismus“ einbürgert, der schließlich im Nationalsozialismus mündet:

> *„Der europäische Hotelier muß nicht durch Nachäffung, sondern durch eigenen Verstand den Weg zur ‚verständigen' Wirtschaftsführung ausfindig machen. Nicht Amerikanisieren, sondern rationalisieren sollen wir, wobei man sich hüten muß, die Besonderheiten einer Landeshotellerie zu verwischen, weil ihr damit vielleicht das Kostbarste genommen wird, das ihren Reiz ausmacht und sie in gewissem Sinne vor der Konkurrenz dauernd schützt.“* (Münch, 1930, S. 375)

Die „Gastlichkeit im neuen Deutschland“ (Tepel, 1937) wird von den Nationalsozialisten von zwei Seiten infiltriert. Während für das einfache Volk das bürgerliche Gasthaus als Repräsentant von deutscher Kultur und deutschem Handwerk propagiert wird[38], bleiben insbesondere Grand- und Palasthotels in ihrer Funktion als

[38] „In der Geschichte der deutschen Gasthäuser gibt es einen aus der Zeit heraus gewachsenen Stil: den sogenannten altdeutschen Stil, den Stil des deutschen Handwerks. (…)

internationale Luxushotels elitäres Zentrum[39] und werden auch von den neuen Machthabern als Projektionsfläche, als zentrale Agitationsorte und als Kontaktorte zu Gleichgesinnten und anderen zu gewinnenden Eliten angesehen[40]. So finden sich unter anderem in der von Joseph Goebbels verfassten Hitler-Biografie „Vom Kaiserhof zur Reichskanzlei[41]", als auch bei Franz Tepel zahlreiche Belege dafür:

> *„Die Gaststätte wurde so zum Appellplatz des Nationalsozialismus in allen Gauen und auch oftmals zu einem Ort, der in seinen Räumen werdende Geschichte erstehen ließ. Da ist in Weimar ein Hotel ‚Elephant'. So oft der Führer in der Stadt Goethes war, immer wieder klingt aus dem Erlebnis der Name ‚Elephant'. War diese alte Gaststätte in den Jahren des Kampfes um die Macht wie in diesen ersten Jahren des Dritten Reiches doch immer wieder seine Wohnung. Keinen kalten Prunk finden wir in den Zimmern des Führers, keinen überladenen Schmuck. Wohnlichkeit und wohlige Ruhe und abgestimmte Farbenharmonie atmen die Räume. Wie oft auch kehrte der Führer im Rheinhotel Dreesen in Godesberg ein und von welchen Tagen dramatischer Geschichte weiß der Berliner ‚Kaiserhof' zu erzählen, in dem die entscheidenden Beschlüsse zur endgültigen Machtergreifung gefaßt wurden. Vom ‚Kaiserhof' ging es direkt in die gegenüberliegende Reichskanzlei. Jeder Gau nennt derartige historische Stätten sein eigen."* (Tepel, 1937, S. 96)

Baumeister, Zimmerleute, Tischler, Bildschnitzer, Schmiede, Maler, Glasmaler und andere Kunsthandwerker schufen sozusagen als Stammgäste das Wirtshaus, in dem sie ihre Geselligkeit pflegen wollten" (Tepel, 1937, S. 109).

[39] Man hat auch bei uns in Deutschland die Frage aufgerollt, ob die großen Hotels überhaupt noch eine Zukunft hätten. Die Erörterung wurde von amtlicher Seite schnell in die richtige Bahn gelenkt: Wir brauchen die großen Hotels als vorbildliche und immer wieder anregende Beispiel deutscher Hotelkultur. Sie sind die praktischen und unentbehrlichen Ausbildungsstätten, in denen der spätere Restaurateur und der Besitzer eines mittelständischen Hotels die Grundlagen der deutschen Gastlichkeit sozusagen von der Pike auf lernt. Wir brauchen diese Häuser für die Auslandsfremden, die bei uns nichts entbehren und ihre Lebensgewohnheiten nicht im Mindesten einschränken sollen (Tepel, 1937, S. 17).

[40] „In den großen Hotels trinkt man französischen Wein, Champagner, schottischen Whisky und italienische Aperitifs, man serviert exotische Früchte und importierte Spezialitäten wie etwa Kaviar. Aus der allgemeinen Tendenz zu deutschen Produkten auf eine kulinarische Verarmung der höheren Gesellschaft zu schließen, wäre indessen falsch. Man machte lediglich Konzessionen an die offizielle Ideologie und betonte nicht mehr so ostentativ die Vorlieben der vornehmen Welt für die französische Küche" (d´Almeida, 2007, S. 203).

[41] „Wir sitzen nachmittags beim Kaffee und reden dies und das. Der Kaiserhof ist wieder einmal das Zentrum der ganzen politischen Neugierde und Sensation. Die Presse-Reptilien glauben wahrscheinlich, wir brüteten den lieben langen Tag nur finstere Rachepläne aus. Wie der kleine Moritz sich den Nationalsozialismus vorstellt" (Goebbels, 1937, S. 19).

Das deutsche Hotelgewerbe wird nun zunehmend zu einem durchgreifenden politischen Instrument entwickelt, indem nur das zählt, was tatsächlich deutsch ist. So versuchen die Nationalsozialisten, über die nun gleichgeschalteten Berufs- und Unternehmerverbände Einfluss zu üben, indem sie fordern, nur deutsche Produkte und Spezialitäten zu verwenden (Dreesen, 1937, S. 8) und diese mit einer rein deutschen Kulinarik-Sprache[42] zu verknüpfen, um das Bewusstsein der internationalen Touristen für das neue Deutschland zu verstärken (Tepel, 1937). Tatsächlich geht es jedoch hauptsächlich darum, internationale Importe (z. B. von französischen Weinen und Delikatessen) aufgrund mangelnder Devisen zu minimieren (d´Almeida, 2007).

Mit dem Beginn des Zweiten Weltkrieges müssen zahlreiche Hotels schließen und werden in Lazarette umgewandelt. Mit der Ausweitung der Kriegshandlungen auf deutsches Territorium werden insbesondere in den Großstädten zahlreiche Hotelgebäude durch Flächenbombardements und dem Häuserkampf des totalen Krieges verwüstet bzw. gänzlich zerstört:

> *„Das Hotelgewerbe wurde während der Kriegshandlungen zu einem großen Teil in Mitleidenschaft gezogen. Das Kapital, das für das westdeutsche Hotelgewerbe mit etwa 4 Milliarden angenommen wurde, ist während des Krieges um mehr als eine Milliarde dezimiert worden. Es wird in den Kapiteln, die vom Wiederaufbau handeln, des Näheren davon die Rede sein. Hier soll noch gesagt werden, daß der Zerstörungsgrad in der US-Zone 16,3 %, in der britischen Zone 18,2 % und in der französischen Zone 9,2 % betrug. Nicht einbegriffen sind hierbei die Kriegsfolgekosten. Ein wesentlicher Teil der Hotelsubstanz war dem Zweiten Weltkrieg zum Opfer gefallen. Die Privatbetriebe der Sowjetzone fielen nach und nach aus. Sie wurden in HO-Geschäfte verwandelt."* (M. Hoffmann, 1961, S. 227)

3.4 Vom Hotel zur Hospitality Industry

> *„Die Folgen des Zweiten Weltkrieges waren für das Berliner Hotelwesen verheerend. Kein einziges der berühmten Berliner Hotels hatte den Krieg überstanden. Sie waren entweder völlig zerstört worden, wie Kaiserhof, Centralhotel, Continental, Bristol, Fürstenhof, Excelsior, Eden (...) oder es blieben nur bescheidene Restbauten erhalten wie beim Adlon und beim Esplanade, die kaum mehr einen Eindruck des alten Glanzes gaben. (...) Die Zerstörung des Krieges hatten jedoch nicht nur die großen Hotels vernichtet, auch die Klein- und Mittelbetriebe, zumeist in den besonders stark zerstörten Bezirken Mitte und Kreuzberg gelegen, waren betroffen."* (Architekten- und Ingenieur-Verein zu Berlin, 1980, S. 25)

[42] Aus der Sauce wurde z. B. die Tunke, aus dem Baguette das Stangenweißbrot und aus dem Entrecôte das Zwischenrippenstück (Lange, 1936).

Nach dem verlorenen Zweiten Weltkrieg werden die wenigen verbliebenen unbeschädigten Hotelbetriebe[43] in den touristischen Zentren beschlagnahmt und für Besatzerzwecke vorgesehen (z. B. Brenners Parkhotel Baden-Baden, Parkhotel Düsseldorf, Grand Hotel Petersberg etc.) oder zweckentfremdend. Die touristische Nachkriegsentwicklung vollzieht sich in den vier Zonen besatzungsspezifisch unterschiedlich:

> *„Die Militärverwaltung der Vereinigten Staaten hatte schon im Jahre 1947, also vor der Währungsreform, begonnen, den Tourismus durch die Schaffung der Ausländerhotels zu beleben. Sie unterstützte in großzügiger Form die Einrichtung dieser Häuser und ihre Betriebsführung und brachte es fertig, zahlreiche Amerikaner in den Ausländerhotels unterzubringen, die auch bei der amerikanischen Geselligkeit eine größere Rolle spielten. (...) Die Entwicklung des westdeutschen Tourismus und vor allem der Wiederaufbau der westdeutschen Hotellerie wären ohne die amerikanische Hilfe niemals möglich gewesen.“* (M. Hoffmann, 1961, S. 233)

Bis Ende 1951 blieb die Hotelpreisbildung staatlich reguliert, jede kostenbedingte Preiserhöhung muss durch die entsprechenden Militärbehörden genehmigt werden (M. Hoffmann, 1952). Durch den einsetzenden Wirtschaftsaufschwung ab Mitte der 1950er-Jahre und dem damit einhergehenden Wiederaufbau der zerstörten Städte und touristischen Zentren werden zahlreiche traditionsreiche (und oft nur leicht beschädigte Hotelbetriebe) abgerissen und Neubauprojekten geopfert:

> *„Das Wirtschaftsleben normalisierte sich nach dem Zweiten Weltkriege verhältnismäßig rasch. Es war auch die Zeit gekommen, wo der Gast eine normale Unterkunft haben wollte und nicht mehr mit jeder Unterkunftsmöglichkeit zufrieden war.“*
>
> (M. Hoffmann, 1961, S. 230)

[43] „Das Heidelberger Institut für Fremdenverkehr hatte für die amerikanische Zone bei den Hotels einen Zerstörungsgrad von 16.3 % ermittelt und einen sonstigen Abgang in der Zeit von 1939–1947 in Höhe von 9,7 % zusammen 26 %. Der Zerstörungsgrad war am höchsten in den Reisezentren, am niedrigsten in den Heilbädern und Kurorten. Er betrug in den Reisezentren von Bayern, Baden-Württemberg und Hessen 60,6 %, in den Heilbädern 4,4 %, in den Luftkurorten 1,8 % und in den sonstigen Fremdenverkehrsorten 6,9 %. In der britischen Zone hatte man in den Großstädten Zerstörungsgrade von unvorstellbarem Ausmaß. In Dortmund waren es 89 %, in Düsseldorf 90 %, in Hannover 94 %. In Nordrhein-Westfalen war der gesamte Beherbergungsraum zu 31,4 % zerstört. Nach den Angaben des Bundeswirtschaftsministeriums aus dem Jahre 1948 betrug die Zahl der von der Besatzungsmacht beschlagnahmten Betten 60000 und die Zahl der mit Flüchtlingen belegten Betten 215000“ (Hoffman, 1961, S. 228–229).

3.4.1 1950er- und 1960er-Jahre – Wiederaufbau

> „*A large hotel should run like a well-organized factory, with no hitches, no delays, no breakdowns. (...) It is true that at present specialization is applied increasingly in the larger hotels or in the headquarters of companies controlling a chain of hotels. (...) But if the standard of individually-owned smaller hotels is to be raised there must be a greater readiness to consult specialists, easy access to better reference books, and an up-to-date knowledge of current hotel practice.*" (Jones, 1948, S. 3)

Der Wiederaufbau, nahezu der gesamten Hotel-Nachkriegsarchitektur, knüpft nicht zuletzt aus Mangel an Baumaterial, an den Vorkriegstrend der „Neuen Sachlichkeit" an, die im Zeitgeist der Nachkriegsmoderne sauber[44] und effizient gestaltet wird (A. Koch, 1951). Die junge Bundesrepublik sucht auch über den Tourismus nach Wegen der internationalen Anerkennung und förderte ab Mitte der 1950er-Jahre zahlreiche Hotelneubauprojekte mit kostengünstigen Krediten, Abschreibungen und Zonenrandförderungsprogrammen. Im städtebaulichen Kontext bevorzugen Architekten dafür den amerikanisch geprägten „International Style" (Wellnitz et al., 2016). Beispielhaft dafür steht das Berliner Hilton Hotel,[45] das 1959 eröffnet wird:

> „*Mit dem Berlin-Hilton waren eine Größe und ein Standard erreicht, welche lange Zeit ohne Konkurrenz blieben.*" (Architekten- und Ingenieur-Verein zu Berlin, 1980, S. 29)

---

[44] „Dies Zeitgemäße spiegelt sich aber nicht nur in einer modernen, sauberen Architektur wider, sondern schließt in sich auch jene hoch entwickelte, betriebstechnische und betriebswirtschaftliche Ausstattung, die erforderlich ist, um dem Gast unserer Zeit in jeder Weise gerecht werden zu können, der heute andere Maßstäbe anlegt als etwa noch vor dreißig Jahren" (A. Koch, 1951, S. 6).

[45] „Der einmalige Erfolg der Hilton-Hotels hat eine dreiteilige Basis: Durch perfekte Organisation und Rationalisierung kann Conrad Hilton en gros für einen bestimmten Preis mehr Luxus liefern als jedes vergleichbare Einzelunternehmen. Der ausländische Besucher vermeidet jedes Risiko, wenn er in einem Hilton-Hotel absteigt; er weiß genau, was ihn erwartet, gleich, ob er in Istanbul, Amsterdam oder San Juan übernachten muß. In einer Welt, die amerikanische Lebensart mit Überfluß und Luxus gleichsetzt, erwirbt jeder Hilton-Gast automatisch das Status-Symbol, zum internationalen Jet-Set zu gehören; Hilton-Hotels haben Snob-Appeal. Wie Henry Ford, Coca-Cola oder ‚Time' und ‚Life' ist Conrad Hilton zugleich Symbol und Missionar des ‚American Way of Life'" (Der Spiegel, 1964).

Der völlig neue Charakter dieser als Industrie-Hotelbauten[46] angelegten modernen Hotelhochhäuser, als auch deren innere effiziente Konzeption findet in den westlichen Besatzungszonen schnell Anklang, da die Adaption des „American Way of Life" sinnbildlich für die demokratische Entwicklung der jungen Bundesrepublik steht. In der städtebaulichen Betonung deutscher Nachkriegsstädte übernehmen diese Hotelneubauten schnell den repräsentativen Charakter der Grand- oder Palasthotels der Jahrhundertwende:

> *„After World War II, efficiency was promoted to the level of art. This was the space of aestheticized efficiency that Hilton International exported to Europe and the Middle East twenty years before Mc Donalds' thought about franchising fast food abroad. (…) Hilton´s Modernity was the product of the dazzling standardization of the commodity that radically changed american society from the end of the forties through the fifties. Hilton contributed to that Modernity by giving it an elite form. Like abstract expressionism, Hilton hotels refined the elementary and the efficient and sold it to American and foreign elites."* (Wharton, 2001, S. 6–7)

3.4.1.1 Bedienung

> *„Alle Betriebe des Fremdenverkehrs haben es mit dem ‚Fremden' zu tun, er ist ihr Gast. Diese Betriebe können daher auch als ‚Gastbetriebe' bezeichnet werden. Dieser Begriff ist sogar logischer; den jeder Betrieb des ‚Fremden'-verkehrs betont seine ‚Gastlichkeit' und sein Bestreben den höchsten Anforderungen seiner ‚Gäste' zu entsprechen. ‚Dienst am Gast' ist die große Parole; Gastlichkeit und Wirtschaftlichkeit ist das große Problem."* (Thoms, 1952, S. 72)

Die Ausgestaltung der Dienstleistungskultur im deutschen Hotelgewerbe der Nachkriegsjahre passiert in einer Phase rasanter wirtschaftlicher und sozialer Veränderungen, die die westdeutsche Gesellschaft innerhalb kurzer Zeit zu einer noch nie vorher gekannten Wohlstandsblüte und Modernität führen. Zahlreiche Karrieren der Vor- und Kriegszeiten können trotz Entnazifizierungsbemühungen fortgeführt und ausgebaut werden. Dies gilt nicht nur für die

---

[46] „Der Hotelbau der Gegenwart hat eine Entwicklung durchgemacht, die auf die Typisierung der amerikanischen Großhotels zurückzuführen ist. Das Hotel ist in hohem Maße auf eine ausreichende Rentabilität angewiesen (…). Der Bettentrakt ist mit einem Bienenstock zu vergleichen und erhält durch die Gleichmäßigkeit der Räume einen büromäßigen Charakter nach außen. (…) Die Hotelbaumethode wie diese in Amerika praktiziert wird und ihren Einfluß auf den Hotelbau in der ganzen Welt ausstrahlt, sieht kleinere (Zitzmann, 1987) Appartements vor (…), zugleich hat diese den öffentlichen Räumen, die für die Gäste bestimmt sind, größere Flächen zugewiesen, als dies bisher der Fall war, unter Fortfall von allen kleinen Spezialräumen. Damit ist der Rationalisierung des Hotels insbesondere auch im Servicebereich, Raum gegeben" (Steinbüchel-Rheinwall et al., 1970, S. 10).

„Funktionseliten“, sondern auch für den Großteil der Bevölkerung. Diese „Volkskontinuität“ (Niethammer, 1983) zeigte sich auch in der Beibehaltung elaborierter Gesellschaftscodes und traditioneller Bedienungsformen:

> *„Das Bedienungspersonal darf sich weder an Gesprächen, die die Gäste untereinander führen, beteiligen, noch in unmittelbarer Nähe stehen, um nicht den Eindruck zu erwecken, zuhören zu wollen. Die Bedienung hat den Gast freundlich und zuvorkommend und äußerst geschickt und aufmerksam zu bedienen. Vorwitzigkeit zeugt von schlechter Erziehung.“* (Speiser, 1950, S. 20)

Die restaurierten Beziehungen zwischen Hotelgästen und Hotelmitarbeitern bleiben zwar asymmetrisch und traditionell orientiert (Arndt, 1961, S. 55), jedoch sollen Hotelmitarbeiter alles dafür tun, die Kaufkraft der Nachkriegsbevölkerung und deren Nachholbedürfnisse auszunutzen:

> *„Unter ‚wir‘ verstehe ich Wirte, Kellner und weibliche Bedienungen. Das Bedienen gehört zum Beruf – das Verkaufen aber muß immer wieder neu erlernt und gelehrt werden. Nicht jeder eignet sich zum Bedienen und nicht jede Bedienung kann verkaufen. Eine gute Bedienung aber muß beides können, denn Verkauf ist durchaus erlernbar, Verkaufen ist keine Schande!“* (Adam, 1959, S. 7–8)

3.4.1.2 Gästebetreuung

> *„Das Empfangs- und Hallenpersonal betreut den ankommenden und den abreisenden Hotelgast. Dazu zählen: Der Hoteldiener holt den Gast am Bahnhof, Schiff oder Wagen ab und übernimmt die Beförderung seines Gepäcks. Im Hotel wird der Gast vom Portier empfangen, der die mit der Ankunft des Gastes zusammenhängenden Angelegenheiten (Zimmerzuweisung, Anmeldung) erledigt. Er hat die Zimmerschlüssel in Verwahrung, verteilt die eingehende Gästepost, steht den Gästen für Auskünfte aller Art zur Verfügung, nimmt ihre Wünsche auf Besorgung usw. entgegen. (…) Die Betreuung der Gäste auf ihren Zimmern ist Sache der Zimmer- und Hausmädchen, der Etagen- oder Zimmerkellner, des Hausdieners (Schuhreinigen u. a.).“* (Kamm & Güdemann, 1954, S. 92–93)

Die Hotelgesellschaft der Nachkriegsjahre ist wie die bundesdeutsche Gesellschaft auch, im Begriff sich aus dem existenziellen Zustand der Nachkriegsjahre heraus zu entwickeln und die zunehmende Internationalisierung als Kontrast zum kleinbürgerlichen Ordnungsmodell zu akzeptieren (Pollack, 2016):

> *„Das Bedienungspersonal verspürte deutlich das veränderte Gesicht des Gästekreises. Unwillkürlich erfolgte auch bei ihm eine innere Umstellung. Die routinemäßige Erledigung des Bedienungsgeschäftes vom Zeitdruck belastet, verwandelte sich betont in*

eine herzlichere Form der gastlichen Betreuung. Eine wohltuende Atmosphäre machte sich geltend. " (Kamm & Güdemann, 1954, S. 43)

Trotz positiver Tendenzen bleiben tradierte Ansichten, gesellschaftliche Codes[47] sowie stereotype Vorannahmen der wertkonservativen Nachkriegsgesellschaft übermächtig und verlangsamen die sukzessive Weiterentwicklung der Gästebetreuung deutlich:

„Als Gastgeber aber oder als dessen Vertreter begegnen wir dem korrekten Neger mit gleicher Höflichkeit und, wenn wir dessen fähig und damit echte Gastronomen sind, mit gleicher natürlicher Liebenswürdigkeit wie dem korrekten Einheimischen und anderen Gästen aus aller Welt. " (Arndt, 1961, S. 143)

3.4.2 Gastlichkeit in der DDR

„Gastlichkeit – angenehme, erholsame Atmosphäre in Gaststätten und Hotels, die das Verhältnis der Menschen in der sozialistischen Gesellschaft zum Ausdruck bringt und durch das harmonische Zusammenspiel von bedarfsgerechtem Angebot, vorbildlicher Gästebetreuung, einladend gestalteter Fassade, wirkungsvoller Sichtwerbung, kulturvoller Innenausstattung sowie einem sich diesen Merkmalen anpassenden Gästekreis erreicht wird. Die G. wird bestimmt durch die Prinzipien der sozialistischen Moral und die sozialistischen Lebensgewohnheiten. Eine hohe G. verlangt fachlich und politisch geschultes Personal, das seine Versorgungsaufgaben freundlich und aufmerksam erfüllt. Vom gesamten Kollektiv aus muß in sozialistischer Wettbewerbsatmosphäre das Bemühen spürbar sein, für die Gäste Entspannung, Erholung und Wohlbefinden zu sichern und somit ein dem Sozialismus eigenes Vertrauensverhältnis zw. Gästen und Mitarbeitern herzustellen." (Gabler et al., 1984, S. 156)

Auch in den ostdeutschen Gebieten (ab 1949 die DDR) entwickelt sich nach dem Zweiten Weltkrieg der Tourismus, jedoch mit anderen politischen Vorzeichen. So sind die Nachkriegsjahre dort zunächst geprägt von der Vergesellschaftung bisheriger privater Fremdenverkehrsbetriebe und dem Aufbau eines sozialistischen Erholungswesens mit staatlichen Ferienheimen, Campingplätzen und Zeltlagern sowie einer spezialisierten touristischen Schiffsflotte (Freyer, 1998). Ziel ist die Sicherung der Arbeitskraft der Werktätigen durch staatlich verordnete und organisierte Erholung:

---

[47] „Es dürfte nur wenigen unter uns – und dann fast stets auch nur den Älteren – gelingen, sofort den Charaktertypus richtig zu erkennen und dementsprechend zu behandeln. Erst bei einigem Umgang mit den Gästen und nach längerem Training wird es möglich sein, ein ungefähres Urteil abzugeben" (Arndt, 1961, S. 144–145).

> *„Erholung ist durch sinnvoll angeordnete und gestaltete Betätigung sowohl innerhalb als auch außerhalb der Arbeitszeit zu gewährleisten. Außerhalb der Arbeitszeit ist die optimale Gestaltung der verschiedenartigen Freizeitabschnitte (Feierabend, Wochenende sowie Jahresurlaub) für den erzielbaren Erholungseffekt von ausschlaggebender Bedeutung. Haupterfordernisse zur Erzielung eines optimalen Erholungseffektes sind vor allem Wechsel des Milieus, Ausgleich einseitiger Tätigkeiten (aktive E.), Anwendung hygienischer Maßnahmen zur Förderung der Gesundheit und Abhärtung (Gymnastik, Bäder, zweckmäßige Ernährung) und geregelter Tagesrhythmus im Lebensvollzug mit ausreichendem Schlaf.“* (Gabler et al., 1984, S. 105)

Durch Mängel in der planwirtschaftlichen Organisation, vor allem aber durch fehlende Mechanismen, die zwischen Angebot und Nachfrage der Werktätigen vermitteln können, entsteht bald eine permanente Unterversorgung mit Urlaubsangeboten, insbesondere solcher im (sozialistischen) Ausland (Wolter, 2009). Während der Staat dem Urlaub nicht zuletzt erzieherische Funktionen zuschreibt und die „kulturpolitische Betreuung“ der Urlauber mitgestalten will, entwickeln die DDR-Bürger vielfältige Formen, sich diesen Einflüssen und dem sich verschärfenden Mangel an Urlaubsalternativen zu entziehen. Dafür existiert bald ein Ersatzmarkt mit schwarzmarktähnlichen Zügen, auf dem nicht nur mit raren Gütern, Obst und Gemüse aber auch handwerklichen Leistungen gehandelt wird, sondern auch mit Ferienschecks und Ferienplatzkapazitäten (Freyer, 1998). Daneben bilden sich in der Tradition der Schrebergärten große Gartenkolonien („Datschen“), die multifunktional als Urlaubsort und/oder Gemüse- bzw. Obstgartenanlage dienen (Görlich, 2009).

Da Auslandsreisen politisch nur für besondere Leistungsträger der sozialistischen Gesellschaft erwünscht und aufgrund der schwachen Ostwährung ökonomisch nicht für alle Bürger der DDR finanzierbar sind, entwickelt die DDR-Regierung ab Mitte der 1960er-Jahre einen Plan, ihr Land als eigenständiges Tourismusland auszubauen und auch für Reisende aus dem kapitalistischen Ausland zu positionieren.[48] Dazu wird mit dem Aufbau eines staatlich organisierten volkseigenen Hotelkonzerns[49] mit höherem Komfortanspruch begonnen (Wolter, 2014):

---

[48] 1973 präsentierte sich die DDR erstmals auf der ITB, der Internationalen Tourismus-Börse in West-Berlin (Wolter, 2014).

[49] „Der Luxus der Interhotels, der sonst von der Regierung ideologisch verpönt war, wurzelt in einem symbolischen Kapital historischer-kultureller Prägung. Die ersten Häuser gehen oft von bereits existierenden Etablissements aus, wie das 1915 in Leipzig gegründete Astoria, oder der 1905 in Erfurt eröffnete Erfurter Hof, dessen Ruhm sich dem Treffen zwischen BRD-Kanzler Willy Brandt und DDR-Ministerpräsidenten Willy Stoph im Jahre 1970 verdankt. Weitere Beispiele sind das Hotel Zum Elefanten in Weimar und der Cecilienhof in Potsdam“ (Ulrich, 2020, S. 248).

„Interhotel DDR, VE (Abk. Interhotel) – dem Ministerium für Handel und Versorgung unterstellte volkseigene Wirtschaftseinheit, die am 1.1.1965 als Vereinigung Interhotel gebildet wurde und 31 Hotels in Großstädten, Zentren des Reiseverkehrs und Erholungsgebieten mit 15500 Betten umfaßt. Die Aufgaben der I. bestehen darin, Spitzenleistungen in der Beherbergung, den hotelspezifischen Dienstleistungen und der Gastronomie mit einer hohen ökonomischen Effektivität für den aktiven Auslandstourismus und die Versorgung von Bevölkerung zu erbringen. (...) I. arbeitet nach den Grundsätzen der wirtschaftlichen Rechnungsführung und wird vom Generaldirektor geleitet, der mit dem Plan die Grundlinie zur Erhöhung des Versorgungsniveaus und der ökonomischen Effektivität sowie die innere Geschlossenheit des Reproduktionsprozesses der Wirtschaftseinheit sichert." (Gabler et al., 1984, S. 205)

Die Interhotels fungieren als „Devisenbringer" und sind nahezu exklusiv Reisenden aus kapitalistischen Ländern und den eigenen politischen und gesellschaftlichen Eliten vorbehalten:

„Die Bezeichnung Inter-, die sowohl bei den Interhotels als auch bei den Intershops angewandt wurde, bezog sich in der DDR nicht auf eine Internationalisierung bzw. eine mögliche entsprechende Strategie, sondern fungierte vielmehr als Hinweis, dass ausländische Waren bzw. ausländische Touristen ausschließlich in diesen Unternehmen anzufinden waren." (Wolter, 2009a, S. 282)

In den 1970er-Jahren kommt in der DDR, wie in Westdeutschland auch, der staatliche Bäder- und Kurtourismus hinzu (Godau, 1989). Die Dichotomie von Arbeit und Freizeit bzw. Urlaub wandelt sich vom „Recht auf Erholung" zum „Recht auf Erlebnisse". Die Gegensätzlichkeiten der Vorstellungswelten im Kontext der erwünschten und der real verfügbaren Urlaubsmöglichkeiten driften jedoch immer weiter auseinander. Die andauernde Unzufriedenheit der DDR-Urlauber führt schließlich dazu, dass der Anspruch an die totale Reisefreiheit als „verbrieftes demokratisches Recht" interpretiert wird, das bis zum Mauerfall unerreichbar bleibt (Spode, 1997). Mit dem Zusammenbruch der DDR kommt es unweigerlich zu einer explosionsartigen Reisewelle und damit verbundenen Nachholeffekten:

„Die westdeutschen Bundesbürger wollten im Urlaub fast alles, die ostdeutschen Bundesbürger auch – nur von allem noch mehr. Die Urlaubserwartungen der Ostdeutschen wirkten intensiver, erschienen stärker fordernd, ja fast grenzenlos. Offensichtlich war der Nachholbedarf an realisierbarer Reisesehnsucht so groß, dass die hohen Urlaubserwartungen beinahe Gefahr liefen, überhöht zu sein, so dass die Wunschvorstellungen hinter der Urlaubswirklichkeit herhinkten." (Opaschowski, 2002, S. 54)

3.4.2.1 Sozialistische Bedienung

> *„Die Gastlichkeit wird bestimmt durch die Prinzipien der sozialistischen Moral und durch die sozialistische Wettbewerbsatmosphäre muss das Bemühen spürbar sein, für die Gäste Entspannung, Erholung und Wohlbefinden zu sichern und somit ein dem Sozialismus eigenes Vertrauensverhältnis zw. Gästen und Mitarbeitern herzustellen.“*
> (Gabler et al., 1984, S. 156)

Sehr viel stärker als in der Bundesrepublik sind die gesellschaftlichen Bedingungen der DDR mit dem politischen System verknüpft. Nach dem Bau der Mauer 1961 hat sich die große Mehrheit der werktätigen Bevölkerung auf die neue Realität eingelassen und mit dem Leben im Arbeiter- und Bauernstaat arrangiert. Das Bedienungspersonal der DDR war sich seiner politisch verordneten Versorgungsaufgabe bewusst, die Mangelversorgung mit touristischen Plätzen bildet eine Art von Bestechungspolitik aus, indem Vorreservierungen durch Trinkgelder[50] abgesichert werden. So kann sich mancherorts das Bedienungspersonal eine gewisse Gelassenheit gegenüber den Gästen leisten, da ihnen ihre alternativlose Systemrelevanz bewusst war (Voigt, 2017). Die sich verschlechternde wirtschaftliche Lage der DDR und die kontinuierliche Devisenknappheit führt schließlich dazu, dass das Hotel und Bedienungspersonal verkaufsorientiert agieren soll:

> *Während in der früheren Zeit ein Kellner hauptsächlich ein versierter Handwerker sein sollte, bei dem also die vollendete Technik des Service im Vordergrund stand, hat sich im Lauf der Zeit ein weiterer Faktor dazu gesellt. Der Kellner soll heute nicht nur an der Tafel servieren oder im Restaurant dem Gast vorbildlich die bestellten Speisen und Getränke an den Tisch bringen können, sondern zuvor müßen diese Dinge ja angeboten werden und der Gast will gut beraten sein. Dazu gehört aber außer einer genauen Kenntnis des Verkaufsverfahrens auch eine gute Menschenkenntnis.“*
> (Kölling, 1968, S. 20)

Der Kampf der politischen Systeme wird auch in der gastgewerblichen Ausbildung der DDR thematisiert[51]. So werden solche psychologischen Inhalte vermittelt, die helfen sollen, in- und ausländischen Gästen die Überlegenheit

---

[50] **„Bedienungsgeld** – Entgelt für Leistungen im Dienstleistungsbereich, das unter sozialistischen Bedingungen historisch überlebt ist. Das z. Z. über die festen Preise und Tarife hinaus vom Dienstleistungsempfänger gezahlte B. (sog. Trinkgeld) trägt freiwilligen Charakter und soll entweder bes. persönliche Leistungen anerkennen oder stimulieren“ (Gabler et al., 1984, S. 51).

[51] In der DDR wurden die Berufe Kellner, Koch und Empfangssekretär als zweijährige Ausbildungsberufe bis zur Wiedervereinigung ausgebildet (Arbeitsgemeinschaft Qualifikations-Entwicklungs-Management, 1996).

des real existierenden Sozialismus der DDR zu beweisen[52] (Preuß, 1990), wobei Anspruch und Wirklichkeit bis zum Ende der DDR genauso unvereinbar bleiben wie Sozialismus und Kapitalismus:

> *„Aus dieser Sicht betrachtet beeinflussen die Mitarbeiter im Servicebereich die Meinung der Gäste unserer Republik über die Bürger der DDR, die Politik der Partei- und Staatsführung, über den erreichten Entwicklungsstand und die Überlegenheit des realen Sozialismus in seiner Gesamtheit. Es ist deshalb für den Kellner wichtig, die Bedürfnisbefriedigung nicht nur in der Erfüllung von Wünschen nach Nahrung und Beherbergung oder nach kulturellen Leistungen zu sehen, durch die individuelle Beachtung jedes einzelnen Gastes in dessen Wohlbefinden während des gesamten Aufenthaltes zu unterstützen."* (Ellermann & Geserick, 1985, S. 62)

3.4.2.2 Sozialistische Gästebetreuung

> *„**Urlauberbetreuung** – qualitative Seite der Beherbergung, gastronomische Versorgung, kulturelle und sportliche Betreuung sowie Gewährung von Dienstleistungen für die Erholungssuchenden. Das Ensemble aller Betreuungsleistungen trägt zu einem abwechslungsreichen und erholsamen Urlaub in allen Jahreszeiten bei. Demzufolge legt man die Summe sämtlicher Betreuungs-, Dienst- und Verkehrsleistungen bei einer Bewertung zugrunde."* (Gabler et al., 1984, S. 383)

Auch die sozialistische Gästebetreuung in der DDR hat einen politischen Auftrag und soll die Loyalität der Bürger sichern und ausbauen:

> *„Die Gaststättenkultur spiegelt das ideologische, kulturpolitische und organisatorische Niveau der Gästebetreuung wider, sie ist damit der Gradmesser des Standes unserer sozialistischen Erziehung und Bildung von Beschäftigten und Gästen im Gaststätten- und Hotelwesen."* (Ellermann & Geserick, 1985, S. 55)

Mit dem Erwerb psychologischer Grundkenntnisse in den Aus- und Weiterbildungen des ostdeutschen Hotel- und Gastronomiegewerbes verfolgen die dortigen Berufspädagogen nicht nur den Erwerb von allgemeinen und verkaufspsychologischen Kompetenzen,[53] sondern ebenso die Durchsetzung des

---

[52] „Dieses Unterrichtsfach trägt dazu bei, sich ausgewählte Grundkenntnisse der Psychologie, die auf Grundlage des Marxismus-Leninismus beruht, anzueignen. Es kommt darauf an, das zu erwerbende Wissen zielgerichtet in der Praxis der Gastronomie anzuwenden. Damit können die Mitarbeiter im Service ihre Überlegenheit gegenüber den Berufskollegen in kapitalistischen Gaststättenunternehmen beweisen" (Ellermann & Geserick, 1985, S. 61).

[53] Zu den Lerninhalten gehörten psychologisch-physiologische Grundlagen (psychische Elemente des Erkenntnisprozesses, psychische Erscheinungen, psychische Prozesse als auch psychische Eigenschaften und Persönlichkeitsstrukturen), Themen zwischenmenschlicher

sozialistischen Menschenbildes.[54] Je besser und schneller es Hotelmitarbeitern gelingt, das Wesen ihres Gastes zu erkennen, umso besser sind diese politisch und gesellschaftlich zu lenken:

> *„Aufgaben des Gaststätten- und Hotelwesens ist es, die Betreuung der Gäste ständig zu verbessern, (…). Im verstärkten Maße sind auch die Beziehungen zwischen den Mitarbeitern der Gaststätte und dem Gast zu verbessern. Das kann nur erfolgen, wenn man sich mit den Gästekreisen oder -gruppen genauer beschäftigt und nicht von Zufällen ausgeht. Dabei ist von den Methoden der marxistischen Philosophie der Arbeiterklasse auszugehen und in den Mittelpunkt der Fragestellungen zu rücken (…).“* (Ellermann & Geserick, 1985, S. 89)

Zur Gästebetreuung gehört auch die Überwachung durch hauptamtliche und informelle Mitarbeiter der Staatssicherheit, insbesondere in den Hotelbetrieben, in denen die potenzielle Möglichkeit von Westkontakten besteht. Politische Abweichler oder gesellschaftliche Dissidentenwerden ausgespäht oder mit inszenierten, kompromittierende Situationen erpresst und gefügig gemacht (Wierling, 2020):

> *„Wenn Geschäftsleute unterwegs sind, plaudert sich mancher mitunter um Kopf und Kragen — spätestens beim abendlichen Besuch in der Hotelbar. Das 1981 eröffnete Interhotel Merkur in Leipzig war in dieser Hinsicht ein Glücksfall für die Staatssicherheit (Stasi) der DDR. Auf Gäste aus dem Westen ausgerichtet, bot es eine schier unerschöpfliche Informationsquelle für den sammelwütigen Abhördienst der Messestadt. Zumal es auch für DDR-Bürger Anlaufpunkt war (...). Viele Gäste hatten etwas zu erzählen – ob im Fahrstuhl, in der Bar oder auf dem Zimmer. Und die Stasi schrieb fleißig mit – ganz egal, ob die Informationen einen Nutzwert hatten oder nicht. Der Abhördienst nahm für seine Arbeit gleich drei Zimmer dauerhaft in Beschlag, dazu wurde eines rundum von Kameras überwacht. Das Leben der anderen war genau das, was die Stasi auch hier interessierte.“* (Pohl, 2023)

Beziehungen im Kontext Persönlichkeit, Gesellschaft und Kollektiv sowie verkaufsspezifische psychologische Elemente und deren Wirksamkeit bei der Beratung der Gäste und dem Verkauf von Waren (Ellermann & Geserick, 1978, 1985).

[54] „Das sozialistische Menschenbild stellt den verallgemeinerten Ausdruck der wesentlichen Qualitäten des Menschen der sozialistischen-kommunistischen Gesellschaft dar und bildet das Persönlichkeitsideal. Das sozialistische Menschenbild geht von der Praxis aus, es schließt das Wissen, Können und Verhalten der Persönlichkeit ein, umfaßt die geistigen und körperlichen Eigenschaften. Die Erziehung zum sozialistischen Menschen wird durch das Persönlichkeitsideal bestimmt. Die Ausbildungsunterlagen und Lehrpläne in der DDR berücksichtigen diese Tatsache und unterstützen damit die Vorbereitungen der Lernenden auf die Praxis“ (Ellermann & Geserick, 1985, S. 62).

3.4.3 1970er- und 1980er-Jahre – Ferntourismus, Kongresse und Kuren

> „*Der Einfluß der Neuzeit machte sich bemerkbar in den Folgeerscheinungen des Luftverkehrs – der Motorisierung und nicht zuletzt der modernisierten Eisenbahn. Die Schnelllebigkeit unserer Zeit, die völlig neue Art des Reisens, des Wohnens zu Hause – im Gegensatz zum Urlaub – entwickelte völlig neue Bedürfnisse bei den Gästen, denen entsprochen werden mußte, und so verschwand immer mehr der Gasthof, der die Behaglichkeit einer Zeit widerspiegelte, endgültig. Viele Faktoren wirken zusammen, um eine neue Art der Hotellerie ins Leben zu rufen, so zum Beispiel der Strom der Touristen, der Erholungssuchenden, der Geschäftsleute, der Messe- und Ausstellungsbesucher, der Kongreßteilnehmer und nicht zuletzt die Fragen der Bedienung der Gäste, der Versorgung und des Personals.*“ (Steinbüchel-Rheinwall et al., 1970, S. 5)

Für kräftige touristische Schubwirkung sorgt in den auslaufenden 1960er-Jahren die fortgesetzte Verlagerung von Bus- und Bahnreisen auf das (eigene) Auto und schließlich auf den internationalen Flugverkehr. Die Chartertouristik erkennt die Sehnsüchte der bundesdeutschen Bürger nach exotischen Destinationen als erstes, besetzt florierende Marktsegmente und etabliert sich mit Billigangeboten für Auslandreisen[55] (Opaschowski, 1989). Der heimische und immer noch hauptsächlich mittelständisch geprägte Hotelmarkt kann mit ausländischen Touristen stabil gehalten werden. Dies machte den westdeutschen Markt jedoch auch attraktiv für internationale Hotelketten, insbesondere aus Amerika. Dort war es bereits gelungen, ein höchst rentables Tagungs- und Kongressgeschäft aufzubauen:

> „*Make the most of ceremonial spaces, less of the rooms. When we do a hotel, we first separate the ceremonial spaces from the rest and concentrate on these. In other words, a room is a room. We try to make it as good, efficient and comfortable as possible, but I consider it idiocy to spent money on the rooms.*“ (Lapidus, 1976, S. 41)

Bald thematisieren auch deutsche Architekten die Vorzüge dieser neuen Geschäftsmöglichkeiten:

> „*Das Hotel entwickelte sich zu einem Teil des öffentlichen Lebens, zu einem Verbindungsglied zwischen dem Reisenden und den Bewohnern der Stadt. Kleinere und größere Gesellschaftsräume, insbesondere große Säle ermöglichen das Abhalten von*

[55] Der Auslandtourismus führte zuerst in Nachbarländer, später folgten entferntere Reiseziele. Für Deutschland betraf dies Österreich und die Schweiz, sodann Italien und Spanien und dies mit zunehmender Tendenz: „Ab etwa 1970 überwiegen die Auslandsreisen ganz deutlich; dieser Trend zum Auslandsurlaub hat sich in den letzten Jahren noch weiter verstärkt“ (Gyr, 2010).

Tagungen und Kongressen, Ausstellungen, Bällen, Modeschauen, Hochzeiten und Festen jeder Art. Mangels Personal wird das Hotel ein Ersatz für die Wohnlichkeit, für die Feste, die sonst der Stadtbewohner in seinen eigenen Räumen veranstaltet hat und die er nun gezwungener Weise in das gut geführte Hotel verlegen muß.“ (Steinbüchel-Rheinwall et al., 1970, S. 5)

Zur Abwehr der sich abzeichnenden expansiven Bewegungen[56] der internationalen Hotelketten formieren sich erste Hotelkooperationen mit Individualhotels als Mitglieder:

„Die internationalen Hotels hatten bereits einen hohen Standardisierungsgrad hinsichtlich der internen Organisation und der Produkt- und Angebotsgestaltung. Vor allem aber waren sie den deutschen Einzelhotels und Hotelgruppen durch Reservierungssysteme im Bereich Vertrieb überlegen. Einzelne Hotels sahen sich plötzlich im Wettstreit mit großen Hotelmarken, die nicht nur besser organisiert waren, sondern zudem auch noch eine größere Bekanntheit hatten. Für einzelne Hotels war die weltweite Bekanntheit oder Vermarktung nicht zu finanzieren. Deshalb gründeten sich die ersten deutschen Hotelkooperationen als direkte Gegenbewegung zu dieser Ausprägung der Kettenhotellerie.“ (Soller, 2012, S. 59)

Zahlreiche privatgeführte Individualhotels können in diesen Jahren jedoch auch vom „Kurboom“ profitieren, der durch eine veränderte Gesundheitspolitik der Bundesrepublik ausgelöst wird. Insbesondere frühere Grand- und Palasthotels mutieren zu „Kurhotels“ und können damit die Verluste durch den Ferntourismus abfedern (Bothe, 1984):

„Die Kur, heute oft verlacht als staatlich alimentierter Gratisurlaub, sollte der ‚Erhaltung der Arbeitskraft‘ dienen. Die Generation, die dieses Angebot in den Boomjahren des Kurtourismus – allen voran die 1970er- und 1980er-Jahre – nutzte, hatte den Krieg erlebt und überlebt. Viele übten Berufe aus, in denen körperlich gearbeitet wurde. In den deutschen Kurorten sollten sie sich erholen – und danach wieder für Wachstum

[56] „Seit mehr als einem Jahrzehnt erlebt die Welt einen Hotelbau-Boom von bisher unbekannten Dimensionen. Er wurde ausgelöst durch die Entwicklung des Luftverkehrs, durch den Massenandrang amerikanischer Reisender in Europa und anderen Überseeländern, in denen die Hotels überaltert und überfüllt waren. (…) Obwohl der Boom sich schon als höchst langlebig erwiesen hat, scheint er heute noch an Gewicht zu gewinnen. Niedrige Flugpreise und die weiterwachsende (von den USA aus über den Globus verbreitete) Begeisterung für Tagungen großen Stils forcieren zusammen mit dem Wunsch auch weniger bedeutender Städte, ein Prestigehotel zu besitzen, die Entwicklung. (…) Der bisherige Aufschwung war vorwiegend ein Triumph des amerikanischen Hotels, eines Komforts und Prestiges amerikanischer Art, verbreitet durch die weitgestreuten Schichten der amerikanischen Gesellschaft, die davon angezogen werden. Alle wirklich großen Hotelkonzerne sind im Besitz amerikanischer Gruppen“ (Weisskamp, 1968, Einleitung).

und Wohlstand sorgen. Die vielen Kuren waren nicht nur für die Patienten ein Segen, sondern auch für die deutschen Heilbäder. Das galt vor allem für Orte, die nicht am Meer oder in den Bergen liegen. Die Kur, sie war auch ein milliardenschweres Konjunkturprogramm für die deutsche Provinz. Für mehrere Wochen buchten sich die Kurgäste in den Hotels und Pensionen ein und gaben in den Fußgängerzonen ihr Geld aus: morgens Schlammbad in der Therme, nachmittags Bummeln im Schuhgeschäft oder Kaffeetrinken im Kurpark." (Hagen & Schmidbauer, 2017)

Architekten versuchen in den Kurhotels eine zeitgenössisch interpretierte Form des Heimatstils wieder aufzulegen (Bausinger, 2012, S. 214). Das (gesunde) Leben auf dem Lande und die damit verbundene Lebensqualität soll dabei im Kontrast zu den Industrie- und Ballungsgebieten propagiert werden. Der vorher gesellschaftlich verpönte Heimatbegriff soll von der Bevölkerung wieder ohne negative Konnotationen akzeptiert werden können (Bastian, 1995):

Insgesamt kennzeichnen zwei entgegengesetzte Heimatbilder die Zeit: eine weitgehend gefühlige Ersatzwelt einerseits, ein konkreter Entfaltungs- und Gestaltungsraum andererseits. Zwischen diesen beiden Extremen flimmern Heimatbilder, die Elemente beider Extreme enthalten. Mit seinen neuen Varianten zeigt der Heimatbegriff ähnliche Bedeutungen wie Redensweisen von der vorindustriellen Zeit. ‚Heimat' bedeutet bei beiden Dasein in einer befriedigenden Lebenswelt." (Heller & Narr, 2011, S. 20)

In den 1980er-Jahren reagiert das vorbildhafte amerikanische Hotelgewerbe verstärkt auf die politischen und sozialen Veränderungen im eigenen Land und auf den gesellschaftlichen Wunsch „Zurück zum alten Glanz" (Lehmkuhl, 2008). Investitionen in luxuriös ausgestattete Hotelbetriebe, im neo-konservativen europäischen Stil, im starken Kontrast zum funktionalen Gebäudedesign, sollen die wohlständigen Errungenschaften der amerikanischen Gesellschaft auf allen kulturellen Ebenen manifestieren. Auch bundesdeutsche Hotelbesitzer oder -betreiber nehmen diesen Wandel wahr. Sie stellen frappante Parallelen beim einheimischen Publikum fest und adaptieren amerikanische Entwicklungen wieder nahezu vorbehaltlos. Gerhard Schulz beschreibt deswegen die bundesdeutsche Erlebnisgesellschaft der 1980er-Jahre als eine auf Eudämonie (Glückseligkeit als oberstes Lebensziel) und auf Genuss ausgerichtete gegenwartsorientierte (geduldfeindliche) Konsumgesellschaft (Bundeszentrale für politische Bildung, 2012), die besonders von hedonistischen Werten gekennzeichnet ist, zunehmend egoistische Charaktereigenschaften offenbart und die individualistische Ausgestaltung des eigenen Lebensstils – insbesondere mit Mitteln des Konsums – intendiert (Schulze, 2000, 2004). Der damit einhergehende Handlungsimperativ „Erlebe Dein Leben" wird darum konzeptuell als auch kontextuell als lukrativer Befehl im bundesdeutschen Hotelgewerbe aufgefasst und umgesetzt. Helke Rausch, Angelika Linke und Jakob Tanner bemerken dazu, dass insbesondere amerikanische Fernsehserien den Konsumrausch und die einsetzende Freizeitkultur der amerikanischen Luxusgesellschaft[57] porträtieren (Helke, 2008; Linke & Tanner, 2006) und durch die Ausstrahlung im bundesdeutschen Fernsehen (populäre Fernsehserien wie „Hotel“ „Dallas“, oder „Denver-Clan“) in nahezu alle Haushalte transportieren und damit stil- und lebenseinstellende Wirkungen entfalten:

> *„Sie tragen glitzernde Galaklamotten und verstehen sich darauf, in der grauen Welt der Millionengeschäfte selbstbewußt mitzumischen und sie mit Sinnlichkeit zu beleben. Um ihre Geschäftsabschlüsse fließt Champagner und häuft sich der Kaviar, gern legen sie zwischendurch auch einen Ausflug ins Lotterbett ein, ihrs oder seins: Sie nehmen sich die Freiheit der Wahl. Denver-Frauen kennen ihre Wünsche und verfolgen sie lustvoll bis zum Ziel. (…) Doch unvermutet, synchron mit dem Wechsel im Weißen Haus vom frugalen Farmer Jimmy Carter zum Präsidenten der nouveaux riches Ronald Reagan, fand ein neuer Zeitgeist seine sündhaft teure Verkörperung in den Carringtons aus Denver mitsamt ihrem Gefolge von Butlern und Domestiken.“* (Rosques, 1986)

3.4.3.1 Service, Beratung und Verkauf

> *„Von den Beschäftigten im Gastgewerbe wird häufig eine ‚dienende Rolle‘ erwartet. Dienstleistungsarbeit erhält hier eine Bedeutung, die nicht aus den sachlichen und kommunikativen Funktionen abgeleitet ist, sondern eher der traditionellen Dienstleistungsmentalität des 19. Jahrhunderts entspricht, die – trotz gegenläufiger Tendenzen – weiterwirkt.“* (Elbe & Pohl, 1986, S. 17)

Die Entwicklung der Dienstleistungskultur im westdeutschen Hotelgewerbe der 1970er und 1980er-Jahre ist einerseits geprägt von konkurrenzbedingter Angst, Absatz und Existenz zu verlieren, andererseits führte das Festhalten an tradierten Managementmethoden dazu, dass die Schere zwischen nahezu gleichbleibender Produktionsleistung und steigenden Lohnausgaben sukzessive auseinandergeht. Ersten Selbstbedienungskonzepte, die wiederum in Amerika schon erfolgreich umgesetzt waren (z. B. in Form von Frühstücksbuffets) zeigen neue Möglichkeiten auf und erlauben es Hotelgäste an der Dienstleistungserbringung „erlebnisreich“ zu beteiligen.

Professionalisierungsbemühungen sowie eine erste Ausbildungskrise, münden 1980 in der Novellierung der gastronomischen und hotelspezifischen Ausbildungsberufe. Unter Wahrung tradierter handwerklicher Tätigkeitsprofile sollen

[57] „Amerika galt als Vorbild einer hochentwickelten Industriegesellschaft, als Musterland der modernen Warenwelt, kulturellen Avantgarde und gesamtgesellschaftlich akzeptierten Alltagskultur“ (Doering-Manteuffel, 2011).

nun auch explizite verkaufsorientierte Lerninhalte im Umgang mit Gästen[58] betrieblich und berufsschulisch vermittelt werden (Schuler et al., 1983):

> *„Sympathie (Fach-)Wissen und Überzeugungskraft sind die drei wichtigsten Voraussetzungen, die ein guter Verkäufer mitbringen muß."* (Schuler et al., 1984, S. 156).

Die Auseinandersetzung mit Gästebedürfnissen und Kaufmotiven bleiben jedoch fortwährend traditionell auf Erfahrungswerten begründet[59] und stereotyp orientiert:

> *„Bei südländischen Gästen kann es vorkommen, daß die Frau ausschließlich über ihren Mann bestellt, auch wenn sie sich verständigen könnte. Dies sollte man nicht als Beleidigung auffassen. Auch sollte die Tonstärke, die der südländische Gast selten senkt, sowie seine Gestik sollte man nicht als befehlend oder herablassend interpretieren. Das Gegenteil dazu ist die oft kaum verständliche, näselnde, sogenannte ‚feine englische Art'. bestimmte Tischmanieren mancher Nationalitäten sind ohne sichtbare Reaktion zu akzeptieren."* (Schuler et al., 1984, S. 155)

3.4.3.2 Gästebetreuung

> *„Das ‚Wohl der Gäste' ist selbstverständlich das Ziel einer Gästebetreuung. Worin aber das ‚Wohl' von Gästen in Kur- und Erholungsorten besteht, ist gar nicht so leicht zu übermitteln. Einerseits sind dafür Gästeanalysen wichtig. Zum Beispiel Untersuchungen über Herkunft, Alter, Geschlecht, Familienstruktur, soziale Lage, Interessenschwerpunkte der Gäste. Außerdem muß aber auch eine allgemeinere Auffassung darüber vorliegen, was zum ‚Wohl' der Menschen in der Gegenwart gehört und wodurch dieses Wohl häufig beeinträchtigt oder gar verhindert wird. Eine derartige allgemeinere Auffassung vom ‚Wohl' des Menschen in der heutigen Zeit ist sicher in gewisser Weise immer individuell und auch positionsgebunden. Dennoch beeinflußt diese Auffassung über das Wohl von Menschen heute wahrscheinlich noch in viel entscheidendererweise den Charakter und die Qualität der Gästebetreuung."* (Nahrstedt, 1987, S. 189–190)

Während in den 1970er-Jahren Kur- und Bäderhotels boomen (Präventivkuren wurden von der Krankenkasse übernommen), kommt es Ende der 1980er-Jahre

---

[58] „Der ständige Kontakt mit den Gästen erfordert neben fachlichem Können und guter körperlicher Konstitution auch Gewandtheit im Umgang mit Menschen und ein gepflegtes Aussehen. Einfühlungsvermögen und Verkaufstalent sind Voraussetzung für eine erfolgreiche Tätigkeit in diesem Beruf" (Schuler et al. (1983, S. 9).

[59] „Sprachliches Geschick und Einfühlungsvermögen, feines Gespür und die Fähigkeit, das Wesentliche rasch zu erkennen, sind dabei sehr wichtig" (Schuler et al., 1984, S. 154).

zur kostenbedingten „Kurkrise". Neue Dienstleistungs- und Servicekonzepte sollten sinkende Gästezahlen abfedern und die Annäherung an neue Gästekreise und Konzepte[60] ermöglichen[61]:

> *„Ökonomisch gesehen dient die Gästebetreuung der Sicherung und Vergrößerung der Zahl der Gäste. Dadurch sollen die Gesamteinnahmen des Ortes erhalten oder vermehrt werden. Auf diese Weise dient Gästebetreuung der Existenzsicherung der Ortsbewohner, der Erhaltung und Schaffung von Arbeitsplätzen, einer ‚Profitmaximierung'. Wirtschaftlich gesehen ist der Kurort ein ökonomischer Betrieb, der den Gästen ein ‚Produkt' anbietet, von dem die Gästebetreuung ein ‚Teilprodukt' darstellt. Gästebetreuung muß sich in dieser Hinsicht an Kriterien des ökonomischen ‚Erfolg' haben."* (Nahrstedt, 1987, S. 184)

Während die deutsche Kurhotellerie einen Weg sucht, sich von der medizinalen Patientenbetreuung zur freizeitbedingten Gästebetreuung hinzuentwickeln, greift die Ferienhotellerie das in Amerika aufkommende „Animationsangebot"[62] auf und adaptiert dieses:

> *„Der gut ausgebildete Animateur verfügt über Kenntnisse in Typologie und Gruppenverhalten. Seine Aufgabe erstreckt sich auf das Beobachten der Dynamik seiner Gästegruppen und er wird die geringste Abweichung vom erwarteten oder angestrebten Ziel registrieren. (...) Wir stehen hier vor den spezifisch personellen Fragen, von welcher Stufe an der Hotelkaufmann nun Animateur-Ausbildung haben sollte oder wo in der Hierarchie der gut geschulte Animateur eigentlich anzusiedeln wäre. Jedenfalls*

---

[60] „Das Bemühen um ein neues Kurkonzept enthüllt allerdings, daß erst eine vertiefte Analyse der Kur- und Gästekrise auch eine erfolgreiche Antwort möglich macht. Nicht nur das Kostendämpfungsgesetz und die Sparmaßnahmen der Versicherungsanstalten, nicht nur finanzielle Gründe allein haben zu dieser Krise geführt. Sondern sie erweist sich als eingebettet in eine tiefergreifende ‚Krise der Arbeitsgesellschaft' überhaupt. Fragen der Umgestaltung der Industriegesellschaft, der Lösung drängender Friedens- und Umweltprobleme, der Neugestaltung der Beziehungen zwischen Frau und Mann, zwischen alter und Jugend, zwischen dritter und erster Welt, der Wiedergewinnung von Zukunft spielen in die Kurortekrise hinein" (Kesper, 1987, S. 7).

[61] „Politisch dient Gästebetreuung der sozialen Zufriedenheit, der ‚Massenloyalität' aber auch sozialer Gerechtigkeit, dem sozialen Ausgleich und der Verbesserung der sozialen Verhältnisse. In diesem Zusammenhang fällt gegenwärtig besonders ins Gewicht, daß durch die Krise der Sozialversicherung (insbesondere über BfA und LVA) Sozialkurende an Zahl rückläufig sind, die Privilegiertheit ökonomisch besser situierter Gruppen sich dadurch verschärft. Gästebetreuung wird daher auch eine Antwort auf das Ziel der Erhaltung und Gewinnung von Gästen aus sozial schwächeren Gruppen enthalten müssen" (Nahrstedt, 1987, S. 184–185).

[62] In den 1970er- und 1980er-Jahren kommen „Resorts" in Mode, in denen, nach amerikanischem Vorbild, Animateure für Unterhaltung und sportliche Betätigung Verantwortung übernehmen.

kommt es darauf an, daß der Ablauf der Gästebetreuung von einer verantwortlichen Person im Hause gesteuert und beobachtet wird. (…) Professionelle Animation kann nicht die Leistung Einzelner allein sein. Vielmehr müssen alle, vom Chef bis zum Commis, voll mitziehen (…).“ (Pagel, 1985, S. 98)

Insbesondere in der deutschen Ferienhotellerie kann sich die Gästebetreuung als Animationskonzept, sport- und erlebnisinduziert etablieren, während es den Kurbetrieben nicht gelingt, den sich verdichtenden Kurgästeschwund abzufedern. Trotz guter Argumente für die medizinische Prävention als auch die Rehabilitation rutscht das deutsche Kurwesen in den 1990er-Jahren in existenzielle Bedrängnis. Kuren werden nicht mehr umfassend vom Gesetzgeber finanziert. Die bundesdeutsche Politik verordnet sich einerseits einen Sparkurs, andererseits werden Wege gesucht der ansteigenden Arbeitslosigkeit und wirtschaftlichen Problemen Herr zu werden (Clade, 1996).

3.4.4 1990er- und 2000er-Jahre – Industrialisierung und Investmentobjekte

„Der heutige Tourismus als Massenphänomen ist ein zentrales Kennzeichen moderner Gesellschaften. Er ist Resultat fortschreitender gesellschaftlicher Entwicklung und Ausdruck modernen Lebensstils, der geprägt ist vom zunehmenden Bedürfnis nach persönlicher Entfaltung und individuellen Erlebnismöglichkeiten. (…) Mit dem Ende des Ost-West-Konfliktes und der Öffnung und größeren Durchlässigkeit von Grenzen sowohl im europäischen Raum als auch weltweit hat der Tourismus einen weiteren Schub erhalten. Indem die Zahl der (Mehrfach-)Touristen, die Auslands- und Fernreisen und auch die Reisedauer (saisonale Migration) nochmals zugenommen haben, hat der Tourismus raumzeitlich eine erneute Ausweitung seiner Grenzen erfahren.“ (Schimany, 1999, S. 11)

Anfang der 1990er-Jahre ist die Hotelentwicklung in der Bundesrepublik weitestgehend erstarrt. Sowohl der Geschäftstourismus als auch der Freizeittourismus stagnieren auf hohem Niveau, die durchschnittlichen Aufenthalte der Bürger im Inland sinken kontinuierlich. Immer günstigere Flüge, gecharterte Auslandsreisen und Club-Urlaube gehören zu den Reisetrends der Jahre, hinzu kommt eine deutliche Zunahme von Kurzurlauben in angrenzende Länder (Hütter, 1996, S. 27):

„Die schöne, neue Urlaubswelt wird also durch gegensätzliche Trends bestimmt: einer größeren Wahlfreiheit der Urlauber einerseits und einem standardisierten touristischen Angebot andererseits – bislang weitgehend ohne Rücksicht auf die natürlichen

> *Ressourcen. Als ›Reiseweltmeister‹ scheinen die Deutschen das zentrale touristische Risiko, nämlich die Zerstörung der natürlichen Grundlagen des Tourismus, mit fragwürdigem Erfolg in die ausländischen Zielgebiete zu exportieren."* (Hütter, 1996, S. 117)

Wende und Wiedervereinigung führen ab 1989 zu einer Dynamisierung der Tourismusbranche, zu neuen Märkten für die Westdeutschen und in den neuen Bundesländern zu „Nachholeffekten":

> *„Das Reiseverhalten der Mehrheit hat sich erstaunlich rasch an das der Westdeutschen angeglichen. Die Befunde lassen vermuten, dass die Ostdeutschen zumindest im Kopf die gesellschaftlichen Entwicklungen im Reiseverhalten schon bis 1989 antizipiert hatten und nun zumeist realiter nachholten."* (Wolter, 2018)

Der internationale Tourismusmarkt der 1990er-Jahre reagiert indes auf politische, wirtschaftliche und gesellschaftliche Krisen und Veränderungen, die mit der sich verstetigenden Globalisierung zusammenhängen. Touristische Nachfrage suchen „heile" Rückzugsmöglichkeiten und finden diese in Form von mehr oder weniger künstlichen Erlebniswelten[63]. Freizeitparks und Spaßbäder bilden den Trend der Jahre:

> *„Das Ende unseres Jahrhunderts erlebt die Renaissance eines in Standardisierung, Konvention und plüschiger Klassizität erstarrten Typus: Das Hotel wird zur gestalterischen Herausforderung führender Designer und Architekten. Mutige Einzelunternehmer und einige der internationalen Luxushotelketten setzen als Marketing-Instrument auf die Erlebnisqualität zeitgemäßer Gastfreundschaft. Die künstliche Traumwelt, die Oase aus wunderlicher Kulisse und exzessivem Komfort wird zum Ort der Verheißung, der keine Grenzen zwischen Illusion und Wirklichkeit mehr kennt. Der Wille zur Form und der Zwang zur Exaltation sind zwei Aspekte einer Entwicklung, die das Hotel wieder zur paradigmatischen Bauaufgabe macht, wie in der Belle Époque, der Epoche der Grandhotels, der eigentlichen Gründerzeit des internationalen Gastgewerbes."* (Riewoldt, 1994, S. 7)

Gerhard Schulze bezeichnet deswegen den Wandel des menschlichen Überlebensinstinktes zu einer hedonistischen Erlebnissucht. Im Zuge dieser Entwicklung kann sich ein dynamisierter Erlebnismarkt etablieren, in dem Millionen „Erlebniskonsumenten" einer Vielzahl von privaten und öffentlichen „Erlebnisanbietern"

[63] „Erst kam die Fresswelle, dann die Konsumwelle und dann der Luxus. Und nun frage ich mich: Was kann ich jetzt noch mit mir machen?" (H. Müller & Scheurer, 2007, S. 2; Opaschowski, 1998).

gegenüberstehen und eine neue soziale Realität ausbilden. Beim Konsum geht es, so Schulz, nur noch um rein subjektive Erlebniswerte[64] (Schulze, 1993) (Abbildung 3.1).

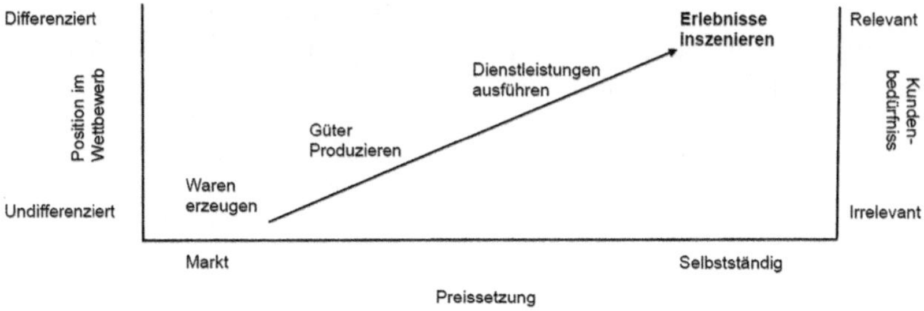

Abbildung 3.1 Wirtschaftliche Differenzierung, adaptiert nach (H. Müller & Scheurer, 2003, S. 73; Pine & Gilmore, 2000, S. 22)

Hotelbesitzer oder -betreiber reagieren positiv auf diesen Trend und die darin erkennbare Chance für den von erheblichen Sättigungstendenzen gekennzeichneten deutschen Hotelmarkt. Zielgruppen- und lebensstilorientierte Erlebnis-Hotelkonzepte[65] mit standardisierten, theatralisch aufbereiteten, sehr gut vermarktbaren Dienstleistungskonzepten sind die Folge:

> *„Heute gibt es keinen Unterschied mehr zwischen dem Besuch eines Restaurants oder dem Besuch eines Musicals. In beiden Fällen geht es um ‚Kicks', um Erlebnisse. Erlebnis-Marketing ist deshalb ein zentrales Thema für Hotels und Restaurants. Erlebnisse lassen sich in erfaßbare Leistungen münzen, wenn zusätzlich zum konventionellen Marketing-Mix (Leistung – Preis – Verkaufswege – PR – Verkaufsförderung – Werbung) noch mit einem Erlebnis-Marketing-Mix gearbeitet wird. Dieser besteht aus*

---

[64] Erlebnisse können nach Albrecht Steinecke und Anja Brittner-Widmann, kollektiver oder isolierter Natur sein und durch Personen, Dinge oder Orte hervorgerufen werden (Steinecke & Brittner-Widmann, 2000).

[65] „Urlaub hat viel mit Inszenierung zu tun. Und die Frage nach Wahrheit und Wirkung des ‚Stücks' hängt nicht allein von der Qualität der ‚Requisite' oder der Aufführung am ‚Originalschauplatz' ab. Das Wichtigste am Urlaub ist für sich die richtige ‚Rolle' in einem (den eigenen Bedürfnissen entsprechenden) Stück zu finden. Genauso wichtig sind die ‚Mitspieler', die richtige Besetzung der Nebenrollen und die Art des ‚Zusammenspiels'. Die Brauchbarkeit eines Stückes erweist sich vor allem daran, wie viel Spielraum es den Akteuren lässt – räumlich und psychosozial" (Opaschowski, 2002, S. 75–76).

> *den – der Theaterwelt entlehnten – Instrumenten: Umfeld – Bühne – Schauspieler – Gast – Schauspieler – Mitarbeiter – Requisiten – Dramaturgie/Ereignisse.“* (Kobjoll, 1994, S. 184)

Im Zuge der strategischen Neuausrichtung dieser Jahre wenden sich zahlreiche Hotelbetriebe dem Wellnesstourismus zu, der als Erlebnisgarant und als Alternative zum absterbenden Kurtourismus, die Selbstoptimierungsbedürfnisse der Bevölkerung in einer Form von „Selfnesstourismus“ widerspiegelt (Hoy, 2008):

> *„‚Jugendlichkeit‘ ist in unserer Kultur ein Ideal, das längst Menschen allen Alters anstreben. Sorglosigkeit, Frische, Sportlichkeit und Optimismus auszustrahlen gilt als ästhetisch, Medien und Werbung zementieren diesen obersten kulturellen Imperativ der Moderne mit der monotonen Gleichgültigkeit einer Maschine (…).“* (Hajkowicz, 2015; Zukunftsinstitut, 2021)

Auf den internationalen Aktienmärkten zeigten sich parallel erste wirtschaftliche Rezessionserscheinungen, in deren Folgen insbesondere die expansive Kettenhotellerie nach Einsparungspotenzialen sucht (Schreyer, 2016; Seitz, 1997). Im Zuge dieser Entwicklungen entstehen zahlreiche neue Hotelmarken im Low-Price-Segment, zumeist unter dem Dach einer etablierten Hotelmarke. Kapital dafür kann durch innovative Lean-Management-Konzepte generiert werden. Diese stehen für die funktionelle Entkoppelung von Bau, Finanzierung und Betrieb der Hotel-Immobilien, als auch für erste Formen von Marken-Franchising und personalorganisatorischen Outsourcing-Konzepte[66] (Schaetzing, 1995). Es zeigt sich, dass Gäste finanziell und konzeptionell anpassungsfähig sind und den neuen Hotelprodukten steigende Umsätze bringen. Damit entwickeln sich Hotel-Investments zu lukrativen Geldgeschäften mit hohen Renditen, ab den 2010er-Jahren dann sogar zu einer eigenen Asset-Klasse (Colliers International, 2021; Frehse & Weiermair, 2007; M. Simon, 2020).

Mittels fortlaufender Produkts- und Angebotssegmentierungen des immer größer werdenden Markenportfolios versuchen internationale Hotelketten nun verstärkt, Dienstleistungscharakteristika mit entsprechenden Assoziationen wie

---

[66] „Moderne Hotels sind zu anonymen Dienstleistern ohne festes Personal geworden. Im Hotel von heute ist jeder Mitarbeiter ersetzbar: Ganze Brigaden werden outgesourct. Und kein Gast kriegt es mit. (…) Die Ketten tun es eher als die Mittelständler und die Geschäftshotels der Städte viel öfter als ein Landgasthof oder Ferienhotel. ‚Das liegt schon daran, dass es auf dem flachen Land wenige Dienstleister gibt‘, (…). Vor allem ist es den Geschäftsreisenden aber schnuppe, wer ihren Kaffee serviert, bevor sie zum Meeting rauschen“ (Amman, 2011).

First-Class, Crown (Full-Service) oder auch Express (Limited Service) marketingspezifisch einzusetzen (Seitz, 1997). Dies ist nicht zuletzt auch als Antwort auf die Kategorisierungsbemühungen der europäischen Hotelverbände zu interpretieren, die mit der Einführung der Hotelsterneklassifizierung (in Deutschland 1996) versuchen, Hotelqualität ganzheitlich abzubilden bzw. durch vorgeschriebene Standards zu garantieren:

> *„Auf die Problematik der Klassifizierung in Hotelkategorien (Qualitätsklassen) muss hingewiesen werden. Zwar lassen sich Produktkomponenten wie Zimmergröße, Zimmerlage und Ausstattungsmerkmale relativ objektiv bewerten und vergleichen. Dagegen ist aber eine exakte Bestimmung der Dienstleistungsqualität äußerst schwierig, weil hier eine Reihe immaterieller Faktoren hinwirken. Außerdem kann eine überzeugende Konstanz der Servicequalität, die für die Leistungsbewertung von Bedeutung ist und die im Wesentlichen von dem Faktor ‚Arbeit' getragen wird, nur durch konsequentes Qualitätsmanagement gewährleistet werden."* (Seitz, 1997, S. 13–14).

So positiv und produktiv, wie die Hotelzertifizierung und das dafür benötigte Qualitätsmanagement für die deutsche hotelspezifische Entwicklung betrachtet wird, so kontraproduktiv zeigt es sich jedoch, im sich ausprägenden Hang zur Kontrolle und zur verdeckten Prüfung der Dienstleistungs- und Servicequalität (z. B. durch Mystery-Shopping[67]), verbunden mit Sanktionen und Strafen bei Qualitätsschwankungen oder Schlechtleistungen:

> *„Die betriebliche Seite muss versuchen, über die Einführung von Standards in den einzelnen Bereichen die Schwankungsbreite der jeweiligen Leistung zu minimieren. Dem Gast soll dadurch eine gewisse Sicherheit im Konsum gegeben werden. Auch der Servicebereich erfährt zunehmend eine Standardisierung. In den Standards werden Aktivitäten im Umgang mit Gästen vorgegeben, sei es die Begrüßung, das Lächeln oder gewisse Arbeits- und Verhaltensschritte. (...) Das Dilemma für die Betriebe ist klar: Eine hohe Standardisierung reduziert die Schwankungen, gleichzeitig nähern sich die gastronomischen Produkte auf dem Markt an und drohen in der Konsequenz austauschbar zu werden."* (W. Fuchs, 2016, S. 172–173)

3.4.4.1 Service als immaterielle Dienstleistungskomponente

> *„Bedienen ist nicht verkaufen und ein guter Redner ist noch lange kein guter Verkäufer. Als Verkäufer wird man nicht geboren: Verkaufen ist lernbar. Der wirtschaftliche Erfolg*

---

[67] Unter Mystery Check oder auch Mystery Guesting versteht man eine stichtagsbezogene Momentaufnahme von Zuständen und Abläufen in einem Hotelbetrieb durch einen Fachmann, der den Betrieb anonym und ohne vorherige Anmeldung besucht (Hotel Asset Management GmbH, 2020).

eines Betriebs hängt unmittelbar mit einem erfolgreichen Verkauf zusammen. Nur wer vom Verkauf und seiner Ware begeistert ist, kann wirklich verkaufen." (Schuler & Fürst, Werner, Bamberger, Gerhard, 1991, S. 181)

Der Dienstleistungssektor ist in der öffentlichen Debatte der Wiedervereinigungsjahre zum Hoffnungsträger der Bundesrepublik für Wirtschaftswachstum und als Perspektive für neue Arbeitsplätze avanciert, da weltwirtschaftlich ein Zugewinn an Beschäftigung in den traditionellen Industriesektoren nicht mehr zu erwarten ist. Die verstärkt im angloamerikanischen Sprachraum tiefer gehende Auseinandersetzung mit Potenzialen und Problematiken des Dienstleistungssektors und spezifischer Dienstleistungsqualität setzte in der Folge auch vertieft im Hotelgewerbe ein (Gerhardt, 1987; Meffert & Bruhn, 1995) und führt zu vertieften Auseinandersetzungen mit den hotelspezifischen Dienstleistungsangeboten und damit verbundenen Implikationen:

„Ein hoher Qualitätsstandard bei bestimmten immateriellen Leistungen (z. B. Verhalten der Mitarbeiter, Freundlichkeit, Zuvorkommenheit, Gastfreundschaft, Atmosphäre) muß nicht zwangsläufig mit hohen Kosten verbunden sein. Es geht – ebenso wie bei der Qualität eines guten Hotels – vor allem um die Servicequalität und um die Vermeidung der sog. ‚kleinen Dummheiten'. (…) Qualität hat auch immer etwas mit ‚sich selbst quälen' zu tun." (Lentz & Fritz, 1994, S. 122–123)

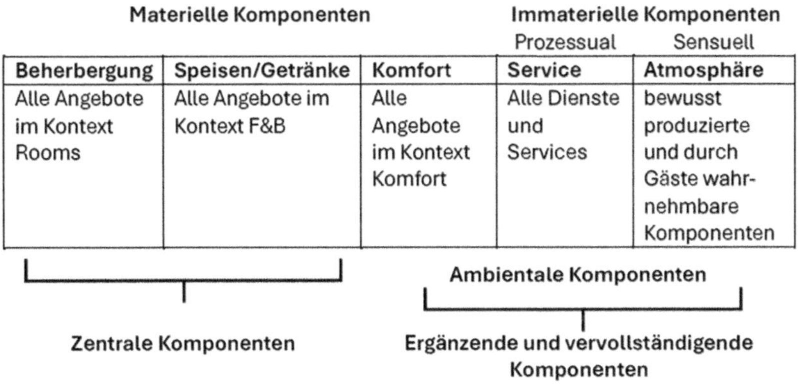

Abbildung 3.2 Dimensionen der Hotelleistung, adaptiert nach (Gardini, 2014, S. 51; Poggendorf, 1991, S. 98)

Die Erhaltung der Wettbewerbsfähigkeit bedeutet insbesondere für die deutsche Privathotellerie, im Auge des Konkurrenzdruckes kontinuierliche Modernisierungs- und Anpassungsinvestitionen sowie Personaloptimierungen[68] zu realisieren. Dies wird auch bei der Neuordnung der Ausbildungsberufsbilder 1998 deutlich. So werden berufsspezifische Lerninhalte zu den immateriellen Dienstleistungskomponenten erneut hauptsächlich verkaufsorientiert ausgerichtet (Abbildung 3.2):

> *„Im Mittelpunkt aller Überlegungen und Aktivitäten steht der Gast. Er muß optimal betreut werden. Gäste sollen schon beim Empfang und speziell bei der Beratung und dem Verkauf Gastlichkeit verspüren. Gastlichkeit beinhaltet Gastfreundschaft und optimalen Service. Gästeerwartungen sind nicht nur zu erfüllen, sondern zu übertreffen. Auf diese Weise können Wettbewerbsvorteile gegenüber den Mitbewerbern erzielt werden. Verkaufen bedeutet, so auf die Wünsche des Gastes/Kunden einzugehen, dass ein Verkaufsabschluss zur beiderseitigen Zufriedenheit zustande kommt.“* (J. F. Herrmann, 2005, S. 333)

Interkulturelle[69], psychologische oder diagnostische Kompetenzen bleiben wie in den Jahrzehnten vorher unterrepräsentiert:

> *„Zusammenfassend ist also festzustellen, dass in den Ausbildungsordnungen der untersuchten Berufe des Gastgewerbes internationale und interkulturelle Kompetenzen sowie Netzkompetenz nur eine geringe Rolle spielen und in keinem der Fälle Prüfungsrelevanz besitzen.“* (Wordelmann et al., 2006, S. 53)

Die intensive branchenspezifische Beschäftigung mit Qualitätsmanagementsystemen führt schließlich zu einer vertieften Auseinandersetzung mit der Unvereinbarkeit von Standards und Individualität in der Erbringung von persönlichen Hoteldienstleistungen (Gardini, 2014, S. 245; Homburg, 2003; Simon, 1998):

---

[68] „Bei 40–50 % Personalkosten im deutschen Gastgewerbe ist Personaloptimierung angesagt. (…) Nur ein Motor, der geölt ist, läuft rund. Nur begeisterte Mitarbeiter können den Gast überzeugen. (…) Ziel ist es, die Servicebereitschaft und verkaufsorientierte Handlungsweise der Mitarbeiter zu fördern“ (Droux, 1999, S. 437–441).

[69] „Russische Gäste sind eher ernst. Sie sind es nicht gewohnt, sich mit Hotelmitarbeitern zu unterhalten oder überschwänglich zu bedanken. Das bedeutet jedoch keinesfalls, dass sie unzufrieden sind. (…) Bei der Zimmervergabe ist zu beachten, dass Russen gerne auf den Zimmern feiern und es auch einmal lauter zugehen kann. Sinnvoll ist möglicherweise, russische Gäste in benachbarten Zimmern unterzubringen. Der Russe will das Hotelschwimmbecken häufig auch später am Abend nutzen. Ein Dampfbad und eine Sauna sollten auch nicht fehlen. Tennis wird auch gerne gespielt“ (Wirtschaftskammer Österreich, 2017, S. 114).

„TQM – Total Quality Management ist schon seit Jahren das Zauberwort. Doch das Wort ‚Total' mag ich nicht hören. Es hat für mich den Touch des ‚... macht – aber denkt nicht weiter darüber nach!' Totalitäre Systeme haben schon lange ausgedient. In der Gastronomie und Hotellerie halten sie sich hartnäckig. Was ich damit sagen will: Wer die Individualität ausbremst, der wird in Zukunft in der Masse untergehen. Wir arbeiten mit Menschen – und nicht mit Maschinen. Und Menschen sind so herrlich unterschiedlich. Auch im Umgang mit dem Gast. Und erst recht im Team. Wir können es nicht verhindern. Na und? Ist das denn so schlimm? Apparatschiks waren gestern. Die Gastronomie und Hotellerie lebt von Emotionen. Willkommen im Abenteuerland." (Krenzer, 2011)

3.4.4.2 Gästebetreuung und Guest Relation

„Das kreative Marketinginstrument Servicegästebetreuung dient einerseits als Ergänzung zur Produktpolitik und andererseits als direkte Kommunikation zum Markt. Bei ähnlichem Preisniveau in der Hotellerie und Gastronomie entscheidet der Service, die Gästebetreuung als eine Art ‚Dienst am Kunden', über das vom Nachfrager vorgezogene Leistungsangebot." (Schaetzing, 1990, S. 21)

Im Zuge der 1990er-Jahre wird die Gästebetreuung erneut in den Fokus genommen, indem das Überangebot an Hotelkonzepten und -kategorien aller Art erste Hinweise auf sinkende Gästeloyalität und Gästebindung liefert. US-amerikanische Hotelketten thematisieren als erstes Guest Relation-Konzepte, Bonus-, Loyalitäts- und Affiliateprogramme und lenken damit die Gästebetreuung als Guest Relation in Richtung der ganzheitlichen Marketingorientierung ((Dries & Metz, 1996). Gezielte Gästebefragungen und detaillierte Auswertungen sollen Hotelgastbedürfnisse besser sichtbar machen und die Wettbewerbsfähigkeiten sichern. Die ermittelten Daten werden in ersten digitalen Gästedatenbanken gespeichert und sollen helfen, Hotelgäste individueller zu erfassen. Dabei zeigt sich schnell, dass insbesondere kleinere Individualbetriebe diesbezüglich zwar klare Wettbewerbsvorteile bezüglich des Wissens über „ihre" Gäste haben, jedoch vermarktungs- und vertriebsspezifisch und damit entwicklungsstrategisch den internationalen Hotelketten unterlegen sind (Henschel, 2008, S. 50). So gelingt es vielen Hotelbetrieben kaum, gezielt ihre diesbezüglichen Potenziale zu vermarkten (Berekoven et al.; Meffert, 2000) und das explizit vorhandene Wissen über ihre Hotelgäste als immaterielles Kapital bzw. immaterielles Vermögen für sich zu nutzen (Dennerlein, 2018).

3.4.5 Die 2010er-Jahre bis heute

> *„In den letzten paar Jahren hat vor allem das Segment der Budgethotellerie hierzulande immer mehr Aufmerksamkeit auf sich gezogen. (…) Dabei definiert sich die Budgethotellerie nicht allein über einen günstigen Zimmerpreis, wie der Report festhält. Ausschlaggebend ist die Verbindung von einem besonders guten Preis-Leistungs-Verhältnis mit einem eindeutig definierten Standardlevel. Inzwischen ist klar, dass Budgethotels keine konjunkturell bedingte ‚Eintagsfliege' sind. Sie punkten mittlerweile oft mit besten Innenstadtlage, modernem Design und einem Baukasten-Service."* (Behre, 2015)

Die fortlaufenden 2000er-Jahre kennzeichnen im deutschen Hotelmarkt den Ausbau der Budgethotellerie in A-Lagen und die strategische Abkehr von B- und C-Lagen (Henschel, 2008). Die Kombination aus rapide wertsteigender Lage, hoher Bettenkapazität, hochwertiger designorientierter Einrichtung und stark standardisiertem bzw. eingeschränktem Dienstleistungsangebot wird am Investmentmarkt ebenso positiv aufgefasst wie bei den buchenden Hotelgästen nahezu aller Einkommensklassen (Gruner, 2010):

> *„Weder die Turbulenzen am Finanzmarkt noch die Querelen um das Rauchverbot in Deutschland drücken die Stimmung massiv. Viele Mitglieder der Hoteldirektorenvereinigung Deutschland (HDV) blicken größtenteils positiv in die Zukunft, wie eine aktuelle Umfrage ergab. 73 Prozent der Direktoren halten die aktuelle Konjunktur für gut (61,5 Prozent) oder sehr gut (11,5 Prozent). Sie sind laut Umfrage mit den Umsätzen ihrer Betriebe zufrieden."* (Leibfried, 2007)

Der Erfolg dieser durchgestylten und schlanken neuen Hotelbetriebe führt dazu, dass auch im Luxussegment verortete Hotelketten auf diesen Markt drängen und ihr Portfolio um Budget-Design-Marken erweitern. Die neue All-in-One-Strategie soll dabei Gäste aller Altersstufen, Einkommensklassen und sozialer Herkünfte unter einem Markendach vereinen und verbunden mit einheitlichen Bonusprogrammen die Gästeloyalität sichern. Doch auch Mittelklasse-, Luxushotels und sogar Nischenprodukte haben großes Anziehungspotenzial in diesen Jahren. Das deutsche Hotelgewerbe erlebt seit den 2010er-Jahren ein Rekordjahr nach dem anderen. Mit knapp 447,3 Millionen Übernachtungen von in- und ausländischen Gästen hat die Branche 2016 einen neuen Spitzenwert erreicht. Neben der guten Wirtschaftslage trägt dazu auch der stetig wachsende Deutschland-Tourismus bei, der Jahr für Jahr mehr Touristen ins Land bringt. Dazu kommen viele Messe- und Kongressbesucher (Statistisches Bundesamt, 2017). Dies liegt nicht zuletzt an sehr günstigen Übernachtungspreisen. Insbesondere internationale Hotelketten können ihre Hotelbetten konsequent hoch auszulasten. Langfristige Firmenverträge und internationale Vertriebsstrukturen unterstützen dies am übersättigten Wettbewerbsmarkt (Niederberghaus, 2005). Mit diesen Erfolgen fällt kaum auf, dass die Innovationskraft der Branche, insbesondere bei der Digitalisierung an Zugkraft eingebüßt hat:

> *„Bisher hat sich die Hotellerie nur wenig mit Neuerungen als Wachstumstreiber auseinandergesetzt. Innovationen, die unmittelbar aus der Branche heraus entstehen, waren in der Vergangenheit äußerst selten. Vorrangig findet eine kontinuierliche Verbesserung der Prozesse, insbesondere zur Kostenreduktion statt; aber eine Produkt- bzw. Prozessinnovation, die mit einem nachhaltigen Wettbewerbsvorteil einhergeht, bleibt in der Regel aus.“* (Freyer & Schreyer, 2018, S. 209).

Im internationalen Branchenvergleich zeigt sich bald, dass das deutsche Hotelgewerbe deutlich hinterherhinkt und die Branche nicht nur an einem technischen, sondern auch an einem logistischen, einem organisatorischen als auch einem programmatischen wunden Punkt getroffen wird[70]:

> *„In dieser Dualität von digitaler Selbstverständlichkeit und individueller Anspruchshaltung steckt eine Herausforderung der digitalen Welt, auf die es keine schematische Antwort gibt. Service wird durch die Digitalisierung nicht etwa einfacher, ganz im Gegenteil: Die digitale Erwartungshaltung kommt auf die Erwartung an die persönliche Interaktion noch obendrauf.“* (Rath, 2018, S. 90–91)

Verschärfend hinzu kommt, dass in zahlreichen Städten und Ballungsgebieten viele neue Hotelprojekte nahezu fertig gebaut sind, die mit Serviced-Appartement-Konzepten und innovativen Selfservice-Konzepten den deutschen Hotelmarkt von hinten aufrollen und dem sich verschärfenden Fachkräftemangel besser entgegentreten können.

2020 beendet schließlich die weltweit beginnende Corona-Pandemie nicht nur das zehnjährige Wachstum der Branche abrupt, sondern stürzt auch den Hotel-Investmentmarkt in eine tiefe Krise. Insbesondere die Geschäftshotellerie, die einerseits zu wenig in Digitalisierung investiert hat und andererseits durch Home-Office-Gebote und durch ausbleibende internationale Touristen ihre Betten

[70] Für traditionelle Hotelkonzepte bedeutet das, sich unter enormen Zeitdruck mit innovativen Lösungen auseinandersetzen zu müssen, um langfristig bestehen zu können. Da sich bei einem Großteil der klassischen Hotels allein die Personalaufwendungen auf bis zu 40 Prozent der Gesamtkosten belaufen (BBE Handelsberatung, 2017, S. 32), ist der Wunsch nach digitalisierten Prozessen zwar da, es besteht andererseits jedoch auch große Unsicherheiten darüber, ob Hotelgäste radikale Veränderungen akzeptieren oder zu Mitbewerbern abwandern (Diez, 2022).

nicht mehr auslasten kann, kann nur dank massiver staatlicher Hilfen überleben, sodass keine notwendige Marktbereinigung einsetzt. Hotelbetriebe in Feriengebieten hingegen können schnell von den internationalen Reisebeschränkungen profitieren, indem viele Bundesbürger ihre heimischen Feriendestinationen „wiederentdecken" (S. Richter, 2021). Die Corona-Pandemie hat dennoch in vielen deutschen Hotelbetrieben deutlich strukturelle Schwächen, eklatante Personalnot und tiefgehende offene Zukunftsfragen aufgedeckt. Sie hat ebenso gezeigt, dass das Geschäftsreiseverhalten, der Tourismus und die Anforderungen der Hotelgäste sich weiter verändern können, ebenso wie der Markt und das Wettbewerbsumfeld.

3.4.5.1 Dienstleistung als Erlebnis

> *„Deutschlands Gastronomie befindet sich seit Jahren im Wandel. Um sich gegen die teilweise harte Konkurrenz durchzusetzen, setzen immer mehr Gastronomen auf neue, frische Konzepte, die den Besuch im Restaurant oder Café nicht nur zum Genuss, sondern vielmehr zum Erlebnis machen sollen. Viele Ideen haben sich in Deutschland bereits als erfolgreiche Lösung etabliert und gelten auch international als vorzeigbar. Ganz neu sind sie aber nicht. Alteingesessene wissen längst, dass Gastronomie und Entertainment sehr gut zusammen funktionieren."* (Tageskarte, 2023)

Wie in den 2000er-Jahren ist die hotelspezifische Dienstleistungskultur auch in den 2010er-Jahren weiterhin stark verkaufsorientiert fixiert (F. J. Herrmann, 2011). Zu einem „guten Dienstleistungsergebnis" gehört nun wie selbstverständlich ein hoher Erlebnisfaktor:

> *„Heute gibt es keinen Unterschied mehr zwischen dem Besuch eines Restaurants oder dem Besuch eines Musicals. In beiden Fällen geht es um ‚Kicks', um Erlebnisse. Erlebnis-Marketing ist deshalb ein zentrales Thema für Hotels und Restaurants. Erlebnisse lassen sich in erfaßbare Leistungen münzen, wenn zusätzlich zum konventionellen Marketing-Mix (Leistung – Preis – Verkaufswege – PR – Verkaufsförderung – Werbung) noch mit einem Erlebnis-Marketing-Mix gearbeitet wird. Dieser besteht aus den – der Theaterwelt entlehnten – Instrumenten: Umfeld – Bühne – Schauspieler – Gast – Schauspieler Mitarbeiter – Requisiten – Dramaturgie / Ereignisse."* (Kobjoll, 1994, S. 184)

Hotelgäste möchten zunehmend stimuliert, begeistert und nahezu eskapistisch[71] vom Alltag abgelenkt werden. Zur Lösung investieren viele Hotelbetriebe in

[71] „Das Hotel wird zur gestalterischen Herausforderung führender Designer und Architekten. Mutige Einzelunternehmer und einige der internationalen Luxushotelketten setzen als Marketing-Instrument auf die Erlebnisqualität zeitgemäßer Architektur und aktuellen Designs. Zugleich fordert die globale, lange boomende Tourismusindustrie nach immer auf-

modifizierte Dienstleistungskonzepte mit Erlebnisinszenierungen durch höheres Gäste-Involvement bei der Erbringung dieser. Waren Selfservice-Konzepte früher eher als preisgünstige Alternativen zu klassischen Angeboten angesehen, verkaufen hoteleigene Sales & Marketingabteilungen diese nun als Erlebnisgastronomie. Ebenso werden Gastronomiekonzepte mit Theater-, Musik- oder Zirkusaufführungen angereichert, bei denen Gäste bewusst in die Inszenierung durch Interaktions- und Partizipationsmöglichkeiten eingebunden werden. Fachwissen und handwerkliche Fähigkeiten von Hotelmitarbeitern verlieren an Stellenwert zugunsten von Exaltiertheit, Entertainment-Fähigkeiten und „Personality":

> *„Du bist Entertainer und hast Lust auf deine eigene Showbühne?! Denn während es in der Küche heiß hergeht, kreierst du hinter der Bar eisgekühlte Drinks, servierst Snacks und entertainst unsere Gäste."* (The ASH – Restaurant & Bar, 2021)

Erlebnisse werden nun als ein qualitatives und quantitatives Kriterium für einen gelungenen Hotelaufenthalt betrachtet und als hotelspezifische Begeisterungsfaktoren als absolut unverzichtbar vorausgesetzt[72]. Das, was Hotelbesitzern und/oder -betreiber einige Jahre früher noch als „Kann-Kriterien" empfohlen wurde, verlangen Hotelgäste jetzt als „Muss-Kriterien" (Nerdinger, 2011). Die immer hektischere Suche danach ist letztlich als Geburtsstunde des hybriden Gastes zu bezeichnen:

> *„Ein hybrider Kunde vereint sozusagen die Bedürfnisse verschiedener Zielgruppen in einer Person. Seine Bedürfnisse können je nach Anlass drastisch schwanken: Heute will er das eine, morgen das andere, und zwischendurch noch einmal etwas ganz anderes. Seine Anspruchshaltung ist also hochgradig situativ."* (Rath, 2018, S. 91)

Infolgedessen entstehen immer mehr „Großproduktionsanlagen der gästeverarbeitenden Erlebnisindustrie mit Fließband-Service nach Schablone", wie Carsten K.

---

fälligeren Attraktionen. Nicht mehr die ferne Fremde genügt als Reiseziel: Die künstliche Traumwelt, die Oase aus wunderlicher Kulisse und exzessivem Komfort wird zum Ort der Verheißung, der keine Grenzen zwischen Illusion und Wirklichkeit mehr kennt. Der Wille zur Form und der Zwang zur Exaltation sind zwei Aspekte einer Entwicklung, die das Hotel wieder zur paradigmatischen Bauaufgabe macht, wie in der Belle Epoque, der Epoche der Grandhotels, der eigentlichen Gründerzeit des internationalen Gastgewerbes" (Riewoldt, 1994, S. 7).

[72] „Now it is again accepted as the norm that hotels should provide more than just comfortable standardized accomodation: first and foremost, they should be unique public spaces, places for living and observing. They have recovered their role as a catwalk and showcase, where the guests move about in a theatrical setting, at once actor and audience, (…)" (Riewoldt, 1998, S. 8).

Rath betont, bei denen die aus seiner Sicht notwendige Individualität der Dienstleistungserbringung sowie die persönliche Beziehung zum Gast zurückbleiben (Rath, 2022).

3.4.5.2 Gästebetreuung und Gästebindung

> *„Abgrenzung entsteht nicht durch Discounts und Rabatte. Loyalität erwächst nur aus der Beziehung zwischen einem Unternehmen und seinen Kunden – und die wird durch Service gestaltet. Service-Exzellenz ist in Zukunft das entscheidende Alleinstellungsmerkmal. Das Wesen des Service ist die radikale Kundenorientierung. Kundenbegeisterung entsteht, wenn wir dem Kunden das Leben schöner und leichter machen – indem wir ihm genau das geben, was dieser Kunde in genau diesem Moment will. Das Wie ist wichtiger als das was. Digitale Konkurrenten können sich in unserer Wertschöpfungskette einklinken und unsere Assets für sich nutzen. Doch beim persönlichen Service – herzlich, individuell, flexibel – können wir sie schlagen."* (Rath, 2018, S. 221)

Neben dem zunehmenden Überangebot an Hotelbetrieben aller Kategorien bereitet insbesondere die schwindende Gästebindung dem deutschen Hotelgewerbe zusehends Schwierigkeiten (Homburg & Krohmer, 2009). Es wird zu spät erkannt, wie weit inzwischen nicht nur die „Hybridisierung" der Gäste vorangeschritten ist, sondern auch die „Internetisierung" den Gästekontakt verändert hat (Becker et al., 2010). So müssen auch für die Gästebetreuung neue Wege gesucht werden, um mit der sich abzeichnenden Individualisierung der Gästebedürfnisse mithalten zu können. Anstelle Wege zu suchen, Dienstleistungen und Produkte individuell zu personalisieren, halten viele Hotelbetriebe an ihren elaborierten Strategien fest:

> *„Die anhaltende Spannung zwischen Rationalisierung und Standardisierung einerseits und Kundenorientierung andererseits, wie sie so typisch für interaktive Dienstleistungsarbeit ist, findet ihren Ausdruck paradigmatisch im Hotel. Entsprechend ist das Hotel, (…), immer beides: zum einen Projektionsfläche für technizistische Optimierungsfantasien und realer Gegenstand von Industrialisierungsstrategien von Dienstleistungsarbeit, zum anderen mythischer Ort kaum steuerbarer, genuin menschlicher Interaktionen."* (A. Hoffmann, 2012, S. 219)

Da die persönliche Gästebetreuung, insbesondere in Großhotel und Stadtbetrieben kaum ausgeprägt ist, fokussiert man sich weiterhin hauptsächlich auf schriftliche Hotelgästebefragungen, um die „Guest Relation" konstant zu halten:

„In fast jedem Hotel findet der Gast heute einen Fragebogen, den er vor seiner Abreise ausfüllen kann, um dem Hotel seine Meinung über seinen Aufenthalt kundzutun. Viele unserer Gäste nutzen diesen Weg der Bewertung auch, weil er wenig aufwändig und diskret ist. In der Regel wandern diese Fragebögen dann vom Gästezimmer über das Housekeeping an den Empfang, von wo aus sie, nach einer kurzen Lektüre, schließlich bei der Direktion landen. Ist die Bewertung schlecht, wird sie im nächsten Meeting besprochen. Ist sie gut, gibt es vielleicht direkt ein Lob. Ist sie mittelmäßig, wird sie meist sofort im entsprechenden Ordner für alle Zeiten abgelegt.“ (Brenning & Ahrens, 2011)

Die Konditionierung der Hotelgäste auf solche retrospektiven Befragungen begründet schließlich auch den Erfolg der hotelspezifischen Online-Bewertungsportale, indem dort Erfahrungen mit anderen Betroffenen gezielt geteilt werden können. Hotelbewertungen entwickeln sich in der Folge einerseits zum veröffentlichten Problem vieler betroffener Hotelbetriebe, andererseits ermöglichen ihnen diese aber auch, wie Alexander Fritsch und Holger Sigmund abschließend betonen, tatsächlichen Gästebedürfnissen wieder näher zu kommen und den Wunsch der Betriebe als auch der Gäste nach Bindung und Loyalität auch nach außen hin deutlicher sichtbar machen zu können (Fritsch & Sigmund, 2013).

3.4.6 Fazit und Ausblick

„Die Bauten rechnen mit dem Vorwissen der Besucher und Benützer (…). Sie erklären den Besuchern (…) der Gebäude mit Hilfe des Vorwissens, wie sie sich in den Gebäuden zurechtfinden werden (…). So lässt der Bautyp‹ Haus› wissen, dass sich in dem relativ kleinen Gebäude die Zimmer aneinanderreihen, ohne einzelne mit architektonischen Mitteln zu bevorzugen, und das sich das Hotel als angenehme Unterkunft versteht (…).“ (Fröhlich, 1996, S. 35)

Hotelbetriebe waren und sind bis heute nicht nur Spiegel eines Wirtschaftssystems, sondern dienen auch gesellschaftlichen, politischen und sozialen Zwecken. Als früh globalisierte Unternehmen haben sie dabei auch emotionale Funktionen, indem sie Räume und Dienstleistungen anbieten, die aus Erlebnissen zu Erinnerungen und schließlich zu Traditionen mutieren können, die alle dabei monetäre Wirkung entfalten. Hotelbetriebe bestehen damit nicht nur aus monetärem, sondern insbesondere auch aus emotionalem Kapital. Nicht selten wird der mehr oder weniger gezielte Umgang damit von Kritikern als Inszenierung oder sogar als zweckgebundenes Lügenkonstrukt deklariert:

„Es gehört zum Wesen des Hotels, permanent umgebaut und erweitert zu werden, also immerzu unfertig zu sein. Hotels gelten deshalb meist als maskenhafte und verlogene Negativbeispiele der Architekturgeschichte. Dabei ist auch beim Hotelbau Qualität wichtig – sie ist nur anders definiert und eng mit Profitdenken und totaler Planbarkeit verzahnt.“ (Kos, 1987, S. 1792)

Während die Hotelarchitektur und die Dienstleistungskultur Modeströmungen und wirtschaftlichen Planungen unterliegen, hat sich das menschliche Bedürfnis nach Zuwendung nicht wesentlich verändert. Vielmehr noch, soziale Veränderungen in Gesellschaftssystemen begünstigen sogar noch den Bedarf danach, auch wenn dieser in bestimmten Hoteltypen mit mehr oder weniger demonstrativem Verhalten von Hotelgästen als auch Hotelmitarbeitern überlagert wird. Menschliche Bedürfnisse nach sozialem Austausch und emotionaler Wärme bleiben über sämtliche Kulturräume hinweg vordringlich und rechtfertigen es, Hotelbetriebe als „Wohnzimmer der Gesellschaft“ zu bezeichnen. Nicht zuletzt die COVID-19-Pandemie hat gezeigt, dass auch heutige Hotelgäste mehr denn je eine Art von Zuwendung und individueller Betreuung erwarten, die weit über konsumspezifische Bedürfnisse hinausgeht (Gössling et al., 2021). So hat die BAT-Stiftung für Zukunftsfragen in einer breiten Studie zum Thema „Reisen nach Corona – Die Urlaubswelt von morgen“ ermittelt, dass immer mehr Reisende zukünftig immaterielle und emotionale Komponenten für ihren Urlaub suchen werden[73], was Pierre Nierhaus mit sinnstiftenden bzw. wertvollen Erlebnissen übersetzt:

„Das Konsumdenken wird von der Sehnsucht nach Emotion und Erlebnis abgelöst. Dieser Wandel ist eine große Chance für die Gastronomie. (…) Die Einhaltung der Corona-Maßnahmen und der wirtschaftliche Druck führten in vielen Unternehmen zu einer Überprüfung von Angebot, Prozessen und Verkaufsstrategien. Für 2021 wird die Parole lauten: Einfachheit und Echtheit. Einfachheit deshalb, weil nur so Wirtschaftlichkeit möglich ist. Einfachheit bedeutet Reduktion des Angebots, lieber weniger Gerichte aber von höherer Qualität, Fokus auf das Wesentliche, Klarheit in der Positionierung, hohe Flexibilität und schlanke, effiziente Prozesse durch Digitalisierung. Echtheit heißt hohe Authentizität, Freundlichkeit und Menschlichkeit. Herzliche Gastgeberqualitäten, die Nähe und Verbindung schaffen.“ (Nierhaus, 2021)

---

[73] „Der Urlaub soll besser als der Alltag sein. Die Bürger wollen Stress, Druck, Hektik und Verpflichtungen hinter sich lassen und stattdessen Wohlbefinden, Individualität und Bequemlichkeit erfahren. Für die Zukunft zeichnet sich daher zunehmend ein Qualitäts- statt eines Preiswettbewerbs ab (Stiftung für Zukunftsfragen, 2021).“

Insbesondere der Umgang mit der Digitalisierung hat jedoch auch deutliche Schwachpunkte im deutschen Hotelgewerbe aufgedeckt. Dabei geht es weniger um technische Mängel als mehr um das vorhandene „Nichtwissen" über Hotelgäste und deren inneren Bedürfnissen als auch die „Nichtausbildung" von Hotelmitarbeitern diesbezüglich. Der Umgang mit dem „Kapital Gast" und dem „Kapital Hotelmitarbeiter" ist deswegen zukunftsorientiert zu überdenken und nicht mehr gastorientiert und gastzentriert auszurichten. Dafür müssen Hotelkonzepte, deren Unternehmenskulturen und Ausgestaltungen von Dienstleistungs- und Interaktionskultur per se retrospektiv analysiert werden und zukunftsorientiert weiterentwickelt werden. Dies könnte neben personalentwicklungsspezifischen Fragen unter anderem auch bedeuten, den einstig verworfenen „häuslichen Charakter" zurückzuholen und zu einem kategorie- und betriebsspezifischen „Betreuungscharakter" weiterzuentwickeln und hotelspezifische „Care-Konzepte" und entsprechende Managementstrategien dafür zu entwickeln. Damit könnten nicht nur Potenziale für gästebindende Leistungsaspekte entstehen, sondern ebenso eine neue Form der Mitarbeiterausbildung und -entwicklung:

> *„‚Ich will geliebt werden!' Bereits in diesen wenigen Antworten wird eines klar: Der Mensch sehnt sich nach sozialer Interaktion und will wahrgenommen werden. Es ist das tiefe Bedürfnis des Menschen dazu gehören zu wollen, geborgen und behütet, sicher und gut aufgehoben zu sein. Die Deutlichkeit des Antwortmusters erklärt sich als Reaktion auf einen Missstand. Wäre diesem Bedürfnis in der Regel bereits im Beherbergungsgewerbe umfassend Rechnung getragen, wären die Antworten nicht so ausgefallen. Die Deutlichkeit lässt also klar die Vermutung zu, dass es an sozialer Kompetenz in der Branche möglicherweise fehle."* (Ruetz & Aeberhard, 2018, S. 143)

Adaptiert man diese Annahme schließlich in das von Kano geprägte Modell der Erfüllung von Kunden(Gäste)anforderungen wird deutlich, dass zukünftig die persönliche Dienstleistung und -interaktion beste Chancen haben könnte, als individuell intensive Gästebetreuung Begeisterungsnutzen auszulösen und das wesentliche Unterscheidungsmerkmal von Hotelbetrieben darstellen kann (vgl. Abb. 3.6) (Abbildung 3.3).

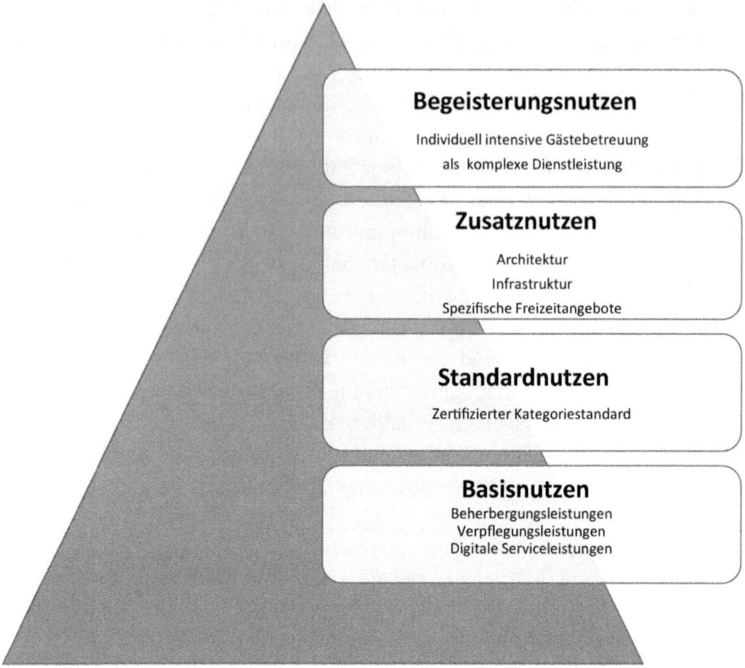

Abbildung 3.3 Adaptiertes Kano-Modell der Erfüllung von aktuellen hotelspezifischen Kundenanforderungen nach (Hinterhuber, 2004; Kano et al., 1984)

Wie dringend und branchenübergreifend vorbildhaft ein solcher Wandel wäre, zeigt sich auch in anderen Dienstleistungsbranchen, wie Jörg Winter am Beispiel des Einzelhandels (Buchhandels) feststellt:

„Der Kunde ist Gast – ursprünglich entwickelt für Disneyland, Orlando – hat sich in den vergangenen Jahren als angemessene Metapher im Einzelhandel etabliert. Im Mittelpunkt steht das Motiv der gelebten Gastfreundschaft. Konsequenterweise nimmt der einzelne Mitarbeiter bzw. das gesamte Team die Rolle des Gastgebers ein. Gast und Gastgeber bewegen sich auf einer gemeinsamen Bühne gleichberechtigt und respektvoll gegenüber dem jeweils anderen. Der Gast genießt das Recht einer zuvorkommenden Behandlung, zudem Freundlichkeit und Aufmerksamkeit und im Bedarfsfall ein über das Soll hinausgehendes Engagement. Die Beziehung Gast-Gastgeber wird durch ein Korrektiv in der Balance gehalten, indem Gäste sich an unausgesprochene oder auch zunehmend ausgesprochene Spielregeln halten, die den

Partyverlauf nicht stören. So können im Verkaufsalltag anmaßende Verhaltensweisen und auch persönliche Angriffe konsequent behandelt werden.“ (Winter, 2016, S. 7)

Auch Edgar K. Geoffroy thematisiert diese „neue Gastorientierung“ und adressiert die erwünschte Gästebeziehung, die nur durch eine individuell intensive Betreuung aufgebaut werden könne:

„Der Erfolg eines Unternehmens liegt also in der Beziehungsqualität zu seinen Kunden, Mitarbeitern und Partnerunternehmen. In einer immer stärker werdenden Konkurrenzsituation und bei stetig steigenden Erwartungen der Kunden ist das persönliche Verhältnis zum Kunden einer der wichtigsten Erfolgsfaktoren für eine vertrauensvolle Beziehung. Als professioneller Beziehungsmanager werden Unternehmen in der Lage sein, die Welt des Kunden zu erobern, Gemeinsamkeiten zu entdecken und zu pflegen – ein Beziehungssystem zwischen Kunden und Unternehmen entsteht. Das persönliche, partnerschaftliche Verhältnis zum Kunden führt zu einer dauerhaften Bindung an das Unternehmen. Der Kunde muss die Gleichberechtigung spüren, dann fühlt er sich ernst genommen und entwickelt Sympathien für das Unternehmen.“ (Geffroy, 2005, S. 22)

Im nächsten Kapitel soll deswegen die persönliche Gästebetreuung neu definiert und in ein „Guest Centricity“ und „Guest-Care-Konzept“ eingebunden werden. Die Hinwendung zu vertieften theoretischen und praktischen gästebetreuenden aus- und weiterbildenden Inhalten, im Kontext des „Guest Profiling“ (Ruetz & Aeberhard, 2018), erfolgt dabei in Abgrenzung von analoger zu digitaler „Guest Relation“, als auch die Anerkennung von Gefühls- und Emotionsarbeit als immaterielles Vermögen der Branche in Form von „Affective Hospitality“ (Griesser, 2020). Dabei soll die emotionale Leistung der Gästebetreuung in ähnlichem Kontext wie die anlage- und ausstattungsbedingte Vorleistung gesehen werden. Die Verzinsung erfolgt zeitversetzt, die monetäre als auch die emotionale Dividende werden dabei als langfristige Gästebindung erwirtschaftet:

„Die Hotellerie ist in erster Linie ein ‚People Business‘, sowohl aus der internen Geschäftssicht als auch aus der Perspektive des externen Kunden. Viele Tätigkeitsbereiche beinhalten den direkten Kundenkontakt, wie beispielsweise das individuelle Zuweisen von Tischen, die tägliche Arbeit an der Rezeption oder das komplexe Managen eines Spa- und Wellnessbereichs. Persönliche Interaktionsfähigkeiten sind für den Geschäftserfolg unerlässlich. Der Schlüssel zum Erfolg liegt bei der Umsetzung, beim Einsatz der eigenen emotionalen Intelligenz und der daraus resultierenden Begeisterung der Gäste. Emotionale Intelligenz (EI) beschreibt in diesem Kontext die Fähigkeit, die eigenen und die Emotionen des Gegenübers zu erkennen und zu beherrschen. Eine emotionale Beziehung zum gastgebenden Unternehmen geht der Gast durch eine erlebnisorientierte Begegnung ein – und dies resultiert im Idealfall in Loyalität, sodass Gäste zu Stammgästen avancieren.“ (Griesser, 2020)

4 Die persönliche Gästebetreuung als Guest-Centricity- und Guest-Care-Komplex

„*In einer zunehmend digitalen Welt sehnen sich die Menschen nach realen, menschlichen Kontakten und greifbaren Erfahrungen. Denn nur Menschen können auf absehbare Zeit menschlich reagieren und emotionale Bedürfnisse befriedigen – wie Anerkennung und Bestätigung, Freude und Austausch.*“ (Fernow et al., 2017, S. 41)

Zum gastorientierten Selbstverständnis und Know-how des deutschen Hotelgewerbes gehören der Umgang mit Gästen aller Anspruchsgruppen, deren Erwartungen und Wünsche hinsichtlich Beratung, Betreuung und Dienstleistungen zu ermitteln sowie die Umsetzung der Erwartungen und Wünsche zu gewährleisten und dabei individuelle und kulturelle Bedürfnisse und Wünsche zu berücksichtigen (Bundesinstitut für Berufsbildung, 2021). Dafür müssen Hotelmitarbeiter jedoch auch in der Lage sein, Gäste ganzheitlich zu erfassen bzw. deren Bedürfnisse und Beweggründe diagnostizieren zu können. Geht man wie Carsten K. Rath davon aus, dass Hotelgäste zunehmend hybrid, volatil, situativ sprunghaft und deswegen betreuungsintensiv sind (Rath, 2018a), erscheint es notwendig, die hotelspezifische persönliche Gästebetreuung neu zu erfassen und neu zu definieren. Zahlreiche Betrachtungen und Einschätzungen, wie die eingangs zitierte Values & Visionsstudie 2030, bestätigen diese Annahme. So sieht z. B. der Gastronomie-Trendexperte Pierre Nierhaus Einfachheit und Menschlichkeit als neuen Luxus und fordert, den Menschen und seine emotionalen Bedürfnisse als Gegenpol zur Digitalisierung in den Mittelpunkt des beruflichen Handelns zu rücken (Nierhaus, 2022). Auch der Hoteliers- und Gastwirteverband bestätigt dieses Ansinnen und verweist auf die notwendige Konzentration der Mitarbeiter

Ergänzende Information Die elektronische Version dieses Kapitels enthält Zusatzmaterial, auf das über folgenden Link zugegriffen werden kann https://doi.org/10.1007/978-3-658-46380-9_4.

H.-P. Sattler, *Die Bedeutung der Betreuungsintensität für die persönliche Dienstleistung*, https://doi.org/10.1007/978-3-658-46380-9_4

auf emotionale Bedürfnisse der Gäste vor Ort (Hoteliers- und Gastwirteverband, 2019). Die skizzierten Anliegen können jedoch nur vollumfänglich gelingen, wenn sowohl Gäste an sich als auch die Gästebetreuungsleistung klar konturiert sind:

> *„Gastlichkeit liegt allen Abläufen zwischen Bewirtung und Kundschaft, Küche und Gast zugrunde und gehört insofern zum erweiterten Gegenstandsbereich einer allgemeinen Theorie und praktischen Philosophie der Esskultur, kurz: der Gastrosophie. In diesem Kontext ist der Gast ein Kunde (und König) und bezahlt für die ‚servile Gastlichkeit'.“* (Lemke, 2011, S. 83)

Da es weder im Gastgewerbe, im Hotelgewerbe noch in der Fachliteratur ein Commitment darüber gibt, wer oder was Gäste sind bzw. darüber, Gäste nur als solche und nicht als Kunden[1], Verbraucher, Konsumenten, Käufer oder Touristen zu bezeichnen, soll im nächsten Kapitel der Versuch unternommen werden, Gäste als mehrdimensionales Beziehungskonstrukt[2] darzustellen. Dabei geht es nicht darum, spezifische Kundeneigenschaften – über die Hotelgäste zweifelsohne auch verfügen – zu negieren, sondern ein Selbstverständnis dafür zu entwickeln, nur den Terminus Gast anzuerkennen und anzuwenden. Weiterhin müssen Hotelbesitzer oder -betreiber besser wertschätzen, dass Hotelgäste nicht nur konsumspezifisch, sondern vielmehr emotional-relational motiviert sind, Gäste sein

---

[1] „Der touristische Kunde verlangt heute nach Abwechslung, hat einen hohen Erlebnisanspruch und will aus einem großen Angebot an touristischen Leistungen sein individuelles Erlebnis konsumieren. Multioptionalität und Inkonsequenz kennzeichnen sein Verhalten: Er sucht kein ‚entweder – oder', sondern ein ‚sowohl als auch'. Er ist zeitweise sehr kostenbewusst und sparsam, dann wieder verschwenderisch und luxusbegeistert. Er handelt rational und emotional, er konsumiert Wellness Packages und individuelle Tramper Urlaube, er will gesund und körperbewusst leben, (…). Dieser paradoxe, hybride multi-optionale, sich heterogen verhaltende Konsument ist aber ‚kein Phantast', sondern er muss von den touristischen Unternehmern als emanzipierter Marktpartner betrachtet werden, da er aufgrund seiner Reiseerfahrung und Mobilität in der Lage ist, das Preis- Leistungs-Verhältnis und die erlebte Dienstleistungsqualität exakt zu beurteilen und im Vergleich zu anderen Angeboten einzuordnen“ (Pikkemaat, 2004, S. 104).

[2] Aus der emotionalen Perspektive betrachtet, können Gäste auch von Kunden dahingehend unterschieden werden, indem sie als Personen mehr beziehungsrelevant als weniger produktrelevant agieren, entscheiden, bewerten und investieren, um ein emotional begründetes Gefühl der Zufriedenheit und der Zugehörigkeit zu erleben oder nicht. Dabei muss jedoch bedacht werden, dass diese Bindung zur sozialen Umwelt sich auf unterschiedliche hotelspezifische Dispositionsfaktoren wie Landschaften, Gebäude, Räume oder Personen oder auswirken kann. (Richter, 2004). Damit lässt sich auch erklären, warum Kunden grundsätzlich nicht im Möbelhaus schlafen, Gäste im Hotel schon.

zu wollen und dies kulturspezifisch ausdrücken können. Hotelgäste haben damit ein relational-emotionales Privileg, das Kunden nicht haben.

> „*Mit einem Gast verbindet man eine Art persönlicher Beziehung; man gibt sein Bestes, damit er sich wohlfühlt; man möchte, dass er wiederkommt; im besten Falle behandelt man ihn besonders und gibt ihm das Gefühl, willkommen zu sein. Leider betrachten viele Gastronomen die Menschen, die in ihr Restaurant kommen, als Kunden – also eher als eine einmalige Transaktion. Die erfolgreichen Gastronomen hingegen sehen die wichtige und langfristige Beziehung.*“ (Schlupp, 2020)

4.1 Hotelgäste als mehrdimensionales Konstrukt

> „*Customer Centricity erfordert ein Umdenken und Umsteuern in der gesamten Unternehmung: von der Produktentwicklung über Marketing und Kommunikation, Vertrieb und Vermittlerbetreuung bis hin zum Kundenservice und der Schadenbearbeitung. Der Kunde soll jederzeit im Mittelpunkt stehen, seine individuellen Bedürfnisse erkannt und bedient werden und die Ansprache entsprechend seiner Präferenzen erfolgen. Ziel ist es, eine ganzheitliche Sicht auf die Kunden zu erlangen und ihnen über verschiedene Kanäle die passenden Lösungen in einer auf sie abgestimmten Sprache anzubieten.*“ (Fell, 2022)

Für ganzheitliche bzw. holistische Betrachtungskonzepte sind insbesondere relationale Eigenschaften relevant, die in Beziehungen von spezifischen Elementen zu anderen spezifischen Elementen bestehen. Michael Esfeld betont, dass ein Gesamtobjekt dann genau holistisch ist, wenn die Objekte, die das Ganze bilden, in Bezug auf einige der für sie konstitutiven Eigenschaften davon ontologisch abhängig sind, dass es andere Objekte gibt, mit denen sie ein Ganzes der betreffenden Art bilden. Die Objekte, die das Ganze bilden, haben – so Elsfeld – einige der für sie konstitutiven Eigenschaften nur innerhalb des Ganzen. Er bezeichnet die betreffenden Eigenschaften mithin als relationale Eigenschaften. Sie bestehen in Beziehungen der Objekte untereinander, welche das betreffende Ganze bilden (Elfeld, 2002; Esfeld, 2001). Adaptiert man Esfelds Ausführungen und wendet diese auf Hotelgäste an, wird deutlich, dass Gäste im Rahmen der persönlich individuell intensiven Gästebetreuung nicht eindimensional und monokausal, sondern ganzheitlich bzw. mehrdimensional zu betrachten sind. Dabei ergeben sich gast- als auch hotelspezifische Implikationen sowohl aus der operativen als auch aus der strategischen Perspektive, sodass Gäste aus insgesamt vier Dimensionen und mindestens zwei hotelspezifischen Perspektiven zu betrachten sind, die sich gegenseitig bedingen bzw. in Wechselwirkung zueinanderstehen. Deswegen sollen nachfolgend die vier Gastdimensionen aus der strategischen als auch der operativen Perspektive vorgeschlagen und vorgestellt und schließlich in einem Gästequadranten zusammengefasst werden.

4.1.1 Strategische Dimension der Gästepersönlichkeit

> *„Die Einstellungen und Erwartungen des Kunden gegenüber einem fairen Preis für eine Produktgruppe sind Ausdruck seines Preisbewusstseins. Dieses Bewusstsein ist ein subjektives Bezugssystem über den angemessenen Preis einer Leistung und zeigt sich in einer vagen Preisvorstellung. (...) Suchen Kunden nach Preisinformationen – beispielsweise im Internet oder in Katalogen –, sprechen wir von einem Preisinteresse des Kunden. Dabei spielen die Persönlichkeit (Erfahrung, Herkunft, Motivation, Produktinvolvement), die Kaufsituation (Information, Verkaufsraum, Zeitdruck) und das subjektiv empfundene Kaufrisiko eine entscheidende Rolle. Letzteres ist die individuelle Unsicherheit in der Einschätzung der Kauffolgen und kann finanzieller, funktionaler, gesundheitlicher, psychischer oder sozialer Natur sein.“* (Wehrli, 2016)

Die erste Gästedimension soll Gästepersönlichkeiten mit personenbezogenen Indikatoren erfassen, die in ihrer Gesamtheit hotelspezifisch auch als Gästestruktur bzw. Gästemix bezeichnet wird (Metz et al., 2013). Das Wissen um die strategische Bedeutung eines betriebsspezifischen Gästemixes ist für einen Hotelbetrieb erheblich, um auf zukünftige Unausgewogenheiten (z. B. in der Angebotsplanung, der Altersstruktur oder der Herkunft etc.) besser vorbereitet zu sein bzw. rechtzeitig relevante Maßnahmen einleiten zu können (Wöber, 1993). Damit kann verdeutlicht werden, dass es einen nicht unerheblichen strategischen Erkenntnisbedarf hinsichtlich betreuungsrelevanter Merkmale von Gästen gibt. So führen Burkhard von Freyberg, Axel Gruner und Marina Lang unter Berufung auf Manfred Bruhn und Christian Homburg diesbezüglich aus (Bruhn & Homburg, 2003), dass die Steigerung der „echten“ Loyalität in Form von Gästebindung vorrangiges strategisches Ziel der Hotellerie sein müsse[3]:

> *„Ist der Gast von der Unternehmensleistung begeistert, entsteht in der Regel eine emotionale Bindung, bei der ein Wechsel des Kunden jederzeit möglich ist, jedoch aufgrund persönlicher Präferenzen ausbleibt.“* (Freyberg et al., 2012, S. 89)

---

[3] Als praktische Beispiele werden neben Statusverbesserungen (Treatments und Upgrades) fortführend „emotionale Streicheleinheiten“ benannt, indem Gäste mit Namen angesprochen werden und auf deren spezielle Bedürfnisse eingegangen werden soll (Freyberg et al., 2012, S. 92).

Um diese (emotionalen) Bindungen erlebbar machen zu können, müssen Hotelmitarbeiter ihre Gäste jedoch „kennen" und in der Lage sein, deren „Eigenschaften" sowohl strategisch als auch operativ gästebetreuend einordnen und nutzen zu können. So wird für den Kontext dieser Arbeit vorgeschlagen, Gäste zunächst allgemein aus der sozio-biografischen Perspektive zu betrachten, da diese einen erheblichen Einfluss u. a. auf die Hotelwahl hat.

4.1.1.1 Altersstufe

> *„Zahlreiche Tourismusangebote in der Tiroler Tourismuswirtschaft sind derzeit in vielen Fällen auf den Wellness-Gast ausgerichtet. Jedoch zeigt sich in der Wirtschaft im Allgemeinen, aber auch im Tiroler Tourismus eine neue und zahlungskräftige Zielgruppe: die Silver Ager, wie Personen über 50 Jahre gerne genannt werden. Diese Zielgruppe hat eigene Ansprüche, die nicht zuletzt aus dem tiefgreifenden Wandel der Altersstruktur resultieren, sich durch längere Gesundheit, Fitness, Autonomie sowie einer differenzierten Urlaubsgestaltung auszeichnen. Das bringt ökonomischen Nutzen und ist für die Angebotsgestaltung relevant, vorausgesetzt man kennt deren Bedürfnisse und Ansprüche. (…) Das Ergebnis zeigt klar definierte Urlaubswünsche: Ruhe, Natur, Auszeit, kinderfreies Hotel, Kombination Bewegung-Entspannung-gutes Essen und der aufmerksame Umgang durch ein geschultes Hotelpersonal. Werbung interessiert nicht. Gebucht wird auf Empfehlung und direkt. Silver Ager brauchen Sicherheit und mögen Veränderung nicht. Sie werden Stammgäste, wenn ein abwechslungsreiches Individual-Programm geboten wird. Bedürfnisse und Ansprüche werden direkt im Hotel besprochen, wo Persönlichkeit und Wertschätzung an oberster Stelle stehen. Für touristische Akteure heißt das Verantwortung und gelebte Interaktion."* (Veres et al., 2018, S. 121)

Gästespezifische Altersstufen werden in der aus- und weiterbildungsspezifischen Literatur des Hotelgewerbes zumeist aus marketingspezifischer Perspektive besprochen. Dabei zeigt sich, dass es keine eigenen und einheitlichen Bezeichnungen definierter Altersstufen gibt, sondern zumeist Terminologien anderer Branchen bzw. Wissenschaften übernommen sind. So werden die eingangs zitierten „Silver Ager" u. a. als „Best Ager", als „Silver Generation" als auch als „Generation Gold" bezeichnet (Kampmann, 2012; Velten, 2018), während in der hotelspezifischen Ausbildungsliteratur auch oft die Begriffe „Ältere Gäste", „Rentner" oder „Senioren" verwendet wird. Ein ähnliches Phänomen tritt auch bei anderen Altersstufen auf.

Auch in der Betrachtung von Bedürfnissen und Motiven werden zumeist variable Beschreibungen verwendet. So beschreiben Frank Brandes, Heike Harten, Conrad Krödel, Marco Voll und Thomas Wolffgang eine lustige und lebensfrohe Seniorin, die trotz geringer Rente experimentierfreudig ist und sich dennoch etwas gönnen möchte, als auch einen vergangenheitsbezogenen Rentner, der lieber traditionelle und gewohnte Speisen bestellt und sich Reste einpacken lässt. Im Gegenzug bezeichnen sie die „Generation Z" als junge Menschen, „die sehr gern mal in Erinnerung an Omas Küche deftige und regionale Speisen bestellen" (Brandes et al., 2022). Rüdiger Maas hingegen charakterisiert diese Altersstufe als selbstbewusst, familienorientiert, online individualistisch, offline konservativ, ungeduldig und digital versiert (Maas, 2019). Simon Schnetzer ergänzt dies um einen engeren Bezug zu Eltern und Familie und sieht Gesundheit – noch vor Freiheit und Freundschaft – als wichtigstes Bedürfnis dieser Generation (Schnetzer, 2021). Zu einem ähnlichen Ansatz kommen auch die Autoren des Zukunftsinstituts, die am Beispiel der Generation Z bedeuten, dass diese sich weniger „nur" mit dem All-inclusive-Buffet, den Sonnenstunden, dem Serviceangebot oder den Sehenswürdigkeiten zufriedengeben, sondern eher auf der Suche nach Verbundenheit und Zugehörigkeit sind (Egger et al., 2019).

An den dargestellten Beispielen wird exemplarisch deutlich, wie einerseits vielfältig Altersstufen betrachtet und andererseits inhaltlich widersprüchlich verwirrend dargestellt werden können. Altersbezogene Betrachtungen sind dennoch für das Hotelgewerbe wichtig und müssen kategorie- und betriebsspezifisch ausgenutzt werden. Die Erfüllung von altersspezifischen Anlässen und Bedürfnissen muss daher individuell intensiv im Rahmen der persönlichen Gästebetreuung miteinbezogen werden. Die Autoren von Siteminder fordern nicht zuletzt deswegen eine Rückbesinnung auf gastfreundliche Werte und sehen transaktionale Serviceleistungen sowie aufrichtige und interaktive Gastfreundschaft als Notwendigkeit, um Gäste besser kennenlernen zu können (SiteMinder, 2020). Die Wichtigkeit der Altersstufe von Gästen muss somit als strategischer Faktor für die persönliche Gästebetreuung in der Onlinebefragung in Kapitel 5 hinterfragt werden[4].

4.1.1.2 Personenstand

„Wer sich zum ersten Mal in der Region aufhält oder keine Zeit hat, sich um ein Freizeitprogramm zu kümmern, ist äußerst dankbar für gute Insidertipps, die zu seinen Bedürfnissen passen: Restaurants, in denen man sich auch als allein reisende Frau wohlfühlt, gute Läden für Mode oder Computerzubehör, eine Grünanlage für einen entspannten Spaziergang, ein interessanter Kulturtermin, die bessere Wander- oder Fahrradroute usw. Für alle individuellen Bedürfnisse rund um die Freizeitgestaltung ist

[4] Kai Rödiger weist branchenübergreifend nach, wie sich Altersunterschiede auf die Interaktion von Kundenkontaktmitarbeitern und Kunden auswirken können und zeigt auf, dass Mitarbeiter, die kundenorientiert eingestellt sind, empathischer auf Kunden eingehen und so den Erfolg der Interaktion positiv beeinflussen können (Rödiger, 2017).

> *ein spezieller Gästebetreuer zuständig, im Unterschied zu den eher organisatorischen Aufgaben der Rezeptionisten.*" (Baumbach, 2007, S. 64–65)

Der Personenstand bezeichnet im Sinne des deutschen Personenstandgesetzes alle sich aus Merkmalen des Familienrechts ergebenden Stellungen einer Person innerhalb der Rechtsordnung einschließlich ihres Namens. Der Personenstand umfasst somit Daten über Geburt, Eheschließung, Begründung einer Lebenspartnerschaft und Tod sowie damit in Verbindung stehende familien- und namensrechtliche Tatsachen (Bundesministerium des Innern und für Heimat, 2017). Diese Daten werden ebenso hotelspezifisch, z. B. durch die Daten des Meldescheins analog und digital erhoben und in hoteleigenen Gästedatenbanken gesammelt.

Personenstandsbezogene Spezifika haben einen erheblichen Einfluss auf das Wohlbefinden von Hotelgästen, wie am zitierten Beispiel von Alleinreisenden exemplarisch verdeutlicht werden kann. Ebenso finden sich im Internet unter dem Stichwort „Diskriminierung von Alleinreisenden" zahlreiche Einträge und Blog-Beiträge, aus denen ein personenstandsübergreifender Bedarf nach persönlicher, individuell intensiver Gästebetreuung abgeleitet werden kann:

> „*Kennst du das? Du bist alleine unterwegs und wirst a) entweder komplett ignoriert oder b) erhältst das schlechteste Zimmer oder c) den Tisch im Restaurant, der vor der Klotür steht? Wer alleine reist, hat es oft schwer. Und viele trauen sich nicht, darüber offen zu reden oder sich zu beschweren. Mir geht das jetzt nach Jahren der Diskriminierung als Alleinreisender so dermaßen auf die Nerven, dass ich mir nun nicht mehr alles gefallen lassen will. Es gibt immer mehr Alleinreisende auf der Welt, das ist also kein Grund sich zu verstecken. Nie wieder Katzentisch, Schluss mit der Diskriminierung als Alleinreisender.*" (Nicole, 2016)

Den Gegenpol zu Alleinreisenden bilden in der aus- und weiterbildungsspezifischen Hotelliteratur zumeist Familien (mit Kindern). Eine auf (soziale) Interaktion bezogene Definition liefert Klaus Hurrelmann, indem „Familie als eine soziale Lebensform definiert wird, die durch das dauerhafte Zusammenleben von mindestens einem Elternteil und einem Kind charakterisiert ist und in der die Beziehungen durch Solidarität, persönliche Verbundenheit und Betreuung geprägt sind." (Hurrelmann, 2002)

Betrachtet man fortführend Alleinreisende und Familien mit Kindern als gegensätzliche Parteien aus dem hotelspezifischen Gästemix heraus, wird deutlich, dass einerseits Alleinreisende möglicherweise eine familienähnliche Betreuung suchen, während andererseits Eltern möglicherweise von der eigenen Kinderbetreuung entlastet werden wollen. Das räumliche Aufeinandertreffen führt nicht selten zu schwerwiegenden Implikationen und begründet die Planung und Intervention durch eine dafür ausgebildete Gästebetreuung:

> *„Wettrennen über Treppen und Flure, Fangspiele zwischen den Dinnertischen, Meisterschaften im Trampolinspringen auf dem Bett: Kinder können nun mal nicht immer nur stillsitzen und ruhig sein. Das sagen sich auch viele Urlauber in ihrem Hotel, wenn sie in aller Frühe vom Krach aus dem Nachbarzimmer geweckt werden oder vor lauter Geplansche und Geschrei am Pool nicht entspannen können."* (Fluggastberatung, 2016)

Anhand der gezeigten personenstandsbezogenen Beispiele wird exemplarisch deutlich, welche gästebetreuende Relevanz der Personenstand im Rahmen der persönlichen, individuell intensiven Gästebetreuung haben kann, insofern soziobiografische Sachlagen bzw. personenstandsrelevante Veränderungen bei Hotelgästen (z. B. Scheidung, Tod oder Verlust des Partners) einen erheblichen Einfluss auf deren Wohlbefinden haben können. Hotelmitarbeiter sollten deswegen betreuende Aufgaben nicht als Ausnahmedienstleistung („non-routine service“), sondern als Routinedienstleistung („routine service“) auffassen (Berry, 1986). Die dafür notwendigen Kompetenzen müssen zunächst im Rahmen von Aus- und Weiterbildung erworben werden. D. Randall Brandt unterscheidet diesbezüglich minimale („minimum requirements“) von werterhöhenden Anforderungen („value-enhancing elements“) und attestiert diesen gästebindende Wirkung (Brandt, 1988). Die erkennbare Relevanz des Personenstandsbewusstseins für das Hotelgewerbe muss darum in der Onlinebefragung in Kapitel 5 hinterfragt und mithilfe der Ergebnisse eingeordnet werden.

4.1.1.3 Geschlecht (Gender)

> *„Sicher am befremdlichsten ist, dass viele Frauen verschleiert sind und sich nach außen eher zurückhaltend verhalten. Die Rolle der Frau in arabischen und islamischen Ländern unterscheidet sich besonders zum europäischen Verständnis und hat mit der Religion zu tun. Unter dem Schleier sind diese Frauen meistens genauso westlich gekleidet wie wir. Wichtig dabei ist, dass diese Unterschiede nicht negativ beurteilt werden, um eine gute Ausgangsbasis für den Umgang mit arabischen Gästen zu gewährleisten."* (Motsch & Rohrmoser, 2014, S. 189)

Die Relevanz der Gendersensibilität soll im dritten gästepersönlichkeitsspezifischen Komplex im Kontext der persönlichen, individuell intensiven Gästebetreuung beleuchtet werden. Gender wird hotelfachspezifisch hauptsächlich über angebotsspezifische Spezialisierungen (z. B. „Women Only Hotels“), besondere

Einrichtungsmerkmale (z. B. Kosmetikprodukte im Hotelbad) oder auch kulturspezifische Merkmale (z. B. verschleierte Gäste) besprochen (Ziltz, 2016). So würden Frauen – laut einer repräsentativen Studie der Scandic Hotelkette, ausgeführt vom IMWF Institut für Management- und Wirtschaftsforschung – im Vergleich zu Männern beispielsweise besonderen Wert auf die Bettausstattung (Größe, Qualität, Hygiene) legen. Magdalena Rungaldier verweist hingegen auf genderspezifische Hygieneartikel im Bad sowie genderspezifische technische Installationen[5] (Lockenstab, Handbrause mit optimalem Wasserdruck, Aufhängevorrichtungen für genderspezifische Bekleidung)[6] und betont:

> *„Eine gezielte Ansprache der Frauen mit entsprechendem Angebot erhöht die Zufriedenheit dieses Gästesegmentes merklich. Zudem trägt es zu einem faireren Miteinander bei.“* (Rungaldier, 2021)

Das notwendige, in Aus- und Weiterbildung zu erwerbende hotelspezifische Fachwissen, im gendersensiblen Umgang mit Gästen sollte daher das Bewusstsein und die Erkenntnis abdecken können, dass Geschlecht neben anderen Heterogenitätsmerkmalen, wie beispielsweise der ethnischen und/oder sozialen Zugehörigkeit, ein wesentliches globales Merkmal für Differenzierungen und damit einhergehende Ungleichheiten darstellt und dass Geschlecht als eine reale Struktur immer präsent ist. Wenn man die aktuelle politische und gesellschaftliche Diskussion zur Gendersensibilität miteinbezieht, wird deutlich, wie wichtig diese für die persönliche, individuell intensive Gästebetreuung ist und im Sinne einer Handlungsroutine fest verankert sein sollte. Als Transferleistung ergibt sich daraus schließlich die Anwendungskompetenz, das „Können“, im Sinne einer branchenspezifischen Genderperformanz, die sich unter anderem in einer fachlichen

---

[5] Auch die Digitalisierung bietet genderssensible hotelspezifische Potenziale, indem z. B. das Gäste-Involvement bei Selfservice-Interaktionen mit Maschinen und digitalen Anwendungen wie z. B. Chatbots gästebetreuend zu berücksichtigen wäre. Denkt man dabei z. B. an die Bedienfreundlichkeit oder aber an den Einsatz von Voice-Assistenten (z. B. Alexa, Siri, Cortana) wird deutlich, welche Relevanz die Auseinandersetzung mit solchen ingenieurspsychologischen Aspekten, im Kontext der professionellen Gästebetreuung, haben kann. Mark Vollrath fordert deshalb Verständnis dafür, wie Menschen über Maschinen denken und welche Erwartungen sie an deren Leistungsfähigkeit und Bedienung haben (Vollrath, 2015).

[6] Gezeigt hat dies z. B. auch eine Studie zum Thema: „Frauenzimmer. Wie Geschäftsfrauen sich Hotels wünschen“. Die Autorin Uta Brandes definiert mit den Schlagworten Sinnlichkeit, Sozialität und Sicherheit nicht nur bestimmte Anforderungen und innenarchitektonische Dispositionen für Frauen, sondern fordert sogar die Bestimmung von wahren „Objektgeschlechtern“ (Brandes, 2017, S. 26).

Genderdiskurs-Positionierung, in einer genderkompetenten Gestaltung der persönlichen Gästebetreuungsleistungen und auch in der zielgerichteten Kombination mit anderen soziobiographischen Merkmalen darstellt (Kroll, 2002). Die Relevanz der Geschlechtersensibilität bzw. Genderkompetenz[7] für die persönliche, individuell intensive Gästebetreuung soll deshalb im Rahmen der Onlinebefragung in Kapitel 5 hinterfragt werden.

4.1.1.4 Kultur/Herkunft

> „*Russen neigen im Umgang mit anderen Menschen – ganz im Unterschied zu Asiaten und Arabern – zu viel Nähe. Sie halten kaum Abstand und kommen einem sehr nahe. Dabei kann ein Zurückweichen als Unhöflichkeit empfunden werden.*" (Motsch & Rohrmoser, 2014, S. 193)

Die Relevanz kulturspezifischer Betrachtungen wurde bereits im ersten Kapitel dieser Arbeit vielschichtig diskutiert und bestätigt die Tatsache, dass Hotelgäste als auch Hotelmitarbeiter spezifischen Kulturkreisen entstammen und sich in branchenspezifischen touristischen Kulturkreisen bewegen, aufeinandertreffen und dort absichtlich interagieren.

Im hotelspezifischen Kontext ist die systematische Reflexion kulturell geprägter Wahrnehmungs- und Deutungsmuster von hoher Bedeutung, um auf die Subjektivität grundlegenden Normvorstellungen und Bewertungsmaßstäbe eingehen zu können. Insbesondere interkulturelle Situationen, z. B. zwischen deutschen Regionalkulturen (Nord-Süd, West-Ost), können sich selbst für nicht migrantische Hotelmitarbeiter oftmals als besondere Herausforderung für die berufliche Praxis darstellen, wie am exemplarischen, anekdotischen Beispiel von Unterschiedlichkeiten in der deutschen Esskultur sichtbar wird:

> „*Die Sparsamkeit beim Essen zieht sich bis in die Auswahl des Essens an Weihnachten. Während in vielen westdeutschen Familien Fondue, Raclette oder ähnlich elaborierte*

[7] Die Grundsätze und Leitlinien des Internationalen Bundes verlangen, Geschlechtersensibilität als zentrales Merkmal des Handelns und Betreuens zu begreifen, wobei Gender als soziale Kategorie verstanden wird, „die gesellschaftlich und kulturell geprägt ist" (Internationaler Bund, n. d., S. 2; Reinhardt, 2017). Für Mitarbeiter wird Genderkompetenz als personale Schlüsselkompetenz gefordert, mit der Fachkräfte geschlechtssensibel und geschlechtsbezogen (branchenspezifisch) handeln können sollen. Als Teilkompetenzen werden eine „geschärfte Wahrnehmung von Hierarchien, Geschlechterstereotypen und geschlechtsbezogener (struktureller und personaler) Diskriminierung" gefordert, um „genderspezifische Bedürfnisse von Betreuten zu erheben, auszuwerten und im Rahmen der Angebote zu überprüfen, wie sie handlungsleitend werden" (Internationaler Bund, n. d., S. 6).

Gerichte aufgetischt werden, bevorzugt es die Mehrheit der Ostdeutschen einfacher.“ (Benrath et al., 2019)

Hotelspezifisch betrachtet besteht grundsätzlich die latente Gefahr, aufgrund von verankerten Vorannahmen und Laienwissen über verallgemeinerte Merkmale einer Kultur, Rückschlüsse auf einzelne Hotelgäste und deren zu erwartendes Verhalten zu ziehen. Zeit- und Personalnot als auch ausbildungsspezifische Mängel verfestigen vorhandene, gesellschaftliche und hierarchische Aspekte in der Mitarbeiter-Gast-Beziehung und führen zu neuen Stereotypen. So stellt beispielsweise das Sprichwort „Der Mensch ist, was er isst“ Essen weit mehr als einen materiellen und physiologischen Vorgang dar, sondern vielmehr als „eine Performance von (sozialer, nationaler, Gender-) Identität; als ein differenzierendes Ritual, mit sozialer Bedeutung“ (Ott, 2017, S. 23), wie Schmähungen mit alltagsrassistischem Kontext, wie die exemplarischen Unwörter „Kümmeltürke“, „Spaghettifresser“ oder „Döner-Ali“ zeigen (Bluhm et al., 2019, S. 205).

Vorannahmen und Stereotypen kann auch im Hotelgewerbe mit gezielter interkultureller Bildung begegnet werden. Peter Wordelmann, Sören Kristensen und Sylvia Veit haben jedoch festgestellt, dass in den hotel- und gastronomiegewerblichen Ausbildungsordnungen interkulturelle Kompetenzen nur eine untergeordnete Rolle spielen und sich zumeist auf den Spracherwerb konzentrieren (Wordelmann et al., 2006). Auch nach der Neuordnung der gastgewerblichen Berufe ist eine Verbesserung dieser Tendenz bzw. eine schwerpunktmäßige Konkretisierung von entsprechenden Lerninhalten nicht erkennbar (Bundesinstitut für Berufsbildung, 2021).

Betrachtet man die Herkunft von Hotelgästen über die (inter)kulturellen Aspekte hinaus sozial-milieuspezifisch, ergeben sich ebenso zahlreiche relevante Aspekte für die persönliche, individuell intensive Gästebetreuung. So gibt es zahlreiche Theorien und Ansätze, die die Entstehung sozialer Ungleichheit insbesondere durch verschiedene Begriffe wie Klassen, Stände und Schichten erklären und sich vor allem mit den objektiven, d. h. äußeren Bedingungen wie Einkommen, Bildung und Beruf beschäftigen. Ebenso häufig werden subjektive Betrachtungen sozialer Ungleichheit untersucht, die durch milieuspezifische Lebensstile, Vorlieben, Mentalitäten und Ästhetiken ausgedrückt wird (Solga et al., 2009). Insbesondere das Hotelgewerbe ist traditionell milieuspezifisch geprägt, wie nachfolgend deutlich wird[8]:

[8] „Auch unter den neu Reichgewordenen gibt es so´ne und solche: Gäste, die sich gern beraten lassen und Verständnis dafür haben, daß man dieses derart und jenes auf andere Weise besser arrangieren kann, und Gäste, die alles besser wissen (…). Einige der Letzteren können auch unangenehm, ja gefährlich werden, wenn sie bei irgendeiner Gelegenheit ihre

> *„Jedermann weiß heutzutage, was ein Hotel ist. Es gilt als Treffpunkt, manchmal geradezu als gesellschaftlicher Mittelpunkt der führenden Persönlichkeiten aus Politik, Wirtschaft, Wissenschaft und Kunst; und das Gästebuch mancher Hotels liest sich wie ein Extrakt aus ‚Who is who?'. Der Abschluß einer erfolgreichen Aufsichtsratssitzung wie die Pressekonferenz einer politischen Partei oder eines Filmstarts findet ebenso im Hotel statt wie die große Zahl persönlicher und familiärer Feiern bei Hochzeit, Geburt, Jubiläum und Trauerfall. Das Hotel, in dem jemand zu verkehren pflegt, gilt heute als ‚Adresse', nach der er sozial eingestuft wird – kurz, das Hotel ist aus unserem öffentlichen wie privaten Leben gar nicht mehr wegzudenken."* (G. Walterspiel, 1969, Vorwort)

André Kieserling appliziert milieuspezifische Betrachtungen und Ungleichheiten sogar auf Hotelmitarbeiter und verweist auf die damit verbundenen Auswirkungen:

> *„Neben der gespielten Ungleichheit, die auf den Vorderbühnen von Restaurants, Bars oder Hotels demonstriert wird, gibt es freilich auch noch eine Welt der gespielten Gleichheit hinter dem Vorhang, in Bereichen, zu denen die Gäste keinen Zugang haben. So mögen Kellner und Küchenpersonal nach Einkommen und formalem Rang gleichgestellt sein. Zwischen ihnen gibt es dennoch, wie die Untersuchung ebenfalls zeigt, erhebliche Statusdifferenzen. Die ergeben sich bereits aus der Rekrutierung. Für die repräsentative Funktion des Kellners bevorzugt man Einheimische mit guten Sprachkenntnissen und einem sozialen Hintergrund in der Mittelschicht. Für die unsichtbare Küchenarbeit kommen dagegen auch Personen aus unteren und in den Vereinigten Staaten häufig aus lateinamerikanischen Einwandererschichten in Betracht."* (Kieserling, 2020)

Es kann darum angenommen werden, dass eine branchen- und berufsspezifische Herkunftssensibilität[9], welche die Pluralität und Unterschiedlichkeit von Lebenswelten in der Gesellschaft ernst nimmt, und daraus individuell intensive Betreuungsbedürfnisse aufzeigen kann, bedeutsam für die persönliche, individuell intensive Gästebetreuung ist. Deswegen soll die Relevanz der Kultur/Herkunft für die persönliche, individuelle intensive Gästebetreuung, im Rahmen der Onlinebefragung in Kapitel 5 hinterfragt werden.

---

eigene Schwäche erkennen und sie, nach Schuldigen suchend, mit Lautstärke kompensieren" (Arndt, 1961, S. 127).

[9] Im Kontext der interkulturellen Schulentwicklung hingegen werden milieusensible Kontexte unter dem Aspekt der „Diversity Education" diskutiert und mit vier zentralen Handlungsebenen der interkulturellen Organisationsentwicklung beschrieben. Dazu gehören der Erwerb interkultureller Kompetenz, als auch die selbstreflexive Auseinandersetzung mit Prozessen der Bildung von Identitäten und Rollenmustern sowie geeignete Kommunikations- und Konfliktstrategien (Aktaş & Gläßer, 2019; Kiel & Weiß, 2016).

4.1.1.5 Reisemotivation

> *„Reisemotive sind fast ständig latent vorhanden. Ihre Aktivierung oder Verstärkung tritt ein, wenn ein Reiseimpuls gegeben wird oder eine Reiseentscheidung ansteht. Ob vorhandene Motive verwirklicht werden, hängt von der Anreizstärke und der vorhandenen persönlichen Motivation ab. Zu häufig werden Motive und Motivation gleichgesetzt. Während Motive Wünsche und innere Beweggründe einer Person verkörpern, gibt die Motivation den Handlungsimpuls, für deren Umsetzung. Die Motivationsausprägung entscheidet über die Richtung (warum man sich mit Reiseplänen beschäftigt), deren Intensität (das Ausmaß an Energie, sich mit Reiseplänen zu beschäftigen) und der Ausdauer (Bereitschaft und Dauer, sich mit diesem Sachverhalt zu beschäftigen) des Handelns. Ohne ausreichende Motivation bleiben Motive unerfüllte Beweggründe."* (Herrmann, 2019, S. 5)

Reisemotive bilden die Grundlage für die Entwicklung und Typisierung von Hotelbetrieben. Allgemeinhin können diese nach Betreiberform, nach Hotelkonzept und nach Hotelkategorie, in Business- bzw. Geschäftshotels, Leisure- bzw. Freizeithotels sowie in Mischbetriebe unterschieden werden. Gäste wählen Hotelbetriebe aufgrund spezifischer Reisemotive. Da daraus persönlich, individuell intensive Betreuungsanlässe entstehen können, werden nun abschließend Reisemotivationen im Kontext der Gästepersönlichkeit vorgestellt.

Unter Reisemotiven werden allgemeinhin die Gesamtheit der individuellen Beweggründe, die dem Reisen zugrunde liegen verstanden. Rainer Maderthaner bezieht sich deswegen auf motivationale Prozesse, die vom Ort ihrer Auslösung beeinflussbar sind. Dazu gehören neben extrinsischen Umweltfaktoren, die die betreffende Person beeinflussen können auch dessen (intrinsische) Einstellungen, Wertehaltungen und Stimmungen (Maderthaner, 2017).

Reisemotive korrespondieren mit Gästebedürfnissen und Gästeanlässen. Die psychologische Tourismusforschung befasst sich deswegen mit der Frage nach dem Verhalten und Erleben von Menschen im Urlaub bzw. auf Reisen und deren motivationalen Gründen. In diesem Rahmen weist Wolfgang Böhm darauf hin, dass die reisemotivatorische Zeiteinheit eine größere und umfassendere ist als lediglich die der „faktischen Reise". Sie ist eingebettet in die „psychische Reise", die „ihrerseits die geistig-seelische Beschäftigung mit dem Plan zu reisen und den gesamten Prozess, der sich dabei abspielt, sowie die Nachwirkungen der Reise nach der Rückkehr" umfasst (Böhm, 1962, S. 112–122). (Reise)Motive beeinflussen deswegen nach Gerd Bohner, Susanne Rank, Marc-André Reinhard; Sabine Einwiller und Hans-Peter Erb die Motivationsparameter Antriebsstärke, selektierte Antriebsziele sowie die Antriebspersistenz (Bohner et al., 1998). Nach Karl Dieter Hartmann existieren vier Gruppen von Reisemotiven. Dazu gehören Erholungs- bzw. Ruhemotive, Abwechslungs- und Ausgleichmotive, Befreiungs- bzw. Bindungsmotive und Erlebnis- bzw. Neigungsmotive (Hartmann, 1979). Die individuellen Antriebsstärken dieser sind von besonderer Relevanz für die persönliche, individuell intensive Gästebetreuung, da von deren Ausprägung abhängig ist, welche Priorität ein Hotelgast einer spezifischen Handlung beimisst. Ist die persönliche Antriebsstärke im Ruhemotiv beispielsweise hoch, werden bestimmte reise- und aufenthaltsspezifische Bedürfnisse intensiviert, andere zurückgestellt. Gekoppelt an psychologische Dispositionen werden dabei rationale (z. B. Schulden machen für einen Urlaub) gegen emotionale Argumente (Erholungsbedürfnisse) individuell abgewogen und wechselseitig kompensiert.

Die Zunahme von divergenten bzw. ambivalenten Reisemotiven, wie auch die Verstärkung individueller Reisebedürfnisse werden von Matthew Hornsey und Jolanda Jetten als optimale Distinktheit[10] bezeichnet und von Horst W. Opaschowski aus der Perspektive von Extremerlebnissen portraitiert:

> *„In Zukunft wird es immer schwieriger, im Massentourismus Erlebnisse mit Ernstfallcharakter anzubieten. Der Tourismus, der größte Arbeitgeber der Welt, kann im 21. Jahrhundert fast alles ertragen – Kriege, Krisen und Konflikte – nur eines nicht: Langeweile. (...) ‚Erleben' heißt doch, Außergewöhnliches ‚erfahren', was über das gewöhnliche Leben hinausreicht und Grenzübertritte vom Gewohnten zum Ungewohnten erlaubt. So gesehen stellen Abenteuer im Urlaub Erlebnissteigerungen dar, die zeitlich und räumlich befristet von kulturellen Standards des Alltags abweichen (...)."*
> (Opaschowski, 2002, S. 279–280)

Die persönlich individuell intensive Gästebetreuung muss daher in der Lage sein, Reisemotivationen differenziert zu betrachten und individuell reaktiv bzw. proaktiv auf sich verändernde Gesellschaften und divergente bzw. ambivalente Bedürfnisse eingehen können, um auf die Gästebindung als beiderseitiges Ziel hinwirken zu können:

> *„Das Verhältnis zwischen Ihnen und Ihren Gästen ist praktisch wie bei einem Bankkonto: Jedes Mal, wenn Sie die Erwartung des Gastes übertreffen, zahlen Sie sozusagen etwas auf das Konto ein – jedes Mal, wenn der Gast enttäuscht wird, geht etwas vom*

[10] Hotelgäste balancieren sich aus ihrer Sicht motivational aus, indem sie sich innerhalb des gewählten Hotelbetriebs in eine mehr oder weniger große Hotelgemeinschaft auf Zeit eingliedern, andererseits außerhalb jedoch gruppenunabhängige individuelle Ziele verfolgen (Hornsey & Jetten, 2004).

Konto ab. Nun geht es natürlich darum, auf dem Konto nicht ins Minus zu rutschen, denn das würde bedeuten, dass Sie den Gast verloren haben.“ (Schlupp, 2021)

Je stärker die motivationale Gästebindung ausgebaut und in das Reisemotiv „Wiederkommen“ umgewandelt werden kann, desto resistenter wird der Gast gegenüber Wechselanreizen sein und umso motivierter für gästebindende Maßnahmen[11]. Deswegen soll die Relevanz der Reisemotivation für die persönliche, individuell intensive Gästebetreuung im Rahmen der Onlinebefragung im Kapitel 5 genauer betrachtet werden.

4.1.2 Operative Dimension der Gästebedürfnisse

„Wer ein ansprechendes Gästeerlebnis bereitstellen möchte, wird früher oder später erkennen, dass dies ein gewisses Maß an Personalisierung erfordert. Bei der Personalisierung des Kundenerlebnisses geht es darum, die Interaktion mit Kunden individueller zu gestalten, um sie dadurch zu optimieren. Allerdings sind die Optimierung des Gästeerlebnisses und die Erfüllung von Gästeerwartungen keine klar definierten Prozesse. Sie müssen ständig weiterentwickelt und an die jeweils aktuellen Bedürfnisse und Erwartungen angepasst werden. Da Reisende heute die Möglichkeit haben, ihren Aufenthalt in der Ferne bis ins letzte Detail nach ihren Wünschen zu gestalten, werden ihre Ansprüche darüber hinaus ständig präziser und umfangreicher. Das bedeutet einerseits, dass Hoteliers sich immer mehr anstrengen müssen, um Gästewünsche zu befriedigen. Andererseits gibt dies ihnen auch die Möglichkeit, ein hoch personalisiertes Erlebnis anzubieten, das Gästen noch lange in Erinnerung bleiben wird.“ (SiteMinder, 2020)

Sich wandelnde Gästebedürfnisse bestimmen in vielfältigen Kontexten die hotelspezifische Fachdiskussion. So sieht David Bosshardt, dass sich Menschen in Krisenzeiten evolutionär rückwärts, zu Höhlenmenschen entwickeln würden[12], weswegen analoge und friktionslose hotelspezifische Interaktionen zukünftig wertvoller werden, insofern Gäste sich dieses leisten könnten und auch wollten

[11] „Individuelles Eingehen auf die Gästewünsche sowie die Konzentration der geschäftlichen Aktivitäten ‚rund um den Gast‘ sind ein unschlagbarer Vorteil in der heutigen stark von Automatismen geprägten (Hotellerie-)Welt. Der Gast, der sich wirklich wohlfühlt, kommt auch gerne wieder“ (Oidtmann, 2010, S. 206).

[12] Diana Kinnert und Marc Bielefeld bestätigen auch diese Sichtweise und bezeichnen dieses Phänomen als neue Einsamkeit und empfinden, dass die akute „normative Obdachlosigkeit der Patchwork-Philosophie des ‚Alles ist möglich‘, zu einer kollektiven Orientierungslosigkeit“ führen würde, was nicht zuletzt an einer Vielzahl von auswählbaren Lebensentwürfen läge, die jeweils „ihre eigenen Filterblasen und entsprechenden eigenen Wirklichkeiten erzeugen“ (Kinnert & Bielefeld, 2022).

(Bosshardt, 2022). Carsten K. Rath fordert deswegen passende hotelspezifische Dienstleistungskonzepte, die sich nicht durch hochglanzpolierte und steife Prozesse auszeichnen sollten, sondern eher durch maximale Flexibilität und Wahlfreiheit für den Gast gekennzeichnet sind (Rath, 2018b). Die persönliche Gästebetreuung muss daher in der Lage sein, individuelle Gästebedürfnisse und deren Intensität, im Kontext unterschiedlicher Bedürfniskategorien, zu erkennen und individuell darauf einzugehen:

> *„Zählen die Existenzbedürfnisse zu den unelastischen Bedürfnissen, so rechnen letztere zu den elastischen, d. h. bei Einkommenssenkung oder -erhöhung erfahren die elastischen in erster Linie eine Einschränkung oder Ausweitung, während die unelastischen Bedürfnisse sich nur in geringem Ausmaße den veränderten Einkommensverhältnissen anpassen. So zählen z. B. die Urlaubs-, Vergnügungs- oder Studienreise und in diesem Zusammenhang auch der Hotel- und Gaststättenbesuch zum elastischen Bedürfnis, worauf die überaus große Krisenempfindlichkeit der Hotel- und Gaststättenbetriebe in erster Linie zurückzuführen ist.“* (Kriener, 1950a, S. 1)

Gästebedürfnisse werden in der hotelspezifische Aus- und Weiterbildungsliteratur oft aus der Verkaufs- und Absatzperspektive, mithilfe der Maslow-Pyramide dargestellt (A. Bock et al., 2017). Die ausgeprägte Konzentration auf Konsumbedürfnisse berücksichtigt dabei jedoch zu wenig relationale Bedürfnisse, die für die Gästebindung unabdingbar sind, noch werden diese an anderer Stelle handlungsorientiert besprochen. Es erscheint darum notwendig weitere Bedürfnistheorien zur Ausbildung der persönlichen, individuell intensiven Gästebetreuung einzubeziehen, wie z. B. die ERG-Theorie von Clayton Alderfer (1940–2015)[13]. Alderfer betrachtet menschliche Bedürfnisse zwar aus der Arbeitnehmerperspektive, baut diese jedoch so auf, dass sie uneingeschränkt für andere Kontexte anwendbar erscheinen. Dabei sortiert er Bedürfnisse in drei Bedürfniskategorien, die gleichberechtigt nebeneinander existieren. Dies sind Grund- bzw. Existenzbedürfnisse („existence needs“), soziale bzw. Beziehungsbedürfnisse („relatedness needs“) und Entfaltungs- bzw. Wachstumsbedürfnisse („growth needs“) (Alderfer, 1969, 1972).

---

[13] Im Gegensatz zu Maslow hat Alderfer drei Annahmen entwickelt, die Maslows Anordnung erweitern. So geht die Frustrations-Hypothese davon aus, dass ein Bedürfnis umso vordringlicher wird, je weniger es befriedigt wird. Die Frustrations-Regressions-Hypothese besagt, dass dann eine niedrigere Bedürfnisebene aktiviert wird, wenn die höhere nicht (mehr) ausreichend befriedigt wird. Die Befriedigungs-Progressions-Hypothese bedeutet schließlich, dass Bedürfnisse der nächsthöheren Ebene aktiviert werden, wenn Bedürfnisse auf einer der niedrigeren Ebenen als befriedigt wahrgenommen werden (Jung, 2011).

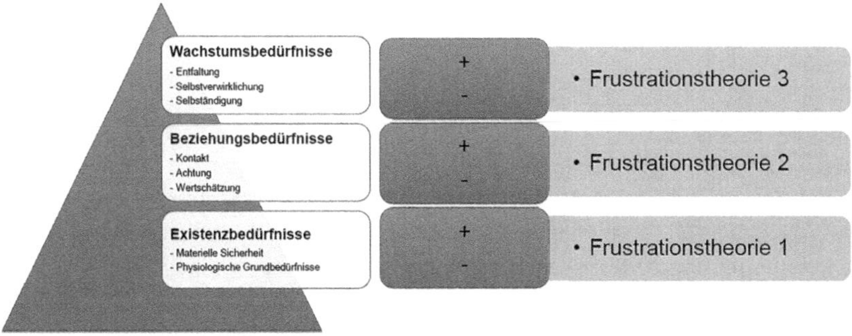

Abbildung 4.1 ERG-Theorie, adaptiert nach Alderfer (Lippold, 2019, S. 22)

Auf jeder Hierarchie-Ebene lassen sich Bedürfnispaare identifizieren, die kombinatorisch auftreten. In Betrachtung von Abb. 4.1 wird deren Wirksamkeit im Kontext von Befriedigung und Frustration deutlich. Adaptiert man dieses auf hotelspezifische Belange, wird z. B. deutlich, dass eine Gästeberatung nur dann erfolgreich sein kann, wenn gleichwohl das Bedürfnis nach Wertschätzung erfüllt wird. Hotelmitarbeiter müssen daher für die Gästebetreuung so diagnostisch ausgebildet werden, dass sie z. B. durch gezielte Wahrnehmung (gezielte Aufmerksamkeit, Kommunikation) erkennen können, welche Bedürfnispaare situativ involviert sind[14]. Nachfolgend sollen deswegen nun typische hotelspezifische Gästebedürfnisse vorgestellt werden. Aus methodischen Gründen werden diese isoliert betrachtet, um damit die Komplexität der einzelnen Bedürfniskomplexe bzw. -cluster und die Herausforderungen für die persönliche Gästebetreuung aufzeigen zu können.

4.1.2.1 Orientierungsbedürfnisse

„Die Orientierung ermöglicht dem Menschen, die jeweilig vorgefundenen Gegebenheiten in ihrem kalendarischen, örtlich-räumlichen (geographischen), lebensgeschichtlichen Bezugsrahmen zu erfassen und sich darin einzuordnen. Orientierung ist damit eine Voraussetzung für die Anpassung und für die praktische Lebensführung überhaupt. Die Unterscheidung einer (relativ stabilen) praktischen Orientierung, die sich

---

[14] Die dafür notwendigen betriebsspezifischen Belange (Betriebskonzept, Arbeitsplatzgestaltung, Personalschlüssel und technische Ausstattung) sollen hier nur ergänzend erwähnt werden.

im Verhalten zeigt, und einer (labileren) theoretischen Orientierung, die einer Exploration erfragt wird, ist für die Beurteilung der Funktionsbuße wichtig." (Scharfetter, 2002, S. 124)

Orientierungsbedürfnisse können als Existenzbedürfnisse aufgefasst werden, indem sie nach Alderfer umso stärker wirken, je weniger sie befriedigt sind. Hotelgäste haben aufenthaltsspezifisch unterschiedlich stark ausgeprägte Orientierungsbedürfnisse. Diese können aus drei Subkategorien betrachtet werden. Kognitive Orientierungsbedürfnisse bezeichnen zunächst das grundsätzliche Suchen nach Überblickswissen[15]. Affektive Orientierungsbedürfnisse hingegen bezeichnen das Streben nach Orientierungswissen durch Meinungen und Bewertungen. Konative Orientierungsbedürfnisse verlangen schließlich spezifisches Know-how über bestimmte Sachverhalte (z. B. wie funktioniert ...?) und dient späterer Nützlichkeit (Schenk, 2012).

Hotelspezifische Orientierungsbedürfnisse hängen in hohem Maße vom Gästestatus ab. Während Stammgäste sowohl über Kenntnisse hinsichtlich Betriebs-, Orts- und Infrastruktur verfügen, haben Neu-Gäste diesbezüglich erhebliche Defizite. Schenk bedeutet deswegen auf Möglichkeiten zum Defizitausgleich: Je defizitärer individuelle Orientierungsbedürfnisse sind, desto intensiver ist zunächst die Mediennutzung zur Nivellierung bzw. zur Unsicherheitsvermeidung[16] (Schenk, 2012). Persönlich übermittelte Orientierungen, die im Rahmen der Gästebetreuung individuell intensiv übermittelt werden, müssen daher so angereichert sein, dass sie intensiver zur Orientierung bzw. zur Unsicherheitsvermeidung und zum individuellen Beziehungsaufbau beitragen können wie vergleichbare mediale bzw. digitale Angebote. Potenziale dafür besteht z. B. im

[15] „Ein Hotel gewinnt an Attraktivität, wenn der Gast die Räumlichkeiten kognitiv herstellen kann. Somit sollte bei der Gestaltung eines Hotelgebäudes darauf geachtet werden, dass entlang von Achsen die wichtigsten Merkpunkte zu finden sind und verschieden betonte Knotenpunkte mit auffälligen Attraktionen verknüpft oder ‚Viertel' im Hotel geschaffen werden. So kann sich der Gast leichter ein inneres Bild des Hotelkomplexes aufbauen. Er findet sich schneller zurecht, kann sich orientieren und daraus resultieren ein Gefühl des Vertrautseins mit dem Ort und ein Gefühl von Sicherheit. Dabei müssen alle Elemente einer kognitiven Landkarte nicht immer gleich inszeniert werden. Im Hotel hat die kognitive Landkarte die Funktion, den Gast, der Konsumbedürfnisse hat, mit Leichtigkeit dorthin zu bringen, wo er diese Bedürfnisse befriedigen kann" (Leichtle, 2009, S. 222).

[16] Insbesondere in solchen Hotelkategorien, in denen aus konzept- und/oder preisrelevanten Gründen keine persönliche Gästebetreuung vorgesehen ist, muss eine mediale Ausgestaltung dieser daher individuell benutzerspezifisch digital ausgestaltet werden.

informellen Wissen von Hotelmitarbeitern (vgl. Kapitel 5 Auswertung Experteninterviews), indem diese als „Locals" zumeist über einen spezifischen Wissensvorsprung verfügen, bzw. dieser bei ihnen vermutet wird. Die Preisgabe dieses Exklusivwissens, welches oft auch als implizites Wissen bezeichnet wird, kann somit bedarfsorientiert für andere zugänglich gemacht werden. Gerade dieses implizierte Wissen ist daher für Hotelbetriebe besonders wichtig, da es bedeutend zum Aufbau von Gästebindung beitragen kann. Im Rahmen der persönlichen, individuell intensiven Gästebetreuung muss es also darum gehen, dieses Wissen zu identifizieren und Hotelgästen zugänglich zu machen, um einerseits deren Wohlbefinden zu steigern und um andererseits auch deren impliziten Wissen „anzapfen" und verwerten zu können.

> *„Welche Bedeutung diese Beziehungen für die Hosts haben, ist bislang nur ansatzweise untersucht worden, es dürfte jedoch davon auszugehen sein, dass dies einerseits zu zusätzlichem ‚Veränderungsstress' (Luger, 1995) führt, da den Einheimischen die Hinterbühne nicht mehr zu soziokultureller Regeneration zur Verfügung steht (ebd.); andererseits dürfte es (und Blicke ins Feld scheinen dies zu bestätigen) auch seitens der Hosts ein Bedürfnis nach tieferen Beziehungen mit einzelnen Touristen geben (geringere Fremdheitsgefühle, Verständnis, Austausch etc.) – von der Neugier ganz abgesehen."* (Luger, 1995, S. 19–42; Weidemann, 2011, S. 184)

Betrachtet man abschließend Orientierungsbedürfnisse auch noch aus emotionspsychologischer Sicht, zeigt sich dabei erneut die Notwendigkeit, hotelspezifische Belange aus integraler Perspektive zu deuten[17].

So betrachtet Magda B. Arnold Orientierungsbedürfnisse aus der Perspektive von kognitiv-evaluativen Emotionstheorien und bezeichnet diese als emotional „gefühlte Tendenz in Richtung auf alles, was intuitiv als gut (förderlich), und weg

---

[17] Tatjana Thimm beschäftigt sich ebenso mit der Frage nach dem Charakter der Tourismuswissenschaften und bedeutet deren integralen Charakter: „Die Diskursanalyse zeigte den hohen Komplexitätsgrad der Tourismuswissenschaften als Stärke und Schwäche zugleich: Vielfältige Zugänge erlauben die adäquate Untersuchung lebensweltlicher und theoretischer Aspekte, gleichzeitig können sie ein tourismuswissenschaftliches Profil verwischen. Einer generellen Stärkung bedarf die Wirkung der Tourismuswissenschaften in Gesellschaft, Politik und wissenschaftliche Gemeinschaft hinein; ein Ausbruch aus dem Selbstbestätigungsdiskurs kann den Tourismuswissenschaften hier eine höhere Relevanz verschaffen und die eigenen Diskursräume weiten. Sie würde damit nicht nur sich selbst dienen, sondern sich auch dem gefährlichen Trend Wahres und Unwahres gleichwertig zu handhaben, entgegenstellen. Hierbei soll nicht einem ausschließlichen Solutionismus gefrönt werden. Die Hinwendung zur Gesellschaft bedeutet keinen Verzicht auf wissenschaftliche Reflexion und auch keine Banalisierung" (Thimm, 2018).

von allem, was intuitiv als schlecht (schädlich) ist, beschrieben werden. Anziehungen und Ablehnungen sind, so Arnold, „von einem Muster physiologischer Veränderungen begleitet, die Annäherung oder Zurückweichen erlauben“ (Arnold, 1969, S. 181 ff). Geht man folglich davon aus, dass eine persönliche, individuell intensive Gästebetreuung als eine Art emotionale Steuerungsfunktion aufzufassen ist, wird deutlich, wie bedeutsam dieses Dienstleistungsangebot unter Berücksichtigung von Emotionen (z. B. bei der Vermeidung von Unsicherheitsgefühlen aus nicht erfüllten emotionalen Orientierungsbedürfnissen) ist und welche Bedeutung der persönlichen individuell intensiven Gästebetreuung beigemessen werden sollte. Deswegen soll die Relevanz von Orientierungsbedürfnissen für die persönliche, individuell intensive Gästebetreuung im Rahmen der Onlinebefragung in Kapitel 5 hinterfragt werden.

4.1.2.2 Organisationsbedürfnisse

> *„Mit Gewissenhaftigkeit wird beschrieben, wie zielstrebig eine Persönlichkeit ist und wie sehr sie bereit ist, für das eigene Handeln die Konsequenzen zu übernehmen. Gewissenhafte Menschen lieben Pünktlichkeit, sind gut organisiert und ihr Verhalten ist zielorientiert. Ordnungsliebe, Selbstdisziplin, Fleiß und Streben nach Leistung sind Eigenschaften, die für gewissenhafte Menschen eine sehr große Rolle spielen. Sie gelten als anspruchsvoll und willensstark, können manchmal aber auch pedantisch und stur wirken. Ist die Gewissenhaftigkeit schwach ausgeprägt, ist der Mensch eher gelassen und entspannt, eher flexibel und spontan. Manchmal kann diese Lockerheit unproduktiv wirken, da fehlende Gewissenhaftigkeit Menschen dazu bringt, Dinge auf die lange Bank zu schieben.“* (Fuchs, 2020)

Organisationsbedürfnisse stellen sich grundsätzlich als komplexes persönlichkeitsabhängiges Ordnungskonstrukt dar, indem Organisation nach Gunda Borgeest individuelles und zunächst kognitives Sortieren und Kategorisieren und damit eine Form von Ordnung repräsentiert (Borgeest, 2020). Menschen werden zumeist in eine bestimmte Organisationsform (politisch, familiär) hineingeboren[18], wünschen sich darauf aufbauend eine gewisse Form der Organisation, die sie strukturell mehr oder weniger intensiv auch auf ihr Umfeld übertragen bzw. andere damit beauftragen, diese zu arrangieren. Organisationsbedürfnisse basieren demnach auf anerzogenen (Selbst)Organisationskonzepten. Wolfgang Tschacher

---

[18] „Es gibt keine eigene, innere, natürliche, sondern nur äußere, fremde, aufgezwungene Ordnung: Es gibt keine Ordnung ohne Leitung; entweder Zwang oder Chaos“ (Metzger, 1975, S. 200).

und Günther Schiepek bezeichnen deswegen Menschen als komplexe psychologische Systeme, deren mehr oder weniger geordnete Bestandteile rudimentäre Kognitionen und Handlungsmöglichkeiten sind:

> *„Diese hypothetischen unbewußten psychologischen Bausteine können als Verhaltenskerne bezeichnet werden. Durch Selbstorganisation emergieren Muster dieser Komponenten, die bewußtseinsfähig sind: Handlungen, Gedanken, Absichten. Diese sehen wir als Ordner oder Gestalten, die aus der Dynamik der vielen Verhaltenskerne evolvieren und diese rekursiv zugleich auch versklaven (daher Prozeßgestalten).“*
> (Schiepek & Tschacher, 1997, S. 7)

Im Kern repräsentiert der persönliche Umgang mit gästespezifischen Organisationsbedürfnissen somit einen Umgang von mindestens zwei sich mehr oder weniger fremden Selbstorganisationskonzepten in einem Betriebsorganisationskonzept. Für die Erfüllung individueller Organisationsbedürfnisse müssen Hotelmitarbeiter deshalb im Rahmen der persönlichen, individuell intensiven Gästebetreuung in der Lage sein, z. B. über die Einschätzung von charakterlichen Eigenschaften einen Einblick in das gästespezifische Selbstorganisationskonzept zu bekommen. So haben z. B. ordnungsliebende Menschen gewissenhafte Ansprüche an die Befriedigung ihrer Organisationsbedürfnisse (Goldberg, 2013). Sie neigen tendenziell eher zu organisiertem, sorgfältig und effektiv planendem sowie verantwortlichem und überlegtem Handeln (Smith & Snell, 1996), während eher gedankenlose bzw. fahrlässige Persönlichkeiten das genaue Gegenteil repräsentieren. Obwohl gewissenhafte Menschen klare Strukturen aufbauen können bzw. diese benötigen, neigen sie jedoch auch dazu, sich in Einzelheiten zu verlieren, was für die Erfüllung hotelspezifischer Organisationsbedürfnisse risikoreich erscheinen kann (Gay, 2003; Seiwert & Gay, 2018), insofern die persönliche Gästebetreuung solche Details nicht beobachten bzw. über Kommunikation individuell diagnostizieren kann. Michael Stadler, Peter Kruse und Daniel Strüber betonen deshalb, dass die Theorie synergetischer Phasenübergänge davon ausgeht, dass die Ausbildung neuer Ordnungszustände immer an spezifische Phasen der begrenzten Instabilität gebunden ist. Die Dynamik kognitiver Systeme konvergiert – aus der Perspektive des Erlebens – außerordentlich schnell auf stabile Ordnungszustände (Stadler et al., 1997). Die persönliche Gästebetreuung muss daher über ein reiches Repertoire individuell intensiver Aktions- und Reaktionsmuster verfügen, um solche Instabilitäten z. B. in Form von beobachtbaren Unsicherheitsgefühlen bestmöglich individuell intensiv abmildern zu können, um eine vertrauensvolle Gästebeziehung aufbauen zu können. Deswegen soll die daraus ableitbare Wichtigkeit der Organisationsbedürfnisse für die persönliche, individuell intensive Gästebetreuung im Rahmen der Onlinebefragung in Kapitel 5 genauer hinterfragt werden.

4.1.2.3 Konsumbedürfnisse

> *„Betriebe im deutschen Beherbergungsgewerbe müssen auf die zum Teil veränderten Bedürfnisse und Konsumgewohnheiten ihrer Gäste eingehen bzw. Angebote und Konzepte vorhalten, die besonders stark nachgefragt werden, um die Auslastung ihrer Häuser und eine gewisse Ertragslage zu garantieren bzw. Preissteigerungen rechtfertigen zu können. (...) Die Gäste sind sehr preisbewusst, verlangen häufig aber auch personalisierte und individualisierte Dienstleistungen. Gleichzeitig hat die Kurzfristigkeit zugenommen – sowohl bei Buchungen als auch bei Absagen – und die Planbarkeit für die Betriebe hat entsprechend abgenommen. Darüber hinaus sind die Anforderungen an die Flexibilität der Beherbergungsbetriebe gestiegen. Auch das Stammgästeverhalten hat sich geändert. Es gibt noch Stammgäste – aber weniger als noch vor einigen Jahren. Die Konsument/innen heute wechseln viel und probieren viel aus.“* (Maack et al., 2013, S. 29–30)

Konsumbedürfnisse können nach Ingo Balderjahn und Joachim Scholderer durch Mangelerlebnisse (Intensität des Bedürfnisses), Anmutungsmomente (Bildhaftigkeit des Bedürfnisses), individuelle Antriebs- (Intensität des Bedürfnisdrucks) als auch Richtungs- bzw. Gegenstandsmomente ausgelöst werden (Balderjahn, 1995; Balderjahn & Scholderer, 2007).

Aus Sicht der Nationalökonomie werden Konsumbedürfnisse als isolierbar, beliebig teilbar und sättigbar betrachtet, während die Individualpsychologie diese aus der ökonomischen Betrachtung ausklammert und als sogenannte vorökonomische Phänomene lokalisiert (Welskopp, 2021). Dies ähnelt kulturanthropologischen Theorien, die Konsumbedürfnisse als kulturspezifische Überformungen von stammesgeschichtlich entwickelten Grund- bzw. Primärbedürfnissen (z. B. aus Tauschhandel von Information gegen Nahrung etc.) ausmachen (Niekisch, 2002). Sozialpsychologische Theorien ergänzen dies und zeigen auf, dass Konsumbedürfnisse innerhalb einer spezifischen Kultur bzw. Subkultur durch Sozialisationsprozesse gebildet werden (Hurrelmann & Geulen, 1980, S. 51). Ein Sozialisierungsprozess bezeichnet dabei den lebenslangen Erwerb von Werten, Normen, Verhaltensmustern und Einstellungen, der die Übernahme einer sozialen Rolle ermöglicht:

> *„Heute konsumieren die meisten Menschen zwischen Kantine, Restaurant, Imbiss und Pizza oder Kaffee to go mehrmals die Woche außer Haus. Das bringt eine ganz andere*

Erwartung mit sich. Das Essen selbst wird gefälliger und normaler, die Erwartungen an Ambiente und Service steigen immer höher. Der heutige Gast will überrascht werden, geführt, verführt und entführt werden und erwartet eine hohe Emotionalität." (Ploner & Müller-Meinke, 2016, S. 7)

Darauf aufbauend greifen gesellschaftspolitische Theorien Konsumbedürfnisse kategorisierend als „wahre", „falsche", „echte" oder „künstliche" Bedürfnisse auf und setzen sie in Bezug zu Macht- und Manipulationstendenzen in spezifischen gesellschaftlichen Konstrukten (Kroeber-Riel, 2011). Eine Bestätigung dafür findet sich z. B. in der „Theorie der feinen Leute" von Thorstein Veblen, der am Beispiel amerikanischer gesellschaftlicher Events (u. a. Bälle in Hotels) ausmacht, wie eine unproduktive Oberschicht die arbeitende Bevölkerung zur Erhaltung des eigenen Lebensstandards ausbeutet. Der Lebensstandard dieser Oberschicht ist seiner Ansicht nach Ausdruck eines Wettbewerbs um soziales Prestige. Dieses Prestige[19] zeigt sich in „Display (Zurschaustellung)", „augenfälligem Konsum" („conspicuous consumption") und „augenfälliger Verschwendung" („conspicuous waste") (Veblen, 1931, 2000):

„Das Hotel, in dem jemand zu verkehren pflegt, gilt heute als ‚Adresse', nach der er sozial eingestuft wird – kurz, das Hotel ist aus unserem öffentlichen wie privaten Leben gar nicht mehr wegzudenken." (G. Walterspiel, 1969, Vorwort)

Konsumbedürfnisse gehören zu den hotelspezifisch am besten besprochenen Motiven und werden aus- und weiterbildungsspezifisch prominent behandelt. Dies liegt nicht zuletzt daran, dass man den Charakter der hotelspezifischen Berufe, im Zuge der Novellierungen, stark an verkaufende Berufe angelehnt hat. Andreas Bock und seine Mitautoren integrieren Konsumbedürfnisse deswegen sowohl in die Grundbedürfnisse („dem Publikum angepasste Speisen, Getränke und Preise"), als auch in die sozialen Bedürfnisse („Veranstaltungen, wie Weinverkostungen, Brunch, Buffet, Räuberessen, Krimidinner, Tag der offenen Tür, Spieleabend usw.") sowie in die Selbstverwirklichung („viele Angebote über das ‚normale Maß' hinaus, z. B.: Sauna, Pool, Fitness, Kurse, Massage") (A. Bock et al., 2017, S. 300). F. Jürgen Hermann differenziert Konsumbedürfnisse darauf aufbauend in verstandsgeprägte, gefühlsgeprägte und triebhafte Bedürfnisse und betont, dass diese durch gezielte Anreize verstärkt bzw. erschwert oder verhindert

[19] „Ansehen von Personen, Gruppen und Institutionen, das auf einer sozialen Bewertung beruht. Prestige leitet sich ab aus beruflichen Positionen, Ämtern, Titeln, Leistungen etc. und ist daher eng mit dem sozialen Status verbunden. Prestige wird über die Skalierung von Rangordnungen gemessen" (Wirtschaftslexikon Gabler, 2018).

werden können. Findet die persönliche Gästebetreuung daher im Rahmen einer Verkaufsberatung statt, müssen Hotelmitarbeiter jederzeit berücksichtigen, dass diese Ausprägungen nicht nur berücksichtigt, sondern individuell intensiv motivational behandelt werden müssen, damit die Konsumbedürfnisse des involvierten Gastes bestmöglich befriedigt werden können:

> *„Eine neue, verwöhnte Generation von Konsumenten ist herangewachsen, reiseerfahren von Kindesbeinen an. Sie stellt deshalb höhere Ansprüche an die touristischen Leistungsträger. Die Reisebranche, aber auch Anbieter aus anderen Wirtschaftsbereichen sind dabei, sich auf die komplexen Urlaubswünsche der Nachfrager einzustellen. Neben innovativen Produkten spielen dabei auch neue Schauplätze des touristischen Konsums eine zunehmend wichtige Rolle.“* (Steinecke, 1999, S. 11)

Die Ermittlung bzw. Übermittlung von gastspezifischen Konsumbedürfnissen erfolgt in der Regel an hotelspezifischen Point of Sales, die in den sogenannten Absatzabteilungen typischerweise eingerichtet sind. Dabei muss der „bedürftige“ Hotelgast nicht zwingend vor Ort anwesend sein. Die Verkaufsstützpunkte müssen deswegen nach der tatsächlichen Präsenzbedingtheit des Gastes unterschieden werden. Während in den Sales & Marketing- sowie den Reservations & Revenue-Abteilungen (Reservierung) zunehmend der digitale und indirekte Verkauf über Absatzmittler bzw. Absatzhelfer den Hotelalltag bestimmt, wird dem direkten und persönlichen Verkauf in den operativen Dienstleistungsabteilungen[20] nach wie vor eine hohe Bedeutung beigemessen. Die dort installierten stationären Point of Sales erlauben unterschiedliche Dynamiken des betreuenden Verkaufs- und Konsumprozesses[21]. Diese sind nicht nur abhängig von der Anlage des Point of Sales (Gast sitzt oder steht), sondern auch vom Gästeanlass, vom Gästetypus und vom Gästecharakter. Nicht zuletzt deswegen ist die Modellierung von beidseitig als gelungen zu bezeichnenden Verkaufsprozessen komplex und in höchstem Maße von der Diagnosefähigkeit der interagierenden Hotelmitarbeiter abhängig, wie am nachfolgenden simplen Beispiel deutlich wird:

> *„Der Geruhsame nimmt sich Zeit bei der Bestellung und bei der Speiseeinnahme. Er wirkt gelassen, ausgeglichen und gemütlich.“* (F. J. Herrmann & Hecker, 2015, S. 288)

---

[20] Die Produktion und Übertragung von personenbezogenen Hoteldienstleistungen fallen im Wesentlichen zeitlich zusammen.

[21] „Social bonding involves personalization and customization of the relationship – for example, communication with customers regularly through multiple means, referring to customers by name during transactions, providing continuity of service through the same representative, and augmenting the core service with educational or entertainment activities such as seminars or parties“ (Berry, 1995, S. 240).

Um hotelspezifische Konsumbedürfnisse bzw. diesbezügliche Bedürfnisausprägungen von Hotelgästen erfüllen zu können, müssen Hotelmitarbeiter zudem interkulturelle Besonderheiten genauso berücksichtigen wie unternehmensspezifische Ziele. John Kenneth Galbraith fordert außerdem, dass im Verkauf tätige Mitarbeiter (hier Hotelmitarbeiter) ihre Kunden (hier Hotelgäste) implizit von der Existenz bis dahin unbekannter bzw. unbewusster oder verdrängter Bedürfnisse überzeugen und die Dringlichkeit deren Befriedigung stimulieren sollen (Galbraith, 2001). Wenn ein solcher Überzeugungserfolg gelingt, würden die neu entstandenen Bedürfnisse real. Betreuende Verkaufsbemühungen würden demnach nicht nur den existierenden Konsumbedürfnissen dienen, sondern zudem bislang unbekannte Konsumbedürfnisse als auch weitere korrelierende Wünsche (z. B. nach Zuwendung) stimulieren. Die bedingte Abhängigkeit voneinander bezeichnet Galbraith deswegen als Abhängigkeitseffekt („dependence effect"). Eine persönliche Gästebetreuung benötigt deswegen nicht nur Fach-, sondern ebenso diagnostische Kompetenzen, um über den Betreuungsprozess wie auch im Beratungsprozess sowohl bekannte als auch unbekannte Bedürfnisse diagnostizieren und motivational steuern zu können. Im Vergleich zum stationären Einzelhandel hat das Hotelgewerbe diesbezüglich erhebliche Potenziale, indem Hotelaufenthalte durch ihren grundsätzlich häuslichen Charakter Gäste zu individuellen kulturellen Gewohnheiten animieren, die wiederum im Rahmen der persönlichen Gästebetreuung individuell intensiv aufgegriffen sowie letztlich auch für konsumspezifische Belange verwertet werden können. Die Wichtigkeit von Konsumbedürfnissen für die persönliche, individuell intensive Gästebetreuung soll deswegen im Rahmen der Onlinebefragung in Kapitel 5 genauer hinterfragt werden.

4.1.2.4 Kommunikationsbedürfnisse

> *„Es wird von natürlichen Sprachen als einem Mittel gesprochen. Nun ist ein Mittel zur Befriedigung gewisser Bedürfnisse ein Gegenstand, dessen Zweck die Erfüllung genau jener Bedürfnisse ermöglicht. Dann gilt als methodologisches Prinzip: Wenn man einen Gegenstand als ein Mittel zu einem bestimmten Zweck betrachtet, dann muss man erklären, wie man ihn benutzt, damit er genau jenem Zweck dienen kann. Auf natürliche Sprachen bezogen könnte dies Prinzip lauten: Wenn man natürliche Sprachen als Mittel zur Befriedigung menschlicher Kommunikationsbedürfnisse betrachtet, dann muß man erklären, welches die Eigenschaften sind, die sie zu einem solchen Mittel machen, d. h., man muß erklären, welche Bestandteile natürlicher Sprachen welche Funktion haben, wenn natürliche Sprachen als Kommunikationsmittel benutzt werden."* (König, 2016, S. 58)

Wolf Dietrich König beschreibt Kommunikationsbedürfnisse als erwünschte Interaktionsmomente zwischen mindestens zwei Menschen, bei denen Bedeutungen in Form von Sätzen von einem Sprecher-Hörer mit einer bestimmten Absicht geäußert werden, die von einem anderem Hörer-Sprecher aufgenommen und verstanden werden müssen, mit dem Ziel, eine beabsichtigte (Re)Aktion auszulösen (König, 2016). In Anlehnung an das Searle'sche Ausdrückbarkeitsprinzip kann daraus abgeleitet werden, dass eine absichtsvolle und persönliche Sprechweise so adressatengerecht ausgestaltet werden sollte, dass über die natürliche Sprache die Kommunikationsbedürfnisse von allen involvierten Gesprächspartnern erfüllbar sind (Searle, 1971). Dafür müssen sich diese jedoch entweder sehr gut kennen oder aber in der Lage sein, kommunikative Fähigkeiten zu taxieren und explizite als auch implizite Inhalte erkennen zu können. Dazu gehören insbesondere versteckte bzw. inkongruente Botschaften, z. B. in Form von Andeutungen, in denen emotionale Bedürfnisse, Wünsche, Gefühle oder besondere Anliegen kulturell abhängig eher verschleiert oder verborgen zum Ausdruck kommen. Um Kommunikationsbedürfnisse erfüllen zu können, müssen Gesprächspartner nach Barbara Seidl gleichberechtigt sein und den Rapport anstreben, in Form eines reflexiven Prozesses, bei dem sich die Botschaften und Reaktionen der Kommunikationsteilnehmer rückkoppeln. Rapport bezeichnet somit zum einen den wahrnehmbaren Prozess des Sich-Einlassens auf eine andere Person auf körpersprachlicher, emotionaler sowie geistiger Ebene und zum anderen das erwünschte gemeinsame Ziel, ein je nach Kontext kurzes oder langes „Sich-aufeinander-Beziehen" zweier Menschen, das durch gegenseitige Wahrnehmung füreinander gekennzeichnet ist:

> *„Sind sich Menschen sympathisch, entsteht in Sekundenbruchteilen (un-)bewusst Rapport. Ist dieses unsichtbare Band zwischen Menschen nicht sofort gegeben, lohnt es sich, in die sorgfältige und wertschätzende Diagnose des Körperausdrucks (Atmung, Gestik, Mimik, Körperhaltung) und der sprachlichen Botschaften zu investieren."* (Seidl, 2009, S. 35 ff.)

Hotelgäste als auch Hotelmitarbeiter haben explizite und implizite aufenthaltsbezogene Kommunikationsbedürfnisse. Neben einer kulturspezifischen sprachlichen Ausdrucksfähigkeit benötigen Hotelmitarbeiter dafür nicht nur allgemeine Kommunikationskompetenzen im aufmerksamen Hören, Wahrnehmen und Verstehen, sondern ebenso diagnostische Fähigkeiten, um nicht nur sprachlichen, sondern auch nicht sprachlichen Botschaften (z. B. über Körpersprache) situationsspezifisch begegnen bzw. daraus internale Handlungsalternativen entwickeln zu können. Hinzu kommen spezifische Moderationsfähigkeiten, um beispielsweise zwischen sich fremden Hotelgästen vermitteln bzw. einen Kontakt herstellen zu können. Im Rahmen der persönlichen Gästebetreuung ergeben sich diesbezüglich vielfältige Handlungsmomente, wie Herrman am Beispiel eines redseligen Gästecharakters andeutet:

> *„Der Redselige sucht ständig Gespräche, verwickelt Servicepersonal in Gespräche, ohne auf deren Arbeiten Rücksicht zu nehmen.“* (Herrmann & Hecker, 2015, S. 290)

Das Einlassen auf solche Gästetypen und die damit verbundenen zeitlichen Dispositionen müssen daher von Hotelmitarbeitern so ausbalanciert werden, dass einerseits das Wohlbefinden von Hotelgästen und andererseits betriebliche Belange nicht gefährdet werden. Bemerkt man dazu noch mögliche interkulturelle Belange in der Kommunikation, zeigt sich erneut die Komplexität der persönlichen, individuell intensiven Gästebetreuung. Darum soll die Bedeutung von Kommunikationsbedürfnissen für die persönliche, individuell intensive Gästebetreuung im Rahmen der Onlinebefragung in Kapitel 5 genauer hinterfragt werden.

4.1.2.5 Emotionale Bedürfnisse

> *„Lange Zeit galt der IQ als Maßstab für Erfolg. Folglich basierte die Auswahl von neuen Mitarbeitern vor allem auf intelligenzmessenden Verfahren. In den letzten Jahrzehnten hat sich diese Einstellung gewandelt. Immer mehr Forscher beschäftigen sich mit der emotionalen Intelligenz, unter der die Fähigkeit verstanden wird, Emotionen angemessen wahrzunehmen, in Denkprozessen einzusetzen, zu verstehen und zu regulieren. Die emotionale Intelligenz als Erfolgsfaktor spiegelt das neue Verständnis für die Rolle von Emotionen im menschlichen Denken und Handeln wider.“* (Franken, 2019, S. 37)

Es gibt fünf emotionale Grundbedürfnisse, die Menschen von Geburt an haben und von deren Erfüllung das seelische Gleichgewicht abhängt[22]. Dazu gehört auch das Bedürfnis nach sicherer (und emotionaler) Bindung und Zuwendung. Emotionale Bedürfnisse werden über entsprechende Gefühle und ihre Funktionen repräsentiert (Arnhold & Hoppe, 2020). Gefühle haben deswegen eine mehr oder weniger sichtbare kulturell angepasste Signalfunktion, die insbesondere über Körpersprache, über Gestik, Mimik und Sprache transportiert wird. Nach Johannes Robier gibt es drei Wege, mit Produkten oder Dienstleistungen Menschen emotional zu beeinflussen. Als einfachste Möglichkeit bezeichnet er die Option,

[22] „Auch wenn das Leben an sich sehr kompliziert ist, lässt sich die Menschheit im Wesentlichen in drei Kategorien einteilen: Leute die Probleme machen, Leute, die Probleme haben, und solche, die die Probleme anderer Leute lösen sollen“ (Lotter, 2022).

Menschen emotional zu berühren, gefolgt von der Steigerung, Menschen emotional zu begeistern und schließlich Menschen langfristig emotional binden zu wollen (Robier, 2016). Um Menschen emotional berühren zu können, fordert Robier, mit limbischen Beeinflussungsstrategien zu arbeiten, mit denen Menschen leicht zu erreichen sind, die sie bewegen und emotional ansprechen. Dazu zählt er Themen (die auch hotelspezifisch z. B. im Marketing eine Rolle spielen können) wie Kinder und Tiere, Nahrung und Genuss, Freude und Angst, Wiederholungen und Sympathie als auch Humor, Sexualität und Glaubwürdigkeit von Menschen (Robier, 2016). Um Hotelgäste also emotional begeistern zu können, müssen diese beispielsweise mit Erlebnissen, Überraschungen als auch gefühlter Wertschätzung erreicht werden. Die so gewonnenen Erfahrungen von Hotelgästen und Hotelmitarbeitern tragen nicht nur zur Gästebegeisterung bei, sondern unterstützen ebenso die emotionale Gästebindung nachhaltig:

> *„Um als Dienstleister Gäste wirklich zu begeistern, spielen die persönliche Einstellung, die Fähigkeit zur Selbstmotivation und die Wahrnehmungsbereitschaft eine besondere Rolle. Dies alles sind wichtige Voraussetzungen, um Begeisterung bei anderen auszulösen."* (Motsch & Rohrmoser, 2014, S. 135)

Auslöser für emotionale Bedürfnisse von Hotelgästen sind nicht nur Wünsche nach Erlebnissen, sondern auch interpersonale und damit mitgebrachte persönliche emotionale Defizite, die situativ herausfordernd sein können. Dazu können negative Emotionen wie Einsamkeit, Misstrauen, Minderwertigkeitsgefühle und Komplexe als auch Verlustängste gehören. Hotelmitarbeiter müssen daher in der Lage sein zu erkennen, dass es im hotelspezifischen Ausdrucksverhalten eine „öffentliche" und eine „private" Person gibt, deren unterschiedliche emotionale Bedürfnisse jedoch unweigerlich miteinander verknüpft sind[23] (Wustmann, 2004):

> *„Ihr Lächeln, Ihre Gäste, Ihr Wort ...*
>
> *Ihr freundliches Wesen ...*
>
> *Ihr gewandtes Auftreten ...*
>
> *Ihr Einfühlungsvermögen ...*

[23] Dafür müssen Hotelmitarbeiter gezielt in Gefühls- bzw. Emotionsarbeit aus- und weitergebildet werden, was bisher nur beiläufig im „Training on the Job", als Try-and-Error-Erfahrung geschieht.

(...) sind die Voraussetzungen für die Zufriedenheit Ihrer Gäste, eine starke Auslastung des Restaurants, das Gewinnen von neuen Stammgästen, den Fortbestand des Unternehmens, (...).“ (Metz et al., 2008, S. 456)

Um Emotionen erfolgreich „bearbeiten“ zu können und mit eigenen Emotionen arbeiten zu können, müssen nach Arlie Hochschild, professionelle branchenspezifische Strategien der Emotionsarbeit entwickelt werden (Hochschild, 1979, 2006). Dabei kommt nach J. A. Morris und Daniel C. Feldmann die Häufigkeit, Dauer und Intensität des vom Betrieb geforderten bzw. vom Kunden (hier der Hotelgast) erwünschten Emotionsausdrucks eine bedeutende Rolle zu (Morris & Feldman, 1996). Dabei ist hotelspezifisch zu berücksichtigen, dass das Ausdrücken negativer Emotionen zumeist als unerwünscht betrachtet wird (Bock et al., 2017). Die dafür notwendige Emotionsregulation wird von James Gross als spezifisch erlernbarer Prozess beschrieben, der durch Menschen bewusst beeinflusst werden kann. Dabei geht es insbesondere darum, welche Emotionen gewollt sind, wann diese gewollt sind und wie diese ausgedrückt und empfunden werden sollen. Dabei können, so Gross, Emotionsregulationsprozesse entweder intuitiv bzw. automatisch oder explizit kontrolliert ablaufen und dabei an verschiedenen Punkten der ursächlichen Entstehung von Emotionen ansetzen (Gross, 2002). So sind antezedenz-fokussierte („antecedent–focused“) und reaktionsfokussierte („response–focused“) Emotionsregulationsprozesse zu unterscheiden. Während Erstere die Vorwegnahme und Kontrolle von Emotionsreaktionen adressieren, um ungewollte Emotionen zu verhindern bzw. erwünschte herbeizuführen, zeigen reaktionsfokussierte Strategien, wie die Regulation einer emotionalen Reaktion auf emotionale Bedürfnisse erfolgen bzw. gezielt gesteuert werden können (Gross, 1998; McRae & Gross, 2010). Um emotionalen Bedürfnissen im Kontext von „Guest Centricity“ und „Guest Care“ im Rahmen der persönlichen, individuell intensiven Gästebetreuung begegnen zu können, benötigen Hotelmitarbeiter daher eine professionelle emotionale Intelligenz bzw. emotionale Kompetenz[24], wie sie in unterschiedlichen Rahmenmodellen zur Emotionsarbeit thematisiert wird. Eine solche emotionale Intelligenz ist nach Daniel Goleman für den persönlichen und beruflichen Erfolg von Emotionsarbeitern und damit auch für

[24] „Beim Entstehen von Wünschen und Absichten hat das unbewusst arbeitende emotionale Erfahrungsgedächtnis das erste und das letzte Wort: Das erste Wort beim Entstehen unserer Wünsche und Absichten, das letzte bei der Entscheidung, ob das, was gewünscht wurde, jetzt und hier und so und nicht anders getan werden soll. Zwischen beiden Ereignissen können beliebig lange Perioden des bewussten Abwägens von Handlungsalternativen liegen“ (G. Roth & Grün, 2009, S. 13).

Hotelmitarbeiter ausschlaggebend (Goleman, 2011). Dies deuten auch Matthias Koch, Harry Gatterer und Christiane Varga an und betonen:

> „*Das Konzept der Hotellerie war in den letzten Jahrzehnten stark geprägt von der Unterhaltung des Gastes. Nun, da wir als Gäste über-unterhalten und über-touristifiziert sind, erreichen wir eine neue Bedürfnis-Ebene: Berührung. Wahre Begegnung, Sinn. Davon werden die kommenden Jahre erzählen und die Tätigkeit des Hoteliers zur ausgeprägten ‚Art of Hosting' erhöhen.*" (Koch et al., 2016, S. 15)

Zum empathischen Umgang mit emotionalen Bedürfnissen schlägt darum Tanja Singer vor, Empathie von Mitgefühl und kognitiver Perspektivübernahme zu trennen und Mitarbeiter diesbezüglich zu trainieren:

> „*Mitgefühl ist anders als reine Empathie und resultiert aus der Fähigkeit, für den/die Andere*n, der/die leidet, Gefühle wie Fürsorge und Liebe zu empfinden und vor allem eine starke Motivation zu haben, diesem/dieser helfen zu wollen.*" (Singer, 2020, S. 25)

Mitfühlende Anteilnahme als auch kognitive Perspektivübernahme soll deswegen als Teilkompetenz der emotionalen Kompetenz, im Rahmen der persönlichen, individuell intensiven Gästebetreuung verstanden werden[25]. Vor diesem Hintergrund soll die Relevanz von Emotionsbedürfnissen der Hotelgäste für die persönliche, individuell intensive Gästebetreuung im Rahmen der Onlinebefragung in Kapitel 5 genauer hinterfragt werden.

4.1.3 Operative Dimension der Gästeanlässe

> „*Reasons for acting, I believe, are all external. When we have a reason to do something, this reason is not provided by, and does not require, the fact that after Internalist deliberation we would want to do this thing. This reason is provided by the facts that also give us reason to have this desire. We have reason to try to achieve some aim when, and because it is relevantly worth achieving. Since these are reasons for being motivated, we would have these reasons even if, when we were aware of them, that*

---

[25] Auch Marcus Roth, Victoria Schönefeld und Tobias Altmann erachten eine solche Empathiefähigkeit als Kompetenz und zeigen abschließend anhand verschiedener Trainingsbeispiele unterschiedlicher Branchen auf, dass Empathie „durch kurzfristige Interventionen veränderbar ist, was impliziert, dass Empathie nicht im Sinne eines (mindestens mittelfristig stabilen) Temperamentsmerkmals konzipiert wird, sondern der Fokus auf veränderbaren Aspekten (im Sinne von Fertigkeiten) und den Interaktionsmustern liegt, die eingeübt und als Kompetenzen entwickelt werden können" (Roth et al., 2016).

awareness did not motivate us. But, if we are rational, it will." (Parfit & Broome, 1997, S. 130)

Anlässe bezeichnen im Allgemeinen bestimmte Beweggründe, die den spezifischen Zweck einer Handlung oder eines Verhaltens erklären können. In der Geschichtsforschung unterscheidet man darum zwischen dem Anlass (oder Auslöser) und der Ursache eines Geschehens, indem ein Sachverhalt ursächlich begründbar ist und als primärer Beweggrund für eine Folge bzw. einen Anlass verantwortlich zu machen ist. Persönliche Anlässe kennzeichnen somit einen auf Ursachen aufbauenden spezifischen inneren Beweggrund, können jedoch auch durch äußerliche anstoßende Ereignisse ausgelöst werden (Duden, n. d.).

Gästeanlässe sollen im Kontext dieser Arbeit als hotelspezifische motivationale Beweggründe betrachtet werden, aufbauend auf intrinsische und extrinsische Quellen. Während intrinsische Quellen sich zumeist über individuelle Wertvorstellungen (internales Selbstverständnis) in einer entsprechenden intrinsische Prozessmotivation (z. B. Freude/Spaß an der Aufgabenerfüllung) ausdrücken, greifen externe Quellen ursächlich äußere Umstände auf (Brandstätter et al., 2018). John E. Barbuto Jr. bezeichnet z. B. Erwartungen des Umfeldes als externe Quelle, deren Anlass die Ausbildung von spezifischen Idealvorstellungen auslösen können, mit der Aussicht auf konkrete Vorteile oder Belohnungen[26] (Barbuto, 2005). Externe Quellen können jedoch auch andere nicht unmittelbar involvierte Menschen im Umfeld sein, deren Verhalten (Aktionen, Reaktionen) anlassauslösende Beweggründe provozieren können. Die persönliche, individuell intensive Gästebetreuung muss daher in der Lage sein, nicht nur Bedeutung und Wichtigkeit von Gästeanlässen einordnen zu können, sondern deren Ursachen diagnostizieren und entsprechende Handlungsschritte zum Wohlbefinden der Hotelgäste initiieren zu können. Da die praktische Umsetzung hotelspezifisch dem operativen Hotelmanagement zuzuordnen ist, soll die anlassspezifische persönliche, individuell intensive Gästebetreuung vollziehende Wirkung entfalten (Bleicher, 2001; Wimmer et al., 1997), indem betriebsspezifische (qualitative) Vorgaben (z. B. in Form von Standards) mit individuellen bzw. persönlichen Elementen angereichert und in Operationen bzw. Interaktionen mit Gästen umgesetzt werden sollen (Doleski, 2014; Freyberg et al., 2019). Gästeanlässe bezeichnen somit gezielte operative hotelspezifische Interaktionen, die bedarfsorientiert, betriebs- und kategoriespezifisch entweder digital und/oder persönlich betreut werden müssen. Dabei spielt es keine Rolle, ob Gäste bewusst und gezielt Hotelmitarbeiter

[26] Die Aussicht auf konkrete Vorteile oder Belohnungen charakterisiert Barbuto Jr. als Form der instrumentellen Motivation (Barbuto, 2005).

anlassbedingt kontaktieren bzw. ob diese, proaktiv Hotelgäste ansprechen, weil sie einen Anlass vermuten bzw. wahrnehmen. In jedem Falle haben Gästeanlässe Potenziale, daraus personalisierte (positive) Erlebnisse entstehen zu lassen. Gästeanlässe bauen somit auf individuell intensive Gästebedürfnisse auf. Letztere dringen ins Bewusstsein ein bzw. sind dort bereits verankert und geben Anlass zur Entwicklung spezifischer Ziele, Absichten und Handlungspläne zur Erreichung individueller Vorstellungen. Nachfolgend werden deshalb nun die Gästeanlässe, unter Bezug auf die in Abschnitt 4.1.2 dargestellten Gästebedürfnisse, konturiert.

4.1.3.1 Begleitung

> *„In Hotels der Luxusklasse wird der Gast nach dem Check-in zum Hotelzimmer begleitet. Dabei erfährt er adressatengerechte Informationen für seinen Aufenthalt. Diese Dienstleistung wird auch Rooming genannt.“* (Schopohl et al., 2016, S. 582)

Als Begleitung wird allgemeinhin sowohl das Raum-Zeit-überwindende Hinbringen eines Menschen durch einen anderen Menschen verstanden, als auch eine Form der wohlwollenden und wertschätzenden Flankierung (z. B. von Menschen oder Prozessen) in spezifischen Situationen oder bei bestimmten Anlässen (Digitales Wörterbuch der deutschen Sprache, n. d.). Der für die individuell intensive Gästebetreuung relevante Gästeanlass „Begleitung“ muss darum aus mehreren betreuungsintensiven Perspektiven betrachtet werden. Dazu gehört zunächst die eingangs zitierte betriebs- oder kategoriespezifische, räumliche bzw. geografische Begleitung als Orientierungshilfe bzw. Assistenzfunktion für betriebs-, orts- oder destinationsunkundige Gäste[27]. Solche personenbezogenen Betreuungsangebote sind dadurch gekennzeichnet, dass Gäste und Mitarbeiter distanzüberwindend interagieren und die dafür notwendige Raum-Zeit–Phase (z. B. kommunikativ) überbrücken müssen. Gäste und Hotelmitarbeiter sind dabei aufeinander angewiesen, weswegen Anna Hoffmann und Margit Weihrich solche und vergleichbare Tätigkeiten als interaktive Arbeit bezeichnen (Hoffmann & Weihrich, 2011). Die Autorinnen beschreiben, dass in Dienstleistungsbeziehungen bestimmte Probleme anfallen können, für die Kunden (hier Hotelmitarbeiter) und Dienstleister eine anlassbedingte Kooperationsbeziehung herstellen müssen und sich auf ein

[27] Da die tatsächliche Begleitung von Gästen durch Hotelmitarbeiter jedoch selbst in der Luxushotellerie, aufgrund von Personalmangel und Effizienzsteigerungs- bzw. Effektivitätssteigerungsbemühungen immer schwieriger wird, kann davon ausgegangen werden, dass Hotelgäste zukünftig vermehrt auf eigene mobile digitale Assistenzsysteme zur Begleitung zurückgreifen werden müssen. Diese können anwendungsbezogen in optisch, haptisch und akustisch wirkend eingeteilt werden (Kasselmann & Willeke, 2017).

gemeinsames Ziel einigen müssen. Beide Akteure müssen sich dabei jedoch als eigenständig handelnder Partner in der Dienstleistungsbeziehung akzeptieren, denn ohne wechselseitige Kooperationsfähigkeit lassen sich anfallende Abstimmungsprobleme nicht bearbeiten und gefährden damit das festgelegte gemeinsame Ziel. Dadurch bekommt die Dienstleistungsbeziehung eine Tiefenschärfe und ein wechselseitiges Abhängigkeitsprofil (Hoffmann & Weihrich, 2011). Auf hotelspezifische Belange angewendet können Hotelmitarbeiter dabei – im Rahmen der persönlichen, individuell intensiven Gästebetreuung – wissensabhängige Standortvorteile nicht nur für beide Seiten gewinnbringend einsetzen, sondern darüber heraus eine vertrauensvolle Gästebeziehung mit bindender Wirkung aufbauen[28]. Dies, indem sie beispielsweise digitale Assistenzsysteme so einsetzen, dass der Zeitfaktor für die persönliche, individuell intensive Gästebetreuung deutlich erhöht werden kann, wie Erich Ligl, kommentiert:

> *„Digital ist hart und technisch. Analog ist weich und menschlich. Der Gast informiert sich digital, entscheidet aber analog. Unser Kerngeschäft ist analog! Die Digitalisierung ist eine Hilfestellung, eine Unterstützung – ‚Support' in der digitalen Sprache. Sie erspart im Hintergrund Arbeit, damit ich vorne am Gast mehr Zeit habe – ob am Telefon oder persönlich, wenn er im Hotel ist. Die Kunst liegt aber in der Kombination: digital UND analog; online UND offline; nicht ‚entweder – oder', sondern ‚sowohl-als-auch'. Es gilt also, ein ‚Digital Leader' und zugleich ein ‚Analog Leader' zu sein. In dieser Kombination liegt die Zukunft."* (Ligl, 2018)

Die Begleitung muss schließlich auch aus der wohlwollenden und wertschätzenden flankierenden Perspektive betrachtet werden. Sie soll dabei als Unterstützungsfunktion beispielsweise in beratender, bekräftigender, bestätigender und fürsorglicher personenabhängiger Form, im Kontext der Gästebeziehung, aufgefasst werden (Klemmer, 1999). Typische hotelspezifische Handlungssituationen, die eine ergänzende Begleitung bedingen, sind dadurch gekennzeichnet, dass im Rahmen notwendiger emotionale bzw. beziehungsaufbauende Aspekte interaktiver Arbeit vordergründig greifen und auf das Wohlbefinden und die Gästebindung abzielen. Damit leisten Hotelmitarbeiter zusätzliche Qualitätssicherungsmaßnahmen (Dunkel & Weihrich, 2012). So generierte positive „Spill-over-Effekte" verfügen nicht nur über erhebliche Potenziale für ökonomische Ziele (Kirchgeorg, 2018), sondern ebenso für die Gästeloyalität und die Gästebindung. Darum

[28] Die Komplexität der Begleitung als Interaktionsprozess setzt somit eine individuell intensive spezifische Handlungssituation voraus, in der die notwendige gästebetreuende Diagnosefähigkeit in der Kontaktaufnahmephase eingesetzt werden muss, damit in der Phase der tatsächlichen Begleitung eine abgestimmte Verknüpfung mit anderen Kompetenzen und Methoden gelingen kann.

soll die Relevanz von Gästeanlässen für die persönliche, individuell intensive Gästebetreuung im Rahmen der Onlinebefragung in Kapitel 5 genauer hinterfragt werden.

4.1.3.2 Besorgung

> *„Wichtig ist die unsichtbare Verbindung zum Gast. Man muss sich in ihn hineinversetzen können. Das Verhältnis zwischen Gast und Concierge ist tiefer als zu den Mitarbeitern anderer Abteilungen. Umso schneller der Concierge ein Vertrauensverhältnis aufbaut, umso besser lernt er den Gast kennen und kann auf ihn eingehen."* (Francucci, 2015, S. 31)

Die Begrifflichkeit „Besorgung" wird u. a. in den Wortkontexten „Sorgfalt" (Georges & Georges, 1910, Sp. 2156), „Fürsorge" (Meyers Großes Konversations-Lexikon, 1906, S. 375) aber auch „eine Besorgung machen" (Karl Ernst Georges: Ausführliches lateinisch-deutsches Handwörterbuch, 1913, Sp. 2010) geführt und taucht auch im Zusammenhang mit der Begrifflichkeit Bediente (Bedienende) auf (Pierer's Universal-Lexikon, 1857, S. 475). In allen Definitionen ist eine wohlwollende und wertschätzende Abhängigkeit, in Form einer spezifischen Beziehung erkennbar, womit eine Verbindung zur persönlichen, individuell intensiven Gästebetreuung möglich ist.

Da die zitierte Funktion des Concierge hauptsächlich der Luxushotellerie zuzuordnen ist, wenden sich Hotelgäste in anderen Kategorien anlassbedingt an andere abteilungsspezifisch verfügbare Funktionsträger, die im Rahmen der persönlichen, individuell intensiven Gästebetreuung Besorgungen erledigen bzw. sich um das Wohl der Gäste sorgen sollen. Aufgrund der Mehrdeutigkeit des Begriffs soll die Besorgung zunächst als Erledigung verstanden und beschrieben werden (Duden, 2018). Hotelspezifisch handelt es sich dabei zumeist um aufenthaltsbezogene Besorgungen, die durch einen mündlich oder schriftlich ausgeführten Auftrag an einen Hotelmitarbeiter delegiert werden, der diese terminiert erledigen muss. Solche Besorgungen werden hotelspezifisch Gastauslagen[29] genannt und zumeist durch ein Trinkgeld belohnt. Das Ausmaß solcher Besorgungen variiert nach Hotelgast, Betrieb und Hotelkategorie. Die Bandbreite reicht von einfachen Abholungen oder Einkäufen bis hin zu komplexen Großaufträgen (vgl. Kapitel 5), bei denen die Spezifikationen und Abwicklungen im Rahmen der Besorgung sehr umfangreich sein können. Hotelmitarbeiter müssen deswegen im Rahmen der

---

[29] Gastauslagen bezeichnet hotelspezifische Geldauslagen, die auf dem Hotelkonto als Restanten (hotelspezifische Form der Stundung) verbucht werden und vom Gast bei Abreise beglichen werden.

persönlichen, individuell intensiven Gästebetreuung nicht nur die Auftraggeberpersönlichkeit, den bestimmten Anlass und die damit verbundenen Bedürfnisse diagnostizieren, sondern ebenso hotelspezifische Standards mit marktrelevanten Besonderheiten (z. B. Öffnungszeiten) zielgerichtet in Einklang bringen können, damit der auftraggebende Hotelgast vollumfänglich zufriedengestellt werden kann. Insbesondere Luxushotels verfolgen dabei seit Jahren das Leitmotiv „Walking the extra Mile[30]", indem für den Gast „unerwartete Services und Supports" vorgesehen sind (vgl. Abschnitt 5.5). Dafür müssen Hotelmitarbeiter jedoch in der Lage sein, eine Perspektivübernahme vollziehen zu können. Eva-Maria Kenngott bezeichnet diese als Verdichtung verschiedener Wahrnehmungsmomente in einem Begriff, der eine umfassende Fähigkeit von Menschen in Interaktionen unterstellt: die Perspektiven anderer Interaktionspartner wahrzunehmen und als verschieden von der eigenen zu konstatieren (Kenngott, 2012). Sie beschreibt die Kompetenz als Bündelung verschiedener Aspekte sozialer Kognition wobei ein Interaktionspartner die Gefühle eines anderen Interaktionspartners z. B. an seiner Körperhaltung oder in Gestik und Mimik wahrnimmt und über Motive und Strategien dessen nachdenkt bzw. versucht, dessen Standpunkt zu rekonstruieren oder spezifische Interessen zu verstehen. Kenngott unterscheidet fortführend unter Berufung auf Rainer K. Silbereisen zwischen kognitiver und emotionaler Perspektivenübernahme (Silbereisen, 2008) und ermöglicht damit eine Anwendung der zweiten Definition von Besorgung durch eben diese emotionale Perspektivenübernahme, bei der wohlwollend und wertschätzend „Gefühle anderer gedanklich erschlossen werden" und in einen besorgende nonverbalen oder verbalen Ausdruck transformiert werden sollen (Kenngott, 2012, S. 38). Ein solches Verhalten wird von Franziska Mesnaric als Form eines wertebasierten prosozialen Verhaltens adressiert (Mesnaric, 2020, S. 15) und von Dacher Keltner, Aleksander Kogan, Paul K. Piff und Sarina R. Saturn wie folgt beschrieben:

> *„Prosocial behavior – when people act in ways that benefit others – has many forms: altruism, cooperation, caregiving, mutual coordination, and the experience of moral emotions, such as compassion, elevation, and gratitude."* (Keltner et al., 2014, S. 427)

Die Perspektive eines Gastes im Rahmen der Besorgung zu übernehmen, kann demnach als eine umfassende Kompetenz von Hotelmitarbeitern, die im Rahmen der persönlichen, individuell intensiven Gästebetreuung in einen spezifischen Handlungs- und/oder emotionalen Ausdrucksprozess mündet, betrachtet werden.

---

[30] „If you say that someone is willing to go the extra mile, you mean that they are willing to make a special effort to do or achieve something" (Collins Wörterbuch, 2022).

Deswegen soll die Relevanz der Besorgung, im Rahmen der persönlichen, individuell intensiven Gästebetreuung deutlich und in der Onlinebefragung in Kapitel 5 näher untersucht werden.

4.1.3.3 Beratung

> *„Bei einem perfekten Service verschmelzen die praktischen Grundkenntnisse über das Arbeiten im Restaurant mit fundiertem Wissen über optimale Gästeberatung. Das sind unter anderem Tipps zum Umgang mit dem Gast, Ess- und Trinkgewohnheiten ausländischer Gäste, Tischkultur und Tischoptik sowie Management im Veranstaltungsbereich."* (Lenger et al., 2006)

In der in Kapitel 5 dargestellten Onlinebefragung wird fortführend die Wichtigkeit der Beratungsfunktion im Rahmen der individuell intensiven Gästebetreuung untersucht. Die Gästeberatung gehört zu den Kernleistungen des Hotelgewerbes und wird darum in allen Ausbildungsberufen und Weiterbildungen schwerpunktmäßig vermittelt, mit dem Ziel, Gäste hauptsächlich produktspezifisch und verkaufsorientiert beraten zu können. Als Beratung wird dabei zumeist eine anbieterinitiierte Kontaktaufnahme durch einen Absatzmittler (-helfer) verstanden, womit typische Eigenschaften eines Direktvertriebs einhergehen (Pepels & Bieberstein, 2008), die Hans Werner Engelhardt und Petra Witte als persönlichen „Verkauf von Konsumgütern und Dienstleistungen in der Wohnung sowie wohnungsnaher und ähnlicher Umgebung" beschreiben (Engelhardt & Witte, 1990).

Um Gäste persönlich individuell intensiv beraten zu können, benötigen Hotelmitarbeiter vertiefte Angebotskenntnisse und müssen über spezifische Verkaufstechniken verfügen. Unter hotelspezifischen Verkaufstechniken werden darum sowohl die kategorie- bzw. betriebsspezifisch standardisierte/persönliche Verkaufs- und Empfehlungsgesprächsführung verstanden als auch das Demonstrieren von Produkten, der Umgang mit Argumentation samt Einwandbehandlung bis zur Buchungs- bzw. Bestellentscheidung des involvierten Hotelgastes. Das Ergebnis hängt jedoch nicht nur stark von der Verkaufstechnik, als vielmehr von der Beziehung zum Hotelgast ab, die im Rahmen der persönlichen, individuell intensiven Gästebetreuung dann positiv beeinflussbar erscheint, wenn Hotelmitarbeiter beispielsweise Techniken von prosozialem Verhalten gezielt anwenden können bzw. wenn diese über diagnostische Fähigkeiten verfügen, wie individuell intensiv dieser Hotelgast, im Rahmen der persönlichen Gästebetreuung beraten werden möchte. Da Hotelgäste heute konsequent auch digitale Kanäle zur Information, zur Meinungsbildung, zur Wissenserweiterung und zur Beratung bis hin zum Kauf, zur Buchung bzw. Bestellung heranziehen, muss die stationäre persönliche Beratung davon ausgehen, dass diese als selbstbewusste Laienexperten auftreten:

> „*Früher waren die Gäste ›hilfloser‹. Durch das Internet haben sie bereits viele Informationen parat. Der Concierge von heute muss besser informiert sein als das Internet. Im Idealfall sollte er alles selbst erlebt haben, um eine First-Hand-Experience beschreiben zu können und festzustellen, ob beispielsweise das Lokal zum Gast passt.*" (Maier, 2015, S. 32)

Hotelspezifische Beratungsgespräche mutieren somit zu einer Art von Expertengespräch mit unterschiedlichen Zwecken. Hotelmitarbeiter müssen in der Lage sein, situativ diagnostizieren zu können, welche Wissensdefizite bei ihren Hotelgästen vorhanden sein könnten, um diese dann so in die Beratung einfließen lassen zu können, dass diese sich nicht in ihrer Rolle belehrt bzw. erniedrigt oder unsicher fühlen und es zu einer Eskalationssituation kommt:

> „*Der Geltungsbedürftige kann auch rechthaberisch und überheblich auftreten, zeigt übersteigertes Selbstbewusstsein oder weiß über alles Bescheid.*" (Herrmann, 2011, S. 290)

Während Hotelmitarbeiter in der Beratungssituation ihre Expertenrolle aus der wissenssoziologischen Perspektive als „Besitzer eines berufsspezifischen (Mehr-) Wissens" einnehmen, sehen Hotelgäste sie eher aus einem konstruktivistischen Expertenverständnis heraus. Expertentum wird dabei als Ergebnis eines situativen Zuschreibungsprozesses aufgefasst. Ein Hotelmitarbeiter wird zum situativen Experten, wenn er nach explizitem Wissen gefragt wird. Zu unterscheiden ist dabei zwischen einem methodisch-relationalen und einem sozial-repräsentativen Ansatz (Blöbaum et al., 2015). Adaptiert nach Alexander Bogner und Wolfgang Menz identifizieren Hotelgäste methodisch-relational denjenigen als Experten, bei dem sie an typischen Arbeitsorten die benötigten Wissensbestände vermuten. In sozial-repräsentativer Hinsicht hingegen gelten für Hotelgäste Hotelmitarbeiter dann als Experten, wen sie in der „sozialen Realität" als Experten angesehen werden (Bogner et al., 2009). In Beratungssituationen müssen Hotelmitarbeiter deswegen ihre Gäste auch aus einem weiten, voluntaristischen Expertenverständnis heraus betrachten können. So ist ein zu beratender Gast u. a. Experte für seine emotionale Verfasstheit und erwartet eine darauf aufbauende Beratung von einem Experten, der somit nicht nur eine möglicherweise vorhandene Wissenslücke schließt, sondern ebenso auf die emotionale Verfasstheit eingehen können muss. Philipp Mayring attestiert deswegen jedem Menschen per se einen situativ einsetzbaren Expertenstatus für die „eigenen Bedeutungsgehalte" (Mayring, 1996). Hotelmitarbeiter müssen daher in der Beratung nicht nur sachlich bzw. produktspezifisch, sondern insbesondere emotional argumentieren können, indem in der Hauptsache das emotionale Involvement der Hotelgäste als praktische Entscheidungsverhaltensgrundlage im Kontext der persönlichen Beratung fokussiert werden sollte (Reese, 1994). Dies erscheint durch den besonderen Charakter hotelspezifischer Dienstleistungen, in deren Zentrum das Wohlbefinden steht, besonders günstig (Russell, 1980). Gleichzeitig müssen Hotelmitarbeiter jedoch auch die affektiven Konstrukte Emotion und Stimmung unterscheiden und in der Beratung unterschiedlich behandeln können. Nach Heinz Mandl und Günther L. Huber sind Emotionen Gefühle, die in begrenzter zeitlicher Dauer auf etwas oder auf jemanden gerichtet sind (Mandl & Huber, 1983) und nach Simone Schnall situativ intensiv erlebt werden (Schnall, 2011), während nach Ulrich Mees Stimmungen eine Gesamtbefindlichkeit widerspiegeln:

> *„(...) sie bilden in einer ‚Figur-Hintergrund'-Anordnung den Hintergrund, auf dem bestimmte Ereignisse, Taten oder Personen/Objekte mit größerer Wahrscheinlichkeit in bestimmter Richtung bewertet werden."* (Mees, 1991, S. 66)

Für die hotelspezifische Beratung ist daraus ableitbar, dass Hotelgäste, um in Stimmungen zu kommen, versuchen, ihr möglicherweise schwach ausgeprägtes emotionales Involvement erlebnisorientiert aufzuladen bzw. Stimuli dafür von involvierten Hotelmitarbeitern erwarten. Jede in der Beratung eingesetzte Emotion ist deswegen aus der Hotelgastperspektive nicht nur erleb- und fühlbar (affektive Anteile) zu betrachten, sondern auch interpretierend und bewertend (kognitive Anteile), ausdrückend (expressive Anteile) sowie auslebend, d. h. in einem bestimmten Verhalten resultierend (motivationale Anteile). Für die hotelspezifische Beratung sind zudem kulturspezifische Reaktionsprofile zu berücksichtigen, die auf unterschiedlichen Reaktionsebenen repräsentiert werden (Rothermund & Eder, 2011).

Damit wird die Relevanz der Beratung im Kontext der persönlichen, individuell intensiven Gästebetreuung deutlich und soll deswegen in der Onlinebefragung in Kapitel 5 näher untersucht werden.

4.1.3.4 Beschwerde

> *„Gästereklamationen im Gastgewerbe wurden und werden immer noch von vielen Hoteliers ignoriert, weil der Stress eine organisierte Bearbeitung der Beschwerden*

nicht zulässt oder sie sich von den Gästen angegriffen fühlen. Aus Reklamationen und selbst dem ‚Handle with care Guests' können aber zufriedene Gäste werden! Ein professionelles Beschwerdemanagement ist für immer mehr Hoteliers sogar ein Marketinginstrument zur Gästebindung und ein wichtiger Teil des Qualitätsmanagements." (Ahrens, 2022)

Eine Beschwerde bzw. Reklamation ist allgemeinhin eine mehr oder weniger objektive Beanstandung nicht hinnehmbarer Leistungsmängel bei Waren/Produkten oder Dienstleistungen. Laut Bürgerlichem Gesetzbuch sind Beschwerden bzw. Reklamationen nur dann gerechtfertigt, wenn eine Ware oder Dienstleistung tatsächlich fehlerhaft ist (BGB, 2001). Dies trifft dann zu, wenn spezifische im Voraus vereinbarte Eigenschaften bei der Umsetzung der Dienstleistung nicht erfüllt wurden oder die Beschaffenheit der Ware bzw. des Produktes von den im Kaufvertrag vereinbarten Eigenschaften abweicht. Fred Niefind und Andreas Wiegran verweisen dennoch darauf, dass jedes Unternehmen spezifisch bestimmen sollte, was für sie eine Beschwerde ist und existierende unternehmensindividuelle verbale Definitionen diesbezüglich auch um schriftliche und bildliche Exemplare ergänzt werden sollten:

„Im Regelfall möchte ein Kunde, der sich über einen Sachverhalt beschwert, eine Änderung erreichen. Er will also darauf aufmerksam machen, dass eine Leistung nicht in dem von ihm erwarteten Umfang oder der erwarteten Qualität erbracht wurde. So gibt er dem Unternehmen die Chance, die erbrachte Leistung nachzubessern und die Leistung künftig so zu verändern, dass Umfang und Qualität mit dem Kundenwunsch im Einklang stehen." (Niefind & Wiegran, 2010, S. 24)

Beschwerden bzw. Reklamationen gehören auch zum Alltag im Hotelgewerbe. Dabei geht es zunächst in der Hauptsache um buchungs- und aufenthaltsrelevante Sachverhalte, die nach Jürgen F. Herrmann als produkt-, abteilungs- und leistungsbezogene Beschwerden charakterisiert werden und dabei als berechtigte von unberechtigten Reklamationen auftreten können:

„Stress, Übellaunigkeit, private oder auch körperliche Probleme der Gäste sind häufig auch Gründe für unberechtigte Reklamationen. Diese aus der jeweiligen Stimmung heraus hervorgebrachten Beanstandungen fordern den psychologisch geschulten Service." (Herrmann, 2005, S. 139)

Die Bedeutung von Beschwerden für die persönliche, individuell intensive Gästebetreuung und eine entsprechende Diagnosefähigkeit der Hotelmitarbeiter als Kompetenz dafür kann auch in Arbeiten zum Beschwerde-Paradoxon verortet werden. Michael Ashton McCollough verweist z. B. auf das subjektive Potenzial der Beschwerde und des paradoxen Ergebnisses der aufmerksamen Beschwerdebehandlung: Unzufriedene Kunden, deren Beschwerde ausgezeichnet behandelt wurde, sind daraufhin subjektiv zufriedener als solche, die ihre Erwartungen von vornherein erfüllt sahen (McCollough, 1995). Katja Wittig verweist deswegen unter Berufung auf E. Tory Higgings auch auf das individuelle Selbstkonzept von Menschen (Higgins, 1989). Werden Hotelgäste, entsprechend der Theorie des Selbstwertschutzes (Dauenheimer et al., 2002), in ihrer Selbstkonzeptkongruenz und ihrem Selbstwertgefühl gestört oder infrage gestellt, versuchen sie über eine impulsive Schutzreaktion den eigenen Selbstwert zu halten, zu erhöhen bzw. die Deutungshoheit zurückzuerlangen und beschweren sich (Wittig, 2007). Die individuell intensive Gästebetreuung kann aus dieser Perspektive als spezifische Präventivmaßnahme betrachtet werden, insofern Hotelmitarbeiter nicht nur reaktiv, sondern insbesondere proaktiv mit dem Selbstwert der Hotelgäste umgehen und aus ihrer Diagnose notwendige Handlungsalternativen ableiten und umsetzen können, welche Beschwerden vorbeugen sollen. Daraus folgt, dass umso besser und ganzheitlicher Hotelgäste erkannt und entsprechend individuell intensiv betreut werden, desto deutlicher können Reklamationspotenziale gemindert werden und desto höher sind die Chancen zur langfristigen Gästebindung (Tappert Herrera, 2020). Aus diesem Grund soll die Relevanz der Beschwerde für die persönliche, individuell intensive Gästebetreuung in der Onlinebefragung in Kapitel 5 genauer hinterfragt werden.

4.1.3.5 Begeisterung

> *„Die Begeisterung beschreibt ein außergewöhnlich starkes Interesse in Verbindung mit großer Freude, die durch Anregung der emotionalen Zentren in unserem Gehirn herbeigerufen wird und somit unsere geistigen Fähigkeiten steigern. Der Begriff Begeisterung bezeichnet somit nicht nur ein Verhalten, sondern auch einen biologischen Prozess, der uns Menschen dazu antreibt, beispielsweise etwas zu erlernen, und zudem hilft, hierbei schnell Fortschritte zu machen. Begeisterung im Sinne von ‚inspirieren' (Geist einhauchen, beseelen) erzeugt viele Aspekte von Motivation, (…).“* (Sauer, 2020)

Der Begriff „Begeisterung“ hat geschichtlich unterschiedliche Bedeutungen erfahren und wird heute weniger spirituell als vielmehr motivational aufgefasst. So sind begeisterte Menschen entweder in einem prospektiven Zustand freudiger Erregung und dabei neugierig bzw. offen für Neues oder in einem retrospektiven Zustand aufgrund von Erinnerungen an begeisternde Erlebnisse. Sebastiaan Kodden bezeichnet deswegen Begeisterung unter Berufung auf Wilmar B. Schaufeli und Arnold B. Bakker als äußerst positive Einstellung, die sich u. a. durch ungeahnte Lebensfreude zeige:

> *„Begeisterung ist ein positiver affektiv-kognitiver Zustand grösster Erfüllung, der durch Vitalität, Hingabe und Absorption gekennzeichnet ist."* (Kodden, 2016, S. 11; Schaufeli & Bakker, 2001)

Hotelgäste möchten begeistert werden. Deswegen müssen Hotelmitarbeiter im Rahmen der persönlichen, individuell intensiven Gästebetreuung über die Kompetenz der Begeisterungsfähigkeit verfügen, die von Thomas Kell als „emotionale Gefolgschaft" innerhalb einer spezifischen Organisation bezeichnet wird (Kell, 2012, S. 126). Begeisterungsfähigkeit geht darum mit einem hohen Maß an Motivation der Hotelmitarbeiter einher, Hotelgäste nicht nur zufriedenstellen zu wollen, sondern eben diese zu begeistern:

> *„Um als Dienstleister Gäste wirklich zu begeistern, spielen die persönliche Einstellung, die Fähigkeit zur Selbstmotivation und die Wahrnehmungsbereitschaft eine besondere Rolle. Dies alles sind wichtige Voraussetzungen, um Begeisterung bei anderen auszulösen."* (Motsch & Rohrmoser, 2014, S. 135)

Um Hotelgäste begeistern zu können, müssen Hotelmitarbeiter im Rahmen der persönlichen, individuellen Gästebetreuung herausfinden, warum Hotelgäste begeistert werden wollen und wie sie begeistert werden können. Dazu muss zunächst Klarheit darüber herrschen, was Hotelgäste als hotelspezifische Basisanforderungen, als Leistungsanforderungen und als Begeisterungsanforderungen erachten (Kano et al., 1984). Während Erstere zumeist über hotelspezifische Gästebefragungen (persönlich oder schriftlich) im Verlauf der Guest Journey ermittelt werden können, handelt es sich bei den Begeisterungsanforderungen um spezifische Merkmale, die von Hotelgästen weder erwartet noch explizit geäußert werden bzw. auch nicht bewusst sind. Dazu zählen z. B. Aspekte wie situative emotionale und fürsorgliche Zuwendung, Aufmerksamkeit und die Wahrnehmung von aufenthaltsspezifischen Befindlichkeiten, die betriebs- oder kategoriespezifisch von Hotelgästen nicht bzw. nicht im erlebten Umfang erwartet werden. Hotelmitarbeiter benötigen deswegen spezifische diagnostische Kompetenzen, die ihnen ermöglichen, gezielt und bewusst spezifische Formen von Aufmerksamkeit einzusetzen und bewusst Wahrnehmungen zu empfangen und daraus Rückschlüsse für die Gästebegeisterung entwickeln zu können. Andreas Leschnik beschreibt deswegen auch Aufmerksamkeit als selektiv intensive Hinwendung auf einen oder mehrere äußere und/oder innere Reize, bei der die Wahrnehmung mehr oder weniger gezielt auf bestimmte Umweltreize gelenkt wird, die dadurch erkannt, beurteilt und bearbeitet werden sollen (Leschnik, 2020, S. 6). Dafür muss die Aufmerksamkeit entweder über einen vorherigen Warnreiz aktiviert und merklich gesteigert werden können (phasische Alertness) oder ohne Warnreiz als allgemeine physiologische Aktivierung und Erhöhung der Reaktionsbereitschaft ablaufen (tonische Alertness) (Leschnik, 2020). Leschnik grenzt fortführend unter Berufung auf Eric R. Kandel[31] Wahrnehmungen qualitativ von physikalischen Eigenschaften der Reize ab, indem er diese als interpretierte Extrakte von Impulsen bezeichnet, für die spezifische Erfahrungen notwendig sind (Leschnik, 2020). So verweist Kandel auch darauf, dass Erfahrungen gedächtnisabhängig sind, indem dort Erinnerungen oder Erlerntes abgerufen wird, was benötigt wird, um eine perzeptuelle und emotionale Reaktion auslösen zu können (Kandel, 2012), wie auch Martin Ehrlacher beispielsweise aufzeigt:

> *„Es ist der feine Grat zwischen höflicher Leichtigkeit und verkrampftem Bemühen, der zum Erfolg führt – gerade im Umgang mit Gästen. Bewusstes Zugehen auf den Gast, stilvolles Benehmen und feine Umgangsformen müssen verstanden und geübt werden, um durch stetige Konsequenz im Alltag wie selbstverständlich zu wirken. Der Lohn ist die Einschätzung Ihrer Person als glaubwürdiger und souveräner Gastgeber.“* (Ehrlacher, 2019)

Auch Marco Riederer und Thomas Reisenzahn greifen diesen Aspekt auf und bedeuten die Wichtigkeit der Wahrnehmungsbereitschaft für die Gästebegeisterung, da jeder Gast spezifische Glücksmomente suchen würde. Solche Glücksmomente würden sich zwar individuell anders intensiv gestalten, als gemeinsame Basis gelte jedoch der Grundsatz, dass jeder einzelne Gast definitiv eine für ihn / sie möglichst angenehme und positive Zeit im Hotel verbringen will. Die Kunst der „Wow-Effekte“ läge, so Riederer und Reisenzahn, in einer hotelspezifischen Form von echter Aufmerksamkeit, die Hotelmitarbeiter ihren Gästen zuteilwerden lassen sollten, damit diese sich wohl und gut aufgehoben fühlen könnten (Riederer & Reisenzahn, 2022). Die dafür nötige Wahrnehmungsfähigkeit kann deshalb als diagnostische Teilkompetenz der persönlichen, individuell intensiven Gästebetreuung angesehen werden. Insbesondere die emotionale Zufriedenheit der Gäste, das aufenthaltsspezifische Wohlbefinden, als Folge der persönlichen individuell intensiven Gästebetreuung, sollte bei Hotelgästen eine Form der Begeisterung auslösen, indem diese ihre persönliche Betreuung insbesondere emotional positiv wahrnehmen, sich sozial eingebunden und selbstverwirklicht fühlen:

> *„Der Gast ist König – Die Wünsche unserer Gäste liegen uns am Herzen und haben immer oberste Priorität. Jeder Mitarbeiter setzt volles Engagement und Kompetenz ein, damit unsere Gäste zufrieden sind.“* (Panoramic Hotel, 2013)

---

[31] „(…) Modalität, Intensität, Dauer und Lokalisation sind die wichtigsten Merkmale der Sinneswahrnehmung“ (Kandel, 2012, S. 378).

Die erzielte Begeisterung nehmen abreisende Hotelgäste schließlich mit und schaffen damit nicht nur Potenziale für Follow-up-Geschäfte, sondern möglicherweise auch für Up- und Cross-Selling-Offerten. Ebenso kann bedeutet werden, dass neben höheren Buchungsabschlussquoten auch höhere Weiterempfehlungsquoten möglich sind (Dreyer & Dehner, 2003; Pechlaner, 2007). Mit diesem Hintergrund soll die Relevanz der Begeisterung für die persönliche, individuell intensive Gästebetreuung in der Onlinebefragung in Kapitel 5 genauer hinterfragt werden.

4.1.4 Strategische Dimension des Gästewertes

> *„Zentrale Aufgabe der Kundenbewertung ist die systematische Erfassung, Bewertung und Analyse des kundenseitigen Wertbeitrags. Dies gilt nicht nur für aktuelle Kunden oder den gesamten Kundenstamm eines Unternehmens, sondern auch für potenzielle Kunden. Als übergeordnetes Ziel der Kundenbewertung kann die Steuerung strategischer und operativer Aktivitäten definiert werden."* (Kunschert, 2019)

Der Kundenwert beschreibt allgemeinhin aus Sicht eines Unternehmens den vergangenen, den aktuellen und zukünftigen ökonomischen Wert einer Kundenbeziehung, d. h. den konkreten Wert, der aus der Wechselwirkung mit dem Betrieb hervorging, hervorgeht und projiziert noch hervorgehen wird. Als besondere Herausforderung erscheint in diesem Zusammenhang die Tatsache, dass Kunden nicht dem Idealbild des „Homo oeconomicus" entsprechen, sondern emotional und stark von situativen Befindlichkeiten beeinflusst reagieren und somit häufig in ihrem Kundenverhalten variieren bzw. wenig berechenbar erscheinen. Unternehmen müssen diesen Tatsachen entsprechen und wechselnde Strategien und Ziele entgegensetzen, um den Unternehmenserfolg nicht zu gefährden (Helm & Günter, 2001).

Gordana Zezelj verweist darauf, dass unternehmerische Fähigkeiten, gezielt durch lang anhaltende und profitable Kundenbeziehungen zu steigern, in zahlreichen Branchen und dazugehörigen Unternehmen unterschiedlich weit entwickelt sind (Zezelj, 2000). Insbesondere im deutschen Hotelgewerbe zeigt sich erstaunlicherweise, dass Gästewert und Gästelebenszyklus[32] noch nicht konsequent genug

---

[32] Eine Zielvision von spezifischen Hotelbetrieben müsste darum sein, dass z. B. bei der Geburt von Kindern von Stammgästen damit auch deren Gästelebenszyklus im Unternehmen beginnt. Durch die emotionale Verbindung mit ihren Eltern, mit den geteilten Erinnerungen, haben sie einen potenziellen hohen Kundenwert. Also werden sie in ein Kids & Teens-Programm integriert. Sie werden ausgebildet oder studieren und erhalten dann spezielle Preisangeboe. Und wenn sie später berufstätig sind, kann der involvierte Hotelbetrieb

als Steuerungsgrößen für Gästebeziehungen eingesetzt werden und in der Fachliteratur eigentlich nicht besprochen werden. Das Paradoxon dabei ist, dass Hotelgäste Hotelmitarbeiter sogar öffentlich bewerten, während Hotelmitarbeiter nicht dafür ausgebildet werden, dieses ebenso systematisch zum Wohle derselben wie auch des Unternehmens zu tun. Beim Gästewert sollten jedoch nicht nur einzelne bzw. episodenhafte Transaktionen im Fokus stehen, sondern die gesamte Gästebeziehung. Es geht also nicht nur darum, neue Hotelgäste zu gewinnen, sondern diese auch langfristig an den Hotelbetrieb zu binden. So verweisen Walter Freyer und Markus Schreyer deshalb auf eine vertiefte Betrachtung der Gästepotenziale (Freyer & Schreyer, 2018). Daraus kann gefolgert werden, dass monetäre und emotionale Investitionen in Gästewert und Gästebeziehungen im Rahmen der persönlich, individuell intensiven Gästebetreuung, im Hinblick auf ihre langfristige Erfolgswirkung, nicht nur generationsübergreifend differenzierter und kritischer betrachtet werden müssen, sondern so systematisch strategisch mit operativen Belangen vernetzt werden, dass daraus langfristige Gästebindungen entstehen können. Diese Anliegen sollen nachfolgend aufgegriffen und aus der strategischen Perspektive der persönlichen, individuell intensiven Gästebetreuung differenziert dargestellt werden, mit dem Ziel, den Gästewert als Teildimension der ganzheitlichen Gästebetrachtung etablieren zu können (Abbildung 4.2).

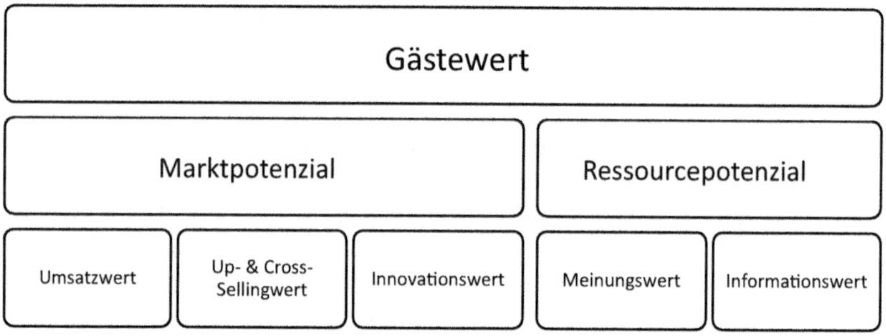

Abbildung 4.2 Systematisierung der Gästewertdeterminanten, adaptiert nach (Lennartz, 2017, S. 26; Rudolf-Sipötz, 2001)

ihnen wiederum individuelle Angebote machen. Hotelbetriebe sollten so die Gästebeziehung bzw. die persönliche, individuell intensive Gästebetreuung kontinuierlich weiterentwickeln, bis die einstigen Kinder irgendwann spezielle Reiseangebote für die Pensionszeit erhalten und schließlich durch Tod aus dem Unternehmen ausscheiden. Damit kann generationsübergreifend – für „wertvolle Hotelgäste" – über die ganze Lebenszeit ein individuelles und gästebindendes Konzept maßgeschneidert werden.

4.1.4.1 Hotelgäste als Informationslieferanten

„In Zeiten eines sich allseits beschleunigenden und verschärfenden Wettbewerbs kommt dem Wissen über die Gegebenheiten der Märkte und hierbei insbesondere dem kundenbezogenen Wissen, eine herausragende Bedeutung zu. Ohne dieses Wissen ist eine erfolgreiche Durchführung von Markttransaktionen auf heutigen Märkten nicht möglich. Dabei kommt den Informationen bzw. Wissenszuwächsen, die im Rahmen von Geschäftsbeziehungen mit einzelnen Kunden erlangt werden, ein besonderer Wert zu. Die Erkenntnisse, die so gewonnen werden, sind nicht nur im Rahmen der jeweiligen Transaktion von hoher Bedeutung, sondern können auch in nachfolgenden Austauschvorgängen mit demselben oder anderen Kunden genutzt werden und so zur erfolgreichen Umsetzung sowohl einzelkunden- als auch segmentbezogener Strategien beitragen." (Kleinaltenkamp, 2017, S. 189)

Im Rahmen einer wertvollen Kunden-Unternehmen-Beziehung ist das Kommunikationsmanagement Teil des strategischen Profils. Im Kommunikationsmanagement geht es weitestgehend um die systematische Weitergabe von Informationen an hierfür vorgesehene Interessensgruppen, aber auch um die systematische Annahme, Verarbeitung und Auswertung ebensolcher. Ansgar Zerfaß und Christine Viertmann betonen, dass die fortschreitende Digitalisierung die strategischen und organisatorischen Aufgaben des Kommunikationsmanagements grundlegend verändert hat (Zerfaß & Viertmann, 2016). Diese spürbare Beschleunigung und Lockerung kommunikativer Beziehungen ist auch im Hotelgewerbe angekommen und wirkt sich entscheidend auf die Gästebindung aus. Zwar sehen Hotelbesitzer und -betreiber auch dort die Notwendigkeit der Differenzierung von Produkten und Dienstleistungen und die Zunahme der Komplexität von Kommunikation in verschiedenen Bereichen, jedoch fehlt häufig die strategische Bewertung einzelner Teilbereiche. So wird insbesondere die situative persönliche Kommunikation mit Hotelgästen und die dort fließenden Informationen häufig unterschätzt. Dieses erworbene, sogenannte implizite Wissen ist geprägt durch den persönlichen Erfahrungsschatz und die erlebten Emotionen. Problematisch dabei ist, dass dieses zumeist nur in den Köpfen einzelner Hotelmitarbeiter abgespeichert ist und für das Unternehmen nur sehr begrenzt verfügbar bzw. einsetzbar ist (Schreyögg & Geiger, 2004). Darum sollten Hotelbetriebe spezifische Rahmenbedingungen für die persönliche, individuell intensive Gästebetreuung schaffen, die es ermöglichen, relevante Aspekte impliziten Wissens zu lokalisieren und in explizite nutzbare Informationen für den Betrieb zu wandeln. Damit einher geht die Annahme, dass Gäste für ein Hotel nicht nur einen ökonomischen Wert darstellen, weil sie durch abteilungsspezifische Umsätze, die mit ihnen erzielt werden, zur kurzfristigen Überlebensfähigkeit des Betriebs beitragen können, sondern darüber hinaus nach Michael Kleinaltenkamp auch „wertvoll" sind, weil sie die unternehmerische Wissensbasis vergrößern bzw. verbessern können und dazu beitragen, dass der „wissende" Betrieb langfristig im Wettbewerb bestehen kann (Kleinaltenkamp, 2017).

Im hotelspezifischen Kontext zeichnen sich also durch Hotelgäste gewonnene Informationen als spezifische Informationsgüter aus, welche i. d. Rauch bei mehrfacher Nutzung nicht verbraucht werden, jedoch regelmäßig aktualisiert werden sollten. Die Speicherung solcher Informationen erfolgt datenschutzkonform zumeist durch den Einsatz von Hotelgästedatenbanken, die Fertigung von internen Kopien produziert dabei keine bzw. nur geringe Grenzkosten. Als wirtschaftliches Tauschobjekt bzw. als Tauschwert, so Markus Siepermann, sind deshalb nicht die gewonnenen Informationen selbst, sondern das (Einwilligungs-)Recht, sie zu nutzen, (gesetzlich) zu betrachten und betrieblich zu bewerten (Siepermann, 2018).

Verwertbare Gästeinformationen fließen in allen Phasen der Guest Journey (vgl. Abb. 4.9; Kapitel 4), also von der Reisevorbereitung über den Aufenthalt hin zur Nachbereitung. Eine sinnvolle Unterteilung dieser ergibt sich dabei z. B. aus der Gästeinformationsfähigkeit, indem die gewählte Übermittlungsform ebenso wie die Informationsqualität betrachtet werden kann. Beide sind abhängig vom Artikulationsgrad bzw. Interpretationsgrad des jeweiligen Senders bzw. Empfängers. Der Artikulationsgrad bezeichnet nach Norbert Gronau dabei eine mehrstufige Kompetenz, Sachverhalte zu einem Wissensobjekt in Worte, Sätze und Aussagen fassen zu können. Die Übermittlung der Informationsinhalte wird dabei mehr oder weniger bewusst zwischen den Polen explizit und stillschweigend vorgenommen und basiert je nach Wissensobjekt auf unterschiedlichen (Vor)Kenntnissen und Wertannahmen des Informanten. Dem gegenüber steht der Empfänger und dessen Interpretationsgrad als Kompetenz, aus der erhaltenen Information, Zusammenhänge, Konzepte und Muster diagnostizieren bzw. kategorie-, betriebs- und situationsspezifisch interpretieren zu können und individuell auf den Artikulationsgrad des Informanten reagieren bzw. respondieren zu können (Gronau, 2020). Im Hotelgewerbe muss deshalb insbesondere der persönlichen Kommunikation, im Kontext der Informationsübermittlung, ein hoher Stellenwert beigemessen werden, insofern man nicht nur interkulturelle Belange berücksichtigt, sondern ebenso, dass Hotelmitarbeiter von Gästen nur dann wertvolle Informationen erhalten können, wenn sie selbst mit entsprechenden Kompetenzen ausgestattet sind.

Unternehmen haben nach Jakob Kleinaltenkamp in mehrfacher Weise Möglichkeiten, Informationen und damit Wissen von ihren Gästen zu erlangen

(Kleinaltenkamp, 1993). Dabei ist die Abhängigkeit von bestehenden Geschäftstransaktionen keine zwingende Voraussetzung. So greifen Hotelbetriebe oftmals auf aggregierte Erkenntnisse aus branchenspezifischen bzw. branchennahen Marktforschungen zurück oder beauftragen entsprechende Institute, um unabhängig von konkreten Bedarfen einzelner Gäste eher allgemeineres Wissen über eine bestimmte Kohorte, z. B. von konkreten Marktsegmenten, zu erlangen (Kleinaltenkamp, 2017). Daneben nutzen Hotelbetriebe im Rahmen ihres Qualitätsmanagements oft aufenthaltsbezogene Gästebefragungen, die zumeist ad hoc am Ende des Aufenthaltes, im Rahmen des Check-out-Prozesses verbal erfolgen („Hatten Sie einen schönen Aufenthalt?") oder als verschriftlichte Variante analog oder digital angeboten werden. Die Vergabe solcher Gästefragebögen erfolgt dabei betriebs- oder kategoriespezifisch uneinheitlich. Die Varianzen reichen vom Placement im Hotelzimmer, Übergabe bei Abreise bis hin zum digitalen Nachversand. Gästebefragungen haben so den Charakter von Controlling-Instrumenten, die als rationalitätssichernde Koordinationsfunktionen eingesetzt werden können. Da innerhalb von Hotelunternehmen Managementfehler gemacht werden und insbesondere eingesetzte Führungskräfte nur über individuell begrenzte kognitive Fähigkeiten und rational geprägte Defizite verfügen, kommt den aus den Gästebefragungen gewonnenen Informationen somit die Aufgabe zu, persönliche Beschränkungen abzumildern oder ganz zu eliminieren. Da gerade im Hotelgewerbe Führungskräfte und Mitarbeiter zumeist stark verhaltensorientiert bei der Entscheidungsfindung (auf Basis von Erfahrungen und Emotionen) agieren, bieten Gästebefragungen somit Potenziale, aus gewonnenen Gästeinformationen entstandene Denkfehler und -muster für die Unternehmensführung erkennbar zu machen und entsprechende Instrumente bereitzustellen, die eine erfolgreiche Reflexion und Reposition ermöglichen können. Ebenso enthalten solche Gästeinformationen oftmals subjektive Hinweise über das Dienstleistungsportfolio und damit zwangsläufig auch Erkenntnisse über bestimmte Gegebenheiten bei Gästen, Wünsche, Bedürfnisse, Vorstellungen und Probleme sowie mögliche, bislang unbewusste Ansatzpunkte zu ihrer Lösung bzw. Verbesserung[33] (Weiber & Jacob, 2000).

Die seit Jahren rückläufigen Direktbuchungen – zugunsten von digitalen Buchungsportalen – hat für das Hotelgewerbe eine neue Kategorie der „öffentlichen" Gästeinformation generiert, in Form von Online-Rezensionen mit entscheidungsrelevantem Charakter. So verlassen sich laut Statista potenzielle

[33] Als Speichermedium dafür nutzen Hotelbetriebe ihr betriebsspezifisch konfiguriertes digitales Property Management System, in das auch das Gästearchiv und die Gästekartei eingebettet sind und auf das nahezu alle Hotelmitarbeiter im Rahmen ihrer Tätigkeiten Zugriff haben.

Hotelgäste, wenn es um die Buchung eines Hotelzimmers (oder einer Unterkunft) geht, besonders auf Informationen, die online verfügbar sind[34] (Hinton, 2022). Der Gästeinformationswert von solchen Online-Bewertungen hat darum eine extrem hohe strategische Bedeutung, sodass Hotelbetriebe im Rahmen der persönlichen, individuell intensiven Gästebetreuung, alles dafür tun sollten, um vor der eigentlichen „Veröffentlichung" an relevante Gästeinformationen zu kommen, da bestimmte Gästeinformationen sich aus aufenthaltsrelevanten Erlebnissen und damit aus Emotionen speisen:

> *„Es kann davon ausgegangen werden, dass sowohl Multimediadokumente (Bilder, Musikstücke, Videos) als auch textuelle Dokumente Emotionen darstellen oder beim Nutzer auslösen können."* (Siebenlist Tobias, 2013, S. 300)

Hotelmitarbeiter müssen daher im Rahmen der individuell intensiven Gästebetreuung so diagnostisch ausgebildet werden, dass sie spezifische Emotionen nicht nur verorten und erkennen, sondern ebenso angemessen und zielorientiert darauf reagieren können. Dies ist besonders für diejenigen Gäste wichtig, die man nicht erreichen kann, oder die weder freiwillig noch aufgefordert eine positive oder negative Gästeinformation abgeben und mit diesem Verhalten wiederum interpretierbare Informationen erzeugen. Die daraus ableitbare laienpsychologische Hypothese („Keine Nachrichten sind gute Nachrichten") kann betroffenen Betrieben jedoch erhebliche langfristige Probleme bereiten (Rosner, 2014), da sie den Inhalt bzw. das Ausmaß von nicht mitgeteilten Informationen nicht ermessen und darum auch nicht auswerten bzw. Sachverhalte daraus optimieren können (Hinterhuber & Matzler, 2009). Gäste, die ihre (Un)Zufriedenheit gegenüber dem Hotelbetrieb nicht äußern, berichten möglicherweise jedoch an anderer, nicht überwachbarer Stelle (z. B. im Familien-, Freundes-, oder Kollegenkreis) davon, sodass damit ein erhebliches Reputationsrisiko für das betroffene Hotelunternehmen bestehen kann (Stauss & Seidel, 2014). Hotelbetriebe müssten sich darum im Rahmen der persönlichen, individuell intensiven Gästebetreuung nicht nur mit Informanten, sondern auch mit Nichtinformanten auseinandersetzen können (Proner, 2011, S. 27) (Abbildung 4.3):

[34] Laut Statista gaben mehr als die Hälfte der europäischen Verbraucher an, dass sie sich bei der Buchung einer Unterkunft von Online-Kundenrezensionen und Online-Bewertungen beeinflussen lassen (Redaktion AHGZ, 2022).

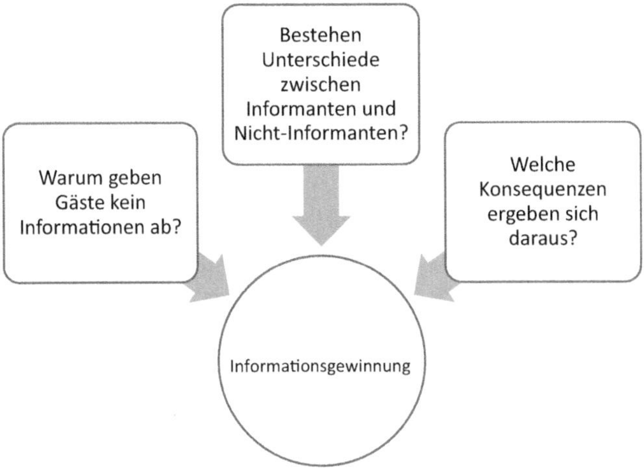

Abbildung 4.3 Informationsgewinnung durch nicht wissenschaftliche Hypothesenbildung, adaptiert nach (Proner, 2011, S. 27)

Da es diesbezüglich bislang an hotelspezifischen Untersuchungen fehlt, kann nur angenommen werden, dass Hotelmitarbeiter im Rahmen der persönlichen, individuell intensiven Gästebetreuung mithilfe ihrer Diagnosekompetenzen (Aufmerksamkeit, Wahrnehmung, Beobachtung) den Anteil an Nichtinformanten senken könnten.

Das informative Wissen, das über bestimmte Hotelgäste(Segmente) erworben wurde, kann darüber hinaus auch beim Auftreten von vergleichbaren Problemen mit anderen Hotelgästen(Segmenten) von Bedeutung sein bzw. auf mögliche neuartige bzw. zukünftige Problemstellungen verweisen[35]. Dies kann Hotelmitarbeitern ermöglichen, sich verändernde Bedarfssituationen von Hotelgästen

[35] Gästesegmentrelevante Informationen sind besonders sinnvoll, um Kohorten-spezifische Trends und Veränderungen rechtzeitig verifizieren zu können, um beispielsweise bindungsrelevanten Störungen oder Abbruchtendenzen abwenden zu können, da diese, so Sammy Saab, erhebliche monetäre und emotionale Wechselkosten, zusätzlichem Zeitaufwand oder sogar umsatzbezogenen Risiken bedeuten können (Saab, 2007, S. 122 ff.). So kann beispielsweise der Verlust einer langfristigen Gäste(Segment)Bindung für eine bestimmte hotelspezifische Systemarchitektur oder spezifisches Know-how der Betriebe erhebliche Verluste bedeuten, wie am Beispiel des Weggangs der Internationalen Automobilausstellung (IAA) aus Frankfurt am Main nach München bedeutet werden kann (Redaktion AHGZ, 2020).

frühzeitiger zu diagnostizieren und darauf individuell zu reagieren, wie in Abb. 4.5 deutlich wird (Abbildung 4.4).

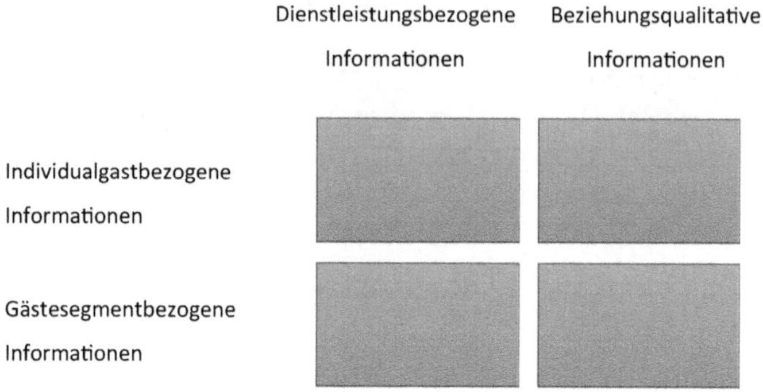

Abbildung 4.4 Arten des informationsbezogenen Gästewertes, adaptiert nach (Kleinaltenkamp, 2017, S. 197)

Gästesegmentrelevante Informationen sind besonders sinnvoll, um Tendenzen oder Veränderungen rechtzeitig verifizieren zu können, die zu bindungsrelevanten Störungen führen könnten. Sammy Saab behauptet deswegen, dass die für ein Unternehmen dadurch entstehenden monetären und emotionalen Wechselkosten erheblichen zusätzlichen Zeitaufwand oder sogar existenzielle Risiken bedeuten können (Saab, 2007).

Im Angesicht der dargestellten Zusammenhänge zeigt sich der besondere Wert der Gästeinformationen, die über die persönliche, individuell intensive Gästebetreuung gewonnen werden können und die Notwendigkeit, Gästebeziehungen auch als Vertrauensbeziehungen aufzufassen, die wiederum Potenziale für tiefere und detaillierte Informationsbeschaffungen ermöglichen können. Die Erkenntnisse daraus können Hotelbetriebe beispielsweise nutzen, um ihr Dienstleistungsangebot besser auf individuelle Gästebedürfnisse abzustimmen, womit eine kategorie- und/oder betriebsspezifische Vorteilsposition einhergehen kann. Darüber hinaus kann eine Vertrauensbeziehung zu Hotelgästen auch eine Erhöhung der Preisakzeptanz auf Gästeseite bewirken und damit zur Erzielung höherer Deckungsbeiträge bzw. Gewinne beitragen, womit nicht zuletzt eine Senkung von Interaktionsrisiken und verbundenen Kompensationskosten (z. B. bei Reklamationen) einhergehen können (Kleinaltenkamp, 2017). Darum soll das Potenzial von Gästen als Informationslieferanten, im Kontext des Gästewertes, als Dimension der persönlichen, individuell intensiven Gästebetreuung in der Online-Befragung in Kapitel 5 näher beleuchtet werden.

4.1.4.2 Hotelgäste als Meinungsmacher

> *„Erfolgreiches Empfehlungsmarketing hat einen Haken. Sie müssen dazu nämlich Ihren Wunschgast kennen. Und wissen, was er bei Ihnen besonders mag und was ihn glücklich macht während seines Aufenthaltes. Sie müssen also verstehen, wie er tickt und warum er denn Ihr Haus schätzt, was für ihn wichtig ist und was nicht.“* (Schneider, 2020)

Als Meinungsmacher bzw. Meinungsführer werden allgemeinhin Menschen bezeichnet, die nach Manfred Kirchgeorg als Mitglied einer Gruppe, einen stärkeren persönlichen Einfluss auf diese ausüben als andere Gruppenmitglieder:

> *„Der Meinungsführer hat eine Schlüsselstellung in der Gruppe; er entfaltet im Rahmen der persönlichen Kommunikation bes. Aktivitäten und übernimmt durch seinen größeren Einfluss oft Auslösefunktionen für die Meinungen und Entscheidungen anderer. Allgemeingültige Kriterien zur Identifikation von Meinungsführern existieren bislang nicht.“* (Kirchgeorg, 2018)

Auch Hotelgäste können hotelspezifische Meinungsmacher bzw. Meinungsführer sein und sind darum insbesondere für das Image von Hotelbetrieben, aus der Perspektive des Empfehlungsmarketings, von relevanter Bedeutung. Weltweit lassen sich Reisende von Familienmitgliedern, Verwandten und Freunden ein Hotel oder eine Ferien-, bzw. Reisedestination empfehlen oder achten bei der Auswahl der richtigen Unterkunft auf Bewertungen und Meinungen im Internet. Hotelgäste werden damit nicht nur zu analogen, sondern auch zu digitalen Meinungsmachern, indem die dort veröffentlichten höchst subjektiven Meinungen referenziellen Charakter annehmen und für eine breite Menge meinungsbeeinflussend bzw. meinungsbildend wirken können. Jens Cornelsen bezeichnet deswegen die Meinungsführerschaft als Referenzstärke, die zusammen mit der Größe des notwendigen sozialen Netzwerks ein spezifisches Referenzpotenzial bilden (Cornelsen, 2006).

Eine weitere Form der aktiven Meinungsführerschaft ergibt sich aus dem kategorie- bzw. betriebsspezifischen Hotelgäste-Status (VIP-Status). Indem Hotelgäste aufgrund ihres gesellschaftlichen Ansehens oder aufgrund von Aufenthaltsdauer und Umsätzen besondere Beachtung erlangen, kommt ihren Meinungen zwangsläufig eine spezifische Form der Meinungsführerschaft zu. Meinungsmachende Ausstrahlungswirkungen ergeben sich insofern diese Hotelgäste ihren

Aufenthalt z. B. in Social-Media-Kanälen offenlegen bzw. involvierten Hotelbetrieben erlauben, sie als anwesende Hotelgäste zu nennen, zu verlinken oder sogar im Hotel bildlich auszustellen, wie in Abb. 4.6 deutlich wird. Meinungsmachend kann dabei nicht nur die veröffentlichte Präsenz bzw. die damit ausgedrückte Zugehörigkeit zu einem „Inner Circle“ sein, sondern ebenso der abgebildete Lifestyle in Form von Kleidungsstilen, Schmuck, Kosmetik etc. als auch andere kulturspezifische Ausprägungen. Das Bedürfnis anderer Hotelgäste (als Betrachter) auch zu diesem „Inner Circle“ zu gehören, führt somit nicht nur zu einer Anerkennung eines Meinungsbildes, sondern unterstreicht indirekt die Meinungsführerschaft des Dargestellten als auch des ausstellenden Hotelbetriebs, zur richtigen Zeit am richtigen Ort mit den richtigen Akteuren anwesend gewesen zu sein. Der eigentliche Gästewert und für die persönliche, individuell intensive Gästebetreuung relevante Aspekt ist somit der erhoffte bzw. erwünschte positive Beitrag von Hotelgästen zu den Unternehmenszielen durch meinungsmachende Referenzaktivitäten. Positive Referenzen können damit nicht nur den Umsatz[36] und die Stabilität der Geschäftsbeziehung steigern, sondern bieten ebenso Chancen für neue Kommunikationsnetzwerke und fördern die Dialogbereitschaft bzw. -fähigkeit zwischen den unterschiedlichen Akteuren. Die Intensität von meinungsmachenden Referenzaktivitäten hängen im Hotelgewerbe maßgeblich von der erreichten bzw. übertroffenen Gästezufriedenheit ab, welche wiederum durch die persönliche, individuell intensive Gästebetreuung meinungsprägend beeinflussbar erscheint (Lennartz, 2017).

So verweisen Nicola Stokburger-Sauer und Maik Hammerschmidt auf den Einsatz von priorisierenden Maßnahmen, die eine „positive Beeinflussung des Referenzverhaltens“ bewirken sollen (Stokburger-Sauer & Hammerschmidt, 2007). Die persönliche, individuell intensive Gästebetreuung erscheint zur Umsetzung solcher Maßnahmen besonders geeignet, insofern Hotelmitarbeiter in der Lage sind, Maßnahmen in Form von referenziellen Erfahrungen und Erlebnissen zu generieren und entsprechend zu dokumentieren.

Mit diesem Eindruck soll die Bedeutung von Gästen als Meinungsmacher, im Kontext des Gästewertes als operative Dimension der persönlichen, individuell intensiven Gästebetreuung in der Online-Befragung in Kapitel 5 näher beleuchtet werden.

[36] Lennartz verweist darauf, dass positiv gestimmte (Gäste) motivierter sind auch neue Angebote und Cross-Selling-Aktionen schneller anzunehmen und gewillt sind, Vertrauen und damit eine Gästebeziehung längerfristig aufzubauen (Lennartz, 2017).

Abbildung 4.5 Ausschnitt der Prominenten- und Stammgästewand im Hotel Stanglwirt (Stanglwirt, n. d.)

4.1.4.3 Hotelgäste als Innovatoren

> *„Ein Innovator ist eine Person, die eine neue Idee von außerhalb eines Systems in ein System integriert. Ein Innovator hilft, bereits vorhandene Innovationen erneut aufzugreifen und auf ein anderes System zu übertragen. Innovatoren spielen eine zentrale Rolle, wenn Unternehmen einen sogenannten ‚Musterwechsel' durchlaufen oder einen Transformationsprozess vollziehen."* (Kraus & Partner, n. d.)

Die Kultur eines Unternehmens bestimmt die Beziehungen und das Handeln der Mitarbeiter innerhalb des Unternehmens und prägt damit auch das Auftreten und Interagieren mit Kunden. Die Innovationskultur beschreibt daran angelehnt eine spezifische Ausprägung der Unternehmenskultur, die neben der Stimulierung und Entwicklung von Innovationen insbesondere auch die Empfänglichkeit für solche im Unternehmen fördern soll (M. Schmitt, 2015).

Eine hotelspezifische Innovationskultur kann dann als eine Art von Querschnittskultur betrachtet werden, wenn eine positive und dynamische Innovationsbereitschaft abteilungsübergreifend nicht nur Anreize für Hotelmitarbeiter bietet, Innovationen einzubringen, sondern auch Hotelgäste ermutigt, als Innovatoren aktiv zu werden. Solche „Open Innovations“, so Frank T. Piller, erweitern die betriebliche Perspektive und liefern ergänzende Instrumente und Denkansätze, um den Zugang zu gästespezifischen Bedürfnis- und Lösungsinformationen für das betroffene Unternehmen zu vergrößern und damit Unsicherheiten im Innovationsprozess zu reduzieren und dessen Leistungsfähigkeit zu verbessern (Piller, 2006).

Die Rolle von bestimmten Hotelgästen als Innovatoren kann darum aus mehreren Perspektiven gedeutet werden. Sybille Reichhardt charakterisiert sie deswegen z. B. als Bedürfnis-, Wissens- und Know-how-Träger (Reichart, 2002):

1. Hotelgäste müssen als Innovationstreiber ernst genommen werden. Dazu gehört die Tatsache, dass sie selbstbewusst, befördert durch zahlreiche mediale und digitale Formate, sich innovatives Wissen angeeignet haben und damit als Laienspezialisten auftreten können. Damit verändern sich nicht nur hotelspezifische Beratungs- und Verkaufsprozesse (z. B. in gastronomischen Outlets) deutlich, sondern nahezu alle gästebetreuenden Aufgaben, indem kommunikativ darauf geachtet werden sollte, innovative Aspekte aufmerksam wahrnehmen zu können.
2. Hotelgäste stellen damit eine hotelspezifische Ressource dar. Während sie historisch bedingt lange als Auftraggeber bzw. Empfänger von branchenspezifischen Dienstleistungen verstanden wurden, werden sie heute zunehmend, auch über Self-Servicekonzepte hinaus, als aktive Co-Produzenten von Dienstleistungsprozessen und -ergebnissen diskutiert.
3. Hotelgäste sind somit ebenso als Mitverantwortliche von Ambiente, Wertschöpfung, Zufriedenheit und Gästebindung zu betrachten. In diesem Kontext muss auch die hotelspezifische Nutzung von Gasträumen innovatorisch betrachtet werden, indem Hotelgäste dort Möglichkeiten finden sollten, untereinander Netzwerke zu bilden, die wiederum gezielt als Innovatoren genutzt werden können.

Die Ermittlung des gästespezifischen Innovationspotenzials kann sowohl aus der strategischen (Top-down) als auch aus der operativen Perspektive (Bottom-up) erfolgen, insofern Hotelmitarbeiter diagnostisch, im Rahmen der persönlichen, individuell intensiven Gästebetreuung ausgebildet werden. Nur so kann die Schaffung einer hotelspezifischen „Open Innovation Kultur“ gelingen, wenn man wie Cornelius Herstatt, Christian Lüthje und Christopher Lettl davon ausgeht, dass traditionelle Marktforschungsaktivitäten kaum bahnbrechende Innovationen mehr hervorbringen können (Herstatt et al., 2002). Da auch die Entwicklung erfolgreicher neuer und innovativer Hotelprodukte und Dienstleistungen zunehmend eine größere Herausforderung für branchenspezifische Konzeptentwickler darstellt, erscheint die Zusammenarbeit mit Hotelgästen als Innovatoren ebenso attraktiv und kann einem Hotelbetrieb entscheidende Marktvorteile bringen. Die vom Hotelmanagement dafür ausgewählten repräsentativen Innovatoren haben damit eine exponierte Rolle als „Lead Guests". Dies können sowohl langjährige Stammgäste als auch Repräsentanten neuer Gästegruppen sein, insofern sie nach Eric von Hippel sich durch zwei Kerneigenschaften auszeichnen (Hippel, 1986):

1. „Lead Guests" verspüren bzw. haben Bedürfnisse, die sich zukünftig am Markt durchsetzen können und erleben dies zeitversetzt früher als die Masse der anderen Hotelgäste.
2. „Lead Guests" profitieren überdurchschnittlich von Innovationen, die ihre Probleme lösen bzw. ihre (neuen) Bedürfnisse befriedigen können. Dabei ist nach Bill Bryson jedoch zu berücksichtigen, dass sich technische und kulturelle Innovationen gemäß einer eigenen und eigensinnigen, fast anthropologischen Logik vollziehen und manchmal generationsübergreifende, zeitversetzte Initiativen notwendig sind, bis aus einer Erfindung eine durchschlagende Innovation wird. Innovationen müssen daher generationsspezifisch betrachtet werden und können somit auch retrospektive Charakteristika tragen (Bryson, 2011).

Die persönliche Betreuung von solchen „Lead Hotelguests" ist daher von hoher strategischer Bedeutung für die persönliche Gästebetreuung, da diese in der Lage sind zu definieren, welche Faktoren die Unzufriedenheit mit bestehenden Dienstleistungslösungen zukünftig hervorrufen könnten (Zernott, 2004). „Lead Hotelguests" können daher auch frühzeitig innovative Dienstleistungseigenschaften antizipieren (Schaller et al., 2004), die für andere Hotelgäste erst viel später relevant werden. Durch ihre Vorreiterrolle können sie als „Bedürfnisvorhersage" für den Hotelbetrieb und das Dienstleistungsangebot von morgen genutzt werden. Darum soll die Relevanz von Hotelgästen als Innovatoren, im Kontext des Gästewertes als strategische Dimension der persönlichen, individuell intensiven Gästebetreuung in der Online-Befragung in Kapitel 5 näher beleuchtet werden.

4.1.4.4 Hotelgäste als Umsatzbringer

> *„Das kundenbezogene Umsatzpotenzial bildet den Ausgangspunkt und den Grundbestandteil des monetären Kundenwerts. Der sich aus Absatzmenge und erzieltem Preis ergebende Umsatz oder Basiserlös eines Kunden ist der zentrale positive monetäre Werttreiber des Kundenwerts. Auf der Einnahmenseite lassen sich mit dem zu erzielenden Preis und den abzusetzenden Mengen zwei Komponenten der kundenbezogenen Einnahmen identifizieren. Die Absatzmenge eines Unternehmens wird durch*

das gesamte Bedarfsvolumen eines Kunden sowie den Anteil eines Anbieters an diesem Volumen bestimmt. Während das gesamte Bedarfsvolumen den monetären Kundenwert auf der Mengenseite beschränkt, erfolgt die wertmäßige Beschränkung durch den maximal zu erzielenden Preis. Die Kundenbewertung setzt dabei allerdings nicht bei den aus der Kostenrechnung erzielten Werten für die betrieblichen Leistungen an, sondern vielmehr an den am Absatzmarkt realisierten Preisen.“

(Tewes, 2003, S. 80)

Das Umsatzpotenzial eines Kunden lässt sich im Verkauf meist leicht ermitteln, indem z. B. verglichen bzw. abgeleitet werden kann, was und wie viel ein spezifischer Kunde gekauft hat und welche Verkaufsquote zukünftig möglich wäre. Das Umsatzpotenzial ist somit eine Messgröße dafür, inwieweit ein Kunde dazu beiträgt, spezifische Abteilungsziele bzw. Unternehmensziele zu erreichen. Damit kann ein Unternehmen auch festlegen, welche Kunden diesbezüglich „gut“ und welche „schlecht“ sind (Helm et al., 2017).

Die Frage der aktiven Umsatzsteuerung hat aufgrund der verschärften Wettbewerbssituation in den vergangenen Jahren für das Hotelgewerbe erheblich an Bedeutung gewonnen. Jede Hotelorganisation verfügt über ein bestimmtes „Umsatzkonzept“ bzw. eine „explizite Umsatzkultur“, die auch die persönliche Gästebetreuung beeinflussen muss. Dass Hotelgäste als Umsatzbringer wirksam werden können, hängt nicht nur vom Angebot selbst ab, sondern umso mehr vom Grad der Einbindung ihrer selbst in die Dienstleistungserbringung als externe Faktoren, ab (Burr & Stephan, 2019; Kotler et al., 2019; Stampfl, 2011). Hotelgäste produzieren folglich Umsatz mit und benötigen dafür eine stimulierende Dienstleistungsumgebung. Sie benötigen dafür nicht nur die „Assistenz“ von Dienstleistern (in Form von Hotelmitarbeitern), sondern ebenso andere Hotelgäste als Referenzsubjekte. So suchen bestimmte Gästegruppen (z. B. kinderlose Paare) spezifische Hotelkonzepte aus, in denen bestimmte andere Gästegruppen (z. B. Kinder und Jugendliche) bewusst ausgeschlossen sind (z. B.) Adults-only-Hotels), da deren unerwünschtes Verhalten umsatzmindernde Stimmungen auslösen bzw. eine umsatzstörende Atmosphäre erzeugen könnte (Adults-only-Hotels). Hotelbetriebe hingegen nutzen den Status von Prominenten und Influencer und deren Reichweite in sozialen Medien, um Sympathisanten und Follower anzuziehen, die das zumeist konsumorientierte Verhalten ihrer „Vorbilder“ nachahmen sollen. Ein solche demonstrative, identitäre Gruppe wird deshalb von Linda Kisabaka als Aspirationsgruppe bezeichnet (Kisabaka, 2017). Gerade im Hotelgewerbe ist der Einfluss von umsatzbringenden Referenzgruppen notwendig, da diese als Aspirationsgruppen ebenso normative wie komparative Referenzfunktionen übernehmen können (Adlwarth, 1983). Eine umsatzbringende Gästereferenzgruppe hat dann normative Funktionen, wenn sie anderen Gästen nachvollziehbare Normen liefert und auf die Einhaltung dieser achtet[37]. Nachvollziehende Gäste machen sich somit nicht nur Werte der normativen Bezugsgruppe zu eigen, sondern erfahren exklusiv und netzwerkartig bereits durch rein physische Anwesenheit ausgelöst, welche umsatzbringenden Objekte und Zustände als wünschenswert zu betrachten sind. Dabei lernen sie konkrete Verhaltensanforderungen, wenn bei Einhaltung der Normen positive Bekundungen der Anerkennung durch die Referenzgruppe erfolgen und umsatzbringendes Verhalten noch verstärkt wird (Adlwarth, 1983). Umsatzbringende Referenzgäste übernehmen hingegen dann komparative Funktionen, wenn sie messbare Maßstäbe liefern, die z. B. in gästespezifischen Umsatz-, Buchungs- und Kaufverhaltensanalysen ausgewertet werden können. Es muss jedoch auch darauf hingewiesen werden, dass Gäste Mitglieder mehrerer (auch sich konkurrierender) Bezugsgruppen sein können, in dem z. B. private und geschäftliche Motive nicht notwendigerweise miteinander korrelieren müssen. In solchen Fällen reguliert die individuelle Gästepersönlichkeit als eine Art von Aneignungsbarriere selbstkonkurrierende Verhaltensnormen. Daraus kann schließlich abgeleitet werden, dass die persönliche, individuell intensive Gästebetreuung notwendigerweise umsatzbringendes Verhalten begleiten, aufmerksam wahrnehmen und umsatzrelevante „Ermöglichungsräume und -anlässe" bereitstellen sollte.

Daneben sollten Hotelmitarbeiter im Rahmen der persönlichen, individuell intensiven Gästebetreuung in der Lage sein, auch Gästeverluste früh zu erkennen, diese zu vermeiden und die Rückgewinnung inaktiver „profitabler" Hotelgäste als Umsatzbringer zu initiieren. Anne M. Schüler beschreibt deswegen solche Hotelgäste als Ertragspotenzial und fordert dafür ein professionelles Revitalisierungsmanagement. Eine sogenannte „Guest Recovery" könne jedoch erst dann beginnen, wenn präsenzbedingte „Loyalisierungsmaßnahmen" erfolglos geblieben sind. Die persönliche, individuell intensive Gästebetreuung könnte für ein solches Anliegen dabei erstens wie eine „Frühwarnsystem" funktionieren und sollte bei zurückgewonnenen Gästen eine „zweite Loyalität" in Form einer dauerhafteren Gästebindung aufbauen und sicherstellen, „dass die Gründe (diesmal) zu bleiben besser sind als die Gründe (wieder) zu gehen" (Schüller, 2007, S. 176).

Die Bedeutung von Gästen als Umsatzbringer im Kontext des Gästewertes als strategische Dimension der persönlichen, individuell intensiven Gästebetreuung soll deswegen in der Online-Befragung in Kapitel 5 näher beleuchtet werden.

---

[37] So gibt es z. B. gastronomische Klub-Konzepte mit definierten Aufnahmekriterien (z. B. Beruf und Einkommen), die sicherstellen sollen, dass die Gäste-Referenzgruppe homogen bleibt.

4.1.4.5 Hotelgäste als Zusatzkäufer

> *„Service ohne Verkaufen ist unterlassene Hilfeleistung. Verkaufen ist Service. Ihre Gäste sind gekommen, um zu kaufen, nicht um zu schauen oder auszuprobieren. Auch wen Sie das beste Produkt der Welt haben; wenn Sie nicht verkaufen, bleiben sie darauf sitzen. Investieren sie sowohl in die Optimierung Ihrer Speisen, Getränke und Atmosphäre als auch ins Service- und Verkaufstraining Ihrer Mitarbeiter. Dulden Sie keine ‚Ordertaker' in Ihrem Team. Trainieren Sie alle Mitarbeiter zu serviceorientierten Verkäufern."* (Ploner & Müller-Meinke, 2016, S. 26)

Ein Kundenwert setzt sich hierarchisch aus mehreren, klar voneinander abzugrenzenden werttreibenden Komponenten zusammen. In der wissenschaftlichen Literatur findet sich eine Reihe von Vorschlägen zur Strukturierung dieser. Die Mehrheit unterteilt den Kundenwert in quantitative Komponenten (direkt monetär wirkende Kundenbeiträge wie Umsätze oder Deckungsbeiträge) und qualitative Komponenten (nicht monetäre Kundenbeiträge wie Informationswerte oder Referenzen, die sich nur bedingt in monetäre Werte überführen lassen). Während der Ertrags- und Entwicklungswert nach Lennartz nur Erfolgsbeiträge eines Kunden durch den Kauf bereits nachgefragter Leistungen kennzeichnet, fokussiert der Up- oder Cross-Selling-Wert den (Ver)Kaufswert bisher nicht bezogener (Zusatz)Leistungen. Es geht dabei, so Lennartz, nicht um Substitutionsgüter, sondern um bisher nicht nachgefragte bzw. ergänzende Leistungsbereiche (Lennartz, 2017).

In der hotelspezifischen Aus- und Weiterbildungsliteratur werden alle Maßnahmen, die Gäste zu einem erwünschten konsumtiven Verhalten anregen sollen, als Verkaufsförderung bezeichnet (Henschel et al., 2013). Die Maßnahmen der Verkaufsförderung lassen sich nach Klaus Barth und Hans-Joachim Theis in innerbetriebliche und außerbetriebliche Maßnahmen unterscheiden. Die innerbetrieblichen Maßnahmen betreffen alle Interaktionen zwischen Mitarbeitern und Gästen während ihres Aufenthaltes im Hotelbetrieb (Barth & Theis, 1998). Insbesondere mitarbeiterbezogene Maßnahmen, wie Produkt- und Verkaufsschulungen, sollen dafür sicherstellen, dass absatzpolitische Zielinhalte effektiv erreicht werden können. Die außerbetrieblichen Maßnahmen der Verkaufsförderung richten sich in der Hauptsache an bisherige, bestehende und erwünschte Hotelgäste, die kostenintensiv weit gestreut werden müssen (Henschel et al., 2013). Alle inner- wie außerbetriebliche Maßnahmen verfolgen das Ziel, konsumtive Potenziale lokalisieren zu können. Diese Potenziale können wiederum in Standardbuchungen (-bestellungen) und Zusatzbuchungen (-bestellungen) unterschieden werden. Hotelspezifische Standardbuchungen (-bestellungen) bezeichnen dabei das betriebsspezifische Standardangebot von Übernachtungen, Speisen und Getränken und anderen Nebenleistungen, entweder als Einzelleistungen oder als Pakete (Packages, Arrangements). Freyer und Schreyer verweisen deshalb auf die Bedeutung von persönlichen und emotionalisierten Verkaufsgesprächen mit persönlicher Beratung:

> *„Eine Personalisierung in der Beratung zu ermöglichen, heißt auch: die menschlichen Bedürfnisse des Kunden in den Vordergrund zu stellen und sich im Vertrieb von dem Leitsatz zu verabschieden, den Kunden als ‚König' zu bedienen. Vielmehr sollte er als Mensch in den Verkaufsprozess integriert sein, indem für ihn ein klarer Vorteil auf Basis der Personalisierung entsteht."* (Freyer & Schreyer, 2018, S. 222)

Im Rahmen der persönlichen, individuell intensiven Gästebetreuung sollten Hotelmitarbeiter daher in der Lage sein, Zusatzverkäufe als personalisierte Angebote anzubieten und diagnostisch wahrzunehmen, ob involvierte Hotelgäste positiv darauf reagieren. Solche Zusatzverkäufe werden hotelspezifisch in Up-Sell- und Cross-Sell-Angebote differenziert und sind in allen Phasen der Guest Journey (vgl. Kapitel 4) einsetzbar. In den meisten Hotelstandards gehören sie zu denjenigen Offerten, die Gästen obligatorisch laut Hotelstandards unterbreitet werden müssen[38]. Upselling bezeichnet, hotelspezifisch betrachtet, üblicherweise abteilungsspezifische Zusatzverkäufe, während Cross-Selling abteilungsübergreifende Zusatzverkäufe kennzeichnet (Metz et al., 2013). In beiden Formen geht es aus betrieblicher Perspektive um Umsatzoptimierungen, während Hotelgästen zusätzliche Mehrwerte, bestenfalls Erlebnisse, vermittelt werden[39]. Typische Argumente für ergänzende Zusatzverkäufe sind zumeist „mehr Komfort" (im Kontext einer besseren Zimmerkategorie), „mehr Genuss" (im Kontext einer Speise- oder Getränkeergänzung) oder „mehr Erlebnis" (im Kontext einer Zusatzleistung wie Wellness). Durch den hohen Standardisierungsgrad vieler Hotelbetriebe und der mangelhaften Diagnosefähigkeit von Hotelmitarbeitern gehen jedoch oft Zusatzverkaufspotenziale verloren, da diese, die theoretische Logik des erweiterten Marketingmixes kaum praktisch können bzw. Arbeitsablaufprozesse zeitlich so knapp gestaltet sind, dass diesbezügliche Durchführungen nur lückenhaft möglich erscheinen.

[38] Bei Mystery-Checks führt eine Missachtung der Zusatzverkaufstandards zu empfindlichen Punktabzügen.

[39] Damit bestehen ebenso Chancen, das „Variety-Seeking-Syndrom" (Bruhn & Homburg, 2003, S. 749) – also emotionsgeleitete Wünsche nach Abwechslung, die allgemeinhin mit hybriden Gästen assoziiert werden – abzumildern und die Gästebindung zu steigern.

Ob Hotelgäste Up-Selling-Potenziale haben, lässt sich in einer expliziten Verkaufssituation nicht immer zweifelsfrei ermitteln. So gibt es z. B. deutliche interkulturelle Unterschiede im Vergleich von Kaufentscheidungsprozessen. Wissenschaftlich werden dafür zumeist ritualisierte sowie habitualisierte Verhaltensweisen betrachtet als auch Austausch- und Besitzverhalten insbesondere im Hinblick auf produkt- und leistungsspezifische Wahrnehmungs-, Bewertungs- und Interpretationsmuster (Mennicken, 2000). In der hotelspezifischen Aus- und Weiterbildungsliteratur versuchen Autoren zumeist Kultur-Konzepte zu spezifizieren und darauf aufbauend deskriptive Konsumverhaltensphänomene darzustellen, die dem expliziten kulturellen Hintergrund Rechnung tragen sollen. Im Hinblick auf produkt- und leistungsspezifische Wahrnehmungs-, Bewertungs- und Interpretationsmuster fokussieren solche vielfach stereotypisierenden Beschreibungen zumeist primäre Orientierungen und Verhaltensmuster, die so einen Bezugsrahmen für kulturelle Standards repräsentieren sollen, wie am Beispiel arabischer Hotelgäste deutlich wird:

> *„Außerdem sind arabische Gäste sehr gern auf Shoppingtour. Sie sind wahre Einkaufskaiser, besonders bei hochpreisigen Markenartikeln und internationalen Marken.“* (Motsch & Rohrmoser, 2014, S. 189)

Auch für die Feststellung von interkulturellen Zusatzverkaufspotenzialen müssen Hotelmitarbeiter im Rahmen der persönlichen Gästebetreuung diagnostisch wahrnehmen, wie individuell intensiv entsprechende Entscheidungsfindungsprozesse ablaufen. Thomas Menthe und Manfred Sieg verweisen diesbezüglich zudem auf die individuelle Vertrauensentscheidungsfähigkeit, die kulturabhängige Risikoneigung, das Wissen und die Bewertung von Handlungsalternativen, das Prinzip der Reziprozität und die Abwägung der Nutzenmaximierung bei Unsicherheit im Zusammenhang mit Erwartungshaltungen. Insbesondere in der Angst, nach einem Kauf bzw. einer Buchung die falsche Entscheidung getroffen zu haben, läge eine beträchtliche Gefahr, die als „psychologische Kaufreue“ erhebliche emotionale Reaktionen hervorrufen könne (Menthe & Sieg, 2018, S. 1–21). Hotelmitarbeiter sollten deshalb grundsätzlich alle, von Interaktion geprägten Begegnungsmomente nutzen, um Hinweise auf Zusatzverkaufs-Potenziale zu antizipieren. Die erkennbare Relevanz von Hotelgästen als Zusatzkäufer, im Kontext des Gästewertes, als strategische Dimension der persönlichen, individuell intensiven Gästebetreuung, soll deswegen in der Online-Befragung in Kapitel 5 näher beleuchtet werden.

4.1.5 Der Gästequadrant als ganzheitliches Betrachtungsmodell

„Der Mensch wird als ganzheitliches Wesen angesehen, das durch biologische, soziale und psychologische Faktoren in seinem Handeln und Erleben geprägt wird. Diese Sichtweise war über viele Jahrhunderte in der Antike und bis in das Mittelalter hinein selbstverständlich. Seele, Geist und Körper galten als eine untrennbare Einheit. Erst mit der Renaissance und der zunehmenden Individualisierung des Menschen kam der Gedanke der Überlegenheit des Geistes über den Körper auf.“ (Weber, 2022)

Um Hotelgäste persönlich individuell intensiv betreuen zu können, müssen diese in einer hotelspezifischen Form ganzheitlich[40] und damit mehrdimensional erfasst werden. Der Begriff „Mehrdimensionalität“ ist dabei abgeleitet vom lateinischen „dimensio“ (Ausdehnung, Ausmessung) und bezeichnet die Annahme, dass etwas mehrere Dimensionen hat (Duden, 2023). Der Vieldeutigkeit entsprechend findet sich der Begriff „Mehrdimensionalität“ darum auch in verschiedenen Fachwissenschaften mit voneinander abweichenden, teils in übertragenem Sinn verwendeten Bedeutungen wieder. Günther Ammon bezeichnet darum z. B. aus der Perspektive der Anthropologie die Mehrdimensionalität als ein Spektrum von Merkmalen, die das Wesen von Menschen ausmachen können. Dazu zählt er deren Körperlichkeit, Intellektualität und Emotionalität sowie deren Soziabilität, Willensstärke und Motivationsstrukturen. Hinzu kommen individuell ausgeprägte Fähigkeitsprofile, die jedem Menschen einen persönlichkeitstypischen und abgrenzbaren Handlungsrahmen vorgeben und bestimmte Verhaltensschemata kulturspezifisch mitbestimmen. Ammon bedeutet deswegen, dass eine solche Komplexität grundsätzlich eine mehrdimensionale Betrachtungsweise von Menschen erforderlich macht (Ammon, 2019).

Eine weitere Betrachtung der Mehrdimensionalität kann über wirtschaftspsychologische Ausführungen, aus neobehavioristischen Konzepten der kausalen Verknüpfung hergeleitet werden. So geht das S-O-R-Paradigma von Stimuli (z. B. eine Hotelwerbung) und Responses aus (z. B. eine aus der Hotelwerbung erfolgte Hotelbuchung), mehr oder weniger verbunden durch psychische Prozesse, die in einer Art Black Box (Organismus) ablaufen und damit Menschen (hier Hotelgäste) und ihr spezifisches Verhalten repräsentieren (Engel et al., 1995; Moser,

---

40 „Bei einer ganzheitlichen Betrachtungsweise eines Menschen sind alle Aspekte zu berücksichtigen. Das sind zunächst die körperlichen (somatischen) Faktoren genauso wie die seelischen (psychischen) Aspekte. Mit diesen beiden Bereichen haben wir nun auch schon den traditionellen Begriff der Psychosomatik umrissen. Eine ganzheitliche Betrachtungsweise umfasst jedoch noch mehr: Berücksichtigt wird auch die Umwelt des Individuums sowie seine Einbettung in psychosoziale Bezüge“ (Arnade, n. d.).

2007). Da es für einen Hotelaufenthalt und für das Wohlbefinden der Hotelgäste sehr relevant ist, das „Wie“ und „Warum“ eines spezifischen Gästeverhaltens zu klären bzw. besser zu verstehen, erscheint die gezielte, mehrdimensionale Betrachtung derselben aus mehreren Dimensionen für alle Seiten sinnstiftend. Peter Huber bestätigt diese Sichtweise, indem er Johann Wolfgang von Goethes Polaritätsgesetz betrachtet, worin dieser Polarität als „Erscheinungen des Zwiefachen, ja Mehrfachen in einer entschiedenen Einheit“ beschreibt (Huber, 1998):

> *„Jedes Existierende ist ein Analogon alles Existierenden; daher erscheint uns das Dasein immer zu gleicher Zeit gesondert und verknüpft.“* (Goethe, 2016, S. 66, 2021)

Als eine solche Einheit soll darum für die ganzheitliche Betrachtung von Hotelgästen, in Anlehnung an Ken Wilbers „Modell der Integralen Theorie“ ein Quadrantenmodell gewählt werden (Wilber, 2006). Wilber nutzt einen solchen ebenso, um einen „ganzheitlichen“, „holistischen“ und „integralen“ menschlichen Ansatz abbilden zu können[41]. Wilbers Modell ist mehr- nahezu multidimensional und umfasst verschiedene Ebenen der menschlichen Erfahrung, einschließlich der physischen, emotionalen, mentalen und spirituellen Ebenen. Es integriert auch verschiedene Perspektiven und Ansätze, wie die westliche und östliche Philosophie, die moderne Wissenschaft, die Mystik und die Kunst. Wilber identifiziert darin vier grundlegende Perspektiven, die er als „Quadranten“ bezeichnet. Diese Quadranten sind:

1. Das individuelle Innenleben: Dieser Quadrant beschreibt die innere Erfahrung eines Individuums, einschließlich seiner Gedanken, Emotionen, Überzeugungen und Werte. Dies umfasst auch die neurologischen und kognitiven Prozesse, die das individuelle Bewusstsein beeinflussen.
2. Das individuelle Außenleben: Dieser Quadrant beschreibt die äußere Erfahrung eines Individuums, einschließlich seines Verhaltens, seiner Handlungen und seiner physischen Interaktionen mit der Welt.
3. Das kollektive Innenleben: Dieser Quadrant beschreibt die gemeinsamen Werte, Überzeugungen und kulturellen Normen, die von einer (spezifischen) Gruppe geteilt werden. Dies umfasst auch die sozialen und psychologischen Prozesse, die die Gruppenidentität beeinflussen.

---

[41] „Weil sie alle bestehenden Ansätze und Disziplinen zu und für Analyse und Umsetzung organisiert und weil sie einem Praktiker erlaubt, die relevantesten und wichtigsten Werkzeuge, Techniken und Erkenntnisse auszuwählen“ (Esbjörn-Hargens, 2009, S. 2).

4. Das kollektive Außenleben: Dieser Quadrant beschreibt die äußere Erfahrung einer (spezifischen) Gruppe, einschließlich ihrer Strukturen, Systeme und Institutionen. Dies umfasst auch die wirtschaftlichen, politischen und technologischen Prozesse, die die Gesellschaft beeinflussen.

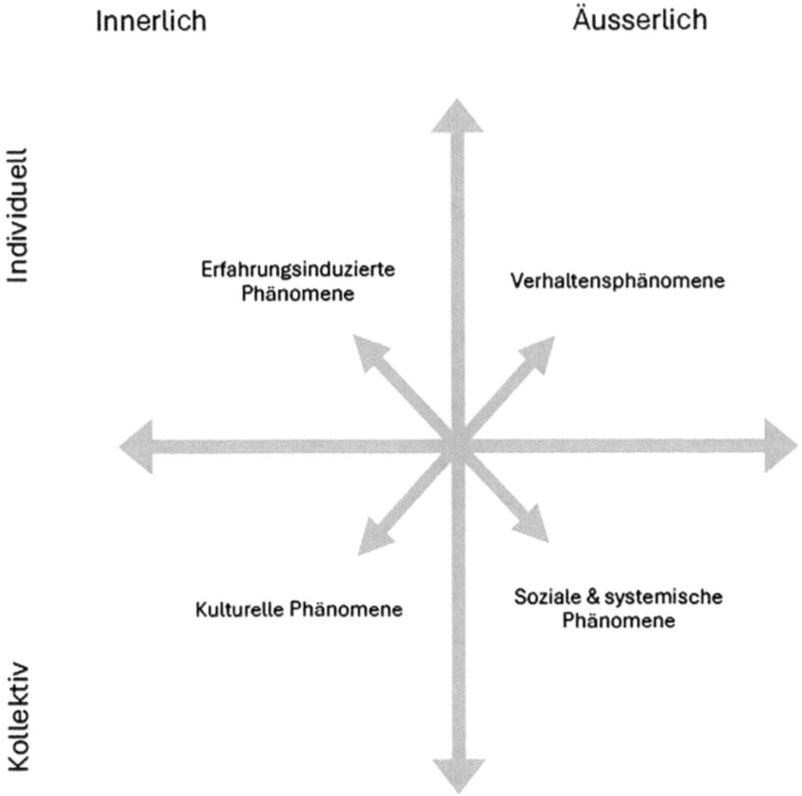

Abbildung 4.6 Die vier Quadranten eines Individuums, adaptiert nach Ken Wilber (Esbjörn-Hargens, 2009, S. 5; Wilber, 2011; Wilber, 2012, S. 77 ff.)

Wilber argumentiert, dass alle vier Quadranten miteinander verbunden sind, dass Veränderungen in einem Quadranten Veränderungen in allen anderen Quadranten auslösen können und betont dabei auch die Bedeutung der Entwicklung auf allen Ebenen der menschlichen Erfahrung, einschließlich der physischen, emotionalen, mentalen und spirituellen Ebenen (M. J. Egli, 2009). Günter Dziomba charakterisiert Wilbers Modell als weite Betrachtungsmöglichkeit von wesentlichen Perspektiven der Wirklichkeit, indem systematisch eine einheitliche Ausrichtung auf ein Ganzes statt einer isolierten Betrachtung von einzelnen Teilen ermöglicht werden kann (Dziomba, 2009). Auch Sean Esbjörn-Hargens bestätigt dies und bekräftigt, dass jedes Individuum grundsätzlich aus verschiedenen Realitäten des „individuell verkörperten Gewahrseins" betrachtet werden sollte (Esbjörn-Hargens, 2010). Durch die darauf aufbauende Verwendung verschiedener Aspekte eines solchen Gewahrseins entstehe, so Esbjörn-Hargens, ein unmittelbarer Zugang zu erfahrungs-, verhaltens-, kultur- und sozialsystemischen Aspekten von individuellen Realitäten[42] (Esbjörn-Hargens, 2009).

Wilbers Kernidee soll darum sowohl für die persönlich, individuell intensive Gästebetreuung im Hotel wie auch für den Gästebetreuungsquadranten aufgefasst werden und in die vier in Abb. 4.8 dargestellten hotel- bzw. gästespezifischen Quadranten und Dimensionen übertragen werden, mit dem Ziel, die mehrperspektivische und mehrdimensionale Betrachtung und Betreuung aufzubauen (Abbildung 4.7).

Die dafür gewählten Perspektiven begründen Gäste als soziobiographische, als wirtschaftliche als auch als moral-ethische (wertebezogene) Subjekte zu würdigen, die dabei sowohl aus operativer als auch aus strategischer Hotelperspektive zu bedeuten sind als auch aus der operativen Gästeperspektive.

---

[42] „Die Integrale Theorie liefert Einzelpersonen und Organisationen einen kraftvollen Bezugsrahmen, der für nahezu alle Kontexte geeignet ist und in jeder Größenordnung verwendet werden kann. Warum? Weil sie alle bestehenden Ansätze und Disziplinen zu und für Analyse und Umsetzung organisiert und weil sie einem Praktiker erlaubt, die relevantesten und wichtigsten Werkzeuge, Techniken und Erkenntnisse auszuwählen" (Esbjörn-Hargens, 2009, S. 2).

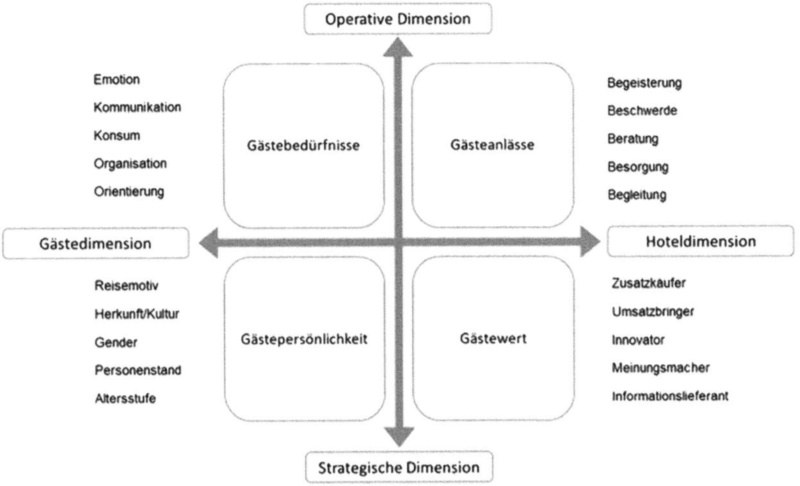

Abbildung 4.7 Mehrdimensionaler Gästebetreuungsquadrant

Es gibt zahlreiche weitere Persönlichkeitsmodelle, die im Kontext der Typenlehre über ein Quadrantenmodell abgebildet werden und damit den Gästebetreuungsquadranten legitimieren können. Dazu gehören z. B. das Johari-Fenster, das DISG-Modell, der interpersonelle Cirkumplex von Jerry S. Wiggins (Wiggins, 1982), der Persönlichkeitszirkel nach Hans Jürgen Eyseneck (Eysenck, 1971) wie auch das Vier-Quadranten-Modell des Gehirns nach Ned Herrmann (N. Herrmann, 1991). Alle Modelle zeigen personenspezifische Zusammenhänge metaphorisch in einem Diagramm mit vier Quadranten. Dabei soll jeweils modifiziert an das psychologische Menschenbild des Eigenschaftsparadigmas angeknüpft werden, das davon ausgeht, dass Personen charakteristische Merkmale und Regelmäßigkeiten ihres Verhaltens und Erlebens aufweisen, welche durch Aufmerksamkeit, bewusste Wahrnehmung und situative Beobachtung erschlossen werden können. Im Mittelpunkt steht dabei zumeist eine einzelne Person, die mit einer Referenzpopulation mit ähnlichen Merkmalen verglichen wird. Die wahrnehmbaren Unterschiede werden sodann fokussiert und begründen die differenzielle Sichtweise in der Psychologie. Im Gegensatz dazu ignoriert die allgemeine Psychologie solche Differenzen weitestgehend und sucht nach durchschnittlichen Personen, um „so allgemeine Gesetzmäßigkeiten des Erlebens und Verhaltens aufzudecken“ (Neyer & Asendorpf, 2018). Insofern ist der Gästebetreuungsquadrant auch aus diesen Modalitäten betrachtbar. Maßgabe dafür ist, dass die Individualität eines Hotelgastes nur durch den Vergleich mit vergleichbaren anderen Hotelgästen deutlich werden kann. Hotelmitarbeiter können der Individualität eines Hotelgastes im Kontext der persönlichen, individuell intensiven Gästebetreuung umso gerechter werden, je mehr Merkmale und Regelmäßigkeiten sie beobachten bzw. diagnostizieren können. Noch reichhaltiger wird die Gästebeschreibung bzw. die daraus abzuleitende Betreuungsdiagnose dann, wenn Hotelmitarbeiter sich nicht nur auf die vier Quadranten und deren Unterkategorien beschränken, sondern zudem ergänzende Persönlichkeitseigenschaften z. B. aus der Temperaments-, der Behaviorismus- oder der reziproken Determinismusforschung einbeziehen, bis hin zu besonderen Spezifika wie z. B. religiösen und politischen Einstellungen. Da all diese Zusatzkriterien wie eine Meta-Ebene über dem Modell zu lokalisieren sind, wird letztlich deutlich, wie vielschichtig Hotelgäste sind und welche Potenziale zur Erfassung von ganzheitlichen Gästeprofilen vorhanden sind.

Da bislang in der hotelspezifischen Fachliteratur kein (ganzheitliches) vergleichbares Gästebetrachtungsmodell existiert, soll der Gästebetreuungsquadrant einen Ausgangspunkt darstellen, indem die zu betrachtenden Unterkategorien in ihrer Anordnung sich auf wissenschaftliche Arbeiten wie die „Theorie grundlegender individueller Werte“ (Schwartz, 2012), die Kulturindexe von Geert Hofstede (Hofstede, 2001), als auch die Bedürfnistheorien von Abraham Maslow (Maslow, 1977) und Clayton P. Alderfer (Alderfer, 1972) begründen. Dies soll nachfolgend am Beispiel von Alderfers drei Klassen von Bedürfnissen exemplarisch verdeutlicht werden (Tabelle 4.1).

Tabelle 4.1 Alderfers Bedürfnisklassen aus der operativen und der strategischen Dimension (Alderfer, 1972; Lippold, 2019, S. 22)

Alderfers Bedürfnisklassen	Gästebedürfnisse	Gästeanlässe	Gästewert
Wachstumsbedürfnisse Entfaltung Selbstverwirklichung Selbständigkeit	Transzendenz	Begeisterung Begeisterung Beschwerde Beratung	Zusatzkäufer Umsatzbringer Innovator Meinungsmacher
Beziehungsbedürfnisse Kontakte Achtung Respekt Wertschätzung	Emotion Kommunikation Konsum		
Existenzbedürfnisse Materielle Sicherheit Physiologische Bedürfnisse	Organisation Orientierung	Besorgung Begleitung	Informationslieferant

Die Beziehungen der dargestellten Bedürfnisklassen nach Alderfer mit den dargestellten Gästequadranten lassen sich zudem mit Alderfers Hypothesen und der hotelspezifischen Logik in Einklang bringen (Alderfer, 1972):

1. Je weniger Existenzbedürfnisse befriedigt werden können, desto stärker werden sie; je mehr sie befriedigt werden, desto stärker werden die auf der nächsten Stufe stehenden Beziehungsbedürfnisse.
2. Je weniger Beziehungsbedürfnisse befriedigt werden können, desto stärker werden sie und die Existenzbedürfnisse; je mehr sie befriedigt werden, desto stärker werden wiederum die auf der nächsten Stufe stehenden Wachstumsbedürfnisse.
3. Je weniger Wachstumsbedürfnisse befriedigt werden können, desto stärker werden die Beziehungsbedürfnisse; je mehr sie befriedigt werden, desto stärker werden die Wachstumsbedürfnisse.

Allderfers Logiken entsprechen nahezu vollumfänglich hotelspezifischen Verhaltensphänomenen, wie in der nachfolgenden Beschreibung von neureichen Gästen sichtbar wird:

> *„Seid nett zu den Gästen, auch dann und erst recht dann, wenn es euch schwer gemacht wird. Auch unter den neu Reichgewordenen gibt es so´ne und solche: Gäste, die sich gern beraten lassen und Verständnis dafür haben, daß man dieses derart und jenes*

auf andere Weise besser arrangieren kann, und Gäste, die alles besser wissen und in ihrem vorwärts stürmenden Elan keine fachmännische Lehre akzeptieren; aber dennoch, wenn etwas schief geht, eben diesen Fachmann, der es ja hätte wissen müssen, verantwortlich machen. Einige der Letzteren können auch unangenehm, ja gefährlich werden, wenn sie bei irgendeiner Gelegenheit ihre eigene Schwäche erkennen und sie, nach Schuldigen suchend, mit Lautstärke kompensieren. Es sind die, an denen sich bisweilen die Animosität gegen alles Deutsche im Ausland neu entfacht.“ (Arndt, 1961, S. 127)

Für den Kontext dieser Arbeit muss abschließend darauf hingewiesen werden, dass Alderfers Hypothesenbeziehungen zwischen den dargestellten Bedürfnisgruppen zwar weitestgehend wissenschaftlich anerkannt wurden, in der Praxis jedoch mehrheitlich unbeachtet blieben (Rosenstiel et al., 2005). Damit besteht eine berechtigte Option und Potenzial, die Operationalisierung von Alderfers Konstrukten hotelspezifisch positiv anzunehmen und davon auszugehen, dass diesbezüglich noch weiterer Forschungsbedarf besteht.

4.1.6 Zwischenfazit

„Gerade im Umgang mit Gästen ist nicht nur perfektes Verhalten, sondern auch die sichtbare Motivation und Begeisterung, den Gast von Herzen willkommen zu heißen, ihn zu umsorgen und ihm einen unvergesslichen Aufenthalt zu bieten, das A und O des Berufs (…).“ (Motsch & Rohrmoser, 2014, S. 7)

Um Hotelgästen einen unvergesslichen Aufenthalt bieten zu können, sollten Hotelmitarbeiter im Rahmen der persönlichen individuell intensiven Gästebetreuung, diese möglichst ganzheitlich und systematisch aus mehreren Perspektiven betrachten und betreuen können. Die Zusammenführung der dargestellten Gästedimensionen in den Gästebetreuungsquadranten erlaubt nicht nur eine solche Möglichkeit, sondern ermöglicht ebenso differenzierte Betrachtungen für alle Kompetenzstufen eines Hotelbetriebs, vom Hotelmanagement bis hin zu den Hotelmitarbeitern, die im Rahmen der „Guest Journey“ an den abteilungsspezifischen Touchpoints operativ mit der persönlichen, individuell intensiven Gästebetreuung betraut sind (vgl. Kapitel 4). Im nächsten Kapitelabschnitt sollen deswegen diese hotelspezifischen Phasen vorgestellt werden, in denen Gästebetreuung über bestimmte Kanäle bzw. präsenzbedingt persönlich möglich ist und die individuelle Betreuungsintensität ermittelt werden sollte.

4.2 Von der Customer Journey zur Guest Journey

> *„When consuming a good or service, the customer experiences interactions with an organisation or business. This customer experience life cycle consists of every interaction with an organisation. This journey can be separated into different phases: pre-, during, and post-consumption. The customer journey, therefore, consists of different stages with several, multichannel touchpoints involved. The orchestration of each of the business processes involved should be in place to provide a seamless customer journey."* (Suleri et al., 2021, S. 114)

Aufgrund der herausragenden Bedeutung von Kunden gilt es – nach Sabine Haller und Christian Wissing – deren Konsumverhalten und Kaufentscheidungsmuster zu erkennen, zu verstehen und vorherzusagen. Damit sollen nicht nur Transaktionswahrscheinlichkeit, sondern auch Kundenbindung und Markterfolg erhöht werden (Haller & Wissing, 2020). Aufbauend auf das AIDA-Modell von Elmo-Lewis entwickelten nachfolgende wissenschaftliche Ansätze deswegen die Erkenntnis, dass der Kauf eines Produkts nur einen Zwischenstopp in einem zumeist nicht linearen Prozessverlauf darstellt. Dieser wird seitdem zumeist als Customer Journey thematisiert, die zwischen dem ersten Kaufimpuls, der Kaufentscheidung und der Nachkaufphase individuell vollzogen wird (Rusnjak & Schallmo, 2018).

Ausgehend vom touristischen Reisesujet und damit verbunden, Hotelbetriebe als touristische Akteure zu betrachten, bietet es sich an, die Customer Journey abgrenzend als Guest Journey zu bezeichnen. Dabei muss wiederum dem Umstand Rechnung getragen werden, dass Hotelgäste andere Charakteristika als Kunden aufweisen können:

> *„Building a customer journey map is important for hotels because it allows them to better understand the customer experience and identify opportunities for improvement. The map outlines all of the key touchpoints in the guest journey, including pre-arrival, check-in, and post-stay, and provides insights into the guest experience at each stage."* (Hotel Tech Report, 2023)

Schließlich erlaubt die Verwendung des Begriffs Guest Journey auch eine tiefer gehende Auseinandersetzung mit den emotionalen Bedürfnissen von Hotelgästen – vor, während und nach dem Aufenthalt – womit sich nicht nur ein „Emotional Mapping" von spezifischen Berührungspunkten (Touchpoints) konkretisieren lässt (Caquard & Griffin, 2019), sondern zudem die Notwendigkeit begründet werden kann, „Point of Sales" zu „Point of Care" zu transformieren. Nachfolgend sollen darum die Phasen der Guest Journey vorgestellt und ihre

Bedeutung für die persönliche, individuell intensive Gästebetreuung beleuchtet werden:

> *„Die direkte Kommunikation zwischen Hotel und Gast ist das effektivste Werkzeug, um das Gästeerlebnis positiv zu beeinflussen und eigene Angebote zu vermarkten. Hoteliers sollten daher Berührungspunkte entlang der gesamten Customer Journey schaffen und ihre Kommunikation entsprechend ausbauen. Neben dem persönlichen Kontakt gewinnt heutzutage die digitale Gästekommunikation immer mehr an Bedeutung."* (Wagner, 2018)

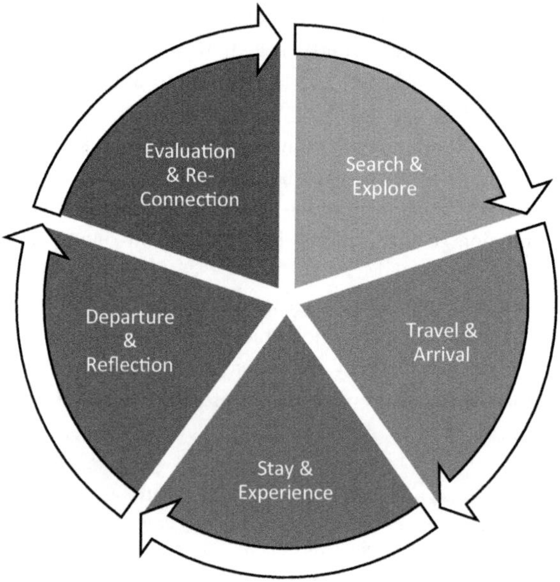

Abbildung 4.8 Phasen der Guest Journey

4.2.1 Vor der Anreise – Search & Explore-Phase

> *„Die rasante Entwicklung des Internets hat auch traditionelle Dienstleistungsbereiche erfasst. Kunden buchen Hotelübernachtungen im zunehmenden Maße über Hotelreservierungssysteme. Diese Systeme ermöglichen eine schnelle und unkomplizierte*

Durchführung von Reservierungen. Schon heute verlangen Unternehmen eine Integration solcher externen Applikationen in firmeneigene Portale. Egal ob zusätzliche Dienstleistungen für Kunden angeboten werden sollen oder es nur um die unternehmensinterne Vereinfachung von Prozessen gilt: Voraussetzung ist ein grundlegendes Verständnis der Prozesse.“ (Hahmann, 2004, S. 1)

Bevor Gäste sich für einen Hotelbetrieb entscheiden, begeben sie sich in eine reisespezifische Such- und Sondierungsphase, die Search & Explore-Phase. In dieser informationsintensiven Orientierungs- und Selektionsphase wird zunächst die Destination an sich sowie die Grundzüge der Distanzüberwindung zum Zielort abgesteckt und alle dafür notwendigen organisatorischen und inhaltlichen Belange getroffen (z. B. Transport). Die Auswahl eines potenziellen Hotelbetriebs ist dabei heute zunehmend von persönlichen Empfehlungen, Online-Bewertungen und/oder Privilegien aus Kundenclub-Programmen abhängig:

„Nicht nur, dass das Internet die Art wie wir arbeiten, spielen, leben und lernen verändert, es hat auch das Verhalten der Kunden gegenüber Marken massiv beeinflusst. Autohändler angelten sich die Kunden im Verkaufsraum und nach dem Kauf löste sich die Beziehung bis zum ersten Werkstatt-Termin. Heute nehmen Kunden unzählige Marken in der Entscheidungsphase wahr. Marken und Anbieter werden in die Überlegung einbezogen, Onlinemedien benutzt, Freunde werden befragt und dann sukzessive aussortiert. Nach dem Kaufvertrag bleiben Kunden heute im Internet aktiv. Sie bewerten ihre Kaufentscheidung und empfehlen Produkte und Marken weiter und das mit einem Publikum von Konsumenten im Millionenbereich. Im negativen Kauferlebnis wird die Kaufreue über Facebook, YouTube, Blogs und Bewertungsportalen zum Ausdruck gebracht. Damit leistet der Kunde einen Beitrag zur Markenentwicklung.“ (Menthe & Sieg, 2018, S. 8)

Auch (potenzielle) Hotelgäste haben zur Buchung ihrer Leistungen variable direkte als auch indirekte Vertriebs- und Buchungskanäle[43] zur Verfügung. Hotelbetriebe versuchen jedoch zunehmend und hauptsächlich ertragsorientiert, Hotelgäste von Direktbuchungen zu überzeugen. Die Search & Explore-Phase kann in diesem Kontext auch als Potenzialphase bezeichnet werden. Aus Sicht zukünftiger Hotelgäste besteht das Potenzial darin, maßgeschneiderter und damit

[43] Entscheiden sich potenzielle Hotelgäste zur Buchung über ein Mittler (z. B. ein Online-Reisebüro), so ist dieser Ansprech- und Vertragspartnerpartner für Gäste und Hotelbetriebe. Vor allem Online-Reisebüros und Vergleichsportale bieten Hotelgästen breite Informations- und Vergleichsmöglichkeiten, um sich bedarfsgerecht zu orientieren und eine Buchung innerhalb weniger Minuten zielgerichtet vorzunehmen. Zahlreiche vergleichbare Gästebewertungen unterstützen dabei die aktuelle Meinungsbildung der Buchenden.

individueller planen und je nach Bedürfnislage dafür entweder den direkten persönlichen oder den direkten unpersönlichen (digitalen) Kontakt zum ausgewählten Hotelbetrieb suchen zu können. Für den involvierten Hotelbetrieb hingegen besteht das daraus resultierende Potenzial, entsprechend frühzeitig die persönliche, individuell intensive Gästebetreuung initiieren zu können. Eine relevante Herausforderung dabei kann jedoch der unterschiedliche Professionalisierungsgrad einzelner, touristischer Akteure sein (Steinecke, 2013). Grundsätzlich ist dennoch zu beachten, dass umso kürzer der zu planende Aufenthalt ist, desto kürzer ist auch die Search & Explore-Phase.

4.2.2 Die Anreise – Travel & Arrival-Phase

> *„Was hat es mit dem Reisen auf sich? Worin liegt das Glück des Aufbruchs? Warum treibt oder zieht es Menschen aller Anstrengungen zum Trotz in die Ferne? Grundsätzlich lassen sich Reisemotive in Push- und Pull-Motive unterteilen: Während Push-Motive all die Motive sind, die einen von zuhause wegtreiben, sind Pull-Motive alles, was einen woanders hinzieht. Weiterhin gibt es unbestimmte Motive wie ‚Fernweh' ganz allgemein. Es ist kein Zufall, dass dieser Begriff aus der Zeit der Romantik ab Ende des 18. Jahrhunderts stammt, in der vieles mit Melancholie und einer unbestimmten Sehnsucht verbunden war und freiwilliges Reisen deutlich wichtiger wurde."*
> (Zschocke, 2021)

In der Travel & Arrival-Phase steht zunächst die sogenannte Raum-Zeit-Überwindung im Mittelpunkt. Damit ist gemeint, dass sich potenzielle Hotelgäste von einem momentanen Aufenthaltsort oder vom Heimatort zu einem Zielort bewegen müssen. Dabei setzt ein interessantes psychologisches Phänomen ein. Je höher die Kosten (Geld/Zeit) für die Distanzüberwindung sind, desto größer sind die Erwartungen am Zielort, an Erlebnissen während des Aufenthaltes teilhaben und Möglichkeiten in spezifische Aktionsräumen ausnützen zu können[44]. Dazu gehört auch die für die persönliche, individuell intensive Gästebetreuung relevante Überwindung von Fremdheitsgefühlen. Meinhard Schuster betrachtet diese Motivation aus der Perspektive von Ritualen und charakterisiert sie als existenzielle und identitätsstiftende Erfahrung von Menschen. Er beschreibt Fremdsein als

---

[44] „Es gibt zahlreiche Forschungen zu Reisemotiven und Bedürfnissen. So benennt John L. Crompton z. B. sozio-psychologisch induzierte Push-Motive: Flucht aus einer als banal wahrgenommenen Umgebung, Erforschung und Bewertung des Selbstbildes durch Abgleich, Entspannung, Prestige, Regression, Förderung von Freundschaftsbeziehungen und Streben nach sozialer Interaktion. Die zwei Pull-Motive Novität bzw. Innovation und Bildung bzw. Wissensdurst (Neugier) werden hingegen als kulturell induziert angesehen" (Crompton, 1979, S. 408–424).

Grundprinzip von kulturspezifischer Lebenserfahrung, mit deren Hilfe Menschen bekannterweise und unbekannterweise die ihnen umgebende Welt beziehungskategorisch gliedern (Schuster, 1996). Da die Travel & Arrival-Phase immer ein inhärentes Gefühl von Fremdsein begleitet, verweist Steinecke auf die unterschiedliche Raumwahrnehmung von Reisenden und betont, dass das Gefühl von Nähe bzw. Distanz zur Zieldestination die individuelle räumliche und emotionale Bindung an diese nachhaltig beeinflussen könne (Steinecke, 2013):

> *„Reisen hat darüber hinaus verschiedene positive Auswirkungen auf die Psyche. Studien haben gezeigt, dass die tiefere sinnliche Wahrnehmung, die Aktivierung und die Notwendigkeit der Orientierung nach außen sogar helfen können, milde depressive Episoden zu überwinden, die oft mit einer starken Fokussierung auf sich selbst und mit dauerndem Grübeln über immer dieselben Themen einhergehen und einen im wahrsten Sinne des Wortes bewegungsunfähig machen. Rausgehen, sich auf die Welt einlassen und sich in ihr orientieren zu müssen, wirkt dem entgegen. Dies gilt umso mehr, wenn am Reiseziel intensiveres Licht, Bewegung und befriedigende soziale Kontakte dazukommen."* (Zschocke, 2021)

Die Travel & Arrival-Phase wird schließlich mit den hotelspezifischen Aufnahme- und melderechtlich vorgegeben Registrierungsmodalitäten formal abgeschlossen. Neuerdings versuchen insbesondere internationale Hotelketten, diese Prozesse bereits in die Travel-Phase einzubinden, indem sie über digitale Kommunikationsangebote anbieten, Arrival-Prozesse zu entzerren (z. B. über den digitalen Pre-Check-in), um an weitere aufenthaltsrelevante Informationen zu gelangen. Aus Gästesicht kann so die persönliche, individuell intensive Gästebetreuung frühzeitig eingeleitet und vorbereitet werden, während aus Sicht des Hotelbetriebs das Involvement der Hotelgäste in die Erbringung der Dienst- und Interaktionsleistungen erhöht werden kann:

> *„The guest experience mirrors consumption habits; that is to say, it is increasingly impacted by digitisation and all of the tools and innovations it encompasses. From having a tablet in the hotel room to using a conversational platform, there are various opportunities available for hotels seeking to attract a more ‚connected' clientele. Hotels are prepared to invest large sums here, because they are all aware that a successful guest experience will have positive consequences for their reputation and for guest loyalty."* (Hospitality Industry Club, 2019)

4.2.3 Der Aufenthalt – Stay & Experience-Phase

„Kein Mensch kümmert sich um den anderen Menschen im großen Hotel, jeder ist mit sich allein in diesem großen Kaff, (...). Jeder wohnt hinter Doppeltüren und hat nur sein Spiegelbild im Ankleidespiegel zum Gefährten oder seinen Schatten an der Wand. In den Gängen streifen sie aneinander, in der Halle grüßt man sich, manchmal kommt ein kurzes Gespräch zustande, aus den leeren Worten dieser Zeit kümmerlich zusammengebaut. Ein Blick, der auffliegt, gelangt nicht bis zu den Augen, er bleibt an den Kleidern hängen. Vielleicht kommt es vor, daß ein Tanz im gelben Pavillon zwei Körper nähert. Vielleicht schleicht nachts jemand aus seinem Zimmer in ein anderes. Das ist alles. Dahinter liegt eine abgrundtiefe Einsamkeit.“ (Baum, 1957, S. 257)

Die für die persönliche, individuell intensive Gästebetreuung und damit die Gästebindung ergiebigste Phase ist die Stay & Experience-Phase, da sowohl von Hotelgästen, von Hotelmitarbeitern und somit auch vom Hotelbetrieb das Ziel verfolgt wird, Fremdheit abzubauen und Vertrautheit aufzubauen:

„Guests want to have several options when it comes to personalising their experience. But this doesn't mean that they want to stay shut in their room and avoid all human contact. On the contrary: guests also want to experience the human relationship that lies behind the product or technology.“ (Hospitality Industry Club, 2019)

Im Kontext der persönlichen Gästebetreuung geht es insbesondere während des Aufenthaltes darum, diesen so individuell intensiv zu gestalten, dass Hotelgästen emotional stimuliert werden, sich an den Hotelbetrieb zu binden[45]. Entscheidend dafür ist neben dem präsenten Involvement aller Hierarchiestufen insbesondere die Diagnosefähigkeit der gästebetreuenden Hotelmitarbeiter (Innerhofer, 2012), wie auch Kai Behrens bezeugt:

„Ich persönlich betrachte mich nicht als Hotelier, sondern als Gastgeber – was bedeutet, dass ich Gäste so behandele, als kämen sie zur mir nach Hause. Früher hatten Direktoren sogenannte Lobbystunden, also bestimmte Zeiten, in denen sie sich in der Lobby blicken ließen. Heute ist das anders. Gäste wollen herzlich und mit Namen begrüßt werden, sei es von einem Rezeptionisten, dem Concierge oder dem Hoteldirektor. Es geht darum, persönliche Kontakte zu pflegen. Vor allem in den großen Häusern ist das sehr in den Hintergrund getreten, weil es lange kaum machbar war.“ (Behrens, 2023)

---

[45] „Individuelles Eingehen auf die Gästewünsche sowie die Konzentration der geschäftlichen Aktivitäten, ‚rund um den Gast‘ sind ein unschlagbarer Vorteil in der heutigen stark von Automatismen geprägten (Hotellerie-)Welt. Der Gast, der sich wirklich wohlfühlt, kommt auch gerne wieder“ (Oidtmann, 2010, S. 206).

Karla Henschel, Axel Gruner und Burkhard von Freyberg ergänzen dazu, dass die Bedürfnisse von Hotelgästen, ihre Erwartungen und Anforderungen an die Qualität der persönlichen, individuell intensiven Gästebetreuung als spezifische Hotelleistung, wie Ausgangspunkte zu betrachten sind und aus Sicht der Hotelgäste definiert werden müssen[46]:

> *„In diesem Sinne ist die Qualität der Hotelleistung das Ergebnis eines Vergleichsprozesses durch den Gast, in dem Erwartungen und Wahrnehmungen gegenüberstehen."* (Henschel et al., 2013, S. 75)

Die persönlich Gästebetreuung muss deshalb aufenthaltsspezifisch als individuell intensivste Interaktionsmöglichkeit zwischen Hotelgästen, Hotelmitarbeitern und Hotelbetrieb betrachtet werden, weswegen die Stay- und Experience-Phase auch als Erlebnisphase mit dem größten Flow-Potenzial bezeichnet werden kann. Dafür müssen Hotelmitarbeiter in der Lage sein, Hotelgäste miteinbinden, stimulieren und wohltuend fordern zu können, mit dem Ziel, dass diese positive Emotionen entwickeln, Erlebnisse mit anderen teilen und somit die ablaufende Aufenthaltszeit vergessen. Eine solche Strategie kann nach Ralph Tunder und Tobias Irion Flow-Erlebnisse generieren, insofern Dienstleister (hier Hotelmitarbeiter) zwei spezifische Qualitätsmerkmale beachten (Tunder & Irion, 2007):

1. Enjoyment: Hotelmitarbeiter müssen in der Lage sein, positive Emotionen und Stimmungen eines Gastes bzw. diesbezügliche Veränderungen möglichst genau diagnostizieren können, wenn dieser eine Dienstleistung in Anspruch nimmt bzw. diese vollendet.
2. Verzerrte Zeitwahrnehmung: Wenn Hotelgäste eine Dienstleistung erleben, müssen Hotelmitarbeiter die notwendigen Prozesse so steuern können, dass die involvierten Hotelgäste das Gefühl entwickeln können, dass Zeitpunkt oder Zeitdauer eine untergeordnete Rolle spielt („Stunden vergehen wie im Flug").

Tunder und Irion betonen wie Thomas Robbert, Lennart Straus und Stefan Roth, dass Gäste in den Dienstleistungsprozess aktiv beteiligt werden sollen, indem sie individuell intensiv körperlich, geistig oder sozial eingebunden und gefordert

---

[46] Damit knüpfen die Autoren an allgemeine in Theorie und Praxis akzeptierte kundenorientierte Qualitätsbegriffe an (Bruhn, 2006; Bruhn & Stauss, 1995; Fitzsimmons & Fitzsimmons, 1994; Parasuraman et al., 1985, 1994), die wie Thomas Bieger darstellen, dass die Qualität einer Dienstleistung aus der Fähigkeit besteht, Erwartungen zu erfüllen oder diese zu übertreffen (Bieger, 2007).

werden. Die Autoren stimmen zudem darin darüber ein, dass solche Beteiligungen niemals standardisiert, sondern personifiziert und damit einmalig oder herausgehoben sein sollen. Dies kann hotelspezifisch dann gelingen, wenn Hotelmitarbeiter in der Lage sind, Hotelgäste, im Rahmen der persönlichen, individuell intensiven Gästebetreuung, dabei unterstützen zu können, durch erlebte Freude, psychologisches Eigentum zu erwerben (Robbert et al., 2019). Darunter verstehen die Autoren wie auch Linn van Dyne und Jon L. Pierce, sowohl affektive als auch kognitive Elemente und Expressionen die in häufig verwendeten Ausdrücken, die Eigentums- oder Besitzgefühle bezeichnen, auftreten, ohne dass das titulierte Objekt, die titulierte Person oder ähnliches tatsächliches bzw. rechtmäßiges Eigentum darstellt (Pierce & van Dyne, 2004):

> *„Meine einzige große Liebe, seitdem ich Wien verloren habe, ist Paris. Ich liebe mein Quartier Latin, mein Hotel Foyot. Es ist mein Hotel. Man gibt mir dort Geld und zu essen, wenn ich in Not bin. Es ist diskret, ruhig, vornehm wie ein altes Plätzchen in der Provinz, und es hat nichts gemein mit dem Restaurant der Herren Senatoren."*
> (Nestmeyer, 2015, S. 213–214; J. Roth, 2016, S. 156)

Hotelgäste müssen dafür folglich, insbesondere während ihres Aufenthaltes persönlich stimuliert und motiviert werden, indem externe Signale und persönliche, individuell intensive Reize so eingesetzt werden, dass sie als neu, überraschend und unerforscht und damit aktivierend wahrgenommen werden. Reize, die von der persönlichen, individuell intensiven Gästebetreuung ausgehen können, sind nach Thomas Schierl, Werner Kroeber-Riel und Andrea Gröppel-Klein im Allgemeinen Außenreize (Schierl, 2017), die in drei verschiedene Reizgruppen eingeteilt und für die Aktivierung von Hotelgästen verantwortlich gemacht werden können:

1. Physischer Reizwirkung, die als unthematische Reize aufgrund ihrer formalen Qualität aktivierend wirken können, indem sie einfach unübersehbar sind.
2. Kognitive Reizwirkungen, die nicht in das vorhandene kognitive Schema passen und Verwunderung auslösen, zum Nachdenken anregen oder Widerspruch provozieren sollen. Kognitive Reize aktivieren jedoch nicht so stark wie emotionale und nutzen sich individuell schnell ab.
3. Emotionale Reizwirkungen, die schließlich als Schlüsselreize mit biologisch vorprogrammierten (instinktiven) Reaktionen spontan hohe Aufmerksamkeit auslösen können und sich kaum abnutzen (Kroeber-Riel & Gröppel-Klein, 2019).

Welche Reize im Einzelfall besonders stark wirken, hängt von den Hotelgästen als Zielpersonen ab und muss daher von den involvierten und interagierenden Hotelmitarbeitern situativ, z. B. in einer gästebetreuungsspezifischen Situation diagnostiziert werden können, um ein optimales individuelles Aktivierungsniveau für Flow-Erlebnisse herstellen zu können. Hotelgäste brauchen dazu jedoch, so Tunder und Irion, auch ein garantiertes, subjektives Kontrollpotenzial; als Gefühl, in einem vertrauten Rahmen die Kontrolle ausüben zu können (Tunder & Irion, 2007).

Gleichwohl muss die Stay & Experience-Phase abschließend auch als Beeinflussungsphase sozialtechnologisch aufgefasst werden[47]. Nach Gerold Behrens gehen Beeinflussungen stets von Personen (Hotelmitarbeitern) und Institutionen (im weiteren Sinne Hotelbetriebe als Unternehmen) aus (G. Behrens, 1998). Damit enthält auch die persönliche, individuell intensive Gästebetreuung, als hotelspezifische Beeinflussung, eine Absicht und Zielgerichtetheit. Die langfristige Gästebindung kann als ein solches Ziel der Beeinflussung angesehen werden. Hotelgäste müssen jedoch jederzeit frei sein, der „Beeinflussung" widerstehen zu können. Dies gelingt, so Behrens, zumeist auch gut, da die meisten „Beeinflussungstechniken" durchschaubar und damit kontrollierbar sind (G. Behrens, 1998). So kann der persönlich geäußerte Wunsch nach Gästebindung durch Hotelmitarbeiter, während oder zum Ende des Aufenthaltes, als positive kommunikative und emotionale „Beeinflussung" aufgefasst werden, die durch Hotelgäste nicht nur im Abgleich von Erwartungen und Erlebtem kontrolliert werden, sondern ebenso subjektiv zugestimmt oder abgelehnt werden kann.

4.2.4 Die Abreise – Departure & Reflection-Phase

> *„Check-out in der Hotellerie bedeutet, dass der Gast das Haus verlässt. Er begleicht seine Rechnung und gibt den Zimmerschlüssel zurück. Der Check-out ist der letzte Eindruck, mit dem der Gast das Hotel verlässt. Es ist deshalb wichtig, dass er in den letzten Minuten freundlich und professionell behandelt wird, damit er sich bis zum Schluss wohlfühlt."* (Bock et al., 2017, S. 436)

Analog zum Check-in findet der Check-out zumeist an einem hotelspezifischen Point of Sales, am Front Office statt. Hotelmitarbeiter müssen in der Departure &Reflection-Phase berücksichtigen, dass emotionale Zustände von Hotelgästen

[47] Als Sozialtechnik ist die Anwendung verhaltenswissenschaftlicher Gesetzmäßigkeiten zur Beherrschung oder Beeinflussung von sozialem Leben aufzufassen (G. Behrens & Neumaier, 2018).

sich ändern können, umso näher die Abreise rückt. Dies hängt insbesondere mit der intensiver werdenden subjektiven Auseinandersetzung mit aufenthaltsbezogenen Erwartungen und Erlebnissen zusammen[48]. Ariane von Stenglin betrachtet diese Phänomene aus der Perspektive des Commitments in Dienstleistungsbeziehungen und bezeichnet sie als affektive, kalkulatorische bzw. normativ fundierte psychologische Zustände, die Kunden (hier Hotelgäste) an die Beziehung zu Dienstleistungsunternehmen bindet und zu potenziellen Verhaltenswirkungen führen können (Stenglin, 2008). Sie verweist unter Berufung auf Bernd Stauss und Kurt Matzler darauf, dass Kunden (hier Hotelgäste) dabei eine erlebte Leistung eines Anbieters (Ist-Leistung) mit ihrem inneren Vergleichsniveau (Soll-Leistung) abgleichen würden (Matzler, 1997; Stauss, 1999):

> *„Übertrifft die wahrgenommene Leistung den inneren Vergleichsstandard (positive Diskonfirmation) ist der Kunde zufrieden, wohingegen Unzufriedenheit aus einer negativen Diskonfirmation, also einer der Soll-Leistung unterlegenen Ist-Leistung, resultiert. Dieser pauschale Zusammenhang zwischen dem Ergebnis des Soll-Ist-Vergleichs und dem Zufriedenheitsurteil des Kunden muss allerdings um weitere Einflussfaktoren wie situative Merkmale (z. B. Involvement) oder auch Kausalattributionen erweitert werden.“* (Stenglin, 2008, S. 51)

Hotelgäste reflektieren folglich die wahrgenommenen Ist-Leistungen und kommen zu einem durch affektive, kalkulatorisch bzw. normativ fundierte psychologische Zustände subjektiven Leistungsergebnis. Berücksichtigt man dabei das ohnehin stärkere emotionale Involvement in hotelspezifischen Leistungen, das durch die Co-Produktion von Interaktionen wie der persönlichen, individuell intensiven Gästebetreuung stimuliert werden kann, wird deutlich, dass Hotelgäste nicht nur ihre Interaktionszufriedenheit, sondern auch ihre Beziehungszufriedenheit mit Hotelmitarbeitern, dem Hotelbetrieb und/oder anderen Hotelgästen reflektieren. Von Stenglin bezeichnet einen solchen Vorgang unter Berufung auf Jenny van Doorn als „beziehungsspezifische Zufriedenheitsdynamik“ (Stenglin, 2008, S. 53; van Doorn, 2004, S. 55 ff.):

> *„Die positive Erfahrung der Bestätigung und Übererfüllung der Kundenerwartungen sowie die Befriedigung sozialer Bedürfnisse in der Dienstleistungsinteraktion tragen zur Identifikation des Kunden mit dem Anbieter der Leistung und damit zur Entwicklung des affektiven Commitment bei. Gleichermaßen beeinflusst das Vertrauen*

[48] Auch Zukunftsperspektiven in Form von bereits bekannten oder noch unbekannten Nachfolgeereignissen können emotionale Veränderungen in der Departure & Reflection-Phase hervorrufen.

gegenüber dem Dienstleistungsunternehmen den affektiven Bindungszustand des Kunden. Die Überzeugung, dass der Anbieter wohlwollend und ehrlich in der Beziehung agiert, demnach also auf opportunistisches Verhalten verzichtet, befriedigt zentrale psychosoziale Bedürfnisse des Kunden nach sozialem Austausch, Unsicherheits- und Komplexitätsreduktion. Der Glaube an die Integrität und Verlässlichkeit des Dienstleistungsunternehmens fördert damit das auf positiven Gefühlen und Befürwortung basierende affektive Commitment.“ (Stenglin, 2008, S. 96)

Aus diesem Commitment heraus resultiert letztlich die individuelle Entscheidung, das Beurteilungsergebnis spätestens beim Check-out zu offenbaren oder aber für sich zu behalten. Dies kann auch aus der Perspektive der sozialen Austauschtheorie, bestätigt werden. Demnach stellt die Attraktivität einer positiven Beziehung zu Hotelmitarbeitern, Hotelbetrieb und/oder anderen Hotelgästen eine wesentliche Determinante zur Bestimmung ihres Nutzens dar. Die Attraktivität ergibt sich dabei aus der Relation des reflektierten Wertes der jeweiligen Beziehung und den (zukünftigen) Erwartungen der Hotelgäste an diese Verbindungen. Hotelmitarbeiter sollten deshalb im Rahmen der persönlichen, individuell intensiven Gästebetreuung, Hotelgäste bei der aufenthaltsbezogenen Reflexion unterstützen bzw. diese initiieren und deren Ergebnisse dokumentieren und auswerten können. Denn wenn Hotelgäste den Hotelbetrieb ohne eine angebotene Initiative, Erfahrungen assistiert reflektieren zu können verlassen, bestehen für Hotelbesitzer und/oder -betreiber hohe Risiken: Ihre Hotelgäste treten unbeeinflusst und unkontrolliert in die Evaluation & Re-Connection-Phase ein.

4.2.5 Nach der Abreise – Evaluation & Re-Connection-Phase

„Jede Transaktion, sei es der Kauf eines Produktes oder die Inanspruchnahme einer Dienstleistung, ist mit kundenindividuellen Erwartungen an die Leistungserfüllung und das Leistungsergebnis verknüpft. In der After-Sales-Phase unterzieht jeder Konsument seine Transaktion einer subjektiven Beurteilung, die ihren öffentlichen Ausdruck in einer Kundenbewertung im Internet finden kann, aber nicht muss. (…) Eine positive Bewertung signalisiert Kundenzufriedenheit bis hin zur Kundenbegeisterung, während eine negative Bewertung Kundenunzufriedenheit zum Ausdruck bringt. Ein Kundenfeedback kann sich auf verschiedene Bewertungsobjekte beziehen, das Produkt als physisches oder digitales Gut, die Dienstleistung als Erfahrung und Erlebnis, das Unternehmen als Transaktionspartner oder eine natürliche Person als privat oder gewerblich agierendes Wirtschaftssubjekt.“ (Deges, 2021, S. 45)

Die hotelspezifische Evaluation & Re-Connection-Phase ist zunächst durch distanzgewinnendes Verhalten geprägt, indem abreisende Hotelgäste sich sowohl räumlich als auch emotional von ihrem zeitweiligen Aufenthaltsort, vom möglichen „Zuhause in der Fremde"[49] (Hellweg, 2013, S. 12), lösen und sich reisemotivational auf ein neues Etappenziel oder auf ihren ständigen Wohnort ausrichten müssen (Eisenstein, 2014; Mundt, 2013):

> *„‚Du müsstest öfter reisen', sprach er zu sich selber. ‚Nicht aus geographischen Erwägungen; nicht wegen irgendwelcher Fernsichten, Gletscher, Gemäldegalerien, Tropfsteinhöhlen und Ritterburgen. Du müsstest öfter reisen, um zuweilen nicht daheim zu sein. Nur unterwegs erfährt man das Gefühl märchenhafter Verwunschenheit'."* (Kästner, 2011, S. 9)

Es kann darum davon ausgegangen werden, dass der eher spontane aufenthaltsbezogene Bewertungsprozess, der in der Departure & Reflection-Phase erfolgt, eher als episodenhafte Reflexion zu betrachten ist, indem commitment-abhängig einzelne aufenthaltsbezogene Erlebnisse mehr oder weniger intensiv reflektiert und bewertet werden, um „Erkenntnisse über Vergangenes zu erlangen, die für anstehende Entscheidungen und künftiges Handeln genutzt werden können." (Hager, 2019, S. 1)

Als aufenthaltsbezogene Evaluation soll deswegen ein vertiefender und kontinuierlicher Prozess der Reflexion verstanden werden, bei dem systematisch der Wert oder die Qualität von Konzepten, Bedingungen, Prozessen und Wirkungen zielgerichteter Aktivitäten analysiert und ausgewertet werden, zum Zwecke ihrer Bewertung und Modifikation (Hager, 2000; Rossi et al., 2001).

Die für die Evaluation notwendige Distanz ergibt sich einerseits aus der räumlichen Entfernung vom Handlungsort Hotel, als auch aus der temporär schwächer werdenden emotionalen Bindung an nicht mehr verfügbare Akteure (z. B. Hotelmitarbeiter). Auch eine hotelaufenthaltsbezogene Evaluation läuft als Prozess ab, der je nach Literatur in unterschiedlich vielen Schritten erfolgt. Nils Berkemeyer und Sabine Müller haben dafür acht zentrale Schritte herausgestellt, die hotelspezifisch adaptierbar sind:

---

[49] „Das Hotel, das ich wie ein Vaterland liebe, liegt in einer der großen europäischen Hafenstädte und die schweren, goldenen Antiqua-Lettern, in denen sein banaler Name über den Dächern der langsam emporsteigenden Häuser aufleuchtet, sind für mein Auge lauter metallene Fahnen, stehende Fähnchen, die zur Begrüßung glänzen, statt zu flattern. Wie andere Männer zu Heim und Herd, zu Weib und Kind heimkehren, so komme ich zurück zu Licht und Halle, Zimmermädchen und Portier – und es gelingt mir immer, die Zeremonie der Heimkehr so vollendet abrollen zu lassen, daß die einer förmlichen Einkehr ins Hotel gar nicht beginnen kann" (Roth, 1983, S. 49).

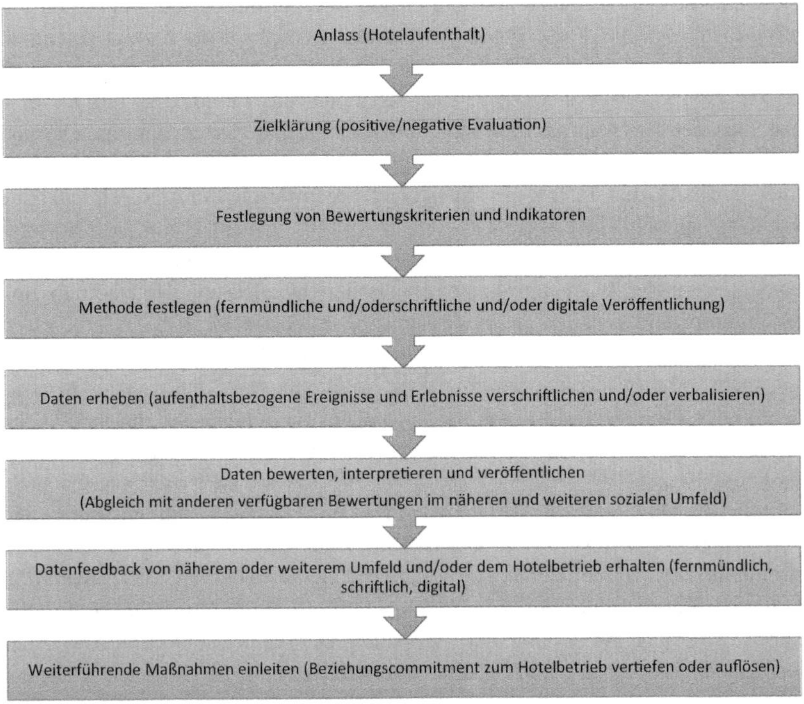

Abbildung 4.9 Aufenthaltsbezogener Evaluationsprozess, adaptiert nach Berkemeyer und Müller (Berkemeyer, 2008; Berkemeyer, 2009, S. 529 ff; Berkemeyer & Müller, 2010, S. 196 ff.)

Auch Frank Deges befasst sich mit Evaluierungen in Form von Bewertungen (Deges, 2021). Unter Berufung auf Christian Homburg, Heribert Meffert, Manfred Bruhn und Karsten Hadwich bemängelt er Vollständigkeit von Dienstleistungsbewertungen, da dort nur prozess- und ergebnis-, jedoch keine potenzialqualitativen Aspekte evaluiert werden könnten (Homburg, 2020; Meffert et al., 2019). Während nach Stenglin die situative Reaktion darauf hauptsächlich über das affektive Commitment abläuft („das kann ja wohl nicht wahr sein!"), treten in der Evaluation & Re-Connection-Phase verstärkter das normative und das kalkulatorische Commitment hervor, indem einerseits differenzierter zwischen einzelnen episodenhaften Erlebnissen abgewogen wird, als auch bereits Überlegungen zur Re-Connection mit dem Hotelbetrieb einsetzen (Stenglin, 2008).

Diese sind zu dem Zeitpunkt zudem abhängig von der Reaktion des Hotelbetriebs auf die individuelle Form der Dokumentation der Evaluation des Aufenthaltes[50]. Im Kontext der persönlichen, individuell intensiven Gästebetreuung muss jedoch darauf verwiesen werden, dass das Potenzial der direkten Kommunikation zwischen Hotelbetrieb bzw. Hotelmitarbeitern und Gästen zielführender und konstruktiver erscheint, wenn man die sich schnell ausbildende Eigendynamik einer beispielhaften Internet-Evaluation vergegenwärtigt, bei der oft sachliche Kritik mit unsachlichen Kommentierungen vermischt werden und zu Shit- bzw. Firestorms[51] führen können. Damit kann letztlich die möglicherweise noch vorhandene restliche Beziehungsqualität zwischen Hotelgästen, Hotelbetrieb und Hotelmitarbeitern gänzlich ge- wenn nicht sogar zerstört werden.

In der Evaluation & Re-Connection-Phase versuchen Hotelbetriebe zumeist mit mehr oder weniger personifizierten Marketingmaßnahmen, den Kontakt Hotelgästen zu halten und durch die gewonnenen aufenthaltsspezifischen Daten zu incentivieren (z. B. über Geburtstagsgrüße, Wünsche zu Jubiläen etc.). Damit wird zumeist das Ziel verbunden, die durch die Abreise sich wieder aufbauende (räumliche und emotionale) Distanz zwischen Hotelgästen, Hotelmitarbeitern und Hotelbetrieb zu verringern und zu einer Wiederbuchung (Follow-up-Geschäft) zu stimulieren bzw. zu motivieren. Aufgrund des Überangebotes an Alternativen fällt es Hotelbetrieben jedoch zunehmend schwer, die Beziehung zu Hotelgästen über längere Zeit, ohne Wiederkehr, aktiv zu halten. Der damit verbundene Ansatz der Gästeorientierung gerät somit an seine Grenzen. Darum soll im nächsten Kapitel das für die persönliche, individuell intensive Gästebetreuung notwendige Konzept der „Guest Centricity" und „Guest Care" vorgestellt werden.

---

[50] Ralph T. Kreutzer verweist deswegen darauf, dass mit einer großzügigen Kulanzleistung (Gutschrift, Incentive, kostenfreies Upgrade bei der nächsten Buchung) die Gästebeziehung und damit die Gästebindung gegebenenfalls wieder stabilisiert werden könne (Kreutzer, 2018).

[51] Ein Shit- oder Firestorm (Sturm der Entrüstung) bildet sich nach Kreutzer mehrheitlich in sozialen Netzwerken und bezeichnet das lawinenartige Aufkommen („Storm") von negativen bis hin zu herabwürdigenden Kommentaren und kritischen Äußerungen („Shit") gegenüber Unternehmen, Institutionen und Personen, mit oftmals nicht absehbaren Folgen (Kreutzer, 2018, S. 87).

4.3 Von der Gästeorientierung zu Guest Centricity und Guest Care

„Der 5. Stern sind Victoria und Patricia, die deutsche Gästebetreuung. Ich wurde noch nie so herzlich, lieb und nett empfangen und über die ganze Zeit betreut. Ein wirklicher Mehrgewinn des ohnehin sehr guten Hotels: Schönes Zimmer mit Balkon, Safe und den bequemsten Matratzen, die ich je in einem Urlaub hatte. Der Kleiderschrank bzw. Stauraum dürfte für zwei Personen knapp sein, aber es ist ausreichend. Das Bad ist eher klein, dafür aber sehr schön und ebenso ausreichend. Sehr guter Zimmerservice. Insgesamt ein sehr guter Service, egal in welchem Bereich. Es sind alle nett und freundlich." (Mona, 2014, S. 7)

Konsequente Gästeorientierung und das Stärken der Gästebindung werden seit Jahrzehnten von deutschen Hotelbesitzern und -betreibern gefordert und von diesen auch kategorie- und betriebsspezifisch verfolgt. Gäste in den Mittelpunkt zu stellen gilt als allgemeines Image der Branche, obschon nach Karl Bodo Bock und Nils Wend viele Destinationen und Betriebe eher produktorientiert denken und handeln: Unter Berufung auf Christian Gündling bedeuten die Autoren deshalb (Gündling, 1997):

„Es kommt einer ‚Kulturrevolution' gleich, den Gast in den Mittelpunkt zu stellen. Denn das bedeutet Abschied von der Überzeugung zu nehmen, selbst zu wissen, was für den Gast gut ist." (Bock & Wend, 2005, S. 15)

Folgt man diesem Mindset, bedeutet Gästeorientierung eine produkt- und leistungsspezifische Auseinandersetzung **für** Hotelgäste. Im Kontext dieser Arbeit soll diese über die persönliche, individuell intensive Gästebetreuung weiterentwickelt werden als eine vertiefte Auseinandersetzung **mit** Hotelgästen. Darum werden zunächst die dafür nötigen Begrifflichkeiten „Guest Centricity" und „Guest Care" vorgestellt.

4.3.1 Von der Customer Centricity zu Guest Centricity

„Ich erwarte absolute ‚Guest Centricity'. In der digitalen Welt bedeutet das für mich, benutzerfreundliche Prozesse und Services zu erhalten, die zeitsparend sind. Persönlich erwarte ich einen Service, der an Nachhaltigkeitszielen ausgerichtet ist und zudem emotionalen Mehrwert stiftet. Dazu gehört, Gefühle wie Vertrauen, Geborgenheit, Sicherheit, Warmherzigkeit und Wertschätzung zu vermitteln." (Weiß, 2022, S. 69)

Seit geraumer Zeit beschäftigen sich zahlreiche Unternehmen der unterschiedlichsten Wirtschaftszweige damit, „Customer Centricity“ in ihre Unternehmenskulturen zu implementieren. Manfred Bruhn verweist jedoch auf vorhandene Umsetzungsdefizite, ausgelöst durch die immense Vielfalt und Interpretationsvarianten von unternehmensspezifischen Definitionen von Kunden, Kundenbindung und Kundenbeziehung (Bruhn, 2016). Jörg Staudacher merkt deswegen auch an, dass zumeist Begriffe wie „Customer Relation“, „Customer Orientation“ und „Customer Centricity“ synonym verwendet werden, obschon branchenbedingte Spezifika unterschiedliche Bedeutungsebenen rechtfertigen können (Staudacher, 2021). So beschreiben Michael Nenninger und Melanie Seidel „Customer Centricity“ als grundlegenden und radikalen unternehmerischen Perspektivwechsel – weg von der Fokussierung auf Unternehmen und deren Dienstleistungsangebote und Produkte hin zur konsequenten Fokussierung auf Kunden und deren Bedürfnisse. Die vollkommene und konsequente Konzentration auf Bedürfnisse und Probleme von Kundinnen und Kunden könne jedoch auch bedeuten, dass Unternehmen sich neue Fähigkeiten aneignen oder sogar das Geschäftsmodell neu erfinden müssen, um für spezifische Märkte und Kunden zukunftsrelevant zu sein. Nenninger und Seidel betonen deshalb, dass ein „Customer Centric Approach“ alle Bereiche eines Unternehmens angehen würde und die Unternehmenskultur maßgeblich beeinflussen müsse (Nenninger & Seidel, 2021). Jörg Staudacher bestätigt einen solchen Strategiewechsel und begründet dies, mit Verweisen auf Björn Sander, Kathrin Friedrich, Sven Hunfeld und Sathit, mit der zunehmenden Austauschbarkeit von Marken (Sander et al., 2009) und der immer schnelleren Nachahmung von Innovationen durch Mitbewerber (Sathit, 2017). Unternehmen bliebe keine andere Strategie als eine stärkere Hinwendung zum Kunden (Staudacher, 2021). Staudacher warnt fortführend vor Fehlentwicklungen der „Customer Centricity“, indem zahlreiche Unternehmen vor allem auf Technologie und digitale Innovationen setzen würden, als sich tatsächlich den Kunden zuzuwenden. „Customer Centricity“ solle man jedoch als Technologie nur dann einsetzen, wenn sie sinnvoll und tatsächlich kundenzentriert integriert werden kann. „Customer Centricity“, so Staudacher, benötige als Erfolgsfaktoren dafür ein großes Zeitkontingent und den Willen zur Kontinuität, die in zahlreichen Organisationen nicht ausreichend vorhanden seien (Staudacher, 2021). Auch Stefan Helmke und Mitautoren bestätigen solche Fehlentwicklungen und erklären, dass Unternehmen oft behaupten würden, dass sie „Customer Centricity“ aufbauen wollten, jedoch eigentlich strikte Vertragsverhältnisse oder technisch-funktionaler Abhängigkeiten als Bindemittel nutzen und diese als ökonomisch lukrativer erachten würden (Helmke et al., 2013).

Obschon Gästeorientierung im Hotelgewerbe integrativer Bestandteil allen Handels sein sollte und in vielen Unternehmensleitbildern Gäste sprichwörtlich im Mittelpunkt stehen, können im Zuge der Digitalisierung jedoch auch Fehlentwicklungstendenzen der „Guest Centricity" als branchenspezifische Adaption der „Customer Centricity" beobachtet werden. So verweisen beispielsweise Alessandro Inversini, Manuela De Carlo und Lorenzo Masiero darauf, dass viele Hotelbetriebe irrtümlicherweise „Guest Centricity" mit gästeorientierten Dienstleistungen und bedürfnisorientierten Services gleichsetzen würden und bedeuten, wie wichtig eine wertebasierte Denkweise und der unternehmerische Wille zu einer normativen Beziehungsgestaltung mit den Gästen für tatsächliche „Guest Centricity" sei:

> *„Customer-centricity deals with a deeply embedded mindset and norms that make customer relationships the top priority within a hospitality organization. Being serious about this issue means to redefine the whole organization's orientation and culture, encouraging employees at all levels to engage with customers, generating value for them and for the establishment."* (Inversini et al., 2020).

Jan Jaap van Roon bestätigt dieses indirekt, indem er feststellt, dass Hotelbetriebe über Jahre hin immer zimmerzentrierter statt gastzentrierter geworden wären und verfügbare Zimmer eher als Gäste als Kapital betrachten würden (van Roon, 2017). Ähnlich argumentiert auch Fleurine Mijinke, die dem Hotelgewerbe zwar per se den Grundcharakter der „Guest Centricity" bescheinigt, diesen jedoch nicht vollständig entwickelt sieht (Mijinke, 2022). In Übereinstimmung mit Inversini, De Carlo und Masiero werden von Mijinke Veränderungen in den hotelspezifischen Abläufen angemahnt, indem gastzentrierte Funktionen und Prozesse so organisiert werden sollen, dass daraus mehr „Hospitable Hotel Services" entstehen können (Inversini et al., 2020):

> *„Organise your people around ‚guest missions'."* (Mijinke, 2022)

Mijinke fordert, dafür „verborgenes Wissen" aus den hotelspezifischen Subkulturen ins Bewusstsein zu holen und verweist damit insbesondere auf vorhandenes impliziten Erfahrungswissen der Hotelmitarbeiter[52] (Mijinke, 2022). Sie betont abschließend, dass Gästewünsche (z. B. nach persönlicher, individuell intensiver Gästebetreuung) ernster wie bisher zu nehmen seien und Personalverantwortliche

---

[52] In diesem Kontext muss erneut auf das Potenzial der Hotelgästekarteien verwiesen werden, deren Potenziale (Nutzbarkeit und Einsatzmöglichkeiten) auch in Zeiten von strengem Datenschutz noch nicht ausreichend genutzt bzw. falsch eingesetzt werden, wie Michel Toedt

entsprechende Talente diesbezüglich suchen bzw. über Aus- und Weiterbildung dafür entwickeln sollten (Mijinke, 2022). Inversini, de Carlo und Masiero bekräftigen dies und resümieren:

> „*(...) the more an organization engages in customer-centricty and in advanced CRM*[53] *usage, the more it can influence the perceptions of customers by directing their attention to those aspects of the service related to interpersonal relationships (i.e. hospitality staff), thus making it more difficult for competitors to imitate.*" (Inversini et al., 2020, S. 8)

Um diese Anliegen jedoch umsetzen zu können, müssen ganzheitliche Veränderungen eingeleitet werden[54]. Ein Vorschlag wäre, bestehende Points of Sales, z. B. am Front Office oder in gastronomischen Outlets zu „Points of Care" zu innovieren. Ausgangspunkt dafür ist ein Unternehmensleitbild mit der Vision von „Guest Centricity", welche mit „Guest Care" als Mission und der persönlichen, individuell intensiven Gästebetreuung, operationalisiert werden soll:

> „*Customer care in the hospitality industry is everything. They are the lifeblood of any business hence the famous business adage: the customer is always right. Understanding the importance of providing an excellent customer service is, consequently, crucial for a healthy business in creating new customers, keeping loyal clients and developing referrals for future travellers. Customer service is the first opportunity a hotel gets to amaze and create a lasting impression. Great service makes customers feel that you care about developing a long-term relationship that means more than just making a sale. The customer ought to be in the centre of the business and services must be designed around them.*" (Marques, 2018)

4.3.2 Guest Care als operationalisierte Guest Centricity

> „*Customer care – good or bad – is no accident but is the outcome of a company's service quality system. All organisations have such a system. For some it is an informal, unstructured system which provides low levels of service; for others it is a well thought out, effectively structured system which delivers consistently high levels of service. The*

---

und Robert Selke betonen (Toedt, 2019; Toedt & Selke, 2020). Nicht aktualisierte bzw. fehlerhafte Gästeprofile werden deshalb hotelspezifisch als Karteileichen bezeichnet (Schopohl et al., 2016, S. 567).

[53] Customer Relation Management.

[54] So könnten Hotelbetriebe beispielsweise kategoriespezifisch prüfen, ob sie reine Aufenthalts- und Bewegungsräume, ohne Konsumzwang, für Hotelgäste wiedereinführen können, um dort Betreuungsangebote konzentrieren zu können.

irony is that it takes no more effort to devise a well-structured system than it does to cope with an unstructured one." (Lynch, 1992, S. 91)

In der wissenschaftlichen Literatur existieren unterschiedliche bzw. hauptsächlich branchenspezifische Begriffsverständnisse von Customer Care. Dies gilt sowohl für den Aufgabenumfang des Customer Care als auch für den von Customer Care angesprochenen Kundenkreis. Gleiches gilt für das Hotelgewerbe, wo bislang gar kein allgemeines Begriffsverständnis für „Guest Care" existiert, weswegen zumeist Erkenntnisse anderer Branchen aufgegriffen werden. Darum soll zunächst ein allgemeines Verständnis von Customer Care aufgebaut werden, um daraus einen operationalisierten Ansatz für das Hotelgewerbe vorschlagen zu können. So sehen Autoren, wie der eingangs zitierte James J. Lynch, „Customer Care" als umfassendes Unternehmenskonzept und fordern eine kundenorientierte Unternehmensvision, -mission und damit eine „Total Customer Care Philosophy" (Reinecke et al., 1998). Bernd Stauss und Wolfgang Seidel hingegen betrachten „Customer Care" als ein konkretes Wertschöpfungspotenzial im In- und Outbound-Geschäft von Unternehmen. Sie konkretisieren „Customer Care" als einen planvollen Umgang mit individuellen Anliegen, die Kunden an ein spezifisches Unternehmen richten (Stauss & Seidel, 2023). Dies wird auch von Pat Wellington bekräftigt, die Customer Care erweitert und in 6 Bereiche strukturiert (Wellington, 2010, S. 6):

1. Produkt- oder Dienstleistungs-spezifisches Customer Care
2. Verkaufsspezifisches Customer Care
3. Supportives (kundendienstspezifisches) Customer Care
4. Standortspezifisches Customer Care
5. Termin- bzw. dispositives Customer Care
6. Kulturspezifisches Customer Care

Die Autorin bedeutet, dass Kunden jeden dieser sechs Bereiche für die Auswahl eines Unternehmens mehr oder weniger bewusst bzw. mehr oder weniger emotional in Betracht ziehen würden. So könne man, so Wellington, z. B. einen Hauskauf nicht mit alltäglichen Supermarkteinkäufen gleichsetzen, da Ausnahmekäufe wie Ersterer viel intensiver erlebt würden (Wellington, 2010, S. 7). Dies wird auch von Sarah Cook bestätigt, die am Beispiel von Kaufentscheidungen aufzeigt, dass diese mit materiellen als auch immateriellen Faktoren behaftet sind und damit begründet, dass Dienstleistungen sowohl explizite leistungsspezifische als auch fürsorgespezifische „Customer Care Merkmale" haben sollten (Tabelle 4.2):

Tabelle 4.2 Customer Care Eigenschaften (S. Cook, 2008, S. 9)

Tangible Customer Care Eigenschaften	Intangible Customer Care Eigenschaften
Performanz	Fürsorglichkeit
Qualität	Anstand
Zuverlässigkeit	Hilfsbereitschaft
Kosten	Problemlösende Fähigkeiten

Damit liefern alle genannten Autoren wertvolle Hinweise für das Anliegen dieser Arbeit, indem Hotelmitarbeiter im Rahmen von „Guest Care" folglich möglichst genau das individuell intensive emotionale Involvement von Gästen diagnostizieren können sollten, um Dienstleistungen wie die persönlich, individuell intensive Gästebetreuung und dazugehörige Serviceleistungen darauf abstimmen zu können. Christian Homburg und Ruth Stock-Homburg betonen deshalb die Notwendigkeit, Mitarbeiter so zu trainieren[55], dass sie tangible bzw. verkaufsorientierte und intangible bzw. emotionsbezogene Eigenschaften personenspezifisch so ausbalancieren können, dass daraus sowohl für den involvierten Kunden als auch für das Unternehmen Mehrwerte (z. B. in Form von Kundenloyalität) entstehen können (Homburg & Stock-Homburg, 2012). Heinz K. Stahl beschreibt eine solche Kundenloyalität als ein aus drei verschiedenen Schichten bestehendes, durch Customer Care stimulierbares Konstrukt. Mit einem inneren wert- und emotionsgeprägten Kern, der eine belastbare Form der Kundenloyalität darstellt und in Anlehnung an psychologische Forschungen „Commitment" genannt wird. Mit einer mittleren Schicht, welche die an konkrete Bedingungen geknüpfte, also „bedingte" und willentlich eingegangene Kundenloyalität beinhaltet und einer äußeren Schicht, die durch den Maßstab des „Wiederkaufverhaltens" angelegt wird, was einer oberflächlichen oder gar trügerischen Kundenloyalität entsprechen würde (Stahl, 2008). Aus Stahls Ausführungen lässt sich der hohe Anspruch an die involvierten Mitarbeiter ausmachen, welche diese Schichten nicht nur gezielt durchdringen können sollten, sondern ebenso jederzeit in der Lage sein müssen, zu diagnostizieren, in welcher Schicht sie welche gezielte Stimulanz wirksam werden lassen müssen, um die Kundenloyalität zu erhalten bzw. diese auszubauen. Dabei sollten nicht nur analoge, sondern ebenso technische bzw. digitale Potenziale gezielt

[55] Führungskräfte sollen ihren Mitarbeitern nicht nur Customer Care vorleben, sondern sie gleichzeitig ermutigen, kontinuierliche Verbesserungen von kundenbezogenen Prozessen mitzugestalten (Homburg & Stock-Homburg, 2012).

genutzt werden. Mike Trotter bezeichnet deswegen technisch dominiertes „Customer Care“ als Ermöglicher, insofern Kundenkonditionen jederzeit, überall und über den Zugangskanal ihrer Wahl branchenspezifisch und kundenzentriert ausgestaltet werden können (Trotter, 2001). Trotter verweist deswegen auch auf die Notwendigkeit, Mitarbeiter („people“), Abläufe („process“) und technische Anwendungen („technology“) so weiterzuentwickeln bzw. zu synchronisieren, dass sie nicht nur branchenspezifischen Kundenbedürfnissen entsprechen, sondern ebenso genauestens kundenbezogen evaluierbar sind:

> *„Of course, the answer is not to eliminate the existing workforce but to find ways to develop the new skills required in your existing people. The role of customer contact as a significant part of the retention solution becomes even more critical. Customer contact becomes a real profession and the people and work involved to be successful at customer retention are clearly evident.“* (Trotter, 2001, S. 74)

Da auch im Hotelgewerbe, viele Dienstleistungen und Services im Kernnutzen austauschbar geworden sind, wird eine klare Differenzierung gegenüber Mitbewerbern am Markt notwendig. Ein wesentliches Differenzierungspotenzial für das Hotelgewerbe könnte deswegen vor allem in persönlichen, individuell intensiven Betreuungsangeboten mit der Gewichtung auf „Guest Care“ in allen Phasen der „Guest Journey“ liegen:

> *„There is a big difference between hospitality and customer service. Hospitality is all about making your guests feel welcome and comfortable. Customer service, on the other hand, is about meeting the needs of your customers and helping them to solve any problems they may have.“* (Cottam, 2022)

Die Verwendung der Fachbezeichnung „Guest Care“ hätte sogar Potenzial, zahlreiche wertebasierte Verständnisse wie „Service Excellenz“ (Rath, 2014), „Service Attitude“ (Kuo et al., 2012), „Service Experience“ (Manhas & Tukamushaba, 2015) oder auch „Gastgeberkultur“ (Lashley et al., 2007) unter einem Dach zu vereinen. Geht man davon aus, dass die eigentliche Dienstleistung des Hotelgewerbes die persönliche, individuell intensive Gästebetreuung ist, die insbesondere in der persönlichen „uno-acto“-Interaktion mit komplexen Aufgabenbündeln behaftet ist, kann mit dem Begriff „Guest Care“ ein Konstrukt geschaffen werden, dass nicht nur mit der persönlichen, individuell intensiven Gästebetreuung operationalisierbar, sondern ebenso in spezifischen Gütekriterien mess- und evaluierbar erscheint.

„Guest Care“ kann sodann aus einer hotelspezifischen Dreieckskonstellation zwischen den Hotelgästen, den Hotelmitarbeitern als auch dem Hotelunternehmen resultieren, indem zwischen anbietendem Hotelunternehmen, Hotelmitarbeitern und Hotelgästen Steuerungsbedarf besteht (Schmidt, 2008). Es muss nämlich davon ausgegangen werden, dass kategorie- bzw. betriebsspezifisch Teilbereiche des „Guest Care“ unpersönlich, also digital angeboten werden müssen, andere rein persönlich. Auf Grundlage dieser Beobachtungen lassen sich konstitutive Elemente von „Guest Care“ mithilfe des von Ruth Cohns entwickelten TZI-Modells darstellen (vgl. Abb. 4.11 und Abb. 4.12).

Das Modell der themenzentrierten Interaktion soll dabei als ein kompetenzorientiertes hotelspezifisch adaptiertes Handlungskonzept verstanden werden, welches zur Leitung, Planung, Steuerung und Reflexion von gästebetreuenden Strukturen und Prozessen in einem spezifischen Umfeld, hier dem Hotel-Globe eingesetzt wird. Das Konzept lässt sich hotelspezifisch an vier Faktoren, drei Axiomen und zwei Postulaten präzisieren. So beschreibt das bei Cohn verwendete „Ich“ zunächst den einzelnen betreuenden Hotelmitarbeiter, dessen Biografie, Ausbildungsgrad und Funktion. Im von Cohn bezeichneten „Wir“ repräsentieren sich der Hotelbetrieb und das konzeptspezifische strukturelle betriebliche Gefüge, z. B. zwischen den gästebetreuenden Abteilungen, geprägt von der betriebs- und kategoriespezifischen organisations-, Dienstleistungs- und Interaktionskultur. Schließlich manifestiert sich im „Es“ die zu bearbeitende Aufgabe, in Form der individuell intensiv zu betreuenden Hotelgäste. Der Globe als Rahmen führt zu den kategorie- bzw. betriebsspezifischen Rahmenbedingungen, also dem strukturellen, sozialen, politischen, wirtschaftlichen, ökologischen, ökonomischen und kulturellen engeren und weiteren Umfeld des Hotelbetriebs (Cohn, 2018) (Abbildung 4.10).

Die moral-ethische Grundlage der adaptierten hotelspezifischen themenzentrierten Interaktion ist ebenso wie in Cohns Modell in drei Axiomen festgehalten. Das existenziell-anthropologische Axiom verweist dabei zunächst auf die Unabhängigkeit des Einzelnen, im Rahmen der Abhängigkeit von der ihn umgebenden Umgebung, in diesem Falle der hotelbetriebs- sowie der branchenspezifischen Umwelt. Innerhalb deren gibt es eigene und erlernbare Grenzen, welche insbesondere durch Gesetze aber auch durch branchenspezifische bzw. betriebsspezifische Standards aufgezeigt werden. Das zweite Axiom soll als ethisch-sozialer Grundsatz „Guest Centricity“ ausdrücken und repräsentiert das konzeptionelle Grundanliegen eines Hotelbetriebs bzw. des Hotelgewerbes. Schließlich fordert das dritte Axiom mit seinem pragmatisch-politischen Charakter, bestehende innere und äußere Grenzen zu erweitern, was nicht nur mit dem Wunsch nach langfristiger Gästebindung und damit verbundenen Phänomenen zwischen Hotelgästen, Hotelmitarbeitern und Hotelbetrieb beschrieben werden kann, sondern auch mit der Erschließung neuer Gästesegmente.

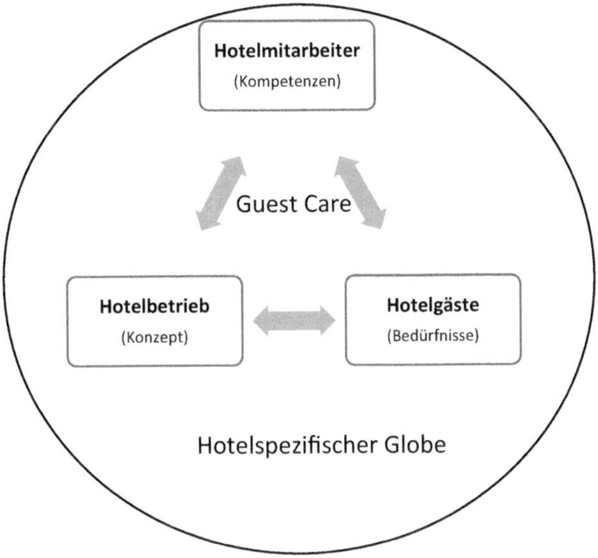

Abbildung 4.10 Guest Care im TZI-Modell (Cohn, 2018)

Zusammengehalten werden die Axiome durch zwei wesentliche Postulate. Das Chairman-Postulat nach Cohn kann adaptiert werden, in der Annahme, dass jede Situation als ein Angebot für eine gästebindungsrelevante Entscheidung zu sehen ist. Um solche Entscheidungen beziehungsfördernd gestalten zu können, muss nicht nur die Unternehmenskultur entsprechende Dispositionen treffen[56], sondern auch Hotelmitarbeiter entsprechend dafür ausgebildet sein. Darauf kann somit auch das zweite Postulat, das Störungspostulat nach Cohn bezogen werden:

> *„Das Postulat, daß Störungen und leidenschaftliche Gefühle den Vorrang haben, bedeutet, daß wir die Wirklichkeit des Menschen anerkennen; und diese enthält die Tatsache, daß unsere lebendigen, gefühlsbewegten Körper und Seelen Träger unserer Gedanken und Handlungen sind.“* (Cohn, 2018, S. 122)

[56] „Der Weg zu einer Gastgeberkultur führt absurderweise nicht über den Gast. Man könnte sich sogar zu der Behauptung versteigen, dass der Gast damit nichts zu tun hat. (…) Führungskräfte im Sinne der Gastgeberkultur konzentrieren sich auf ihre Mitarbeiter. (…) Der Gast kommt erst ins Spiel, wenn Sie ihn fragen: Möchten Sie lieber in einem Hotel wohnen, wo die Mitarbeiter ihre Arbeit lieben, oder in einem Hotel, dessen Management dem Kunden höchste Priorität einräumt?“ (Peters, 2014, S. 186–187).

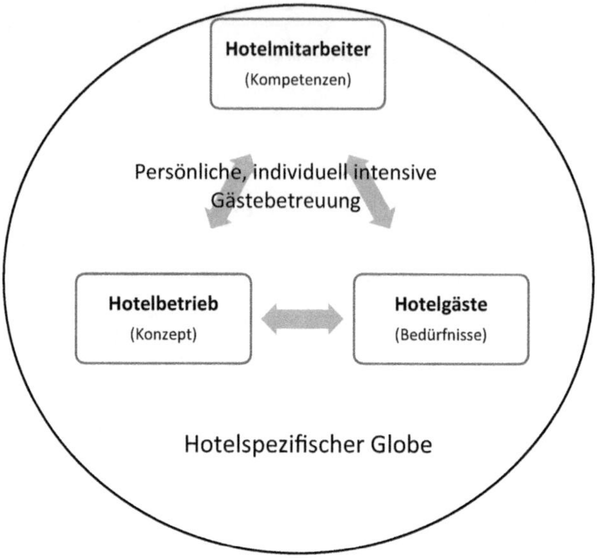

Abbildung 4.11 Beziehungsqualität als Handlungsprodukt von Guest Care im TZI-Modell (Cohn, 2018)

Hotelspezifische Störungen z. B. in Form von Gästebeschwerden müssen gästebindungsrelevanten Vorrang haben, da sie nicht nur das Wohlbefinden aller involvierten trüben, sondern ebenso nach Oliver Borner, die Erhöhung der Umsätze (Ausschöpfung von Umsatzpotenzialen der Gäste und Generierung von Weiterempfehlungen), die Senkung von Kosten (geringere Akquisitions- und Bearbeitungskosten), die Stabilisierung des Unternehmenserfolgs (Festigung von Geschäftsbeziehungen sowie Nutzung anhaltenden Gästefeedbacks zur sukzessiven Anpassung der Leistungen) gefährden (Borner, 2021). Deswegen betont auch Karoline von Kretschmann, dass zu einer modernen Hotelunternehmenskultur Vertrauen und Sinnstiftung gehören würden, indem sich Führungskräfte in den Dienst der Menschen stellen und diese ermächtigen sollten, ihre Potenziale zu heben (Kretschmann, 2002).

Die durch „Guest Care“ mögliche Wirkungskette wird in Abb. 4.13 dargestellt. Dabei fällt auf, dass „Guest Care“ nicht nur ökonomischen, sondern auch emotionalen Erfolg entwickeln kann[57]. Jochen Menges, Lydia Ebersbach und Christian Welling bezeichnen diesen deswegen als „emotionales Kapital“ (Menges et al., 2008, S. 15).

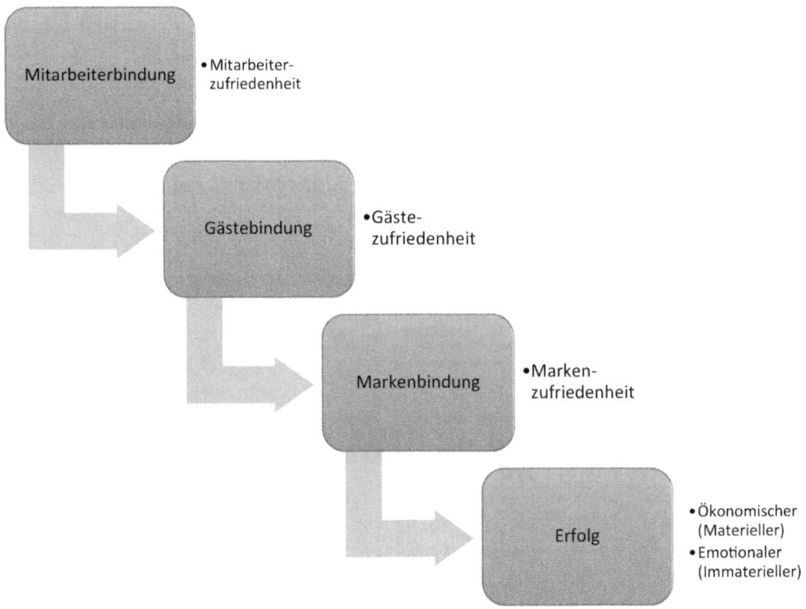

Abbildung 4.12 Wirkungskette von „Guest Care“

Zusammenfassend soll „Guest Care“ in der vorliegenden Arbeit somit wie folgt verstanden werden:

[57] Beatrix Lischka sieht als Teil von emotionalem Erfolg die Möglichkeit für Unternehmen und Mitarbeiter, emotionale Intelligenz aufbauen zu können (Lischka, 2012).

„Guest Care" bezeichnet eine hotelspezifische Unternehmensmission, zu dem operationalisiert die umfassende Betreuung von aktuellen, zukünftigen und ehemaligen Gästen eines Hotelbetriebs bezüglich aller Anlässe und Bedürfnisse, die sich im Zusammenhang von beabsichtigten, derzeitigen oder vergangenen Aufenthalten und der Inanspruchnahme von Kernleistungen des Hotelunternehmens ergeben können, gehört. Durch individuelle Lösung der Anliegen auf der Gästeebene sollen auf Unternehmensebene Mitarbeiter- und Gästezufriedenheit und damit Gäste- und Markenbindung sowie die damit verbundenen positiven Effekte auf den ökonomischen und emotionalen Erfolg erreicht werden.

Nachdem nun ein grundlegendes Verständnis von „Guest Centricity" und „Guest Care" sowie deren Bedeutung und Ziele dargestellt wurden, sollen im nächsten Kapitel die Umrandung eines hotelspezifischen Care-Konzeptes dargestellt werden, in Form von Care-Phasen entlang der Guest Journey.

4.3.3 Guest Care-Phasen in der Guest Journey

> *„When customers walk through the front door of your business, they have certain expectations that they'll be safe from hazards, and as a business owner, you have a legal duty to provide a certain standard of ‚reasonable care' to protect them. If you're in an especially customer-focused industry like hospitality, those expectations are even higher. Whether you operate a hotel, restaurant, bar, or other similar hospitality business, your customers expect a certain level of pampering, so the duty to provide reasonable care is even more crucial. Basically, the law defines ‚reasonable care' as the amount of care that a reasonably prudent person would use in a similar situation. That means using all of your skills and experience to operate your facility in a manner that would be consistent with that of a reasonable hospitality manager in similar circumstances. That doesn't mean you're required to absolutely ensure your guests' safety, and you won't generally be held liable for events you can't reasonably foresee, but you're still required to act prudently and use reasonable care to fulfill your duties of care."* (Heffernan Insurance Brokers, 2015)

Betreuungskonzepte finden sich in vielen Branchen als mehr oder weniger strukturierte und schriftliche Darstellungen handlungsleitender Grundsätze in der Befürsorgung von Kunden, Kindern, Schülern, Patienten o. Ä. Betreuungskonzepte orientieren sich zumeist stark an den Bedürfnissen der zu betreuenden

Zielgruppe und berücksichtigen dabei den organisatorischen Aufbau des ausführenden Unternehmens, die Art und Weise der Betreuung, die Einhaltung gesetzlicher bzw. vertraglicher Bestimmungen und Auflagen sowie die im Unternehmen festgelegten Maßnahmen zur Qualitätssicherung. Betreuungskonzepte werden auch für Sales & Marketing-spezifische Anliegen verwendet, da mit ihnen in besonderer Weise die praktische Umsetzung individueller Schwerpunkte systematisch sowohl internen als auch externen Aufsichts- und Prüfgremien, Banken und Behörden aber auch Kunden, Bewerbern und Mitarbeitern dargelegt werden kann (Rupp, 2017).

Ein hotelspezifisches Guest Care Konzept ist kategoriespezifisch auszugestalten und sollte ebenso betriebsspezifische Parameter abbilden. So ist davon auszugehen, dass ein Luxushotel ein anderes Guest Care Konzept haben wird, wie ein Budget Design Hotel. Ein Guest Care Concept beschreibt somit ein betriebsspezifisches Dienstleistungs-Organisationsmodell mit dem Ziel, die Leitmotive „Guest Centricity" und „Guest Care" in alle Bestandteile der Hotelleistungen, in alle Phasen der Guest Journey als Qualitätssäulen zu implementieren. Damit können sodann kategorie- bzw. betriebsspezifische Dienstleistungsorganisationsansätze entwickelt werden, in die die persönliche, individuell intensive Gästebetreuung in alle Phasen der Guest Journey integriert wird und damit zur Harmonisierung von Dienstleistungs- und Serviceprozessen zwischen Optimierung, Emotionalisierung, Digitalisierung und Automatisierung, beiträgt:

> *„A Guest Experience Journey is a collection of touchpoints. That is within the physical walls of the hotel and not. A touch point is an interaction between the guest and the hotel, virtually via the phone, email, or physically in the hotel at the reception or the bar. Every guest will go through an individual journey with the hotel and have a different experience from another guest. If the Guest Journey is designed appropriately, every guest is supposed to have a different, individually catered experience. A leisure traveller is not like a single business traveller nor like a group conference delegate."*
> (Maria, n. d.)

Abgeleitet aus der Customer Journey wird die hotelspezifische Guest Journey in der Fachliteratur mit einer uneinheitlichen Anzahl an Phasen dargestellt (Lodewijk Klosse, 2018; Müller-Roterberg, 2018; Schopohl et al., 2016). Für den Kontext dieser Arbeit sollen die fünf Hauptphasen der Guest Journey nun um eine weitere Ebene, die sogenannten Care Dimensionen erweitert werden, wie in Abb. 4.14 deutlich wird. Die Guest-Care-Phasen bezeichnen dabei mögliche Aktions- und Handlungsfelder, in denen gezielt die Gästebetreuung initiiert und betriebs- sowie kategoriespezifisch – je näher der Aufenthalt rückt – digital und/ oder persönlich intensiviert werden kann.

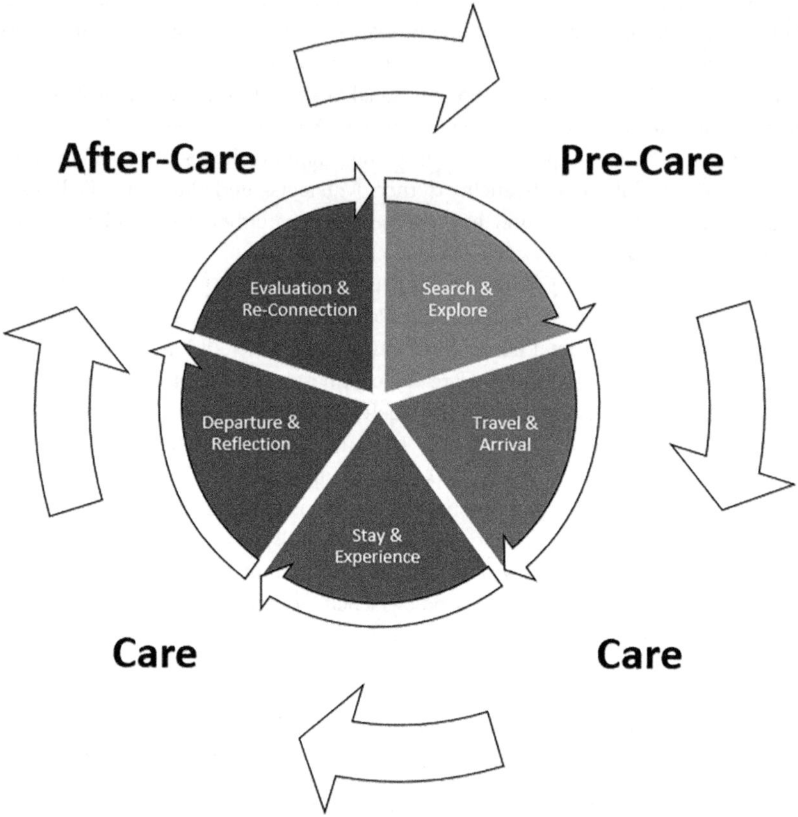

Abbildung 4.13 Phasen und Care-Dimensionen der Guest Journey

Reinhard Zinkann und Jochen Mahadevan bestätigen dies und betonen, unter Berufung auf Barton A. Weitz und Kevin D. Bradford, dass auch in Zukunft eine perfekte Customer Journey aus einem Zusammenspiel digitaler und menschlicher Interaktion bestehen wird (Weitz & Bradford, 1999), was ebenso für die Guest Journey im Hotelgewerbe in besonderer Weise angenommen werden muss (Zinkann & Mahadevan, 2018). In der Branche herrscht akut allerdings eine eher große Unsicherheit und Uneinigkeit über die „richtige" Balance zwischen Menschen und Technik, wie eine Studie von Roland Berger in Zusammenarbeit mit der Österreichischen Hoteliervereinigung (ÖHV) und dem Hotelverband Deutschland (IHA) zeigt. Einerseits gehen zwar viele Branchenteilnehmer davon aus, dass beispielsweise Roboter (digitale Anwendungen, Chatbots) in Zukunft, die eine oder andere Aufgabe im Rahmen der Guest Journey übernehmen könnten. Andererseits sind und bleiben Hotelgäste jeglicher Herkunft soziale Wesen, die auch in Zukunft eine menschliche und emotional aufgeladenen Interaktion mit Hotelmitarbeitern erwarten werden (Berger, 2019):

> *„Personalisierte und individualisierte Betreuung: Jeder Gast hat andere Bedürfnisse. Deshalb müssen wir immer für Sie da sein, um Ihnen zu helfen und Ihnen mit Professionalität und Freundlichkeit zur Seite zu stehen."* (International Hotel Consulting Services, 2018)

Darum müssen den Care-Phasen nicht nur betriebliche Funktionen, sondern auch über zu definierenden Points of Care, Raumfunktionen (und damit die monetäre und emotionale Inwertnahme dieser) zugewiesen werden. Verbindet man schließlich die Care-Phasen mit dem Gästebetreuungsquadranten und dessen Gliederung in strategische und operative Dimensionen, so ergibt sich der nachfolgend abgebildete Guest-Care-Prozess.

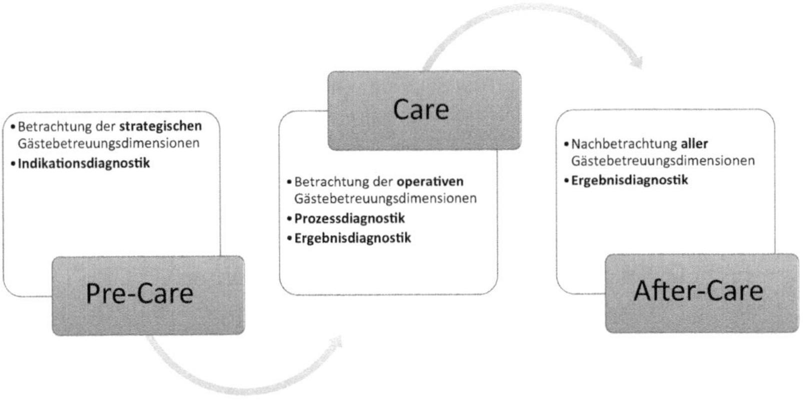

Abbildung 4.14 Guest-Care-Prozess und Prozessdiagnostik

4.3.3.1 Treatments in der Pre-Care-Phase

„*The pre-stay period is the perfect opportunity for a property to make a booking more valuable. For example, a hotel could suggest personalized upsell offers, whether that be for room upgrades or included services. Put simply, guests can't buy what they don't know about. It's a hotel's job to ensure that all relevant goods and services are laid out on the table ahead of time, both to boost RevPAR and to offer a well-rounded experience. A guest portal is a great way to engage with guests once they've booked. This is more than just an exercise in branding; a guest portal has the potential to be the central point of contact for your guests. Whether it's an extensive list of services, facilities, or optional add-ons, it can be fully customized.*" (Bricis, 2022)

Die Search & Explore-Phase stellt für viele Hotelbetriebe eine große Herausforderung dar, da Hotelgäste ihren Aufenthalt über zahlreiche Distributionskanäle, zu jeder Zeit und nahezu an jedem Ort recherchieren und buchen können. Viele deutsche Hotelbetriebe haben darum kontinuierliche Defizite bei Direktbuchungen, was nicht zuletzt daran liegt, dass digitale Reisemittler (z. B. Online Travel Agencies) o. Ä. ihre Marktvorteile und damit ihre Marktmacht gezielt nutzen und ausbauen (Hack, 2020). Während Hotelketten und -kooperationen deswegen insbesondere den Ausbau digitaler Vertriebswege vorantreiben, fällt es Individualbetrieben zunehmend schwerer, im globalen Vertrieb eigenständig zu agieren und ihre Direktbuchungen nachhaltig zu steigern.

Die Pre-Care-Phase ist darum zunächst aus der Gästeperspektive zu betrachten. Dafür müssen existierende und erwünschte Gästesegmente allokalisiert und strategisch betrachtet werden. Aus der Kombination von Gästepersönlichkeit und Gästewert lassen sich zunächst Rückschlüsse für die Grobsegmentierung der Hotelgäste ziehen, die dann in der Feinsegmentierung für die Bildung von Subsegmenten konzeptionell relevant sind (Raddao, 2009). Ein Ansatz, um über die Feinsegmentierung schließlich zu differenzierten Betreuungsansätzen und damit angepassten Betreuungsintensitäten zu kommen, ist die Klassifizierung der ermittelten Gästesegmente nach Betreuungstypen (Abbildung 4.15).

Jeder Gästetyp wird mit anderen Betreuungsleistungen, Zeitansätzen und ggfs. mit hierarchisch korrespondierenden Hotelmitarbeitern versehen.

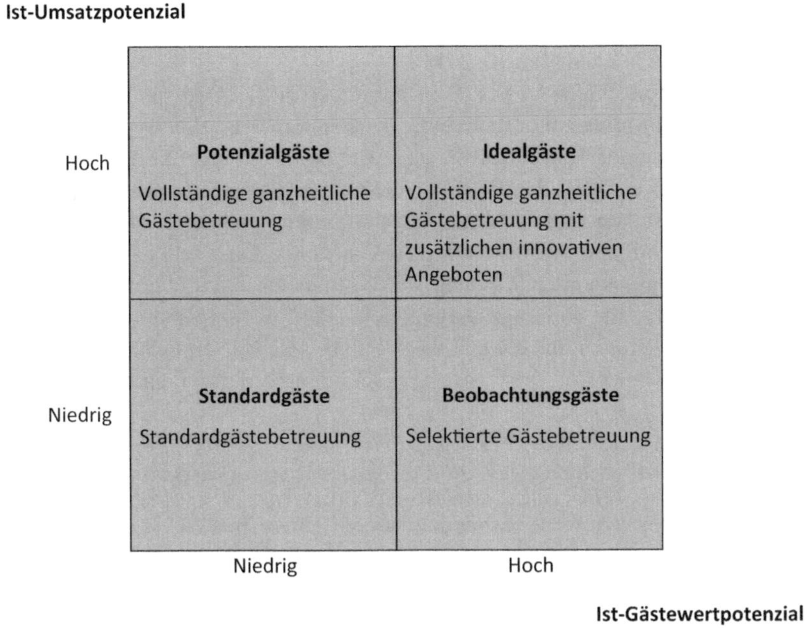

Abbildung 4.15 Gästepotenzialanalyse, adaptiert nach Anton Schmoll und Nino Raddao (Raddao, 2009, S. 76; Schmoll, 2006, S. 70 ff.)

Fortführend müssen sodann die bevorzugten Vertriebs- und Kommunikationskanäle bzw. deren „Standard Operation Procedures" so aufeinander abgestimmt werden (Evenson, 2011, S. 147), dass diejenigen Kompetenzstufen, die früh im Kontakt bzw. Betreuungsdialog sind, sehr kompetent und individuell gestaltet sind. Dabei kann auch ein gästezentrierter E-Level eingesetzt werden, der mithilfe von digitalen Prozessautomatisierungen, Standardanliegen von der menschlichen bzw. persönlichen Interaktion fernhält und damit die Gästebetreuung in der Pre-Care Phase grundsätzlich kostengünstiger gestaltbar macht (Ginsburg, 2000). So zeigen der zunehmende Umgang mit „Chatbots", „Voice Language Parsern" bzw. „Natural Speech Recognizern" (Neustein, 2013), dass für die digitale Gästebetreuung in der Pre-Care-Phase gut einsetzbare Potenziale vorhanden sind (Glotz, 2003). Christoph Tahedl verweist sogar darauf, dass der psychologische Aspekt bei der Interaktion mit KI-basierten Systemen nicht zu unterschätzen sei, da sich

Anwender eher trauen würden, auch sensible Fragen (z. B. zu Preis-Leistungs-Verhältnissen) zu stellen, um damit ihre Anliegen und Bedürfnisse im Detail durchdringen zu können (Tahedl, 2019).

Überwiegt fortführend in der Pre-Care-Phase die KI-basierte bzw. digitale Kontakt- und Informationsaustauschmöglichkeit mit dem Hotelbetrieb[58], kann angenommen werden, dass nicht nur der Wert, sondern auch die Erwartung an die persönliche, individuelle Gästebetreuung in der darauffolgenden Care-Phase steigt. Darum sollten (durch KI bzw. Digitalisierung entlastete) Hotelmitarbeiter die Pre-Care-Phase effektiv nutzen, um im Sinne einer Indikationsdiagnose Informationen über anreisende Hotelgäste zu sammeln. Je nach Größe des Hotelbetriebs kann das alle anreisenden Hotelgäste oder nur bestimmte repräsentative „Lead Guest" betreffen, die ähnlich wie Personas, als Nutzermodelle, vergleichbare Hotelgäste einer Ziel- bzw. Stilgruppe in ihren Merkmalen charakterisieren:

> *„Eine Persona – oft auch ‚Buyer Persona' genannt – ist ein sehr präzises Kundenprofil: Es integriert Verhaltensweisen, Vorlieben, Wünsche, Ängste, Bedürfnisse und Sehnsüchte einer Person. Eine solche detaillierte und emotionale Beschreibung vereinfacht es Unternehmen, ihre Kunden besser zu verstehen."* (Brand Trust, 2022)

Informationen über solche repräsentativen „Lead Guests" können einerseits aus den Reservierungsunterlagen im hoteleigenen Property Management System herausgefiltert werden. Andererseits besteht die Möglichkeit, diese über verfügbare Internetdienste, Social Media Plattformen und digitalen Businessnetzwerke (sogar visuell) ausfindig zu machen. Mit den gesammelten Daten kann sodann ein „Guest Care Profiling" im Sinn einer individuellen Prognose zur Betreuungsintensität entwickelt werden. Diese wird z. B. zur Planung des Betreuungsschlüssels, also der Arbeitsplanung der einzusetzenden Hotelmitarbeiter während der Aufenthaltsphase, benötigt.

Die Pre-Care-Phase deckt schließlich auch die Travel & Arrival-Phase der Guest Journey ab. Auch in dieser können anreisende Hotelgäste nicht nur digital über Messenger-Dienste betreut, sondern ebenso durch gezielten persönlichen Kontakt auf ihren Aufenthalt eingestimmt werden. Erreicht der Hotelgast endlich den erwünschten Entrance-Point (Flughafen, Bahnhof, Hafen etc.), kann die persönliche Gästebetreuung mit einer gewünschten Transportform nicht nur individualisiert, sondern ebenso intensiviert werden, indem z. B. melderechtliche

---

[58] Dabei könnten gezielt kulturelle Aspekte wie dialekttypische Sprachformeln eingesetzt werden, ebenso „Living Actors" bzw. „Avatare" in regionaltypischem Outfit (z. B. Tracht) (M. Adam et al., 2021).

Formalitäten persönlich assistiert oder automatisiert digital während des Transfers zum Zielort durchgeführt werden können[59]:

> *„Revolutionierte das Internet jegliche Unternehmensbranchen, Arbeitsprozesse und Vertriebskanälen, wird auch in Zukunft das Thema Digitalisierung von enormer Bedeutung sein. Es wird Unternehmen und seine Mitarbeiter vor Herausforderungen stellen, die bestimmt auch in heute nicht erkennbare Transformationen münden werden. Diese Herausforderung geht auch einher mit der entsprechenden Reaktion aus dem Management und führt zum grundlegenden Überdenken von Strukturen, Führungsverhalten, Mitarbeitermotivation und Veränderungsfähigkeit der jeweiligen Organisation."* (Böckenholt & Peter, 2017, S. 122)

4.3.3.2 Treatments in der Care-Phase

> *„Unter Gästebetreuung wurde lange Zeit verstanden, Gäste in Erholungs- und Kurorten bei der Kur, bei der Erholung, bei Sport, Spiel und Spaß sowie bei den angebotenen Kursen und Ausflügen organisatorisch und pädagogisch zu betreuen. Heute ist die Gästebetreuung eher situativ und beziehungsorientiert ausgerichtet und hat damit kundenbindende Funktion."* (Schmeer-Sturm & Marie-Louise, 1998, S. 7)

Die Potenziale der Care-Dimension können hauptsächlich in der Stay- und Experience-Phase wirksam werden. Im Kontext von „Guest Centricity" und „Guest Care" muss es konzeptionell als auch inszenatorisch explizit darum gehen, Präsenzzeiten der angereisten Hotelgäste konsequent zu nutzen, um die persönliche, individuell intensive Gästebetreuung mit emotionalen bzw. gefühlsbezogenen Angeboten und (supportiven) Serviceleistungen zu einem individuell intensiven Gästebetreuungskonzept auszugestalten. Damit dieses gelingen kann, sind zunächst betriebsspezifische Dispositionen notwendig:

1. „Emotional Mapping": Festlegung der betriebsspezifischen Points of Care in allen kontaktintensiven Abteilungen und der dortigen anlassbedingten persönlichen Betreuungs- (Begleitung, Besorgung, Beratung, Beschwerde und Begeisterung) und (supportiven) Serviceangebote (Reinigung, Bedienung, Zubereitung),
2. Inkenntnissetzung der verantwortlichen Hotelmitarbeiter über die in der Pre-Care-Phase prognostizierten individuellen Betreuungsintensitätsstufen der anreisenden Gäste,

[59] Hotelgäste, die selbsttätig anreisen, können zudem über eine Hotel-App mit integriertem Wegeleitsystem oder einen Eintrag ins Navigationssystem zum Hotelstandort geführt werden.

3. Entlastung der operativ tätigen Hotelmitarbeiter von zeitintensiven und routinemäßigen gästeverwaltenden Aufgaben, die automatisiert und digitalisiert werden können.
4. Ausstattung der Hotelmitarbeiter mit digitalen Endgeräten (Tablets oder Smartphones) zur analogen und digitalen Interaktion mit Hotelgästen sowie zur Dokumentation bzw. Überprüfung der Betreuungsintensitätsprognose auf Unverzerrtheit, Suffizienz und Effizienz[60] in betreuungsrelevanten bedürfnis- und/oder anlassbedingten Interaktionen mit Hotelgästen.

Haben Hotelgäste den Entrance-Point überwunden und den gebuchten Hotelbetrieb erreicht, müssen die mit den Anreise- und Aufnahmemodalitäten betrauten Hotelmitarbeiter sogleich prozessdiagnostisch aktiv werden. Dabei geht es zunächst um die kognitive Bewertung der ermittelten „Guest Care-Profile", im Abgleich mit den nun präsenzbedingt wahrnehmbaren körperlichen, psychischen, sozialen und aufenthaltsbezogenen Gästebedürfnissen. Wurde die Betreuungsprognose in der Pre-Care-Phase falsch abgegeben, bestehen damit gute Chancen „Guest-Care-Profils" egalisieren bzw. harmonisieren zu können.

Ein „gutes" persönlich individuell intensives Betreuungskonzept in der Care-Dimension baut grundsätzlich auf ein Fundament von existierenden hotelspezifischen gesetzlichen Regelungen und einer kategorie- und betriebsspezifische mehr oder weniger persönlichen Grund- oder Basisbetreuung mit festgelegten Abläufen und Mindesteinsatzzeiten auf. Dazu gehören auch zumeist durchstandardisierte Serviceangebote wie Check-in- und Check-out-Prozesse, die Zimmerreinigung, die Bereitstellung und der Service von einfachen Mahlzeiten (wie z. B. Frühstück) als auch die Erteilung einfacher Auskünfte. Darauf baut schließlich die persönliche bedarfs- und anlassorientierte Individualbetreuung auf, die kategorie- und betriebsspezifisch mehr oder weniger persönlich ausgestaltet wird. Kombiniert man diese Annahme mit den Bedürfnissen nach der ERG-Theorie von Alderfer, ergibt sich daraus die nachfolgend abgebildete Betreuungskonzeption, für die im Kontext von „Guest Centricity" und „Guest Care" kategorie- und betriebsspezifisch mehr oder weniger wählbare Kontakt- und Kommunikationskanäle – im Kontext von Multi-Channelling – eingerichtet werden müssen (Mitzscherlich, 2011). Um eine solche Multichannel-Gästebetreuung meistern zu können, müssen

[60] „Eine Prognose ist unverzerrt, wenn ihr Erwartungswert mit der dann eintretenden Beobachtung übereinstimmt. In diesem Fall entsprechen sich Vorhersage und Beobachtung im Mittel. Eine Prognose ist suffizient, wenn sie alle verfügbaren Informationen voll ausschöpft. Eine Vorhersage ist effizient, wenn sie minimal um die Beobachtungen streut. Eine unverzerrte und suffiziente Prognose wird zudem als rational bezeichnet, Schätzfehler resultieren dann nur noch aus dem Unvermögen, die Realität zu erklären" (Büttner & Horn, 1993, S. 3).

involvierte Hotelmitarbeiter jedoch zunächst wissen, wie und wo die Hotelgäste während ihres Aufenthaltes am liebsten kontaktiert werden möchten. Dabei muss es um mehr als die einfache Frage „Physische versus digitale Betreuung" gehen: Hotelgäste nutzen verschiedene Kanäle und je nach Kultur und Kommunikationstyp, Bedürfnis und Anlass eher den einen als den anderen – individuell bedeutet daher Hotelgästen die Wahl zu lassen[61]. Dabei geht es darum, sicherzustellen, dass jeweils der richtige Hotelgast die richtige persönliche Betreuung über den richtigen Kanal, am richtigen Ort erhält (Abbildung 4.16).

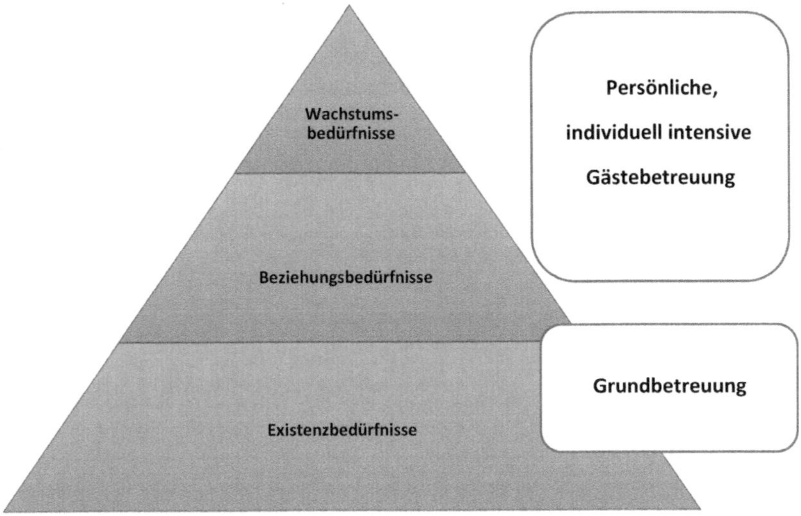

Abbildung 4.16 Korrelation zwischen Alderfers ERG-Theorie und hotelspezifischem Betreuungskonzept (Alderfer, 1969)

Ein persönliches, individuell intensives Gästebetreuungskonzept ist daher auch als eine Art von Erlebniskonzept zu betrachten. Reinhard Schober unterscheidet dafür vier Erlebnisbereiche (Schober, 1993, S. 138):

---

[61] Im Hotel Schloss Elmau können Hotelgäste per SMS mit Hotelmitarbeitern jederzeit kommunizieren. Eine eigens dafür entwickelte Software sammelt sodann alle SMS zentral und wertet sie aus. Die Gästeprofile sind für alle betreuenden Hotelmitarbeiter zugänglich. Für Hotelgäste gibt es so keine wechselnden Ansprechpartner mehr – alle Mitarbeitenden kennen Gästepräferenzen, ohne danach zu fragen (Rath, 2020).

1. Explorative Erlebnisse: das suchende Informieren oder Erkunden, das spielerische Probieren, das Neugierig-Sein auf etwas Besonderes.
2. Soziale Erlebnisse: die Suche nach aufenthaltsrelevanten Kontaktmöglichkeiten, um soziale Defizite im normalen Alltag zu kompensieren.
3. Biotische Erlebnisse: alle Formen von ungewöhnlichen körperlichen und olfaktorischen Körperreizen.
4. Optimierende Erlebnisse: sozialverstärkendes Teilen von Eindrücken und Erlebnissen im analogen und digitalen Umfeld.

Betrachtet man diese vier Erlebnisse aus der Perspektive der Gästedimensionen „Gästebedürfnisse" und „Gästeanlässe", ergeben sich die nachfolgend dargestellten Co-Relationen, welche die Bedeutung der persönlichen Gästebetreuung und der individuellen Betreuungsintensität unterstreichen können (Abbildung 4.17).

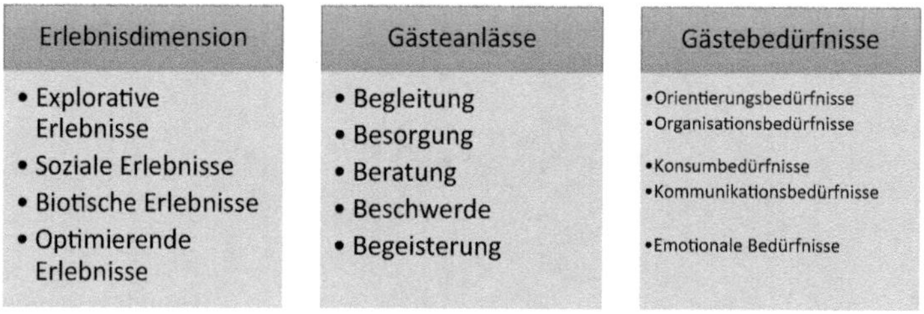

Abbildung 4.17 Co-Relation zwischen Gästeerlebnissen, -anlässen und -bedürfnissen (Schober, 1993, S. 138)

Schober schlägt fortführend vor, Erlebnisdimensionen gezielt zu attraktivieren und zu intensivieren (Schober, 1993, S. 139):

1. Erlebnisintensivierung: durch gezielte Verbesserung der Erlebnisfähigkeit sowie durch Erhöhung der Bedeutung der (gemeinsamen) Ziele, bewusste Gestaltung von positiven Spannungsmomenten und Überraschungseffekten sowie Gefühlsansteckung durch kommunikativen Erlebnisaustausch und visuelle Erlebnisdokumentation (z. B. Fotos, Posts in sozialen Medien etc.).
2. Erlebnisverlängerung: bewusste Sequenzierung von Erlebnissen, gezielter Umgang mit Fantasie, Wahrnehmung und Aufmerksamkeit, Erlebnisaustausch und -dokumentation.

Die intensive Gestaltung der Care-Dimension in der Stay & Experience-Phase ist somit auch aus der Nachwirkung in der After-Care-Dimension zu betrachten und zu bewerten.

4.3.3.3 Treatments in der After-Care-Phase

> „*The ideal situation after a positive guest experience is repeat visits. Ensure that you have the guest's contact details, travel preferences, and demographic saved to a guest profile. This way, you can stay in contact via relevant offers, targeted discounts, or appropriate upsells.*" (Bricis, 2022)

Die Care-Phase der persönlichen individuell intensiven Gästebetreuung geht mit näher rückendem Ende eines Hotelaufenthaltes nahtlos in die After-Care-Phase über. Damit diese wirksam werden kann, sollten Hotelmitarbeiter zeitnah diejenigen Ziele fokussieren, die sowohl Hotelgäste als auch Hotelunternehmen gemeinsam verfolgen: „Repeating Visits" – „Repeating Business":

> „*Repeat customers are more likely to upgrade and purchase your most expensive products or services. It all comes down to the development of trust. Eating at the hotel restaurant, feeling confident with the standard of food offered via room service and using any other facilities that involve a cost are more likely to be taken up by repeat guests.*" (Chester, 2018)

Um den Wunsch nach „Repeating Visits" stimulieren zu können, sollten Hotelmitarbeiter zunächst in Betracht ziehen, dass Hotelgäste mit näher rückender Abreise mit der konstruktiven bzw. kritischen Betrachtung ihres Aufenthaltes beginnen. Daher ist es in der einsetzenden After-Care-Phase vornehmlich angezeigt, die von Schober thematisierte Erlebnisverlängerung insbesondere durch Incentivierung des kommunikativen Erlebnisaustausches unter Berücksichtigung der bevorzugten Kommunikationskanäle im Kontext von Multi-Channelling zu verfolgen.

Je nach Länge bzw. Kürze des Aufenthaltes kann sich eine solche Erlebnisverlängerung jedoch auch schwierig bzw. nahezu unmöglich gestalten. In solchen Fällen sollten Hotelbetriebe ihre After-Care-Phase einer gezielten Attraktionsanalyse unterziehen, insbesondere bei denjenigen abreisegeleiteten Dienstleistungsprozessen, die diese Phase unangenehm belasten. So sollten nicht nur Bezahlprozesse individueller und digital dynamischer gestaltet werden, sondern insbesondere die Abgabe von aufenthaltsbezogenen Informationen und Qualitätsbewertungen mit „Rewards" und höherwertigen Follow-up-Buchungsangeboten verknüpft werden, um für den abreisenden Hotelgast relevant zu bleiben:

„If a guest had a wonderful stay, make sure that their positive experience is public. The key is to make it as easy as possible for a guest to rate and share their experience after check-out. This can be done via an extension of the email journey or via prompts on a property's app. An additional note: as painful as it might be, negative guest feedback is also essential. If you don't fully understand what the best—and worst—aspects of your property are, your hotel's progress will likely stagnate.“ (Bricis, 2022)

In der After-Care-Phase muss es weiterhin darum gehen, nachhaltige „Re-Connection-Micro-Moments“ zu generieren. Dazu gehören die Festlegung des idealen Kontaktzeitpunktes als auch der optimale Kontaktkanal und die dazu passende Kommunikationsstrategie mit den abgereisten Hotelgästen. Hierfür können wiederum Daten und Erfahrungen sowohl aus der Pre-Care-Phase als auch der Care-Phase gezielt genutzt werden. So kann letztlich eine nahezu nahtlose Care-Prozesskette erwirkt werden. Die dafür notwendigen Kompetenzen von Hotelmitarbeitern sollen nun nachfolgend vorgestellt und hotelspezifisch im Kontext von „Guest Centricity“ und „Guest Care“ ausgelegt werden.

4.4 Deskription eines hotelspezifischen Kompetenzprofils für die persönliche, individuell intensive Gästebetreuung

„Die Hortnerin oder besser: der Kindergarten betreut die Kinder. Der Lehrer oder besser: die Schule betreut die Schüler – ihre Aufgabe ist daher die ‚schulische Betreuung‘. Der Arzt betreut die Kranken oder besser: das Krankenmaterial (auf Deutsch und etwas einschmeichelnder: das Krankengut). Der Geschäftsreisende betreut die Käufer, der Dirigent betreut die Solisten, aber auch die Partitur und das Werk des Komponisten. (…) Baufirmen, Siedlungsgesellschaften betreuen ungescheut die Bebauung dieses oder jenes Areals, als wäre das ein Akt der Barmherzigkeit und als wäre kein Auftraggeber, Käufer, Benutzer, Pächter oder Mieter gegenwärtig. Diese armen Individuen müssen zwar zahlen, aber nur dafür, daß sie wie die Küken unter die Flügel der Glucke, nämlich der Firma, der Genossenschaft, der Verwaltung, der Organisation schlechthin schlupfen dürfen. Zumal Verbände, Wirtschaftsverbände wie Berufsverbände, haben es auf sich genommen, ihre Mitglieder (mitsamt ihren ‚Anliegen‘) zu betreuen – ich vermeide es, Beispiele anzuführen, denn es wäre eine Ungerechtigkeit, irgendeine Branche oder Sphäre des Verbandswesens auszulassen.“ (Sternberger et al., 1989, S. 21–22)

Menschen wollen und müssen in unterschiedlichen Branchen, Diensten und situativen Ausprägungen betreut werden und verstehen darunter allgemeinhin und umgangssprachlich eine positive, fürsorgliche und zumeist persönlich ausgeführte Zuwendung für einen bestimmten Zweck. Betreuung hat kulturell geprägte

Elemente und Eigenschaften, die als moral-ethisches Fundament im Zuge der Sozialisierung anerzogen, erworben und erfahren wurden. Für die Einstellung zur Betreuung kommt es nach Jürgen Janke insbesondere darauf an, wie zu Betreuende in der Sozialisierung, Konzepte ihrer eigenen Eigenart (Identität, relative Konstanz eigenen Verhaltens und Erlebens), andererseits aber auch Konzepte über die Eigenart ihrer sozialen Umwelt verarbeiten konnten (Jahnke, 1982). Persönliche Betreuungserfahrungen aus der Vergangenheit beinhalten daher immer auch eine optimistische bzw. pessimistische Perspektive, die sich unmittelbar auf zukünftige Betreuungssituationen und diesbezügliche Rollenerwartungen auswirkt (Werth et al., 2019). Die persönliche Betreuung muss somit in einen zeitlichen Verlauf menschlichen Erfahrens eingeordnet werden, der sich für den Kontext dieser Arbeit wie folgt darstellen lässt (Abbildung 4.18).

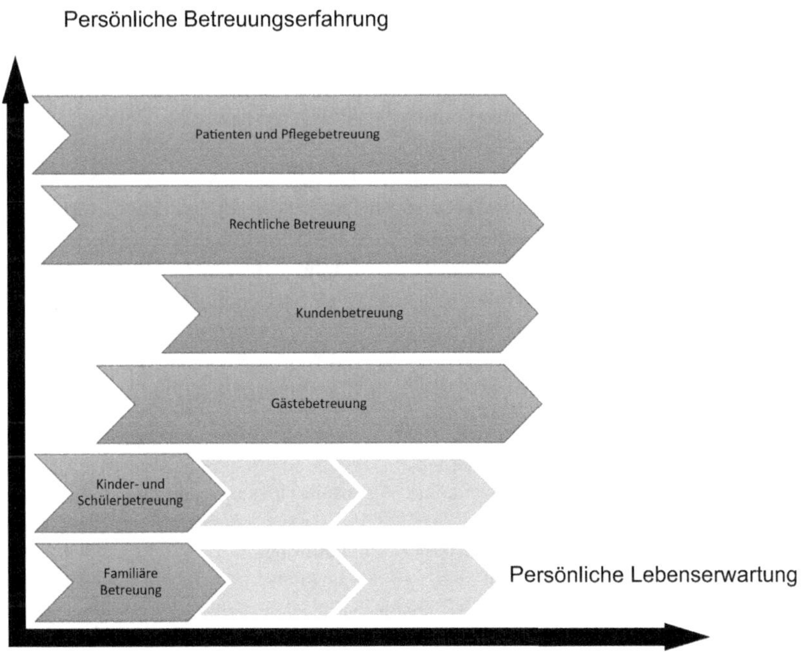

Abbildung 4.18 Persönliche Betreuungserfahrungen im Lebensverlauf

Für die persönliche, individuell intensive Gästebetreuung sind somit diejenigen Betreuungsformen besonders relevant, in denen die Hotelgäste mit den Grundwerten des Gastgewerbes bereits konfrontiert waren als auch mit denjenigen, die noch auf sie zukommen. Nachfolgend sollen deswegen diejenigen Betreuungsformen umrandet werden, deren Wesenskern der „Hospitalitas[62]" entspricht.

4.4.1 Kinderbetreuung

„Kinder sind Gäste, die nach dem Weg fragen. Es gilt, den Gästen einen guten Ort anzubieten und ihnen so lange Sicherheit und liebevollen Halt zu geben, bis sie ihren Weg selber gehen können." (Prekop & Schweizer, 2014)

Für Kinder ist die individuell intensive Betreuung – insbesondere in den ersten Lebensjahren – besonders wichtig, wie Jirina Prekop und Christel Schweizer betonen[63]. Bei zu häufig wechselnden Bezugspersonen wird der seelische Formungsprozess nachhaltig gestört. Darum beschreibt Aylin Lenbet Autorin auch die familiäre Betreuung als kulturelle Referenzgröße und erfolgreichstes Betreuungsmodell,[64] deren Maßstab sodann von bedürftigen auch auf professionelle Betreuungsformen angewendet wird. Lenbert bezeichnet deshalb diese Betreuungsform zunächst als Fremdbetreuung im Gegensatz zur familiären Betreuung und kategorisiert den Status der zu betreuenden Kinder als unternehmensfremd und nicht verwandt. Sie verweist fortführend darauf, dass sich Babys und Kleinkinder instinktiv verschiedenen bzw. vorhandenen Betreuungspersonen zuwenden und sie als Versorger akzeptieren. Dabei muss jedoch berücksichtigt werden, dass deren Betreuungsangebot, die dargebotene Betreuungsintensität als auch die

[62] Gastfrei, hospitalis (gern Fremde aufnehmend) – liberalis in hospites, im Zshg. bl. liberalis (wohlwollend und freigebig gegen Gastfreunde) – largus epulis (gern bewirtend) – Adv. hospitaliter; liberaliter – Gastfreiheit, hospitalitas – in hospites liberalitas, im Zshg. bl. liberalitas (Wohlwollen u. Freigebigkeit gegen die Gastfreunde) (Georges & Georges, 1910, Sp. 998).

[63] „Das bedeutet: Nicht zu fragen, was bringst du und bringt es mir, wenn ich dich beherberge. Als Gastgeber freue ich mich, dass du gekommen bist. In meinem Haus ist Platz für uns beide – für dich und für mich. Ich frage nicht, woher du kommst und wohin du gehst. Ich kann dir deinen Weg nicht zeigen, aber ich bin bereit, dich auf deinem weg zu begleiten, damit du sicher gehen kannst. Solange du bei mir bist, will ich um dich besorgt sein und deine Kräfte störken, damit du mit Freude im Herzen weiterziehst" (Prekop & Schweizer, 2014, Vorwort).

[64] „Natürlich ist Betreuung innerhalb der Familie etwas Wunderbares! Man kennt sich, vertraut einander, ist verbunden – und sie kostet nichts. Menschenkinder wurden schon von jeher in der Sippe großgezogen. Ohne Frage das bisher erfolgreichste Betreuungsmodell" (Lenbet, 2014, S. 12).

erreichte Betreuungsqualität stark von der Qualität der Einrichtung beeinflusst sind (Lenbet, 2014).

Die zu erreichende Betreuungsqualität unterscheidet Lenbet fortführend in Prozess-, Orientierungs- und Strukturqualität. Als Prozessqualität sieht sie die Interaktionen zwischen menschlich und fachlich geeigneten Fachkräften und Kindern sowie die Beeinflussung von Interaktionen zwischen Kindern, als auch die Zusammenarbeit mit Eltern und die Kommunikation zwischen Betreuern und anderem Fachpersonal (Lenbet, 2014). Bei der Orientierungsqualität stellt Lenbet pädagogischen Ziele, Leitbilder, Werte und Einstellungen der Betreuungspersonen zur frühkindlichen Bildung, Betreuung und Erziehung in den Mittelpunkt (Lenbet, 2014). Unter Strukturqualität bedeutet Lenbet schließlich Faktoren, die das Betreuungs-Setting beeinflussen, wie die gesetzlichen, materiellen, organisatorischen, personellen und sozialen Rahmenbedingungen der Betreuungseinrichtung, als auch die Ausbildungshintergründe und Qualifikationen des Betreuungspersonals, der Betreuungsschlüssel[65] (die Anzahl der zu Betreuenden) und die räumliche Ausstattung (Lenbet, 2014). Für die Kinder als „Gäste" kommt es letztlich jedoch hauptsächlich auf die Kompetenzen des Fachpersonals an und wie sie diese individuell intensiv in Betreuungssituationen einsetzen können. Deswegen werden nachfolgend vier hauptsächliche Betreuungskompetenzen für die Kinderbetreuung dargestellt.

4.4.1.1 Fachwissen

> *„Betreuung – früher sprach man von Fürsorge – meint nichts anderes als die Bereitschaft der Erzieherin, sich auf Kinder emotional und getragen von wechselseitigem Respekt einzulassen und Bindungen zuzulassen, zu ermutigen und zu pflegen. Nur auf der Basis verlässlicher Zuwendung seitens der Erzieherin sind gelingende Erziehungs- und Bildungsprozesse möglich. Erziehung bezieht sich auf die Gestaltung der direkten Interaktion. Im Dialog mit dem Kind bringt die Erzieherin gezielt Inhalte ein, die auf der Grundlage gesellschaftlicher Normen und Werte kulturell bedeutsam sind und dem Kind Orientierung geben sollen. Bildung meint sowohl den Prozess der Selbstbildung des Kindes, der eingebettet ist in die (sozialen) Interaktionen mit anderen Kindern, mit den Dingen und den Erwachsenen, als auch die didaktischen Aspekte der Förderung durch die Erzieherin."* (Kindergarten heute, 2007, S. 9)

Um Kinder individuell betreuen zu können, benötigen Betreuende als auch Lehrer im Schulsetting pädagogische Kompetenzen, die diese in die höchst komplexen Vorgänge in Kindergruppen und Schulklassen einbinden müssen (Staatsinstitut

[65] Der Betreuungsschlüssel ist im erzieherischen Kontext in einigen Bundesländern festgelegt, in anderen existieren lediglich Empfehlungen (Lenbet, 2014).

für Schulqualität und Bildungsforschung, 2008). So müssen Kinderbetreuende und Lehrkräfte situativ mit einer Gruppe, aber auch mit einzelnen Gruppenmitgliedern in einem bestimmten, zeitlich fixierten Rahmen zielorientiert agieren können. Dabei ist es unbedingt erforderlich, Fachwissen gezielt pädagogisch einsetzen und dynamisch in das jeweilige Geschehen integrieren bzw. anpassen zu können.

Pädagogisches Fachwissen erwerben Kinderbetreuende und Lehrer sowohl in Ausbildung, Studium als auch in Praktika und Referendariaten. Dabei soll u. a. die Bereitschaft geweckt werden, einzelne Personen als individuellen Bezugspunkt zu betrachten, anstatt sich an einem fiktiven „Mittelmaß" einer zu betreuenden Gruppe zu orientieren (Staatsinstitut für Schulqualität und Bildungsforschung, 2008). Pädagogisches Fachwissen wird darum auch von Johannes König und Bernhard Hofmann, unter Berufung auf zahlreiche Autoren (Bromme, 2001; Klieme et al., 2003), als deklaratives, konzeptuelles und prozedurales Wissen präzisiert. Das deklarative Wissen wird dabei von ihnen als Fundament, als Gesamtheit von pädagogischen Kenntnissen (fachspezifische Fakten, Sachverhalte, Ereignisse, Objekte, Personen u. a.) bezeichnet, auf das Betreuungsentscheidungen aufbauen (König & Hofmann, 2013). Im Unterschied zum deklarativen Wissen beinhaltet konzeptuelles Wissen hauptsächlich vernetztes Wissen, gespeichert als Schemata, semantische Netzwerke oder Hierarchien und integriert ebenso wie prozedurales Wissen situationsspezifisches Erfahrungswissen[66]. Dazu gehört schließlich auch methodisch-didaktisches Fachwissen, wofür sich sowohl in der Kinder- als auch in der Schülerbetreuung zahlreiche Modelle und Ansätze finden lassen. So müssen Betreuende und Lehrende beispielsweise in der Lage sein, „systematische Beobachtungen" gezielt einsetzen zu können, was von Mario Bunge als „methodisch kontrollierte Wahrnehmungen" von konkreten Systemen, Ereignissen oder Prozessen definiert wird (Bunge, 1967). Diese Formen der Wahrnehmungen beinhalten nach Stefanie van Ophuysen und Karin Lintorf strukturierte kognitive Prozesse, die von beobachtenden, audiovisuellen Datenerhebungen ausgehen und automatisch in eine spezifisch sich vertiefende Interpretationsphase übergehen. Diese mündet schließlich in einer situationsspezifischen internalen Urteilsfindung in Bezug auf einzelne zu Betreuende als auch die gesamte zu betreuende Gruppe (Klasse) (van Ophuysen & Lintorf, 2013), die schließlich verbalisiert in einer zielgerichteten Aktion zusammenlaufen muss.

[66] Als verknüpfende Wissensquelle dafür gelten allgemeinhin erziehungswissenschaftliche als auch pädagogisch-psychologische Erkenntnisse, die in den unterschiedlichen Ausbildungs- und Studiengängen verwendet werden (Hasselhorn & Gold, 2006).

Internale Prozesse beinhalten nach Rainer Schönhammer auch Formen der Selbstregulation und Selbstreflexion, zu Vermeidung von systematischen Verzerrungen, Stereotypisierungen oder selbsterfüllenden Vorannahmen (Schönhammer, 2013). John R. Anderson bezeichnet diese Automatismen darum als automatisiertes Wissen, als „kompiliertes Wissen" (Anderson, 1982).

4.4.1.2 Emotionale Kompetenzen

> *„Sozial und emotional kompetente Lehrkräfte sind in der Lage, ihre Gedanken zu kontrollieren, um positiver zu denken und starke Gefühle wie Frustration, Wut und Traurigkeit zu bewältigen. In schwierigen Situationen bleiben sie ruhig, positiv und beherrscht. Bei Konflikten mit Schülern/-innen leben sie eine konstruktive Konfliktlösung vor, z. B., indem sie diese zu Wort kommen lassen und mit ihnen Konsequenzen besprechen. Achtsamkeit wird zur Strategie der Wahl unter Lehrkräften, um im Gleichgewicht zu bleiben und die Selbstkontrolle zu behalten."* (Cefai, 2021)

Damit Kinderbetreuende sowie Lehrkräfte soziale und emotionale Kompetenzen von Kindern und Schülern fördern können, müssen sie selbst über relationale und emotionale Kompetenzen verfügen, die sie in spezifischen Settings für eine förderliche persönliche und gruppenspezifische Lern- und Klassenzimmerkultur einsetzen können sollten. Carmel Cefai spezifiziert diesbezüglich kollaborative, adaptive, beziehungsorientierte, empathische und selbstregulierende Kompetenzen. Dabei erwähnt er besonders die Notwendigkeit auf Augenhöhe zu agieren, um flexibel und reflexiv fürsorgliche und vertrauensvolle Beziehungen aufzubauen, in denen „gute Kommunikation" einfühlsam und empathisch entstehen kann (Cefai, 2021). Ingrid Kellermann verweist diesbezüglich auf Nähe- und Distanzverhalten und auf die emotionale Kompetenz, das körperlich-sinnliche Eingebunden-Sein im institutionellen Rahmen nicht hinter kognitiv-intellektueller Kompetenzbildung und ergebnisorientierter Qualitätserfassung verschwinden zu lassen. Sie konstituiert, dass insbesondere in edukativen Settings Emotionen und Gesten ihre performative, wirklichkeitskonstituierende Kraft entfalten und relevante Verbindlichkeiten hervorbringen können und fordert deshalb, dass allseitig akzeptierte „Feeling Rules" ausgehandelt werden sollen, die Gemeinschaftserlebnisse und Statuspositionen ermöglichen können (Kellermann, 2012). Dies bestätigt auch Tatiana Czeschlik, die auf den besonderen Umgang mit Versagen, Hilflosigkeit und Ängsten von Kindern und Schülern verweist und betont die Notwendigkeit des Perspektivwechsels als pädagogische Fähigkeit. Betreuende sollen dafür ihre erworbene Empathiefähigkeit so mit emotionaler Kompetenz verbinden, dass sowohl ein kognitiver Abbau der Bedrohlichkeit als auch eine verhaltensregulatorische Verbesserung der Fähigkeit von Kindern bzw. Schülern erzielt werden kann, mit dem Ziel, subjektiv bedrohlichen Situationen adäquat begegnen bzw. diese verarbeiten zu können (Czeschlik, 2008, S. 356). Emotionale Kompetenzen haben somit situativ stabilisierende und ausgleichenden Funktionen und können damit das persönliche Wohlbefinden bei zu Betreuenden steigern.

4.4.1.3 Interkulturelle Kompetenzen

> *„Gerade weil die Entwicklung Interkultureller Kompetenz nicht in einem Fach allein geleistet werden kann und weit über Sprachenunterricht und Landeskunde hinausgeht, ist ein integrierter Bildungsansatz zu verfolgen und die Vermittlung der einzelnen Dimensionen Interkultureller Kompetenz auf verschiedenen Ebenen und durch unterschiedlichste Lernformen zu leisten. Nur wenn Lernende verschiedene Angebote für ein sinnvolles interkulturelles Interagieren erhalten, sei es durch Veränderung ihrer Lerngruppen, lokale Interaktion mit Menschen unterschiedlicher Werthaltungen, Auslandsaufenthalte o. Ä., kann Interkulturelle Kompetenz entstehen. Die Entwicklung solcher innovativen Bildungskonzepte gehört zu den wichtigsten Aufgaben der Zukunft.“* (Deardorff, 2006, S. 10)

Ein typisches Charakteristikum der heutigen Kinder- und Schülerbetreuung ist – im Kontext von Integration und Inklusion – die kulturelle Diversität der Klienten. Im Umgang und der Zusammenarbeit wird deswegen ein erhöhtes Maß an interkultureller Kompetenz als Schlüsselqualifikation benötigt. Ioanna Zacharaki beschreibt diese als Konstrukt verschiedener Ausprägungen, bestehend aus einer globalen, einer gesellschaftlichen, einer institutionellen sowie einer Wir-, Sach- und Ich-Dimension. Sie postuliert deswegen, „dass sich pädagogisch Handelnde dieser Eingebundenheit aller in die Weltgesellschaft bewusst sein“ sollten (Zacharaki, 2013). Zachariki betont fortführend die Notwendigkeit für pädagogisch Arbeitende, sowohl ökonomische, rechtliche, politische, soziale als auch herkunftsspezifische gesellschaftliche Charakteristika so früh wie möglich in den pädagogischen Alltag mit einfließen zu lassen, damit Kinder selbstverständlicher lernen mit kultureller Vielfalt umzugehen. Thomas Baumer verweist diesbezüglich auf die Notwendigkeit sozialer Handlungs- und Reflexionskompetenzen, über die pädagogisch Arbeitende in hohem Maße verfügen sollten. Sie sollten insbesondere über Frustrationstoleranz verfügen als „(…) Fähigkeit, in einer sozialen Interaktion auszuhalten, dass eigene Ideen oder Wünsche nicht oder nur teilweise durchgesetzt werden können“ ohne dass die individuelle „Bedürfnisrepräsentanz“ außer Kraft gesetzt wird (Baumer, 2004, S. 108). Da in solchen pädagogischen Situationen eine Balance zwischen Einzelnen und/oder einer Gruppe hergestellt werden muss, erachtet Baumer auch Konfliktfähigkeit und Ambiguitätstoleranz als wichtig für pädagogisch Arbeitende, nicht nur für die Bestimmtheit des eigenen Standpunktes, sondern auch für die Wahrnehmung anderer Meinungen:

> *„Interkulturelle Erziehung muss die Erfahrung vermitteln, dass die eigene Kultur und Lebensweise eine unter vielen ist. Es gilt zu lernen, die Gründe oder Motive nachzuvollziehen, die das Verhalten und die Handlungen von Menschen aus anderen Kulturen verständlich machen. Interkulturelle Erziehung muss für Stigmatisierung von ethnischen Gruppen sensibel gemacht werden. Eine Auseinandersetzung mit der eigenen Kultur ist (zudem) für die eigene Identitätsfindung unerlässlich."* (Baumer, 2004, S. 108)

4.4.1.4 Diagnostische Kompetenzen

> *„Als diagnostische Kompetenzen werden Fähigkeiten von Lehrpersonen verstanden, welche sie in die Lage versetzen, korrekte Urteile über Lernvoraussetzungen, Lernprozesse und Lernergebnisse von Lernenden zu treffen. Ziel ist es, Informationen zu gewinnen, die für verschiedene pädagogische Entscheidungen (...) genutzt werden können."* (Leuders et al., 2019, S. 93)

„Gute", das heißt, akkurate und individuelle Diagnosen von Kindesentwicklung und Schülermerkmalen sind unerlässlich für eine valide und faire Entwicklungs- und Leistungsbeurteilung und darauf aufbauend für eine adäquate individuelle Förderung der zu Betreuenden (van Ophuysen & Lintorf, 2013). Klaus Klauer definiert deswegen die pädagogische Diagnostik als „das Insgesamt von Erkenntnisbemühungen im Dienste aktueller pädagogischer Entscheidungen" (Klauer, 1982). Stefanie van Ophuysen und Katrin Lintorf bezeichnen die pädagogische Diagnostik als Bedingungsselektion, da diese entweder auf Selektions- oder Zuweisungsentscheidungen aufbauen würde, insofern pädagogisch Arbeitende davon ausgehen, dass wahrnehmbare Entwicklungen extrapolierte Resultate repräsentieren. Obschon stabile (positive wie negative) Idealverläufe zumeist erwünscht sind, sollten pädagogisch Arbeitende dabei auch in der Lage sein, Modifikationsentscheidungen treffen zu können. Bedingungsmodifikationen beinhalten nach van Ophysen und Lintorf somit immer eine Wechselwirkung zwischen Setting und beobachtbarem Verhalten (van Ophuysen & Lintorf, 2013).

Sieht man die reine Optimierung des Lernens und des Wissenserwerbs als einzige Zielsetzung pädagogischer Diagnostik an, wird dies der pädagogischen Praxis jedoch kaum gerecht. So haben pädagogisch Arbeitende eine Reihe anderer Aufgaben, die die Erfassung und Analyse von Schülerbelangen erfordern. So gilt es nicht ausschließlich problembezogen zu diagnostizieren, sondern bereits präventiv diesbezüglich aktiv zu sein. Pädagogisch-diagnostische Prozesse beinhalten somit nicht nur die Identifikation von entwicklungsspezifischen Kernmerkmalen (z. B. durch Beobachtung), sondern vielmehr die Analyse und Integration aller verfügbaren Informationen von zu Betreuenden, zur pädagogischen Operationalisierung. So eignet sich die pädagogische Statusdiagnostik besonders für die Erfassung stabiler Merkmale (z. B. soziobiographische Merkmale), während andere beobachtbare Zustände über die Prozessdiagnose, situativ, orts- und gruppenspezifisch einzuordnen sind (Aufschnaiter et al., 2015; Schrader, 2011). Zum pädagogischen Alltag gehören aber auch Ergebnisdiagnosen. Darunter werden zumeist Leistungsprüfungen umfangreicher Lerneinheiten verstanden, bei denen geplante bzw. tatsächlich verlaufende Lernerfolgsprozesse situativ nachvollzogen werden können. Ergebnisdiagnosen sollten jedoch keine statischen Befunde darstellen, so Theresa Deutscher, sondern eher als Ausgangspunkte für die Entwicklung neuer Strategien bzw. Festigung bestehender betrachtet werden (Deutscher, 2012). Karina Karst und Natalie Förster sehen deshalb in der pädagogischen Diagnose nicht nur edukative, sondern auch sozialpsychologische sowie pädagogisch-psychologische Zielsetzungen berührt und verweisen auf die Schwierigkeit, den richtigen Weg auszuwählen, mit dem es gelingen kann, zu einem akkuraten Urteil und nicht zu einem Fehlurteil zu gelangen (Karst & Förster, 2017). Van Ophuysen und Lintorf verweisen deshalb auf die Selbstreflexionskompetenz von pädagogisch Arbeitenden und die notwendige „Bereitschaft, sich der eigenen, die Diagnose möglicherweise beeinträchtigenden und verzerrenden Erwartungen, Urteilstendenzen und impliziten Theorien bewusst zu werden" (van Ophuysen & Lintorf, 2013). Eine erhöhte Sensibilität für diagnostische Fragen, eine zunehmende Einsicht in die Grenzen der eigenen Urteilsfähigkeit und die zunehmende Bereitschaft, die eigenen Urteilsleistungen durch den Einsatz von Diagnoseverfahren und den Einbezug anderer Perspektiven (z. B. Selbsteinschätzungen der Schülerinnen und Schüler oder Urteile der Kolleginnen und Kollegen) müssen darum, so Friedrich Wilhelm Schrader, zu den diagnostischen Ausbildungszielen von pädagogisch Arbeitenden gehören (Schrader, 2013).

4.4.2 Rechtliche Berufsbetreuung

*„Berufsbetreuer*innen beraten, unterstützen und vertreten volljährige Menschen, die im Zusammenhang festgestellter Beeinträchtigungen ihrer Gesundheit, ihrer körperlichen und geistigen Leistungsfähigkeit an der Ausübung ihrer Rechts- und Handlungsfähigkeit gehindert sind und deshalb ihre Angelegenheiten ganz oder teilweise nicht selbst besorgen können. Deshalb wird ihnen vom Gericht eine rechtliche*

Betreuerin oder ein Betreuer zur Seite gestellt." (Bundesverband der Berufsbetreuer/innen e.V., 2022)

Kann ein volljähriger Bürger aufgrund einer psychischen Beeinträchtigung bzw. Krankheit oder einer körperlichen, geistigen oder seelischen Behinderung seine Angelegenheiten nicht umfänglich besorgen, bestellt ein zuständiges Betreuungsgericht für ihn auf eigenen Antrag oder von Amts wegen einen Betreuer (BGB, 2022). Voraussetzung zur Betreuerbestellung ist eine ärztlich festgestellte erhebliche Beeinträchtigung der Wahrnehmung des Selbstbestimmungsrechts, die eigenverantwortliche Entscheidungen und die eigenständige Besorgung von persönlichen Angelegenheiten nicht (mehr) zulässt (Joecker, 2022). Zwingend notwendig und gesetzlich vorgeschrieben dafür ist die Berücksichtigung von Besonderheiten des Einzelfalls (Bundesministerium der Justiz und für Verbraucherschutz, 2021).

Die überwiegende Mehrheit der Betreuer übernimmt die rechtliche Betreuung als Ehrenamt. Daneben gibt es aber auch sogenannte Berufsbetreuer, die sich professionell auf die verantwortungsvolle Hilfe von zu Betreuenden spezialisiert haben und spezielle Kompetenzen mitbringen müssen, die nachfolgend vorgestellt werden sollen.

4.4.2.1 Fachwissen

„*Für die Aufnahme einer beruflichen Tätigkeit als Betreuerin oder als Betreuer sind weitergehende Anforderungen als an eine ehrenamtliche Betreuung zu stellen. Berufsmäßig tätige Betreuerinnen und Betreuer haben über die notwendigen Fachkenntnisse zu verfügen, um für ein weites Spektrum von Betreuungen zur Verfügung zu stehen. Beruflich tätige Betreuerinnen und Betreuer ohne geeignete Fachkenntnisse sind daher als nicht ausreichend qualifiziert anzusehen, um diesen Anforderungen entsprechen zu können.*" (Bundesverband der Berufsbetreuer/innen e. V., 2012, S. 3)

Die meisten Personen, die sich für die Spezialisierung zum Berufsbetreuer entscheiden, kommen aus sozialen, pflegerischen, kaufmännischen sowie juristischen Berufen oder waren zuvor im sozialen, kirchlichen bzw. kommunalen Bereich auch schon ehrenamtlich tätig. Berufsbetreuer ist darum kein klassischer Ausbildungsberuf und kann nach der Verordnung über die Registrierung von beruflichen Betreuern nur über eine zertifizierte Weiterbildung oder ein weiterführendes

Studium[67] angestrebt werden, die dem Betreuungsorganisationsgesetz entspricht (Bundesministerium der Justiz & Bundesamt für Justiz, 2023). Darin fordert der Gesetzgeber „eine ausreichende Sachkunde für die Tätigkeit als beruflicher Betreuer[68]“. Zum Sachkundenachweis von zertifizierten Anbietern gehören neben Fachwissen über die Betreuerbestellung und Zusammenarbeit mit notwendigen rechtlichen und medizinischen Institutionen insbesondere die folgenden Fachkenntnisse:

a) Grundkenntnisse über typische betreuungsrelevante Erkrankungen und Behinderungen, deren Auswirkungen, Gefahren und Behandlungsmöglichkeiten,
b) behandlungsvertragsrechtliche, einwilligungsfähigkeitsbezogene und patientenrechtliche Angelegenheiten sowie andere notwendig rechtliche Belange (u. a. Sozialrecht, Schuldrecht, Vermögensrecht)
c) sowie allgemeine und betreuungsspezifische Kommunikationsregeln und entsprechende -methoden zur unterstützten Entscheidungsfindung (HELP Akademie, 2023, o. S.).

Die Berufsbetreuungsarbeit stellt sich somit als soziale Arbeit dar und hat den Charakter einer öffentlichen Dienstleistungsarbeit (Oechler, 2009; Olk, 1986), womit eine vorbildhafte Nähe zur Betreuungsarbeit im Hotel, als „quasi soziale Dienstleistungsarbeit“ herleitbar ist.

4.4.2.2 Emotionale Kompetenzen

> *„Der Grundsatz der persönlichen Betreuung fordert vom Betreuer die Fähigkeit, die Wünsche eines evtl. stark kommunikationsbeeinträchtigten Menschen aus dessen Sichtweise bzw. Lebensweise wahrzunehmen. Eigene Emotionen und Wertvorstellungen müssen vernachlässigt bzw. distanziert werden.“* (J. Müller & Hajak, 2005, S. 95)

[67] Neben Sachkundelehrgängen gibt es derzeit in Deutschland verschiedene Studiengänge zum Thema rechtliche Betreuung sowie eine Zertifikatsausbildung. Die Studiengänge vermitteln vertieftes betreuungsspezifisches Fachwissen, außerdem ist eine Hochschulausbildung Voraussetzung für den Erhalt der höchsten Vergütungsstufe. Wer sich für einen der Studiengänge entscheidet, sollte vorher überprüfen, ob dieser auch als Sachkundenachweis anerkannt ist (Bundesverband der Berufsbetreuer/innen e. V., 2023).

[68] Zu den Registrierungsvoraussetzungen gehören Kenntnisse des Betreuungs- und Unterbringungsrechts, des dazugehörigen Verfahrensrechts sowie auf den Gebieten der Personen- und Vermögenssorge, Kenntnisse des sozialrechtlichen Unterstützungssystems und Kenntnisse der Kommunikation mit Personen mit Erkrankungen und Behinderungen und von Methoden zur Unterstützung bei der Entscheidungsfindung (Bundesministerium der Justiz & Bundesamt für Justiz, 2023).

Zum Management der Lebensumstände von anvertrauten Betreuten benötigen Berufsbetreuende diejenigen emotionalen Kompetenzen, die zur Aufnahme und Gestaltung von psychosozialen Beratungs-, Unterstützungs- und Entscheidungsprozesse notwendig sind (Müller & Hajak, 2005).

Die professionelle Steuerung von Gefühlen und Emotionen wird allgemeinhin als Gefühls- und Emotionsarbeit bezeichnet, die mithilfe von Darstellungsregeln für spezifische Arbeitssituationen erlernt werden kann (Diefendorff et al., 2005; Hochschild, 1990; Rastetter, 2008):

> *„Übertragen auf das Problem der Emotionsarbeit lassen sich Darstellungsregeln als Standard (Soll-Wert) interpretieren, der mit der aktuell wahrgenommenen Gefühlsdarstellung verglichen wird. Werden dabei Diskrepanzen festgestellt, versuchen Dienstleister, sie durch Emotionsarbeit zu beseitigen.“* (Nerdinger, 2012, S. 10)

Betrachtet man diese Ausführungen aus der Perspektive von Berufsbetreuern, ergibt sich über die Darstellungsregelungen allerdings kein direkter Zugang, da der Gesetzgeber solche nicht explizit vorgibt. Aus dem im Betreuungsgesetz verankerten Selbstbestimmungsrecht ergibt sich jedoch der Grundsatz, dass Betreuende explizit auf die Wünsche der zu Betreuenden Rücksicht nehmen und diese erfüllen sollen (Bundesministerium der Justiz und für Verbraucherschutz, 2021; Joecker, 2022). Dafür werden auch gewisse Darstellungsregeln benötigt, indem Dienstleister (hier Betreuer) gezieltes Oberflächenhandeln und Tiefenhandeln anwenden können sollten. Während beim Oberflächenhandeln sichtbare Anteile der Emotion (den Gefühlsausdruck) unabhängig von den erlebten Gefühlen in Einklang mit situativen Darstellungsregeln zu bringen sind, soll mit Tiefenhandeln versucht werden, das zu fühlen, was dargestellt werden soll bzw. was der Klient (hier der zu Betreuende) wünscht (Hochschild, 1990). In den Aus- und Weiterbildungsinhalten für Berufsbetreuer finden sich dazu hauptsächlich integrativ vermittelte Inhalte, wie z. B ressourcenorientierte Kommunikation, Methoden zur kommunikativen Verhinderung von Ausschlussmechanismen sowie barrierefreie Kommunikation in leichter Sprache (HELP Akademie, 2023).

Da Berufsbetreuer nur dann als solche registriert werden können, wenn sie über die hierfür erforderliche persönliche Eignung[69] und Zuverlässigkeit verfügen und eine ausreichende Sachkunde für die Tätigkeit als beruflicher Betreuer nachgewiesen haben (Bundesamt für Justiz & Bundesministerium der Justiz, 2022), kann davon ausgegangen werden, dass Emotions- und Gefühlsarbeit auch Biographiearbeit und Kontaktpflege sowie Beziehungsarbeit beinhaltet, um Vorstellungen von zu Betreuenden wahrzunehmen und Wünsche zur Zufriedenheit

[69] Geregelt in § 1816 BGB (Bundesamt für Justiz & Bundesministerium der Justiz, 2022).

des zu Betreuenden erfüllen zu können (Steiner & Pippir, 2007). Barbara Pufhan und Angelika Maaßen erachten dafür insbesondere den Ausdruck von Solidarität bzw. persönlicher Beziehung, emotionaler Nähe und emotionaler Beteiligung als notwendig (Maaßen & Pufhan, 2003).

4.4.2.3 Interkulturelle Kompetenzen

> *„Es geht im Wesentlichen um einen Komplex von analytisch-strategischen Fähigkeiten, die das Interpretations- und Handlungsspektrum des betreffenden Individuums in interpersonaler Interaktion mit Mitgliedern anderer Kulturen erweitern. In diese analytisch-strategischen Fähigkeiten sind Wissen über andere Kulturen generell, die Veränderung von Einstellungen und eine Sensibilität (Awareness) gegenüber kultureller Andersartigkeit integriert.“* (Knapp & Knapp-Potthoff, 1990, S. 83)

Die Bundesrepublik Deutschland kann als Einwanderungsland bezeichnet werden. Die daraus entstehenden interkulturellen Bewegungen vollziehen sich mehr oder weniger auf der Grundlage gesellschaftlicher Öffnung und verlangen danach, dieses nicht nur gesellschaftlich, sondern auch berufsspezifisch nachzuvollziehen. Diese sehr gegenwärtige und zukünftige Aufgabe betrifft auch Berufsbetreuer und muss als eine ebenso differenziert wie auch aufgeschlossen zu betrachtende Herausforderung an die entsprechenden Bildungsangebote gesehen werden. Nicole Marx betont deswegen die Notwendigkeit für Fachkräfte sozialer Arbeit, über interkulturelle Kompetenzen verfügen zu müssen (Marx, 2006). Gleiches kann für Berufsbetreuer angenommen werden, die ohne eine gewisse interkulturelle Professionalität durchgängig der Gefahr von Wahrnehmungsverzerrungen, von Fehlzuschreibungen, Fehldiagnosen und unsachgemäßen Interventionen sowie der Missachtung der Identität des zu Betreuenden in jedem notwendigen Interaktionsprozess ausgesetzt sind (Leenen et al., 2003, S. 81–102). Dies erscheint schon deswegen als notwendig, wenn man an die besonderen Belange von zu Betreuenden denkt, die ihre Bedürfnisse nicht mehr eindeutig artikulieren können und die damit verbundene Gefahr, dass Verhaltensweisen und Problemlagen in solchen „Kulturinteraktionssituationen“ in vereinseitigender oder schematisch-verkürzender Weise „kulturell“ gedeutet werden könnten (Leenen et al., 2003). Beispielhaft dafür sind die im Betreuungsgesetz verankerten Aufgaben der Personensorge zu nennen (Bundesministerium der Justiz, 2023), die sich zumeist aus Angelegenheiten der Gesundheitssorge zusammensetzen und z. B. vermittelnde Interaktionen mit Ärzten und Pflegepersonal beinhalten (Grützmann et al., 2012). Ebenso muss auf interkulturelle Unterschiede im Umgang mit Geld (Konsum) und Vermögen verwiesen werden und auf die besondere Rolle des Berufsbetreuers in solchen Angelegenheiten (Fischer, 2017; Genkova, 2019; S. Müller, 2021).

4.4.2.4 Diagnostische Kompetenzen

> *„Lassen sich die Wünsche der betreuten Person nicht feststellen oder kann der Betreuer ihnen nicht entsprechen, so ist er gehalten, ihren mutmaßlichen Willen aufgrund konkreter Anhaltspunkte zu ermitteln. Hierfür sind Auskünfte naher Angehöriger und sonstiger Vertrauenspersonen ebenso zu berücksichtigen wie frühere Äußerungen der betreuten Person, ihre ethischen oder religiösen Überzeugungen und sonstigen persönlichen Wertvorstellungen."* (Bundesministerium der Justiz, 2023, S. 20)

Es gibt vielfältige Gründe, warum zu Betreuende ihre Wünsche und Vorstellungen nicht (mehr) artikulieren oder ausdrücken können. Dazu gehören u. a. körperlich begründbare psychische Erkrankungen, insbesondere infolge von degenerativen Hirnprozessen (Demenzerkrankungen) oder infolge von Krankheiten (z. B. einer Hirnhautentzündung) oder von Verletzungen des Gehirns. Auch Abhängigkeitserkrankungen (z. B. durch Medikamenten-, Drogen- oder Alkoholmissbrauch) können bei entsprechendem Schweregrad Gründe sein, die Anlass für eine Betreuerbestellung geben. Dasselbe gilt schließlich für Neurosen oder Persönlichkeitsstörungen („Psychopathien") als auch für bestimmte Formen von Behinderungen wie durch frühkindliche Hirnschädigungen erlittene Intelligenzdefekte verschiedener Schweregrade (Bundesministerium der Justiz, 2023). Auch wenn sich zu Betreuende nicht mehr artikulieren oder ausdrücken können, sind Berufsbetreuer dennoch rechtlich verpflichtet, bestmöglich Wünsche und Anliegen des zu Betreuenden zu erfüllen und sich ebenso um dessen Wohl zu besorgen (Bundesministerium der Justiz, 2023). Dabei steht es dem Berufsbetreuer grundsätzlich nicht zu, seine Vorstellung vom Wohl des von ihm Betreuten als maßgeblich zu betrachten. Der Berufsbetreuer muss vielmehr fähig sein, zum Wohle des Betreuten einen Perspektivwechsel vorzunehmen, wenn der zu Betreuende die von ihm bevorzugte Lebensweise nicht (mehr) artikulieren kann und Nachforschungen im Familien- und Freundeskreis auch keinen Ansatz liefern. Dies stellt eine diagnostische Eignungsvoraussetzung des Berufsbetreuers dar, da ohne diese Kompetenz das Selbstbestimmungsrecht des Betreuten als Grundlage einer jeden rechtlichen Betreuung nicht verwirklicht werden kann:

> *„Zwar verfolgt das Betreuungsrecht grundsätzlich einen subjektiven Ansatz von Wohl und fordert mit seiner reformierten Fassung verstärkt ein, nach den subjektiven Wünschen und Vorstellungen der betreuten Person zu fragen; dennoch sind objektive*

Elemente dem Betreuungsrecht auch in Zukunft nicht fremd. Sie sind zu berücksichtigen, wenn der Betroffene sich erheblich selbst gefährdet, womit die subjektive Auffassung des Wohls eine Beschränkung durch die Wahrnehmung der staatlichen Schutzpflichten erfährt. (...) Es muss abgewogen werden, ob die durch die Erfüllung subjektiver Wünsche einwilligungsunfähiger Personen entstehenden Konsequenzen für ihr objektives Wohl zu hoch sind, um die Befolgung dieser Wünsche zu rechtfertigen. Die objektive Komponente des Wohls besteht dabei in der Gefährdung von hochrangigen Rechtsgütern der betroffenen Person. Das objektive Wohl ist somit als Grenze für die Befolgung von Wünschen nicht einwilligungsfähiger Personen relevant.“ (Braun et al., 2022, S. 524)

Eine solche „verstehende Diagnostik“ ist in der Berufsbetreuung darum als Zugang zu spezifischen Situationen zu verstehen, in denen Probleme nicht allein aus der objektivierenden Sicht der Betreuer, sondern auch aus der der zu betreuenden Person definiert werden müssen. Diese kann deswegen nur unter Einbezug biografisch verankerter Sinnbezüge von Lebensentwürfen bzw. bedeutsamen und kritischen Lebensereignissen erschlossen werden (Bartholomeyczik et al., 2007). In Bezug auf nicht stationär zu Betreuende ist dieser Sachverhalt noch stärker hervorzuheben, da sich infolge der häuslichen Situation, Einbußen des Erinnerungsvermögens bzw. Kontrollverluste (z. B. in einem Demenzprozess) Sichtweisen der zu Betreuenden und der Berufsbetreuer oft weit auseinander bewegen können und es zunehmend schwieriger werden kann, unmittelbaren Zugang zur Befindlichkeit und zum Erleben des zu Betreuenden zu erhalten.

4.4.3 Patientenbetreuung

„Mein wirkungsvoller Tipp ist es, Patienten wahrhaftig als ‚Gäste‘ willkommen zu heißen. Das ist deshalb so wirksam, weil Sie sich damit automatisch mehr auf Ihr Gegenüber einstellen und lernen, auf seine Bedürfnisse und Wünsche zu achten. Eine Patientenberatung, die freundlich, anregend, informativ und ehrlich ist sowie ‚Geist, Körper und Herz‘ gleichermaßen anspricht, ist erfolgversprechend.“ (Godizart, 2015)

Den Begriff der Betreuung kennen Hotelgäste nicht nur aus dem erzieherischen oder dem betreuungsrechtlichen, sondern ebenso aus der (haus)ärztlichen sowie der pflegerischen Betreuung. So betonen Frank H. Mader und Bernhard Riedl, dass die Bevölkerung unter einer hausärztlichen Betreuung eine primäre medizinische Versorgung aller Bevölkerungsgruppen mit niederschwelligem Zugang verstehen würde, die unabhängig von sozialem Status, Alter, Geschlecht oder

Zugehörigkeit zu ethnischen Gruppen angeboten werden sollte[70]. Sie verorten die ärztliche Betreuung in einer lebenserwartungsbezogenen Zeitschiene, in der unterschiedliche Betreuungswünsche geltend gemacht werden (Mader & Rieder, 2018, S. 28–29), die Thomas Keller als sachleistungsbezogene, psychosoziale und emotionale Bedürfnisse differenziert. Keller begründet dies mit dem Umstand, dass „Verhältnisse" zwischen Ärzten und Patienten nicht nur physische und psychische, sondern auch soziale Ereignisse darstellen würden, bei denen „Zuwendung, Beratung und Schulung der Patienten interaktionsintensive Teilleistungen darstellen würden, die nicht nur als flankierende oder Compliance fördernde Maßnahme für technikintensive Medizin" gesehen werden sollten (Keller, 2002, S. 13). Für die Patientenbetreuung ergeben sich darum, wie bei der pädagogischen als auch der rechtlichen Betreuung, unterschiedliche Kompetenzfelder zur Förderung der Patienten- bzw. Praxisbindung, die nachfolgend vorgestellt werden sollen.

4.4.3.1 Fachwissen

> *„Hierbei wurde ersichtlich, dass Patienten von Hausärzten sieben wesentliche Kompetenzen und Qualifikationen wünschen: Fachwissen, Kommunikationskompetenz, Freundlichkeit, Empathie, Proaktivsein, Berufserfahrungen und Geduld. Besonders relevant waren da – von Fachwissen, Kommunikationskompetenz und Freundlichkeit. Zudem ließen sich auf Patientenseite verschiedene Nutzeneigenschaften ableiten, die mit den genannten hausärztlichen Kompetenzen in Verbindung gebracht wurden. Im Vordergrund standen hier das Vertrauen, die Stellung einer korrekten Diagnose und die Heilung. Wichtig war den befragten Personen auch ein respektvoller Umgang, das Gefühl, ernst genommen zu werden, mitreden zu dürfen und eine effiziente Behandlung zu erfahren."* (Dengler-Voss & Voss, 2014, S. 1747)

Die Beziehung zwischen Ärzten und ihren Patienten ist elementar für den Verlauf der Behandlung und der Gesundung. Grundvoraussetzung für eine solche, positiv geprägte Beziehung ist, dass sich beide Seiten der mit ihrer Rolle verknüpften Erwartungen bewusst sind. Richard E. Mayer bezeichnet deswegen das ärztliche Fachwissen als kognitive, kontextspezifische Leistungsdisposition, bestehend aus mehreren Wissenskategorien (R. E. Mayer, 2010). Als Faktenwissen bezeichnet Mayer (wissenschaftlich belegtes) medizinisches Tatsachenwissen und grenzt

[70] Mader und Riedl führen weiterhin aus, dass von der (haus)ärztlichen Betreuung ebenso die Lösung von gesundheitlichen Problemen in kurzer Zeit, eigenständig oder in Kooperation mit anderen Ärzten, Einrichtungen oder Gesundheitsberufen erwartet würde, als auch eine Unterstützung bei der Lösung sozialer Probleme, indem eine klare Orientierung an Patienteninteressen in Wahrung ihrer Individualität, einschließlich des Datenschutzes forciert wird (Mader & Rieder, 2018).

dieses vom konzeptuellen Wissen ab, das als Begriffswissen den Umgang mit (medizinischen) Modellen, Prinzipien, Kategorien und Schemata beschreibt sowie als Wissen um Ursache und Wirkung, Mechanismen und Funktionsweisen abbildet. Im prozeduralen Wissen verortet Mayer fortführend das Verfahrenswissen, das mit Kenntnissen von Schritt-für-Schritt-Prozessen gespeist wird und notwendig ist, um spezifische und kontinuierliche (medizinische) Aktionen bewältigen zu können. Ebenso zählt er strategisches Wissen zum Fachwissen, welches zur Entwicklung von spezifischen Problembewältigungsstrategien notwendig ist und von individuellem Einstellungswissen („beliefs“) als persönliches Regulativ beeinflusst wird (R. E. Mayer, 2010). Scott G. Paris, Marjorie Y. Lipson und Karen K. Wixson ergänzen Mayers Wissenskategorien noch um konditionales Fachwissen, das für automatisierte und routiniertes Handlungsschritte benötigt wird (Paris et al., 1983). Dies wird von Stefan Herzig und Armin Koerfer ebenfalls bestätigt. Die Autoren beziehen sich dabei auf ein im angelsächsischen Raum entwickeltes Modell zur Professionalitätsentwicklung von medizinischem Personal, dass eine dreidimensionale, zirkulare Ordnung abbildet, in der das ärztliche Fachwissen als zentrales Element dargestellt wird (Ellaway et al., 2007; Harden et al., 1999; Simpson et al., 2002) (Abbildung 4.19).

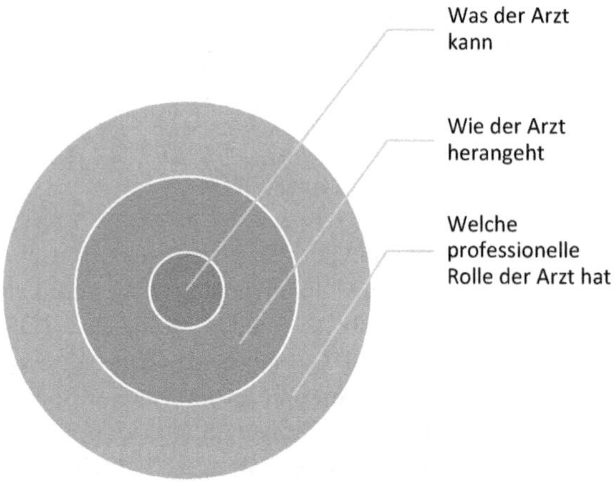

Abbildung 4.19 Herzig und Koefers Adaption des ärztlichen Professionsmodells (Herzig & Koerfer, 2018, S. 241) nach Ellaway et al., 2007; Harden et al., 1999; Simpson et al., 2002

> *„Um seine Fach- und Handlungskompetenzen (‚innerer Zirkel') gegenüber dem Patienten mit der nötigen Patientenorientierung und Empathie (‚mittlerer Zirkel') angemessen wahrnehmen zu können, muss die handelnde Person eine Reihe von individuellen Qualifikationen erworben haben (‚äußerer Zirkel'), die sie in der Interaktion mit ihren Handlungspartnern laufend unter Beweis stellen muss. Hierzu gehören eben die ständige Lernbereitschaft, Reflexivität, Kooperativität, Authentizität und nicht zuletzt die ärztliche Hilfsbereitschaft, die auch in einer posthippokratischen Medizinethik primäre Tugend bleibt."* (Herzig & Koerfer, 2018, S. 241)

Ausgeprägtes Fachwissen bildet somit den Wesenskern, der nicht zur Absicherung der Authentizität der Fachperson entscheidend ist, sondern zudem das Vertrauen in die berufliche Rolle voraussetzend prägt.

4.4.3.2 Emotionale Kompetenzen

> *„Sentimental work is present as an ingredient in any kind of work where the object being worked on is alive, sentient, and reacting, present either because it is deemed necessary to get the work done efficiently or because of humanistic consideration. Quite like other types of work, sentimental work has been profoundly affected by the same changes in disease prevalence and medical organization. The essential characteristics of chronic illness suggest immediately that these diseases impinge frequently and sometimes harshly on sick persons' situational interactions, on their long-term interpersonal relationships with significant others, on their moods and passing psychological states, on their very identities. For underlying interaction, there are implicit or taken-for-granted understandings that affect behavior, which, if followed, lead each person to regard the other as polite, courteous, considerate, reasonable, and pleasant."* (Strauss, 2018, Abstract)

Im beruflichen Spannungsfeld zwischen Gesundheit und Krankheit, Alter, Pflege und Tod sind Patienten und ihre Angehörigen mit vielfältigen emotionalen Situationen konfrontiert. Freud und Leid, aber auch andere äußerer Umstände von Krankheit und Pflege bewirken ebenso bei Ärzten und medizinischen Mitarbeitern eine große Bandbreite an Gefühlen, die mit existierenden berufsspezifischen Rollenerwartungen synchronisiert werden müssen. So erwarten Patienten von Ärzten und medizinischem Fachpersonal, dass sie situativ abgestimmt, freundlich, einfühlsam, fürsorglich, vertrauensvoll und emotional ausgewogen sein sollen:

> *„Aus der Rollentheorie ist bekannt, dass Rolleninhaber gewissen Erwartungen (inneren und äußeren) ausgesetzt sind, die ihre Verhaltensweisen und Einstellungen in der Ausübung ihrer Rolle prägen. Die spezifischen Erwartungen an die Arztrolle-damit sind Verhaltensweisen und Einstellungen, aber auch Rechte und Pflichten eines Arztes gemeint-sind Ausdruck gesellschaftlicher Werte und Normen."* (Pförtner & Pfaff, 2020)

Solche Rollenerwartungen entstehen nicht im luftleeren Raum, sondern sind nach Talcott Parsons von der Gesellschaft festgelegt[71]. Für Ärzte und medizinisches Personal erachtet er darum eine Form von affektiver Neutralität als geboten, indem Emotionen so reguliert bzw. kontrolliert werden sollen, dass Sympathie und Antipathie (z. B. bei der Behandlung unliebsamer Patienten) so gut wie möglich ausgeschlossen sind (Parsons, 2016). Deutlich wird dieses z. B. bei Wolfgang Dunkel, der emotionale Kompetenzen als zielgerichtete emotionale Beeinflussung des zu Betreuenden (hier des Patienten) betrachtet, bei der die „Stofflichkeit" des anzubietenden Gefühls in einem spezifischen Zeitfenster stabil gehalten werden muss (Dunkel, 1988, S. 66). Peri Terzioglu, Britta Jonitz, Ulrich Schwantes und Walter Burger bedeuten deshalb, dass Patienten nicht als „Fälle", sondern als Individuum wahrgenommen werden sollen und unterstreichen die Notwendigkeit der emotionalen Unterstützung beim Umgang mit Beschwerden und Ängsten durch den Behandelnden (Terzioglu et al., 2003).

Dunkel bezeichnet außerdem Emotionen und Gefühle als „Arbeitsmittel[72]", die in „kognitiv-rationalem oder technisch-instrumentellen Prozessen" nicht allein funktionieren könnten und erst durch zusätzliche Fähigkeiten wie Empathie, Intuition, Improvisation, Erfahrung und Gestaltwahrnehmung nutzbar seien (Dunkel, 1988).

Thomas Bergner bedeutet dazu unter Berufung auf Diane Meier, Anthony Back und R. Sean Morrison, dass emotionale Kompetenzen von Ärzten und medizinischem Personal Begeisterung wecken und zu einem spürbar guten Klima beitragen sollen (Meier et al., 2001), indem Patienten sich sicher fühlen sollten, dass der Behandelnde nicht versucht, „sich dem Patienten anzubiedern", sondern erkennbar bemüht ist, die richtige Balance zwischen der Grenzwahrung und dem Mitmenschlichen zu finden:

> *„Emotionale Kompetenz kann helfen, die Würde des Arztes und die des Patienten zu stärken. Dazu gehört auch, sich um sich selbst zu sorgen, das Leben zu genießen, die eigenen Bedürfnisse wahrzunehmen und zu respektieren. Emotionale Kompetenz kann auch während des Berufslebens wirkungsvoll ausgebaut werden, um das Wesentliche des Arztseins authentisch zu fördern."* (Bergner, 2004, S. 525)

---

[71] Unter der sozialen Rollenerwartung versteht man ein „Bündel von Erwartungen, die sich in einer gegebenen Gesellschaft an das Verhalten der Träger von Positionen knüpfen (…). Insofern ist jede einzelne Rolle ein Komplex oder eine Gruppe von Verhaltenserwartungen" (Dahrendorf, 1965, S. 26).

[72] Dunkel verweist diesbezüglich unter Berufung auf Goffmann (Goffman, 2017), auch auf die „Gefühlsarbeitsmittel" in Form von körperlichen Ausdrucksmitteln als auch auf gegenständliche Hilfsmittel dafür wie z. B. Uniformen, Raumdekorationen oder bewusst eingesetzte Beleuchtungen (Dunkel, 1988).

4.4.3.3 Interkulturelle Kompetenzen

> *„Im Zusammenleben einer multikulturellen Gesellschaft entwickeln sich unterschiedliche Wertehaltungen, die einer Vielfalt von kultureller und religiöser Herkunft entspringen. In der Intensivmedizin ist dieser Aspekt bedeutsam, da in besonderer Weise kulturelle Aspekte (Schmerz, Scham, Leiblichkeit, Sterben und Tod) berührt werden."* (Bein, 2015, Zusammenfassung)

Durch Krieg, Flucht, Migrationsprozesse und zunehmenden Pluralismus ist das Thema „kulturelle Diversität" in Deutschland auch in der medizinischen und der pflegerischen Arbeit aktueller denn je. Tatjana Grützmann, Christina Rose und Tim Peters bezeichnen deshalb interkulturelle Kompetenzen als essenziell zur Vermeidung von interkulturellen Konfliktsituationen zwischen Patienten und Ärzten, wobei der Horizont auch hier auf das gesamte medizinische Personal im Patientenkontakt erweitert werden kann (Grützmann et al., 2012). Spezifische Maßnahmen am Lebensanfang und Lebensende, Aufklärungsgespräche, die Interpretation und Beschreibung von Symptomen, körperliche Untersuchungen sowie unterschiedlichen Verständnis von Selbstbestimmung bzw. Entscheidungsfindung gepaart mit fehlender kultureller Sensibilität aufseiten des Gesundheitspersonals kann nach Thomas Bein als auch nach Auffassung von Grützmann, Rose und Peters zu erheblichen Konflikten führen und das notwendige das Vertrauensverhältnis nicht nur beeinträchtigen, sondern sogar gänzlich zerstören (Bein, 2015; Grützmann et al., 2012).

Da jede Form der medizinischen Behandlung einen gezielten Eingriff in die körperliche Integrität eines Patienten darstellt, muss aus wechselseitiger Perspektive sichergestellt sein, dass alle Akteure sich verstehen und verstanden werden können. Dies gelte so Grützmann, Rose und Peters nicht nur auf sprachlicher, sondern auch auf kultureller Ebene, „insbesondere auf das Verstehen des individuellen Wertesystems, aus welchem heraus das gegenüber argumentiert und bewertet" (Grützmann et al., 2012). In der Bedeutung von interkultureller Kompetenz für medizinische Berufe nehmen die Autoren deswegen ausdrücklich Abstand von auswendig gelerntem „Kulturwissen", verweisen auf die Theorie der „Three Principles of Cultural Competence" nach Michael Paasche-Orlow, die „Three Commitments" nach Insoo Hyun sowie auf das „Cultural Engagement-Model" nach Michele Carter und Craig Klugman. In Paasche-Orlows Arbeit wird interkulturelle Kompetenz als Verständnis und Anerkennung der Bedeutung von Kultur im Leben von (anderen) Menschen bezeichnet, als Respekt vor kulturellen Unterschieden und als Regulativ zur Minimierung negativer Folgen kultureller

Unterschiede (Paasche-Orlow, 2004). Hyun hingegen sieht interkulturelle Kompetenz zunächst nur als Akzeptanz von sozialen und kulturellen Praktiken, die Gesundheitsüberzeugungen und -verhaltensweisen beeinflussen würden. Dazu zählt er verschiedene verhaltensbedingte Muster des medizinischen Personals als auch Interventionsfähigkeiten dieser in Krisen und Konfliktsituationen, die sich aus mangelnder interkultureller Kompetenz ergeben. (Hyun, 2008). Carter und Klugmann fokussieren letztlich ähnliche Aspekte und nennen Respekt vor anderen Kulturen als Voraussetzung für interkulturelle Kompetenz als auch das Wissen bzw. Verständnis um die Vulnerabilität, wenn Patienten Beschwerden, Krankheit oder Tod in einer Fremdkultur erleben müssen. Carter und Klugmann adressieren zudem eine gemeinsame moralische Perspektive als Bestandteil interkultureller Kompetenz, die verhindern solle, dass individuelle Wertsysteme oder moralische Traditionen in Konflikt geraten können und bezeichnen dies als „Prinzip der kulturellen Relevanz" (Carter & Klugman, 2001, S. 16–33).

4.4.3.4 Diagnostische Kompetenzen

> *„Um Patienten umfassend versorgen zu können, sind diagnostische Kompetenzen bei Ärzten und bei Pflegenden notwendig. Diagnosekompetenz ist schwer zu erwerben. Deutlich wird dies am Anteil der Fehldiagnosen sowie in der universitären Praxis. Studierende der Medizin zeigen, selbst in einem fortgeschrittenen Studienabschnitt, große Probleme bei der Diagnosestellung. Das Defizit liegt primär im Bereich des Handlungswissens. Daher ist bereits in der Ausbildung eine gezielte Förderung von diagnostischer Kompetenz erforderlich."* (Heitzmann et al., 2013, S. 123)

Das Treffen von individuellen medizinischen Entscheidungen ist vor allem für die Betreuung durch Ärzte und anderes medizinisches Personal von großer Bedeutung. Diagnostische Entscheidungen haben somit nicht nur für die Patienten eine immense Tragweite, sondern bergen mindestens genauso hohe Risiken für den Diagnostiker (Grüne, 2007). Jedes medizinische Fachgebiet verfügt über eigene Diagnosearten, die jedoch alle eine Gemeinsamkeit aufweisen: Sie folgen einem nahezu identischen diagnostischen Prozess. Für das Anliegen dieser Arbeit wird dieser darum mittels nachfolgend abgebildeter und beschriebener Diagnosearten (vgl. Abb. 4.21) dargestellt, die der medizinischen Psychologie entstammen (Rothgangel & Schüler, 2010) (Abbildung 4.20).

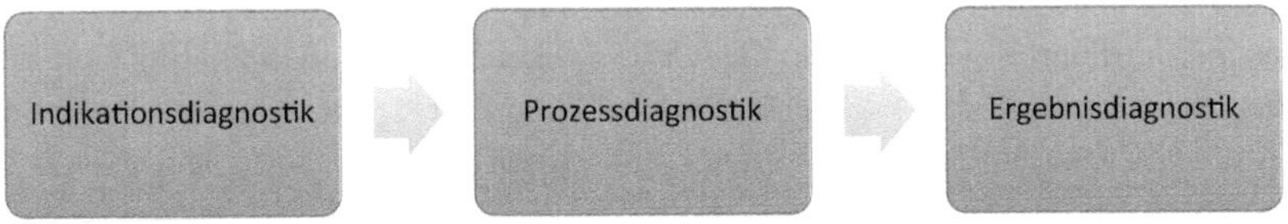

Abbildung 4.20 Diagnoseformen im Diagnoseprozess (Rothgangel & Schüler, 2010, S. 197 ff)

Simone Rothgangel und Julia Schüler beschreiben die Indikationsdiagnostik ausgehend von einer ärztlichen Konsultation. Diese kann auch als computergestützte Indikationsdiagnostik erfolgen. Im Anamnesegespräch erfährt der Arzt zunächst die Vorgeschichte des Patienten und kann durch gezielte Fragen wichtige zusätzliche Hinweise und Informationen gewinnen. Die daraus gewonnenen Informationen geben Hinweise auf möglichen Ursachen (Verdachtsdiagnosen), die nun mittels vorliegender (sicht- oder hörbarer) Anzeichen ausgeschlossen oder bestätigt werden müssen. Unter Einbezug weiterer situativer Begebenheiten kommt der Arzt schließlich zu einer Schlussfolgerung (Hypothese), die er dem Patienten adressatengerecht mitteilen muss (Rothgangel & Schüler, 2010). Dabei müssen Fachkenntnisse so mit emotionalen und möglicherweise auch interkulturellen Kompetenzen gekoppelt werden, dass eine vertrauensbasierte Behandlungsbeziehung aufgebaut, gefestigt oder vertieft werden kann. Das Ziel ist nicht zwingend ein fixierter Zustand, so Henrik Kessler, als vielmehr aus und mit den individuellen Vorstellungen und Wünschen des zu Behandelnden ein persönliches Behandlungsziel gemeinschaftlich zu entwickeln (Kessler, 2015). Im Vergleich zur Indikationsdiagnostik verläuft die Prozessdiagnostik eher verlaufsbegleitend. Ihr Ziel ist, z. B. durch Rückmeldeschleifen eine Feinabstimmung des behandelnden Vorgehens zu erreichen, sodass die vereinbarten Meilensteine punktuell an den Verlauf bzw. die individuellen Wünsche des zu Behandelnden angepasst werden können. Besonders bei unsicherer Faktenlage bzw. bei spezifischen Persönlichkeitsmerkmalen des Patienten ist die Prozessdiagnostik wichtig, um sich verändernde Zwischenergebnisse sofort für das weitere Vorgehen nutzen zu können (Rothgangel & Schüler, 2010). Auch in der Prozessdiagnostik muss auf emotionale und interkulturelle Kompetenzen verwiesen werden, insofern Behandlungsabläufe nicht gewünscht verlaufen und der Mediziner dieses adressatengerecht fachlich erklären und begründen muss (Kessler, 2015). Jutta Begenau, Cornelius Schubert und Werner Vogt erwähnen diesbezüglich, dass das spezielle Arzt-Patienten Beziehungskonstrukt ohnehin von vielschichtigen Spannungen geprägt sei, die einerseits aus einer fundamentalen Asymmetrie zwischen

Experten und Laien sowie andererseits aus einer gewissen Perspektivendivergenz heraus resultieren würden. Die Gegensätzlichkeiten entstünden allein schon aus der Tatsache, dass das, was für den einen Alltag, für den anderen meistens eine Ausnahmesituation, mindestens aber eine Unterbrechung gewohnter Routinen bedeuten würde (Begenau et al., 2010).

Rothgangel und Schüler kennzeichnen schließlich die dritte Diagnoseart als Ergebnisdiagnostik. Sie sehen diese als eine Art Erfolgskontrolle der gesamten Behandlung, indem konkret erreichte Zielzustände eruiert werden bzw. Patienten ermutigt werden sollen, eigene Veränderungen festzustellen und zu verbalisieren (Rothgangel & Schüler, 2010). Auch für Ergebnisdiagnostik sind letztlich Fachwissen als auch emotionale und interkulturelle Kompetenzen unabdingbar, wenn man z. B. an die Kommunikation von negativen Behandlungsergebnissen denkt, die nicht nur eine Verschlechterung der körperlichen und psychischen Befindlichkeit, sondern ebenso einen Vertrauensverlust seitens des Patienten und schlimmstenfalls einen kompletten Abbruch der Arzt-Patienten-Beziehung mit sich bringen kann (Meinzer, 2019).

4.4.4 Gästebetreuung

> *„Das Hotel befindet sich einer sehr schönen gepflegten Gartenanlage. Das Personal in den Restaurants und Bars ist freundlich und aufmerksam. Wir waren Betroffene der Insolvenz von Thomas Cook und wurden leider weder von der Rezeption noch von der Gästebetreuung gut beraten. Im Gegenteil! Man wurde von der Rezeption an die Gästebetreuung verwiesen und von dieser wieder an die Rezeption. Von der Gästebetreuung wurde man belogen und es wurden seitens des Hotels Rechnungen für abreisende Hotelgäste geschrieben. Später als die Wogen sich geglättet hatten, war eine Abreise ohne Rechnung möglich, man musste lediglich ein Formular ausfüllen, dass man im Zeitraum der Anwesenheit bestimmte Leistungen erhalten hat.“* (J.T., 2019)

Es gibt zahlreiche Systematisierungen von Dienstleistungen. So werden aus Sicht der Volkswirtschaftslehre Dienstleistungen i. d. R. nach institutionellen (Auflistung von Wirtschaftszweigen) und beruflichen (Klassifizierung von Berufen) Kriterien abgegrenzt und kategorisiert, während die Betriebswirtschaftslehre versucht, diese durch zumeist defizitäre Vergleiche von Sachgütern abzugrenzen (Meffert et al., 2019). Auch in der historischen Entwicklung der Hotelbetriebswirtschaftslehre wurden zahlreiche Versuche unternommen, hotelspezifische Dienstleistungen kontextual und selbstbewusst einzuordnen. So bezeichnet Lucius

M. Boomer diese als haushaltnahe Leistungen[73], während Albert Kriener sie abteilungsspezifisch und aufgabenspezifisch unterteilt[74]. Georg Walterspiel konzentriert sich schließlich auf die Hotelgast- und Hotelmitarbeiterperspektive:

> *„Das Hotel ist ein Dienstleistungsbetrieb. (...) Das hängt damit zusammen, daß der Fremde, der Gast immer Letztverbraucher ist und als solcher die Leistungen des Hotels in konsumreifem Zustand geboten haben will; ‚konsumreif' heißt hier stets: durch Arbeitsleistung Dritter in eben diesen Zustand versetzt, der den augenblicklichen Ge- bzw. Verbrauch nicht nur ermöglicht, sondern möglichst angenehm macht."* (Walterspiel, 1969, S. 130)

In der neueren wissenschaftlichen Literatur werden Dienstleistungen allgemeinhin aus vier Perspektiven betrachtet, die entweder tätigkeitsbezogene, potenzialbezogene, prozessbezogene oder ergebnisbezogene Schwerpunkte haben. Eine integrative Definition liefern Heribert Meffert und Manfred Bruhn:

> *„Dienstleistungen sind selbständige, marktfähige Leistungen, die mit der Bestellung und/oder dem Einsatz von Leistungsfähigkeiten verbunden sind (Potenzialorientierung). Interne und externe Faktoren werden im Rahmen des Erstellungsprozesses kombiniert (Prozessorientierung). Die Faktorenkombination des Dienstleistungsanbieters wird mit dem Ziel eingesetzt, an den externen Faktoren, an Menschen und deren Objekten nutzen stiftende Wirkungen zu erzielen (Ergebnisorientierung)."* (Meffert & Bruhn, 2012, S. 17)

Die persönliche Gästebetreuung ist demnach eine hotelspezifische Dienstleistung, deren Nutzen stiftende Wirkung für die Hotelgäste sich in Wohlbefinden einerseits und Beziehungsqualität zu Hotelmitarbeitern und Hotelbetrieb andererseits auszahlt.

---

[73] „Since a hotel is a domestic establishment run for profit, it follows that it will succeed in proportion to its ability to make money by providing domestic services and homelike conveniences. (...) In as much as a hotel is essentially a home away from home, it is apparent that the desirable charakteristics of a home are the desirable charakteristics of a hotel" (Boomer, 1925, S. 4).

[74] „Einen reinen Erzeugungs- und Verarbeitungsbetrieb bildet z. B. die Küche, als Handelsbetrieb tritt die Lagerung und der Verkauf von Getränken, Tabakwaren, Schokolade usw. in Erscheinung und als Dienstleistungsbetrieb sind die Zurverfügungstellung von Aufenthaltsräumen, die Beherbergung, das Service und zahllose sonstige Dienstleistungen anzusprechen" (Kriener, 1950, S. 8).

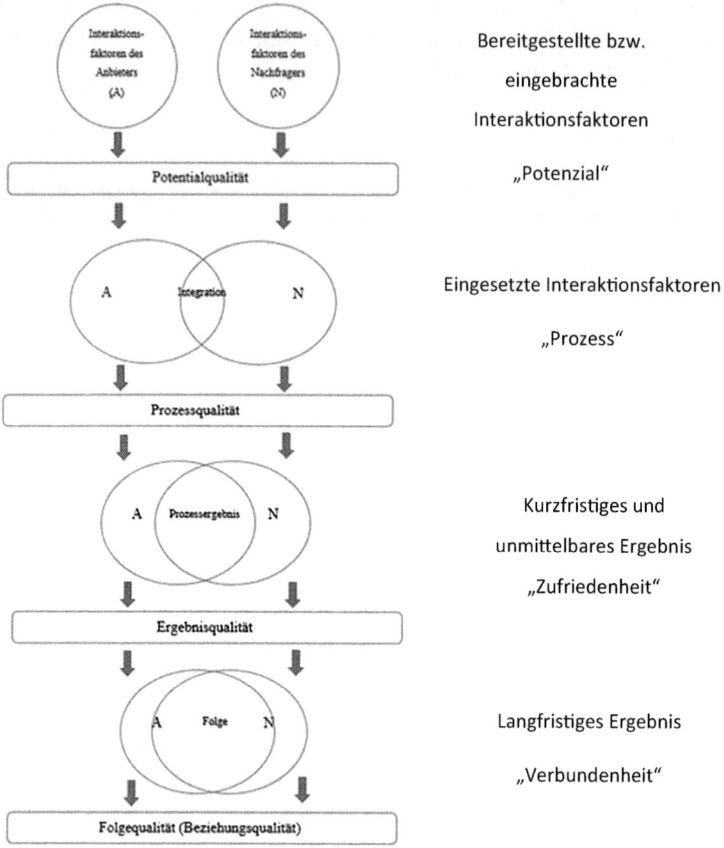

Abbildung 4.21 Modell der Dienstleistungsproduktion und -interaktion am Beispiel der Gästebetreuung, adaptiert nach Kuhlmann (Kuhlmann, 1998, S. 168), Meyer, Mattmüller (A. Meyer & Mattmüller, 1987, S. 187–195), Henselek (Henselek, 1999, S. 6) und Bruhn (Bruhn, 1991, S. 21 ff.)

Dieses Anliegen wird abschließend auch in Abbildung 4.22 verdeutlicht. Dabei muss darauf verwiesen werden, dass Hotelgäste letztlich die Qualität der Beziehung zu Hotelmitarbeitern und/oder Hotelbetrieb zwar selbst und individuell bestimmen, Hotelmitarbeiter jedoch kategorie- und betriebsspezifisch mit gästespezifischem Fachwissen ausgestattet sein müssen, um diese handlungsorientiert positiv in Richtung Verbundenheit beeinflussen zu können:

> *„Eine ausschließliche Serviceorientierung der Mitarbeitenden im Gastgewerbe gehört der Vergangenheit an. Heute sind neue, emotionale Kompetenzen gefragt, um den Erwartungen des Gastes gerecht zu werden. Die individuellen Ansprüche und der persönliche Wohlfühlfaktor der Gäste stehen jetzt im Fokus."* (Gianotti, 2023, o. S.)

Die persönliche Gästebetreuung, muss dafür jedoch über spezifische Such-, Erfahrungs- und Vertrauenseigenschaften verfügen (Freyberg et al., 2019; Gardini, 2009):

1. Sucheigenschaften („Search Qualities") bezeichnen im wörtlichen Sinne Eigenschaften, die vor der Anreise nur bedingt überprüft werden können (Nelson, 1970). So können Gäste über Klassifizierungssysteme (z. B. Hotelsterne), Online-Bewertungsportale als auch Buchungsportale gewisse Sucheigenschaften recherchieren und diese Ergebnisse mit ihren Bedürfnissen und Erwartungen vergleichen („normative and comparative expectations"). Der hohe Grad an Subjektivität solcher Rezensionen stellen jedoch sowohl für den potenziellen Hotelgast als auch den involvierten Hotelbetrieb ein immenses Risiko dar, da die erlebte Toleranzgrenze z. B. an das Qualitätsniveau der Gästebetreuung individuell unterschiedlich ausfallen kann und stark durch Kontextfaktoren beeinflussbar ist (Zeithaml et al., 1993). Ebenso muss berücksichtigt werden, dass Sucheigenschaften insbesondere durch kulturelle und biographische Erfahrungen mit anderen (vergangenen) Betreuungssituationen positiv wie negativ „belastet" sein können.
2. Erfahrungseigenschaften werden in der Fachliteratur zumeist als Eigenschaften beschrieben, die erst nach der Inanspruchnahme der Dienstleistung bestimmt werden können („Experience Qualities") (Freyberg et al., 2019; Gardini, 2009). Dabei muss für die persönliche Gästebetreuung wiederum berücksichtigt werden, dass kulturelle und biographische Erfahrungen z. B. mit anderen (vergangenen) Betreuungssituationen die Erfahrungsaufnahme positiv wie negativ beeinflussen können. Insbesondere defizitäre Erfahrungen mit unterschiedlichen Bedürfnisebenen (z. B. sozialen und Individualbedürfnissen) können das Erleben von Gästebetreuung massiv beeinflussen, insofern involvierte Hotelmitarbeiter diese Sachverhalte nicht zeitnah diagnostizieren und adressatengerecht darauf reagieren können (Freyberg et al., 2019).
3. Vertrauenseigenschaften (engl. „Credence Qualities") sind nach Michael R Darby und Edi Karni Eigenschaften von Waren und Dienstleistungen, die von Kunden weder vor noch nach dem Kauf objektiv festgestellt werden können, insofern diese nicht über ein entsprechendes Beurteilungsvermögen verfügen. Wendet man diese Erkenntnisse auf die hotelspezifische Gästebetreuung an,

muss man davon ausgehen, dass Hotelgäste heute über ein immenses Laienwissen verfügen und Hotelmitarbeiter nur noch bedingt über einen fachlichen Wissensvorsprung verfügen (Darby & Karni, 1973). Erweitertes gästepsychologisches Fachwissen könnte demnach zu einer neuen Vertrauenseigenschaft ausgebildet werden.

Sowohl Such- als auch Erfahrungs- und Vertrauenseigenschaften müssen folglich emotionale Aspekte beinhalten. Darum muss die persönliche, individuell intensive Gästebetreuung, insbesondere für die Verbundenheit, als sogenannter „Return on Emotions", als emotionaler Ertrag, im Gegensatz zum monetären Ertrag, auch aus der psychologischen Perspektive von Interaktionsobjekten betrachtet werden. Diese können anhand von drei Dimensionen charakterisiert werden: Emotion, Information und Interaktionen.

1. In der makro- bzw. tiefenpsychologischen Vorstellung besitzen Emotionen Ausdehnungspotenziale in spezifischen Räumen, die durch Intensität an Gewicht gewinnen (Wöller & Kruse, 2018).
2. Informationen (z. B. über den Hotelgast) reduzieren emotionale „Unsicherheiten, über den Eintritt von Ereignissen", ermöglichen Diagnosen und Prognosen und
3. zielgerichtetes Interagieren in Form von persönlicher individuell intensiver Gästebetreuung als Arbeitsleistung an und mit Hotelgästen. Dabei kann davon ausgegangen werden, dass kein Hotelgast eine beliebige Menge an Gästebetreuung verlangt, sondern diese anlass- und bedürfnisorientiert für eine bestimmte Zeitspanne, in einer bestimmten (bedürfnisbefriedigenden) Intensität einfordert, d. h. er fragt Leistung = Arbeit/Zeit nach.

Gästebetreuende Interaktionsleistungen bestehen also aus emotionaler Betreuungsarbeit, die sich als mehrstufige Prozesse über unterschiedlich lange zeitliche Ausschnitte des Aufenthaltes erstrecken können. Innerhalb dieser Zeitabschnitte beteiligen sich die Gäste mit ihren Interaktionsfaktoren und sind damit bereit, bei der eigenen, persönlichen, individuell intensiven Gästebetreuung mitzuwirken und bewusst zum Leistungsergebnis beizutragen. Die dafür notwendigen hotelspezifischen Kompetenzen lassen sich in Herzig und Koerfers Professionsmodell adaptieren und darstellen.

Abbildung 4.22 Hotelspezifisches Professionsmodell, adaptiert nach Herzig und Koerfer (Herzig & Koerfer, 2018, S. 241)

Für die Ergebnisqualität und -kontrolle müssen Hotelmitarbeiter in der Lage sein, eine Balance zwischen betrieblichen Qualitätsanforderungen und gastspezifischen Individualitäten herstellen zu können:

Die hotelspezifische Beziehungsqualität zeigt sich als übergeordnetes Konstrukt für die Erklärung der Gästebindung im Kontext von „Guest Centricity" und „Guest Care" und repräsentiert sich insbesondere durch langfristige emotionale Gästebindung, ausgelöst durch persönliche, individuell intensive Gästebetreuung.

Aufgrund der hohen qualitätssichernden Standardisierung in vielen Hotelbetrieben ergibt sich daraus für die Erbringung der persönlichen Gästebetreuung als hotelspezifische Dienstleistung jedoch ein hotelspezifisches Paradox:

Für die persönliche individuell intensive Gästebetreuung muss Individualität als Exaktheit und damit Qualität der Leistungserbringung aufgefasst werden.

Eine Erklärung dafür liefert z. B. das hotelspezifische „Zeitproblem“, das im Kontext von typischen „unproduktiven“ Leerlaufzeiten betrachtet werden kann, die durch organisatorische Optimierungen von Arbeitsprozessen und Arbeitsabläufen minimiert werden sollen und sich damit auf das wechselseitige Zeiterleben auswirken und damit die erwünschte Individualität verunmöglichen können (Kuhlmann, 1998). In Folge dessen entstehen zwischen Hotelgästen, Hotelmitarbeitern sowie zwischen den Zielen und der Ablauforganisation des Hotelbetriebs mehrfache individuelle Zeitkonflikte: Wenn Hotelgäste um starke Einflussnahme zur Verwirklichung ihrer individuellen Bedürfnisbefriedigung bzw. ihrer anlassbedingten Zufriedenheit bemüht sind, reduzieren sie unter Umständen die den betrieblichen Standards inhärente Unternehmenseffizienz, da sie mehr Potenziale in Anspruch nehmen als geplant und Routinen der Ablauforganisation durchkreuzen, als auch durch Wartezeiten, andere Hotelgäste direkt mit beeinflussen. Kommen Hotelmitarbeiter jedoch den Wünschen der Hotelgäste nach Einflussnahme und Individualität entgegen, trägt diese Bereitschaft zwar auch zur Effizienzminderung bei, erhöht jedoch die Zufriedenheit dieser, woraus sich als Folge Verbundenheit zum involvierten Hotelmitarbeiter als auch zum Hotelbetrieb entwickeln kann. Versucht das Hotelpersonal jedoch, Dienstleistungsprozesse effizient zu gestalten, um den betrieblichen Standards bzw. der Unternehmenseffizienz Rechnung zu tragen, können Interventionen seitens der Hotelgäste wiederum zunehmen, während sich gleichzeitig deren individuelle Zufriedenheit vermindert. Es ist darum für die persönliche Gästebetreuung geboten, insbesondere präsenzbedingte Interaktionen so auszugestalten, dass emotionale bzw. gefühlsspezifische Anteile der hotelspezifischen Gästebetreuung im Verhältnis zu anderen arbeitsdominanten Interaktionsobjekten individuell intensiv verstärkt werden können, ohne in zeitliche Dilemmata zu geraten.

Für den Kontext dieser Arbeit soll deswegen die persönliche Gästebetreuung als eigentliche Dienstleistung verstanden werden, die durch ergänzende Betreuungsleistungen und supportive Serviceleistungen je nach Hotelkategorie und Betriebstyp ergänzt werden kann. Dies wird auch in der abschließenden Betrachtung des hotelspezifischen Leistungsspektrums deutlich (Tabelle 4.3).

Tabelle 4.3 Gästebetreuung als komplexes Dienstleistungsbündel (Freyberg et al., 2019, S. 22 ff.; K.-H. Hänssler, 2016, S. 108 ff.; Henschel et al., 2013, S. 74 ff.; G. Walterspiel, 1969, S. 130)

Sach- und produktbezogene Hotelleistungen	Personenbezogene Hoteldienstleistung und ihre Ausprägungen		Sach- und produktbezogene Serviceleistungen
Beherbergungsleistungen Verpflegungsleistungen Freizeit- und sonstige Leistungen	Gästebetreuung	Begleitung Besorgung Beratung Beschwerde Begeisterung	Reinigung (Hotelzimmer) Zubereitung (Speisen und Getränke) Bedienung (Speisen und Getränke)

Die dafür notwendigen spezifischen Kompetenzen, über die Hotelmitarbeiter verfügen müssen, sollen nun nachfolgend vorgestellt werden.

4.4.4.1 Fachwissen

„In der Hospitality-Branche ist die Erfahrung der Gäste immer der wichtigste Faktor. Die Erwartungen an diese ist jedoch gestiegen. Der Schwerpunkt verlagert sich immer weiter weg von rein funktionalen Dienstleistungen. Die Erfüllung der allgemeinen physischen und psychischen Bedürfnisse wie Essen, Sicherheit und Unterhaltung reicht nicht mehr aus. Was von Reisenden, Hotel- und Restaurantgästen zunehmend gefordert wird, sind emotionale und einzigartige Erlebnisse." (Gianotti, 2023, o. S.)

Die gastgewerblichen Berufe in Deutschland sind in Deutschland 2022 nach über 20 Jahren neu geordnet worden. Die ausgestalteten Ausbildungsinhalte spiegeln jedoch die tatsächliche Weiterentwicklung im Hotel- und Gastgewerbe nur bedingt wider und negieren die sich verändernden Gästebedürfnisse nach Emotion und Beziehung, indem weiterhin im tradierten Kontext der Gästeorientierung und nicht der Gästezentrierung ausgebildet wird[75]:

„Als Mitarbeiter sind wir Gastgeber, die den Gästen dienen. Um zu verstehen, was die Gäste wünschen, müssen wir ihre Bedürfnisse kennen und verstehen. Den elementaren Bedürfnissen Essen, Trinken und Schlafen entsprechend die Angebote Bewirtung und Beherbergung mit Betriebsarten wie Restaurant und Hotel. Wünsche der Gäste sind aber auch Entspannung und Ruhe, Freude und Vergnügen, Abwechslung und Kultur." (Brandes et al., 2022, S. 13)

[75] „Gastronomie und Hotellerie sind eine Herzensangelegenheit. Servicekräfte sollten ihren Beruf und die dargebotenen Produkte lieben" (Brandes et al., 2022, S. 40).

Betrachtet man neu erschienen Fachliteratur zur Berufsausbildung, ist ebenfalls zu erkennen, dass weiterhin hauptsächlich Leistungen und Produkte sowie deren Verkauf im Mittelpunkt stehen. So tauchen im 2022 neu erschienenen Standardwerk „Hotel & Restaurant" Gästetypen erst auf der Seite 504 von 621 auf und werden wie folgt eingeführt und auf insgesamt fünf Seiten des ganzen Buches abgehandelt:

> *„Im Zentrum der Verkaufsförderung steht der Gast als VIP. Die individuellen Temperamente und die Wesensmerkmale der Gäste können in vier Charaktere eingeteilt werden: ‚Der Selbstbewusste', ‚der Neugierige', der ‚Zurückhaltende' und der ‚Analytiker'."* (Brandes et al., 2022, S. 504)

Obschon der Umgang von Hotelmitarbeitern, mit Anforderungen emotionaler Situationen und organisationaler Regeln sowie deren Auswirkungen auf die Gästezufriedenheit sowie das psychische Wohlbefinden der Hotelgäste im Fokus stehen muss, werden weder gästesoziologische noch gästepsychologische Inhalte, sondern lediglich allgemein gehaltene verkaufspsychologische Inhalte vermittelt:

> *„Der Zurückhaltende bevorzugt gewohnte und bekannte Speisen und Getränke. Er wirkt manchmal überfordert mit einem allzu großen oder fremdartigen Angebot. Wenn der Zurückhaltende die erwünschte Hilfestellung signalisiert, ist es sinnvoll, relativ offene Fragen zu stellen. Dieser Gast liebt Produkte und Lösungen zum Wohlfühlen und kommt mit wenig Alternativ-Angeboten am besten zurecht."* (Brandes et al., 2022, S. 505)

Es muss daher als fraglich bezeichnet werden, wie Hotelmitarbeiter aus unterschiedlichen Milieus, kulturellen und bildungsspezifischen Backgrounds Hotelgäste persönlich individuell intensiv betreuen sollen, ohne dafür ausgebildet worden zu sein.

Da die individuelle Betrachtung der persönlichen Situation sowie die Diagnose der Gefühlslage von Hotelgästen und der damit verbundenen Bedürfnisse jedoch für den Aufbau einer soliden Gästebindung und der Entwicklung einer entsprechenden Beziehungsqualität unverzichtbar ist, muss hotelspezifisches Fachwissen aus- und weiterbildungsspezifisch so gästezentriert weiterentwickelt werden, dass neben leistungs- und produktspezifischem Fachwissen vertieftes psychologisches Gästewissen aufgebaut werden kann. Damit soll insbesondere das Ziel verfolgt werden, die hotelspezifische Dienstleistungsqualität über die hotelspezifische Potenzial-, Prozess- und Ergebnisqualität hinaus um eine bestimmte Form von positiver, hotelspezifischer Beziehungsqualität zwischen Hotelgästen, Hotelmitarbeitern und Hotelbetrieb zu erweitern und kategorie- als auch betriebsspezifisch ausdeuten zu können:

Für die persönliche individuell intensive Gästebetreuung und insbesondere für die Ermittlung der individuellen Betreuungsintensität muss ausdifferenziertes deklaratives (Fach)Wissen über Hotelgäste aufgebaut werden, welches dann in prozedurales, kompiliertes Wissen umgewandelt (kompiliert) werden kann. Daneben wird genauso strategisches Wissen zur Entwicklung von spezifischen Problembewältigungsstrategien als auch konditionales Fachwissen, insbesondere für automatisierte und routinierte Handlungsschritte benötigt. Daraus folgt, dass gästespezifische Fach- und Handlungskompetenzen nur dann gästebindend wirksam werden können, wenn vorab dafür relevantes, gästespezifisches Fachwissen ausgebildet bzw. erworben wurde.

4.4.4.2 Emotionale Kompetenzen

> *„Die Interaktionen mit den Gästen erfolgen vor und nach dem Aufenthalt zunehmend in einer digitalen, unpersönlichen Umgebung. Es ist daher nachvollziehbar, dass die Gäste während ihres Aufenthalts auf ihrer individuellen Ebene abgeholt werden wollen. Sie möchten während ihres gesamten Besuchs emotional stimuliert werden. Sie möchten sich auf einer positiven, affektiven Ebene mit der Marke identifizieren können und erwarten dafür jedoch eine neue Qualität von emotionalen Auslösern.“*
>
> (Gianotti, 2023, o. S.)

Der emotionale Ausdruck hat im Hotelgewerbe in erster Linie eine kommunikative Funktion, indem über verbale, non- und paraverbale Signale hotelspezifische, im sozialen Kontext emotionale Informationen und Handlungstendenzen ausgetauscht und für das Umfeld in Form von Hotelgästen und Teammitgliedern wahrnehmbar gemacht werden. Ross Buck erweitert diese Perspektive noch um eine zusätzliche, expressive Funktion des Emotionsausdruckes, indem Menschen auch emotionale Ausdrücke zeigen, wenn sie vermeintlich alleine sind (Buck, 1980).

Persönliches Ausdrucksverhalten erfolgt in der Regel unwillkürlich und reflexhaft, professionelles Ausdrucksverhalten muss jedoch willentlich gesteuert werden können. Zahlreiche Emotionspsychologen wie z. B. Paul Ekman und Wallace V. Friesen haben sich ausführlich mit allen Aspekten des mimischen Ausdrucks beschäftigt. Gemäß ihren Ausführungen gibt es fünf mögliche Wege, den Emotionsausdruck (professionell) zu regulieren (Ekman & Friesen, 1971). So können bestimmte Ziele durch

a) das Intensivieren (Emotionen und Gefühle werden intensiver dargestellt, als sie empfunden werden).
b) De-Intensivieren (Emotionen und Gefühle werden weniger intensiv dargestellt, als sie empfunden werden).
c) Simulieren (Emotionen und Gefühle werden dargestellt, ohne tatsächlich empfunden zu werden)
d) Neutralisieren (Emotionen und Gefühle werden nicht dargestellt, obwohl sie empfunden werden)
e) oder Maskieren (Emotionen und Gefühle werden anders dargestellt, als sie empfunden werden, um tatsächliche Emotionen und Gefühle zu überdecken) von emotionalen Darstellungen.

Anhand der verschiedenen Möglichkeiten, Emotionen zu „bearbeiten" wird deutlich, welche Bedeutung erlernte „Emotionsbearbeitungsmethoden" für den gästezentrierten operativen Einsatz für die persönliche Gästebetreuung, für Hotelgäste, für Hotelmitarbeiter und damit auch für den Hotelbetrieb haben können. Zu den hotelspezifisch einsetzbaren Methoden gehören u. a.

a) **Die Display Rules (Goffmann, 1965)**
   Gefühls- und Emotionsarbeit dient der Erreichung von unternehmerischen und abteilungsspezifischen Handlungszielen und ist oft Vorgaben von Unternehmen oder Organisationen gebunden. Diese Regeln können je nach Unternehmenskultur als auch sozialem Kontext der Hotelgäste und -mitarbeiter variieren und beeinflussen, ob Menschen sich dazu entscheiden, ihre Emotionen zu zeigen oder zu verbergen. So werden z. B. Hotelmitarbeiter der Mandarin Oriental Hotelgruppe für spezifische emotionale Verhaltensregulationen trainiert, mit der Prämisse, dass niemand das Gesicht verlieren darf. Während im (traditionellen) Luxushotelsegment oft verlangt wird, dass Hotelmitarbeiter ihre Emotionen für sich behalten oder nur in bestimmten diplomatisch Situationen ausdrücken, kann in einfacheren und/oder familiären Hotelsegmenten ebenso erwartet werden, dass Hotelmitarbeiter ihre Freude oder ihr Interesse nicht zurückhalten, um herzlich und gastzugewandt zu erscheinen.
b) **Das Surface Acting (Hochschild, 1990)**
   Surface Acting (auch oberflächliches Agieren genannt) bezieht sich auf eine Form der Emotionsregulation, bei der Hotelmitarbeiter ihre wahre emotionale Reaktion auf eine Situation unterdrücken und stattdessen eine andere emotionale Reaktion zeigen müssen, die beruflich als angemessener oder passender angesehen wird. Dies kann dazu führen, dass die Person ihre wahren

Gefühle versteckt oder unterdrückt und stattdessen eine emotionale Fassade oder Maske aufsetzt. Ein Beispiel für hotelspezifisches Surface Acting ist, wenn ein Hotelmitarbeiter trotz eines unhöflichen Hotelgastes freundlich und höflich bleibt. Obwohl der Hotelmitarbeiter im Verlauf der persönlichen Gästebetreuung möglicherweise wütend oder frustriert ist, muss er seine eigenen Gefühle und Emotionen unterdrücken und stattdessen eine gastfreundliche Haltung zeigen, um den Erwartungen des Hotelbetriebs oder der Hotelgästeerwartungen zu entsprechen. Wird Surface Acting nicht gezielt aus- und weitergebildet, kann das kontinuierliche Unterdrücken von Emotionen langfristig negative Auswirkungen auf die psychische Gesundheit haben und/oder führt zu erhöhter Mitarbeiterfluktuation.

c) **Das Deep Acting (Hochschild, 1990)**
Deep-Acting bezieht sich auf eine Verhaltensweise, bei der ein Hotelmitarbeiter versucht, seine wahren Gefühle und Emotionen zu verstehen und zu verarbeiten, um sie dann auf eine authentische und ehrliche Weise im beruflichen Kontext auszudrücken. Im Gegensatz dazu steht Surface Acting, bei dem die wahre emotionale Reaktion unterdrückt und stattdessen ein „gefälschtes" Gefühl, bzw. eine gefälschte Emotion gezeigt werden muss, weil diese besser zur erwarteten professionellen und/oder sozialen Situation passt.

d) **Die automatische Emotionsregulation (Diefendorff et al., 2005)**
Eine der neueren Emotionsregulationsmethoden ist die automatische Emotionsregulation, die von manchen Autoren auch als „passives Deep-Acting" bezeichnet wird. Ähnlich wie beim „Deep Acting bemühen" sich Hotelmitarbeiter um eine Form der antezedenzfokussierten Emotionsregulation, um eine ehrliche und authentische emotionale Reaktion auf eine Situation entwickeln und auszudrücken zu können. Dies bedeutet allerdings, dass diese in spezifischen Situationen ihre eigenen Gefühle und Gedanken genau beobachten und sich bemühen müssen, diese zu verstehen und zu akzeptieren, anstatt sie zu unterdrücken oder zu verleugnen. Durch diese Selbstreflexion und Selbstakzeptanz kann sodann eine authentische und einfühlsame Verbindung zu Hotelgästen aufgebaut werden, indem Hotelmitarbeiter gezielt auf ihre emotionalen Bedürfnisse und Erfahrungen reagieren können.

e) **Die emotionale Devianz (Rafaeli & Sutton, 1987)**
Eine Sonderform der Emotionsregulationstechniken stellt die emotionale Devianz dar, bei der ein geforderter emotionaler Ausdruck bewusst nicht bzw. eine unerwünschte Emotion bewusst und provozierend gezeigt wird. Tritt ein solches Phänomen einmalig auf, wird von einer primären emotionalen Devianz gesprochen. Häufen sich entsprechende Verhaltensweisen, geht

man von einer sekundären emotionalen Devianz aus. Hotelmitarbeiter können aus unterschiedlichen Gründen nicht in der Lage oder gewillt sein, ihre Emotionen an unternehmerische Vorgaben anzupassen. Arbeitsorganisatorische Mängel, gästespezifisches Verhalten als auch unkollegiale Phänomene können genauso wie kulturelle, soziale und individuelle Faktoren zu einem solchen missbilligenden Ausdrucksverhalten führen.

Keine der genannten Emotionsmethoden oder -techniken wird in den neu geordneten Ausbildungsrahmenplänen der hotelspezifischen Berufe noch in den dazugehörigen Rahmenlehrplänen der Berufsschulen erwähnt bzw. gezielt vermittelt. Auch in neueren Lehrbüchern finden sich nur rudimentär zu bezeichnende Hinweise:

> *„Unangenehme Situationen erfordern eine innere, entspannte Haltung. Verbale Angriffe kann man geistig an sich vorüberziehen lassen. Es geht darum, durchzuatmen und flexibel zu bleiben. Dabei helfen stärkende Körper-Anker. Sie erzeugen eine selbstbewusste Ausstrahlung."* (F. Brandes et al., 2022, S. 519)

Die Notwendigkeit der emotionalen Kompetenzen für die Dienstleistungsproduktion und das Ergebnis der Beziehungsqualität lässt sich schließlich auch am Beispiel der atypischen Phasen von Verkaufsgesprächen darstellen und begründen, die zum hoteltypischen Verkaufsalltag gehören. So sieht z. B. Hermann Scherer einerseits die Informationsbeschaffung in Form von Wissen über den zu beratenden Kunden (Beruf, Hobbys, privates Umfeld, aktuelle Lebenssituation) als notwendig an, um eine gute Beziehung im Verkaufsgespräch aufbauen zu können (Scherer, 2013) und misst andererseits dem Gesprächseinstieg und der Small-Talk-Phase entscheidende Bedeutung für den gesamten Gesprächsverlauf bei (Scherer, 2013). Auch Ruth Brons-Albert bestätigt diesen Umstand, verweist ebenso auf die Notwendigkeit des Beziehungsaufbaus für den gesamten Verkaufsprozess und begründet dies mit den Ergebnissen einer von ihr durchgeführten Studie, bei der eine Vielzahl von befragten Kunden angaben, dass Emotionen eine größere Rolle spielen würden wie rationale Aspekte (Brons-Albert, 1995, S. 235). Ralph-Peter Prack betont dazu, dass Menschen durch bestimmte Situationen und Reize in ihrem Handeln beeinflusst werden und die von Beginn an immer negativ belastete Beziehung zwischen Kunden und Verkäufer gezielt überwunden werden muss:

> *„Dem Kunden ist bewusst, dass ein Verkäufer primär verkaufen will und daher negative Äußerungen über das Produkt tunlichst vermeidet. Kunden sind in der Regel bemüht, dieses Misstrauen nicht zum Ausdruck zu bringen."* (Prack, 2010, S. 22)

Prack verweist schließlich auf die zwischenmenschliche Anziehung, die Verkäufer im ersten Schritt aufbauen sollen: „Machen Sie sich in einem ersten Schritt für den Kunden sympathisch" (Prack, 2010, S. 27). Damit kann einerseits verdeutlicht werden, dass zum Aufbau von Sympathie und Vertrautheit sowohl emotionale als auch diagnostische Kompetenzen notwendig erscheinen und andererseits diesbezügliches Fachwissen unerlässlich ist. Dies wird auch von Alexander Tiffert bestätigt, der den Beziehungsaufbau ebenso am Anfang verortet und damit die Notwendigkeit der emotionalen Kompetenzen zum Aufbau der Beziehungsqualität untermauert (Tiffert, 2021) (Abbildung 4.23).

Abbildung 4.23 Phasen im Verkaufsgespräch, adaptiert nach (Tiffert, 2021, S. 25)

Wendet man die Erkenntnisse auf andere hotelspezifische Betreuungsanlässe an, kann festgestellt werden, dass auch bei diesen der Beziehungsaufbau vordringlich ist, um Vertrautheit aufzubauen und emotionale Kompetenzen somit zu den wichtigen Kompetenzen gehören, um Hotelgäste individuell intensiv betreuen zu können. Betrachtet man hotelspezifische Gefühls- und Emotionsarbeit somit als komplexe und erlernbare Arbeitstechnik, dann wird deutlich, dass eine Professionalisierung dieser gerade im Hotelgewerbe sowohl für Hotelgäste, Hotelmitarbeiter als auch das Hotelunternehmen sehr positive Konsequenzen haben kann. Emotionale Kompetenzen sind daher entscheidend für den Verlauf und die Auswirkungen auf hotelspezifische Arbeitsmerkmale, auf Gesundheits- und Wohlbefindensvariablen, auf Persönlichkeitsmerkmale, auf persönliche Ressourcen als auch auf Verhaltensphänomene von Hotelgästen in Dienstleistungsinteraktionen (Schneiderheinze, 2009). Ergänzt man diese Betrachtungen noch um interkulturelle emotionale Belange, kann verdeutlicht werden, wie breit gefächert emotionale Kompetenzen hotelspezifisch entwickelt werden müssen (Müller-Commichau, 2005). Dies bedeutet:

Für die Ermittlung der individuellen Betreuungsintensität und die persönliche Gästebetreuung benötigen Hotelmitarbeiter solche emotionalen Kompetenzen, die sich in empathischem, emotional angepasstem Nähe- und Distanzverhalten gegenüber den Bedürfnissen und Verhaltensweisen einzelner Gäste als auch Gästegruppen äußern und zum Wohlbefinden und damit zur Gästebindung beitragen können. Daraus folgt, dass für die persönliche, individuell intensive Gästebetreuung Hotelmitarbeiter in Emotions- und Gefühlsarbeit so ausgebildet werden müssen, dass sie einerseits gängigen Darstellungsregeln entsprechen und andererseits ein umfängliches und professionelles emotionales Commitment gegenüber den Hotelgästen entwickeln können. Hotelmitarbeiter sind damit als persönlicher Schlüssel für die Beziehungsgestaltung zwischen Hotelgästen, Hotelmitarbeitern und Hotelbetrieb zu bezeichnen. Gezielt ausgebildete bzw. erworbene emotionale Kompetenzen sollten Hotelmitarbeiter zu kontextueller Sensibilität und Sensitivität befähigen, indem u. a. auch Selbstmanagement, Selbstmotivation und Selbstreflexionsvermögen gezielt vermittelt werden.

4.4.4.3 Interkulturelle Kompetenzen

> *„Interkulturelle Interaktion als Anwendungsgebiet interkultureller Kompetenz muss dann als Interaktion zwischen Individuen aus unterschiedlichen Kollektiven aufgefasst werden, die aufgrund mangelnder Bekanntheit des jeweiligen Differenzspektrums Fremdheitserfahrungen machen. Interkulturelle Kompetenz kann dementsprechend, als die Fähigkeit betrachtet werden, die in interkultureller Interaktion zunächst fehlende Normalität zu stiften und damit Kohäsion zu erzeugen. Nach dieser Vorstellung führt interkulturelle Kompetenz dazu, dass aus unbekannten Differenzen bekannte werden. Im Sinne des vorgestellten Kulturbegriffs entspricht dies dem Entstehen von Kultur! Interkulturelle Kompetenz kann also als Fähigkeit betrachtet werden, die durch Fremdheit gekennzeichnete ‚flüchtige' Interkultur in Kultur umzuwandeln, indem über Normalität Kohäsion erzeugt wird.“* (Rathje, 2015, S. 17)

In der globalisierten Hotelbranche ist interkulturelle Kompetenz zu einem der wichtigsten Faktoren und Kompetenzfelder geworden. Hotelbetriebe empfangen täglich Reisende aus verschiedenen Ländern und Kulturen, die unterschiedliche Erwartungen und Verhaltensweisen haben. Um diese persönlich wie auch individuell intensiv betreuen zu können, müssen Hotelangestellte über interkulturelle Kompetenzen verfügen. Interkulturelle Kompetenz beschreibt dabei die Fähigkeit, in verschiedenen kulturellen Kontexten zu agieren und effektiv zu kommunizieren, um Misstrauen und Missverständnisse zu vermeiden und das für die

Gästebindung notwendige Vertrauen der Gäste zu gewinnen. Es geht jedoch auch darum, Verhaltensweisen, Werte und Normen von verschiedenen Kulturen zu verstehen und zu respektieren, um eine erfolgreiche Interaktion zu ermöglichen. Die interkulturelle Kompetenz wird von verschiedenen Faktoren beeinflusst, wie zum Beispiel der eigenen kulturellen Identität, der Sprachkompetenz, der kulturellen Sensibilität und der Erfahrung im Umgang mit verschiedenen Kulturen. Insbesondere im Kontext der persönlichen, individuell intensiven Gästebetreuung müssen sich Hotelangestellte ihrer eigenen kulturellen Identität bewusst sein und offen auf Hotelgäste proaktiv zugehen können. Insgesamt trägt die interkulturelle Kompetenz also zur Schaffung einer erfolgreichen und positiven Atmosphäre im Hotel bei, in der Hotelgäste aus verschiedenen Kulturen sich willkommen und so wohl fühlen, dass der Bindungswunsch an den Betrieb von selbst entstehen kann.

Obschon der Anteil an internationalen Mitarbeitern in der Branche in den letzten Jahren deutlich zugenommen hat und auch vermehrt Jugendliche mit migrantischem Hintergrund eine Ausbildung im Hotelgewerbe aufnehmen, wurden die von Wordelmann, Kristensen und Veit ermittelten Defizite in der interkulturellen Bildung in gastgewerblichen Berufen[76] nicht beseitigt und/oder durch vergleichbare Potenziale ergänzt (Wordelmann et al., 2006). So bieten zwar zahlreiche Berufsschulen aufgrund von sprachlichen Defiziten der Jugendlichen (durch Flucht & Vertreibung) zunehmend Deutsch als Zweit- oder Fremdsprache an, berufsspezifische interkulturelle Kompetenzen werden jedoch nicht gezielt vermittelt, obschon in den berufsbezogenen Vorbemerkungen folgender Hinweis vermerkt ist:

> *„Die oben genannten Berufe bewegen sich in einem vielfältigen Spektrum von Betrieben. Dabei stehen die Gastorientierung und die Gastzufriedenheit im Mittelpunkt jeden beruflichen Handelns. Unterschiedliche Betriebskonzepte und Organisationsstrukturen erfordern von den Fachkräften ein hohes Maß an Flexibilität, interkultureller Kommunikationsfähigkeit, Organisationstalent, Zukunftsorientierung sowie ein Grundverständnis für unternehmerisches Handeln."* (ISB – Staatsinstitut für Schulqualität und Bildungsforschung, 2022, S. 7)

Auch in der Verordnung zur Neuordnung der Ausbildung in den Hotel- und Gastronomieberufen finden sich keine spezifischen interkulturellen Handlungsfelder. So sollen Hotelfachleute im ersten Ausbildungsjahr der betrieblichen Ausbildung zwar die folgenden Inhalte erlernen:

---

[76] Internationalität und interkulturelle Kompetenz in der Gastronomie und verwandten Berufsfeldern – eine Transferstudie.

a) *Gäste empfangen und deren Erwartungen und Wünsche hinsichtlich Beratung, Betreuung und Dienstleistungen ermitteln sowie die Umsetzung der Erwartungen und Wünsche prüfen.*
b) *Gäste betreuen, sie über das Angebot an Dienstleistungen und Produkten informieren und beraten und dabei individuelle und kulturelle Bedürfnisse und Wünsche berücksichtigen, insbesondere Besonderheiten im Umgang mit Gästen mit Behinderung.*
c) *Ursachen von Konflikten und Kommunikationsstörungen erkennen und zu deren Lösung beitragen, Konfliktpotenzial erkennen und Konflikte vermeiden*
d) *sowie das Auftreten und die Rolle gegenüber den Gästen reflektieren und das Verhalten gastorientiert gestalten; Gespräche gast- und betriebsorientiert führen, dabei verbale und nonverbale Ausdrucksformen anwenden.*
e) *Gästereaktionen, insbesondere Reklamationen, entgegennehmen, einordnen und situationsbezogen nach den betrieblichen Vorgaben reagieren*
f) *sowie einfache Auskünfte in einer Fremdsprache erteilen* (Bundesministerium der Justiz & Bundesamt für Justiz, 2022, o. S.).

Geht man jedoch davon aus, dass möglicherweise auch Ausbilder und/oder Führungskräfte migrantischen Background haben und nicht über interkulturelle Ausbildungskompetenzen verfügen, wird deutlich, dass viele Jugendliche ihre interkulturelle Ausbildung lediglich durch Trial-and-Error-Lernen bzw. Erfahrungslernen erhalten. Die darin erkennbaren Gefahren sowohl für die Hotelmitarbeiter als auch für Hotelgäste und Hotelbetrieb bestätigt auch eine Studie der NGG, in der ein Viertel der Auszubildenden (232 Auszubildende nahmen teil) angaben, dass in ihrer Ausbildung der Ausbildungsrahmenplan nicht eingehalten würde. Ebenso viele hatten zudem das Gefühl, von ihrem Ausbilder/ihrer Ausbilderin nicht gut betreut zu werden (wmp consult, 2022). Will man also den Fokus zukünftig verstärkt auf die persönliche, individuell intensive Gästebetreuung legen, ist eine vertiefte Auseinandersetzung mit interkulturellen Aspekten in der beruflichen Ausbildung dringend angeraten, um die Mitarbeiter- als auch die Gästebindung nicht zu gefährden bzw. ausbauen zu können. Für das Anliegen der hier vorliegenden Arbeit kann deshalb angenommen werden:

Für die persönliche, individuell intensive Gästebetreuung und die Ermittlung der individuellen Betreuungsintensität benötigen Hotelmitarbeiter solche interkulturellen Kompetenzen, die den Bedürfnisrepräsentanzen internationaler Hotelgäste gerecht werden und auch die Zusammenarbeit im Team erleichtern können. Da Hotelbetriebe als besondere Handlungsorte zu bezeichnen sind, die durch vielfältige, neue und nicht eindeutige Situationen gekennzeichnet sind, benötigen Hotelmitarbeiter eine hohe Ambiguitätstoleranz, da sie als Leistungserbringer von ihren Hotelgästen, als Leistungsempfänger abhängig sind, egal welcher Kultur sie angehören. Hotelspezifische interkulturelle Kompetenzen kumulieren sich daher auch in der Fähigkeit, nonverbal interkulturell kommunizieren zu können, insbesondere wenn verbale Kommunikation (z. B. aufgrund von fehlenden Sprachkenntnissen) Barrieren aufbaut, notwendige Interaktionen beeinträchtigt oder rollenspezifisches Verhalten (auch in interkulturellen Teams) erschwert.

4.4.4.4 Diagnostische Kompetenzen – Hospitality Reasoning

> *„Perfekte Gästebetreuung ist das Um und Auf. Der Gast muss das Gefühl haben, dass man seine Wünsche ernst nimmt, sein Wohlbefinden an erster Stelle steht und man ihm den Aufenthalt unvergesslich macht. Versuchen Sie in unaufdringlichem Small Talk die Interessen des Gastes herauszufinden. So können Sie ihm passende Freizeitangebote und -aktivitäten vorschlagen. Hören Sie aus dem Gespräch heraus, ob der Gast sich rundum wohlfühlt oder ob Sie etwas tun können, um seine Zufriedenheit zu steigern. Sprechen sie den Gast mit seinem Namen an, damit die Betreuung persönlich und individuell ist.“* (Krausler et al., 2020, S. 146)

Diagnostische Kompetenzen beziehen sich allgemeinhin auf Fähigkeiten, systematisch und fundiert Informationen über individuelle oder kollektive Phänomene zu sammeln, zu analysieren und zu interpretieren, um anschließend zu einem Urteil oder einer Entscheidung zu gelangen. Gleiches kann sodann für hotelspezifische Diagnosekompetenzen angenommen werden, für die sowohl Fachwissen, emotionale als auch interkulturelle Kompetenzen unabdingbar erscheinen, um komplexe und situative Gästebedürfnisse, -anlässe als auch akute Daten miteinander integrieren, bewerten und ausführen zu können. Obschon bereits 1897 von Hegenbarth gefordert wird, dass Hotelmitarbeiter sich in Hotelgäste hineinversetzen können sollten, gehören bis heute diagnostische Kompetenzen nicht zum Aus- und Weiterbildungsspektrum hotelgewerblicher Berufe:

> *„Es ist eine Eigenthümlichkeit des Hotelgeschäftes, dass es ausser den persönlichen Wünschen auch dem individuellen Charakter und oft auch den Stimmungen der Gäste Rechnung tragen muss. Diese Aufgabe ist sogar ein wichtiger Factor im ganzen Hotelbetrieb, welcher viel Menschenkenntnis, Takt Gemüthsruhe und Geistesgegenwart erfordert, da das Hotelgeschäft mit Charakteren aller Schattierungen zu tun hat. Durch eine richtige Auffassung und Behandlung kann in solchen Fällen oftmals, beinahe immer eine günstige Wendung in der Stimmung herbeigeführt werden. Selbst den unangenehmsten Charakteren ist vielfach mit Leichtigkeit eine Befriedigung*

zu verschaffen, wenn die Angelegenheit den Umständen gemäss richtig in die Hand genommen wird." (Hegenbarth, 1897, S. 60)

Bedenkt man die damaligen milieuspezifischen bzw. gesellschaftlichen Unterschiede und sucht eine Verbindung zur heutigen Durchsetzung der Hotelmitarbeiter mit internationalen Herkünften, wird deutlich, dass für das Anliegen der persönlichen, individuell intensiven Gästebetreuung im Kontext von „Guest Centricity" und „Guest Care" eine branchenspezifische Diagnosekompetenz zwingend notwendig erscheint. Diese soll als „Hospitality Reasoning", abgeleitet aus dem „Clinical Reasoning", bezeichnet werden: So beschreiben z. B. Ulla Beushausen und Wenke Walther „Clinical Reasoning" als „Denk, Handlungs- und Entscheidungsprozesse, die klinisch tätige Personen (Mediziner, Pflegepersonal, Therapeuten u. a.) entweder allein oder in der Auseinandersetzung mit Berufskollegen und/oder den Patienten treffen" (Beushausen & Walther, 2010, S. 30). Dagegen verweist M. Dölken auf die Möglichkeit der Bildung von „Wenn-dann-Regeln" für die Untersuchungs- und Behandlungsplanung und die Relevanz für Aus- und Weiterbildung:

„*Wird Clinical Reasoning im Rahmen der Grund- und Weiterbildung gefördert, wenden die Lernenden schneller Problemlösungsstrategien an, die Experten häufig unbewusst nutzen.*" (Dölken, 2006, Zusammenfassung)

Um auf Basis dieser Definitionen einen Einstieg in die Thematik des „Hospitality Reasoning" zu bekommen, soll zunächst eine inhaltliche Beschreibung des Begriffs vorgeschlagen werden:

„Hospitality Reasoning" ist ein Mittel zur Selbstreflexion im Rahmen des hotelspezifischen Dienstleistungsangebotes Gästebetreuung. Es stellt eine Möglichkeit dar, persönliches, individuelles Handeln (in Begleitung, Besorgung, Beratung, Beschwerde und Begeisterung) anlassbezogen transparent zu machen, zu beschreiben, zu hinterfragen, zu verbalisieren und Interaktionen mit Hotelgästen theorie- und praxisgestützt (auf Fachwissen, emotionalen und interkulturellen Kompetenzen aufbauend) zu begründen. „Hospitality Reasoning" dient zudem der Bewusstmachung von Entscheidungsprozessen auch gegenüber Vorgesetzten, da es Denkprozesse im Rahmen der persönlichen, individuell intensiven Gästebetreuung beschreibt, die zur Ziel- bzw. Entscheidungsfindung im Kontext von „Guest Centricity" und „Guest Care" beitragen.

Bei der Anwendung der einzelnen Ausprägungen von „Hospitality Reasoning" findet ein Nachdenken/Reflektieren über den Hotelgast, seine Bedürfnisse und Anlässe, das Umfeld, Betreuungsstrukturen, Ziele, Handlungsweisen, Theorien und sich selbst als Hotelmitarbeiter statt. Es ist der Weg zu einem reflektierenden und kompetenten Hotelmitarbeiter, der dadurch nicht nur die Objektivierung seines Handelns unterstützt, sondern auch zum kategorie- und betriebsspezifischen Qualitätsmanagement beiträgt (Wolfs, 2022).

„Hospitality Reasoning" kann zunächst in folgende grundsätzliche Formen unterteilt werden:

a) Prospektives „Hospitality Reasoning" findet im Vorfeld eines Hotelaufenthaltes statt. Dabei wird auf Grundlage verfügbarer Informationen zum zukünftigen Aufenthalt dieser analysiert und vorbereitet.
b) Interaktiv-pragmatisches „Hospitality Reasoning" bezeichnet Entscheidungen, die auf Grundlage der Interaktion mit Hotelgästen als auch durch Kontextfaktoren beeinflusst werden.
c) Retrospektives „Hospitality Reasoning" hingegen umschreibt den Teil des hotelspezifischen Reflektierens, der im Nachgang eines Hotelaufenthaltes angesiedelt sein sollte. Es geht dabei um die Nachbereitung bzw. Reflexion von Betreuungshandlungen und -entscheidungen sowie deren zu Grunde liegender Interaktionen mit Hotelgästen und damit verbundenen Denkprozessen.

Andreas Wolfs verweist darauf, dass eine Unterteilung in unterschiedliche Blickrichtungen Chancen bietet, Reflexionsschwerpunkte einzugrenzen und so auch im Kontext enger zeitlicher Taktung die eigenen Erfahrungen und Erkenntnisse zielgerichtet in die Gestaltung zukünftiger Situationen einfließen zu lassen (Wolfs, 2022). Diese Annahme kann gleichwohl für den oft unvorhersehbaren Hotelalltag geltend gemacht werden. Darum erscheinen weitere Ausdifferenzierungen des „Clinical Reasoning" auch für das „Hospitality Reasoning" sinnstiftend (Spitzer, 2012):

a) **Ethisches Reasoning**
   Lena Spitzer beschreibt das ethische Reasoning als Fähigkeit, Entscheidungen zu treffen, die sowohl eigene Werte als auch die des Patienten (hier des

Hotelgastes) berücksichtigen und mit entstehenden Konflikten umgehen zu können.

b) **Narratives Reasoning**
Beim narrativen Reasoning wird für die Entscheidungsfindung auch die individuelle Lebens- und mögliche Krankengeschichte des Patienten (hier des Hotelgastes) berücksichtigt[77].

c) **Prozedurales Reasoning**
Das prozedurale Reasoning wird manchmal auch als „Scientific Reasoning" bezeichnet und beschreibt Entscheidungen, die auf der Grundlage von beruflichem Erfahrungswissen des Therapeuten (hier des Hotelmitarbeiters) und/oder auf der Grundlage von Studien, Leitlinien oder Standards getroffen werden.

„Hospitality Reasoning" kann somit als veritable hotelspezifische diagnostische Kompetenz aufgefasst und entwickelt werden, indem die Verantwortungsübernahme im individuellen Interaktionsarrangement mit dem individuellen Hotelgast entscheidend ist – mit anderen Worten: das Verhältnis von interner und externer Evidenz, der eigenen Erfahrung in der individuellen Begegnung von Hotelmitarbeitern mit Hotelgästen sowie den möglichst vertrauenswürdigen Berichten von den Erfahrungen anderer (Abbildung 4.24).

1. Die externe Evidenz umfasst die möglichst gut gesicherten bzw. dokumentierten und zwischenmenschlich nachprüfbaren Erfahrungen anderer mit den Wirkungen der persönlichen, individuell intensiven Gästebetreuung. Diese Erfahrungen anderer liegen zum Beispiel in Wirksamkeitsstudien vor.
2. Die interne Evidenz hingegen umfasst nicht die Erfahrungen anderer, sondern das, was Hotelmitarbeiter nur in der persönlichen Begegnung mit ihren Gästen erarbeiten können: ihre einzigartigen biografischen Erfahrungen, Ziele, Bedürfnisse, die wechselseitigen Ressourcen und situativen Bedingungen sowie ihre Empfindungen gegenüber betreuenden Handlungen und Entscheidungen. Nach Johann Behrens und Gero Langer hilft externe Evidenz bei gastzentrierten Entscheidungen ohne interne Evidenz gar nicht. Sie sehen den Aufbau interner Evidenz als ersten und wichtigsten Schritt, weil ohne diese Betreuer (hier Hotelmitarbeiter) gar nicht wissen könnten, was sie eigentlich über die zu Betreuenden bzw. deren Erfahrungen wissen wollen bzw. sollten

[77] „Gäste betreuen, sie über das Angebot an Dienstleistungen und Produkten informieren und beraten und dabei individuelle und kulturelle Bedürfnisse und Wünsche berücksichtigen, insbesondere Besonderheiten im Umgang mit Gästen mit Behinderung" (Bundesministerium der Justiz & Bundesamt für Justiz, 2022, o. S.).

(J. Behrens & Langer, 2006). Daraus ergibt sich die folgende Betrachtung des „Hospitality Reasoning".

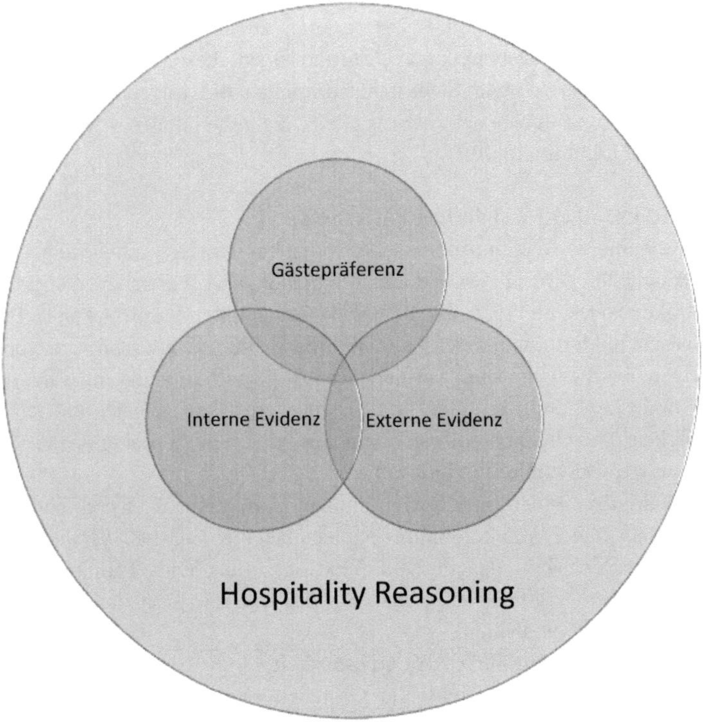

Abbildung 4.24 Hospitality Reasoning als Bindeglied der Elemente der evidenzbasierten Hotelpraxis, adaptiert nach (J. Behrens & Langer, 2006; Spitzer, 2012, S. 160)

Damit „Hospitality Reasoning" diagnostisch wirksam werden kann, müssen Hotelmitarbeiter ihr Fachwissen gästezentriert mit emotionalen und interkulturellen Kompetenzen so bündeln können, dass die Operationalisierung von „Guest Care" gelingen kann. Ergänzend dazu werden auch noch weitere diagnostische Fähigkeiten benötigt. Dazu gehören Methoden und Techniken der Aufmerksamkeit als auch der Wahrnehmung.

Andreas Leschnik beschreibt Aufmerksamkeit als Hinwendung auf einen oder mehrere äußere und/oder innere Reize. Die Aufmerksamkeit hat dabei Lenkungsfunktion gegenüber der Wahrnehmung (z. B. auditiv und/ oder visuell) von bestimmten situativ auftretenden Umweltreizen, die dadurch gezielt erkannt, beurteilt und bearbeitet werden können (Leschnik, 2020a). Hotelspezifisch geht es folglich darum, diejenigen Reize verorten zu können, deren Aufmerksamkeit Relevanz und gästebetreuende Priorität haben. Leschnik schlägt vor durch spezifische Intensitäts- und Selektivitätstrainings, die folgenden Aufmerksamkeitsmethoden und -techniken zu entwickeln, die auch hotelspezifisch notwendig erscheinen (Leschnik, 2020):

a) **Aufmerksamkeitsaktivierung (Alertness)**
Die allgemeine Reaktionsbereitschaft oder kurzfristige Aktivierung der Aufmerksamkeit wird als Alertness verstanden, die entweder als phasische Fähigkeit oder als tonische Fähigkeit ausgebildet werden kann. Bei der phasischen Alertness müssen Hotelmitarbeiter demnach lernen, auf einen vorherigen Warnreiz hin ihre Aufmerksamkeit gezielt zu steigern, während dies bei tonischer Alertness ohne vorherigen Warnreiz geschieht und damit zur Fähigkeit der schnellen Aufmerksamkeitsaktivierung beitragen soll.
b) **Daueraufmerksamkeit (Vigilanz)**
Die Fähigkeit, einen gleichmäßig hohen Aufmerksamkeitsaktivierungsgrad über einen längeren Zeitraum hinweg beizubehalten, wird als Vigilanz verstanden. Je nach Ausbildungsgrad und Funktionsstufe können Trainings Einheiten zur einfachen Vigilanz als auch zur Vigilanz mit zusätzlichen kognitiven Anforderungen beinhalten.
c) **Selektive oder fokussierte Aufmerksamkeit**
Für die persönliche, individuelle Gästebetreuung muss die selektive oder fokussierte Aufmerksamkeit als besonders relevant betrachtet werden, indem Hotelmitarbeiter Fähigkeiten erwerben müssen, schnell und zuverlässig auf relevante Reize zu reagieren und sich dabei nicht durch irrelevante Informationen oder durch Störreize ablenken zu lassen.
d) **Geteilte Aufmerksamkeit**
Ebenso wichtig wie die selektive erscheint die geteilte Aufmerksamkeit für die persönliche, individuell intensive Gästebetreuung. Da es im hotelspezifischen Alltag oftmals vorkommt, dass Hotelmitarbeiter zwei oder auch mehrere Aufgaben gleichzeitig zu bewältigen haben, benötigen sie Methoden und Techniken, die Aufmerksamkeit als Ganzes zwischen zwei oder mehr Anforderungen aufzuteilen (Leschnik, 2020).

Im Kontext der gezielten Wahrnehmung verweisen Herbert Hagendorf, Joseph Krummenacher, Hermann-Josef Müller und Torsten Schubert zunächst darauf, dass die wahrgenommene Welt eine individuelle Konstruktion darstellt, die durch Reifung, Übung und Lernen verändert werden kann:

> *„Wahrnehmungslernen ist die relativ dauerhafte und oft sehr spezifische Veränderung von Wahrnehmungsleistungen."* (Hagendorf et al., 2011, S. 20)

Um gezielte Wahrnehmung diagnostisch für die persönliche, individuell intensive Gästebetreuung einsetzen zu können, müssten Hotelmitarbeiter zunächst Wahrnehmungslernen aus der Perspektive mentaler Repräsentationen betrachten, die in Abhängigkeit von den zu erfüllenden kognitiven Anforderungen durch Transformationen und Manipulationen in andere positive oder negative mentale Repräsentationen überführt werden und über die Sinnessysteme verarbeitet werden und spezifische Handlungen auslösen (Hagendorf et al., 2011).

Für die hotelspezifische Auseinandersetzung mit Wahrnehmung lassen sich für den professionellen Kontext der persönlichen, individuell intensiven Gästebetreuung verschiedene Antworten geben (Hagendorf et al., 2011):

1. Hotelspezifische Interaktionen jeglicher Art beruhen auch auf Beobachtungen. Um fehlerhafte bzw. stereotype Beobachtungen zu vermeiden, sind Einsichten in unterschiedliche Wahrnehmungsprozesse, auch interkultureller Art, zwingend notwendig.
2. Die zunehmende mediale und digitale Umgestaltung der Hotelleistung führt dazu, dass reale Welten durch künstliche bzw. virtuelle Welten ersetzt werden. Um solche Welten an die Leistungsfähigkeiten der Wahrnehmung bzw. die Leistungsfähigkeiten der Wahrnehmung an solche Welten anpassen zu können, müssen Hotelmitarbeiter über wahrnehmungspsychologische Kompetenzen verfügen.
3. Wahrnehmungsprobleme können im Erleben und Verhalten zu Ängsten führen, die sich wiederum in Verzerrungen der Wahrnehmung ausdrücken können. Um solchen Störungen erkennen und optimieren zu können, müssen Hotelmitarbeiter in der Lage sein, Abweichungen im Wahrnehmungsprozess erkennen und charakterisieren und als Ausgangspunkt für Interventionen positionieren zu können.
4. Ebenso müssen Hotelmitarbeiter gezielte Wahrnehmungsmanipulationen durch die bewusste Gestaltung von Informationsangeboten erlernen und deren Potenziale für das Erleben und Verhalten von Hotelgästen konsequent einsetzen können.

Die Unterstützung von Wahrnehmungsfunktionen im gästebetreuenden diagnostischen Prozess setzt Einsichten in die kognitive Realisierung solcher Funktionen voraus und kann erst mit gründlicher Ausbildung wirksam eingesetzt werden, mit dem Ziel, ein individuell intensives Wohlbefinden von Hotelgästen entwickeln zu können. Dieses wie auch die sich damit aufbauende Gästezufriedenheit wird von Günther Hribek zunächst als ein kurzlebiger emotionaler Zustand beschrieben, der aus dem Vergleich wahrgenommener Leistungen (Ist) mit kognitiv und normativ geprägten Erwartungen (Soll) entsteht. Entsprechen sich Soll- und Ist-Leistungen, liegt eine Konfirmation in Form einer indifferenten Zufriedenheit vor. Eine Übererfüllung der Soll-Leistung hingegen wird als positive Diskonfirmation bezeichnet, mit der gesteigerte und damit langlebigere Zufriedenheit einhergeht, während eine Untererfüllung oder negative Konfirmation zu langlebiger Unzufriedenheit führt (Hribek, 1999). „Hospitality Reasoning", als hotelspezifische Diagnosekompetenz bereichert somit zusammen mit emotionaler und interkultureller Kompetenz und berufsspezifischem Fachwissen die hotelberufliche Professionalität maßgeblich. Für die hotelspezifischen Diagnosekompetenzen soll deswegen im Kontext von „Hospitality Reasoning" bedeutet werden:

Hotelmitarbeiter benötigen für die persönliche Gästebetreuung und die Ermittlung der individuellen Betreuungsintensität spezifische Diagnosekompetenzen, die als berufsspezifische „verstehende Diagnosekompetenz" im Kontext von „Hospitality Reasoning" unterschiedlichen Hotelgästen und Bedarfsgruppen[78] individuell gerecht werden müssen und im Ergebnis deren Wohlbefinden unterstützen und zur Gästebindung beitragen sollen. Dazu sollten sowohl indikations-, prozessdiagnostische und ergebnisdiagnostische Kompetenzen gehören, die das asymmetrische und perspektivdivergente Gäste-Hotelmitarbeiter-Beziehungskonstrukt flankieren und im Kontext von „Guest Centricity" und „Guest Care" gästebindend relativieren können.

Nachdem nun das komplexe Dienstleistungskonstrukt der Gästebetreuung umrandet wurde, soll fortführend im nächsten Kapitel die Bedeutung der individuellen Gästebetreuungsintensität beleuchtet und definiert werden.

---

[78] Im Ausbildungsrahmenplan für Hotelberufe werden dazu zu vermittelnde Sozialkompetenzen aufgeführt: „Bereitschaft und Fähigkeit, soziale Beziehungen zu leben und zu gestalten, Zuwendungen und Spannungen zu erfassen und zu verstehen sowie sich mit anderen rational und verantwortungsbewusst auseinanderzusetzen und zu verständigen. Hierzu gehört insbesondere auch die Entwicklung sozialer Verantwortung und Solidarität" (BIBB, 2022). Auch kommunikative Kompetenzen können mit einbezogen werden: „Bereitschaft und Fähigkeit, kommunikative Situationen zu verstehen und zu gestalten. Hierzu gehört es, eigene Absichten und Bedürfnisse sowie die der Partner wahrzunehmen, zu verstehen und darzustellen" (BIBB, 2022).

4.5 Definition der Determinante Gästebetreuungsintensität

„Mitarbeiter sind für viele Hotelbetriebe ein großer Kostenfaktor, vor allem wegen der Steuern und Lohnnebenkosten. So verwundere es nicht, dass viele Hoteliers sich inzwischen vorstellen können, bestimmte Tätigkeiten künftig von Robotern ausführen zu lassen. (…) Geht der Trend so weiter, müssten Dienstleistung und Service neu definiert werden, merkt die ÖHV weiter an. Der Faktor Arbeit muss gerade im Dienstleistungssektor rasch und nachhaltig entlastet werden, um den Tourismusstandort mit der hohen Service- und Betreuungsintensität international zu positionieren. Dienstleistung muss wieder leistbar werden." (Redaktion AHGZ, 2016)

Es gibt im Hotelgewerbe keine standardisierte Methode zur Messung und Berechnung der Gästebetreuungsintensität, obwohl mit dem Begriff der Gästebetreuung schon lange operiert wird. Zur Entwicklung eines solchen Instrumentes muss daher auf diejenigen Branchen zurückgegriffen werden, in denen ebenso wie im Hotelgewerbe „der Mensch im Mittelpunkt steht" und die Notwendigkeit, die Betreuungsintensität möglichst genau zu ermitteln, qualitativ lebensnotwendig erscheint. Deswegen werden nachfolgend nun Berechnungsmodelle repräsentativer Berufe vorgestellt, in deren Mittelpunkt auch eine aufenthaltsbezogene Betreuung von Menschen steht.

4.5.1 Betreuungsintensität aus erzieherischer oder pädagogischer Sicht

„Kindertageseinrichtungen bewegen sich hinsichtlich ihrer Zielvorgaben in der nicht auflösbaren Trias von Bildung – Erziehung – Betreuung. Innerhalb dieses Zielsystems haben sie ihre Arbeit auszurichten auf das Ziel einer möglichst guten pädagogischen Qualität der Arbeit." (Sell, 2010, S. 7)

Gute pädagogische bzw. erzieherische Arbeit basiert im Wesentlichen auf liebevollen und konstanten Bezugspersonen, die mit ihren Kompetenzen für Sicherheit, Geborgenheit und Kontinuität sorgen sollen. Dadurch sind Kinder in den entsprechenden Settings zumeist emotional ausgeglichen. Das Gefühl der Geborgenheit ermöglicht es ihnen, dabei zu lernen und zu reifen (Arnold et al., 2005). Die Relation von pädagogischen bzw. erzieherischen Fachkräften zu betreuten Kindern gilt deshalb als zentraler Aspekt der Strukturqualität, die die Qualität der Betreuungsprozesse stark beeinflusst. Die pädagogische und erzieherische Arbeit wird durch politisch regulierbare Rahmenbedingungen beeinflusst. Diese sollen aus der

Perspektive des Personalschlüssels als auch aus der Berechnung der Fachkraft-Kind-Relation charakterisiert werden, um Rückschlüsse für die Gästebetreuung im Hotelgewerbe ableiten zu können.

4.5.1.1 Personalschlüssel

> *„Das Betreuungsangebot für Kinder ist in Deutschland in den vergangenen Jahren stark ausgebaut worden, vor allem für Kinder unter drei Jahren. Hintergrund ist der Rechtsanspruch auf einen Kita-Platz ab dem zweiten Lebensjahr, den die Politik zum Jahr 2013 eingeführt hat. Im Alter von bis zu drei Jahren besuchen mittlerweile fast 33 Prozent der Kinder eine Kindertageseinrichtung (Kita), im Alter von drei bis sechs Jahren sind es nahezu alle Kinder (93,6 Prozent). Im Gegensatz zu anderen Disziplinen der Bildungsforschung wird die Qualität der Kindertagesbetreuung in bildungsökonomischen Studien selten adressiert, dabei ist sie für die kindliche Entwicklung von zentraler Bedeutung.“* (Camehl & Peter, 2017, S. 1197).

In erzieherischen und pädagogischen Berufen wird die Betreuungsintensität überwiegend als proportionales Verhältnis von Erziehungs- bzw. Lehrpersonal zu Kindern bzw. Schülern in einem bestimmten Erziehungs- bzw. Unterrichtssetting oder einer bestimmten Einrichtung beschrieben und als Betreuungsschlüssel (Klassenstärke) ausgewiesen (Statistisches Bundesamt, 2020). Der Betreuungsschlüssel beschreibt dabei ein Zahlenverhältnis (1: n), um anzuzeigen, dass für n betreute Kinder im Mittel ein Betreuender bereitsteht. Innerhalb Deutschlands variieren die Vorgaben zu Betreuungsschlüsseln zwischen den Bundesländern sehr stark, was daran liegt, dass aus föderalistischen Prinzipien heraus in den einzelnen Bundesländern entweder eine gruppenbezogene Anzahl von Fachkräften oder eine kindbezogene Fachkraft-Kind-Relation festgelegt ist. Bei der gruppenbezogenen Definition wird eine Anzahl von Fachkräften vorgegeben, die eine Gruppe mit vorgegebener Mindest- und Höchstzahl an Kindern betreut. Daraus ergeben sich rechnerisch die Fachkraftstunden. Zeitanteile für Vertretung bei Krankheit, Urlaub und Fortbildung sowie Leitungstätigkeit und mittelbare pädagogische Arbeit (Vor- und Nachbereitung, Elterngespräche, Teamsitzungen und mehr) werden hier zumeist gar nicht vorgegeben. Bei der kindbezogenen Definition hingegen wird das rechnerische Verhältnis von Fachkraftstunden pro betreutem Kind festgelegt. Die rechnerisch ermittelten Fachkraftstunden sind dadurch abhängig von der Anzahl der Kinder. Mit dieser Berechnung, die von Vollzeitäquivalenten ausgeht, können ebenso mittelbare pädagogische Arbeiten o. Ä. besser berücksichtigt und rechnerisch abgebildet werden (Viernickel & Fuchs-Rechlin, 2015).

4.5.1.2 Fachkraft-Kind-Relation

> „*Wann immer Erzieherinnen offiziell nach der Einschätzung ihrer Arbeitsbedingungen gefragt werden, lautet die einhellige Antwort: Die Personalausstattung ist zu niedrig, deshalb sind die Belastungen zu hoch. Dabei – auch das zeigen die Umfragen immer wieder – sind Erzieherinnen hoch engagiert und stehen hinter ihrem Auftrag und Beruf. Doch neben der pädagogischen Arbeit mit den Kindern fallen noch viele weitere Aufgaben an, die Zeit kosten (Zusammenarbeit mit den Eltern, mit der Grundschule, im Team). Doch die gesetzlich festgeschriebenen Personalschlüssel berücksichtigen nur zum Teil, dass neben der direkten pädagogischen Arbeit mit den Kindern viele Aufgaben geleistet werden müssen, die zusätzliche Zeitkontingente erfordern.*" (Goers, 2016, S. 21)

Der Unterschied zwischen Personalschlüssel und Fachkraft-Kind-Relation ist für den erzieherischen oder pädagogischen Alltag wesentlich. Der Personalschlüssel setzt die bezahlte Arbeitszeit einer pädagogischen Fachkraft über den Zeitraum eines Jahres und unter der Annahme einer Vollzeitbeschäftigung ins Verhältnis zu den zu betreuenden Kindern und den jeweiligen Betreuungszeiten. Dieser Wert ist also eher als eine theoretische – „Bruttoarbeitszeit" zu bezeichnen (Gewerkschaft Erziehung und Wissenschaft, 2018). Aus der Perspektive der Betreuungsintensität bezeichnet die Fachkraft-Kind-Relation somit die Nettoarbeitszeit, die tatsächlich für die individuelle Betreuung bleibt (Viernickel & Fuchs-Rechlin, 2015).

Aus wissenschaftlichen Studien zu optimalen Fachkraft-Kind-Relationen ist bekannt, dass diese (als auch kleinere Gruppen) positive Auswirkungen auf die zu betreuenden Kinder und das pädagogische bzw. erziehende Personal haben (Klusemann et al., 2020). Während die Kinder insgesamt weniger Stress-, Ängstlichkeits-, Teilnahmslosigkeits- und aggressive Verhaltenssymptome zeigen, erhöht sich ihr Grad an Selbstbestimmung deutlich. Auch beim pädagogischen bzw. erziehenden Personal lassen sich positive Effekte ausmachen, indem diese nach weniger Ungeduld, Ärger, Genervt-Sein und zurückweisendes Verhalten zeigen. Ist die Fachkraft-Kind-Relation also für beide Seiten als günstig zu bezeichnen, sind pädagogische bzw. erziehende Mitarbeiter wahrnehmungssensibler, gehen sensitiv responsiver auf Kinderanliegen und individuelle Bedürfnisse ein und erlauben Kindern auch höhere Selbstbestimmtheit und Autonomie (Viernickel & Fuchs-Rechlin, 2015).

Die Fachkraft-Kind-Relation beeinflusst somit auch die Beziehungen zwischen Fachkräften und Kindern in pädagogischen und erzieherischen Einrichtungen. Dies beinhaltet auch die emotionale Art und Weise, wie Fachkräfte mit Kindern interagieren, wie sie deren Bedürfnisse wahrnehmen, wie sie auf deren Verhalten reagieren und wie sie deren Entwicklungen unterstützen (Fokken, 2020).

Eine gute bzw. günstige Fachkraft-Kind-Relation zeichnet sich durch einfühlsames Zuhören, das Eingehen auf individuelle Bedürfnisse, die Förderung von Selbstständigkeit und Eigeninitiative sowie durch das Schaffen von Strukturen und Regeln aus, die den Kindern Sicherheit und Orientierung vermitteln sollen (Reyhing et al., 2019).

Stefan Klusemann, Lena Rosenkranz und Julia Schütz verweisen jedoch darauf, dass sich aufgrund von Personalmangel und Heterogenität der Teamzusammensetzungen die Zustände in pädagogischen bzw. erzieherischen Einrichtungen ungünstig entwickeln würden und bei vielen Mitarbeitern Entfremdungsgefühle sowohl hinsichtlich ihres Berufs und ihrer professionellen Rolle als auch sich selbst gegenüber zu beobachten seien. Sie attestieren damit Zustände, die gleichwohl für das deutsche Hotelgewerbe zu bedeuten sind, indem auch dort Überlastungs- und Überforderungssituationen zunehmen, die sich u. a. in Form von Druck, Hektik und Ungeduld ebenso wie in restriktivem Handeln ausdrücken (Klusemann et al., 2020). Der Spagat zwischen unzureichenden Ressourcen einerseits und Ansprüchen der Hotelgäste als auch der Hotelmitarbeiter andererseits wird von vielen Hotelteams – wenn auch in unterschiedlicher Intensität– wahrgenommen. Es erscheint darum sinnvoll, nicht den Personalschlüssel, sondern die Berechnung der Fachkraft-Kind-Relation als Fachkraft-Gast-Relation zu adaptieren. Dieses Anliegen wird fortführend im Kapitel 5 vorgestellt.

4.5.2 Betreuungsintensität aus pflegender oder medizinischer Sicht

> *„Die Betreuungsintensität stellt den Antagonisten zur (ko-)therapeutischen Leistungsdokumentation dar und die meisten Kliniken werden in der Kostenkalkulation einen Großteil ihrer Kosten mit Hilfe dieses Instruments verteilen (müssen). Ausgenommen hiervon sind aktuell nur Häuser, die die LEP® (Leistungserfassung und Prozessdokumentation im Gesundheitswesen) verwenden, da sie mit ihrer pflegerischen Leistungsdokumentation bis zu 90 % der Arbeitszeit des Pflegepersonals am Patienten abbilden können. Aus diesen hohen Prozentwerten für den Pflegedienst wird wiederum ein Rückschluss auf die Verteilung im ärztlichen Dienst gezogen, deren Personalkosten in Korrelation zu den Verteilungen des Pflegedienstes umgelegt werden.“*
> (Berton & Birr, 2013)

Während es in der rechtlichen Betreuung keinen festen Betreuungsschlüssel gibt[79], werden in pflegenden und medizinischen Berufen ähnliche Bedarfsrechnungen zur Ermittlung eines Betreuungsschlüssels angewendet wie in erzieherischen bzw. pädagogischen Berufen. Daneben existieren weitere patientenzentrierte Instrumente zur Ermittlung bzw. zur Messung der individuellen Betreuungsintensität, darunter:

1. Beobachtungs- und Bewertungsinstrumente: Diese beinhalten die Beobachtung der täglichen Aktivitäten und die Bewertung von Schmerz und daraus resultierend der Bedarf an Unterstützung und Pflege.
2. Selbsteinschätzungsbögen: Diese Bögen ermöglichen es den Betroffenen, ihr Bedürfnis an Unterstützung und Pflege selbst einzuschätzen.
3. Funktionsbewertungstools: Diese Werkzeuge bewerten die Fähigkeiten einer Person in Bereichen wie Mobilität, Kommunikation und Selbstversorgung.

Aus diesen Angeboten ergeben sich weitere Ansätze zur Ermittlung der individuellen Betreuungsintensität, die für das hotelspezifische Anliegen dieser Arbeit sinnvoll erachtet werden. Im weiteren Verlauf sollen deshalb nun solche Messinstrumente, insbesondere aus der Intensiv- und Palliativmedizin, beschrieben werden, aus deren Funktionen taugliche Rückschlüsse für ein hotelspezifisch anwendbares Instrument zu Ermittlung der Betreuungsintensität gezogen werden können.

4.5.2.1 Behavior Pain Scale (BPS)

> „*Misconceptions about the pathophysiology of pain leads to inadequate pain management in critically ill patients. Critical care nurses often choose a conservative approach to analgesic administration because they believe that the potential adverse effects of these medications outweigh the risks associated with unrelieved pain. However, pain can precipitate its own problematic sequelae. A solid understanding of the complex physiological mechanisms underlying pain and its consequences will enable the critical care nurse to accurately assess and make sound clinical decisions for patients in pain.*" (Blakely & Page, 2001)

Schmerz ist ein subjektives Gefühl und kann nur von Personen beschrieben werden, die ihn unmittelbar erleben bzw. erlebt haben. Bei der medizinischen Messung von Schmerz durch medizinisches Personal geht es somit immer darum, eine ausschließlich subjektive Intensität einer negativen körperlichen Erfahrung

[79] In der rechtlichen Betreuung kann ein eingesetzter Betreuer mehrere Personen betreuen, insofern er seine Betreuungsaufträg vollumfänglich erfüllen kann (Joecker, 2022).

von außen zu quantifizieren (Handwerker & Zimmermann, 1984). Besonders schwierig stellt sich dabei die Einschätzung des Schmerzniveaus bei Intensivpatienten dar, die nicht in der Lage sind, eine Selbsteinschätzung vorzunehmen, beispielsweise aufgrund von Hirnschädigungen oder komatösen Zuständen. In diesen Fällen kommt der Fremddiagnose eine entscheidende Bedeutung zu. Dabei kann jedoch die latente Gefahr bestehen, dass Pflegende und Ärzte die Schmerzintensität unter-, hingegen Angehörigen Schmerzzustände überbewerten. Fehleinschätzungen jeglicher Art und die daraus resultierenden unbehandelten Schmerzzustände können erhebliche Folgen für den Genesungsprozess des zu Betreuenden haben.

Zu den Schmerzerfassungsinstrumenten zählen Skalen, die die Schmerzintensität erfassen und in Zahlen übertragen. Skalen zur Messung der Schmerzintensität sind beispielsweise die Verbale Rating Skala (VRS), die Numerische Rating Skala (NRS) als auch die Visuelle Analogskala (VAS). Für jede dieser Skalen ist die jedoch die unmittelbare Mitarbeit des zu Betreuenden notwendig.

Zur systematischen Schmerzerfassung von zu Betreuenden, die nicht an der Ermittlung der individuellen Betreuungsintensität mitwirken können, gibt es daher auch eindimensionale und mehrdimensionale Assessment-Instrumente.

Die Behavioral Pain Scale (BPS) beurteilt dafür den Schmerz anhand von beobachtbaren Verhaltensänderungen, die oft bei Schmerz oder Dysfunktionen auftreten, wie z. B. Veränderungen in der Körperhaltung, Muskelspannung, Herzfrequenz, Gesichtsausdruck, Atmung und Reaktion auf Berührung. Die Beurteilung erfolgt sodann durch den Einsatz eines 4- bis 6-stufigen Punkt-Bewertungssystem mit beobachtbaren Indikatoren, die von „Kein Schmerz" bis „Starker Schmerz" reichen (Dincklage, 2018) (Tabelle 4.4).

Tabelle 4.4 Auszug aus der Behavioral Pain Scale (Basler, 2016, S. 119)

Item	Beschreibung	Punkte
Gesichtsausdruck	· Entspannt · Teilweise angespannt · Stark angespannt · Grimmassierend	1 2 3 4
Obere Extremität	· Keine Bewegung · Teilweise Bewegung · Anziehen mit Bewegung der Finger · Ständiges Anziehen	1 2 3 4

Der Hauptvorteil der Behavior Pain Scale (BPS) ist, dass sie eine objektive Messung des Schmerzlevels ermöglicht. Da es sich um eine Beobachtungsskala handelt, wird sie nicht von subjektiven Faktoren wie Angst, Depression oder Kultur beeinflusst. Außerdem ist die BPS einfach anzuwenden und kann von einem einzigen Beobachter schnell und effizient durchgeführt werden (Flake et al., 2022; Gries, 2020). Darum gibt es zahlreiche Adaptionen wie die „Pain-Assessment-in-Impaired-Cognition-Skala" mit 15 Items (Gries, 2020) oder die „Kindliche Unbehagens- und Schmerz-Skala" (KUSS) mit vergleichbaren Beobachtungsparametern (Hechler et al., 2009).

Die Validität der Behavior Pain Scale (BPS) wurde in zahlreichen Studien untersucht und konnte bei einer Vielzahl von Erkrankungen – einschließlich Krebs, Osteoarthritis und rheumatoider Arthritis –, hinreichend belegt werden (Majeed et al., 2021; Schmitter et al., 2013).

4.5.2.2 Integrierte Palliative Care Outcome Skala (IPOS)

> *„Personen mit fortgeschrittener Demenz (PmD) sind von Symptomen und Bedürfnissen betroffen, welche für Pflegende und Angehörige oft schwer zu erkennen sind. Die Integrierte Palliative Care Outcome Skala Demenz (IPOS-Dem), welche in England entwickelt und ins Deutsche übersetzt wurde, ist ein umfassendes, personenzentriertes Messinstrument, das Pflegenden hilft, Symptome und Bedürfnisse zu erkennen."* (Wolf-Linder et al., 2021)

Die Integrierte Palliative Care Outcome Skala (IPOS) ist ein Instrument zur Messung des Erlebens und Outcomes von Patienten mit einer fortschreitenden und lebensbedrohlichen Erkrankung. Sie bezieht sich auf eine integrierte palliative Betreuung, die sich auf die Verbesserung der Lebensqualität, des Funktionsniveaus und des körperlichen, emotionalen und spirituellen Wohlbefindens von Patienten (und ihren Familien) abzielt. IPOS ist eine validierte, standardisierte und kulturunabhängige Skala, die Patienten (und ihre Angehörigen) zu ihren Erfahrungen in acht Bereichen befragt: körperliche Symptome, Emotionen, spirituelle Belange, Sozialbeziehungen, praxisbezogene Funktionen, Umfeldfaktoren, allgemeines Wohlbefinden und allgemeine Zufriedenheit. Die Ergebnisse der IPOS-Bewertung können genutzt werden, um die Intensität an palliativer Betreuung zu erkennen sowie deren Qualität und Wirksamkeit zu überwachen und zu bewerten. Die Beantwortung der Fragen erfolgt über eine 5-Punkte-Lickert-Skala, wobei 0 für kein Problem bzw. keine Belastung und 4 für eine außerordentlich starke Belastung durch das jeweilige Symptom oder Problem steht. Zu Betreuende müssen dabei Fragestellungen wie die in Tabelle 4.5 exemplarisch dargestellte Situation beantworten bzw. diagnostizieren.

Tabelle 4.5 Auszug aus der Ipos-Skala (Portal für Medizinische Datenmodelle, 2019)

Bitte kreuzen Sie an, wie sehr der Patient in den letzten drei Tagen von folgenden Symptomen beeinträchtigt war: Appetitlosigkeit										
0	Gar nicht	1	Ein wenig	2	Mäßig	3	Stark	4	Extrem stark	Nicht beurteilbar

Bei IPOS geht also nicht darum, wie stark die Symptome oder Probleme ausgeprägt sind, sondern wie belastet Patienten durch Symptome oder Probleme sind. Ein hoher Wert weist auf eine akute Belastung im jeweiligen Bereich hin und erfordert eine zeitnahe Klärung oder Behandlung, während ein niedriger Wert keine unmittelbare Reaktion oder Veränderung erfordert. Je nach Komplexität der Fragestellung kann die Indikation auch retrograd erfolgen, insbesondere wenn es um die Erfassung von spezifischen Patientenbedürfnissen geht (Bausewein et al., 2019). Neben der Patientenversion (Eigeneinschätzung) liegt auch eine Betreuerversion vor (Fremdeinschätzung). Diese ermöglicht auch für Patienten, die z. B. wegen fortgeschrittener Erkrankung oder Demenz einen Fragebogen nicht mehr selbst ausfüllen können, eine Bedürfniseinschätzung vorzunehmen. Mit allen Antworten kann sodann eine Gesamtpunktzahl errechnet werden, mit der sich die Gesamtbelastung des Patienten konkret abbilden lässt (Murtagh et al., 2019) (Tabelle 4.6).

Tabelle 4.6 Ausschnitt aus der Betreuer-Version der IPOS-Skala in der Intensiv- und der Palliativmedizin (Portal für Medizinische Datenmodelle, 2019)

Konnte der Patient seine Gefühle mit seiner Familie oder seinen Freunden teilen, so viel wie er wollte?										
0	Immer	1	Meistens	2	Manchmal	3	Selten	4	Gar nicht	Nicht beurteilbar

Die Validität der Integrierten Palliative Care Outcome Skala (IPOS) wurde in mehreren Studien untersucht und konnte in Bezug auf die Messung der körperlichen, psychischen, sozialen und spirituellen Aspekte im Rahmen der palliativen Versorgung belegt werden. Die Integrierte Palliative Care Outcome Skala (IPOS) kann darum als wirksames Instrument zur Ermittlung der palliativen Betreuungsintensität bezeichnet werden (Hodiamont et al., 2020; Ramsenthaler & Bausewein, 2017).

4.5.2.3 Modifizierter Barthel Index – Hamburger Manual

„It is useful in evaluating a patient´s state of independence before treatment, his progress as he undergoes treatment, and his status when he reaches maximum benefit.“ (Mahoney & Barthel, 1965, S. 65)

Der originale Barthel-Index ist ein Bewertungsinstrument, das von Dr. Mary Barthel und Dr. Dorothy Mahoney in den 1950er-Jahren entwickelt wurde. Es wurde ursprünglich für die klinische Beurteilung von Patienten mit neurologischen Erkrankungen, älteren Erwachsenen und Patienten, die sich von einer Verletzung oder Operation erholen, eingesetzt. Die unzureichende Berücksichtigung bzw. das Fehlen bestimmter alltagsrelevanter Dimensionen (wie z. B. Kognition oder Kommunikation) einerseits und die begrenzte Änderungssensitivität des auf wenige Stufen skalierten Instrumentes andererseits führten in den Folgejahren zu Erweiterungen, Differenzierungen und Modifikationen (Lübke et al., 2004).

Vor dem Hintergrund fehlender Inhalte und unklarer Formulierungen wurde in Deutschland das „Hamburger Manual“ als modifizierter Barthel-Index entwickelt, verbunden mit Anpassungen an den Operationalisierungen der Einstufungskriterien. Ziel war es, eine eindeutigere und gemeinsam zu nutzende Verständigungsgrundlage zu entwickeln. Dabei wurde darauf geachtet, dass sich der Bedeutungsumfang der Einstufungskriterien des originalen Barthel-Index nicht verändert. Das „Hamburger Manual“ trägt somit lediglich dem für seine praktische Anwendung stets notwendigen ergänzenden Präzisierungsbedarf Rechnung. Betrachtet werden dabei zehn bis fünfzehn Aktivitätsbereiche, die mithilfe einer standardisierten Punkt-Skala abgestuft bewertet werden, je nach Grad der Fähigkeit oder Unfähigkeit, sie selbstständig auszuführen. Ein höherer Score bedeutet eine höhere Funktionsfähigkeit und Unabhängigkeit, während ein niedrigerer Score auf eine größere Abhängigkeit und Beeinträchtigung hinweist (Heuschmann et al., 2005) (Tabelle 4.7).

Der modifizierte Barthel-Index nach dem „Hamburger Manual“ gilt trotz zahlreicher Kritiken als zuverlässig (Nikolaus & Pientka, 1999). Der Nutzen erschließt sich durch die relativ unkomplizierte Feststellbarkeit der Hilfsbedürftigkeit im alltäglichen Leben von zu Pflegenden und Patienten. Darüber hinaus ermöglicht die weite Verbreitung und Verwendung eine „gemeinsame fachliche Sprache“ für pflegerische und medizinische Berufsgruppen aller Ausbildungsniveaus. Durch die gezielte Abbildung des Funktionsstatus von zu Betreuenden können personelle Ressourcen und Hilfsmittel besser geplant, individuell intensiv angepasst und verteilt werden (Heuschmann et al., 2005):

Tabelle 4.7 Auszug aus dem Barthel Index nach dem „Hamburger Manual“ (Lübke, 2022, Anhang; Lübke et al., 2004)

Punkte	Indikatoren (Aufsetzen und Umsetzen)
15	Der Patient transferiert sich komplett unabhängig aus einer liegenden Position in einen Stuhl/Rollstuhl und umgekehrt. Der Patient kommt aus dem Liegen zu einer sitzenden Position an der Bettkante (positioniert ggf. den Rollstuhl korrekt) und transferiert sich sicher auf den Stuhl/Rollstuhl. Umgekehrt führt er (nachdem er ggf. den Rollstuhl korrekt positioniert, die Bremsen betätigt und die Fußrasten angehoben hat) den Transfer vom Stuhl/Rollstuhl zum Bett sicher durch und legt sich aus der sitzenden Position an der Bettkante hin.
10	Der Patient benötigt beim Aufrichten in den Sitz an die Bettkante und /oder beim Transfer Bettkante-Stuhl/Rollstuhl und zurück Aufsicht oder geringe Hilfe (ungeschulte Laienhilfe).
5	Der Patient benötigt beim Aufrichten in den Sitz an die Bettkante und /oder beim Transfer Bettkante-Stuhl/Rollstuhl und zurück erhebliche Hilfe (geschulte Laienhilfe oder professionelle Hilfe).
0	Der Patient wird aufgrund seiner körperlichen oder sonstigen Befindlichkeit nicht aus dem Bett transferiert.

„Integrated care is not about creating a multidisciplinary offer/supply, but it is about creating an integrative answer to the most important issues of people in need. A holistic approach seems logical, but it means a lot for how we organise our (health)care and welfare systems, and the needed connections with other domains in life. Also, it asks for effective collaboration between professionals, clients and organizations.“ (Minkman, 2017)

4.5.3 Betreuungsintensität aus hotelspezifischer Sicht

„Die im Fremdenverkehr Tätigen, Unternehmer wie Angestellte, wollen vom Tourismus profitieren. Sie lassen die Motive und Wünsche der potenziellen Gäste erforschen und tendieren dazu, den antizipierten Erwartungsvorstellungen zu entsprechen. Interaktionsprozesse lassen sich als Austausch von materiellen und nicht-materiellen Gütern betrachten. Der Kontakt ist ein funktionaler und erfolgt demnach auf der Basis von Aufwand und Ertrag. Für den Gastgeber stellen Arbeitsaufwand, Aufwand an Zeit, der persönliche Einsatz, das Schaffen von heimeliger Atmosphäre, Gefühlsarbeit, die Aufgabe von persönlichen Interessen und Bedürfnissen Kosten dar. Gewinne sind Gratifikationen nicht nur finanzieller, sondern auch sozialer Art, wie Anerkennung, Bestätigung, Selbstständigkeit, soziales Ansehen.“ (Wilhelm, 1993, S. 263)

Intensität an sich bezieht sich auf die Stärke oder Ausmaß eines Phänomens oder einer Eigenschaft. Der Begriff wird verwendet, um den Grad der Konzentration, des Einflusses, der Aktivität oder der Wirkung einer bestimmten Sache oder eines Ereignisses in verschiedenen Bereichen zu beschreiben.

Die hotelspezifische Betreuungsintensität bezieht sich auf den Grad der Betreuung, die Hotelgästen zur Verfügung gestellt wird. Es ist ein Maß für die Menge an (menschlichen) Ressourcen, Zeit und Aufmerksamkeit, die Hotelgästen zur Bewältigung ihrer Bedürfnisse und Aufträgen zur Verfügung gestellt wird. Aus der Perspektive von Input und Outcome adressiert die hotelspezifische Betreuungsintensität auch die Stärke oder den Grad der Empfindung oder des Gefühls, welche Hotelmitarbeiter in der Gästeinteraktion aufwenden müssen, um bei Hotelgästen die erwünschte individuelle emotionale Intensität in Verbindung mit anderen qualitativen Anforderungen erzeugen zu können. Ein höheres Maß an Betreuungsintensität bedeutet somit eine umfassendere und intensivere Betreuung, mit einer höheren Anzahl von Betreuungspersonen, einem höheren Zeitaufwand und einer größeren Vielfalt an unterstützenden Maßnahmen. Eine geringere Betreuungsintensität kann hingegen auf eine weniger umfassende Betreuung mit weniger Betreuungspersonen, weniger Zeit und einer begrenzteren Palette an Unterstützungsleistungen hindeuten. Bedenkt man dabei, wie viele operative Abteilungen und wie viele Hotelmitarbeiter in einen Gästeaufenthalt involviert sind, kann festgestellt werden, dass Hotelbetriebe als betreuungsintensive Unternehmen zu deklarieren sind und somit die persönliche Gästebetreuung als betreuungsintensive Hoteldienstleistung bezeichnet werden kann. Dabei muss jedoch berücksichtigt werden, dass es auch bei den Hoteldienstleistungen verschiedene Arten von Dienstleistungsinteraktionen mit mehr oder weniger intensivem Betreuungscharakter gibt. Wichtige Unterschiede betreffen diesbezüglich die Häufigkeit, die Dauer und Intensität von anspruchsvollen Betreuungssituationen zwischen Hotelgästen und Hotelmitarbeitern. Abzugrenzen sind dabei dienstleistungsgeprägte Begegnungen (Service-Encounter) und dienstleistungsgeprägte Beziehungen (Service Relationship). Während Erstere, z. B. bei Kaufprozessen, von der Einmaligkeit der Interaktion zwischen Hotelgast und Hotelmitarbeiter geprägt sind und auf beiden Seiten der Dienstleistungsakteure grundsätzlich kaum weitere Begegnungen erwartet werden, sind Zweitere typischerweise erwünschte, sich wiederholende und optimalerweise vertiefende Dienstleistungsbeziehungen (Grandey & Diamond, 2010; Gutek et al., 1999). Ausgehend davon kann die hotelspezifische persönliche Gästebetreuung als eine solche Dienstleistung begriffen werden, die durch die individuelle Intensität Potenziale hat, Dienstleistungsbegegnungen zu Dienstleistungsbeziehungen mit Bindungskraft zu entwickeln (Danaher et al., 2008; Hülsheger & Schewe, 2011).

Dies insofern Hotelmitarbeiter in der Lage sind, die persönliche Betreuungsintensität der Hotelgäste ermitteln zu können, bzw. insofern Hotelbetriebe im Kontext von „Guest Centricity" und „Guest Care" dafür die Voraussetzungen schaffen, wie in Abb. 4.26 deutlich wird und exemplarisch aufbereitet am Beispiel eines Heidelberger Hotels illustriert werden kann (Abbildung 4.25).

> *„Unser Ziel ist es, das herzlichste Luxushotel und das persönlichste 5-Sterne-Stadthotel Deutschlands zu werden. Wir wissen, dass diese Form der besonderen Dienstleistung kein Regelwerk, sondern Ausdruck einer inneren Haltung ist. Zeit für den Gast haben, aufmerksam und zugewandt sein, für eine sehr persönliche Dienstleistung: So definieren wir Luxus. Neben aller sonstiger Ansprüche an ein 5-Sterne-Haus. Unser Ziel ist es, diesen besonderen und geschichtsträchtigen Ort als das familiäre Zuhause für Reisende und als lebendiges Wohnzimmer für die Heidelberger und alle Menschen der Umgebung zu erhalten und weiterzuentwickeln. Der Europäische Hof soll ein Ort sein, an dem alle Mitarbeiter erfüllt sind von ihrer Arbeit und mit Freude und Leidenschaft anderen Menschen eine Freude bereiten wollen. Ein Ort, an dem Gäste nicht nur gern übernachten, tagen, feiern und interessante Begegnungen erleben können, sondern sich zutiefst wohl und aufgehoben fühlen. Hier soll sich jede und jeder, ob Lieferant, Partner, Mitarbeiter oder Gast, aufrichtig wertgeschätzt, besonders behandelt und verstanden fühlen. Zusammenfassend ausgedrückt: Der Europäische Hof ist ein Ort, der Menschen glücklich macht. Diese Vision geht weit über ein ökonomisches Ziel hinaus und ist der tiefere Sinn unseres Tuns. Dieses Ziel leitet uns jeden Tag und wir verfolgen es aus vollem Herzen und mit größter Leidenschaft."* (Der Europäische Hof Heidelberg, 2021)

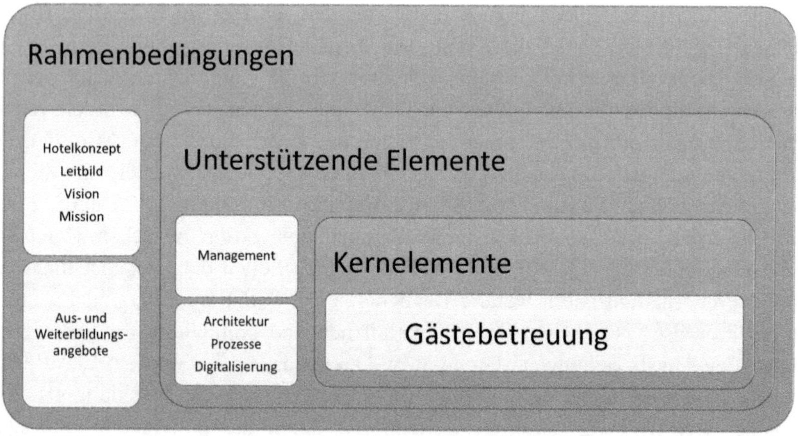

Abbildung 4.25 Voraussetzungen der persönlichen, individuell intensiven Gästebetreuung

Aus den vorab dargestellten betreuenden Berufen kann für das Hotelgewerbe abgeleitet werden, dass neben berufsspezifischem Fachwissen, neben emotionalen, interkulturellen und diagnostischen Kompetenzen auch Messverfahren, Planungsinstrumente und/oder Diagnosehilfen zur Ermittlung, zur Handlungsleitung und zur Dokumentation der individuellen Betreuungsintensität von Hotelgästen dann sinnvoll erscheinen, wenn Hotelberufe im Kontext der persönlichen Gästebetreuung aus der Perspektive von Care-Berufen betrachtet werden. In der wissenschaftlichen Diskussion hat Care Work in jüngster Zeit starke Beachtung gefunden, nicht zuletzt bedingt durch die Corona-Pandemie und dem hohen Anteil von weiblichen Care Workern[80]. Während einige theoretische Care-Modelle hauptsächlich darauf fokussieren, wer die Akteure und Akteurinnen sind (z. B. Im Kontext von Genderverteilung), haben Joan C. Tronto und Berenice Fisher einen multifunktionalen Ansatz entwickelt, bei dem nicht nur die Care-Aktivitäten im Zentrum stehen, sondern auch die Beziehung zwischen den Care-Arbeitern und den Care-Empfängern. Dieser Vorschlag wird im Folgenden kurz skizziert und dient als Grundlage, um die Nähe zu den Hotelberufen und zur persönlichen Gästebetreuung zu kontextualisieren. Zusammenfassend kann dies unter den vier folgenden Aspekten hotelrelevant thematisiert werden (Fisher & Tronto, 1990):

1. „Taking care“ thematisiert die gezielte Übernahme von Verantwortung für Care. Darunter werden indirekte Care-Dienstleistungen verstanden, wie z. B. die Organisation einer angemessenen Beherbergung als auch administrativ notwendige Leistungen.
2. „Caring about“ bezieht sich insbesondere auf emotionale Care-Dienstleistungen und Aktivitäten, um spezifische Sozialbeziehungen zu initiieren und aufrechtzuerhalten (Jurt & Roulin, 2016).
3. „Care giving“ beruft sich auf tatsächlich erbrachte Care-Dienstleistungen, wie z. B. Kochen von Mahlzeiten, Aufräumen, Unterstützen bei alltäglichen Aufgaben oder Begleiten von persönlichen Angelegenheiten.
4. „Care receiving“ bezieht sich schließlich auf die Rolle des dienstleistungsempfangenden Klienten und beschreibt auch die Arbeitsbeziehung, die sich in solchen Care-Dienstleistungsarrangements entwickeln kann sowie deren dynamische Bedingungen (Jurt & Roulin, 2016).

[80] Die Zahlen der Frauen, die in der deutschsprachigen Hotellerie arbeiten sind wie in den klassischen Care-Berufen konstant hoch und werden mit rund 60 % angegeben.

Die konzeptionelle Ausgestaltung der Betreuung aus der Care-Perspektive von Fisher und Tronto zeigt deutlich, dass die Vielfältigkeit und Komplexität der Care-Arbeit in der spezialisierten Hotelarbeit lokalisiert werden kann, und zwar unter Berücksichtigung von materiellen als auch immateriellen Hoteldienstleistungen (wobei unter immateriellen Dienstleistungskomponenten insbesondere die Gefühls- und Emotionsarbeit fällt) sowie aus Sicht der Hotelmitarbeiter als auch der Hotelgäste, ohne dabei die strukturellen Rahmenbedingungen zu vernachlässigen. Betrachtet man somit Hotels als eine Form von Care-Betrieben und die individuell intensive Betreuung von Hotelgästen im Kontext von „Guest Centricity" und „Guest Care", so zeigt sich, dass die „gesunde Freiwilligkeit" der Hotelgäste die Annahme der persönlichen Gästebetreuung sogar noch begünstigen kann und somit eine positive Abhängigkeit repräsentiert. Deswegen kann für die individuelle Betreuungsintensität von Hotelgästen folgende Annahme geltend gemacht werden:

Hotelgäste sind unterschiedlich betreuungsintensiv. Sie unterscheiden sich hinsichtlich des persönlichen und individuellen Betreuungsaufwands insbesondere durch den unterschiedlich hohen inhaltlichen und zeitlichen Umfang der Betreuung durch die jeweiligen hotelspezifischen Berufsgruppen, in der gewählten Hotelkategorie. Der erforderliche Betreuungsaufwand durch die Hotelmitarbeiter ergibt aus dem Ausprägungsgrad bestimmter individueller Care-Merkmale sowie anlass- und bedürfnisorientierter Verhaltensweisen von Hotelgästen und dem dafür notwendigen Zeitbedarf. Diese Parameter unterliegen im Aufenthaltsverlauf mehr oder weniger großen abteilungsspezifischen Schwankungen, sodass jede abteilungsspezifische Betreuungsintensität zunächst separat betrachtet werden muss und sodann erst zu einem aufenthaltsbezogenen (Durchschnitts)Wert kumuliert werden kann.

Nachfolgend sollen nun drei unterschiedliche Messverfahren, Planungsinstrumente und/oder Diagnosehilfen zur Ermittlung, zur Handlungsleitung und zur Dokumentation der individuellen Betreuungsintensität von Hotelgästen vorgeschlagen bzw. vorgestellt werden, die unter der Voraussetzung nur näher in Betracht gezogen werden können, wenn Hotelmitarbeiter sowohl über gastspezifisches Fachwissen, emotionale, interkulturelle und diagnostische Kompetenzen verfügen und Hotelbetriebe diese im Kontext von „Guest Centricity" und „Guest Care" gezielt für die persönliche Gästebetreuung einsetzen.

4.5.3.1 Potenzialorientierter Gästebetreuungsschlüssel

> *„(…) Untersuchen Sie zunächst, wo Ihr Gästeerlebnis aufgrund von Personalknappheit leidet. Das kann im Housekeeping, an der Rezeption oder in der F&B-Abteilung sein. Wählen Sie die wichtigsten Bereiche aus, d. h. diejenigen, die sich am stärksten auf die Gästezufriedenheit auswirken, und suchen Sie zuerst nach Möglichkeiten, das Problem hier zu lösen.“* (Hahn, 2022)

Ein hotelkategorie- bzw. betriebsspezifischer Gästebetreuungsschlüssel sollte sich auf das Verhältnis zwischen der Anzahl der Hotelgäste mit Betreuungswunsch und dem Hotelpersonal beziehen, das **tatsächlich** für die persönliche individuell intensive Betreuung dieser eingestellt ist. Ein solcher Gästebetreuungsschlüssel muss also angeben können, wie viele Hotelmitarbeiter das Hotel pro Gast in der Gästebetreuung beschäftigt. Dabei ist zu berücksichtigen, dass nicht jeder angestellte Hotelmitarbeiter im direkten bzw. unmittelbaren Gästekontakt steht, was in der nachfolgenden Betrachtung der Hotelorganisation verdeutlicht werden kann:

> *„In Hotelbetrieben wird üblicherweise die funktionale Organisationsform gewählt. Diese funktional orientierte Organisation mit relativ vielen Hierarchiestufen garantiert einerseits die langfristige Kontinuität der Abläufe, ist aber andererseits starr und unbeweglich und erschwert die Anpassung des Betriebes an ein sich schnell wandelndes Umfeld. (…). Es erfolgt eine Trennung zwischen den operativen Bereichen und Abteilungen (z. B. Küche, Service, Empfang, Etage) und den unterstützenden, planenden Bereichen (z. B. Marketing, Controlling, Personalwirtschaft); in der Praxis wird oft zwischen den leistungserstellenden Abteilungen (Operations) und den administrativen Abteilungen (Support bzw. Management) unterschieden.“* (Winter, 2016, S. 93)

Die Ermittlung des hotelspezifischen Mitarbeiterbedarfs hängt nach Kay Winter, Martina Baier und Stock-Homburg von verschiedenen Faktoren ab, die sich wechselseitig beeinflussen. Dazu gehören die Größe des Hotels, die Anzahl der Zimmer bzw. der Zimmerkategorien, das Konzept bzw. die Kategorie des Hotels und das damit verknüpfte kategorie- bzw. betriebsspezifische Dienstleistungs-, Service bzw. Gästebetreuungsangebot (Stock-Homburg, 2010; K. Winter & Baier, 2016). Unter Berücksichtigung dieser Parameter wird der Bruttopersonalbedarf ermittelt, der sich wiederum aus dem erwünschten Einsatz- und dem Reservebedarf zusammensetzt. Der Bruttopersonalbedarf gibt damit an, wie viele

Hotelmitarbeiter je Qualifikationsstufe pro Abteilung notwendig sind, um die entsprechenden Dienstleistungen erbringen zu können. Der sich daraus ergebende Mitarbeiterschlüssel kann somit als Verhältnis von Hotelgästen zu Hotelmitarbeitern betrachtet werden, als auch als Verhältnis von operativen zu strategischen (administrativen) Hotelmitarbeitern. Beide Verhältnisse sind auch für die persönliche, individuell intensive Gästebetreuung im Kontext von „Guest Centricity" und „Guest Care" besonders wichtig, da Missverhältnisse sich aus der Perspektive der Gästebindung und damit auch der Gästeloyalität belastend auf die Hotelmitarbeiter, auf die Hotelgäste als auch auf den Hotelbetrieb auswirken können.

Für den zu ermittelnden Gästebetreuungsschlüssel sollen ausschließlich die operativen Hotelmitarbeiter betrachtet werden. Operativ bezeichnet dabei den unmittelbaren Gastkontakt als auch die dafür notwendigen Supportfunktionen der operativen Hotelabteilungen. Dazu gehören die Rooms Division (Front Office und Housekeeping) als auch die F&B Division (Restaurant, Bar etc. und Küche). Weiterhin müssen diejenigen Hotelmitarbeiter der strategischen (administrativen) Abteilungen mit einbezogen werden, die ebenso mit unmittelbaren, persönlichen gästebetreuenden Aufgaben betraut sind. Dazu gehören insbesondere Hotelmitarbeiter des Sales Departements (Reservierung, MICE-Verkauf[81]), da sie sowohl aktiv Hotelzimmer als auch Veranstaltungen verkaufen und in diesem Kontext u. a. beratend und begleitend agieren. Die Berechnung des Gästebetreuungsschlüssels kann mit dieser Ausgangslage sodann aus der Perspektive einer potenzialorientierten Nutzwertanalyse berechnet werden. Diese orientiert sich am Hauptanliegen des Genfer Schemas[82], Arbeit ausdifferenziert und analytisch zu bewerten (Bisani, 2019; Zander, 1962), um daraus spezifische Anforderungsprofile je Arbeitsplatz bzw. Stelle ableiten zu können. Da im Hotelgewerbe zumeist mit summarischen Ansätzen gearbeitet wird, werden die Anforderungen an eine abteilungsspezifische Stelle als Ganzes betrachtet und einem Rang zugeordnet, was z. B. in typischen Stellenbezeichnungen wie Chef de Rang (Stationskellner)

[81] Das Akronym MICE steht für: Meeting, Incentives, Convention bzw. Congress und Event.

[82] Das Genfer Schema basiert auf einer systematischen Gliederung von Arbeitsanforderungen, aus denen sich der Schwierigkeitsgrad von Tätigkeiten ableitet. Die Anforderungskategorien geistige Anforderungen, körperliche Anforderungen, Verantwortung und Arbeitsbedingungen werden dabei unter den Gesichtspunkten erforderliches Können bzw. auftretende Belastung betrachtet (Bartscher, 2018).

oder Chef de Partie (Postenkoch) sichtbar wird. Bei solchen Rangfolgeverfahren werden die Stellen also basierend auf der Gesamtheit der Anforderungen miteinander verglichen und in eine hierarchische abteilungsspezifische Rangfolge (z. B. Commis de Rang, Demichef de Rang und Chef de Rang) gebracht. Den einzelnen hierarchischen Rängen werden dann Entgeltwerte zugeordnet.

4.5.3.1.1 Potenzialpunktwerte

Da im Hotelgewerbe kaum analytische Verfahren genutzt werden, soll für den potenzialorientierten Gästebetreuungsschlüssel auf ein modifiziertes analytisches Stufenwertzahlverfahren zurückgegriffen werden. Dabei werden die verschiedenen hotelspezifischen Anforderungen an die persönliche Gästebetreuung in Form von Stufen oder Ebenen dargestellt, die sodann kategorie- oder betriebsspezifisch mit einem bestimmten Potenzialpunktwert festgelegt werden müssen (Lindner-Lohmann et al., 2016). Dafür wird entweder eine für alle Anforderungsarten gültige oder eine pro Anforderungsart separate Abstufung gewählt. Jeder Bewertungsstufe, z. B. „äußerst gering" bis „extrem hoch", wird somit einer Potenzialpunktwertzahl zugeordnet. Aus diesen (gewichteten) Wertzahlen pro Anforderungsart kann schließlich ein Stellenpotenzialwert errechnet werden (Tabelle 4.8).

Jede operative Funktion auf jeder Hierarchiestufe, also vom Auszubildenden bis zum Abteilungsdirektor der gästebetreuenden Divisionen bzw. Abteilungen kann so mit einer kategorie- bzw. betriebsspezifischen Potenzialpunktanzahl beschrieben werden, indem von folgender hotelspezifischen Prämisse ausgegangen wird: Verantwortung und Belastung steigern sich in den Hierarchiestufen, während sich vorwiegend körperliche Arbeiten und damit rein körperliche Belastungen reduzieren, wie in Abb. 4.26 deutlich wird.

Tabelle 4.8 Adaptiertes hotelspezifisches Anforderungsprofil nach dem Genfer Schema (Bullinger, 1995; Lindner-Lohmann et al., 2016)

1. Gästebetreuende Fachkompetenzen			2. Berufstypische Belastungen		
Vorwiegend kognitiv („nicht muskelmäßig“)	1.1 X Punkte	Kognitive Fertigkeiten im Hospitality Reasoning und Umsetzungsfähigkeit (Fachwissen, Fachkompetenzen und Berufserfahrung)	2.1 X Punkte	**Geistig-psychische Belastungen**	
				2.1.1	Beanspruchung des Gehirns (aktive Denkarbeit)
				2.1.2	Beanspruchung der Sinne (Wahrnehmung, Aufmerksamkeit, Riechen, Schmecken, Hören)
				2.1.3	Beanspruchung der Psyche (Bewusste Eigen- und Fremdsteuerung von Gefühlen und Emotionen)
Verantwortung (moralische Anforderungen)	1.2 X Punkte		2.2 X Punkte	**Geistig-psychische Belastungen**	
				2.2.1	Sach- und Produktverantwortung
				2.2.2	Gästeverantwortung
				2.2.3	Mitarbeiterverantwortung
				2.2.4	Monetäre Verantwortung (Umsätze, Budgets)
Vorwiegend körperlich („muskelmäßig“)	1.3 X Punkte	Körperlich-konditionale Fertigkeiten (Ausdauer, Geschicklichkeit, Handfertigkeiten)	2.3 X Punkte	**Körperliche Belastungen**	
				2.3.1	Ausdauerndes Stehen
				2.3.2	Belastung der Muskeln (konkrete Tragetätigkeiten)

(Fortsetzung)

Tabelle 4.8 (Fortsetzung)

1. Gästebetreuende Fachkompetenzen			2. Berufstypische Belastungen		
				2.3.3	Belastung der körperlichen Konstitution (Ausdauer, Durchhaltevermögen, Tag-Nacht-Wechsel)
Umgebungs-belastungen	1.4 X Punkte	Körperlich-kognitive Fertigkeiten	2.4 X Punkte	**Arbeitsortspezifische Belastungen**	
				2.4.1	Stressualer Umgang mit äußeren Einflüssen (Betriebsräume; Klimafaktoren; Lärmeinwirkung; Beleuchtungsverhältnisse; Nässe-, Schmutz-, Staub-, Hitze etc.).
				2.4.2	Stressualer Umgang mit Menschenansammlungen (Gruppen)
Maximaler Potenzialpunktwert 100 Punkte					

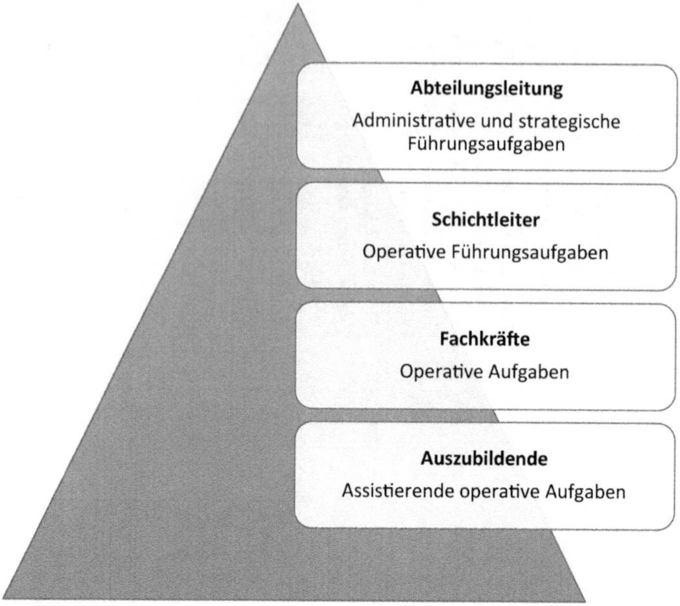

Abbildung 4.26 Exemplarische hotelspezifische Hierarchiestufen

4.5.3.1.2 Modellberechnung

Für die nachfolgende Modellrechnung wird eine fiktive Schicht eines fiktiven Hotelbetriebs mit einem betriebsspezifisch festgelegten fiktiven Mitarbeiterbedarf pro Schicht abgebildet. So ergibt sich die folgende beispielhafte Modellberechnung – am Beispiel einer Schicht der Abteilung Front Office – für 150 anwesende Gäste, von denen fiktiv angenommen 50 % eine individuelle Gästebetreuung (Gästepotenzial) im Verlauf der Schicht in Anspruch nehmen[83] (Tabelle 4.9). #

[83] Unberücksichtigt dabei bleiben die sogenannten betriebsspezifischen „Stoßzeiten" (z. B. die Anreisewelle).

Tabelle 4.9 Berechnung des hotelspezifischen Gästebetreuungsschlüssels

Division Abteilung	Mitarbeiterbedarf	Potenzialpunktwert pro Mitarbeiter	Ergebnis
Rooms Division (Front Office)	1 Departement Head	70	70
	1 Schichtleiter	50	50
	2 Fachkräfte	30	60
	2 Auszubildende[84]	15	30
Ergebnis			210
Anteil Potenzialpunkte pro Gast $\left(x = \frac{\text{Potenzialpunktwert}}{\textit{Gästepotenzial}}\right)$			2,8

Der dargestellte potenzialorientierte Gästebetreuungsschlüssel berücksichtigt jedoch nicht die mittelbaren gästebetreuenden Arbeiten der einzelnen Funktionen. Dabei geht es in der Hauptsache um diejenigen Aufgaben, für deren Erledigung die involvierten Hotelmitarbeiter nicht für die unmittelbare persönlich, individuell intensive Gästebetreuung zur Verfügung stehen (z. B. Vor- und Nachbereitungen, Teamsitzungen, administrative Aufgaben etc.). Wie hoch dieser Anteil ist, wird kategoriespezifisch und betriebsspezifisch unterschiedlich gewichtet. Diese Arbeitszeitanteile müssen jedoch zur Ermittlung der tatsächlichen unmittelbaren Gästebetreuungspotenziale abgezogen werden. Für die Modellrechnung soll davon ausgegangen werden, dass Abteilungsleiter 50 % ihrer Potenzialpunkte an mittelbare Betreuungsaufgaben abgeben, Schichtleiter 30 % und alle anderen Mitarbeiter und Auszubildende 20 % der Potenzialpunkte[85] (Tabelle 4.10).

„Guest Centricity" und „Guest Care" bedingen, dass Hotelbetriebe eingesetzte Mitarbeiterpotenziale bestmöglich für die Bedürfnisse und die Anlässe der Hotelgäste im Rahmen der persönlichen, individuell intensiven Gästebetreuung einsetzen sollen. Auch wenn nicht alle Hotelgäste diese vollumfänglich in Anspruch nehmen werden, sollten Hotelbetriebe dennoch bemüht sein, ein optimales kategorie- und betriebsspezifisches Gästebetreuungsangebot vorzuhalten. Eine hohe Potenzialpunktanzahl bezeichnet demnach eine höhere Betreuungsintensität, eine niedrigere Mitarbeiteranzahl per se eine niedrigere Betreuungsintensität bei gleichbleibenden Gästezahlen und -ansprüchen.

---

[84] Die Abteilung Front Office ist laut dem Ausbildungsrahmenplan der IHK erst ab dem zweiten Ausbildungsjahr vorgesehen (Bundesministerium der Justiz & Bundesamt für Justiz, 2022).

[85] Unberücksichtigt bleiben dabei die Beschäftigungsverhältnisse und Berufsschulzeiten.

Tabelle 4.10 Berechnung des bereinigten hotelspezifischen Gästebetreuungsschlüssels

Division Abteilung	Mitarbeiterbedarf	Potenzialpunktwert pro Mitarbeiter	Bereinigter Punktwert	Ergebnis
Rooms Division (Front Office)	1 Departement Head	70	35	35
	1 Schichtleiter	50	35	35
	2 Fachkräfte	30	24	48
	2 Auszubildende	15	12	24
Ergebnis				142
Anteil Potenzialpunkte pro Gast				≈ 1,9

Mit der abgebildeten Modellrechnung kann zudem belegt werden, dass bei gleichbleibender Gästeanzahl eine Optimierung der Gästepotenzialpunkte nur dann möglich ist, wenn Hotelmitarbeiter, die operativ mit der persönlichen Gästebetreuung befasst sind, Entlastungen in den mittelbaren gästebetreuenden Arbeiten der einzelnen Funktionen erhalten. Dafür müssen bestehende Arbeitsprozesse verändert werden, um diejenigen Potenziale, die nicht für die persönliche, individuell intensive Gästebetreuung eingesetzt werden, zu minimieren. Dies kann dann gelingen, wenn die Digitalisierung, insbesondere im Background effizient und innovativ eingesetzt wird und zeitgleich Hotelmitarbeiter effektiver zur persönlichen Gästebetreuung und damit zur Gästebindung und zur Festigung der Beziehungsqualität entwickelt werden:

> *„Die Hotelmitarbeiter der Zukunft werden in Zeiten von Digitalisierung und Automatisierung soziale und emotionale Intelligenz benötigen, um sich zu differenzieren. Sie werden lernen müssen, ihre Kreativität, kollaboratives handeln, abstraktes und systemisches Denken sowie komplexe Kommunikationsfähigkeiten zu kultivieren. (…) Es geht auch darum das Selbstbewusstsein, die Selbstregulierung, die Motivation und das soziale Bewusstsein zu stärken.“* (Griesser, 2020, S. 49)

Eine weitere Betrachtungsmöglichkeit der Betreuungsintensität ergibt sich aus dem Berechnungsmodell der Vollzeitäquivalenten, die zumeist in erzieherischen bzw. pädagogischen Berufen eingesetzt wird. Diese soll nachfolgend hotelspezifisch adaptiert und als Gäste-Vollzeitäquivalente abgebildet werden.

4.5.3.2 Gäste-Vollzeitäquivalente

Die Gäste-Vollzeitäquivalente bezieht sich unabhängig von der Potenzialpunktberechnung auch auf Zeitkontingente, die für die persönliche Betreuung von

Hotelgästen aufgewendet werden sollen. Das Konzept adaptiert die Fachkraft-Kind-Relation, welche die unmittelbar geleistete Betreuungsarbeit von pädagogischen Fachkräften am Kind beschreibt und analysiert, für wie viele Kinder eine pädagogische Fachkraft in der Betreuungszeit zuständig ist (Feder, 2019).

4.5.3.2.1 Voraussetzungen

In Kindergärten und Kindertagesstätten soll grundsätzlich eine qualitativ hochwertige, stabile und individuell intensive Betreuung zur Förderung der kindlichen Entwicklung stattfinden:

> *„Die Pädagogik der Kindertageseinrichtungen sollte konzeptionell so ausgelegt sein, dass eine ganzheitliche Erziehung gewährleistet ist, die insbesondere soziale, individuelle, kulturelle, integrative und ökologische Aspekte berücksichtigt. Tageseinrichtungen für Kinder sollen die Integration der Kinder, unabhängig von ihrer sozialen oder kulturellen Herkunft, ihrem Geschlecht oder ihrer physischen und psychischen Leistungsfähigkeit fördern, indem sie Unterschiedlichkeit und Vielfalt aufnehmen, anerkennen und zulassen.“* (Bostelmann & Textor, 2000)

In der frühkindlichen Bildung solcher Einrichtungen bleibt die erwünschte Qualität jedoch oftmals auf der Strecke, weil viele Kindertageseinrichtungen und Kindergärten nicht genügend qualifizierte Mitarbeitende haben. Die tatsächlichen Personalschlüssel für kinderbetreuende Einrichtungen in Deutschland weichen daher teilweise erheblich von einem kindgerechten und pädagogisch sinnvollen Betreuungsverhältnis ab und sind zudem von Bundesland zu Bundesland höchst unterschiedlich. So verweisen Stefan Klusemann, Lena Rosenkranz und Julia Schütz darauf, dass das von ihnen befragte kinderbetreuende Personal, die personelle Situation in der täglichen Praxis grundsätzlich als angespannt erleben. Dies liegt insbesondere an nachfolgenden Belastungszuständen (Klusemann et al., 2020):

- Substanzieller Personalmangel
- Personalmangel durch unbesetzte Stellen
- Qualitativer Personalmangel
- Hohe Personalfluktuation
- Mängel in Ausstattung und Infrastruktur

Die Autoren betonen schließlich den hohen Grad an Flexibilität der pädagogischen Mitarbeiter und verweisen auf die damit verbundenen notwendigen Anpassungsleistungen und die ambivalenten Effekte auf Qualität und pädagogische Arbeit (Klusemann et al., 2020).

Um kinderbetreuende Arbeit quantitativ und qualitativ sichern zu können, wird in den meisten Bundesländern der Personalschlüssel mittels statistischer Bewertung der Relation von Kindern und pädagogisch tätigen Personen ermittelt. Die vertraglichen Betreuungszeiten der Kinder und die vertraglichen Arbeitszeiten der pädagogischen Fachkräfte werden dabei auf einheitliches Maß – in Ganztagsbetreuungsäquivalente und Vollzeitäquivalente – umgerechnet und zueinander ins Verhältnis gesetzt. Der Personalschlüssel drückt sodann aus, wie viele Ganztagsbetreuungsäquivalente von einem Vollzeitäquivalent betreut werden.

4.5.3.2.2 Modellberechnung

Das Berechnungsmodell der Vollzeitäquivalente ist für das Hotelgewerbe deswegen besonders interessant, da dort nahezu gleiche Zustände zu attestieren sind wie in Kindergärten bzw. Kindertagesstätten. Die Berechnung der Vollzeitäquivalenten, als Adaption der Fachkraft-Kind-Relation zur Gästebetreuer-Gast-Relation, erlaubt darum besonders gut, die Auswirkungen auf die persönliche Gästebetreuung, auf die Zeit und das Engagement von operativ tätigen Hotelmitarbeiters zu verstehen.

In einem ersten Schritt muss dafür das Ganztagesbetreuungsäquivalent ermittelt werden, indem die im Beherbergungsvertrag vereinbarten Aufenthaltszeiten aller Hotelgäste addiert werden müssen[86] (Gewerkschaft Erziehung und Wissenschaft, 2018). Für die Modellrechnung soll von 150 anreisenden Gästen ausgegangen werden, die von der Hotelrezeption rund um die Uhr, also im 3-Schicht-System persönlich betreut werden können, wobei die Nacht als Ruhephase mit 7 Stunden projektiert werden soll[87]. Da nicht alle Gäste einheitlich um 15.00 Uhr anreisen und Hotelbetriebe diesbezüglich über kategorie- und konzeptspezifisch Erfahrungswerte von „An- und Abreisewellen" verfügen, soll mit nachfolgendem fiktivem Szenario modelliert werden (Tabelle 4.11):

[86] Die Check-in- und Check-out-Zeiten variieren von Hotelbetrieb zu Hotelbetrieb. Übergreifend kann aber festgehalten werden, dass es nach internationalem Standard üblich ist, Hotelzimmer spätestens ab 15 Uhr beziehen zu dürfen. Der Check-out hat zumeist gegen 11 Uhr zu erfolgen.

[87] Hotelbetriebe werden kategoriespezifisch zumeist von einem Night Manager, Reinigungs- bzw. Hilfspersonal oder wahlweise nur von Sicherheitspersonal betreut. Die nächtlichen Betreuungsleistungen können somit als nachrangig betrachtet werden.

Tabelle 4.11 Ermittlung der Betreuungszeiten anreisender Gäste

Anreisezeiten	Anreisende Gäste in %	Anreisende Gäste	Betreuungszeiten (ohne Nachtruhe)
15.00–16.00	30	45	13
16.00–17.00	30	45	12
17.00–18.00	20	30	11
18.00–19.00	10	15	10
Nach 19.00	10	15	9
Ergebnis	100	150	55

Die Summe aller täglichen Betreuungszeiten in Stunden entspricht damit dem Ganztagesinanspruchnahmeäquivalent im vorgeschlagenen Schicht-System (Tabelle 4.12).

Tabelle 4.12 Ermittlung des Ganztagesinanspruchsäquivalenten

Anreisezeiten	Anreisende Gäste	Betreuungszeiten (ohne Nachtruhe)	Betreuungszeiten (kumuliert)
15.00–16.00	45	13	585
16.00 1.00	45	12	540
17.00–18.00	30	11	330
18.00–19.00	15	10	150
Nach 19.00	15	9	135
Ergebnis	150	55	1740

Die dazugehörige Formel kann wie folgt dargestellt werden (Gewerkschaft Erziehung und Wissenschaft, 2018):

Formel 4.1: Ganztagesinanspruchsnahmeäquivalent

$$Ganztagsinanspruchnahmeäquivalent = Anzahl\ Gäste \times Aufenthaltsdauer/Tag$$

$$Ganztagsinanspruchnahmeäquivalent = 1740\ Stunden$$

Wenn man dieses durch die Öffnungszeit /Stunden dividiert, erhält man schließlich das Ganztagsbetreuungsäquivalent (Gewerkschaft Erziehung und Wissenschaft,

2018, S. 2–3). Die hotelspezifisch rechnerische Öffnungszeit pro Tag kann dabei exklusive der Nachtruhe mit 17 Stunden pro Tag veranschlagt werden.

Formel 4.2: Ganztagesbetreuungsäquivalent

$$Ganztagsbetreuungsäquivalent = \frac{Ganztagsinanspruchnahmeäquivalent}{Öffnungszeiten}$$

$$Ganztagsbetreuungsäquivalent = \approx 102,35$$

Um der Berechnung des Gästebetreuungsschlüssels und der Hotelmitarbeiter-Gast-Relation schließlich näher zu kommen, muss für die Hotelmitarbeiter einer gästebetreuenden Abteilung, fortführend das Vollzeitäquivalent errechnet werden. Für die Modellrechnung sollen wiederum die fiktiven Hotelmitarbeiter aus der vorausgehenden potenzialorientierten Modellrechnung herangezogen werden. Schichtleiter, Fachkräfte und Auszubildende arbeiten ganztags im Schicht-System. Die Abteilungsleitung muss ihre Stunden, die ihr für die Gästebetreuung zur Verfügung stehen, zwischen zwei Schichten aufteilen. Bei einer üblichen Wochenarbeitszeit von 39 Stunden/Woche ergibt sich nachfolgendes Ergebnis (Tabelle 4.13).

Tabelle 4.13 Ermittlung der Gästebetreuungsstunden pro Arbeitstag

Division Abteilung	Personalbedarf für zwei Schichten	Stunden/Woche	Ergebnis
Rooms Division (Front Office)	1 Departement Head	2 × 19.75	39
	2 Schichtleiter	2 × 39	76
	4 Fachkräfte	4 × 39	156
	4 Auszubildende[88]	4 × 31	124
Gästebetreuungsstunden pro Woche			395
Gästebetreuungsstunden pro Arbeitstag			79

Setzt man dieses in Relation zu der durchschnittlichen täglichen Arbeitszeit eines gästebetreuenden Hotelmitarbeiters, erhält man das Vollzeitbeschäftigungsäquivalent (Gewerkschaft Erziehung und Wissenschaft, 2018).

[88] Aufgrund der Berufsschulpflicht wurden Auszubildende mit einer durchschnittlichen Vier-Tage-Arbeitswoche bzw. betrieblicher Anwesenheit einberechnet.

Formel 4.3: Vollzeitbetreuungsäquivalent

$$Vollzeitbetreuungsäquivalent = \frac{Gästebetreuungsstunden\ pro\ Tag}{durchschnittliche\ tägl.\ Arbeitszeit}$$

$$Vollzeitbetreuungsäquivalent =\approx 10,13$$

Betrachtet man schließlich die fiktiven Gäste (150) im Verhältnis zu den fiktiven Ganztagsbeschäftigten, erhält man den Gästebetreuungsschlüssel. Dieser geht davon aus, dass potenziell allen Hotelgästen die persönliche Betreuung zusteht.

Formel 4.4: Gästebetreuungsschlüssel

$$Gästebetreuungsschlüssel = \frac{Gäste\ im\ Hotel\ pro\ Tag}{Vollzeitbetreuungsäquivalent}$$

$$Gästebetreuungschlüssel =\approx 14,81$$

Der Gästebetreuungsschlüssel entspricht damit nicht der tatsächlichen Betreuungsrelation, da einerseits nicht alle Hotelgäste persönlich betreut werden wollen und andererseits da sich durch Ausfallzeiten, z. B. durch Urlaub, Krankheit oder Fortbildungen sowie durch Vor- und Nachbereitungszeiten, Teamsitzungen und Berufsschulzeiten die Zeitkontingente für die persönliche Gästebetreuung verringern. Berücksichtigt man daher die „gästebetreuungsfreien" Zeiten, die kategorie- und betriebsspezifisch unterschiedlich ausfallen, erhält man die Fachkraft-Gast-Relation. Dafür werden wiederum die Werte aus der potenzialorientieren Berechnung herangezogen, wobei durchschnittlich 33 % des Arbeitstages nicht in direktem Gästekontakt verbracht werden. Rechnet man die Ausfallzeiten durch Fort- und Weiterbildungen, Urlaub und insbesondere die erhöhten Krankheitstage im Hotelgewerbe hinzu, ergibt sich ein konservativ bzw. optimistisch eingeschätzter Wert von ≈ 40 %, der auf den Gästebetreuungsschlüssel angerechnet wird. Die errechneten Äquivalente für Hotelgäste und Hotelmitarbeiter werden so ins Verhältnis zueinander gesetzt.

Formel 4.5: Hotelmitarbeiter-Gast-Relation

$$Hotelmitarbeiter - Gast - Relation = 0,60 : 14,81$$

$$Hotelmitarbeiter - Gast - Relation = 1 :\approx 25$$

Die Hotelmitarbeiter-Gast-Relation gibt letztlich an, wie viele Hotelgäste sich einen betreuenden Hotelmitarbeiter teilen müssen. Dabei müssen schließlich auch noch die tatsächlichen Präsenzzeiten der Hotelgäste im Hotelbetrieb und die Häufigkeit der Inanspruchnahme von gästebetreuenden Leistungen berücksichtigt werden. Hierfür muss jeder Hotelbetrieb Erfahrungswerte in der Beobachtung des repräsentativen Gästeverhaltens einsetzen. In Businesshotels liefern dafür Businessgäste (Corporate Guests) den Maßstab, in Ferienhotels sind es die Feriengäste (Leisure Guests). Während in anderen Branchen solche Informationen bereits technisch gesammelt und ausgewertet werden, fehlen im Hotelgewerbe solche Ansätze komplett[89]. Dabei ist darauf hinzuweisen, dass sowohl in Stadt- wie in Ferienhotels ein grundsätzliches Dilemma bezüglich der Präsenzphasen der Hotelgäste besteht. Einerseits sollen Hotelgäste möglichst lange im Hotelbetrieb verweilen, um deren Umsatzpotenziale bestmöglich ausschöpfen zu können, andererseits bedeuten hohe Präsenzphasen auch erheblichen Leistungsdruck für die gästebetreuenden Hotelmitarbeiter. Dies wird in Betrachtung der nachfolgenden Gästebewegungsszenarien am Beispiel eines Ferien- und eines Businessgastes exemplarisch deutlich:

a) Feriengast A reist um 15.00 Uhr an, bezieht sein Zimmer und nimmt eine erste Begehung des Hotels vor. Nach 16.00 Uhr verlässt er für eine kurze Zeit das Hotel, um die Destination zu erkunden. Von 17.30 Uhr bis 19.00 Uhr verbringt Gast A Zeit im Wellnessbereich und frequentiert danach um 19.30 Uhr die möglicherweise mitgebuchte Hotelgastronomie z. B. im Rahmen der Halbpension. Nach einem Schlummertrunk an der Bar geht Gast A gegen 23.30 ins Hotelzimmer.

[89] Im Handel nutzen Unternehmen beispielsweise Frequenzzähler, um Kundenströme im Geschäft zu messen. Dies ist vor allem für frequenzstarke Standorte interessant. Erwünschte Informationen werden dabei durch Tracking der Bewegungen via mobiler Accesspoints über alle Arten technischer Kommunikationslösungen (WLAN, Bluetooth, NFC) gesammelt. Noch sind diese Erhebungsmethoden kostspielig, erscheinen jedoch zukünftig auch für das Hotelgewerbe sinnvoll, um herauszufinden, wann und warum Hotelgäste den Betrieb verlassen, ohne dort (Zusatz)Umsätze zu tätigen (Laube et al., 2016).

b) Business Gast B reist bereits um 14.00 Uhr an, bezieht sein Zimmer und bereitet sich dort auf sein externes Meeting vor. Er verlässt das Hotel um 15.00 und kehrt gegen 19.00 Uhr zurück, um sich für das externe Abendessen um 20.00 frisch zumachen. Gast B kehrt gegen 00.00 Uhr zurück ins Hotel und geht nach einem Schlummertrunk an der Hotelbar gegen 1.00 ins Hotelzimmer.

Auch wenn in beiden Fällen die Potenziale für die persönliche, individuell intensive Gästebetreuung im Zeitverlauf unterschiedlich lang ausfallen, kann dennoch verdeutlicht werden, dass Optionen für mindestens drei Abteilungen bestehen, die individuelle Betreuungsintensität zu ermitteln und daraufhin gästebetreuend und damit gästebindend aktiv zu werden, insofern zum richtigen Zeitpunkt eine hinlänglich ausreichende Menge an gästebetreuenden Hotelmitarbeitern zur Verfügung stehen. Die potenzial-orientierte Berechnung als auch die Gästebetreuer-Gast-Relation können dafür einen grundsätzlichen Beitrag leisten.

Damit Hotelmitarbeiter in den gästebetreuenden Phasen schließlich effektiv und effizient zu einer Diagnose der individuellen Betreuungsintensität kommen können, soll ein zusätzliches diagnostisches Hilfsmittel vorgeschlagen und nachfolgend als Gästebetreuungsintensitätsskala vorgestellt werden.

4.5.3.3 Gästebetreuungsintensitätsskala

> *„Die Einteilung des Kundenportfolios in Prioritätsklassen erleichtert die Betreuungsplanung. Die Klassifikation ist das eindeutige Herausheben von Kunden mit besonderem Entwicklungspotenzial und die Zuordnung der entsprechenden Betreuungsintensität. Durch das Beschäftigen mit dem Kunden beantwortet der Betreuer für sich die Frage, ob ein zusätzliches Ertragspotenzial durch verstärkte Betreuung realisiert werden kann."* (Spreiter, 2000, S. 88)

Die persönliche individuell intensive Betreuung ist in vielen Branchen und Dienstleistungszweigen der entscheidende Faktor für eine stabile und loyale Kundenbeziehung. Unternehmen stellen dabei jedoch zunehmend fest, dass Fachkompetenzen und regelmäßige Kundenansprache allein nicht mehr reichen. Dienstleister müssen vielmehr in der Lage sein, sich gezielt in die Lage von Kunden versetzen zu können, um passgenaue Lösungen für deren Anliegen bieten zu können. Gelingt dies, erscheinen Kunden weniger preis- und wechselsensibel und erhöht zudem die Wahrscheinlichkeit einer persönlichen Weiterempfehlung an andere potenzielle Kunden deutlich. Dies gilt für das Hotelgewerbe umso mehr:

„Wird die neue Generation von Hospitality-Managern in die Lage versetzt, mittels einer emotionalen Kommunikation eine emotionale Bindung mit den Gästen aufzubauen, kann damit auch ein positiver Einfluss auf das Image der Branche einhergehen. Loyalität bedeutet im Idealfall eben auch, dass die inspirierenden, in Erinnerung bleibenden Erlebnisse während des Hotelaufenthalts von den Gästen als sehr wertschätzend erachtet und damit auch wertschätzend weitererzählt werden.“ (Tophotel, 2020)

Aus dieser Perspektive betrachtet sind die wichtigsten Touch- und Care-Points für Hotelgäste, Hotelmitarbeiter und Hotelbetriebe darum (nach wie vor) aufenthaltsbezogene persönliche Betreuungsanlässe und die in der direkten Interaktion zwischen Hotelgästen und Hotelmitarbeitern erzeugbare Beziehungsqualität, für welche die Ermittlung der individuellen Betreuungsintensität essenziell erscheint.

4.5.3.3.1 Voraussetzungen

„Die Dynamik des Marktes erfordert eine Abkehr von der gewohnten Produktsicht hin zu einer gelebten Kundenorientierung. Nicht mehr die Steigerung des Produktabsatzes und die eigenzentrierte Produktentwicklung schaffen Kundennähe, sondern das Angebot kundenmehrwertorientierter Leistungen und die Erhöhung der Kundenbindungsquote. Der Fokus eines kundenorientierten Vertriebs liegt nicht mehr hauptsächlich in der Sicherung des Absatzes, des Verstehens des eigenen Geschäfts sowie der Erreichung von Umsatzzielen, sondern im Verständnis für die Kundenziele und dem Aufbau von Partnerschaften, um Mehrwerte sowohl für die Kunden als auch für das eigene Unternehmen zu identifizieren.“ (Biesel, 2013, S. 91–92)

Verfahren, mit denen Interaktionsintensitäten erfasst werden können, werden hauptsächlich umgangssprachlich mit menschlichen Aktions-/Reaktions-Verfahren gleichgesetzt. Zeitintensität erfassende Verfahren hingegen werden derzeit umgangssprachlich mit dem Begriff des Zeitmanagements erfasst. Um beide in einem Regelkreis betrachten zu können, benötigt die Gästebetreuungsintensität daher spezifische Führungsgrößen wie z. Beobachtungs- bzw. Wahrnehmungsparameter für Messungen anhand von jeder neuen Gästeinteraktion oder nach einem vorgegebenen Zeitraum. Die Ermittlung der individuellen Betreuungsintensität von Hotelgästen kann daher als ein Interaktionsintensitätssteuerungssystem bezeichnet werden, bei dem es sich zum größten Teil um ein Verfahren handelt, dass auf Basis von Informationen einerseits und spezifischen kognitiven Fähigkeiten andererseits durch den menschlichen Geist gesteuert wird. Es reagiert emotional, insbesondere auf Mängel oder Defizite, indem es eine beliebige Maßnahme aus einem Katalog von betrieblich weiterentwickelten Maßnahmen verwendet, die bestimmt, welche Interaktionen zu einem bestimmten

Zeitpunkt als Reaktion auf eine bestimmte Art von Störung oder Ergebnis einzusetzen sind. In manchen Fällen werden dabei basierend auf voreingestellten Prioritäten, die individuell angepasst werden können, Maßnahmen ausgewählt, abgebrochen oder verändert. In der persönlichen Gästebetreuung werden somit grob vereinfachte Interaktionssysteme eingesetzt, angereichert durch Verwendung von Vernetzungseffekten, um Einsparungen von Kosten durch computergestützte Verfahren generieren zu können.

Die derzeit bekannten hotelspezifischen Interaktionsintensitätssteuerungssysteme sind im Umfang sehr eingeschränkt, einfach aufgebaut und kaum konfigurierbar, um z. B. die Optimierung einer Gästebeziehung mit Blick auf gästebetreuende Interaktionen sicherzustellen. Das liegt im Wesentlichen darin begründet, dass die ausführliche, zeitintensive Analyse von Kosten und Nutzen jeder einzelnen Maßnahme kaum durchführbar ist. Dadurch können komplexe Zusammenhänge nicht erfasst werden, da der Blick auf die Gesamtheit aller Maßnahmen sehr differenziert ist. Auf dieser Basis ist allenfalls eine zeitlich stark verzögerte und partielle Auswertung der Maßnahmen, die durch zumeist retrospektive Informationen vorliegen, durch das strategische Hotelmanagement möglich. Dies macht es andererseits operativ unmöglich, auf aktuelle Trends oder auf unerwartete Ereignisse schnell mit einem optimierten Maßnahmenplan zu reagieren. Die Ermittlung der individuellen Betreuungsintensität muss daher zum Ziel haben, optimal die gleichzeitige monetäre und emotionale Wertschöpfung zu unterstützen, sowohl für Hotelgäste, für Hotelmitarbeiter als auch das auftraggebende Hotelunternehmen. Da durch die weitreichende Standardisierung im Hotelgewerbe im Allgemeinen kaum auf individuelles Verhalten von Hotelgästen eingegangen wird und Interaktionen eher auf das Verhalten des Marktes entwickelt werden, kann eine Gästebetreuungsintensitätsskala dazu beitragen, Instanzverhalten und Instanzreaktion der Hotelgäste in einer bestimmten Konfiguration oder Situation vorhersehbarer und damit transparenter zu machen. In Verbindung mit den skizzierten erweiterten hotelspezifischen diagnostischen Kompetenzen im Kontext von „Hospitality Reasoning" könnten so auch heutzutage verwendete hotelspezifische Verfahren zur Verwaltung der Interaktionsintensität optimiert und Vorteile (wie Einsparungen, Reichweite, Wirkung, Kontrolle) generiert werden, auf Basis derer menschliche Interpretationen, Erfahrungen, Analysen und Reaktionen als Näherung an die Realität mit überschaubarem material- und zeitintensivem Aufwand professionalisierter erscheinen.

Aus diesem Blickwinkel heraus kann somit gefordert werden, dass die individuelle Betreuungsintensität der Hotelgäste sowohl aus der strategischen als auch aus der operativen Perspektive ganzheitlich betrachtet und beurteilt werden sollte, um einerseits attraktiv für Hotelgäste zu sein und andererseits die eigene Wettbewerbsposition nachhaltig sichern und weiterentwickeln zu können. Gelingt dieses nicht oder nur unzulänglich, wird es für Hotelbetriebe zukünftig immer schwieriger, attraktive Hotelgäste zu gewinnen und dauerhaft zu binden, insbesondere dann, wenn die eigene Wettbewerbsposition im Gästebetreuungsangebot unbefriedigend ist. Es nützt andererseits aber auch nichts, wenn die Wettbewerbsposition optimal ist, Hotelgäste aber nicht attraktiv für den Hotelbetrieb und die Hotelmitarbeiter sind. Das Ziel der Skalierung der Gästebetreuungsintensität ist es darum nicht nur, attraktive Gäste zu lokalisieren, sondern ebenso die knappe Ressource „Hotelmitarbeiter" und „Zeit" im Kontext von „Guest Centricity" und „Guest Care" so effizient und effektiv wie möglich einsetzen zu können. Gestützt wird diese Annahme auch durch die folgenden Herausforderungen:

1. **Bedingte Offenheit der Hotelgäste**
   Die skizzierte idealtypische Gästebetreuung bedarf im Kontext von „Guest Centricity" und „Guest Care" einer relativ ausgeprägten Offenheit der Hotelgäste, wie sie normalerweise nur in einer vertrauensbasierten Geschäftsbeziehung vorkommt. Dabei ist von einer Wechselwirkung zwischen der persönlichen und individuell abgestimmten Gästebetreuung und dem Vertrauenskonstrukt als eine Art von „Return on Invest" bzw. „Return on Emotion" auszugehen. Dies muss in der Konzeption von individuellen Betreuungsstrategien berücksichtigt werden, indem der Betreuungsansatz nicht standardisiert, sondern persönlich auf den Status der Gästebeziehung zugeschnitten wird. Die Beziehungsqualität sollte somit als hotelspezifische Determinante eingeführt und mit dem „Return on Guest Care" (Gästebindungsquote) etabliert werden.
2. **Overservicing**
   Das Streben nach immer neuen Erlebnissen und andauernder Gästebegeisterung birgt nach Kurt Matzler und Heinz K. Stahl die Gefahr des Overservicing (Matzler & Stahl, 2000). Gerade im Hotelgewerbe besteht immer die latente Gefahr, dass Bemühungen um Gästebegeisterung zu ehrgeizig sind und die erzielten Resultate einen monetären und emotionalen Wertverlust zur Folge haben. Ist die Gästebetreuung nicht individuell, kann sich das vorinvestierte Vertrauen seitens der Hotelgäste schnell in Enttäuschung wandeln und führt im schlimmsten Falle zum Abbruch der Gästebeziehung und zu negativer analoger und digitaler Mund-zu-Mund-Propaganda.
3. **Monokausale Stereotypisierung**
   Bei allen operativen Anstrengungen um die persönliche individuell intensive Gästebetreuung darf die Profitabilität der kurz-, mittel- und langfristigen

Geschäftsbeziehungen keinesfalls außer Acht gelassen werden. Eine Hotelführung, die Anspruch auf Wertsteigerung erhebt, darf sich nicht mit einer periodischen Prüfung von Umsatz und Gewinn begnügen. Sie muss vielmehr auch auf die emotionalen Zusammenhänge achten, die etwa zwischen Gästezufriedenheit, Gästeloyalität (-bindung) und dem Unternehmenswert bestehen. Diese Zusammenhänge sind allerdings genauso komplex wie die Interpretation von Hotelgästeverhalten. Die Gefahr der „Schubladisierung" als Ordnungskategorie von Hotelgästen führt letztlich zu einer monokausalen Stereotypisierung und damit zu keiner ausgewogenen Balance zwischen „Emotion-Flow- und Cashflow-Mentalität":

> *„Einen Gast erkennen heißt: ihn richtig behandeln. Also kommt es auf die Diagnose an. Ganz sicher gibt es ausgeprägte Gästecharaktere und typische Behandlungsgruppen."* (Arndt, 1961, S. 123)

4. **Aus- und Weiterbildung – Personalentwicklung**
   Da aktuell weder Gästebetreuung, Gästepsychologie, Gefühls- und Emotionsarbeit noch Gästediagnostik im Kontext von „Hospitality Reasoning" ausgebildet werden, sollten „Guest Centricity" und „Guest Care" sowohl in der Aus- und Weiterbildung der Hotelmitarbeiter und im Führungsverständnis Einzug erhalten. Die Akzeptanz für die Gästebetreuungsintensitätsskala steht und fällt demnach mit der beruflichen Ausrichtung und der betrieblichen Einstellung im Hotelgewerbe:

> *„Versuchen Sie die Wünsche und Nöte des Gastes zu verstehen, auch dann, wenn Ihnen diese Unbequemlichkeiten bereiten."* (Arndt, 1961, S. 155)

Unter Berücksichtigung der genannten hotelspezifischen Herausforderungen muss eine Gästebetreuungsintensitätsskala als Diagnoseinstrument mindestens dem Niveau eines Assesment-Instruments entsprechen und die Kriterien aufmerksames Beobachten, Wahrnehmen und Bewerten nachhaltig unterstützen sowie in einen zeitlichen Bedarf einordnen. Um die Qualität eines solchen hotelspezifischen Diagnose- bzw. Assessmentinstruments zur Ermittlung der Betreuungsintensität von Hotelgästen garantieren zu können, muss dieses bestimmten psychometrische Gütekriterien entsprechen (Moosbrugger & Kelava, 2020). Dazu gehört der Anspruch, subjektive Einschätzungen weitestgehend minimieren zu können. Die Ermittlung der gästespezifischen individuellen Betreuungsintensität hängt dann nicht von der Meinung einer Person ab, sondern von der möglichst objektiven

Einschätzung durch die Anwendung eines standardisierten Instruments[90] (Bartholomeyczik, 2007). Während im medizinischen Bereich zu Betreuende aufgrund ihres Zustandes nicht immer in der Lage zur Mitwirkung sind, kann bei Hotelgästen davon ausgegangen werden, dass ihre Kooperation nicht nur aus eigenem Interesse erfolgt, sondern ebenfalls zur Verbesserung des eigenen Diagnoseergebnisses und damit zur qualitativen Steigerung der persönlich, individuell intensiven Gästebetreuung und damit zur eigenen Zufriedenheit beiträgt.

Damit ein hotelspezifisches Diagnose- bzw. Assessmentinstrument breite Akzeptanz erreichen kann, muss dieses neben Reliabilität, Validität, Sensitivität und Spezifität weitere Gütekriterien im ökonomischen Sinne erfüllen können. Dazu gehören:

1. **Finanzieller Aufwand**
   Der finanzielle Aufwand kann sich vor allem aus der Entwicklung, der Beschaffung und dem Gebrauch des Instrumentes (Dokumentation, Speicherung und Auswertung) ergeben. Insbesondere die Beschaffung notwendiger Computerhardware und/oder die Neukonfiguration vorhandener Gästesoftware kann einen bestimmten Kostenfaktor darstellen (Moosbrugger & Kelava, 2020).
2. **Zeitlicher Aufwand**
   Der zeitliche Aufwand bildet oftmals einen gewichtigeren Faktor als die Anschaffungskosten allein. Hinzu kommen Beschaffungszeiten sowie Testzeiten zur erfolgreichen Implementierung. Dazu kommen dann wiederum neben Vorbereitungszeiten, Zeitbedarfe zur Auswertung, Interpretation und Ergebnisrückmeldung (Moosbrugger & Kelava, 2020).
3. **Nützlichkeit**
   Nach Helfried Moosbrugger und Augustin Kelava ist das Gütekriterium der Nützlichkeit dann gegeben, wenn gemessene Merkmale praktische Relevanz aufweisen. Diese besteht dann, wenn ein Merkmal im Sinne der Kriteriumsvalidität nützliche Anwendungsmöglichkeiten aufweist und die auf dieser Grundlage getroffenen Entscheidungen (Maßnahmen) mehr Nutzen als Schaden für alle Akteure erwarten lassen (Moosbrugger & Kelava, 2020).

„Guest Centricity“ und „Guest Care“ und die konsequente Perspektive des Hotelgastes bilden fortführend das thematische Fundament der Gästebetreuungsskala.

[90] „Ist von standardisierten Instrumenten die Rede, ist ein thematisch begrenzter und feststehender Komplex an Items mit feststehenden Antwortmöglichkeiten gemeint, die zur Auswertung in Zahlen umgesetzt werden“ (Bartholomeyczik, 2007, S. 212).

Die dafür notwendigen Parameter zur Ermittlung der Betreuungsintensität sollen nachfolgend vorgestellt werden.

4.5.3.3.2 Aufbau und Konstruktion der Items

> *„Menschen haben unterschiedliche Eigenschaften und Verhaltensweisen. So gibt es Personengruppen, die wir gern als Gäste sehen. Solche Gäste sind umgänglich, lassen sich von uns beraten, übersehen kleinere Mängel verständnisvoll und zeigen sich darüber hinaus bei der Bezahlung großzügig. Als Gäste kommen aber auch Menschen mit anderen Eigenschaften zu uns, die uns mitunter in schwierige Situation bringen, die aber von uns als Gastgeber ebenfalls angemessen zu behandeln und zufriedenzustellen sind."* (Herrmann, 2011, S. 288)

Die Ermittlung der Betreuungsintensität von Hotelgästen, im Kontext von „Hospitality Reasoning" bezeichnet professionalisierte diagnostische Gedankenvorgänge und kognitive diagnostische Entscheidungsprozesse, die simultan und damit während des Interagierens mit Hotelgästen unter Berücksichtigung kommunikativer Prozesse erfolgen. Dabei muss nicht nur gästespezifisches Fach- und Erfahrungswissen eingesetzt werden, sondern es müssen auch interkulturelle und diagnostische mit emotionalen Kompetenzen vernetzt werden, damit eine diagnostische Bewertung der Gästepersönlichkeit, unter weitestgehendem Ausschluss von Wahrnehmungsfiltern gelingen kann:

> *„Oft ist es schwierig, Gäste auf den ersten Blick richtig einzuschätzen. Die Kleidung ist nicht immer ein eindeutiges Kennzeichen. Auch Gäste in legerer Kleidung haben mitunter höchste Qualitätsansprüche. Andere Merkmale wie Umgangsformen, Alter, Geschlecht oder die festgestellte Kaufkraft genügen in vielen Fällen ebenfalls nicht zur eindeutigen Beurteilung. Zutreffende und dadurch verwertbare Gästeeinschätzungen erfordern allgemein menschliches Einfühlungsvermögen und große Berufserfahrung."* (Herrmann, 2011, S. 288)

Auf Basis der Erkenntnisse aus den Indikatoren des Gästequadranten soll die Gästebetreuungsintensitätsskala aus einer Lickert-Skala mit fünf Items bestehen. Diese bewegt sich zwischen zwei Polen – negativ (rot) und positiv (grün). Dabei wird die Annahme verfolgt, dass beim Punktwert 1 die niedrigste Stufe der kategorie- und betriebsspezifischen Betreuungsintensität („Guest Care Intensity") und beim Punktwert 5 die höchste Stufe erreicht wurde[91].

---

[91] Die Farbwahl der Items entspricht hotelspezifischen Erfahrungswerten. So wird z. B. in der Hotelzimmerreservierung, im Revenue Management mit einem ähnlichen Farbcode (Ampelsystem) gearbeitet (Schopohl et al., 2016).

Typische retrospektive Gästebefragung: Wie zufrieden waren Sie mit …
Bei der Entwicklung der Gästebetreuungsintensitätsskala ist fortführend auch das Adaptionsniveau zu berücksichtigen. Das Konzept des Adaptionsniveaus wurde vom Psychologen Jerome Bruner entwickelt und ist eng mit der Theorie der kognitiven Anpassung verbunden. Laut dieser Theorie bilden Menschen im Laufe der Zeit ein adaptives Niveau, das als Referenzpunkt für ihre Wahrnehmung und Bewertung neuer Erfahrungen dient. Wenn eine Situation oder ein Ereignis unterhalb des Adaptionsniveaus liegt, wird es als negativ oder unbefriedigend wahrgenommen. Wenn es hingegen über dem Adaptionsniveau liegt, wird es als positiv oder bereichernd empfunden. Das Adaptionsniveau kann sich im Laufe der Zeit ändern, da Menschen sich an neue Umstände gewöhnen und ihr Adaptionsniveau entsprechend anpassen (Helson, 1964). Die Anpassungsreaktion dabei positiv oder negativ sein und somit zu einer Verbesserung als auch zu einer Verschlechterung des Wohlbefindens führen und hotelspezifisch in einer Reklamation müden (Herkner, 1992) (Tabelle 4.14).

Tabelle 4.14 Antwortoptionen von Hotelgästen auf die persönliche, individuell intensive Gästebetreuung

Punkte Indikatoren	1	**2**	3	4	5
Zufriedenheit	Sehr unzufrieden	Unzufrieden	Neutral	Zufrieden	Sehr zufrieden

Damit die Gästebetreuungsintensitätsskala praxistauglich erscheint, benötigt sie schließlich auch Augenscheinvalidität. Diese ist dann gegeben, wenn die Skala nach gesundem Menschenverstand und/oder nach dem fachlichen Urteil valide erscheint (Nerdinger et al., 2019). Die Überprüfung der Kriteriumsvalidität ist dabei an keine besonderen testtheoretischen Annahmen gebunden. Insbesondere bei praktischen Anwendungen können auch „Testwerte mit (noch) nicht geklärter inhaltlich-theoretischer Fundierung eine empirisch festgestellte Kriteriumsvalidität aufweisen" (Moosbrugger & Kelava, 2020).

Die Item-Generierung der Gästebetreuungsintensitätsskala muss zudem einen hohen Nützlichkeitseffekt garantieren, der dann vorhanden ist, wenn Items gewählte Kriterien geeignet ausdrücken können (Moosbrugger & Kelava, 2020), womit auch der Inhaltsvalidität genüge getan werden kann, indem logische und hotelspezifische Überlegungen bei der Planung und bei der Item-Generierung ihren Niederschlag finden (Nerdinger et al., 2019). Dies ist durch das innere und äußere Anliegen der persönlichen Gästebetreuung einerseits sowie deren implizitem und explizitem Wirkungszusammenhang andererseits gegeben[92].

1. Indikator Wahrnehmbare Verhaltensausprägung

Die Gästebetreuungsintensitätsskala beruft sich insbesondere auf Erkenntnisse der allgemeinen, der interkulturellen und der Wahrnehmungspsychologie, die emotionalen Ausdruck auf die Art und Weise beziehen, wie Emotionen kulturell unterschiedlich durch verbale und nonverbale Kommunikation wie Mimik, Gestik, Körperhaltung, Stimme und Ausdrucksverhalten sowohl zum Ausdruck gebracht als auch wahrgenommen werden (Bak, 2020; Izard, 1999; Kumbruck & Derboven, 2016). Die Gästebetreuungsintensitätsskala bezieht sich somit hauptsächlich auf sicht- und hörbare Anzeichen und Verhaltensweisen, die auf emotionale Zustände von Hotelgästen hinweisen. Der emotionale Ausdruck wird damit als wahrnehmbarer äußerer Ausdruck von internen emotionalen Zuständen von Hotelgästen aufgefasst wie auch als gästebetreuendes Kommunikationsmittel, um deren emotionale Verfassung diagnostizieren zu können[93].

2. Indikator Zeit

In Betrachtung des Indikators Zeit beruft sich die Gästebetreuungsintensitätsskala auf zeitsoziologische Betrachtungen, die sich vier großen Themenbereichen zuordnen lassen: kulturkritische Betrachtungen, kulturhistorische Arbeiten, Arbeitszeitstudien und geschlechtsspezifische Zeitstrukturanalysen (Rieger et al., 2021; Wendorff & van Dohrn-Rossum, 1989). Das Erleben von Zeit und das Kontextualisieren von Verhalten und Zeit, sind somit geläufige Thematiken, die hotelspezifisch aufgegriffen und für die Diagnose der Gästebetreuung adaptiert werden können:

---

[92] Würde man schließlich auch eine mögliche Korrelation zwischen guter/schlechter bzw. weniger intensiver/intensiver Gästebetreuung, zukünftigem Follow-up-Geschäft und Gästebindung mit einbeziehen, könnte für die Gästebetreuungsintensitätsskala auch die Übereinstimmungsvalidität (sog. „konkurrenter Validität“) bzw. Vorhersagevalidität (sog. „prognostischer Validität“) gefordert werden: „Im ersten Fall ist also der Zusammenhang eines Testwertes mit einem Kriterium von Interesse, das zeitgleich existiert, im zweiten Fall steht die Prognose einer zukünftigen Ausprägung eines Merkmals im Vordergrund“ (Moosbrugger und Kelava, 2020).

[93] Der emotionale Ausdruck kann je nach Emotionstyp und individueller Persönlichkeit variieren. Zum Beispiel werden positive Emotionen wie Freude, Glück oder Begeisterung oft durch ein Lächeln, eine entspannte Körperhaltung und lebhafte Gestik ausgedrückt. Auf der anderen Seite können negative Emotionen wie Ärger, Traurigkeit oder Angst durch veränderte Gesichtsausdrücke, gespannte Körperhaltung oder erhöhte Stimmlage angezeigt werden.

> *„Jede Kultur hat ihre eigenen, einmaligen zeitlichen Fingerabdrücke. Ein Volk kennen heißt die Zeitwerte kennen, mit denen es lebt. Um uns selbst zu erkennen, warum wir so und nicht anders aufeinander und die Welt einwirken, müssen wir zuerst die zeitliche Dynamik verstehen, die die Reise des Menschen durch die Geschichte bestimmt."* (Rifkin, 1990, S. 7)

Die erkennbare Nähe zu den Dimensionen des Gästebetreuungsquadranten zeigen zusätzlich, dass es gästepsychologisch ausgebildeten Hotelmitarbeitern zugemutet werden kann, gleichzeitig individuelle Verhaltensausprägungen wahrzunehmen und diese in einen zeitlichen Kontext einzuordnen sowie zu einer situativen Diagnose der individuellen Betreuungsintensität zu verdichten. Dabei muss jedoch auch die Kontaktfrequenz an den abteilungsspezifischen Points of Sales und Points of Care der gästebetreuenden Abteilungen berücksichtigt werden. Diese bezieht sich auf die Kontakt- oder Interaktionshäufigkeit zwischen Hotelmitarbeitern und Hotelgästen innerhalb der einzelnen Care-Phasen der Guest Journey. Die Kontaktfrequenz kann zwar von verschiedenen Faktoren beeinflusst werden, wie z. B. den Abteilungsöffnungszeiten, der Verfügbarkeit der Hotelmitarbeiter als auch den Gästebedürfnissen und dem Gästeanlass. Es kann dennoch festgestellt werden, dass eine hohe Betreuungsintensität oft mit einer hohen Kontaktfrequenz einhergeht. Wenn ein Hotelgast intensive Betreuung benötigt, kann dies regelmäßige und häufige Interaktionen erfordern, um sicherzustellen, dass seine Bedürfnisse anlassbedingt erfüllt werden. Eine hohe Kontaktfrequenz ermöglicht es zudem den Hotelmitarbeitern, den Fortschritt des betreuten Hotelgastes zu überwachen, Änderungen in den Gästebedürfnissen zu erkennen, auf auftretende Probleme oder Herausforderungen zu reagieren und entsprechende Maßnahmen zu ergreifen. Um die Kontaktfrequenz mit dem individuellen Zeitbedarf synchronisieren zu können, sollte das Hotelmanagement für den diagnostischen Prozess der Ermittlung der individuellen Betreuungsintensität einerseits kategorie- und betriebsspezifisch festlegen, welche Dauer die Betreuungsintensitätsstufen haben sollten als andererseits, wie häufig pro Aufenthalt, pro Abteilung und pro Point of Sales bzw. Point of Care die diagnostizierte Betreuungsintensität dokumentiert werden muss und wie ein Überschreiten beider Indikatoren im Rahmen der Betreuungsintensität kategorie- und betriebsspezifisch zu bewerten ist.

3. Wahrnehmungskonstrukt

Auf Basis von „Hospitality Reasoning" diagnostizieren Hotelmitarbeiter in gästebetreuenden Interaktionen die situative individuelle Betreuungsintensität der Hotelgäste. Damit „Hospitality Reasoning" diagnostisch wirksam werden kann, müssen sie dabei ihr Fachwissen gästezentriert mit emotionalen und interkulturellen Kompetenzen so bündeln können, dass die Operationalisierung von „Guest Care" gelingen kann. Ergänzend dazu werden auch noch weitere diagnostische Fähigkeiten benötigt. Dazu gehören Methoden und Techniken der Aufmerksamkeit als auch der Wahrnehmung. So bietet z. B. das neuro-linguistische Programmieren für die Wahrnehmung und Interpretation von Sprache, Körpersprache und Emotion verschiedenste Modelle und Techniken an, wie z. B. die Wahrnehmungspositionen (Seidl, 2009).

Hotelspezifisch adaptiert bezieht sich der Begriff „Wahrnehmungsposition" auf die Perspektive oder auf den Standpunkt, aus dem Hotelmitarbeiter ihr Arbeitsumfeld wahrnehmen und interpretieren. Gästebetreuend geht insbesondere darum, wie sie ihre eigenen beruflichen und persönlichen Erfahrungen, Gedanken und Emotionen in Beziehung zu anderen Menschen oder Situationen setzten. Dabei können typischerweise drei verschiedene Wahrnehmungspositionen unterschieden werden (Dilts, 2013):

1. **Erste Wahrnehmungsposition (Hotelmitarbeiter-Position)**
   In dieser Position betrachtet ein Hotelmitarbeiter eine Situation aus seiner eigenen Perspektive. Er nimmt seine eigenen Gedanken, Gefühle und Verhaltensweisen situationsbedingt wahr und ist in der Lage, eigene Erfahrungen unmittelbar zu reflektieren. Dies kann helfen, Selbstbewusstsein, Selbstreflexion und Selbstwahrnehmung zu fördern (Dilts, 2013).
2. **Zweite Wahrnehmungsposition (Gast-Position):**
   In dieser Position versetzt sich ein Hotelmitarbeiter in die Perspektive des interagierenden Hotelgastes. Mit eingesetztem gästepsychologischem Fachwissen, auf Basis der Dimensionen des Gästequadranten, in Kombination mit emotionalen, interkulturellen und diagnostischen Kompetenzen, vollzieht sich sodann eine Art der Perspektivübernahme mit dem Ziel, sich in die Gedanken, Gefühle und Perspektiven des Hotelgastes hineinzuversetzen. Dies kann helfen, Empathie, Verständnis und gästebindende Beziehungen zu entwickeln (Dilts, 2013).
3. **Dritte Wahrnehmungsposition (Beobachterposition):**
   Im Nachgang einer gästebetreuenden Interaktion reflektiert der Hotelmitarbeiter die Situation aus der Position des neutralen Beobachters. Er tritt dabei zurück und betrachtet die Situation aus einer distanzierten, objektiven als auch professionell strategisch ausgerichteten Perspektive. Dies kann helfen, Klarheit, Objektivität und eine erweiterte Sichtweise zu gewinnen (Dilts, 2013).

Die Fähigkeit, zwischen den verschiedenen Wahrnehmungspositionen flexibel zu wechseln, kann für das Hotelgewerbe als eine wichtige Technik angesehen werden, um effektive Kommunikation, Veränderung und professionalisiertes persönliches gästebetreuendes Handeln zu ermöglichen. Indem Hotelmitarbeiter also bewusst zwischen den verschiedenen Wahrnehmungspositionen wechseln, können sie eigene Wahrnehmungen erweitern, neue Einsichten gewinnen und alternative Handlungsmöglichkeiten im Kontext von „Guest Centricity" und „Guest Care" erkennen:

> *„Es ist daher hilfreich, zwischen Wahrnehmen und Erkennen zu differenzieren. So ist eine Wahrnehmung ohne Vorwissen durchaus möglich, ein Erkennen ohne Wissen ist dagegen a priori ausgeschlossen, da Erkennen ja gerade bedeutet, dass wir wissen, was wir da vor uns haben. In diesem Sinne wird der Wahrnehmungsvorgang, wenn er denn Identifizierungsprozesse beinhaltet, sehr wohl und sehr stark von unserem Wissen beeinflusst."* (Bak, 2020, S. 23)

Die zu verwendende Gästebetreuungsintensitätsskala wird somit auf die jeweiligen Abteilungen konfiguriert, die operativ mit der persönlichen Gästebetreuung betraut sind. Dies soll nachfolgend anhand exemplarischer Beispiele dargestellt werden, basierend auf der Fragestellung: Wie betreuungsintensiv war Hotelgast X (kategorie- bzw. betriebsspezifisch)?

4. Point of Care: Front Office Desk (Rezeption)

- Schlüsselsituationen: Check-in, Stay, Check-out
- Zu dokumentieren: Gästeanlass und explizite Gästebedürfnisse (Tabelle 4.15)

Tabelle 4.15 Gästebetreuungsintensitätsskala am Front Office

Punkte Indikatoren	1	2	3	4	5
Sprache Emotionaler Ausdruck	Sehr gering (Sehr niedrig)	Gering (Niedrig)	Mittel (Neutral)	Stark (Hoch)	Sehr stark (Sehr hoch)
Zeitbedarf	X Minuten	X Minuten	X Minuten	X Minuten	X Minuten

5. Point of Care: Gastronomische Outlets (Restaurants, Bars, Cafés etc.)

- Schlüsselsituationen: Beratungs-, Beschwerde- oder allgemeine Gastgespräche am Platz
- Zu dokumentieren: Gästeanlass und explizite Gästebedürfnisse (Tabelle 4.16)

Tabelle 4.16 Gästebetreuungsintensitätsskala in gastronomischen Outlets

<table>
<tr><th>Punkte
Indikatoren</th><th>1</th><th>2</th><th>3</th><th>4</th><th>5</th></tr>
<tr><td>Sprache</td><td rowspan="2">Sehr gering
(Sehr niedrig)</td><td rowspan="2">Gering
(Niedrig)</td><td rowspan="2">Mittel
(Neutral)</td><td rowspan="2">Stark
(Hoch)</td><td rowspan="2">Sehr stark
(Sehr hoch)</td></tr>
<tr><td>Emotionaler Ausdruck</td></tr>
<tr><td>Zeitbedarf</td><td>X Minuten</td><td>X Minuten</td><td>X Minuten</td><td>X Minuten</td><td>X Minuten</td></tr>
</table>

6. Point of Care: Housekeeping (Reinigung und Zimmerversorgung)
Das Housekeeping als gästebetreuende Abteilung stellt einen Sonderfall dar, da dort aufgrund von niedrigem persönlichen Gästekontakt die Reinigungssituation des Hotelzimmers für die Ermittlung der individuellen Betreuungsintensität herangezogen wird. Dafür kann zwar die gleiche Skala verwendet werden, jedoch muss sachlogisch der Farbcode angepasst werden, indem die Fragestellung nach dem Grad der Verschmutzung (Verunreinigung) zu betrachten ist (Tabelle 4.17).

Tabelle 4.17 Gästebetreuungsintensitätsskala im Housekeeping

Punkte Indikatoren	1	2	3	4	5
Ausprägung	Sehr gering (Sehr niedrig)	Gering (Niedrig)	Mittel (Neutral)	Stark (Hoch)	Sehr stark (Sehr hoch)
Zeitbedarf	X Minuten	X Minuten	X Minuten	X Minuten	X Minuten

4.5.3.3.3 Dokumentation und Interpretation

GRM steht für „Guest Relationship Management" und ist im Kontext von „Guest Centricity" und „Guest Care" einer der wichtigsten strategischen Ansätze für die Gästebindung. Es gibt eine Vielzahl an hotelspezifischen Property-Management-Software-Systemen, welche die Hotelmitarbeiter aus nahezu allen Bereichen eines

Hotels unterstützen können, gästebetreuende Prozesse gastzentriert und effizient zu gestalten. Mit der Gästekartei hat man dort einen zentralen Speicherort, mit dem Hotelmitarbeiter sogar täglich arbeiten. Dieser kann somit als habituiert für die Dokumentation der Diagnoseergebnisse der abteilungsspezifischen und situativen individuellen Betreuungsintensität von Hotelgästen lokalisiert werden. Da der Zugriff darauf nur über einen persönlichen Log-in möglich ist, sind einerseits die Daten geschützt und andererseits ist nachvollziehbar, wer, wann, welche Einträge ausgeführt hat. Wie in zahlreichen solcher Softwareangebote erkennbar ist, lassen sich gästebetreuende Diagnoseergebnisse an mehreren Stellen dokumentieren (z. B. Kurzbemerkungen, Zusatzbemerkungen oder Attribute). Da die meisten PMS-Software-Systeme einen ähnlichen Aufbau und eine entsprechende Struktur haben, ist davon auszugehen, dass das vorgeschlagene Vorgehen zur Dokumentation der Gästebetreuungsintensität systemübergreifend anwendbar ist, was zur breiten Akzeptanz in den unterschiedlichen gästebetreuenden Abteilungen beitragen kann.

Die Interpretation der Diagnoseergebnisse kann sodann mittels hoteltypischem Reporting und betriebsspezifischen Management Review erfolgen. Reizvoll dabei erscheint zunächst der Abgleich zwischen den abteilungsspezifisch ermittelten Diagnoseergebnissen. Sodann kann auch ein Mittelwert pro Abteilung als auch in Summe abgebildet werden. Die daraus ableitbaren Schlussfolgerungen lassen sodann verschiedenen Betrachtungsmöglichkeiten zu wie z. B.:

a) Vergleiche unterschiedlicher Hotelgastsegmente
b) Aufwand und Ertrag der Gästebetreuung
c) Follow-up (Return on Invest, Return on Emotion)
d) Weiterempfehlungsquote auf Basis der Gästezufriedenheit
e) Fähigkeiten und Kompetenzen der Hotelmitarbeiter
f) Potenzial- und Prozessanalysen der Hotelmitarbeiter
g) Rückschlüsse auf Abteilungs- und Unternehmenskonzepte
h) Abteilungsvergleiche etc.

Es kann somit abschließend festgestellt werden, dass die Gästebetreuungsintensitätsskala erhebliche Potenziale sowohl für Hotelgäste als auch Hotelmitarbeiter und Hotelbetriebe hat, insofern sie in das ganzheitliche Konzept von Guest Centricity, Guest Care und Hospitality Reasoning eingebunden ist und seitens des Hotelmanagements sowohl strategisch als auch operativ unterstützt wird:

> *„People's emotions are rarely put into words; far more often they are expressed through other cues. The key to intuiting another's feelings is in the ability to read nonverbal*

channels: tone of voice, gesture, facial expression, and the like." (Goleman, 2020, S. 86)

4.5.4 Forschungsleitendes Fazit

„*People with well-developed emotional skills are also more likely to be content and effective in their lives, mastering the habits of mind that foster their own productivity; people who cannot marshal some control over their emotional life fight inner battles that sabotage their ability for focused work and clear thought.*" (Goleman, 2020, S. 32)

Um eine Forschungsfrage zur Ermittlung der Bedeutung der Betreuungsintensität für die persönliche Dienstleistung zu formulieren, die am Beispiel der persönlichen, individuell intensiven Gästebetreuung und deren Implikationen umrandet wurde, ist eine kurze Zusammenfassung der bisher erlangten theoretischen Erkenntnisse sinnvoll.

Bei der Betrachtung der Gründe für die Thematisierung der Betreuungsintensität am Beispiel der persönlichen und individuellen Gästebetreuung im Hotel stellte sich heraus, dass diese ein kulturell und historisch geprägtes branchenspezifisches Mittel zur Erreichung von Gästebindung und Beziehungsqualität darstellen kann, welches gesamthaft als entwickelte Dienstleistung vernachlässigt wurde. Da die Bedeutung und die Legitimität beider in Zeiten von hybriden Gästen und schwindendem Einfluss von Sales & Marketing bei der Steigerung der Gästeloyalität an Wichtigkeit gewinnt – dies wird bereits daran deutlich, dass die Zuerkennung von Bedeutung und Legitimität durch die Gesellschaft z. B. in Form von Online-Reputation erfolgt –, nimmt auch die Wichtigkeit der individuellen Betreuungsintensität zu. Im Umkehrschluss bedeutet dies, dass ein Fehlen dieser Phänomene wie Gästebindungsarmut zur Folge haben kann, welche die Zukunftsfähigkeit eines Hotelbetriebs dann infrage stellt, wenn die hotelspezifische Kategorisierung und die damit verbundene Preisgestaltung in Bezug auf die Bedeutung persönlicher Dienstleistungen nicht transparent genug ausgestaltet sind. Die Zukunftsfähigkeit aber ist entscheidend für das Oberziel der Hotelbranche, insbesondere der familiengeführten Unternehmen, die langfristige Reputation der Branche sowie der einzelnen Betriebe nicht nur monetär, sondern auch emotional abzusichern, da Hotelgäste andernfalls ihre Vertrautheit dem Unternehmen entziehen. Damit kommt der Digitalisierung als Indiz für die Entmenschlichung der Gästebetreuung eine zweischneidige und damit besondere Stellung zu. In einer renditeschwachen Branche wie dem Hotelgewerbe werden zwar einerseits immer Wege gesucht, insbesondere hohe Personalkosten zu vermeiden bzw.

bestehende Dienstleistungsprozesse diesbezüglich zu optimieren, andererseits sind Hotelgäste in vielen anderen Branchen mit weitreichenden Digitalisierungsstrategien konfrontiert, womit die Wertsteigerung der persönlichen Dienstleistung im Hotel als Gesamtpaket der individuellen Gästebetreuung bedeutend steigen kann. Es konnte dazu aufgezeigt werden, dass die persönliche, individuell intensive Gästebetreuung diesbezüglich nicht nur erhebliche Chancen bzw. Potenziale bietet, sondern auch geeignete Werkzeuge hervorbringen kann, um Kunden in Gäste und Gäste in Beziehungsbotschafter zu verwandeln. Mit der Bedeutung der Betreuungsintensität, im Kontext von „Guest Centricity" und „Guest Care" könnte somit eine komplette Neugestaltung der klassischen Gastfreundschaftsbeziehungen zwischen Hotelmitarbeitern als Gastgeber und Hotelgästen möglich sein und es erlauben, den Markenwert von Hotelbetriebs aus einer anderen Perspektive zu analysieren, indem der „Return on Emotion" als wichtigste Kapital des Hotelgewerbes durch die aus der Gästebindung resultierende Beziehungsqualität betrachtbar würde. Nicht zuletzt liefert die Gästebetreuung und die Gästebetreuungsintensität Konzepte für die Entwicklung von Mitarbeiterpotenziale, indem mit „Hospitality Reasoning" Orientierungspunkte bestehen, die bei der Ausgestaltung der zukünftigen hotelspezifischen Aus- und Weiterbildung eine prominentere Rolle spielen könnten:

> *„A key social ability is empathy, understanding others' feelings and taking their perspective, and respecting differences in how people feel about things. Relationships are a major focus, including learning to be a good listener and question-asker; distinguishing between what someone says or does and your own reactions and judgments; being assertive rather than angry or passive; and learning the arts of cooperation, conflict resolution, and negotiating compromise."* (Goleman, 2020, S. 238)

Betrachtet man Hotelbetriebe schließlich als Care-Betriebe und berücksichtigt die besondere Bedürftigkeit der zu betreuenden internationalen Hotelgäste, so kann verdeutlicht werden, wie wichtig eine möglichst genaue Diagnose der individuellen Betreuungsintensität dieser zur Planung des persönlichen Betreuungsaufwandes ist. Die dafür eingesetzten Instrumente anderer Branchen zeigen dabei zudem die Notwendigkeit, die besonderen Bedarfe aller Akteure im Umgang mit einrichtungsbezogenen Ressourcen (Qualität und Zeit), Klienten-Bedürfnissen und professionellen Erfordernissen der Belegschaften zu berücksichtigen. Im Kontext von „Guest Centricity" und „Guest Care" wird daraus hotelspezifisch deutlich, dass auch für die Ermittlung der hotelspezifischen Betreuungsintensität bestimmte messbare Maßstäbe geltend gemacht werden könnten, unter Berücksichtigung der Potenziale der persönlichen Gästebetreuung als hotelspezifische Dienstleistung:

1. Die Immaterialität bzw. Abstraktheit der persönlichen Gästebetreuung als hotelspezifische Dienstleistung führt zwangsläufig zu einer individuellen Beurteilung durch die Hotelmitarbeiter als auch die Hotelgäste.
2. Betreuungsleistungen bestehen auch aus emotionalen bzw. gefühlsspezifischen Leistungen, die von Hotelgästen erwartet werden. Dafür benötigen Hotelmitarbeiter nicht nur Fachwissen, sondern insbesondere emotionale, interkulturelle und diagnostische Kompetenzen.
3. Die Abhängigkeit von Hotelgästen und die gleichzeitig tiefe Integration derselben bei der Erstellung von Betreuungsleistungen erfordert – bezogen auf emotionale und gefühlsspezifische Aspekte im Rahmen der persönlichen, individuell intensiven Gästebetreuung – optimalerweise die Standortgebundenheit, kann jedoch kategorie- und betriebsspezifisch abgestuft, in Teilen auch standortungebunden[94] (digital) ausgestaltet werden.
4. Aus der Komplementarität von Betreuungsleistungen ergibt sich ein weiteres Potenzial der persönlichen, individuell intensiven Gästebetreuung, indem diese durch ihren Charakter bedingt in der Lage ist, bestimmte mangelhafte Gegebenheiten der Umwelt (z. B. Ausstattung des Hotelbetriebs) ausgleichen zu können (Weixler & Oberlerchner, 2018).
5. Mit der emotionalen Bindung an Hotelmitarbeiter kann auch die kritische Substituierbarkeit erheblich abgemildert werden. Zwar ist der Gast für Betreuungsleistungen grundsätzlich nicht an ein bestimmtes Hotelunternehmen gebunden (Freyberg et al., 2019), jedoch ergibt sich aus der Beziehungsqualität zu den Hotelmitarbeitern ein besonderes Potenzial, da persönliche Beziehungen nicht substituierbar sind, wie Friedrich W. Busch und Rosemarie Nave-Herz bedeuten. Dies liegt daran, dass Hotelgäste in bzw. aus erlernten kulturspezifischen Beziehungskategorien denken, fühlen und (re)agieren, die als erwünschte widersprüchliche Einheiten sozialer Dyaden charakterisiert werden können (Busch & Nave-Herz, 2005).
6. Die damit einhergehende Personalintensität von Betreuungsleistungen kann im Rahmen der persönlichen individuell intensiven Gästebetreuung und der dazugehörigen Serviceleistungen dann optimiert und effizient gestaltet werden, wenn Hotelmitarbeiter neben explizitem Fachwissen über interkulturelle, emotionale als auch diagnostische Kompetenzen verfügen und diese gezielt

[94] Im Zuge der Digitalisierung kann die Standortgebundenheit insbesondere bei den supportiven Betreuungsleistungen (z. B. Beratung, Beschwerde) aufgehoben werden. So können Gäste mittels Übertragung von Audio- und Videosignalen durch Personen an verschiedenen Orten Teilbereiche der hotelspezifischen Dienstleistungen empfangen, genauso können Hotelmitarbeiter in Teilbereichen standortungebunden (z. B. aus dem Home-Office) agieren.

einsetzen können[95]. Durch die fortschreitende Digitalisierung werden zudem zusätzliche Anpassungs- und Optimierungsmöglichkeiten entstehen.

Auf Basis dieser Ausführungen und Erkenntnisse lautet die übergeordnete, zu beantwortende Forschungsfrage somit:

Welche Bedeutung hat die Betreuungsintensität für die persönliche Dienstleistung?

Bearbeitet wird diese Forschungsfrage zunächst mithilfe einer Annahme, die nicht zu bestätigen oder zu widerlegen ist:

Hotelgäste möchten grundsätzlich persönlich und individuell intensiv betreut werden.

Zur Untersuchung der übergeordneten Forschungsfrage, der Bedeutung der Betreuungsintensität für die persönliche Dienstleistung, die am Beispiel der Gästebetreuung exemplarisch abgebildet wurde, sind nicht zuletzt aus Mangel an hotelspezifischen Betrachtungen diesbezüglich detailliertere und differenzierte Teilforschungsfragen notwendig. Zunächst ist zu klären, welches Verständnis Hotelbesitzer und/oder -betreiber über ihre Hotelgäste haben. Maßgeblich ist, ob Hotelgäste zur Ermittlung der individuellen Betreuungsintensität ganzheitlich sowohl aus der strategischen wie auch aus der operativen Perspektive zu betrachten sind. Denn ein Hotelgästeverständnis, das strategische als auch operative Hotelgäste-Charakteristika nicht beinhaltet, nimmt der Individualität die Bedeutung, die diese für die Gästebetreuung als hotelspezifische Dienstleistung haben sollte. Allerdings ist dafür auch zu prüfen, welchen Legitimationsstatus die strategischen und die operativen Gästedimensionen bei den Hotelbesitzern und/oder Hotelbetreibern einnehmen. Denn schließlich muss ebenso kritisch mit der Frage umgegangen werden, warum bislang der Betrachtung der Gästebetreuung als hotelspezifische Dienstleistung so wenig Interesse entgegengebracht wurde. Zur Klärung dieses Sachverhaltes und anderen Relevanzen zur Bedeutung der Betreuungsintensität sollen deswegen auch Hotelmitarbeiter, die hauptsächlich mit Betreuungsaufgaben betraut sind, befragt werden. Vor allem zu ergründen

[95] Gerade bei potenzialintensiven Dienstleistungen, wie der persönlichen, individuell intensiven Gästebetreuung gilt es darum nach Heribert Meffert und Manfred Bruhn in besonderer Weise, über die Materialisierung dieser Potenziale eine Wettbewerbsprofilierung anzustreben, insbesondere wenn es sich um Humanpotenzial handelt. So bergen die Aus- und Weiterbildung von Hotelmitarbeitern, als auch die konzeptorische Betrachtung von Räumlichkeiten und Ausstattung des Hotelbetriebs diesbezüglich zahlreiche Möglichkeiten zur Optimierung (Meffert & Bruhn, 2003).

ist, welche Einstellung sie zur Gästebetreuung an sich haben, als auch welche Kompetenzen sie zur Ermittlung der individuell intensiven Gästebetreuung haben. Damit einher gehen auch berufsspezifische Betrachtungen und Veränderungen, wie z. B. die branchenspezifische Digitalisierung und deren Auswirkungen auf sie selbst, auf die Hotelgäste und den Hotelbetrieb. Das Interesse und die Identifikation der befragten Hotelmitarbeiter an der Gästebetreuung und der individuell intensiven Betreuungsintensität kann aber auch daran gemessen werden, welche Rolle die Gästebindung für das eigene Betreuungsverhalten spielt. Wichtig ist daher, ob individuelle Betreuungsleistungen aktiv von Hotelgästen nachgefragt oder sogar durch Beeinflussung der Hotelmitarbeiter als Multiplikatoren der Unternehmensleitbilder eingefordert werden. Erkennbar kann die Bedeutung der Betreuungsintensität weiterhin daran werden, dass Hotelmitarbeiter sich nicht darauf beschränken, ihre Betreuungskompetenzen lediglich für ihre eigenen Bewertungen heranzuziehen, sondern sie ihre Betrachtungen zum unternehmerischen Zweck der Gästebindung und damit der hotelspezifischen Beziehungsqualität thematisieren. Wissenswert ist in diesem Zusammenhang, inwieweit Fach- bzw. Erfahrungswissen in Bezug auf die Fähigkeit, die individuelle Betreuungsintensität von Hotelgästen zu ermitteln, relevant eingesetzt wird und inwieweit dieses nachhaltig für andere Hotelmitarbeiter und/oder den Hotelbetrieb nutzbar zur Verfügung gestellt wird. Integrieren Hotelmitarbeiter ihr exklusives Erfahrungswissen in der Betreuung von Hotelgästen nicht in das betriebliche Wissen, kann auf die Treiber von Gästebindung geschlossen werden, da diese dann als personifiziert zu bezeichnen ist. So ist schließlich damit auch in Erfahrung zu bringen, ob sich Hotelmitarbeiter ihrer gästebindenden Rolle bewusst sind. Interessant ist dabei, ob sie ihre Rolle als hilfreich für eine glaubwürdige persönliche Gästebetreuung mit individuell intensivem Charakter sehen und Befriedigung bei dieser komplexen und gästezentrierten Thematik empfinden. Abschließend sollen auch die bereitgestellten betrieblichen Ressourcen zur Erbringung der Gästebetreuung und der Ermöglichung der Betreuungsintensität aufgegriffen werden, indem über den Arbeitsanfall, möglicherweise die personelle Ausstattung als auch verpflichtend zu erfüllende betriebliche Standards Einblicke in den benötigten bzw. zeitliche Bedarf von Hotelmitarbeitern sichtbar werden können.

5 Empirische Untersuchung der Gästebetreuungsintensität am Beispiel der Gästebetreuung

Abhängig von der eigentlichen Forschungsfrage können unterschiedliche Methoden zur Auswertung herangezogen werden. Im Allgemeinen wird in diesem Zusammenhang zwischen qualitativen und quantitativen Verfahren unterschieden. Im folgenden Abschnitt sollen deshalb angemessen Unterschiede und Gemeinsamkeiten beider Formen erläutert, ihre Herangehensweisen zur Datenerhebung und -auswertung sowie Vor- und Nachteile diskutiert werden.

5.1 Qualitative Methoden

Qualitative Erhebungen ermöglichen es, subjektive Erfahrungen bis zu einem gewissen und themenzentrierten Grad zu erforschen (Wichmann, 2019). Anders als quantitative Forschungsprojekte zielen qualitative Methoden nicht auf große Fallzahlen und statistische Repräsentativität ab. Im Fokus steht hier vielmehr das individuelle menschliche Subjekt. Qualitative Methoden eröffnen daher die Möglichkeit, Aspekte des zu untersuchenden Themas aus der Sicht bzw. Lebens- und Arbeitswelt der Befragten zu beleuchten, was ein umfassendes Verständnis der Bedeutung aufgedeckter Informationen nach sich ziehen kann (Kirchmair, 2022).

Eine Möglichkeit, qualitative Forschung durchzuführen, ist die Verwendung von Leitfaden- oder narrativen Interviews mit Laien oder Experten, Gruppendiskussionen, Feldbeobachtungen oder Inhaltsanalysen (Froschauer & Lueger, 2003). Diese Methoden basieren in der Regel auf aufmerksamen Beobachtungen,

Ergänzende Information Die elektronische Version dieses Kapitels enthält Zusatzmaterial, auf das über folgenden Link zugegriffen werden kann https://doi.org/10.1007/978-3-658-46380-9_5.

H.-P. Sattler, *Die Bedeutung der Betreuungsintensität für die persönliche Dienstleistung*, https://doi.org/10.1007/978-3-658-46380-9_5

Wahrnehmungen und/oder Gesprächen und berücksichtigen oft beide Aspekte. Werden Interviews durchgeführt, werden daher nicht nur die Worte der Befragten, sondern auch deren Ausdrucksweise, Mimik und Gestik analysiert und interpretiert. Die Auswertung qualitativer Daten ist folglich stark interpretativ und durch subjektive Erfahrungen sowie die Einstellung und das situative Empfinden der forschenden Person geprägt (Flick, 2006).

5.1.1 Vor- und Nachteile qualitativer Forschung

Die am häufigsten geäußerte Kritiken an qualitativen Methoden zielen zumeist auf ihre vermeintliche Subjektivität ab und die nicht mögliche Messbarkeit. Andere Forscher bemängeln eher fehlende theoretische Grundlagen und bedeuten ein Missverhältnis zwischen Aufwand und Ertrag bei einer Stichprobenziehung, die zudem gar nicht repräsentativ ist (Saldern, 1992).

Die Flexibilität ist jedoch der wesentliche Vorteil von qualitativen Verfahren. Im Gegensatz zu einem Fragebogen sind Erhebungsinstrumente wie ein Interviewleitfaden weniger standardisiert und ermöglichen spontane Anpassungen und Ergänzungen durch die forschende Person und damit eine Art von individueller Behandlung der Probanden (Schumann, 2018). Dies ist nahezu einzig auf die persönliche Interaktion zwischen den Akteuren Person zurückzuführen und bietet die Möglichkeit, sowohl Unklarheiten anzusprechen als auch Hintergründe zu erfragen. Insgesamt liefert die Anwendung qualitativer Methoden in der Regel einen atmosphärisch tieferen Informationsgehalt als die Anwendung quantitativer Methoden (Röbken & Wetzel, 2016).

5.1.2 Abgrenzung zu quantitativen Methoden

Insgesamt lässt sich argumentieren, dass die Ziele qualitativer Forschung darin bestehen, ein möglichst umfassendes Bild einer sozialen Realität und der damit verbundenen Prozesse, Strukturen und Muster zu zeichnen (Flick, 2006). Im Gegensatz zu quantitativen Analyserahmen geht es vielmehr darum, aus einer persönlichen Perspektive Einblicke in etwas Unbekanntes zu gewähren und es so aufzubereiten, dass damit anderen ermöglicht wird, sich den entsprechenden Forschungsfragen zu nähern, sie zu verstehen, sich einzufühlen und weitere Zugänge zu finden (Röbken & Wetzel, 2016).

Zusammenfassend beschreiben Angela Wichmann sowie Uwe Keller und Christian Erzberger den Unterschied zwischen quantitativen und qualitativen

Methoden wie folgt: Quantitative Daten beinhalten Informationen über Quantitäten, also Zahlen, während qualitative Daten rein deskriptiv sind und sich auf spezifische Phänomene beziehen, die beobachtet, aber nicht gemessen werden können, wie beispielsweise Sprache (Kelle & Erzberger, 2019; Wichmann, 2019). Qualitative Forschungsmethoden untersuchen dabei Themen und Fragestellungen von innen heraus, indem sie die Perspektive der Untersuchungspopulation nutzen. Ein qualitativer Analyserahmen ist explorativ, wodurch keine Forschungshypothesen getestet werden. Stattdessen erfolgen die Theorie- und die Hypothesenbildung schrittweise und induktiv, basierend auf dem generierten Material. Im Gegensatz dazu werden in quantitativen Verfahren bereits bestehende Theorien geprüft, was als deduktives Vorgehen beschrieben werden kann (Popper, 1989).

5.2 Quantitative Methoden

In quantitativen Forschungsprojekten ist das Ziel, die soziale Realität durch den Einsatz numerischer oder statistischer Methoden zu messen, zu beschreiben und vorherzusagen. Daten werden theoriegeleitet erhoben, was bedeutet, dass Forschungshypothesen auf der Grundlage bereits vorhandener Erkenntnisse angenommen oder abgelehnt werden, indem statistische Datenanalyseverfahren angewendet werden (Popper, 1989). So können unter Zuhilfenahme von Umfragen, Experimenten und Korrelationsstudien quantitative Forschungsprojekte durchgeführt werden. Standardisierte Fragebögen und Onlinebefragungen dienen ebenso als Instrumente zur Messung quantitativer Daten, indem relevante Konstrukte durch passende Items operationalisiert werden. Oftmals werden dabei bereits vorhandene Skalen genutzt und gegebenenfalls für eigene Zwecke leicht modifiziert (Wichmann, 2019).

5.2.1 Vor- und Nachteile quantitativer Forschung

Quantitative Analysemethoden zielen darauf ab, komplexe Sachverhalte in standardisierte Konstrukte zu überführen und zielgerichtet zu komprimieren. Die Standardisierung ist dabei jedoch wenig flexibel und erlaubt kein situatives Eingreifen während der Erhebung, was dazu führen kann, dass relevante Informationen verloren gehen können. Ein wichtiger Kritikpunkt gegenüber quantitativer Forschung besteht darin, dass sie als zu realitätsfern, undurchschaubar und abstrakt angesehen wird (Lemmer & Gollwitzer, 2018). Zudem fehlen dem

Forschenden aufgrund der fehlenden direkten Kommunikation mit der Untersuchungspopulation möglicherweise unmittelbare und wichtige Rückmeldungen, die als Vorschläge zur Verbesserung des Erhebungsinstruments dienen könnten. Rein quantitative Verfahren können daher den Eindruck vermitteln, dass ihnen (im Gegensatz zu qualitativen) ein maschinelles bzw. „mechanistisches Welt- und Menschenbild" zugrunde liegt (Röbken & Wetzel, 2016; Saldern, 1992).

Obwohl es Nachteile gibt, sind quantitative Methoden im akademischen Umfeld weitestgehend beliebt. Der Grund dafür ist, dass sie mathematisch exakte und quantifizierbare Ergebnisse liefern können (Röbken & Wetzel, 2016; Wichmann, 2019). Die Möglichkeit, geschlossene Befragungen der Teilnehmenden durchführen zu können, schließt sich daran unmittelbar an. Ein weiterer Vorteil ist, dass empirische Forschungsfragestellungen über einen langen Zeitraum hinweg analysiert werden können, was in einem quantitativen Längsschnittdesign durchaus möglich ist (Raithel, 2008). Ebenso ist die mögliche Berücksichtigung großer Stichprobenumfänge (Fallzahlen) zu benennen. Erhobene quantitative Daten sind im Idealfall valide, objektiv und vergleichbar. Es ist schließlich auch noch erwähnenswert, dass der Zeitaufwand je nach Setting und die Kosten für quantitative Datenerhebungen und -auswertungen überschaubar sind (Röbken & Wetzel, 2016; Wichmann, 2019).

5.2.2 Abgrenzung zu qualitativen Methoden

Quantitative Forschungsmethoden zeichnen sich durch ihren systematischen und objektiven Ansatz aus. Sie basieren auf der Sammlung numerischer Daten, die anschließend quantitativ analysiert werden. Typische quantitative Methoden umfassen Umfragen, Experimente und standardisierte Messungen. Ziel ist es, allgemeine Muster, Beziehungen und Zusammenhänge in einer Population zu identifizieren. Durch den Einsatz großer Stichproben strebt die quantitative Forschung die Repräsentativität an und ermöglicht statistische Inferenzen und Verallgemeinerungen. Die Datenanalyse erfolgt mithilfe statistischer Verfahren wie der deskriptiven Statistik, Korrelations- und Regressionsanalysen sowie Hypothesentests. Diese quantitativen Methoden bieten eine Möglichkeit, objektive Erkenntnisse über große Gruppen von Menschen zu gewinnen.

Im Gegensatz dazu konzentrieren sich qualitative Forschungsmethoden auf eine tiefgehende Untersuchung individueller Erfahrungen, Meinungen und Kontexte. Qualitative Methoden erfassen nicht numerische Daten, darunter Interviews, Beobachtungen, Dokumente und audiovisuelles Material. Der Schwerpunkt liegt darauf, ein umfassendes Verständnis der individuellen Perspektiven und der sozialen Konstruktion von Wirklichkeit zu entwickeln. Statt einer großen, repräsentativen Stichprobe werden in der qualitativen Forschung kleinere, aber gezielt ausgewählte Teilnehmergruppen betrachtet. Durch den Einsatz von Techniken wie der Grounded Theory, der kodierenden Inhaltsanalyse und der qualitativen Datenanalyse werden Muster, Themen und Zusammenhänge in den Daten identifiziert. Die Interpretation und die Reflexion des Forschers spielen eine zentrale Rolle, um subjektive Einflüsse und Vorurteile zu berücksichtigen.

Ein weiterer Unterschied zwischen quantitativen und qualitativen Methoden liegt in ihrem Zugang zur Realität. Quantitative Methoden zielen auf die objektive Erfassung von Phänomenen ab, während qualitative Methoden subjektive Erfahrungen und die Konstruktion von Bedeutungen betonen. Quantitative Forschung ist oft auf messbare und reproduzierbare Ergebnisse ausgerichtet, während qualitative Forschung darauf abzielt, ein tiefgehendes Verständnis eines Phänomens im jeweiligen Kontext zu erlangen.

Es ist wichtig anzumerken, dass sich quantitative und qualitative Methoden nicht ausschließen, sondern ergänzen können. In einigen Studien werden beide Ansätze kombiniert, um ein umfassenderes Bild zu erhalten. Die Wahl der Methode hängt von der Forschungsfrage, dem Untersuchungsziel und der Art des zu untersuchenden Phänomens ab. Sowohl quantitative als auch qualitative Methoden bieten einzigartige Einblicke und tragen zur Weiterentwicklung des wissenschaftlichen Wissens bei.

5.3 Mixed-Methods-Ansatz

Obwohl qualitative und quantitative Methoden grundlegend unterschiedlich sind, nutzen Forschende manchmal beide Ansätze gleichzeitig, sofern es der Forschungsgegenstand zulässt bzw. sich daraus bereichernde Synergien ergeben können. Dies wird zumeist als Mixed-Methods-Forschungsdesign bezeichnet.

Mixed-Methods-Ansätze haben dann Vorteile, wenn damit umfassendere Daten gesammelt werden können und die Perspektiven daraus zu einem besseren Verständnis des untersuchten Phänomens führen können. Durch die Integration verschiedener Methoden können so auch allfällige Stärken gebündelt und Schwächen einzelner Methoden ausgeglichen werden. Ein solcher Mixed-Methods-Ansatz wird in der vorliegenden Arbeit angestrebt und wird deswegen Gegenstand des folgenden Kapitels sein.

5.4 Übersicht über die verwendeten Forschungsmethoden

In den vorangegangenen Kapiteln wurde einerseits die persönliche, individuell intensive Gästebetreuung im Allgemeinen sowie notwendige Kompetenzen und Werkzeuge zur Ermittlung der individuell intensiven Gästebetreuung im Speziellen dargestellt und diskutiert. In den folgenden Studien soll deswegen nun die Gästebetreuung an sich sowie deren Funktion und Bedeutung empirisch untersucht werden, um daraus auf die Bedeutung der Betreuungsintensität für die persönliche Dienstleistung hotelspezifisch schließen zu können. Zur Erfüllung dieses Forschungsinteresses wurden nach einer umfangreichen Literaturanalyse zwei Studien durchgeführt. Hierbei war zu berücksichtigen, dass der Forschungsbereich Gästebetreuung sich bis dato als wenig wissenschaftlich – in Bezug auf das Hotelgewerbe und auf den Fokus Betreuungsleistung – erschlossen hat. So diente die erste Studie mit einem qualitativen Ansatz zur Exploration an sich, um mit einer weitestgehend offenen Herangehens- und Betrachtungsweise einerseits die Einstellung der Befragten zur Gästebetreuung und zur individuellen Betreuung an sich zu erfahren als auch neue, möglicherweise unerwartete Erkenntnisse generieren und somit alle potenziell relevanten Aspekte möglichst ganzheitlich berücksichtigen zu können. Die zweite Studie diente sodann mit ihrem quantitativen Ansatz einerseits zur Konfirmation, um Verhältnismäßigkeiten bzw. Gesetzmäßigkeiten ableiten und andererseits die Perspektive auf eine weitere relevante Befragungsgruppe ausdehnen zu können. Ebenso diente die quantitative Studie zur Validierung des Gästebetreuungsquadranten, der einzelnen Dimensionen als auch der gewählten Perspektiven (Hofte-Fankhauser, 2012) (Tabelle 5.1).

Tabelle 5.1 Struktur des Forschungsvorhabens

	Zielsetzung	Untersuchungs-methode	Auswertungs-verfahren
Vorbereitungsphase	Theoretische Herleitung des Gästebetreuungsmodells und der Bedeutung der Gästebetreuungsintensität	Desk Research	Literaturanalyse
Qualitative Studie	Explorative Untersuchung der Gästebetreuung sowie der Bedeutung der Gästebetreuungsintensität	Persönliche Interviews (N = 11)	Qualitative Inhaltsanalyse mit Kategoriensystem

(Fortsetzung)

Tabelle 5.1 (Fortsetzung)

	Zielsetzung	Untersuchungs-methode	Auswertungs-verfahren
Quantitative Studie	Kausalanalytische Validierung der Gästebetreuung und der Bedeutung der Gästebetreuungsintensität	Schriftliche Befragung (N = 22)	

5.4.1 Methodische Grundlagen der ersten Untersuchung

Zur sukzessiven Beantwortung der Forschungsfrage nach der Bedeutung der persönlichen Betreuungsintensität am Beispiel der individuellen Gästebetreuung kommt zunächst in Abschnitt 5.5 ein überwiegend qualitatives Instrument zum Einsatz, das teilstandardisierte Leitfadeninterview.

5.4.2 Methodische Grundlagen der zweiten Untersuchung

Darauf aufbauend werden in Abschnitt 5.6 die Online-Befragung mittels Fragebogen, die Fragebogenkonstruktion sowie die vollständige Auswertung der Fragestellungen erläutert. Während in den Leitfaden-Interviews Experten in Form von Hotelmitarbeitern befragt wurden, kam in der Online-Befragung die Perspektive der Arbeitgeber in Form von Hotelbesitzern und/oder Hotelbetreibern zum Tragen.

5.4.3 Strategie des verwendeten Mixed-Methods-Ansatzes

Durch die Kombination von teilstandardisiertem Interview mit standardisiertem Fragebogen soll eine gegenseitige Validierung der Methoden in Form einer Methodentriangulation stattfinden (Erzberger, 1998; Kelle & Erzberger, 2019). Absicht dabei ist es, die qualitative und die quantitative Methode weniger als ausschließlich gegensätzlich, sondern vielmehr als ergänzend und zielgeleitet bereichernd zu verstehen (Ecarius & Miethe, 2018), da bei teilstandardisierten Interviews keine generelle Generalisierbarkeit der Aussagen möglich ist (Bortz & Döring, 2002; Misoch, 2019). Durch die Ergänzung der Interviews um die standardisierte Befragung wird sichergestellt, dass die Vorteile der Exploration bei leitfadengebundenen Experteninterviews mit denen der standardisierten Befragung – insbesondere die erwünschte bzw. benötigte Repräsentativität der Ergebnisse – in bestimmter Weise verbunden werden können (Treumann, 2002). Diese Vorgehensweise bietet den Vorteil, dass der Zugang zum Forschungsthema nicht nur offener, sondern vielmehr mehrdimensionaler gestaltet werden kann. So kann der Fragebogen um Aspekte, die im Verlauf der Interviews bzw. im Rahmen der theoretischen Vorüberlegungen nicht bedacht wurden, ergänzt werden (Schnell et al., 2005). Schließlich können die Interviews auch zeigen, dass einzelne Fragen oder deren Formulierung nicht konkret genug und damit wenig zielführend sind. Hieraus wird ersichtlich, dass das gesamte Vorgehen zwar zunächst deduktiv, durch die entwickelten theoriegeleiteten Fragen erscheint, aber zugleich induktiv ist. Letztlich können gewonnene Erkenntnisse aus den Interviews in die Gestaltung des Fragebogens mit einfließen und haben damit komplementären Charakter (Bortz & Döring, 2015).

5.5 Befragung von Hotelmitarbeitern mit leitfadengestützten Experteninterviews

> *„Qualitative, leitfadengestützte Interviews sind eine verbreitete, ausdifferenzierte und methodologisch vergleichsweise gut ausgearbeitete Methode, qualitative Daten zu erzeugen. Leitfadeninterviews gestalten die Führung im Interview über einen vorbereiteten Leitfaden, Experteninterviews sind definiert über die spezielle Auswahl und den Status der Befragten."* (Helfferich, 2014, S. 559)

Leitfadengestützte Experteninterviews sind eine Spezialform des Interviews und können deshalb als spezialisierte halbstandardisierte Interviews mit Fachexperten bezeichnet werden. Diese werden nach für diese Arbeit spezifischen Kriterien ausgewählt, da sich deren Expertentum aus dem Untersuchungskontext der Forschungsfrage ergibt. Die Besonderheit besteht dabei also darin, dass die Interviewten nicht so sehr als Personen mit entsprechender Vita, sondern als Experten einer bestimmten Branche bzw. eines bestimmten Gebietes zu Wort kommen (Meuser & Nagel, 1991). Es wird ihnen somit unterstellt, einen besonderen branchenspezifisch privilegierten Zugang zu erwünschten Informationen zu besitzen (Meuser & Nagel, 1991). Alexander Bogner und Wolfgang Menz billigen Experten deshalb die Funktion als Katalysatoren für Forschungsfragen zu, indem deren Expertise zur Abkürzung aufwendiger Beobachtungsprozesse dient. Damit werden die Experten als „Kristallisationspunkte“ praktischen Insiderwissens betrachtet und stellvertretend für eine Vielzahl zu befragender Akteure interviewt (Bogner & Menz, 2002).

Da in dieser Arbeit die Bedeutung der Betreuungsintensität im Kontext der persönlichen Dienstleistung am Beispiel der Gästebetreuung untersucht wird, sollen hier Hotelmitarbeiter, die Concierges (Chefportiers), als hotelspezifische Betreuungsexperten gelten, da deren Hauptaugenmerk seit Beginn des modernen Tourismus hauptsächlich gästebetreuenden Tätigkeiten gewidmet ist (vgl. Kapitel 2). Für die vorliegenden leitfadengestützten Experteninterviews musste dem Umstand Rechnung getragen werden, dass sowohl Interviewer als auch die Experten aus derselben Branche und dem gleichen Branchensegment stammen. Eine vorgängige Manipulation durch die Verwendung von einführenden Vorgaben in Form von Begrifflichkeiten, Relevanzen bzw. Vorverständnissen war deshalb ausgeschlossen, da davon ausgegangen wurde, dass Fachkompetenz und die Verwendung von branchenspezifischer Fachsprache symmetrisch verlaufen würden.

5.5.1 Grundsätze zur Entwicklung des Fragenkatalogs

Leitfadengestützte Experteninterviews bestehen zumeist aus nicht standardisierten, offenen Fragen. Damit zeichnen sie sich nach Susanne Keuneke durch größtmögliche Offenheit im Gesprächsverlauf aus (Keuneke, 2017). Unter offenen Fragen sind Fragen zu verstehen, für die keine Antwortmöglichkeiten vorgegeben sind (Klammer, 2005b). Von den interviewten Experten wird erwartet, dass sie die Fragen mit eigenen Worten beantworten (Schnell et al., 2011). Darum kommt es nach Cornelia Helfferich besonders darauf an, wie die Textgestaltung ist und mit welchen sprachlichen Symbolen die Textproduktion im Interview initiiert wird (Helfferich, 2014).

Die Vorteile der leitfadengestützten Experteninterviews begründen sich auf den qualitativen Daten, die durch die sehr vielfältigen Antworten kontextual gewonnen werden können. Im Vergleich zu quantitativen Daten können qualitative Informationen deutlich reichhaltigere Erklärungen liefern (Hoffmeyer-Zlotnik, 1992). Dadurch wird der bereits erwähnte, breitere und erwünscht offenere Zugang zum jeweiligen Fachthema möglich (Bogner et al., 2002). Auch die Möglichkeit des Interviewers, die Anordnung der Fragen an den Gesprächsverlauf anzupassen sowie spezifisch nachzufragen, sorgt für Flexibilität und schafft damit die Basis für Offenheit im Interviewprozess (Keuneke, 2017). Zusätzlich trägt der vorbereitete Leitfaden dazu bei, dass der Interviewer sich eingehend mit der Thematik beschäftigt hat, kompetent für ein flexibles und offenes Gespräch ist und nicht den „roten Faden“ verliert (Meuser & Nagel, 1991). Der Leitfaden ist damit eine vorab vereinbarte und systematisch angewandte Vorgabe zur Gestaltung des Interviewablaufs. Er kann sehr unterschiedlich und themenspezifisch angelegt sein, enthält aber immer als typische optionale Elemente wie (Erzähl-) Aufforderungen, explizit vorformulierte Fragen, Stichworte für frei formulierbare Fragen und/oder Vereinbarungen für die Handhabung von dialogischer Interaktion für bestimmte Phasen des Interviews (Helfferich, 2014; Mayer, 2002). Der Leitfaden begründet sich dabei auf der bewussten methodologischen Entscheidung, eine maximale Offenheit (die alle Möglichkeiten der Äußerungen zulässt) aus Gründen des Forschungsinteresses oder der Forschungspragmatik ergebnisorientiert und strukturiert einzuschränken. Die Erstellung eines Leitfadens folgt dabei dem Prinzip „So offen wie möglich, so strukturierend wie nötig“. Andernfalls besteht die Gefahr, dass beim Interviewten Ungeduld oder Langeweile aufkommt, wenn für ihn elementare Sachverhalte erläutert werden (Klammer, 2005). Ebenso könnte der Interviewer sogar als schlecht vorbereitet wahrgenommen werden. Durch den breiteren und offeneren Zugang eignen sich leitfadengestützte Experteninterviews schließlich gut zur Ergänzung quantitativer Instrumente, hier des in der zweiten Untersuchung verwendeten standardisierten Fragebogens (Schnell et al., 2005, S. 387). Daher gehen die leitfadengestützten Experteninterviews als Möglichkeit zur Beschaffung qualitativer Daten in dieser Arbeit der quantitativen Forschung in Form einer Onlinebefragung mittels Fragebogen voraus.

Allerdings bringen leitfadengestützte Experteninterviews – wie nahezu jedes Instrument der empirischen Sozialforschung – auch kontextuale Nachteile mit sich. Besondere Schwierigkeiten verursachen verschiedene verzerrende Einflüsse, denen das Interview ausgesetzt ist (Reinecke, 1991). Einerseits spielt die Person des Interviewers eine Rolle. So können behaviorale oder modische Irritationen den Interviewten in seinen Antworten beeinflussen. Insbesondere wenn bestimmte Standpunkte des Interviewers für den Befragten bekannt sind bzw. erkennbar werden, ist mit Verzerrungen zu rechnen (Klammer, 2005). Andererseits kann auch das situative Verhalten des Interviewten zu Verzerrungen führen. Da leitfadengestützte (Experten)Interviews von verschiedenen Autoren als soziale Prozesse mit interessengeleitetem Handeln spezifiziert werden (Atteslander, 2010; Atteslander & Kneubühler, 1975), muss insbesondere das potenzielle Antwortverhalten als „instrumental response“ (Atkinson, 1974), repräsentiert durch Motive, Werte und Erwartungen, hervorgehoben werden (Bower, 1973). Grundsätzlich neigen Interviewpartner dazu, bei ihren Antworten unterschiedliche Sinnkonstruktionen vorzunehmen. So beurteilen sie nach Hartmut Esser zunächst die Situation in Form ihrer eigenen Wahrnehmung im Kontext von Relevanz (Welche Bedeutung hat das Interview für mich?), Transparenz (Wie ist das Interview gestaltet und welchen Aufwand habe ich bzw. welches Nutzen?) und Isolation (Es entstehen keine externen Konsequenzen aus dem Interview für mich?) und wählen sodann aus einer Anzahl von wahrnehmbaren Reaktionsmöglichkeiten diejenige aus, von der am ehesten ein relativ hohes Nettonutzen für sie selbst abzuleiten ist (Esser, 1984). Interviewpartner verfolgen somit klare (eigene) Ziele mit einem bestimmten erwünschten eigenen Nutzen. Dabei werden oft auch subjektive Erwartungen an den Verlauf und das Ergebnis des Interviews bzw. die Reaktion des Interviewers (z. B. in Form von Lob und Anerkennung bzw. Solidarität) eingeschlossen. Der zu Interviewende antwortet demnach so, dass Antworten nicht nur sozial erwünscht, sondern auch branchenkulturell ausgewogen erscheinen und er dafür Anerkennung erhält. Darunter kann jedoch der Wahrheitsgehalt der Antworten leiden (Reinecke, 1992). Im Kontext des Hotelgewerbes erscheint diese Problematik relevant, da das Branchenimage häufig kritisch diskutiert wird und dazu führen kann, dass der Interviewpartner aufgrund der internalisierten Rollenerwartung sein Interesse am Forschungsthema größer darstellt, als es für ihn explizit relevant ist.

Ebenso ist die Einhaltung der für die Analyse von Interviews nötigen Neutralität vergleichsweise anspruchsvoll und oft schwer zu garantieren. Der hohe Anspruch ergibt sich dabei aus der Relativität der Textinterpretationen. Nachdem diese nicht zwangsläufig eindeutig sein können, sind unterschiedliche, sich teilweise widersprechende Deutungen bzw. entsprechend tendenziöse Interpretationen möglich (Mayer, 2002).

5.5.2 Fragengestaltung für den Interviewleitfaden

Damit Leitfaden-Interviewdaten erhoben werden können, sind vielfältige Vorbereitungen und Dispositionen zu treffen. So muss der Interviewer beispielsweise forschungsethischen Fragestellungen reflektieren[1], die es im Zuge einer Interviewforschung zu beantworten gilt. Des Weiteren müssen je nach Forschungsfragestellung und zu befragendem Personen- bzw. Expertenkreis

[1] Mit der Durchführung von Experteninterviews als einer besonderen Form der Befragung sind nach Jürgen Friedrichs auch ethische Aspekte tangiert: der ethische Umgang mit Probanden (hier Interviewpartner), der Umgang mit anderen Forscherinnen und Forschern und die Auswirkungen auf die Gesellschaft bzw. gesellschaftliche Gruppen. Im Kontext der hier betrachteten Interviewforschung ist insbesondere der erste und der zuletzt genannte Bereich prominent betroffen (Friedrichs, 2019).

Leitfäden konstruiert, Interviewpartner gewonnen, Interviewtermine sondiert und durchgeführt werden.

Die Fragengestaltung für den Leitfaden dieser Arbeit war mangels Erfahrung ein komplexes und ausführliches Unterfangen und orientierte sich deshalb hauptsächlich am S^2PS^2-Verfahren von Jan Kruse, der auf Basis der Untersuchungen von Cornelia Helfferich die einzelnen Schritte zur qualitativen Interviewforschung weiterentwickelt hat (Helfferich, 2014) und „Sammeln, Sortieren, Prüfen, Streichen und Subsumieren" von Fragen und Ideen vorschlägt (Kruse, 2015). In die Entwicklung flossen hauptsächlich die Erkenntnisse aus der Fachliteratur als auch eigene berufliche Erfahrungen mit ein. Nach stilistischen und sprachlichen Vereinfachungen wurde ein Probeinterview gemacht, um die spätere Funktionalität im Feld zu prüfen (Schnell et al., 2005).

Um möglichst alle erwünschten Informationen zu erhalten, wurden Leitfragen formuliert und darauf geachtet, dass diese in den kulturellen und sprachlichen Kontext der Experten passten (Helfferich, 2014). Die Fragenkomplexe orientierten sich an der Forschungsfrage und befassten sich mit den folgenden drei Hauptthemenkomplexen.

1. Erfahrungen zum beruflichen Alltag
2. Digitalisierung
3. Betreuung und Betreuungsintensität

In den ersten Experteninterviews zeigte sich, dass der Themenkomplex Digitalisierung sowohl in den Haupthemen-Komplex „Erfahrungen zum beruflichen Alltag" als auch in „Betreuung und Betreuungsintensität" zu integrieren war, was nicht zuletzt auf die Einlassungen der Experten zurückzuführen war. Zwar sollen in einem Leitfaden die Leitfragen grundsätzlich in eine Reihenfolge gebracht und ausgeführt werden, was jedoch nach Christel Hopf nicht bedeutet, dass die festgelegte Reihenfolge im Interviewgeschehen auch strikt eingehalten werden muss. Hopf verweist dafür auf die permanent spontane Operationalisierung durch den Interviewer und adressiert an dessen Fähigkeit, aufmerksam dem Interviewgeschehen zu folgen. Er muss dafür auch über kommunikative Kompetenzen und eine gewisse Eloquenz verfügen sowie die Fähigkeit besitzen, Ruhe, Wärme und Offenheit auch für Improvisation auszustrahlen (Hopf, 1978). Die Reihenfolge der Interviewfragen wurde somit bei Bedarf an den situativen Gesprächsverlauf bzw. Gesprächspartner angepasst (Klammer, 2005).

Die einzelnen Themenkomplexe enthalten Fragen, die sich in sogenannte notwendige Schlüssel- und in Bedarfs- bzw. Eventualfragen gliedern lassen

(Keuneke, 2017). Während die essenziellen Schlüsselfragen jedem Interviewpartner gestellt wurden, um eine gewisse Vergleichbarkeit zwischen den einzelnen Gesprächen herstellen zu können (Schnell et al., 2005) wurden Bedarfs- und Eventualfragen dagegen abhängig von der Gesprächsentwicklung, das heißt beispielsweise bei Unklarheiten, Missverständnissen oder zusätzlichem Konkretisierungsbedarf eingesetzt. Zusätzlich zu den Bedarfs- und Eventualfragen nutzte der Interviewer auch Trichter- und Filterfragen, um situativ spezifischer nachhaken zu können (Brosius et al., 2009). Dabei können sich bislang nicht aufgenommene Ansatzpunkte bzw. unscharf konturierte Aspekte zusätzlich herauskristallisieren.

Die entwickelten Fragenkomplexe, für deren Entwicklung die forschungsleitende Frage als Orientierungsrahmen diente, ermöglichten es, die Hauptforschungsfrage sodann in detaillierteren Teilforschungsfragen zu zergliedern, um die Bedeutung der Betreuungsintensität für die persönliche Dienstleistung über die explizite Tätigkeit der persönlichen Gästebetreuung bestätigen oder widerlegen und Aktionsfelder aufzeigen zu können (Schnell et al., 2005).

5.5.3 Differenzierung der Forschungsfrage

Die Erarbeitung eines Interviewleitfadens hat im Vorgehen gängigen Kriterien wissenschaftlichen Arbeitens zu entsprechen (Beller, 2016; Eberhard, 1999). Basierend auf der zu untersuchenden Forschungsfrage wurde eine Differenzierung der Forschungsfrage erarbeitet, welche dann wiederum aus der wissenschaftlichen Sprache in eine alltägliche bzw. branchenspezifische Sprache übersetzt wurde und sich in den Interviewfragen (vgl. Anhang A, elektronisches Zusatzmaterial) niederschlägt. Aufgrund der Umfänglichkeit der Thematik sowie aufgrund der Komplexität wurde die eigentliche Forschungsfrage nach der Bedeutung der Betreuungsintensität in Teilforschungsfragen differenziert, mit denen die eigentliche Forschungsfrage möglichst ganzheitlich erfasst werden sollen. Die einzelnen Annahmen lassen sich direkt auf die angegebene Literatur und die daraus erarbeiteten Erkenntnisse und Anliegen zurückführen, die bereits in den vorherigen Kapiteln vorgestellt wurden:

F1: **Hotelmitarbeiter sind in ihrer Abteilung mit Betreuungsaufgaben befasst.**

- **F1.1:** Die Betreuungsaufgaben sind abwechslungsreich.
- **F1.2:** Die Betreuungsaufgaben sind individuell und damit gästezentriert.

	F1.3:	Zur Erfüllung von Betreuungsaufgaben werden spezifische Kompetenzen benötigt.
	F1.4:	Hotelmitarbeiter identifizieren sich mit ihren Betreuungsaufgaben.
	F1.5	Die Betreuungsaufgaben sind geprägt von Emotions- und Gefühlsarbeit.
	F1.6:	Hotelmitarbeiter sind motiviert Hotelgäste persönlich, individuell intensiv zu betreuen.
F2:		**Hotelgäste möchten persönlich betreut werden.**
	F2.1:	Hotelgästebedürfnisse sind individuell.
	F2.2:	Hotelgästebedürfnisse sind individuell intensiv.
	F2.3:	Hotelgäste äußern ihre Bedürfnisse anlassbedingt mehr oder weniger klar.
	F2.4:	Hotelgäste äußern ihre Bedürfnisse mehr oder weniger emotional.
	F2.5	Die Intensität der Hotelgästebedürfnisse ist abhängig von deren Persönlichkeit.
	F2.6	Die Intensität der Hotelgästebedürfnisse ist abhängig von deren Anlass.
	F2.7	Die Intensität der Hotelgästebedürfnisse ist abhängig von deren Aufenthaltsdauer.
	F2.8:	Hotelgäste erwarten die vollumfängliche Erfüllung ihrer Bedürfnisse.
	F.2.9:	Die Digitalisierung unterstützt die vollumfängliche Erfüllung der Hotelgästebedürfnisse.
	F2.10:	Die persönliche, individuell intensive Gästebetreuung hat bindende Wirkung.
F3:		**Die Ermittlung der individuellen Betreuungsintensität gehört zu den spezifischen Fachkompetenzen.**
	F3.1:	Die Ermittlung der individuellen Betreuungsintensität basiert hauptsächlich auf Erfahrungswissen.
	H3.2	Hotelmitarbeiter fühlen sich kompetent in der Ermittlung der individuellen Betreuungsintensität von Hotelgästen.
	H3.2:	Die Ermittlung der individuellen Betreuungsintensität wird von Hotelgästen explizit erwartet.
	H3.3:	Die Ermittlung der individuellen Betreuungsintensität ist aufgrund verschiedener Umweltfaktoren schwierig.

F4:		**Die Bedeutung der individuellen Betreuungsintensität**
	F4.1	Die Intensität der Hotelgästebedürfnisse ist abhängig von deren Anlass.
	F.4.2	Die Intensität der Hotelgästebedürfnisse ist abhängig von deren Emotionen.
	F4.3	Die Intensität der Hotelgästebedürfnisse ist abhängig von deren Aufenthaltsdauer.
	F4.4:	Hotelgäste erwarten von Hotelmitarbeiter erkannt und individuell intensiv betreut zu werden.
	F4.5:	Hotelmitarbeiter kennen Parameter zur Ermittlung der individuellen Betreuungsintensität.
	F4.6:	Hotelmitarbeiter stehen innovativen Hilfsmitteln zur Ermittlung und Dokumentation zur Ermittlung der individuellen Betreuungsintensität offen gegenüber.

Bei der Erstellung der Teilforschungsfragen wurden immer die Limitationen von qualitativer Forschung abgewogen, die in der fehlenden Möglichkeit der Verifizierung oder Falsifizierung dieser zu sehen ist, während das Aufstellen eben solcher Teilforschungsfragen auch eine explizite Stärke sein kann. Durch die Offenheit, Dynamik und Reflexivität qualitativer Forschung kommt sodann der Stichprobenkonstruktion eine große Bedeutung zu. Ziel ist es, aus der Stichprobe Schlüsse auf die Grundgesamtheit schließen zu können (Misoch, 2015). Die Verallgemeinerung von Ergebnissen durch die Analyse von Teilmengen und die Rückschlüsse auf die Grundgesamtheit wird allgemeinhin als Repräsentationsschluss bezeichnet. Hierzu muss die Stichprobe so gewählt werden, dass sie repräsentativ für die Grundgesamtheit ist. Die einzelnen Ausprägungsmerkmale der Grundgesamtheit müssen sich also im Sampling wiederfinden (Jacob et al., 2019). Darum wird diese nachfolgend dargestellt.

5.5.4 Auswahl der Experten – Samplingbeschreibung

Leitfadengestützte Experteninterviews können keine vollumfängliche Repräsentativität im eng zu betrachtenden statistischen Sinn erzeugen. Vielmehr handelt es sich bei Interviews um eine sogenannte inhaltliche bzw. kontextuale Repräsentativität, die unter der Voraussetzung und Auffassung entsteht, dass die interviewten Experten nicht als Einzelfall, sondern sich als Repräsentanten und Benchmark einer (branchenspezifischen) Gruppe darstellen (Lippe & Kladroba, 2002). Dazu ist eine absichtsvolle und begründete Bildung der Stichprobe notwendig, womit bzw. als was die tatsächlich interviewten Personen zu verstehen sind. Dieses Vorgehen kann nach Helmut Kromrey als bewusste und branchenspezifisch relevante Auswahl typischer und expliziter Fälle bezeichnet werden (Kromrey, 2002). Entscheidend sind die Kriterien insbesondere Fachkompetenzen und Branchenrelevanz, wegen derer eine Person als typischer Experte zu verstehen ist (Schnell et al., 2005). Darum müssen die Interviewten bestimmte Merkmale und Kompetenzen erfüllen können, insofern sie in ihrer Expertenrolle Funktionsträger innerhalb ihres organisatorischen, funktionalen oder branchenspezifischen Kontexts sind. Die Wahl der Experten erfolgt daher absichtlich im kontextualen Zusammenhang mit der Forschungsfrage (Kromrey, 2002). Für die Wahl der Experten empfehlen Michale Meuser und Ulrike Nagel, nicht zwangsläufig Mitglieder aus der obersten Organisationsebene zu bevorzugen, sondern vielmehr untergeordneten Ebenen zu berücksichtigen, da diese oftmals detaillierte Wissen und direkte operative Erfahrungen vorweisen können (Meuser & Nagel, 1991). Die Stichprobe setzt sich bei der ersten Untersuchung ($N1 = 11$) aus im Hotelgewerbe tätigen und betreuungsspezialisierten Hotelmitarbeitern, den Concierges (Chefportiers) zusammen. Es handelte sich darum bei den Befragten ausschließlich um ausgebildete Hotelfach- bzw. Hotelkaufleute bzw. um deren vorgängige Berufsbilder[2] und spezialisierte Fachkräfte unterschiedlichen Reifegrades in fester oder selbständiger Stellung des Berufsbildes. Ebenso werden ehemaliger Funktionsträger berücksichtigt, die entweder pensioniert oder innerhalb der Organisation aufgestiegen sind, da der retrospektive Blick auf die ehemalige Funktion ebenso wertvolle Erkenntnisse liefern kann. Die Funktion des Concierge bzw. Chefportiers ist heute in Hotels der gehobenen Klasse dem Empfangspersonal zugeordnet und je nach Hotelkonzept und -organisation nahezu ausschließlich mit gästebetreuenden Aufgaben beschäftigt. Elf Concierges (Chefportiers) nahmen an der Interviewreihe freiwillig teil, wovon 99 % aus der Sektion Bayern und 1 % aus der Sektion Berlin stammten[3]. Damit konnten ca. 10 % von ca. 110 aktiven deutschen Vereinsmitgliedern (Die goldenen Schlüssel Deutschland e. V., 2022) erreicht werden. Durch den branchenüblichen Stellenwechsel zum Erfahrungserwerb der meisten Interviewteilnehmer (Lehr- und Wanderjahre) kann die Stichprobe trotz gebietsspezifischer Konzentration der Interviewpartner

---

[2] Bis 1980 Hotel- und Gaststättengehilfe bzw. bis 1998 Kaufmannsgehilfe (BIBB, 2023).

[3] Die Sektion Bayern ist mit aktuell ca. 26 aktiven Mitgliedern nach Berlin-Brandenburg die zweitstärkste Sektion (ca. aktive 32 Mitglieder) (Die goldenen Schlüssel Deutschland e. V., 2022).

als repräsentativ betrachtet werden[4]. Zusätzlich muss darauf verwiesen werden, dass die berufliche rollenspezifische Genderprägung in der Concierge-Funktion hauptsächlich maskulin ist und Frauen in diesem beruflichen Spezialisierungsfeld unterrepräsentiert sind. So sind aktuell (Stand April 2023) ca. 12,7 % (N = 14) aller Vereinsmitglieder der Goldenen Schlüssel e. V. Frauen (Die goldenen Schlüssel Deutschland e. V., 2022). Für die Stichprobe konnten zwei repräsentative weiblicher Funktionsträger gewonnen werden (Tabelle 5.2).

Tabelle 5.2 Häufigkeitsverteilung der soziodemografischen Variablen. (Eigene Datenreihen)

Variablen (N = 11)		Häufigkeit	Prozentwert
Geschlecht	Weiblich	2	$18,\overline{18}$ %
	Männlich	9	$81,\overline{81}$ %
Berufliche Herkunft	Bayern	10	$90,\overline{90}$ %
	Berlin	1	$9,\overline{09}$ %
Beschäftigungsverhältnis	Vollzeit	11	100 %
	Teilzeit	–	0,00 %
	Selbstständig	2	$18,\overline{18}$ %
	Angestellt	9	$81,\overline{81}$ %
Angabe in Jahren	Minimum	Maximum	Mittelwert
Alter	25 Jahre	81 Jahre	40 Jahre
Berufserfahrung	2 Jahre	19 Jahre	$9,\overline{18}$ Jahre

In der Gruppe Junior Concierge wird Claus Banczyk aus dem The Charles Hotel Rocco Forte befragt[5]. Seine Expertenrolle begründet sich mit der Entscheidung, sich direkt nach der Ausbildung zum (Junior) Concierge zu spezialisieren. Aus demselben Hotel kommt Anne Siemeister, die als erste befragte Frau in diesem Hotel die übergeordnete Position des Concierge innehat[6]. Rocco Forte Hotels bezeichnet eine inhabergeführte Hotelgruppe mit zwei Standorten in Deutschland (Berlin, München) (Rocco Forte Hotels, n. d.). Ergänzt wird diese Gruppe durch Martin Wright aus dem Le Méridien Hotel Munich[7] sowie Georg Kaesler aus dem

[4] Als auffällig und branchenrepräsentativ problematisch ist einzig die hohe Konzentration der Interviewpartner im gehobenen Branchensegment zu bezeichnen.

[5] Herr Banczyk hat sich 2022 als Concierge selbstständig gemacht (CB Travel Service).

[6] Frau Siemeister hat mit der Corona-Pandemie die Branche verlassen.

[7] Martin Wright hat mit der Corona-Pandemie die Branche verlassen.

Hotel Bayerischer Hof. Während der Bayerische Hof wiederum als inhabergeführtes Haus weltbekannt ist (Bayerischer Hof, n. d.), repräsentiert das Le Méridien den Typus internationale Hotelkette der Vier- und Fünf-Sterne-Kategorie als Teil des Markenportfolios von Marriott International (Le Méridien Hotels & Resorts, n. d.).

Die berufsspezifische Leitungsfunktion des Head bzw. Chief Concierge wird durch Jochen Ehmann abgebildet, ebenfalls aus dem The Charles Hotel Rocco Forte, und durch Thomas Munko aus dem The Ritz Carlton Hotel Berlin ergänzt. Als gewählter Präsident der Berufsvereinigung „Die goldenen Schlüssel Deutschland e. V." steht Letzterer nicht nur für die amerikanische Luxushotelkette Ritz Carlton als Teil des Markenportfolios von Marriott International (The Ritz-Carlton, n. d.), sondern repräsentiert explizit durch seine präsidiale Funktion die berufsspezifischen Werte, Haltungen und Einsichten seines Vereins (Die goldenen Schlüssel Deutschland e. V., n. d.).

Mit retrospektiven Aspekten bereichern Eike Gethmann, Hotelmanager aus dem Flushing Meadows Hotel Munich[8] und Wolfgang Skuballa, Hotelmanager aus dem Living Hotel „Das Viktualienmarkt". Beide haben vor ihrer Beförderung einige Jahre national und international als Concierges für Kempinski Hotels S.A. gearbeitet, eine europäische Hotelgruppe, die besonderen Wert auf individuelle Gästebetreuung legt, indem sie 2010 mit den „Ladies und Gentlemen in Red" eine gästebetreuende Zusatzfunktion einführten (Kempinski, n. d.). Aufgrund der historischen Bedeutung der Concierge für die Gästebetreuung wurde diese relativ junge Zusatzfunktion für die Interviewreihe nicht berücksichtigt, in der Annahme von Substituierbarkeit im Tätigkeitsprofil. Abgerundet werden die retrospektiven Betrachtungen von Heinz Hutterer, der als im Ruhestand sich befindlicher Concierge nicht nur das Merkmal des Senioritätsprinzips erfüllt, sondern dazu auch mit 14 Dienstjahren im Hotel Bayerischer Hof München zu den langjährigen Experten mit entsprechendem Erfahrungswissen gehört. Eine noch längere Berufsbildzugehörigkeit erfüllt mit 19 Dienstjahren Lars Seesemann, der sich ebenso direkt nach der Ausbildung zum Concierge spezialisierte, sich nach einigen Jahren in dieser Funktion in gehobenen Hotels (Bühlerhöhe Baden-Baden; Westin Grand München, Vier Jahreszeiten München) mit einem Concierge-Service selbstständig gemacht hat und Concierge-Dienst- sowie Serviceleistungen privatwirtschaftlich bzw. als outgesourcte Funktion anbietet. In gleicher Weise trifft dies auf Heidi Velz zu, die sich ebenso nach einigen Jahren

[8] Herr Gethmann wechselte kurz nach den Interviews das Unternehmen und ist seitdem General Manager des Hotels Fährhaus Koblenz (FÄHRHAUS Hotel Koblenz, 2023).

in der gehobenen Hotellerie (The Charles Hotel Rocco Forte) und als erste weibliche Concierge Süddeutschlands (Exklusiv-München, 2021) ebenso mit einem Concierge-Service selbstständig gemacht hat (Exklusiv-München, 2021; MINGA VIP, 2021). In ihrer selbstständigen Funktion knüpfen die beiden letzten Interviewpartner an die historische Tradition der Concierges an, indem in vielen Hotels deren Arbeitsbereich ursprünglich outgesourct war bzw. an die Funktionsträger verpachtet wurde, wie Habbo Knoch betont:

> *„Portiers mussten sich zwar ihre Posten lange Zeit kaufen oder pachten, konnten aber durch Trinkgelder vor allem für besondere Aufgaben wohlhabend werden: Sie gaben Informationen an Gäste weiter, ohne dass deren Mitreisende davon erfuhren, erteilten Auskünfte über Hotelbewohner an Verkäufer, die ihre Waren anbieten wollten, verteidigten die Privatsphäre eines Gastes, indem sie nur die gewünschten Kontakte zuließen, oder blieben diskret, (…).“* (Knoch, 2016, S. 199–200)

Um die zugesicherte Anonymität zu wahren, werden Zitate der Concierges im Folgenden mit den Abkürzungen I1–I11 (Concierge) belegt, wobei die Zuordnung der Abkürzungen zu den Experten zufällig ist. Die Reihenfolge I1–I11 entspricht also nicht der Abfolge, in der die Experten hier vorgestellt wurden. Wird eine Aussage von allen Experten geteilt, ist dies trotz der anonymen Abkürzungen auf alle zurückzuführen, sodass für entsprechende Passagen eine mündliche Freigabe eingeholt wurde. Die nachfolgende Auswertung der Experteninterviews zielt darauf ab, das von mehreren Interviewten geteilte Überindividuell-Gemeinsame der verschiedenen Gespräche und somit inhaltlich Repräsentatives darzustellen und zu einem kontextualen Verständnis zu verdichten. Dazu werden Antworten der Experten vor deren organisatorischem oder branchenspezifischem Hintergrund gesehen, da der vergleichbare organisatorisch-funktionale Kontext aller Experten die Vergleichbarkeit der Interviews sichert (Bogner, 2014).

5.5.5 Durchführung der Interviewreihe

Die Ansprache und Rekrutierung der Interviewpartner erfolgte mittels einer Vorstellung des Forschungsvorhabens anlässlich einer Delegiertenversammlung des Berufsvereins „Die Goldenen Schlüssel Deutschland e. V.“ in München sowie mittels persönlicher Ansprachen im eigenen Umfeld (ehemalige Schüler des Verfassers dieser Arbeit). Die Interviewteilnahme erfolgte auf freiwilliger Basis zeitversetzt. Für die Datengewinnung wurde ein Leitfaden-Interview mit den Schwerpunkten Beruf, Digitalisierung sowie Gästebetreuung und Betreuungsintensität konzipiert. Den Interviewpartnern war vorab lediglich das Anliegen der Interviewreihe bekannt, die inhaltlichen Schwerpunkte jedoch nicht. Diesbezügliche Einlassungen sollten nach Auffassung des Autors dieser Arbeit spontan und damit möglichst authentisch erfolgen. Zur Absicherung wurde von allen Interviewteilnehmern ordnungsgemäß eine Vertraulichkeitsvereinbarung und Einwilligungserklärung eingeholt.

Experteninterviews können auf verschiedene Weise gestaltet werden. Einerseits als Face-to-Face, in einer zugewandten, bequemen und förderlichen Position sitzend, per Telefon, per E-Mail oder als digitale Videokonferenzvariante (Rothstein et al., 2022). Im Rahmen des Forschungsprojektes wurden vorrangig Face-to-Face-Interviews geplant und auch tatsächlich als solche durchgeführt. Die Vorteile von persönlichen Face-to-Face-Interviews, die bereits thematisiert wurden, begründen diese Strategie.

Für die digitale Erhebung der Sprachdaten aus den Face-to-Face wurde ein handelsübliches Diktiergerät mit Zeitmessfunktion verwendet. Für die einzelnen Experteninterviews war eine Interviewdauer von rund 60 Minuten vorgesehen. Aufgrund von Erfahrungswerten des Interviewers mit leitfadengestützten Interviews aus vorangegangenen Studien wurden pro Interview maximal 90 Minuten anberaumt, um einerseits einen gewissen Puffer zu haben und andererseits die Interviews nicht künstlich zu verwässern. Die Durchführung der Interviews im Rahmen der Forschungsfrage bis auf eine Ausnahme (Berlin) immer in München, im selben Raum und demselben Setting statt. Dies erleichterte die Generalisierung expliziter Regeln für die Interviewführung erheblich (Gläser & Laudel, 2010).

Um den Einstieg in das Experteninterview zu erleichtern, begann der Interviewer dieser Arbeit mit einer leicht zu beantwortenden Eisbrecherfrage. Hans-Bernd Brosius, Friederike Koschel und Alexander Haas bezeichnen einen solchen Einstieg als zum Reden ermunterndes und Hemmschwellen abbauendes stilistisches Mittel und empfehlen die Verwendung eines offenen Fragetypus (Brosius et al., 2009). Im vorliegenden Leitfaden wurde der Fragetypus „Erzählen Sie mal" auf den beruflichen Werdegang sowie auf Wendepunkte, welche für die Hinwendung bzw. Spezialisierung zum Concierge (Chefportier geführt haben angewandt. Die Einstiegsfrage muss aufgrund ihres Charakters ohne lange Überlegung, also leicht und impulsiv zu beantworten sein und bestimmt motivierend wirken. Die Antworten der Experten sind dahingehend interessant, da sie sich mit ihrer Hinwendung bzw. Spezialisierung bewusst für eine hauptsächlich gästebetreuende Funktion entschieden haben, deren Bedeutung für die Branche Teil des Forschungsthemas ist. Darüber hinaus sind sowohl die zeitliche Planung der Berufsausübung als auch der Erfahrungsgrad für den Gesamtzusammenhang interessant. Durch die hohe Fluktuation der Branche und durch den Wunsch vieler (junger) Berufsanfänger, die Branche schnell zu verlassen, kann die Vermutung aufgestellt werden, dass (junge) Hotelmitarbeiter sich aufgrund von geringerer beruflicher Erfahrung bzw. aufgrund ihrer Zukunftsplanung eher auf kurzfristige Betrachtungen konzentrieren und möglicherweise weniger Wert auf ein langfristig ausgelegtes Thema wie die individuelle Betreuungsintensität und die die Gästebetreuung legen. Dementsprechend kann von Hotelmitarbeitern, die für eine langfristige Beschäftigung mit einem Hotelbetrieb stehen, vermutet werden, dass sie offener für tiefer gehende Aspekte der Gästebetreuung sind bzw. diese bereits stärker verinnerlicht haben. Dies trifft noch stärker auf solche Hotelmitarbeiter zu, die sich aus ihrer angestellten Spezialisierung zum Concierge (Chefportier) heraus, mit einer entsprechenden Geschäftsidee selbstständig gemacht haben.

Darauf anschließend begann der erste eigentliche Themenkomplex, der das Berufsverständnis der Concierges untersucht, mit der Frage, was unter dem Berufsalltag verstanden wird. Die Antworten sollten klären, welche Haupt- und welche Sonderaufgaben anfallen und in welchem Verhältnis diese kontextual betrachtet werden müssen. Weiter wurde geprüft, welchen sich wandelnden beruflichen Anforderungen das Berufsbild bzw. die zu Interviewenden ausgesetzt sind und wie sie diese kontextual beschreiben und bewerten. Dabei wurde besonderes Augenmerk auf die Digitalisierung gelegt. An den hierauf gegebenen Antworten sollte das Verständnis von und die Bereitschaft für evolutionäre und revolutionäre Changes, insbesondere im Hinblick auf die Zukunftsfähigkeit der Gästebetreuung deutlich werden. Abschließend wurde über die Thematik der beruflichen Überzeugungsfähigkeit an internalisierte Glaubenssätze adressiert und inwieweit diese kontextual auf das Anliegen dieser Arbeit anwendbar sind. Dabei gilt es herauszuarbeiten, ob die persönliche Gästebetreuung zu den hauptsächlich motivationalen Faktoren gehört und damit erheblich zur Job-Zufriedenheit und somit zum Selbstverständnis des Berufsbildes beiträgt. Die individuelle Meinung über den Zusammenhang zwischen Gästebetreuung, (digitalen) Veränderungen und Zukunftsfähigkeit kann so ermittelt werden, indem der Kontrast zwischen erwünschten persönlichen Eigenschaften und Zukunftsfähigkeit herausgearbeitet wird. Dabei stehen alternative Faktoren, die für die Zukunftsfähigkeit von Concierges als Gästebetreuungsleistende als auch für die Gästebetreuung an sich bedeutsamer sein können, ebenfalls zur Debatte. Kann die persönliche Gästebetreuung und die Fähigkeit, die individuelle Betreuungsintensität ermitteln zu können als zumindest eine Quelle für die Zukunftsfähigkeit des Hotelgewerbes bzw. die Attraktivität des Arbeitsplatzes Hotel identifiziert werden, muss deren Rolle für die Unternehmenswertentwicklung beleuchtet werden. Schließlich sind für gästebetreuende Mitarbeiter, die repräsentativ (ihre) Unternehmen bewerten, die berufsspezifische Branchenentwicklung sowie deren Ursachen von Interesse. Ist das Verständnis von individueller Gästebetreuung als zentrales Bindemittel bekannt bzw. internalisiert, kann im dritten Themenkomplex die Einschätzung der Experten zur individuellen Betreuungsintensität am Beispiel der Gästebetreuung besprochen werden.

Dazu sollen die Experten – in der zentralen Frage, im dritten und letzten Themenkomplex des Leitfadens – die Bedeutung der Gästebetreuung in ihren einzelnen Indikatoren und Aufgabenbereichen darlegen und bewerten. Hierbei wird zwischen Gästebedürfnissen und korrespondierenden Gästeanlässen unterschieden. Denn die Charakterisierung und Bestätigung der Existenz dieser Gästebedürfnisse im Kontext der persönlichen Gästebetreuung kann aufzeigen, wie notwendig emotionale, diagnostische und interkulturelle Kompetenzen sind, insofern Hotelgäste nicht gewohntermaßen den dafür eingesetzten hotelspezifischen Dienstleister am bekannten Arbeitsort aufsuchen und verbal ihre Bedürfnisse mitteilen. Dazu wird unterstellt, dass zumeist neben den anlassbezogenen Gästebedürfnissen weitere nicht unbedingt verbalisierte Bedürfniskomplexe einhergehen, die einen entscheidenden Einfluss auf die individuelle Betreuungsintensität haben und dem Komplex der Emotions- bzw. Gefühlsarbeit zuzuordnen sind. Dies ist z. B. der Fall, wenn Gäste in den Augen der Interviewten bewusst Anlässe suchen bzw. verwenden, um positive Auswirkungen auf andere defizitäre Bedürfniskomplexe (z. B. soziale oder beziehungsrelevante Bedürfnisse) in Erwägung ziehen zu können. Dabei muss zwischen individuellem und situativem, mehr oder weniger stabilem Verhalten unterschieden werden, insbesondere wenn man korrespondierende bzw. begleitende Bedürfniskomplexe berücksichtigt, die u. a. kulturell bedingt nicht verbalisiert werden, jedoch einen erheblichen Einfluss auf den Betreuungswunsch und die Betreuungsintensität haben können. Dieser Sachverhalt zeigt wiederum, dass eine Bündelung von Fachwissen sowie von emotionaler, interkultureller und diagnostischer Kompetenz im Kontext von „Hospitality Reasoning" notwendig erscheint, dass daraus eine Form von gästebindender Beziehungsqualität entstehen kann. Dabei werden die Experten auch gefragt, ob in ihren Augen die Entwicklung eines Gästebetreuungsmodelles als auch der Umgang mit einem geeignetem Diagnosemodell zur Ermittlung der individuellen Betreuungsintensität hilfreich und praktikabel erscheinen könnte. Dazu werden Meinungen und allfällige Hinweise zu Messgrößen und allfälligen Parametern erfasst, welche den Experten für die Entwicklung eines solchen Instrumentes nützlich erscheinen könnten. In diesem Kontext können die Erfahrungen der Experten, die sie zu verschiedenen branchenspezifischen Unternehmenstypen gesammelt haben, einbezogen werden. So können etwaige Unterschiede in der persönlichen Gästebetreuung in Bezug auf die Unternehmensgröße, die Unternehmenskategorie, das Unternehmenskonzept und damit verbunden die Spezialisierung auf bestimmte Reisemotive erfahren werden. Ein weiteres inhaltliches Kriterium stellt das Verhältnis von qualitativen „Soft Facts“ zu quantitativen „Hard Facts“ dar, insbesondere unter dem Aspekt des Fachkräftemangels, des hohen Anteils kulturfremder Mitarbeiter sowie allgemeiner betriebsspezifischer organisationsbedingter Herausforderungen wie auch der Digitalisierung.

Zum Abschluss des Interviews stehen – außerhalb der Themenkomplexe – personale und argumentative Fragen nach der beruflichen Position, dem Arbeitsumfeld bzw. nach Argumenten für das Berufsbild an. Dafür werden sowohl fachliche als auch persönliche Eigenschaften adressiert, mit denen der branchenspezifische Nachwuchs geworben werden soll. Diese persönlichen Fragen werden am Schluss gestellt, damit sich eine eventuelle Ablehnungshaltung des Interviewten diesbezüglich nicht auf die Stimmung während der Befragung zu den wichtigen Themenkomplexen auswirkt. Ebenso kann damit gerechnet werden, dass die Atmosphäre der Interviews sich im Lauf des Gespräches lockert und vertraulicher wird, wodurch die Bereitschaft zur Beantwortung persönlicher Fragen steigt und der Ausstieg angenehm wie auch vertrauensvoll gelingen kann.

5.5.6 Datenaufbereitung der digital aufgezeichneten Interviews

Zunächst erfolgte eine vollständige wörtliche Transkription der Experteninterviews, um einen möglichen Verlust von Informationen durch voreiliges Zusammenfassen zu vermeiden. Die Transkription der geführten Interviews erfolgte selbstständig durch den Verfasser dieser Arbeit. Im Rahmen des Forschungsprojektes orientierte er sich an den Transkribierregeln nach Udo Kuckartz, die für den hier notwendigen Bedarf leicht modifiziert wurden (Kuckartz, 2010). Das Transkriptionssystem umfasst deshalb nachfolgende Regeln:

1. Sprache so wenig wie möglich glätten oder verbessern.
2. Dialektische Sprache möglichst wortgenau transkribieren.
3. Gleichzeitiges Sprechen nacheinander transkribieren.
4. Kommata nach Sinnzusammenhang zurückhaltend einsetzen.
5. Punkte nach Sinnzusammenhang und Sprachmodulation verwenden.
6. Unverständliche Äußerung werden mit „(unv.)“ markiert.
7. Zitatkürzungen werden mit „(...)“ deklariert.
8. Ergänzungen zum kontextualen Verständnis werden mit „[...]“ ausgewiesen.
9. Seiten werden absatzweise durchnummeriert.

Bei der anschließenden Codierung des Interviewmaterials wurden die wichtigen Informationen und Aussagen der Interviewten in die vorab gebildeten Ober- und Unterkategorien eingeordnet. Indikatoren für wichtige Aussagen können dabei auch inhaltliche Widersprüche der Interviewten, Pausen, auffällige Wiederholungen oder plötzliche Abbrüche von angefangenen Sätzen sein (Mayring, 2015). Explikationen dafür würden so Mayring auf Kontexttheorien der Linguistik zurückgreifen (Mayring, 2019). Für das Forschungsanliegen dieser Arbeit hat der Verfasser dieser Arbeit das in Tab. 5.3 abgebildete themenzentrierte Kategorien- bzw. Codierungssystem gewählt. Nach Mayring werden diese in einem Wechselverhältnis zwischen der theoriegeleiteten Fragestellung und dem konkreten Material entwickelt und während der Analyse überarbeitet und überprüft, wobei in einzelne Techniken auch quantitative Analyseschritte eingebaut werden können. Schließlich werden die Ergebnisse in Richtung der Forschungsfragestellung interpretiert und die Aussagekraft der Analyse inhaltsanalytischer Gütekriterien eingeschätzt bzw. bewertet (Mayring, 2015). Zur Absicherung wurden die als vollständige Transkripte aufbereiteten Experteninterviews inhaltsanalytisch zusätzlich, mit einer an Kuckartz orientierten thematischen Codierung, digital mittels Software (MAXQDA) ausgewertet[9] (Kuckartz, 2010).

Tabelle 5.3 Kategorien- bzw. Codierungssystem zur Forschungsfrage nach Mayring (Mayring, 2015)

Kategorie	Ebene 1	Ebene 2
Berufliche Erfahrungen im Umgang mit Betreuungsaufgaben	Berufswahl	Persönliche Wendepunkte
	Beruflicher Alltag	Routineaufgaben Sonderaufgaben
	Sich wandelnde berufliche Anforderungen	Digitalisierung Standort(un)gebundenheit Hotelgäste Hoffnungen und Sorgen

(Fortsetzung)

[9] Die für die thematische Codierung grundlegende Entwicklung des Kategoriensystems beruft sich auf dem erarbeiteten theoretischen Vorwissen, aus dem sich die theoriegeleiteten Kategorien ergeben. Diese sind jedoch nur als Entwürfe zu sehen und können im Verlauf der Auswertung bedarfsgerecht an die empirischen Gegebenheiten angepasst und ausdifferenziert werden (Kuckartz, 2010). Hierbei wurden diese Kategorien bzw. Entwürfe bereits implizit oder explizit im Kontext der Leitfadenentwicklung gebildet. Im Verlauf des Codierprozesses, insbesondere bei den ersten Probecodierungen, erfolgte keine eigentliche Anpassung des Kategoriensystems, der Kategorien und deren Ausprägungen. Auf eine quantitative Zusammenfassung der Erkenntnisse, in Form von Kreuztabellen, wurde deshalb verzichtet (Kuckartz, 2010).

Tabelle 5.3 (Fortsetzung)

Kategorie	Ebene 1	Ebene 2
Gästebetreuung	Verständnis von Betreuung	Definition Routineaufgaben Sonderaufgaben Aufbau von Wissen
	Inanspruchnahme der Betreuungsleistungen	Begeisterung Beschwerde Beratung Besorgung Begleitung
Betreuungsintensität	Interaktionsverhalten	Anzeichen und Bereitwilligkeit der Annahme Diagnosefähigkeit Umgang mit einer Diagnosehilfe Notwendige Messgrößen und Parameter

Da die Struktur der Leitfäden bereits darauf ausgerichtet war, die Berufserfahrungen sowie die Betreuungsintensität am Beispiel der Gästebetreuung mehrdimensional zu erfassen, erfolgte eine von Kuckartz empfohlene Reduktion der inhaltlichen Ausprägungen auf dominante Ausprägungen bei der softwaregestützten Codierung (MAXQDA) nicht, da zum Beispiel in der Subkategorie „Inanspruchnahme der Betreuungsleistungen" nicht die dominanten Ausprägungen der einzelnen Aufgabenbestandteile, sondern das ganze Spektrum von Interesse war (Kuckartz, 2010). Für vertiefende Analysen bzw. weiterführende Studien kann nach Bedarf jederzeit auf das codierte Material zurückgegriffen und dieses aufgrund seiner Reichhaltigkeit weitergehend rezipiert werden (z. B. zu den Themen Erfahrungswissen versus Ausbildungswissen, Emotions- und Gefühlsarbeit, Guest Relation, Interaktionsverhalten im Dienstleistungsbereich etc.). Eine umfassende konsensuale Codierung erfolgte aus forschungspragmatischen Gründen in beiden Codierungsprozessen nicht, da in den meisten Aspekten diese ohnehin schnell sichtbar wurde. Stattdessen wurde die Konsensualität der Codierung punktuell monitorisiert (Kelle & Tempel, 2020).

Im nächsten Schritt wurden die Transkripte paraphrasiert, um die Information zu verdichten und zusammenzufassen. Grundsätzlich zu unterscheiden sind dabei zusammenfassende und detaillierte Paraphrasen. Detaillierte Paraphrasen wurden für Passagen verwendet, die für die Forschungsfrage relevant sind. Weniger treffende Ausführungen wurden zusammenfassend paraphrasiert. Dabei wurde auf eine nicht zu starke Reduktion von Komplexität geachtet, da möglicherweise wichtige Informationen hätten verloren gehen können (Kruse & Lenger, 2013). Die Ergebnisse differenzieren sich in die folgenden Hauptkategorien im Kontext der übergeordneten und der Teilforschungsfragen:

1. Erfahrungen zum Berufsalltag (der befragten gästebetreuenden Experten, hier in der Berufsbezeichnung Concierge bzw. Chefportier)
2. Gästebetreuung und Betreuungsintensität

Innerhalb der einzelnen Hauptkategorien werden jeweils die explizit zugeordneten Unterkategorien sachlogisch ausgewertet und im Kontext dieser Arbeit verdichtet.

5.5.7 Auswertung der Experteninterviewreihe

Es existieren verschiedene Verfahrensmöglichkeiten zur Auswertung von (leitfadengestützten) Experteninterviews. In dieser Arbeit wird auf das Vorgehen nach Philipp Mayring zurückgegriffen, da dieses Verfahren zielgerichtet ist und qualitativen Ansprüchen genügt (Weber & Wernitz, 2021). Die Auswertung nach Mayring ist ein iterativer Prozess, bei dem die Schritte nicht starr hintereinander abgearbeitet werden müssen. Vielmehr können Kodierung, Zusammenfassung und Interpretation auch parallel erfolgen und in späteren Schritten wiederholt werden, um die Ergebnisse zu verfeinern und zu überprüfen. Damit kann nicht nur die Lebendigkeit der erhobenen Daten erhalten bleiben, sondern auch ein sich stetig vertiefender Prozess des Eintauchens in die Materie der Forschungsfrage ermöglicht werden (Göhner & Krell, 2020; Mayring, 2015).

5.5.7.1 Berufliche Erfahrungen im Umgang mit Betreuungsaufgaben

Im Hinblick auf die Hauptkategorie zu den berufsspezifischen Alltagserfahrungen werden folgende Unterkategorien ausgewertet:

1. Berufswahl und persönliche Wendepunkte zur Spezialisierung
2. Beruflicher Alltag
3. Veränderungen

Sofern zur Strukturierung, zur besseren Lesbarkeit und zum besseren Verständnis notwendig, wurden jeweils weitere Unterkategorien angelegt.

1. Berufswahl und persönliche Wendepunkte zur Spezialisierung

Zunächst wurden die Experten danach gefragt, welche ausschlaggebenden Punkte es in ihren Leben gab, sich für den Beruf des bzw. für die Spezialisierung zum Concierge zu entscheiden. Dahingehend halten die Experten fest, dass betriebsspezifische Aspekte wie täglich neue Herausforderungen (I1, 2021, Abs. 6; I4, 2021, Abs. 8; I9, 2021, Abs. 6), der direkte und persönliche Kontakt mit Gästen (I1, 2021, Abs. 6; I6, 2021, Abs. 6; I7, 2021, Abs. 10; I10, 2021, Abs. 6; I11, 2021, Abs. 12), der geschichtliche und repräsentative Pathos[10] des Berufsbildes (I2, 2021, Abs. 6), das Prestige, das mit der Position einhergehen kann (I2, 2021, Abs. 6; I6, 2021, Abs. 6; I8, 2021, Abs. 10), die Zeit, die sich für einzelne Aufgaben genommen werden kann (I1, 2021, Abs. 10; I3, 2021, Abs. 6) sowie der Zufall und damit ein hoher Anteil an Improvisation und nicht vorhandene Monotonie (I4, 2021, Abs. 4; I5, 2021, Abs. 46) eine ausschlaggebende Rolle spielen. Bezüglich der betriebsspezifischen Herausforderung geben die Experten deshalb an, dass der Beruf des bzw. die Spezialisierung zum Concierge sich vor allem dadurch auszeichnet, dass er keinen Routinen unterliegt, sondern jeden Tag neue Aufgaben, neue Gäste und neue Geschichten bereithält (I1, 2021, Abs. 6; I4, 2021, Abs. 8; I6, 2021, Abs. 6; I7, 2021, Abs. 10; I9, 2021, Abs. 6; I10, 2021, Abs. 6), was u. a. auch bedeutet, dass aus Expertensicht gefühlt nahezu alle gästebetreuenden Prozesse vom Concierge ausgehend gesteuert werden bzw. ausgehen (I4, 2021, Abs. 8; I9, 2021, Abs. 6). Das daraus erwachsende Selbstverständnis wird damit untermauert und insbesondere aus dem Grund als angenehm und motivierend empfunden, weil die Funktion des Concierge darauf ausgelegt ist, sich Zeit für Hotelgäste zu nehmen, sodass das Erfüllen der jeweiligen Wünsche den Experten große Freude und Befriedigung bereitet (I1, 2021, Abs. 10; I7, 2021, Abs. 10; I10, 2021, Abs. 6; I11, 2021, Abs. 12), was unmittelbar auch mit der Gästebindung zu tun hat (I11, 2021, Abs. 12). Dadurch, dass diese Zeit auch betriebsspezifisch bedingt mehr oder weniger vorhanden ist, streben die Befragten nicht nur eine höhere Dienstleistung an, sondern genießen es auch, „dass der Servicebereich sehr hart ist (...), während der Concierge doch

[10] Angegeben wird, dass dem Beruf eine altertümliche Form von Prestige anhaftet, die mit viel Ehrerbietung verbunden wird, denn es geht hier um „diese Aura“ (I2, 2021, Abs. 6), von der ein Concierge umgeben wird, die von den Befragten teilweise, vor allem, als sie selbst noch Kinder waren, als etwas wahrgenommen wurde, das imponierend wirkte und das Gefühl vermittelte, dass alles zu schaffen sei (I2, 2021, Abs. 6; I8, 2021, Abs. 10). Hier wird bspw. auch auf Filme verwiesen, in denen der Concierge jeweils, wenn auch nicht in der Hauptrolle, in den Nebenrollen eine entscheidende Funktion eingenommen hat, wie dies bspw. In den amerikanischen Produktionen „Concierge zum Verlieben“ oder „Pretty Woman“ der Fall ist (I6, 2021, Abs. 10).

bisschen nicht so anstrengend arbeiten muss wie der Mann im Service“ (I3, 2021, Abs. 6).

1.1 Beruflicher Alltag

Der berufliche Alltag wurde bei der Fragestellung gegenüber den Experten in Routineaufgaben und Sonderaufgaben unterteilt. Routineaufgaben werden dabei als branchen-, berufs- und positionsspezifisch aufgefasst. Routineaufgaben umfassen somit jene Arbeitsbereiche, die mehr oder weniger täglich anfallen bzw. sich generell wiederholen, während Sonderaufgaben jene fokussieren, die in der vorherigen Kategorie bspw. als zum Job gehörende tägliche Herausforderungen beschrieben wurden, stets anders ausfallen können und einen hohen Improvisationsgrad kennzeichnen und daher kaum standardisierbar erscheinen. Zur gästezentrierten Erledigung aller Aufgaben gilt das Berufsbild-Image: „Der Beruf als Concierge ist natürlich sehr vielseitig ... Man ist immer das Gesicht des Hauses, man ist immer neben dem Staff die erste Person, die die Gäste im Normalfall sehen, wenn sie das Haus betreten“ (I2, 2021, Abs. 10).

1.1.1 Routineaufgaben

Bezüglich der Routineaufgaben, die nahezu täglich und typischerweise anfallen, werden Aspekte wie abreisespezifische bzw. andere organisatorische Aufgaben im Frühdienst (I1, 2021, Abs. 14; I4, 2021, Abs. 14; I6, 2021, Abs. 12; I9, 2021, Abs. 12; I10, 2021, Abs. 52), das Sicherstellen aller notwendigen Dienst- und Serviceleistungen für etwaige Hotelgäste (I1, 2021, Abs. 14; I2, 2021, Abs. 10; I3, 2021, Abs. 10; I4, 2021, Abs. 14; I5, 2021, Abs. 82; I6, 2021, Abs. 12; I7, 2021, Abs. 12; I11, 2021, Abs. 36) und das Adress- bzw. persönliche Telefonbuch (I3, 2021, Abs. 10) genannt.

Bezüglich der Sicherstellung aller notwendigen Dienstleistungen für vorhandene bzw. anreisende Hotelgäste werden weiterführend Routinehandlungen wie das Beantworten von Hotelgästeanliegen (-anlässen), das Erfüllen von Wünschen und Bedürfnissen, die Hotelgäste angegeben haben sowie das Prüfen der Zeitungsverteilung auf die Hotelzimmer, die Kontrolle der Garagen zum Parken, die Sauberkeit der Gästefahrzeuge genannt (I1, 2021, Abs. 14; I2, 2021, Abs. 10; I3, 2021, Abs. 10; I4, 2021, Abs. 14; I5, 2021, Abs. 82; I6, 2021, Abs. 12; I7, 2021, Abs. 12; I9, 2021, Abs. 12; I11, 2021, Abs. 36). Die Aufgaben beziehen sich also zu großen Teilen auf die Hotelgäste und deren persönliche bzw. individuelle Anliegen (I3, 2021, Abs. 10; I4, 2021, Abs. 14; I5, 2021, Abs. 82; I7, 2021, Abs. 12; I9, 2021, Abs. 12; I11, 2021, Abs. 36), was bspw. bedeuten kann, dass Gäste Transfers buchen und ein Fahrzeug mit oder ohne Fahrer benötigen, Verbindungen des öffentlichen Nahverkehrs erfahren wollen oder Empfehlungen benötigen (I2, 2021, Abs. 10; I3, 2021, Abs. 10; I4,

2021, Abs. 14; I7, 2021, Abs. 12). Die Arbeit am und mit dem Hotelgast beginnt dabei nicht zwingend erst beim Einchecken selbst, sondern kann auch Wünsche betreffen, die Hotelgäste im Vorfeld entweder fernmündlich oder bereits beim letzten Aufenthalt angaben und zur wiederkehrenden Anreise erfüllt bzw. bereitgestellt erwarten (I3, 2021, Abs. 10; I9, 2021, Abs. 12). Diese Wünsche werden zu großen Teilen mit dem persönlichen (Notiz-)Telefonbuch befriedigt (I3, 2021, Abs. 10):

> *„Da hat jeder Concierge ein Telefonbuch, wo alle Nummern drinstehen, und zwar die geheimen Nummern, die Kontaktnummern, das ist eigentlich das Wichtigste, was der Concierge hat, sein Telefonbuch ... Da stehen alle Kontakte, die Namen ... und es muss schnell gehen, schneller als im Internet."* (I3, 2021, Abs. 10)

Der beruflichen Routine haftet bei allen Routinetätigkeiten ein inhärentes Gefühl bzw. ein grundsätzlicher Nimbus von Individualität und Exklusivität an (I4, 2021, Abs. 14; I5, 2021, Abs. 82; I7, 2021, Abs. 12; I9, 2021, Abs. 12; I11, 2021, Abs. 36). Dies liegt auch daran, so die Experten, dass im Hinblick auf den Typus Routineaufgaben nur selten von einer standardisierten Leistung zu sprechen ist, da die angebotenen Dienst- bzw. Serviceleistungen, die von den Hotelgästen gewünscht werden, sich auf alle möglichen Bereiche und Bedürfnisse erstrecken können (I6, 2021, Abs. 12; I7, 2021, Abs. 12). Dennoch muss im Umgang mit den Hotelgästen und im Ausführen der Interaktionen mit denselben von Routinen der Improvisation gesprochen werden (I8, 2021, Abs. 25), denn „man selber wird natürlich routinierter mit der Anzahl der Anfragen" (I8, 2021, Abs. 25).

1.1.2 Sonderaufgaben

Im Hinblick auf die Sonderaufgaben, die im Verlauf der Concierge-Tätigkeit anfallen, werden von den Experten verschiedene Beispiele genannt, wie bspw. Aufgaben, die dem Einkaufstourismus[11] zugeordnet werden können, (I1, 2021, Abs. 16; I4, 2021, Abs. 16; I7, 2021, Abs. 16), Abenteuer-, Erlebnis- und Exklusivwünsche[12] umfassen (I1, 2021, Abs. 16; I2, 2021, Abs. 14; I3, 2021, Abs. 16; I4, 2021, Abs. 16;

---

[11] Bezüglich des Einkaufstourismus wird bspw. darauf verwiesen, dass Gäste besondere Wünsche hinsichtlich der Besorgung von Schuhen oder Kleidern äußern, die von dem Concierge erfüllt werden sollen (I1, 2021, Abs. 16). Ebenso werden aber je nach Feiertagen auch Geschenkwünsche geäußert, die für die Kinder oder Ehepartner gedacht sind (I4, 2021, Abs. 16).

[12] Solche Wünsche umfassen besondere Aufgaben, die von typischen Touristenwünschen abweichen, wie bspw. Hubschrauberrundflüge, Zugänge zu Privatjets (I1, 2021, Abs. 16; I2, 2021, Abs. 14; I3, 2021, Abs. 16; I4, 2021, Abs. 16; I8, 2021, Abs. 21; I10, 2021, Abs. 150; I11, 2021, Abs. 40) oder Tickets zu Veranstaltungen und/oder dem Theater (I2, 2021, Abs. 14; I4, 2021, Abs. 16; I5, 2021, Abs. 84; I6, 2021, Abs. 12; I7, 2021, Abs. 16).

I5, 2021, Abs. 84; I6, 2021, Abs. 12; I7, 2021, Abs. 16; I8, 2021, Abs. 21; I10, 2021, Abs. 150; I11, 2021, Abs. 40), sich mit Notsituationen[13] auseinandersetzen (I2, 2021, Abs. 14; I7, 2021, Abs. 16) oder sich auf Kuriositäten[14] beziehen, das keiner Kategorie zuordenbar ist (I3, 2021, Abs. 16; I4, 2021, Abs. 16). Diese Wünsche zeichnen sich vornehmlich durch einen hohen Grad an Spontaneität und „Unvorhersehbarkeit" aus (I2, 2021, Abs. 14; I7, 2021, Abs. 16), aber auch dadurch, dass sie gegenüber den Routineaufgaben deutlich überwiegen (I3, 2021, Abs. 12–14; I8, 2021, Abs. 21). Dies ist insbesondere auch dahingehend von Interesse für die Arbeitsmotivation, da „die Befriedigung ganz anders (ist), als wie, wenn du was Einfaches erledigst" (I3, 2021, Abs. 14).

Wird ein Gegenstand verloren oder vermisst, kann es auch hier zu etwaigen Anfragen kommen, da die Gäste sich wünschen, diesen Gegenstand entweder wiederzufinden oder so schnell wie möglich zu ersetzen, sodass es in den Aufgabenbereich des Concierge fällt, dies zu ermöglichen (I7, 2021, Abs. 16). Sonderaufgaben umfassen jedoch auch solche Hotelgästeanliegen (-anlässe), die von typischen Touristenwünschen abweichen, wie bspw. die Organisation von Hubschrauberrundflügen, die Beratung für Buchungen von Privatjets (I1, 2021, Abs. 16; I2, 2021, Abs. 14; I3, 2021, Abs. 16; I4, 2021, Abs. 16; I8, 2021, Abs. 21; I10, 2021, Abs. 150; I11, 2021, Abs. 40) oder die Besorgung von Tickets zu (ausverkauften) Veranstaltungen und/oder Oper und anderen kulturellen Veranstaltungen wie Theater- und/ oder Kinobesuche (I2, 2021, Abs. 14; I4, 2021, Abs. 16; I5, 2021, Abs. 84; I6, 2021, Abs. 12; I7, 2021, Abs. 16).

1.2 Veränderungen

So wie alle Berufe bzw. Spezialisierungen ist auch jener des Concierge von globalen Trends und beruflichen Changes wie bspw. der Digitalisierung, geänderten

[13] Notsituationen beziehen sich z. B. auf einen vermeintlich verlorenen bzw. nicht auffindbaren Gegenstand aus dem Besitztum des Gastes. Auch dazu kann es zu etwaigen Anfragen kommen, da die Gäste sich wünschen, diesen Gegenstand entweder wiederzufinden oder so schnell wie möglich zu ersetzen und den Concierge ermächtigen bzw. beauftragen, dies zu ermöglichen bzw. zu erledigen (I7, 2021, Abs. 16).

[14] Bezüglich der Kuriositäten werden verschiedene Beispiele genannt. So wird bspw. auf einen Gast verwiesen, der eine Kuhglocke haben wollte – nicht jedoch aus irgendeinem Geschäft, sondern ein einem bayerischen Bauern, sodass der Concierge entsprechend eine Person kontaktierte, die vor Ort nach einer solchen Kuhglocke suchen konnte (I3, 2021, Abs. 16). Ein anderes Beispiel umfasst das postalische Verschicken eines Jagdfalken, der dem Concierge übergeben wurde, sodass dieser sich mit Fragen zur Versandmethode von Wildtieren auseinandersetzen musste (I4, 2021, Abs. 16). Ebenso wurden teilweise Tiere mit ins Hotel gebracht, die der Concierge versorgen sollte, wie bspw. eine Ziege (I4, 2021, Abs. 16).

Mobilitätsanforderungen, veränderten Gästeansprüchen u. Ä. betroffen, sodass die Befragten nach evolutionären Veränderungen gefragt wurden, die sie den letzten Jahren beobachten konnten bzw. von denen sie selbst betroffen waren und sind.

1.2.1 Digitalisierung

Im Hinblick auf die Digitalisierung halten die Mehrheit der Experten in der Reflexion ihres beruflichen Alltages fest, dass eine Veränderung vor allem im Empfehlungsmanagement durch Plattformen wie Google, TripAdvisor u. Ä. beobachtet werden kann. Hotelgäste sammeln Idee und Inspirationen bereits vor der eigentlichen Anreise und treffen anhand auswertbarer Rezensionen von anderen mehr oder weniger vertrauenswürdigen Online-Nutzern erste Entscheidungen bezüglich Restaurants oder Sehenswürdigkeiten:

> *„Viele Gäste informieren sich dafür auf TripAdvisor, was zu einem Shift der Anfragen bei uns geführt hat und auch die Vorbereitung der Gäste auf den Aufenthalt beeinflusst."* (I7, 2021, Abs. 18)

Dennoch trauen viele Hotelgäste Online-Rezensionen nicht und hinterfragen diese, indem Sie auf das „Insiderwissen" der standortgebundenen Concierges zurückgreifen und eine persönliche Validierung der Online-Rezensionen als Trust-Element verlangen, womit die Concierge damit zu aufenthaltsbezogenen Bezugs- und Vertrauenspersonen mutieren (I1, 2021, Abs. 20; I6, 2021, Abs. 26; I7, 2021, Abs. 18; I9, 2021, Abs. 34). In diesem Kontext wird zudem betont, dass der Beruf des Concierge früher durch ein deutlich höheres Maß an Anstrengung während des Aufenthaltes geprägt war, da Informationen über z. B. Restaurants spontan bzw. ad hoc noch ohne das Internet u. Ä. eingeholt und gesammelt bzw. über Recherche und Empfehlungsmanagement im berufsspezifischen Netzwerk in Erfahrung gebracht werden mussten (I1, 2021, Abs. 20; I2, 2021, Abs. 22). Grundsätzlich kann dieser Aspekt zwar als eine Art von Arbeitserleichterung betrachtet werden (I1, 2021, Abs. 20; I2, 2021, Abs. 22–24; I3, 2021, Abs. 35; I7, 2021, Abs. 18), wird von den Experten jedoch trotzdem teilweise kritisch betrachtet, denn „man muss ein Restaurant selber kennen, um es empfehlen zu können, da hilft mir TripAdvisor nicht weiter" (I1, 2021, Abs. 22). Daraus resultiert u. a., dass der Umgang mit Google und anderen Empfehlungsplattformen als eine „Hassliebe" (I2, 2021, Abs. 24) beschrieben wird (I2, 2021, Abs. 24; I4, 2021, Abs. 20; I6, 2021, Abs. 26; I7, 2021, Abs. 18), „weil Google und der Concierge natürlich auch sehr in Konkurrenz stehen, allerdings hilft das natürlich, in der täglichen Arbeit Informationen schnell zu beschaffen. Wo früher viel Zeit aufgewendet werden musste, kann man jetzt in wenigen Klicks Informationen sammeln" (I2, 2021, Abs. 24). Die Schwierigkeit besteht zugleich jedoch darin, dass sich die touristische Welt durch ein Überangebot vieler Angebote auszeichnet, sodass es teilweise nicht so einfach ist, den jeweils richtigen und individuell passenden Anbieter zu finden (I4, 2021, Abs. 20). In diesem Kontext wird der Concierge also eher als in einer Art Filterfunktion gesehen, die dazu dient, wenn nötig Informationen aus dem Internet zu verifizieren und/oder zu konkretisieren (I4, Abs. 42; I5, Abs. 178; I8, Abs. 181; I9, Abs. 35–36). Interessanterweise geht dies über den rein beruflichen Fokus der Nutzung – insbesondere von WhatsApp – hinaus und beinhaltet auch die private Vernetzung von Concierges innerhalb einer Metropole (I8, Abs. 103):

> *„Wir haben teilweise Reservierungsgruppen, ja, mit anderen Concierges aus der Stadt noch, mit Restaurants, mit denen wir uns gut verstehen, wo wir einfach kurz rein posten, heute Abend neunzehn Uhr, zwei [Personen etc.].“* (I1, Abs. 68)

Eindeutig verändert hat sich im Zuge der Digitalisierung jedoch auch die Betreuungsintensität, denn die Erwartungshaltungen sind heutzutage andere als noch vor 20 Jahren (I4, 2021, Abs. 20; I6, 2021, Abs. 26):

> *„Es wird immer mehr gefordert, was natürlich auch irgendwo darin seinen Ursprung hat, dass Hotels in ihrer Serviceleistung natürlich immer ambitioniert sind, die Erwartungen des Gastes grundsätzlich zu übertreffen, und dass es natürlich irgendwann, ich sage mal, ein Teufelskreis werden kann.“* (I4, 2021, Abs. 20)

Hier ist es von besonderer Relevanz aufseiten der Concierges, Hotelgäste darüber aufzuklären, welche Betreuungsleistungen ein Concierge für Gäste in welcher Qualität anbieten kann (I7, 2021, Abs. 18). Dabei geht es nicht nur um Kommissionsleistungen bzw. Substitute zu Internetdienstleistungen, sondern ebenso um den Umgang mit Ungleichzeiten und verändertem Geschwindigkeitsempfinden in der Erledigung. Die Standortgebundenheit der Experten wird dabei als Vorteil bzw. USP adressiert. So ist es möglich für alle Hotelgäste, Tickets beispielsweise für ein Fußballspiel über das Internet zu bestellen – dies ist jedoch ein Service, den der Concierge grundsätzlich kostengünstiger erledigen kann, da er diese potenziell zum Originalpreis bzw. zum Freundschaftspreis (durch Beziehungen) erhalten kann. Das Gleiche betrifft bspw. die Terminierung von Treffen mit Ärzten, Anwälten oder anderen Personen, da auch hier aufseiten des Concierge eine höhere Vernetzung besteht (I11, 2021, Abs. 46). Demnach stellt sich die aufgabenspezifische Digitalisierung zunächst sowohl im Vorhandensein eines Computers o. Ä. dar, dessen Vernetzung als auch vor allem der Nutzung von Suchmaschinen zur Informationsgewinnung, dem Zugang zu Korrespondenzprogrammen und Messenger-Diensten (z. B. WhatsApp) – vor allem auf privaten Smartphone-Endgeräten (I1, Abs. 50

und 68; I2, Abs. 26; I6, Abs. 40–42; I9, Abs. 35–36, 47 und 57; I10, Abs. 108, I10, Abs. 396–400). Diese neuen Möglichkeiten, auf Informationen zuzugreifen und sich zu vernetzen, werden zunächst vor allem als Vorteile gegenüber vergangenen Gegebenheiten wahrgenommen:

> *„Die Digitalisierung vereinfacht das schon, weil (…) habe ich mir schon manchmal die Frage gestellt, wie das eigentlich meine Kollegen vor dreißig, vierzig Jahren gemacht haben, diesen Service zu bieten, ohne Internet, ohne Computer, ohne Smartphone, in irgendeiner Form, einfach nur mit einem Telefonbuch und einem Telefon. [Man] muss aber halt eben dazu sagen, dass die Angebotsvielfalt damals wesentlich kleiner war. Es gab fünf Top-Restaurants in der Stadt und nicht fünfhundert. Man kannte die Telefonnummern von den Restaurants teilweise auswendig, weil man sie halt eben immer wieder gewählt hat (…).“* (I4, Abs. 62)

Dementsprechend wird die Digitalisierung auch eher als ergänzendes Werkzeug gesehen, das komplementär zur persönlichen und individuellen Beratung des Gastes steht:

> *„Es wurde viel technisierter, es gibt immer mehr Handys und Apps, die die Aufgaben erleichtern, also nicht dem Concierge, sondern dem Gast das Leben erleichtern, in der fremden Stadt zurechtzukommen, Tripadvisor zum Beispiel. Und das nimmt natürlich, sage ich mal, dem Concierge Chancen weg, einen Gast auch wirklich kennenzulernen, ja, das sehe ich eben noch als schöne Herausforderung, um für den Gast was zu tun, und dann auch, wenn er zurückkommt, ein hoffentlich positives Feedback zu kriegen, dass es ihm gefallen hat, und dann weiß ich auch als Bestätigung, dass ich meinen Job halt richtig mache.“* (I6 Abs. 26)

Diese Einschätzung kulminiert in der Tatsache, dass das Schwarze Buch der Concierges mit wichtigen Kontakten und internen Informationen eher der Vergangenheit angehört (I1, Abs. 46; I9, Abs. 60–65), auch wenn nicht alle Hotels den Trend zur vollständigen Digitalisierung mitmachen:

> *„(…) eine gute Mischung macht es aus. Wenn ein System digital, komplett durchdacht ist, dann ist es funktional, (…) von daher, da bin ich ein großer Fan, muss ich ehrlich sagen. [Aber] bei Übergaben bin ich ein Fan von einer ausgedruckten Übergabe, einfach aufgrund dessen, weil mir die Erfahrung gezeigt hat, dass Papier einfach beständig ist als (…) wenn Sie eine Übergabe auf einem Papier machen (…).“* (I11, Abs. 18)

Damit bewirkt die Digitalisierung also im Wesentlichen eine willkommene und erweiterte Möglichkeit zur persönlichen Betreuung von Hotelgästen, in der Gewinnung und zum Austausch von Informationen und einer höheren Geschwindigkeit der Bearbeitung von Hotelgästeanlässen, während andere Methoden der Digitalisierung sich bisher weniger durchgesetzt haben und konservative Medien nach wie vor beständig sind (I2, Abs. 28; I2, Abs. 30; I3, Abs. 51; I8, Abs. 91). Somit haben sich also die persönlichen Dienstleistungs- bzw. Betreuungsprozesse beschleunigt, bleiben aber im Wesentlichen bestehen. Hieraus ergeben sich daher auch bestimmte Hoffnungen und Sorgen aus Sicht der Experten im Hinblick auf die Arbeit des Concierge. Wie bereits zum Verständnis der Digitalisierung beschrieben, bewerten die Interviewpartner den Einsatz digitaler Mittel positiv und betonen vor allem die höhere Geschwindigkeit und Einfachheit bei der Beschaffung und beim Austausch von Informationen (I2, Abs. 30; I3, Abs. 51; I6, Abs. 40–42; I8, Abs. 91; I9, Abs. 34). Hieraus ergibt sich die Hoffnung einer Verbesserung der Dienstleistungsqualität und damit dem Wohlbefinden der Gäste (I6, Abs. 156; I7, Abs. 18; I7, Abs. 26; I8, Abs. 166–169; I9, Abs. 34; I9, Abs. 42). Gleichzeitig liegt in dieser Hoffnung aber auch die Sorge, die Gäste könnten die besondere Dienstleistungsqualität, die das persönliche Betreuungsverhältnis des Concierge bietet, weniger als relevant und zusätzlich Wert- und Nutzen-stiftend wahrnehmen (I2, Abs. 16; I4, Abs. 64; I7, Abs. 26):

> *„Dann ist es so, dass doch am Ende, ich sage jetzt mal, die Erfahrung, die man in der Stadt hat, oder an dem Ort, wo man halt eben arbeitet, doch immer noch sehr, sehr viel Wert ist oder mehr Wert ist als einfach nur die Kundeninformation, weil man dann doch halt eben nicht abschätzen kann, was wird mir denn tatsächlich geboten? Und wenn ich dann mit einem Menschen kommuniziere, der das quasi alles wieder zusammenfasst, bündelt und dann halt eben einpackt mit persönlicher Erfahrung, zu sagen, ja, das wird dir im Internet angeboten, [dann ergibt sich daraus ein Mehrwert für den Kunden], das ist halt eben mit unserer Aufgabe, die wir in Zukunft haben, Menschen halt eben auch die Zeit zu sparen. Wie gesagt, der Informationsfluss ist übermäßig und meistens hat man keinen Überblick drüber. Und dann wird halt eben nach jemandem gesucht, der einem das halt eben einfach zusammenschnürt."* (I4, Abs. 96)

Gerade darin kann aber der Mehrwert der Betreuung des Concierge liegen:

> *„(...) ich vertraue dem Internet nicht immer und ich betrachte das schon ein bisschen mit Sorge und so ist es letzten Endes natürlich mit vielen anderen Menschen halt eben auch und das ist auch der Punkt, viele Menschen sagen, den Concierge wird es irgendwann nicht mehr geben, weil halt eben man alles über das Internet selber machen kann. [...] die Informationsflut ist halt eben einfach vorhanden und mittlerweile schwer überschaubar."* (I4, Abs. 96)

Die Hoffnung liegt also darin, dass der Concierge auch in Zukunft einen Mehrwert für die Hotelgäste leisten kann (I6, Abs. 46).

1.2.2 Standort(un)gebundenheit

Ein weiterer globaler Trend, der den Concierge-Beruf bzw. die Spezialisierung dahin betrifft, ist jener der Arbeitsplatzmobilität bzw. Standort(un)gebundenheit, hier jeweils in Bezug auf die organisatorische Lokalisation in der Aufbau- und Ablauforganisation des Hotels selbst, aber auch in Bezug auf selbstständige Beschäftigungsverhältnisse zur Leistungserbringung. Grundsätzlich ist es laut den Experten zunächst so, dass der Beruf des bzw. die Spezialisierung zum Concierge durch ein höheres Maß an Bewegung gekennzeichnet ist als früher, denn der Concierge ist nicht länger nur an seinem fixen Arbeitsplatz an bzw. in der Nähe der Rezeption anzutreffen, sondern bewegt sich durch den Hotelbetrieb bzw. generell über das Hotelgelände und verlässt dieses teilweise auch (I1, 2021, Abs. 28; I4, 2021, Abs. 76; I5, 2021, Abs. 142; I7, 2021, Abs. 30; I8, 2021, Abs. 169; I9, 2021, Abs. 165; I10, 2021, Abs. 38):

> *„Das hängt tatsächlich, würde ich sage, einfach vom individuellen Gast ab, wie stark er Hilfe braucht, wie stark er Aufmerksamkeit braucht, ja. Natürlich gehen wir auch zu dem Gast rüber, wenn er gerade seinen Drink an der Bar hat, ja, da gehen wir auf ihn zu, er muss nicht zu uns kommen. Wenn die Kollegen anrufen, könnt Ihr bitte kurz rüberspringen, (...) natürlich bewegen wir uns rüber zum Empfang, um unsere Stammgäste zu begrüßen. (...) Der Desk ist auf jeden Fall der Arbeitsplatz an sich, aber wir sind nicht an ihn gebunden, also wir sind all over im Hotel."* (I1, 2021, Abs. 28)

Dies resultiert nicht zuletzt daraus, dass auch Concierges an sich digitaler ausgestattet ist und bspw. durch technische Innovationen (z. B. Smartphones) selbst auch an Bewegungsfreiheit gewonnen haben (I4, 2021, Abs. 76; I5, 2021, Abs. 142; I6, 2021, Abs. 156; I7, 2021, Abs. 30; I8, 2021, Abs. 169; I10, 2021, Abs. 38):

> *„Es ist manchmal natürlich praktisch, wenn man vielleicht ein Tablet hat, mit dem man dann zum Gast gehen kann" (I6, 2021, Abs. 156),* was stark den Erwartungen von früher entgegensteht, denn *„vor fünfzehn, zwanzig Jahren war der Concierge ja an diese Loge festgenagelt."* (I10, 2021, Abs. 38)

Obschon Betreuungsleistungen sich durch die Digitalisierung verändern, legen die Experten ein gesondertes Augenmerk darauf, grundsätzlich persönlich verfügbar zu sein (I2, 2021, Abs. 18; I3, 2021, Abs. 27; I4, 2021, Abs. 76; I5, 2021, Abs. 142; I7, 2021, Abs. 30). Sie bekräftigen, dass es immer Gäste geben wird, die den zwischenmenschlichen Kontakt suchen (I2, 2021, Abs. 18) und sich der Mythos des Concierge sich darüber definiert, dass Gäste jederzeit zum Concierge kommen können, (I3, 2021, Abs. 98; I9, 2021, Abs. 179), da der sichtbare Standort an oder nahe der Rezeption für Hotelgäste den Vorteil eines Orientierungspunktes habe (I11, 2021, Abs. 192).

1.2.3 Gästebedürfnisse und Gästeverhalten

Auch die Hotelgästebedürfnisse und deren Verhalten haben sich laut den Experten stark verändert. Gesellschaftlicher Wandel und verschiedene globale Trends beeinflussen den Arbeitsbereich des Concierge dahingehend, dass er zunehmend höhere Anforderungen zu erfüllen hat, dass er ambitionierter und innovativer in seinem Handeln sein muss und dass er im Namen des Hotels dafür einstehen muss, sich durch Dienst-, Service- und Betreuungsleistungen deutlich von der Konkurrenz abzuheben, was zugleich natürlich auch den Druck erhöht, der mit der Erfüllung des Aufgabenprofils einhergeht (I4, 2021, Abs. 20; I7, 2021, Abs. 20; I8, 2021, Abs. 29). Die Hoteldienstleistungen werden immer betreuungsintensiver, da Hotelgäste für ihr Geld zunehmend mehr und mehr erwarten bzw. dieses auch verbal einfordern. Dies hat zum einen zur Folge, dass die Betreuungszeit an sich immer kostspieliger wird, zum anderen aber auch, dass mehr Zeit investiert werden muss, um dem Hotelgast eine einmalige und individuelle Erfahrung bzw. Experience anbieten zu können (I4, 2021, Abs. 24; I6, 2021, Abs. 28; I7, 2021, Abs. 20; I8, 2021, Abs. 29; I9, 2021, Abs. 30):

> *„Es ist alles viel hektischer und schneller geworden."* (I6, 2021, Abs. 28)

Die Experten verweisen schließlich darauf, dass die Gästebetreuung teilweise als Partnerersatz angesehen wird, wenn es darum geht, deren Bedürfnisse zu erfüllen, was z. B. im Wunsch der Shopping-Begleitung deutlich wird (I8, 2021, Abs. 29).

Auch der Einfluss der Digitalisierung auf die Hotelgästebedürfnisse und das Hotelgästeverhalten ist für die Experten deutlich spürbar, sowohl aktuell als auch – in Erwartung weiterer Möglichkeiten der Digitalisierung – in Zukunft. Wie bereits beschrieben, wirkt sich dies aktuell vor allem im Bereich der Kommunikation, zum Beispiel via E-Mail und WhatsApp, aber auch bezüglich der Geschwindigkeit der Informationsbeschaffung über Google, TripAdvisor etc. aus (I1, Abs. 20; I3, Abs. 27; I5, Abs. 138; I7, Abs. 23). Des Weiteren betrifft dies auch die Erwartungshaltung bezüglich der Individualität der Betreuung und der Zuverlässigkeit der zu liefernden Ergebnisse (I2, Abs. 18; I3, Abs. 55; I4, Abs. 48; I4, Abs. 80; I6, Abs. 44). Diese müssen schnell zur Verfügung stehen, die Wünsche umgehend erfüllt werden, während der Concierge nach wie vor auch einen Vertrauensbonus in der Funktion als „Informationsfilter" genießt (I1, Abs. 20–22; I2, Abs. 18; I3, Abs. 27; I4, Abs. 20; I6, Abs. 26; I7, Abs. 18; I9, Abs. 34; I11, Abs. 46). Bis auf eine Ausnahme in Interview 7 (Absatz 61 bis 64) herrscht daher Einigkeit, dass sich die digitalaffinen Gäste durch ein erhöhtes Stressniveau und größere Ungeduld auszeichnen:

> *„(…) ich glaube, das ist die Ungeduld, das ist die Bereitschaft, sich mit Dingen auseinanderzusetzen […]. [Die Gäste] merken mittlerweile schon wieder, dass es nicht immer sehr hilfreich ist, wenn sie sich alles selber an Informationen aus dem Internet holen, weil sie dann doch letzten Endes die Qualität des dort Angebotenen nicht wirklich einschätzen können. Ungeduldig sind Sie auf jeden Fall, man ist der Meinung heutzutage, man kann wirklich alles innerhalb kürzester Zeit umsetzen. Ich bin auch der Meinung, dass manchmal Menschen auch ein bisschen, wie soll ich sagen, ich sage mal, in ihrer Ausdrucksform, in Form von Unzufriedenheit sich manchmal auch ein bisschen weniger im Griff hat als damals, um ehrlich zu sein. Und ich glaube, das ist jetzt weniger, dass es eine charakterliche Frage ist. Ich glaube, dass Menschen heute eher dazu neigen, sich stressen zu lassen.“* (I4, Abs. 80)

Auch wenn es unklar erscheint, ob diese Probleme auf besondere Weise mit digitalaffinen Hotelgästen zusammenhängen, so sehen es die Experten dennoch als ihre Aufgabe an, dem entgegenzuwirken:

> *„(…) der Gast will alles schneller haben, er ist mehr unter Stress sozusagen, man muss ihn immer erstmal abholen. […] die meisten Gästen werden immer abgeholt mit einer netten Begrüßung, in Anführungszeichen, dann kommen die erstmal langsam wieder runter. Also ich kriege es ja bei mir selbst mit, (…) das ist ganz nett, wenn man im Gespräch einen irgendwie abholt oder runterholt, also das merkt man ja selbst.“* (I11, Abs. 122)

In Zukunft, so die Vermutungen der Experten, werden allerdings noch weitere Entwicklungen der Digitalisierung zu erwarten sein, die Auswirkungen auf die Gäste haben werden. So kann es im Rahmen von Big Data möglich werden, unmittelbar die Dienstleistungsqualität auf die Hotelgäste abzustimmen, auch ohne die unmittelbare Unterstützung durch den Concierge:

> *„(…) es kann natürlich sein, dass man dann irgendwann Algorithmen findet, die das dann wirklich schaffen [und] dass mir dann mein Handy sagt, okay, so und so viel Verkehr ist es, stell dich darauf ein, das kann man dann natürlich vielleicht irgendwann auch im Sinne von Big Data dann steuern (…). [Zusätzlich wäre es vielleicht einmal möglich], dass ein System dann erkennt, gestern hat er Bayerisch gegessen, vorgestern das, heute ist höchstwahrscheinlich Italienisch oder so, und dann eine entsprechende Vorstellung, aber ich glaube, das dauert noch.“* (I7, Abs. 42)

Gleichermaßen ist auch eine weitere Automatisierung im gesamten Hotelbereich zu erwarten:

> *„Es werden neue Produkte hinzukommen. Es werden Roboter-Hotels entstehen, bin ich mir ganz sicher, und die werden auch ihre Fans haben. Ich werde auch bestimmt mal eins ausprobieren, sage ich ganz ehrlich, weil es mich einfach interessiert, einfach von Hotel-technischer Sicht her, aber der Gast hat eine größere Auswahl an Hotels und an Arten von Hotels, Einrichtungen, die er sich aussuchen kann, wo er seinen Aufenthalt verbringen kann, aber das klassische Hotel wird es immer geben, egal wie der Außenauftritt et cetera sein wird, die Abläufe werden dennoch ähnlich sein. (…) Aber an sich, die klassischen Positionen im Hotel werden immer bestehen bleiben in meinen Augen."* (I11, Abs. 322)

Auf den ersten Blick sollte diese Entwicklung für den klassischen Concierge eine potenzielle Bedrohung darstellen, allerdings sind die Experten alle der Überzeugung, dass das persönliche Verhältnis zwischen Hotelgast und Concierge nicht ersetzt werden kann und dass vor allem im Rahmen einer Automatisierung der Hotelier als persönlicher Kontakt einen besonderen Mehrwert für die Beziehungsqualität darstellen wird:

> *„[Es gibt Menschen, die finden es toll], dass es mittlerweile Hotels gibt, wo ich gar keinen Menschen mehr brauche, weil es gibt einfach bestimmt auch eine Zielgruppe, die darauf Lust hat, sei es preislich gesehen [denn Personalkosten sind immer mit einer der höchsten Kosten in der Hotellerie und werden auf die Preise umgelegt], oder sagen wir, weil ich keine Lust habe oder weil ich ein Technik-Freak bin. (…). Aber ich sage, ich glaube, der Gast, der dir wirklich, der sich was wünscht am Anfang, oder der/ es gibt aber auch den Anspruch, dass ich einem Menschen begegne, oder dass ich einfach in einem Hotel, ein Hotel ist nicht nur schlafen, in Anführungszeichen, sondern ich will da ankommen, und die Leute sollen mir meine ganzen Sachen am besten von den Augen ablesen, also diese Wünsche ablesen, dieser Grundgedanke Hotellerie. Also ich glaube, man braucht Hotellerie nicht versuchen jeden Tag neu zu erfinden, weil alle Technik, die man rein stecken kann in meinen Augen, ist ein Add-on."* (I11, Abs. 48)

5.5.7.2 Betreuungsintensität und Gästebetreuung

> *„Also die Gästebetreuung ist für mich ganz klar, ich bereite mich auf die Anreise von meinem Gast vor. Jetzt hier von Stammgästen, weil ich eben dementsprechende Vorlieben und nicht so gern gesehene Sachen einfach weiß, ja, bereite mich vor, weiß, er kommt morgen, ja, lasse mich beim Check-in rufen oder bin natürlich in der Lobby parat, aber ungefähre (unv.) Anreisezeit haben, und ab da beginnt, oder ab da beginnt dann die Betreuung vor Ort, sagen wir es mal so. Ja. Man kümmert sich um den Check-in von seinem Gast, begleitet ihn hoch, mit aufs Zimmer, nimmt sich gerne auch mal die*

Zeit für eine Tasse Kaffee, um vielleicht die neuen Sachen in der Stadt zu besprechen. Ja, das ist die Betreuung vor Ort, die unsere Stammgäste brauchen und wollen." (I1, Abs. 118)

Ohne Frage stellt die Betreuung der Hotelgäste eine Haupttätigkeit aus Sicht der Experten dar. Wie bereits vorher beschrieben, gestaltet sich diese im Wesentlichen in Form von Routine- und Sonderaufgaben. Auch wenn häufig betont wird, dass selbst die Routinetätigkeiten nicht mit standardisierten Aufgaben und Herangehensweise zu verwechseln sind (I6, 2021, Abs. 12; I7, 2021, Abs. 12), so entwickeln die Concierges dennoch ein bestimmtes Niveau in Bezug auf die Qualität der Interaktion mit den Hotelgästen, ohne diesen Standard negativ zu sehen (I8, 2021, Abs. 25). Dabei handelt es sich häufig um abreisespezifische bzw. andere organisatorische Aufgaben, um die regelmäßigen, immer wieder anfallenden Betreuungsleistungen, in Form von Dienst- und Serviceleistungen für die Gäste sicherzustellen (I1, 2021, Abs. 14; I2, 2021, Abs. 10; I3, 2021, Abs. 10; I4, 2021, Abs. 14; I5, 2021, Abs. 82; I6, 2021, Abs. 12; I7, 2021, Abs. 12; I11, 2021, Abs. 36), wie das Prüfen der weiteren Angebote wie Check-in, Valetparking[15] (I1, 2021, Abs. 14; I2, 2021, Abs. 10; I3, 2021, Abs. 10; I4, 2021, Abs. 14; I5, 2021, Abs. 82; I6, 2021, Abs. 12; I7, 2021, Abs. 12; I9, 2021, Abs. 12; I11, 2021, Abs. 36) oder die Organisation von Transfers und von solchen Anliegen, die noch im Rahmen der gewöhnlichen Hotelgästedienstleistung liegen (I3, 2021, Abs. 10; I4, 2021, Abs. 14; I5, 2021, Abs. 82; I7, 2021, Abs. 12; I9, 2021, Abs. 12; I11, 2021, Abs. 36). Speziellere Aufgaben beinhalten Tätigkeiten, die sehr vom individuellen Hotelgast abhängig sind und nicht jeden Tag anfallen, vor allem im Bereich bestimmter Besorgungen, Tourismus und Exklusivwünschen (I1, 2021, Abs. 16; I4, 2021, Abs. 16; I7, 2021, Abs. 16). Dennoch gehen die Gästebetreuung und die Intensität derselben weit über diese Aufgaben hinaus, können näher spezifiziert und im Rahmen dieser Arbeit eingeordnet werden. Aus diesem Grund wird dieser Themenbereich in die Hauptkategorien

1. Verständnis von Gästebetreuung,
2. Inanspruchnahme von Gästebetreuung,
3. Interaktionsverhalten (in der Gästebetreuung) und
4. Parameter der Betreuungsintensität (für die Gästebetreuung)

jeweils mit Unterkategorien analog vorangegangener Kapitel unterteilt und auch entsprechend in den Interviews abgefragt.

---

[15] Rangieren und Parkieren von Gästefahrzeugen in und aus der Einfahrts- bzw. Vorfahrtszone.

1. Verständnis von Gästebetreuung

> *„Ja, Gästebetreuung, Restaurants reservieren, Transfers, Flüge und das Alltagsleben der Gäste im Hotel, was da dazu gehört, ein Blumenstrauß, Theaterkarten, Probleme lösen, Medikamente, Arztbetreuung, dass wir immer mal wieder das empfehlen, auch im Notfall(unv.) und man sich dann um die Menschen kümmert, dann lernst du den ganz anders kennen, wenn dir ein Promi plötzlich kollabiert, und sagen wir, du leistest Erste Hilfe, und da ist der Concierge halt aufgrund von vielleicht auch seiner Erfahrung, das sind ja oft ältere Mitarbeiter im Hotel, im Vergleich zur Rezeption, erfahrener, dann auch da als Ansprechpartner zu dienen und man weiß, okay, der kann irgendwie alles, der Concierge, nicht nur/ ja, der verkauft nicht nur seine Theaterkarten, das wird zwar vielen Concierges nachgesagt, dass sie egoistisch sind sich eigentlich nur um ihren Gewinn oder um ihren Ertrag, oder ja, ums Geschäft kümmern, aber eigentlich, wenn man das richtig macht oder den Beruf lebt, glaube ich, dann geht das einher."* (I6, Abs. 20)

Im Rahmen des Verständnisses von Gästebetreuung wurden die Experten nach ihrer eigenen Definition bzw. ihrem eigenen Verständnis dieser gefragt und wo sie in diesem Zusammenhang ihre Routine- und Sonderaufgaben sehen. Interessanterweise muss hierbei angemerkt werden, dass manche Experten nicht zufrieden mit der Verwendung des reinen Begriffs „Betreuung" waren, da sie hierunter vielmehr die Betreuung von Personen mit speziellen Ansprüchen, wie beispielsweise in betreutem Wohnen, verstanden (I2, Abs. 44; I5, Abs. 202; I9, Abs. 129). Dieser Umstand konnte allerdings im Gespräch schnell korrigiert und mit dem Begriff Gästebetreuung konkretisiert werden. Für die Experten stellt sich die Gästebetreuung im Wesentlichen in einem Kümmern um den Gast vor, während und nach dem Aufenthalt dar:

> *„Also die Gästebetreuung ist für mich ganz klar, ich bereite mich auf die Anreise von meinem Gast vor. Jetzt hier von Stammgästen, weil ich eben dementsprechende Vorlieben und nicht so gern gesehene Sachen einfach weiß, ja, bereite mich vor, weiß, er kommt morgen, ja, lasse mich beim Check-in rufen oder bin natürlich in der Lobby parat, aber ungefähre (unv.) Anreisezeit haben, und ab da beginnt, oder ab da beginnt dann die Betreuung vor Ort, sagen wir es mal so. Ja. Man kümmert sich um den Check-in von seinem Gast, begleitet ihn hoch, mit aufs Zimmer, nimmt sich gerne auch mal die Zeit für eine Tasse Kaffee, um vielleicht die neuen Sachen in der Stadt zu besprechen. Ja, das ist die Betreuung vor Ort, die unsere Stammgäste brauchen und wollen."* (I1, Abs. 118)

Konkreter stellt sich dies interessanterweise häufig in Form von bedürfnis-bzw. anlassbezogenen Tätigkeiten dar, die für jeden Gast anfallen können und wie selbstverständlich vom Concierge übernommen werden:

„(...) man ist immer eigentlich die Ansprechperson, egal ob es eine andere Abteilung betrifft oder wirklich sein Bereich in der Loge. Dadurch sind die Gäste-Anfragen unfassbar vielseitig. Das kann von ganz normalem, täglichen Arbeiten sein, wie Zeitungen bestellen, ganz normale Transfers zu organisieren vom Flughafen oder vom Bahnhof, jegliche Hilfe dem Gast zu leisten bei sämtlichen Buchungen, die vorgenommen werden möchten, generell Gäste-Wünschen erfüllen, die bekanntermaßen sehr, sehr/ teilweise auch sehr ausgefallen sein können, aber natürlich auch administrative Aufgaben, wie eben diese Transfers zu verbuchen, beziehungsweise das gesamte (unv.) Staff, sprich, die Porters vor der Tür. Es kommt immer auf den Betrieb natürlich drauf an, aber auch das Valid-(unv.)Parking zu organisieren und eben dieses Team zu leiten. Sprich, man hat eben als Concierge auch eine leitende Funktion Mitarbeitern gegenüber, die man natürlich täglich motivieren muss und natürlich auch trainieren muss, damit auch gewisse Standards, die es natürlich in jedem Job gibt, beibehalten werden können und natürlich neue Mitarbeiter geschult werden und auch alte Mitarbeiter bei der Stange gehalten werden.“ (I2, Abs. 10)

Ganz generell lässt sich festhalten, dass neben konkreten, oft alltäglichen Tätigkeiten, vor allem Verantwortung und Sorge dem Haus und der Aufgabe und damit eben zu aller erst den Gästen und den Mitarbeitern gegenüber, in den Fokus gelangt (I2, Abs. 14; I3, Abs. 10; I4, Abs. 100; I6, Abs. 88; I7, Abs. 84; I8, Abs. 123). Dabei gibt es Grenzen, aber auch immer den Wunsch, das Ziel der Gästezufriedenheit zu erfüllen oder aber auch zu übertreffen (vgl. I1, Abs. 118; I2, Abs. 14; I3, Abs. 10; I4, Abs. 20):

„(...) Betreuung bis zu einem gewissen Maße. (...) es gibt auch Sachen, wo die Gäste was wollen, was ich eben nicht erfüllen kann. Da gehört natürlich, was Frauen anbetrifft und was Rauschgift anbetrifft, das sind Sachen, wo tabu sind. Da hört dann die Betreuung auf. Da kann man sagen, es tut mir leid, aber das können wir nicht machen. Aber sonst ist es eigentlich so, dass wir den Gast, dass er sich wohlfühlt soweit, dass er sagen kann, gut, ich werde in jeder Beziehung, auch in Sachen, wo man sagt, es würde mich eigentlich nichts angehen (...). Es geht schon ein bisschen mehr als Betreuung, weil normal müsste ich es nicht, aber ich finde, so wie die Situation war [Hinweis: Ein Gast hat seinen Reisepass verloren], denke ich mir, ne, dem muss ich helfen.“ (I3, Abs. 63)

Dieses beinahe ganzheitliche Verständnis von Gästebetreuung, insbesondere im Luxussegment der Hotellerie mit dem Ziel, Erwartungen zu übertreffen, wird begleitet durch einen hohen Anspruch an sich selbst und mit einer großen Identifikation mit dem Hotel und den Aufgaben, mit Stolz und auch Zeitaufwand über das übliche Maß hinaus zu begegnen (I5, Abs. 210; I6, Abs. 12; I6, Abs. 130 und 136; I8, Abs. 67). Insgesamt muss allerdings festgestellt werden, dass die Experten keine klare und einheitliche Definition des Begriffs Gästebetreuung im Kontext dieser Arbeit beisteuern, sondern diese lediglich umschreiben konnten.

1.1 Routineaufgaben

Wie bereits vorausgehend mehrmals festgestellt, begreifen die Experten Routineaufgaben als alltägliche Tätigkeiten, die unabhängig vom individuellen Gast vorkommen können, die einem bestimmten kategorie- bzw. betriebsspezifischen Standard entsprechen, deswegen aber nicht weniger ernst genommen oder unterschätzt werden. Häufig werden diese Routineaufgaben auch beispielhaft dazu verwendet, das Konzept der Gästebetreuung an sich zu verdeutlichen.

> *„[Routineaufgaben] sind zum Frühdienst, (…) dass um sieben die Übergabe steht. Das heißt, wir machen ein Morning-Meeting, wir briefen die Porter für wichtige Anreisen, wir besprechen Feedback aus dem letzten Tag und Sachen, die einfach für den Tag heute zu beachten sind, ja, und dann eben die Daily Tasks. Das heißt, ich konnte nur mit meinem Nachtportier, sind alle Zeitungen verteilt, ja. Wir schauen uns nochmal die Garage an für die Autos, ist alles richtig gebucht. Und so arbeiten wir uns dann eben weiter vor. Wir schauen zum Beispiel, im (unv.) haben wir Gäste auf Anreise. Wir checken auch das Business-Center, gehört zu unserem Teil (unv.). Wir schauen die Package-Handling-Liste durch, das heißt, kontrollieren, haben wir da einen Gast heute, der sich was schicken hat lassen. Das sind definitiv die Daily Tasks, was Tag für Tag gleich bleibt. Dann ein Morning-Meeting um zehn Uhr, diese ganzen Geschichten sind die täglichen Aufgaben, die unverändert sind jeden Tag."* (I1, Abs. 14)

Dieses Grundverständnis alltäglicher Betreuungsaufgaben, die vor, während und nach dem Aufenthalt anfallen, teilen die Experten einheitlich. Zu den Betreuungsaufgaben gehören demnach hauptsächlich das Willkommen-Heißen, das persönliche Gespräch mit Hotelgästen sowie oft die Organisation und Koordination der gesamten Tagesabläufe dieser, die Steuerung des Teams in und um die Loge bis hin zu Betreuungsaufgaben, die den Hotelgästen den Aufenthalt annehmlicher machen und auch direkt angefragt werden, wie touristische Aktivitäten, Leihwagen, Flugbuchungen, Tickets für Veranstaltungen, Restaurantempfehlungen und Reservierungen, aber auch Gespräche allgemeiner Art mit sehr persönlichen Inhalten (I2, Abs. 10; I3, Abs. 10; I4, Abs. 14; I6, Abs. 12 bis 14; I6, Abs. 20; I7, Abs. 12; I9, Abs. 12; I10, Abs. 52; I11, Abs. 36 bis 38).

1.2 Sonderaufgaben

> *„Also wenn ich anfange, Gästebetreuung als Routine anzusehen, dann, ja, verfalle ich in ein Schema, und dann vermittle ich halt nicht mehr das Gefühl einer persönlichen und individuellen Betreuung."* (I9; Abs. 16)

Aufgrund der Komplexität und häufigen Unvorhersehbarkeit selbst der Routineaufgaben können die Experten Sonderaufgaben häufig nur recht unscharf von expliziten Routineaufgaben unterscheiden (I4, Abs. 104; I8, Abs. 123 bis 125; I9, Abs. 113). Grundsätzlich handelt es sich dabei allerdings um Gästeanfragen, die zwar immer wieder vorkommen, sogar recht häufig, sich aber von den Routineaufgaben unterscheiden und auch voneinander in ihrer jeweiligen Ausprägung einmaligen Charakter haben und daher von den alltäglichen Routineaufgaben abweichen (I1, Abs. 16; I2, Abs. 14; I3, Abs. 11 bis 13; I7, Abs. 16; I9, Abs. 13). Beispielhaft beschreibt der Experte in Interview 3, Absatz 16 Folgendes:

> *„(...) es ist zwar zum Lachen, aber ich hatte gestern (...), [Gäste] die wollten eine Kuhglocke, aber nicht von irgendeinem Geschäft, von einem Bauern hier in Bayern. Dann habe ich einen Bekannten in Bad Wiessee, den habe ich angerufen und gesagt, du, ich brauche einen Bauern, der eine Kuhglocke verkauft. Da sagt er, ich verbinde dich mal mit dem Bürgermeister, der weiß ja am besten Bescheid, also haben wir mit dem Bürgermeister gesprochen, sagt der, ich gebe Ihnen jetzt eine Adresse, und da können die Gäste hinfahren, und das ist ein einfacher Bauer, aber da können die eine Kuhglocke kaufen, und das sind halt die Gäste, es war ein Amerikaner, mit der Limousine da hingefahren und haben da bei dem Bauern, die Kuhglocke kam dann wieder an, eine große, und haben natürlich gleich gezeigt, was sie da gekauft haben, und die waren ganz happy, dass Sie das gesehen haben, da ist wirklich der alte Bauer, und der hat so alte Kuhglocken noch gehabt, und da hat es gepasst. Es sind oft ganz eigenartige Sachen (...)“.*

Allgemeiner und dennoch exemplarisch stellt die Besonderheit und Unvorhersehbarkeit von Sonderaufgaben Interview 4, Absatz 16 dar:

> *„Ich habe mich schon, um den Versand, beziehungsweise um die Verschickung von lebenden Tieren gekümmert, von Jagdfalken, über Jagdhunde, bis Ziegen ist eigentlich alles dabei gewesen. Sonderanfragen sind im Mietwagen zu organisieren, und da meine ich jetzt nicht einfach nur einfach nur ein normales Auto, sondern halt eben Spezialfahrzeuge, Sportwagen, in irgendeiner Form, was Extravaganz sein könnte. Das gehört halt eben mit dazu. Es kann auch mal vorkommen, dass ein Privatjet organisiert werden muss. Es sind Dinge dabei und viele denken halt eben immer, es muss was ganz Außergewöhnliches sein, aber das liegt halt eben auch mal so ein bisschen im Auge des Betrachters, wenn Leute zu mir kommen und mir fünfhundert Euro in die Hand drücken und sagen, bitte kaufen Sie mir Weihnachtsgeschenke für meine Kinder, und auf meine Frage, was es sein soll, die Antwort ist, meine Tochter ist zwei, mein Sohn ist vier (...)“.*

Ähnliche weitere Beispiele für das Anforderungsprofil von Sonderaufgaben finden sich in der Regel anekdotisch in allen Experteninterviews wieder (unter anderem auch in I1, Abs. 16; I5, Abs. 108; I7, Abs. 16; I10, Abs. 300). Es erscheint daher geradezu typisch und charakteristisch für die Sonderaufgaben, dass diese nie vorab erwartbar sind und auch über eine Individualität und Intensität verfügen, die sich aus den Bedürfnissen bzw. -anlässen der Hotelgäste generieren. Gerade dies unterscheidet diese jedoch von den Routineaufgaben:

> *„Die Sonderaufgaben, die passieren eher spontan, auf die kann man sich auch nicht unbedingt vorbereiten. (...) es kann auch einfach mal sein, dass ein Privatjet schnellstmöglich gemietet werden muss, oder ein Gast hat irgendwo etwas in der Stadt verloren, und wir versuchen durch unsere Kontakte diesen verlorenen Gegenstand eben wieder zu bekommen, sprich, eigentlich fallen alle Aufgaben in den Gast-Service-Bereich, auf die man sich einfach auch nicht vorbereiten kann. Klar, es gibt immer ein gewisses Schema, was man abarbeiten kann, aber so unterschiedlich und so verschieden, wie die Menschen einfach sind, so sind die Gästewünsche, und eben der Job beinhaltet das einfach, jeden Gastwunsch zu verfolgen, und wenn möglich, natürlich auch zu erfüllen."* (I2, Abs. 14)

1.3 Erfahrungsausbau und Wissenserwerb

> *„Es ist auch ein ständig weitergehender Prozess, das heißt, Erfahrungswerte, Kontakte, Dinge, die man halt eben hat. Man hat da niemals ausgelernt, es geht immer weiter. Was man natürlich trainieren kann, gerade bei jungen Kollegen, ist, ihnen ein gewisses Maß an Erfahrung mitzugeben, was die Kommunikation mit Gästen angeht, was aber auch das Bearbeiten von Anfragen und Aufträgen angeht. Man kann ihnen Tipps geben, wie man sich mit einer Situation auseinandersetzt oder wie man damit umgeht. Die Erfahrung selber muss jeder für sich machen."* (I4, Abs. 114)

Eine wichtige Frage, die sich in diesem Zusammenhang stellt, ist, inwiefern gästezentriertes und häufig keinesfalls quantifizierbares und ausdefinierbares Verhalten berufsspezifisch überhaupt vermittel- und erlernbar ist. Insbesondere deshalb, da es sich hierbei – zumindest in Deutschland – nicht um klassische Ausbildungsinhalte handelt, worin sich die Experten im Wesentlichen einig sind und hauptsächlich auf zwingend notwendiges Erfahrungswissen verweisen:

> *„Ich denke, es ist vielleicht zum Teil auch eine Menschenkenntnis, die man hat oder auch nicht hat. Ja, einfach man muss sowieso von vorneherein den Umgang mit Menschen mögen, sonst wäre man in der Position total fehl am Platz. Ja. Ja, man muss vielleicht einfach genügend verschiedene Kulturen gesehen haben, bereist haben. Das sind einfach alles die kleinen Erfahrungen, die man aus solchen Sachen mitnimmt, die man dann, ja, umsetzen kann."* (I1, Abs. 150)

Einer hohen Bedeutung wird das Erfahrungswissen insbesondere im Umgang mit internationalen Hotelgästen bzw. interkulturellen Phänomenen beigemessen:

„*(…) Wie gesagt, da gib es einfach kulturelle Unterschiede, genauso wie zum Beispiel ein osteuropäischer Gast sehr schnell Ergebnisse haben möchte und es ihm eigentlich, oder beziehungsweise diese Leistung eher schätzt und eher honoriert als ein deutscher Gast, der vielleicht von Haus aus ein bisschen geiziger ist, so sind die Kulturen einfach ganz unterschiedlich.*" (I2, Abs. 63)

Im Kontext des Erfahrungsaufbaus und des Wissenserwerbs, insbesondere in der Gästebetreuung von internationalen Hotelgästen, wird interessanterweise auf ein beobachtetes anekdotisches Phänomen verwiesen, indem junge Hotelmitarbeiter mit wenig Berufserfahrung bzw. solche die frisch aus der Berufsausbildung kommen, kaum noch Auslandserfahrungen zum Zweck des Erfahrungs- und Wissenserwerbs mehr sammeln:

„*Ja, also was mich wundert, dass die jungen Leute nicht mehr so ins Ausland reisen wie zu meiner Zeit. Also es war so, bevor ein Concierge sich fest niedergelassen hat, war der mindestens in Italien, in Frankreich oder sonst wo, um das Land, die Sprache, und man lernt einfach mehr im Ausland, was die internationalen Gäste anbetrifft. Das empfinde ich heute, ist nicht mehr so. Es sind Leute, die Deutschen, die bleiben hier und machen Concierge und heiraten, aber mit Auslandserfahrung, wie das früher war, ist das nicht mehr. Na gut, waren viel asiatische, arabische Gäste, mit denen kannst du sowieso sprachlich nicht viel machen, aber es war zu meiner Zeit ganz anders, also jeder Concierge, (…), die hatten alle Auslandserfahrungen, und das war das A und O, bevor man überhaupt anfängt.*" (I3, Abs. 21)

Die Experten bringen schließlich auch zum Ausdruck, dass es im Kontext der Gästebetreuung stark auf die individuelle Gastgeberpersönlichkeit ankommt und deswegen zum Erfahrungslernen auch „Learning by Doing" gehöre (vgl. I2, Abs. 103; I6, Abs. 159 bis 162; I7, Abs. 128; I8, Abs. 71), was wesentlich zum Stolz und zur Berufshaltung beiträgt.

„*[Das] Feedback der Gäste ist wie der Applaus für den Sänger vielleicht nach seinem Konzert (…). Das ist das, was uns am Ende des Tages sagt, habe ich gut gemacht oder ist verbesserungswürdig, ja, also da zählt positive und negative Kritik mit rein, weil negative muss ich ja als Anreiz nehmen, mich genau in dem Punkt verbessern zu können, ja, zu schauen, okay, da war vielleicht, ist mir auch passiert in den Anfängen, dieses Restaurant (unv.) für den Gast. Die kam zurück, schreit mich an. Andere Gäste kommen aus dem Restaurant zurück und haben ein Grinsen in dem Gesicht. Ja, solche Sachen lernt man einfach, Learning by Doing.*" (I1, Abs. 166)

Dieses wird auch deutlich, wenn von einigen Experten die Schwierigkeiten junger Berufskollegen adressiert werden, deren Erfahrungswissen noch nicht ausreiche, womit ein Hinweis auf die Ausbildungslücken der hotelspezifischen Ausbildungsberufe vermutet werden kann (vgl. I1, Abs. 160; I2, Abs. 20, Abs. 93 und Abs. 97; I5, Abs. 165; I6, Abs. 162; I11, Abs. 198). In Bezug auf den Erfahrungs- und Wissensaufbau wird zudem festgehalten, dass „die jungen Leute nicht mehr so ins Ausland reisen wie in meiner Zeit" (I3, 2021, Abs. 21), sodass die jüngeren Generationen ohne Auslandserfahrung (Lehr- und Wanderjahre) in den Beruf des bzw. die Spezialisierung zum Concierge einsteigen. Da fehlende Auslandserfahrungen ursprünglich ein Ausschlusskriterium bei der Einstellung waren, was u. a. auch damit zu tun hat, dass im Beruf des Concierge ein hoher Kontakt mit verschiedenen Landesherkünften und Kulturen gegeben ist (I3, 2021, Abs. 21; I9, 2021, Abs. 30). „Das ist ganz (...) das Wichtigste (...), ich kann den Gast ganz anders einschätzen (...) das ist eine ganz andere Verbindung." Fehlende interkulturelle Kompetenzen müssten somit „on the Job" erworben werden, was aufgrund veränderter Gästeanforderungen teilweise sehr schwer möglich sei (I3, 2021, Abs. 23):

> *„Man wird dann einfach ins kalte Wasser einmal geschmissen, weil es muss wirklich schnell gehen. Die Fragen, die Routine muss schnell kommen, man steht relativ schnell alleine am Desk. Die Gäste haben es verdient, die dementsprechenden Antworten zu bekommen. Also das erste halbe bis dreiviertel Jahr war buckeln ganz einfach, selber Restaurants testen, sich an meine Head-Concieriges halten, an Freunde, die in dem Bereich tätig sind, alle Sightseeing-Optionen durchmachen, Museen durchmachen, weil ich finde, was man nicht selbst gesehen hat, kann man nicht verkaufen."* (I1, Abs. 24)

2. Inanspruchnahme von Gästebetreuung

Bezüglich der eigentlichen Inanspruchnahme der Betreuungsleistungen wurde insbesondere versucht abzuleiten, wie sich diese in die Kategorien Begleitung, Besorgung, Beratung, Beschwerde und/oder Begeisterung einordnen lassen. Im Folgenden wird dieser Gliederung gefolgt, auch wenn es manchmal zwischen diesen Kategorien zu Unschärfen und Überschneidungen kommt. Grundsätzlich herrscht jedoch darüber ein großer Konsens bei den Experten, dass die Einteilung in diese Kategorien durchaus angemessen ist und die Realität abbildet (I2, Abs. 47 bis 51; I5, Abs. 141). Interessanterweise werden für die Inanspruchnahme von Betreuungsleistungen von einigen Experten bereits interkulturelle Unterschiede angesprochen:

> *„Ich sage mal, sehr betreuungsintensiv sind amerikanische Gäste, ja, die brauchen einfach das Gefühl, gepampert zu werden, während sie da sind. Die wollen eben alles wissen, ja, und sind auch sehr, ja, die reden einfach gerne viel, und die Zeit muss man*

haben. Ja, dann habe ich meine arabischen Gäste vielleicht, also einfach nur um ein Beispiel vielleicht rauszunehmen, es ist natürlich nicht jeder aus der Nationalität so. Der kommt, sagt mir auf dem Tisch, was er haben will, das bekommt er, er bedankt sich, ich bedanke mich, und weiter geht es. Das ist ein ganz anderer Zeitfaktor. Also je nachdem. Oder auch, ich finde, deutsche Gäste sind auch sehr betreuungsintensiv, ja. Da müssen Sie auf die deutsche Genauigkeit gehen, auf die Pünktlichkeit." (I1, Abs. 140)

„Ein arabischer Gast würde sich auch den ganzen Tag einfach in die Lobby setzen und dort seinen Tee trinken und sich mit seinen Freunden und mit seiner Familie unterhalten. Ein deutscher Gast macht, den ganzen Tag in der Lobby zu verbringen ist eher unwahrscheinlich. Wie gesagt, da gib es einfach kulturelle Unterschiede, genauso wie zum Beispiel ein osteuropäischer Gast sehr schnell Ergebnisse haben möchte und es ihm eigentlich, oder beziehungsweise diese Leistung eher schätzt und eher honoriert als ein deutscher Gast, der vielleicht von Haus aus ein bisschen geiziger ist, so sind die Kulturen einfach ganz unterschiedlich." (I2, Abs. 61–63)

2.1 Begleitung

Im Rahmen der Gesamtbetrachtung der Unterkategorien von Betreuungsleistungen nimmt die Begleitung der Gäste eine wichtige Rolle ein. Ähnlich wie im Bereich der Beratung verstehen die Experten dies als eine Kernaufgabe ihrer Tätigkeit (I1, Abs. 126; I2, Abs. 91; I3, Abs. 63; I4, Abs. 82; I5, Abs. 230; I6, Abs. 96; I8, Abs. 29; I10, Abs. 160). Es ist dabei durchaus möglich, die begleitende Rolle der Experten als ein Element der Betreuung zu verstehen, das mit den anderen Betreuungsaufgaben wie Beratung, Besorgung Beschwerden und Begeisterung unmittelbar verknüpft ist. Letztendlich kommt es darauf an, nahe bei den Hotelgästen zu sein und physisch und emotional an dessen Anliegen beteiligt zu sein:

„Ich würde sagen, grundsätzlich, dass viele Menschen Bedürfnisse haben und nach einem einfachen Weg suchen diese zu befriedigen. Ich glaube, das ist immer noch geblieben, ja, dass Menschen einfach den persönlichen Kontakt immer noch schätzen. Eine Zeit lang hatte man das Gefühl, dass es so langsam weggeht, dass Menschen lieber in einem Hotel wohnen, wo sie mit wenig Personal Kontakt haben, aber gerade wenn man in einem Fünf-Sterne-Hotel wohnt, hat man den Anspruch, eigentlich mit relativ vielen Menschen Kontakt zu haben, die sich einfach um ihn kümmern." (I4, Abs. 82)

Es scheinen gerade die emotionalen Bedürfnisse der Gäste zu sein, die sich zunächst nicht explizit formulieren lassen, die bei der Begleitung eine entscheidende Rolle spielen:

> *„Wirklich alle menschlichen Bedürfnisse. Sorgen, Probleme, der Kümmerer kümmert sich und der löst das, also der Concierge, sage ich mal, (unv.) hat immer eine Aufgabe, dass man sich um den Gast kümmert und nicht, dass man froh ist, dass er jetzt das Weite sucht und weg ist oder vielleicht, man schickt ihn zu jemandem anderen, ne, dann kümmert man sich selber drum.“* (I6, Abs. 96)

2.2 Besorgung

Die Betreuungsaufgabe Besorgung erlaubt bereits eine Einordnung hierüber, was im Kontext der Expertentätigkeit darunter zu verstehen ist. Grundsätzlich beinhaltet es, nach deren Auffassung die physische Beschaffung aller möglichen Anfragen der Hotelgäste, sowohl im Routine- als auch im Sonderaufgabenbereich (I3, Abs. 10, 27 und 63; I6, Abs. 12, I7, Abs. 154; I8, Abs. 29 und 131; I9, Abs. 141; I10, Abs. 155). Hierunter fällt typischerweise die Organisation und Besorgung von Tickets oder von Gegenständen des täglichen Bedarfs aber auch Sonderbedarf, die Hotelgäste benötigen. Ein Beispiel aus dem Bereich der Besorgungsaufgaben hierzu findet sich in Interview 8, Absatz 29:

> *„Ich hatte halt einen Anruf bekommen von einer Assistentin, von einer englischsprachigen Dame, die war auf Geschäftsreise, ihr Gepäck ging verloren, und die Assistentin rief mich an, war super-glücklich, dass sie eine weibliche Concierge am Telefon hatte, weil die Anfrage ein bisschen delikat war. Es ging einfach nur da drum, aufgrund der Tatsache, dass die Gepäck verloren hatte, sie wollte einfach nur frische Unterwäsche haben, ganz normal, einen ganz normalen, einfachen Slip, einen einfachen BH und einfaches Hemdchen drüber, dass sie einfach was hat zum Schlafen in der Nacht, wo wir dann quasi ihre Wäsche einmal refreshen können, damit sie morgens wieder was Frisches anziehen kann. Sage ich, du, gar kein Problem, ich bin ja auch selbst losgegangen, (…) Also bin ich selbstlos, habe das kurz gekauft, auch nichts besonders Wertvolles jetzt, sage ich mal, ja, habe das dann im Housekeeping noch reinigen lassen, habe es auf das Zimmer gelegt, fertig, für mich war die Sache erledigt, die Assistentin war happy, der Gast war am Ende happy, dass sie frische Wäsche dort, die auch noch gewaschen war, dort liegen, hatte also einfach was Bequemes, für die Nacht anziehen konnte, was ich total nachvollziehen kann als Frau, ja, absolut.“*

Interessanterweise erscheint es zwar fraglich, ob es männlichen Concierges weniger möglich ist, spezifische Besorgungen von Frauen zu erfüllen, aber aus diesem Beispiel wird dennoch ersichtlich, dass auch Besorgungen mit geschlechtsspezifischen Ansprüchen von Hotelgästen einhergehen können und entsprechendes (interkulturelles) Einfühlungsvermögen benötigt werden.

2.3 Beratung

Eine weitere wichtige Aufgabe der Gästebetreuung findet sich nach den Angaben der Experten im Bereich der Beratung. Dies betrifft eine Vielzahl von Anliegen und Themenbereichen, beinhaltet im Wesentlichen aber die Beantwortung von konkreten Fragen und/oder Anlässen aus den typischen Bereichen der Routine- und Sonderaufgaben des Concierge, wie eine Empfehlung eines Restaurants, bestimmter touristischer Möglichkeiten, speziellere Problemlösungen, aber auch im Bereich persönlicher Anliegen und eines besonderen Gesprächsbedarfs (I1, Abs. 118 und 122; I2, Abs. 91; I5, Abs. 84 und 230; I6, Abs. 12; I8, Abs. 29; I10, Abs. 160). In Interview 3, Abs. 10, wird dies zunächst wie folgt ausgeführt:

> *„[Concierge Aufgaben beinhalten alles, was der Gast] möchte, was er unternehmen möchte, dass er die Stadt kennenlernen möchte, was er über einen Leihwagen braucht, ob er ins Theater gehen oder ins Restaurant gehen will, ob er Flüge umbuchen möchte. Also das ist eigentlich fast alles, was der Concierge machen muss, nicht nur (unv.) Schlüssel rausgeben oder reingeben, sondern er kümmert sich eigentlich um die Belange, die der Gast hat, nachdem er eingecheckt hat, es sei denn, er macht nur einen Besuch und besucht jemanden und sagt, ich fliege morgen wieder weg, aber sonst, muss man sagen, musst dich sehr kümmern um den Gast, dass er sich wohlfühlt wie zu Hause und sagt, ich komme gerne wieder, mir wurde in jeder Beziehung geholfen (...).“*

Die tiefere Komponente der Gästebetreuung wird in Interview 2, Absatz 91 ausführlicher dargestellt:

> *„(...) manche Leute suchen eben auch oftmals das Gespräch. Also ich glaube, der Job des Concierge ist neben dem Barkeeper teilweise auch, hat immer so einen psychologischen Aspekt, weil es gibt wenig Berufe, wo man so nah an Gäste herankommt, und wo sich teilweise die Gäste so persönlich öffnen als eben bei einem Betrieb an der Bar oder eben als Bezugsperson in einem Hotel. Die Gäste kommen oftmals auch eben hin und schütten dir das Herz aus, beziehungsweise haben da auch nicht mehr so die Hemmungen, wie wenn sie zum Beispiel in der U-Bahn stehen und nach Hilfe suchen. Das ist so, glaube ich, auch eben das Gefühl und die Art und Weise, man muss da natürlich auch sehr, sehr offen sein und den Leuten zeigen, dass man für die Leute da ist, und die Leute mir offenen Händen empfängt, aber deswegen würde ich sagen, dass der Hauptbegriff, als den wir uns definieren sollten, ist eben Gastgeber.“*

Beratung beinhaltet also weit mehr als Restaurantempfehlungen und Kenntnisse über geeignete touristische Attraktionen. Es geht um individuelles Einfühlungsvermögen, aufmerksames e Zuhören und die Erfüllung der expliziten und impliziten emotionalen Bedürfnisse der Gäste (I1, Abs. 126). Dabei geht es gewissermaßen um den Aufbau einer persönlichen Beziehung, um Hotelgäste besser betreuen zu können und um die Erwartungen zu erfüllen und vielleicht zu übertreffen.

2.4 Beschwerde

Trotz aller Bemühungen und einem grundsätzlich gästezentrierten Verhalten, das sich durch alle Gespräche mit den Experten zeigt, kommen Beschwerden immer wieder vor und fallen aufgrund ihrer Relevanz und möglicher Auswirkungen auf den Ruf des Hauses und der allgemeinen Gästezufriedenheit ebenfalls unter den Bereich der Betreuungsleistungen (I2, Abs. 48; I2, Abs. 49 bis 50; I5, Abs. 216; I7, Abs. 26). Damit zusammenhängend geht es häufig auch um die hohen Erwartungen, die die Gäste gerade im Bereich der Luxushotels stellen (I2, Abs. 49; I9, Abs. 141). Beschwerden können dabei im Kontext der Routine- als auch der Sonderaufgaben anfallen, wie folgende Beispiele zeigen:

> *„(…) dass sind so Sachen, wo die Routine eine große Rolle spielt, wie man selber ist, die Ruhe, und der Concierge soll eben Ruhe ausstrahlen, weil die Gäste kommen oft in Hektik rein, man weiß ja nicht, was (unv.) das Gepäck ist weg, das ist weg. Jetzt kommt er mit so einem Kopf. Jetzt wenn man da nur ein bisschen drauftritt, dann explodiert er. Also das heißt, der Concierge muss es schaffen, den Gast zu beruhigen und drauf aufmerksam machen, dass er sich um das und das alles kümmert, um sein Gepäck kümmert, um das kümmert, dass der wieder runterkommt, und dann sagt er am Schluss, wenn alles/ toll haben Sie es gemacht, toll.“* (I3, Abs. 111)

Die Experten bekräftigen nahezu übereinstimmend, dass es in der Gästebetreuung ganz wesentlich auf die Problemlösung ankommt (I5, Abs. 216; I7, Abs. 93; I11, Abs. 144). Dabei betonen die Experten schließlich, dass Beschwerden nicht zwangsläufig auf Probleme zurückzuführen sind, die durch Fehler des Concierge und/oder des Hotels entstanden sind. Dennoch sehen es die Experten als eine wichtige Aufgabe an, die Situation zu entschärfen, um Hotelgäste dennoch zufriedenstellen zu können. Dies betrifft auch und insbesondere Folgen von Fehlverhalten von anderen Hotelmitarbeitern:

> *„(…) da muss man sich die Zeit nehmen, und das ist halt die Kunst, ruhig zu bleiben, auch bei Reklamationen ruhig zu bleiben. Und das ist oft ganz schwierig, auch mal gerade, was Autos anbetrifft, der Page fährt den Wagen an die Wand und das dann dem Gast zu erklären in Ruhe, das ist also ganz schwer. Aber wenn der heute mit dem Koffer dasteht und will dann abreisen und sagt, wo ist eigentlich mein Auto und ich muss hingehen und dem erklären, der Porsche ist gegen die Wand gefahren in der Garage, dann sind es oft Sachen, wo man sagt, oh nein, (…) da muss man ruhig und freundlich bleiben, weil der Gast flippt ja aus. Es geht oft (unv.)an, die Gäste kommen rein, haben einen langen Flug und ich muss denen erklären, das Zimmer ist*

noch nicht fertig. Es artet wirklich aus, und da muss man, also Concierge ist dann die Routine, ruhig bleiben, den Gast an die Bar bitten, ein Glas Champagner anbieten, die Hausdame informieren, der Gast ist da, mach ein bisschen schnell, und da kommt es sehr viel darauf an, ob der Gast dann sagt, das haben die jetzt toll gemacht, oder dass er sagt, da brauche ich nicht mehr reinkommen, das kannst du vergessen hier.“ (I3, Abs. 109)

2.5 Begeisterung

Die letzte Betreuungsaufgabe wird durch die Begeisterung thematisiert. In Interview 5, Absatz 224 wurde explizit angemerkt, dass „Begeisterung“ als zusätzliche Komponente im Bereich der Betreuungsleistungen hinzugenommen werden sollte. Dies wurde in der Arbeit auch umgesetzt. Offensichtlich besteht ein wichtiges Bedürfnis der Experten und ihrer Arbeit darin, Erwartungen nicht nur zur erfüllen und zu übertreffen, sondern den Gast auch mit einem positiven, emotionalen Ergebnis zu binden:

„(...) man ist eigentlich relativ frei in dem, was man machen kann, weil man kann den Gast da abholen so ein bisschen, wo er ist, man kann ihn mitnehmen in seine Stadt und seine Stadt, sein Spirit ran bringen, lokale Sachen empfehlen, also man kann sich da relativ gut, man muss halt offen sein, sich darauf einzulassen, aber eigentlich ist man sehr, sehr frei in dem, was man mit dem Gast macht, also man kann ihn quasi nehmen wie so einen rohen Juwel und man kann ihn irgendwie schleifen, und dass da am Ende eine ganz, ganz tolle Experience raus kommt.“ (I8, Abs. 59)

Die Befriedigung emotionaler Bedürfnisse in Form von Begeisterung betrifft dabei alle Akteure und wird aus der Perspektive des Gastes wie folgt angenommen:

„Wir können uns nur, sagen wir mal, absondern von der grauen Masse, indem wir zum Beispiel bei einem Beschwerde-Handling anders reagieren als andere, und wie gesagt, das umschließt das/ also besser hätte ich es nicht sagen können, das sind genau diese fünf B‘s, um die es geht, und im Luxus-Segment erwarte ich Begeisterung als Gast (...).“ (I9, Abs. 141)

Allerdings scheint Begeisterung als Konzept auf einem gegenseitigen Verständnis zwischen Concierge und Gast zu beruhen, während in der Betreuung selbst ein vertrauliches und damit bindendes Verhältnis entsteht, das gleichzeitig auch ein bestimmtes Maß an Befriedigung für den Concierge darstellt:

„(...) die Gäste buchen mich ja als Tour-Guide und als Fahrer, und somit ist meine Zeit bezahlt und trotzdem habe ich eine Zeit und genieße das und lerne dazu, mache Führungen mit in Museen oder in, egal, Dachau, Konzentrationslager, es sind halt viele,

viele Sachen, die auch wiederkehrend sind, aber jedes Mal doch irgendwie anders, vom Wetter, vom Licht, von den Leuten und von den Erfahrungen, die man macht. Und das ist ja auch wichtig, dass du dich weiterentwickelst (…) und jetzt hatten wir eine Gruppe von Samsung, mit denen waren wir auf einem Hike in den Bergen oben jetzt im Schnee vor zwei Tagen, und das finde ich eigentlich auch ganz interessant, und so was fällt mir natürlich dann leicht zu organisieren, ich habe das Auto, ich habe das Knowledge, ich kenne die Leute, und dann kann ich es dann auch eben konkret anbieten und sagen, hey, wollt Ihr nicht mal, viele haben dann keine Zeit das zu organisieren, und ich habe trotzdem einen schönen Tag (…).“ (I6, Abs. 144)

Für die Experten ist Begeisterung demnach auf beiden Seiten des Dienstleistungsverhältnisses, wenn auch eher abstrakt bzw. übertragend beschreibbar und zu definieren, durchaus eine wichtige Komponente der Betreuung, als Ergebnis und im Sinne der Gästebindung (I3, Abs. 111; I7, Abs. 150; I8, Abs. 33; I10, Abs. 166 und 298):

„Ja, es inkludiert auch wirklich alles, was wir gerade im Luxus-Segment ja umsetzen wollen, es geht ja nicht nur um Betreuung und Besorgung, sondern es geht um begeistern, es geht um Beschwerde-Management. Fehler passieren überall auf der Welt, in jedem Hotel-Unternehmen und in jedem gastronomischen Bereich.“ (I9, Abs. 141)

3. Interaktionsverhalten (in der Gästebetreuung)

„Also ich fühle mich eher als Gastgeber. Also ich versuche, jedem unserer Gäste unser Hotel nahe zu bringen und jedem Gast ungefähr zu vermitteln, was wir mit unserem Service hier, und mit unserem Haus den Leuten vermitteln möchten, weil ich bin einfach auch der Überzeugung, dass Leute, die in ein Hotel kommen möchten, die Menschen kennenlernen, die dort hinter stehen, die möchten die Menschen kennenlernen und nicht irgendwelche antrainierten Philosophien, wie es zum Beispiel in großen Ketten der Fall ist. Dafür würde ich zum Beispiel nicht reisen. Ich möchte eher den Leuten Erlebnisse darbieten und Ereignisse zeigen. An Ereignisse und an Erlebnisse erinnert man sich. An Standards erinnert man sich nicht, die werden einem eingebläut, bleiben wahrscheinlich auch hängen, aber es sind keine Erinnerungsmomente. Also ich versuche, jedem Gast hier ein Moment zu schenken, an den er sich hoffentlich auch einfach noch in fünf Jahren erinnert und einfach, wenn er Fotos sieht oder den Namen München hört, beispielsweise dann, wenn er nicht an meinen Namen mehr denkt, zumindest an diesen Moment zu denken, um eben diese positive Assoziation damit zu verknüpfen. Also wir sind eher, ich versuche eher Gefühle da zu vermitteln, als eine Betreuung darzustellen.“ (I2, Abs. 46)

So bedeutend die Interaktion zwischen den Experten und den Hotelgästen in der Gästebetreuung, vor allem in Bezug auf die Beratung, Begleitung und Begeisterung bei allen möglichen Anlässen auch ist, so unterschiedlich und individuell können Interaktionen dabei auch im Einzelnen ablaufen. So ist es auch keinesfalls selbstverständlich, dass jeder Hotelgast eine direkte Interaktion im Rahmen der Gästebetreuung mit dem Concierge benötigt oder wünscht, die Verfügbarkeit dennoch immer gewährleistet sein muss, was letztlich der Hotelkategorie zuzubilligen ist (I6, Abs. 195; I7, Abs. 106; I7, Abs. 184; I9, Abs. 209). In Interview 4, Absatz 26, wird dieser Umstand wie folgt beschrieben:

> *„Ich glaube schon, dass die Gäste, die in einem Fünf-Sterne-Haus wohne, von vorneherein den Anspruch haben, stärker umsorgt zu werden, dass man ihnen Dinge abnimmt, dass man ihnen teilweise, ich sage jetzt mal zynisch gesagt, ein bisschen das Denken abnimmt, was ja auch total legitim ist, und dass sie das Bedürfnis, diese Masse an Service-Leistungen wenigstens zur Verfügung zu haben, ob sie sie jetzt letzten Endes nutzen oder nicht. Das sei jetzt mal dahingestellt, weil hin und wieder wohnt man halt eben auch in einem Hotel und hat keiner einen besonderen Wunsch, sondern man ist mit sich selbst im Reinen und man braucht halt eben auch nichts Weiteres, es ist auch nicht so, dass alle Gäste grundsätzlich zu uns kommen, aber die Gäste, die zu uns kommen, die sind oft Anspruchs/ na ja, betreuungsintensiver, weil sie einfach auch mehr Fragen haben, weil sie mehr Bedürfnisse haben in dem Moment."*

Zudem gibt es auch große Unterschiede bezüglich der kulturellen Eigenheiten der internationalen Hotelgäste (I6, Abs. 195; I10, Abs. 171; I10, Abs. 298; I11, Abs. 28), und zwar sowohl in Bezug auf den Verlauf der Interaktionshäufigkeit als auch die Interaktionstiefe, die vom Verlauf der regulären Geschäftswoche des Hoteltyps und dem Verlauf und des Aufenthaltszwecks eines jeden Hotelgastes individuell abhängig ist (I7, Abs. 106; I7, Abs. 184; I9, Abs. 209; I9, Abs. 225; I11, Abs. 28). Die grundlegenden Elemente des Interaktionsverhaltens in und um die Gästebetreuung und die Ermittlung der persönlichen individuell intensiven Gästebetreuung werden darum im Folgenden genauer betrachtet.

3.1 Anzeichen und Bereitwilligkeit der Annahme durch Hotelgäste

Wie bereits dargelegt, beschreiben die Experten durchaus existierende Unterschiede in Bezug auf die Bereitwilligkeit, Gästebetreuung durch den Concierge überhaupt anzunehmen. Hierbei werden insbesondere Unterschiede in Bezug auf den kulturellen Hintergrund und die Herkunft (zum Beispiel I2, Abs. 61 bis 63), den Zeitpunkt und Zweck des Aufenthalts (zum Beispiel I2, Abs. 66 bis 67; I3, Abs. 149), aber auch bezüglich vorhandener Hotelgästeerfahrungen mit dem Aufgabenbereich der

Experten bzw. bezüglich des Wissens darüber. Interessanterweise werden dabei hauptsächlich sozio-biographische Bezüge aufgezeigt:

> „(...) *ich glaube, es kommt da auch wieder darauf an, was für eine Erziehung diese Leute genossen haben. Ein Mensch, der/ oder ein junger Mann, der frisch verheiratet ist und noch nie in einem Fünf-Sterne-Hotel war, benimmt sich ganz anders als jemand, der schon mit drei Jahren jedes zweite Wochenende im Drei-Sterne-Hotel in Berlin war. Diese Leute haben dann eher noch eine gewisse Ehrfurcht und eine gewisse Distanz vor diesem ganzen Service oder vor der ganzen Dienstleistung, die dort erbracht wird, beziehungsweise weil sie es auch einfach nicht kennen.*“ (I2, Abs. 67)

> „(...) *ich bin da ein sehr großer Freund von, was diese ganzen Grundwerte oder diese ganzen Grundeigenschaften, die man dort hat, viel mit der Erziehung mitgegeben werden, dass viel durch die Erziehung, durch die Eltern weitergegeben wird und es eher dann später schwer wird, solche Sachen zu lernen. Ich meine, das ist ja ganz, der Begriff des Neu-Reichen ist ja mittlerweile auch komplett etabliert. Da gibt es natürlich auch sehr Unterschiede und diese Leute verhalten sich auch komplett unterschiedlich.*“ (I2, Abs. 71)

Es obliegt auch der Erfahrung der Experten, wahrnehmbare Anzeichen für die Bereitwilligkeit der Hotelgäste für die Annahme der Gästebetreuung festzustellen, auch wenn diese nicht direkt geäußert werden. Dabei könnte man gewissermaßen von der Königsdisziplin der Experten sprechen, die einerseits auf Intuition, Erfahrung, Empathie, aber auch „Trial-and-Error“ beruht (I1, Abs. 141; I1, Abs. 145; I1, Abs. 147; I3, Abs. 81; I4, Abs. 110 bis 111; I7, Abs. 108; I8, Abs. 165; I9, Abs. 171; I11, Abs. 190), als andererseits an der Bereitwilligkeit der Hotelgäste die Experten bewusst aufzusuchen und damit vorhandene Potenziale anlassbedingt zu nutzen:

> *„Na ja, ich habe es in den meisten Fällen mitbekommen, dass eben der Gast mich angesprochen hat. Also das ist eigentlich neunzig Prozent der Fälle so, weil die Gäste, die einen ansprechen, eigentlich wissen, dass man für sie da ist, und dass man für sie eben die Ansprechperson vorne ist. Die Kunst liegt, glaube ich, da drin, auch Leuten, die/ also man kann ja eine Dienstleistung immer nur so gut ausüben, wie das Gegenüber es schafft auszudrücken. Und manche Leute sind talentierter drin, diese Wünsche von den Augen vielleicht abzulesen als andere. Oftmals können manche sich nicht so gut artikulieren, beziehungsweise ihre Bedürfnisse darlegen, oder wenn man eben sich auch, deswegen, wie ich eben schon erläutert habe, dass ich oftmals auch ein Freund davon bin, mich durch das Haus zu bewegen, um eben den Leuten auch vielleicht behilflich zu sein, wenn sie gerade vor der Tür stehen und nicht weiter wissen, um einfach auch immer wieder zu versuchen, den ersten Schritt zu gehen, um vielleicht auch Probleme zu lösen, bevor sie überhaupt auftreten.*“ (I2, Abs. 73)

Interessanterweise stellen sich die Experten auch die Frage, ob unabhängig von der konkreten Kontaktaufnahme der Hotelgäste am Desk (und der unmittelbaren verbalen Äußerung eines Wunsches) Hotelgäste genauso bereitwillig für die Annahme der Gästebetreuung Frage, wenn diese proaktiv angeboten würde. Dabei gehen die Meinungen weit auseinander. So wird zwar einerseits auf dafür notwendige Eigenschaften wie Offenheit, Empfangsbereitschaft und Erreichbarkeit, hingewiesen:

> *„(...) es ist wichtig, dass man irgendwie auf den Gast zugeht und nahbar ist. Wenn ich jetzt an meinen Computer sitze (...) und sehe, es geht eine Tür auf, die Drehtür bewegt sich, dann schaue ich da nach oben, um zu sehen, was passiert. Kommt da, wenn es kalt ist, einer rein ohne Jacke? Okay, dann war der vielleicht gerade eine rauchen oder ich habe den Rauch gesehen, oder was weiß ich, also jede Bewegung, die ich sehe, da gucke ich hoch, schaue den Gast an und begrüße ihn auch, zumindest mit den Augen, oder sage, dass er da ist, und (unv.) und biete somit meinen Service, meinen Dienst an, auch wenn er nicht unbedingt weißt, wer ich bin, oder was ich mache. Der Gast, der sich aus-kennt, sieht die goldenen Schlüssel, der kennt das weltweit, (...). Man muss präsent sein. Wenn ich jetzt die ganze Zeit, weil ich keinen Bock habe, mit den Gästen zu reden, in den Computer schaue und rumtippe, dann denke ich dann noch, gut, der hat keinen Blickkontakt aufgebaut, dann nehmen die meine Search vielleicht auch nicht in Anspruch, also ich muss die ganze Zeit nett und nahbar wirken, damit er auch meinen Service in Anspruch nehmen will und auch nimmt.“* (I7, Abs. 106)

Andererseits wird jedoch oft auch eine eher pessimistische bis vorsichtige Sichtweise deutlich (I9, Abs. 175; I11, Abs. 194), wie auch im nachfolgenden Beispiel ersichtlich ist:

> *„Man muss ja ein bisschen vorsichtig dem Gast gegenüber auch sein, man kennt ihn nicht, man weiß nicht, wie er reagiert. Man erwartet, das ist eigentlich der Unterschied, wo ich im Service gemerkt habe, der Gast kommt zu dir, du musst nicht zu ihm kommen, und warum das so ist, ich meine, ja, also könnte ich auch nicht sagen, weil es steht ein Schild, Concierge, und der internationale Gast weiß, wenn er zu dir kommt, kriegt er die Auskünfte und kriegt er das alles. Sich zum Gast zu bewegen, finde ich nicht gut. Also das ist, ne, finde ich gar nicht gut, es sei denn, ich kenne die Gäste. Das ist wieder was anderes. Aber sonst muss man warten, bis der Gast zu einem kommt.“* (I3, Abs. 101)

Damit könnte im Grunde genommen gesagt werden, dass die Bereitwilligkeit der Annahme der Gästebetreuung hauptsächlich erst durch die Concierge mehr oder weniger proaktiv signalisiert werden muss, aber erst dann aktiv wird, wenn Hotelgäste selbst aktiv werden und wahrnehmbare Signale eines Betreuungswunsches senden (vgl. I7, Abs. 115 bis 116). Letztendlich spielt auch hier die kulturelle Komponente eine Rolle (I1, Abs. 140; I2, Abs. 54; I2, Abs. 61 bis 63):

3.2 Parameter zur Ermittlung der Betreuungsintensität

„Man merkt halt eben, es gibt halt eben Gäste, oder es gibt halt eben Menschen, die sind unorganisiert, die sind auch ein bisschen betreuungsintensiv dahingehend, dass sie halt eben viel Informationen brauchen, weil sie in der Fremde sind und sich halt eben nicht sicher sind, wie es vor Ort funktioniert, die halt eben sehr viel über Dinge nachdenken und halt eben eine sehr genaue Beratung brauchen, und es gibt manche Menschen, die sind halt eben einfach unkompliziert, die sind in der Betreuungsintensität halt eben nicht ganz so umfangreich. Also das ist sehr menschen-abhängig." (I4, Abs. 108)

Eine der großen Herausforderungen für die Experten ist die Ermittlung der individuellen Betreuungsintensität dahingehend, dass persönlicher Anspruch an diese Kompetenz nicht immer, insbesondere mit Umgebungsfaktoren, in Einklang zu bringen ist. Die Experten versuchen dennoch, diese Umstände besonders durch Erfahrungswissen auszugleichen. Dies wird auch in den nachfolgenden Parametern ersichtlich:

3.2.1 Faktor Zeit

„Betreuung ist für mich, dass ich eher auf individuelle Bedürfnisse des Gastes eingehe, dass ich mir die Zeit nehme, mit ihm zu reden, dass es erstmal mit einem langen Gespräch anfängt, um dann herauszufinden, was man will, und das ist also/ also Betreuung ist für mich in dem Fall salopp eine persönliche Betreuung, sei es jetzt im Voraus per E-Mail, oder da hat man ja auch die Namen drunter, begrüßt sie namentlich, einfach, also Betreuung ist für mich Zeit investieren." (I6, Abs. 84)

Der Faktor Zeit wird von den Experten eindeutig mit der Betreuungsintensität in Verbindung gebracht (I4, Abs. 152, I6; Abs. 218; I7, Abs. 170; I8, Abs. 37). So beziehen sich einige Experten deutlich auf den anfallenden Arbeitsanfall, der sich in jedem Betrieb individuell verhält und nicht auf übereinstimmende Tage festzulegen ist. So beschreibt z. B. Interview 1, Absatz 186, dass es sich vor allem bei Wochenenden um geschäftige Tage handelt, während Interview 3, Absatz 141 gegensätzlich Montage als besonders aufwendig beschreibt. Übereinstimmend werden jedoch die Sonntage aufgrund der langen Schlafzeiten der Hotelgäste und deren An- und Abreise als anstrengend dargestellt:

„(...) je näher das Wochenende kommt, desto mehr haben wir zu tun. (...) Am Montag, da haben wir 220 Anreisen und vielleicht zwanzig Gast-Interaktionen, also sehr, sehr

wenig. Wenn wir da eben unsere Business-Gäste haben, dann müssen wir schauen, dass das Gepäck auf dem Zimmer ist und fertig. (...) Dienstag, eigentlich jetzt auch nicht so viel, Mittwoch wird dann schon mehr. Donnerstag ist dann nochmal ganz viel für uns zu tun, weil die ganzen Stammgäste abreisen und man das Gepäck einlagern muss, es deutlich länger braucht als das auf das Zimmer zu bringen, weil da Housekeeping auch aktiv ist, weil, es ist ein Abreisetag, da wird viel einfach getan, und dann Freitag, Samstag hat man wirklich die Gäste, die für ein entspanntes Wochenende nach München kommen und viele Bedürfnisse haben, sei es jetzt Museumsöffnungszeiten, wo sind die Museen, wie komme ich hin, was sollte ich in München sehen, also ja, ist dann deutlich mehr (...).“ (I7, Abs. 170)

Weiterhin bemerken die Experten, dass der Faktor Zeit, als Kriterium zur Feststellung der individuellen Betreuungsintensität, durch betriebliche Standards (vgl. I8, Abs. 81; I11, Abs. 266; I.2, Abs. 46; I10, Abs. 142) mit verbindlichen Zeitvorgaben vorgegeben ist und sie diesbezügliche Probleme (z. B. durch den Arbeitsanfall und die einzuhaltenden Standards) oft gewissermaßen nur durch ihre Berufserfahrung und auch nicht immer zur Zufriedenheit der Gäste ausgleichen können (I8, Abs. 51 und Abs. 241; I10, Abs. 30 und 350; I11, Abs. 46 und Abs. 116):

„Ich finde, man hat in der Concierge-Position nicht immer die Zeit, um das Non-Plus-Ultra für den Gast zu geben. Ja, man erledigt die Arbeit, man erledigt sie gut, man übertrifft sie vielleicht, aber es fehlt einem die Zeit, einfach nachzuarbeiten mit dem Gast, ja, Follow-ups zu machen, solche Sachen kriegen wir leider nicht unter bei unserem täglichen Concierge-Business, (...).“ (I1, Abs. 12)

Interessanterweise verweisen die Experten in diesem Kontext auch darauf, dass auch Hotelgäste, aufgrund des Zeitdrucks, nahezu alle Phasen der Guest Journey ausnutzen, um eine optimale Gästebetreuung vorzubereiten und zu erhalten (I6, Abs. 30; I8, Abs. 239; I9, Abs. 227, I11, Abs. 132):

„Manche schreiben 45 E-Mails schon vor der Anreise.“ (I5, Abs. 228)

3.2.2 Faktor Interkulturalität

„Ja, wenn der Araber anruft, hello, how are you, how is the weather, der hat es ja gar nicht eilig. Das hört man auch durch das/ also Telefon stelle ich, also wenn man ja den Menschen kennt, hört man das da auch raus als wenn sie vor mir stehen. Dann kann ich die Analyse so machen, der hat keine Zeit und der steht jetzt einfach so lange, bis ich dem Hundert Möglichkeiten aufgezeigt habe.“ (I10, Abs. 334)

Wie auch in anderen Bereichen der Betreuung, so gibt es auch hier Unterschiede, die auf kulturelle Eigenheiten (I2, Abs. 54 bis 61; I3, Abs. 149; I4, Abs. 134; I5, Abs. 244; I6, Abs. 195 bis 202; I7, Abs. 184; I9, Abs. 237; I10, Abs. 171; I11, Abs. 230) bzw. daraus abgeleitete Bedürfnisse gewisser Nationalitäten zurückzuführen sind, wie auch am nachfolgenden Beispiel ersichtlich ist:

> *„Ja, arabische Gäste zum Beispiel sind extrem betreuungsintensiv. Weil die, habe ich das Gefühl, gewohnt sind, in den Hotels dort, sehr viel Personal zu haben. So, I need this, hier, making luggage und so weiter, und dann springen sofort, sage ich jetzt mal salopp, die Philippinos und machen das halt, und dann schwirren fünf Leute um die rum. Das haben wir hier nicht.“* (I7, Abs. 184)

So bedeutsam wie die Interkulturalität für die Gästebetreuung ist, so deutlich neigen die Experten zu Stereotypisierungen und Generalisierungen von Gästemerkmalen, insbesondere anderer Nationalitäten (vgl. I1, Abs. 140; I2, Abs. 59 und Abs. 62; I4, Abs. 142; I8, Abs. 147; I10, Abs. 174 und Abs. 176; I11, Abs. 234):

> *„Die Russen, die wollen mich nicht so sehen. Die Russen, also ich mache sehr viel mit Russen, die wissen, (…), die macht das alles, die schickt uns das alles per E-Mail. Die wollen gar nicht, dass ich so mit denen so ein bisschen Small Talk mache und so, wie die Araber.“* (I10, Abs. 176)

3.2.3 Faktor Emotion

> *„Na, das hat man eigentlich immer relativ schnell festgestellt. Entweder steht plötzlich ein aufgebrachter russischer Gast vor einem und schreit einen an, weil irgendwas nicht geklappt hat, oder eine Familie steht dort und freut sich so sehr, weil sie Tränen in den Augen haben, weil wir halt so einen tollen Familienurlaub einfach gezaubert haben. Also das Feedback kommt sehr schlagartig und es hat sehr viel auch mit Emotionen zu tun. Natürlich, manche Leute sind emotionaler, manche sind weniger emotionaler, manche definieren das natürlich auch über Trinkgelder, das ist auch kein Geheimnis.“* (I 2, Abs. 83)

Im Gegensatz zu charakterlichen Eigenschaften werden von den Experten zahlreiche emotionale Begebenheiten und Phänomene erwähnt, bei denen nicht eindeutig erkennbar ist, ob diese bedürfnis- oder anlassbedingt und/oder auf charakterliche Dispositionen beruhen. Die Bereitschaft, auf emotionale Bedürfnisse der Gäste einzugehen, wird dabei nahezu von allen Experten beschrieben und mit erkennbaren bzw. wahrnehmbaren Signalen (Sprache, Körpersprache, Gestik, Mimik) bekräftigt (I4, Abs. 148; I8, Abs. 67 und Abs. 191; I9, Abs. 16; I):

„Also ich glaube, der Job des Concierge ist neben dem Barkeeper teilweise auch, hat immer so einen psychologischen Aspekt, weil es gibt wenig Berufe, wo man so nah an Gäste herankommt, und wo sich teilweise die Gäste so persönlich öffnen als eben bei einem Betrieb an der Bar oder eben als Bezugsperson in einem Hotel. Die Gäste kommen oftmals auch eben hin und schütten dir das Herz aus, beziehungsweise haben da auch nicht mehr so die Hemmungen, wie wenn sie zum Beispiel in der U-Bahn stehen und nach Hilfe suchen. Das ist so, glaube ich, auch eben das Gefühl und die Art und Weise, man muss da natürlich auch sehr, sehr offen sein und den Leuten zeigen, dass man für die Leute da ist, und die Leute mir offenen Händen empfängt, (...).“

3.2.4 Faktor Geld (Luxus)

„Ich glaube in der Luxus-Hotellerie nein, ganz ehrlich, weil wir sehen ja hier diese fünf Sterne superior, wir haben die Gäste, die die Personal Attention brauchen, die einfach gerne ihr Schwätzchen halten mit jedem, den sie kennen im Hotel, deswegen glaube ich nicht, dass man solche Gäste jemals von dem stumpfen Online-Check-In überzeugen kann, ja, glaube ich nicht.“ (I1, Abs. 94)

Einen erkenntnisreichen Aspekt, den der Autor dieser Arbeit nur indirekt bedacht hat, ist die Einstellung der Experten zum Faktor Luxus und/oder Geld (I2, Abs. 40; I4, Abs. 16 Abs. 24 und Abs. 28; I8, Abs. 124; I9, Abs. 139; I10, Abs. 126). Dabei konstruieren die Experten einen Anspruch, indem sie übereinstimmen berichten, dass Hotelgäste ihrer Hotelkategorien das Recht auf eine individuelle Betreuung hätten (z. B. aufgrund der Zimmerpreise), in Abgrenzung zu einfacheren Betriebstypen:

„(...), weil die Erwartungshaltung eine andere ist und wenn man die Erwartung übertreffen möchte, dann spielen sich im Luxus-Segment andere Szenen ab und es gibt andere Situationen als jetzt, sagen wir mal, in einem Segment, die andere Bedürfnisse nur abdeckt, wie zum Beispiel einem Motel One, wo glaube ich die Erwartung ganz eine andere ist, aber auch da möchte ich natürlich, den Anspruch hätte ich als Gast, wenn ich in einem Motel One übernachte, trotzdem auch begeistert werde, aber es ist natürlich bei Weitem nicht so hoch angesiedelt, sondern ich freue mich dann, wenn man mich persönlich mit Namen anspricht, wenn man meinen Namen benutzt während der Aktion, wenn ich das Gefühl habe, (...), dem geht es tatsächlich jetzt gerade um mich als Person, als individuelle Person.“ (I9, Abs. 145)

Es erscheint gewissermaßen so, dass die Experten die grundsätzliche Vorannahme vertreten Hotelgäste der gehobenen Hotelkategorien seien aufgrund ihrer finanziellen Möglichkeiten per se betreuungsintensiver und hätten dazu auch das „Recht“:

> *„Ja, weil die Erwartungshaltung eine andere ist und wenn man die Erwartung übertreffen möchte, dann spielen sich im Luxus-Segment andere Szenen ab und es gibt andere Situationen als jetzt, sagen wir mal, in einem Segment, dass andere Bedürfnisse nur abdeckt, wie zum Beispiel einem Motel One, wo glaube ich die Erwartung ganz eine andere ist, (…).“* (I9; Abs. 145)

3.2.5 Faktor Feedback

> *„Das ist oftmals in den Hotels so, damit haben ja oft Hotels auch Probleme, dass die Gäste, die in den Hotelzimmern schlafen, den Aufenthalt ganz normal verbringen. Bei Check-out wird gefragt, hat alles gepasst, die Gäste sagen ja, und dann, zwei Tage später kommt eine E-Mail mit einer Riesenbeschwerde, was alles nicht gepasst hat, und man fragt sich, warum die Gäste nicht vor Ort was gesagt haben, und in dem Moment, wo das Problem aufgetreten ist. Aber da kommen wir wieder zu dem Punkt, dass man einfach versuchen sollte, Probleme zu erkennen, bevor sie überhaupt auftreten.“* (I2, Abs. 83)

Wie vorausgehend bereits angedeutet, ist es für die Gästebetreuung von größter Wichtigkeit, notwendige Diagnosefähigkeiten bezüglich der Notwendigkeit und expliziten individuellen Ausgestaltung der Betreuung von Hotelgästen vorzuweisen. Eine wichtige Frage an die Experten ist es daher festzustellen, wie der Erfolg der Gästebetreuung und damit der richtig ermittelten Betreuungsintensität nachgeprüft werden kann (vgl. I8, Abs. 205; I9, Abs. 189). In erster Linie spielen dabei das mehr oder weniger direkte Feedback der Hotelgäste (I1, Abs. 54 und Abs. 174; I2, Abs. 83; I4, Abs. 36), das Erfahrungswissen und die Intuition eine entscheidende Rolle.

> *„[Sicherlich ist es] meistens so, dass das Positive, kommt natürlich gut raus. Das Negative, das ist natürlich so eine Sache, wo sie einem das nicht sagen, weil das geht oft über Briefe and die Direktion, wo nicht nur einer persönlich, sondern die ganze Abteilung dann dran ist. Also das ist natürlich schon, wir haben Sachen gehabt, wo die Leute bis nach Monaco telefoniert haben (…) und sich über Kleinigkeiten beschwert haben, natürlich wenn das bis dahin geht (…) Also das sind dann schon Sachen, da kriegt man, natürlich wissen wir da nicht, wie man da handeln sollen, sollen wir es jetzt machen, sollen wir es nicht machen (…).“* (I3, Abs. 121)

Grundsätzlich sehen die Experten auch die üblichen schriftlichen und digitalen Rückmeldungen von Hotelgästen als Erfolgsbestätigung an (vgl. I1, Abs. 169 bis 171; I3, Abs. 121; I4, Abs. 121; I7, Abs. 158) auch wenn ihnen das direkte Feedback lieber wäre und sie auch alles Mögliche dafür tun, dieses zu erhalten (I1, Abs. 126 I8, Abs. 133, I9 Abs. 141I).

3.2.6 Diagnostisches Hilfsmittel zur Ermittlung der Betreuungsintensität

„Ja, das würde uns zu 110 Prozent wahrscheinlich helfen, weil das ist ja die beste Stütze, die man haben kann in dem Moment. Also wenn ich weiß, er braucht/sie braucht so und so viel Betreuung, ja, wenn ich das wirklich sehen kann vorab, dann/ (unv.) dem Gast ein Schritt voraus zu sein, ist vielleicht auch das Richtige, um ihm den dementsprechenden Service zu geben." (I1, Abs. 195 bis 198)

Auf die Frage, inwieweit ein diagnostisches Hilfsmittel die Diagnose der individuellen Betreuungsintensität unterstützen könnte, gehen die Antworten der Experten weit auseinander, wie an den zwei exemplarischen Beispielen sichtbar wird:

„Ich sage jetzt mal so, da ich so was bisher noch nicht gesehen habe und ich mir natürlich einfach sage, dass wir in einem so emotionalen Bereich tätig sind, wo es halt eben wirklich um Gefühle geht, wo es um menschliche Eigenschaften geht, wo es um Charaktereigenschaften geht, wo es um Bedürfnisse geht, sage ich mir, ich persönlich empfinde es als sehr schwierig, so was in Zahlen zu erfassen. (…)." (I4, Abs. 148)

Die Experten sind sich zwar grundsätzlich über die zu diagnostizierenden Gästebedürfnisse und -anlässe einig, den meisten fehlt diesbezüglich jedoch die Vorstellungskraft, wie diese messbar gemacht werden könnten (I4, Abs. 152; I7, Abs. 92; I4, Abs. 26; I6, Abs. 84):

„Na ja, also dass ich Bedürfnisse erkenne, bevor sie da sind." (I7, Abs. 92)

Grundsätzlich ist jedoch festzustellen, dass ein Großteil der Experten einem solchen Instrument allgemein offen gegenübersteht (I2, Abs. 101–107; I5, Abs. 248 sowie Abs. 258; I7 Abs. 200; I8; Abs. 181, Abs. 202 und Abs. 205; I10, Abs. 328; I11, Abs. 259):

„Ja, also vielleicht könnte man, wenn man Leuten einen gewissen, ja, (unv.) einen VIP-Code zuordnen würde in der Hinsicht, also der sich dann wirklich nach Betreuungsintensität ausrichtet, wäre eine Hilfe, dass ich sagen könnte, der bräuchte eine Fünf-Punkte-Betreuung und fünf, das machen die (unv.) und dann kommt einer, der braucht vielleicht nur, in Anführungszeichen, zwei Punkte. Ja, wenn man so in der Hinsicht einordnen kann, auf jeden Fall." (I1, Abs. 200)

Auch dieser Kontext wird mit dem emotionalen Wunsch nach Gästebindung und Gästebeziehung und damit elaborierten Erfahrungsstrategien begründet (I5, Abs. 255; I7, Abs. 197; I8, Abs. 193 bis 198; I11, Abs. 252):

> „*Wie gesagt, ich hoffe, dass die/ beziehungsweise ich glaube, dass die Beziehung teilweise noch intensiver sein wird. Es wird in der Masse gesehen, es wird schrumpfen, aber es wird intensiver werden, weil die Leute, die es weiterhin möchten, die werden es intensiver nutzen, und die Leute, die es eben nicht mehr möchten, die werden eben auf digitale Medien zurückgreifen.*" (I.2 Abs. 107)

5.5.8 Zusammenfassung und Interpretation der Experteninterviews

Nach Mayring besteht der letzte Arbeitsschritt bei der Auswertung der Experteninterviews in einer Form von theoretischer Generalisierung. Während andere Autoren diese Interpretation im Rahmen der Methodentriangulation als verzichtbar einschätzen (Meuser & Nagel, 2009), betont Mayring, dass die Entwicklung von Kategorien sowie die Identifikation von Mustern und Themen in den Daten nur ein erster Schritt sind, um zu einem tieferen Verständnis des untersuchten Phänomens zu gelangen. Die Theoriebildung durch die theoretische Generalisierung ist ein weiterer wichtiger Schritt, um über den spezifischen Datensatz hinauszugehen und breitere Aussagen zu machen (Mayring, 2015). Er betont jedoch auch, dass die Generalisierung in seiner Methodik nicht im quantitativen Sinne zu verstehen ist, wie es bei einer statistischen Verallgemeinerung der Fall wäre. Vielmehr ginge es darum, Konzepte und Zusammenhänge zu identifizieren, die über den spezifischen Datensatz hinaus Anwendung finden können, um wissenschaftliche Theorien entwickeln und erweitern zu können (Mayring, 2015). Zum besseren Verständnis orientiert sich die Interpretation der Experteninterviews an den Teilforschungsfragen.

5.5.8.1 Identifikation mit Betreuungsaufgaben

> „*Fachkräfte im Gastgewerbe empfinden es als Vorteil, ihre individuellen Fähigkeiten in ihre Tätigkeit einbringen zu können und keine genormten Tätigkeiten verrichten zu müssen. Je nach Tätigkeitsbereich haben die Arbeitnehmer im Gastgewerbe einen mehr oder weniger großen Spielraum, ihre Arbeit eigenständig zu organisieren. Hieraus resultiert ein hohes Verantwortungsgefühl für den eigenen Arbeitsbereich. Es besteht ein hohes Verantwortungsgefühl für Dritte, in diesem Fall für Gäste.*" (Elbe & Pohl, 1986, S. 65–66)

Die Ergebnisse der Experteninterviews zeigen, dass Hotelmitarbeiter die Bedeutung der individuell intensiven Gästebetreuung als persönliche Dienstleistung verinnerlicht haben und sich ihrer Bedeutung für das Wohlbefinden von Hotelgästen und deren Bindung an sie selbst und den Hotelbetrieb bewusst sind. Sie betreuen Hotelgäste sehr gern und versuchen alles im Rahmen der betrieblichen Angebote und darüber hinaus, um das Wohlbefinden der Hotelgäste zu unterstützen. Wie Anette Elbe und Gerd Pohl bereits 1986 in ihrer gastgewerblichen Studie zu den Arbeitsbedingungen feststellten, identifizieren sich Hotelmitarbeiter hauptsächlich über die Arbeit mit und an (Hotel)Gästen[16] (Elbe & Pohl, 1986). Die Attraktivität der persönlichen Gästebetreuung mit ihren vielfältigen Aufgaben trägt daher deutlich zur Attraktivität des Arbeitsplatzes Hotel bei, wird aber auch im Kontext von Konkurrenz gegenüber anderen Hotelabteilungen als Abgrenzungsmerkmal aufgefasst, indem insbesondere vorhandenes Gästewissen mehr oder weniger exklusiv bzw. eigenvorteilhaft eingesetzt und dem Hotelbetrieb als lernende Organisation nicht zur Verfügung gestellt wird.

Zur Lösung von anfallenden Schwierigkeiten (wie z. B. Arbeitsanfall, Personalmangel und vor allem Zeitmangel) kann aus den Experteninterviews herausgearbeitet werden, dass langjährige Hotelmitarbeiter mehrheitlich auf ihr erworbenes Erfahrungswissen zurückgreifen, womit sie einen bedingten Vorteil gegenüber jungen Berufskollegen haben, die aufgrund von fehlender Ausbildung in Gästebetreuung, in fachlicher (interkultureller) Gästekunde sowie in Gästepsychologie und Gästesoziologie mangelndes Erfahrungswissen kaum ausgleichen können und oftmals schwierigen Gästesituationen nahezu hilflos gegenüber stehen:

> *„Na, das hat man eigentlich immer relativ schnell festgestellt. Entweder steht plötzlich ein aufgebrachter russischer Gast vor einem und schreit einen an, weil irgendwas nicht geklappt hat, oder eine Familie steht dort und freut sich so sehr, weil sie Tränen in den Augen haben, weil wir halt so einen tollen Familienurlaub einfach gezaubert haben. Also das Feedback kommt sehr schlagartig und es hat sehr viel auch mit Emotionen zu tun.“* (I2; Abs. 83)

Die Experteninterviews bestätigen diesbezüglich zudem, dass die fehlende Ausbildung in der Gästebetreuung und allen anderen dazugehörigen Aspekten, welche die oft thematisierte ungleiche Dienstleistungsbeziehung im Hotelgewerbe

[16] In einer Befragung nannten die Arbeitnehmer des Gastgewerbes als Hauptgründe für ihre Arbeitsplatz- und Berufswahl: Freude am beruflichen Umgang mit Menschen, vielseitige und interessante Tätigkeit, guter Verdienst, Leute kennenlernen und Familientradition (Elbe & Pohl, 1986).

unterstützen, indem Unkenntnisse gepaart mit möglicherweise vorhandenen Stereotypen und Vorannahmen zu Verhaltensausprägungen gegenüber Hotelgästen führen können, die Overservicing-Charakter haben (Matzler & Stahl, 2000; Matzler et al., 2009) und oft im laienhaften Umgang mit Gefühls- und Emotionsarbeit einhergehen:

> *„Personenbezogene Dienstleistungsprozesse können daher nur gelingen, wenn sich die Beteiligten in gewissen Grenzen auf die Handlungslogik ihrer Interaktionspartner einlassen. Die dafür notwendigen Aushandlungsprozesse müssen im Gastgewerbe u. a. betriebswirtschaftliche Interessen oder bürokratische Vorgaben mit den lebensweltlichen Bedürfnissen der Gäste versöhnen."* (Goedicke & Beerheide, 2018, S. 19)

Das durch Trial & Error-Lernen aufgebaute Erfahrungswissen führt unweigerlich zu neuen Stereotypen und Vorannahmen einerseits wie auch zu Frustrationserlebnissen andererseits. Dabei geht es nicht ausschließlich um Situationen im Umgang von einheimischen Mitarbeitern mit internationalen Hotelgästen, sondern vielmehr auch um solche von internationalen Hotelmitarbeitern mit einheimischen und internationalen Hotelgästen. In Anbetracht der Ergebnisse aus den Experteninterviews kann deswegen festgehalten werden, dass fehlendes Fachwissen sowie fehlende emotionale, interkulturelle und diagnostische Kompetenzen nicht nur die Gästebetreuung und die Ermittlung der individuellen Betreuungsintensität schwierig gestalten, sondern zudem den Betreuungsaufwand steigern und kaum zum erwünschten monetären „Return on Invest", noch zum emotionalen „Return on Emotions" seitens der Hotelgäste führen können. Fehlende Mitarbeiter verschärfen die Arbeitsbelastungen deutlich wie ebenso die ohnehin oft knappen Zeitfenster zur Gästebetreuung und tragen nicht zu einem gästezentrierten Arbeitsklima bei. Darin ist auch ein Grund für die hohe Abbruchquote bei den Hotelberufen im Rahmen der dualen Ausbildung zu sehen, wie auch Florian Elsässer, Stefan Keller, Barbara Schlote-Sautter und Roger Giegrich in ihrer Ausbildungsstudie über das deutsche Hotel- und Gastronomiegewerbe hervorheben:

> *„Dies gilt im ähnlichen Maße für die Ausbildungsqualität, die sich auch in den Bewertungen der Ausbilder/-innen widerspiegelt. Im Verlauf der Ausbildung waren immer weniger Auszubildende davon überzeugt, dass ihnen die Ausbilder/-innen die fachlichen Inhalte verständlich vermitteln können. Das Gleiche galt in Bezug auf die Vermittlung der Begeisterung für den Beruf. Diese Ergebnisse erhalten noch einmal ein besonderes Gewicht, da die Bewertungen von den Auszubildenden erfolgten, die noch in der Ausbildung verblieben sind. Man kann vermuten, dass die Antworten der Auszubildenden, die tatsächlich die Ausbildung abgebrochen haben, noch extremer ausfallen würden."* (Elsässer et al., 2018, S. 142)

Die Experteninterviews zeigen fortführend deutlich, dass neben dem Personalmangel, insbesondere der Zeitfaktor ein anhaltendes Problem im Hotelgewerbe ist, indem Hotelmitarbeiter zu wenig Zeit für ihre Hotelgäste und damit auch zu wenig Zeit zur Ermittlung der individuellen Betreuungsintensität in allen Care-Phasen haben. Kerstin Guhlemann und Franziska Krüger charakterisieren deswegen auch die Arbeit im Hotel- und Gastronomiegewerbe als „Immer auf dem Sprung." (Guhlemann & Krüger, 2018, S. 107–132). Die Experteninterviews bestätigen zudem, dass insbesondere der unregelmäßige Arbeitsanfall, der Personalmangel als auch überfrachtete kategorie- oder betriebsspezifische Standards die tatsächlichen Betreuungszeiten erheblich minimieren und die Ermittlung der individuellen Betreuungsintensität im Rahmen der persönlichen Gästebetreuung als besonders problematisch erscheinen lassen:

> *„Ich meine, klar, mit meinen acht Stunden Arbeitszeit am Tag komme ich nicht aus, weil dafür die Gästefrequenz einfach zu hoch ist, weil viele Fälle halt eben doch schon echt zeitintensiv sind und ich manchmal natürlich auch der Meinung bin, dass ich gerne mehr Personal zur Verfügung hätte, um derartige Dinge zu bearbeiten."* (I4, Abs. 158)

Zu einem ähnlichen Ergebnis wie die Experteninterviews kommen auch Goedicke und Beerheide, indem sie darauf verweisen, dass Hotelgäste sowohl an den Hotelbetrieb als auch an die Hotelmitarbeiter (zeitliche und inhaltliche) Erwartungen und Forderungen stellen. Hotelmitarbeiter könnten zwar versuchen, Hotelgäste und ihr Verhalten, „im Sinne der effizienten und störungsarmen Abwicklung der Dienstleistung, im Sinne der Unternehmensziele oder auch im Sinne einer als sinnhaft- und abwechslungsreich erlebten Servicebeziehung, die Kompetenz und Expertise der Beschäftigten anerkennt und Produzentenstolz zulässt", zu beeinflussen, was jedoch wiederum mit hohem zeitlichem und persönlichem Aufwand seitens der Hotelmitarbeiter möglich sei:

> *„Beschäftigte wiederum müssen quasi zwei Herren dienen, deren Interessen typischerweise nicht übereinstimmen und sich sowohl mit dem Kunden als auch mit dem Arbeitgeber arrangieren. Das birgt Potenzial für Konflikte, aber auch für Sinnerleben und autonomes Handeln."* (Goedicke & Beerheide, 2018, S. 20)

Fehlendes Fachwissen über Hotelgäste, mangelnde interkulturelle und diagnostische Kompetenzen erhöhen somit den Zeitdruck eher noch massiv. Wie auch Elbe und Pohl feststellen, sehen jüngere Hotelmitarbeiter zwar die Bewältigung von Stress weniger als Beanspruchung, sondern als Bestätigung der eigenen Leistungsfähigkeit, betonen aber auch, dass nur aufgrund hoher Fluktuation und der ebenfalls beobachteten Abwanderung älterer Hotelmitarbeiter[17] stressuale Auswirkungen, z. B. gesundheitlicher Art, nicht bzw. nur teilweise sichtbar werden (Elbe & Pohl, 1986). In den Experteninterviews konturiert sich zudem, dass Attribute, wie „immer freundlich zu sein“ bzw. „immer für die Gäste da sein“ so tief verinnerlicht ist, dass entsprechende emotionale oder gefühlsspezifische Dienstleistungen im Rahmen der Gästebetreuung kaum als Arbeit an sich aufgefasst werden. Zu einem ähnlichen Ergebnis kommt auch Laura Dehmel, die unter Berufung auf zahlreiche Autoren auf die Notwendigkeit verweist, Gefühls- und Emotionsarbeit spezifisch auszubilden:

> *„Durch die konkrete Auseinandersetzung mit Strategien und das Aufzeigen von Möglichkeiten zur Beeinflussung und Kontrolle auftretender Emotionen können Beschäftigten Hilfestellungen gegeben werden, bewusst Emotionsregulationsstrategien anzuwenden und damit die Auswirkungen auf ihr psychisches und arbeitsbezogenes Wohlbefinden sowie das Wohlbefinden von Gästen im positiven Sinne zu beeinflussen. Ein konkretes Ziel sollte die Ermöglichung authentischer Emotionen sowie die Entwicklung von Strategien zur Erhöhung von Tätigkeitsspielraum am Arbeitsplatz sein.“* (Dehmel, 2015, S. 137–138)

Als konkretes Ergebnis der Experteninterviews kann dennoch festgehalten werden, dass Hotelmitarbeiter es als Vorteil empfinden, individuelle Fähigkeiten in ihre Tätigkeiten einbringen zu können, jenseits von zu engen Standardvorgaben ihrer Hotelbetriebe. Auch in diesem Kontext kann auf Elbe und Pohl verwiesen werden, die zu ähnlichen Betrachtungen kommen (Elbe & Pohl, 1986). Den Hotelmitarbeitern kann somit eine hohe Improvisationsgabe und Adaptionsfähigkeit nachgesagt werden, was auch mit den ungleichen technischen bzw. digitalen Ausstattungen der Hotelbetriebe bedeutet werden kann. Die Experteninterviews bestätigen dies, indem einerseits eine rudimentäre digitale Ausstattung (z. B. Hotelcomputer) bereits alltäglich erscheint, andererseits innovativere Produkte, die auch die Mobilität von Hotelmitarbeitern in der Gästebetreuung verbessern könnten, jedoch noch kaum vorhanden sind (dienstliche Tabletts, Smartwatches o. Ä.). Bestätigend zeigen sich dabei auch die persönlichen Lösungsstrategien, die Hotelmitarbeiter entwerfen und autonom ausnutzen, z. B. durch den Einsatz von privaten Endgeräten (Smartphones), um die individuelle Betreuungsintensität der Hotelgäste optimaler auszugestalten zu können. Problematisch dabei ist, dass das so generierte Gästewissen als persönliches Hoheitswissen und

[17] Im Sommer 2021 thematisiert eine gastgewerbliche Zeitung: „Mit 50 zu alt fürs Gastgewerbe?“ und stellt fest, dass ältere Hotelmitarbeiter trotz Fachkräftemangel nur eingeschränkte Anstellungschancen hätten, obschon insbesondere ihr Erfahrungswissen dringend gebraucht würde (Redaktion AHGZ, 2021).

kaum als Betriebswissen zu betrachten ist und damit mehr persönlichen Statusidealen dient als betrieblichen Interessen. Die Experteninterviews begründen diese Annahme, indem deutlich wird, dass Hotelmitarbeiter Veränderungen ihrer Hotelgäste im Zuge der Digitalisierung wahrnehmen und dabei spezifische Verhaltensweisen aber auch veränderte Bedürfnisse und Ansprüche beobachten, die einerseits Ängste bzw. Befürchtungen schüren, andererseits aber auch zu neuen Überzeugungen führen, die soziale Begegnungen mit Hotelgästen auch zukünftig notwendig und erwünscht erscheinen lassen. Zu einem ähnlichen Schluss kommt auch Karsten C. Rath, der feststellt, dass trotz Digitalisierung die persönliche Interaktion unersetzbar bliebe:

> *„In dieser Dualität von digitaler Selbstverständlichkeit und individueller Anspruchshaltung steckt eine Herausforderung der digitalen Welt, auf die es keine schematische Antwort gibt. Service wird durch die Digitalisierung nicht etwa einfacher, ganz im Gegenteil: Die digitale Erwartungshaltung kommt auf die Erwartung an die persönliche Interaktion noch obendrauf.“* (Rath, 2018, S. 91)

Eine deutliche Erkenntnis der Experteninterviews dazu ist auch die Überzeugung von Hotelmitarbeitern, dass die Individualität und die Intensität der Gästebetreuung von der Hotelkategorie und vom finanziellen Aufwand ihrer Gäste abhängen bzw. abhängen sollte. Sie sehen die persönliche Betreuung und die damit verbundene Anspruchshaltung ihrer Gäste in Hotels der Luxusklasse beinahe als Grundrecht an und ihre Arbeitgeber in der Pflicht, dafür entsprechende und konkurrenzfähige Rahmenbedingungen zu schaffen. Daraus kann schlussendlich gefolgert werden, dass Hotelmitarbeiter besser in Gästebetreuung (Fachwissen, emotionale, interkulturelle und diagnostische Kompetenzen) und der Ermittlung der individuellen Betreuungsintensität ausgebildet werden sollten, damit sie nicht Gefahr laufen, einmal durch Roboter ersetzt zu werden:

> *„Die Fünf-Sterne-Hotellerie wird sich aufgrund der Personalkosten in Westeuropa sehr schwertun, Stand zu halten. Also das, was wir in Anführungszeichen aus den Grand-Hotels kennen, das wird immer schwerer darzustellen, weil sie müssen es mittlerweile aufgrund der arabischen Gäste oder des Wandels der Gäste 24 Stunden am Tag anliefern und dann würden sie sich das Personal noch nicht mal leisten, beziehungsweise sie werden sich auch schwertun, das Personal zu finden, weil die Leute natürlich, man merkt ja diesen Wandel auch des Mitarbeiters. Es wird schwer, die Mitarbeiter auch dafür zu finden und zu begeistern. Es werden neue Produkte hinzukommen. Es werden Roboter-Hotels entstehen, bin ich mir ganz sicher, und die werden auch ihre Fans haben.“* (I11, Abs. 322)

5.5.8.2 Fachwissen und spezifische Kompetenzen

> *„Der Hotelier muss sich fragen, in welchem Bereich ein Mitarbeiter am meisten Nutzen stiftet. Man muss die Mitarbeiter beispielsweise dort einsetzen, wo sie eine Gastgeberrolle übernehmen. Alle anderen Arbeiten sollte man möglichst automatisieren oder digitalisieren."* (Küng, 2023, S. 18)

Berufliche Ausbildung, Spezialisierung und das Verbleiben in einem Hotelbetrieb gehören genauso zum notwendigen Erfahrungswissenserwerb wie berufsspezifische Auslandseinsätze. Die Experteninterviews zeigen deutlich, dass das so erworbene Erfahrungswissen langjährigen Hotelmitarbeitern erheblich bei der Ermittlung der individuell intensiven Betreuungsintensität und der darauf aufbauenden Gästebetreuung der internationalen Hotelgäste hilft sowie fehlendes Fachwissen bzw. fehlende Kompetenzen bedingt ersetzen kann. Dies fällt besonders bei den Verallgemeinerungen, den Generalisierungen und Stereotypisierungen von charakterisierten Hotelgästen auf, womit die latente Gefahr besteht, dass ein solches Laienwissen nicht nur in die Gästekarteien übernommen wird, sondern ebenso an Auszubildende und jüngeren Fachkräfte anekdotisch weitergegeben wird:

> *„Ich sage mal betreuungsintensiv, vor allen Dingen auch zeitintensiv sind oft die aus dem Mittleren Osten, ich sage mal, aus dem arabischen Bereich, arabische Gäste sind oft recht betreuungsintensiv, allerdings auch aus Nordamerika, im Speziellen der Vereinigten Staaten, die brauchen manchmal halt eben schon relativ viel Aufmerksamkeit. Das sind so diejenigen, wo ich sage, okay, da muss man auf jeden Fall mehr Zeit einplanen."* (I4; Abs. 142)

Die Expertengespräche zeigen darauf aufbauend auch, dass jüngere Hotelmitarbeiter, die noch nicht über ein solches Erfahrungswissen verfügen, im Rahmen der deutschen hotelspezifischen Berufsschulausbildung eigentliche keine Chancen haben, entsprechendes Fachwissen, noch emotionale, interkulturelle oder diagnostische Kompetenzen im Kontext einer professionalisierten Gästebetreuung aus der Perspektive von „Hospitality Reasoning" aufzubauen. Sie sind Hotelgästen mehr oder weniger sprichwörtlich ausgesetzt und erfahren die Bedeutung der individuellen Betreuungsintensität nahezu ausschließlich über simultanes Trial & Error-Lernen in der Interaktion mit ihren Hotelgästen. Für diese Annahme spricht auch der Umstand, dass die Experteninterviews zeigen, dass Hotelgäste ihre Betreuungswünsche nicht wie in anderen Dienstleistungsberufen an berufliche Qualifikationen richten („Meister-Service"), sondern an gerade verfügbare bzw. identifizierbare Hotelmitarbeiter adressieren:

> *„Man wird dann einfach ins kalte Wasser einmal geschmissen, weil es muss wirklich schnell gehen. Die Fragen, die Routine muss schnell kommen, man steht relativ schnell alleine am Desk. Die Gäste haben es verdient, die dementsprechenden Antworten zu bekommen.“* (I1; Abs. 24)

Die damit verbundenen Folgen können für alle Seiten erheblich sein, indem damit verbundene Reaktionen nicht ausreichend gedeutet werden und zu Irritationen führen, sondern ebenso unmittelbaren Einfluss auf die Arbeitsmotivation der ausführenden Hotelmitarbeiter haben können und infolgedessen auch die zufriedenheitsbasierte Gästebindung wie auch damit auch die Beziehungsqualität zwischen Hotelgästen, Hotelmitarbeitern und Hotelbetrieb als langfristige Folge tangieren. Erschwerend hinzu kommt die Erkenntnis aus den Experteninterviews, dass Hotelgäste zwar grundsätzlich immer noch ihre aufenthaltsbezogenen Befindlichkeiten und Erlebnisse verbal als auch schriftlich festhalten bzw. mitteilen, die dafür notwendigen Übermittlungskanäle inzwischen sich evolutionär verändert haben und Hotelgäste zunehmend weniger das (immer noch) erwünschte direkte Feedback abgeben:

> *„Ja, der Vorteil einfach in Anführungszeichen, die Gästebindung. Man hat da einfach positives Feedback erfahren, damals noch weniger über Sachen wie Tripadvisor et cetera, sondern einfach, man hat erfahren, die Stammgäste waren froh, es war ein Wiederkennungsfaktor.“* (I11; Abs. 12)

Aus den Experteninterviews kann somit herausgearbeitet werden, dass Hotelmitarbeiter, denen es insbesondere präsenzbedingt nicht gelingt, die individuelle Betreuungsintensität ihrer Hotelgäste zu ermitteln, somit immer Gefahr laufen, sowohl von Hotelgästen als auch der digitalen Öffentlichkeit und infolgedessen vom Hotelmanagement abgestraft zu werden. Die Experteninterviews zeigen damit auch, dass Hotelmitarbeiter Feedback-konditioniert sind und die Betreuungsintensität mehrheitlich retrospektiv aus dem zurückgemeldeten (reporteten) Ergebnis ableiten, während sie aufenthaltsspezifisch immer in einer Art von Unruhezustand arbeiten, ob ihre Betreuungsbemühungen von Erfolg gekrönt sind:

> *„Und das nimmt natürlich, sage ich mal, dem Concierge Chancen weg, einen Gast auch wirklich kennenzulernen, ja, das sehe ich eben noch als schöne Herausforderung, um für den Gast was zu tun, und dann auch, wenn er zurückkommt, ein hoffentlich positives Feedback zu kriegen, dass es ihm gefallen hat, und dann weiß ich auch als Bestätigung, dass ich meinen Job halt richtig mache, weil die Bestätigung, die kriegt man eigentlich nur vom Gast und in zweiter Linie gelegentlich dann von Vorgesetzten, und das ist ja auch wichtig, dass das einen motiviert, seinen Job gut zu machen, und das waren eigentlich immer natürlich auch die Kollegen, aber eigentlich mehr die Kollegen und*

die Gäste als die Vorgesetzten, weil das so als selbstverständlich vorausgesetzt wird, dass der Concierge halt einen guten Job macht und vielleicht deswegen auch ein paar Freiheiten genießt, dass er vielleicht nebenbei noch sich was dazuverdienen kann, dass man das vielleicht toleriert, aber weiß ich nicht, wie das ein Direktor sieht.“ (I6; Abs. 26)

Da Hotelgäste nicht befragt werden, wie betreuungsintensiv sie sich einschätzen bzw. wie intensiv sie betreut werden wollen und Hotelmitarbeiter hierarchisch mehr oder weniger strikt an Anweisungen gebunden sind, entstehen oft innerliche Widersprüche[18], die durch die Erfüllung solcher Zeitvorgaben, z. B. in Mystery-Checks, unterdrückt werden und die standardisierte Betreuung als Erfolgsmodell gegenüber der individuellen Betreuung positionieren sollen:

„Ich bin zwar auch einerseits ein Fan von Standards, einem gewissen Standard, in Anführungszeichen. Standard als Gerüst ist nicht schlecht, aber ich sage, dabei bitte auf ein Minimum beschränken.“ (I11; Abs. 266)

Gleiches gilt auch für besondere Hotelgäste (VIP-Gäste), für die zumeist konkrete und individuelle Betreuungsintensitäten in allen Care-Phasen vom Hotelmanagement festgelegt werden. Diese müssen von den Hotelmitarbeitern ausgeführt werden, ohne dass sie relevante Optionen haben diese zu korrigieren bzw. professionell deren Wirksamkeit überprüfen zu können.

Die Experteninterviews lassen dabei auch erkennen, dass Hotelmitarbeiter die Bedeutungen der Guest-Journey-Phasen und die Potenziale der Care-Phasen zwar grundsätzlich kennen, jedoch aufgrund von Arbeitsbelastung, Personalmangel etc. kaum Möglichkeiten haben, ihre Betreuungsleistungen auf die Nicht-Präsenz-Phasen auszudehnen. Damit kann die Notwendigkeit erklärt werden, die persönliche Gästebetreuung auf möglichst viele Abteilungen auszudehnen und die Diagnoseergebnisse zentral in der Gästekartei zu bündeln. Auch in diesen Aspekten könnte eine fundierte Ausbildung in Gästebetreuung erkennbar Abhilfe schaffen, womit letztlich gefolgert werden kann, dass einerseits emotionale und

[18] „Ich möchte eher den Leuten Erlebnisse darbieten und Ereignisse zeigen. An Ereignisse und an Erlebnisse erinnert man sich. An Standards erinnert man sich nicht, die werden einem eingebläut, bleiben wahrscheinlich auch hängen, aber es sind keine Erinnerungsmomente. Also ich versuche, jedem Gast hier ein Moment zu schenken, an den er sich hoffentlich auch einfach noch in fünf Jahren erinnert und einfach, wenn er Fotos sieht oder den Namen München hört, beispielsweise dann, wenn er nicht an meinen Namen mehr denkt, zumindest an diesen Moment zu denken, um eben diese positive Assoziation damit zu verknüpfen. Also wir sind eher, ich versuche eher Gefühle da zu vermitteln als eine Betreuung darzustellen“ (I 2; Abs. 46).

interkulturelle als andererseits auch diagnostische Kompetenzen von Hotelmitarbeitern im Kontext von Hospitality Reasoning dazu beitragen könnten, vom Hotelmanagement festgelegte individuelle Betreuungsintensitäten zu verifizieren oder zu falsifizieren, zu optimieren und zu individualisieren. Hotelmitarbeiter hätten damit auch ein Instrument an der Hand, um der (kostenintensiven) Gefahr von „Overservicing“ entgegenwirken zu können (Hinterhuber & Matzler, 2009b). Die sich daraus ergebenen Potenziale könnten sich positiv auf die kurzfristige Gästezufriedenheit als auch die langfristige Gästebindung und die einhergehende Beziehungsqualität zwischen allen Akteuren auswirken, da Hotelgäste das Gefühl optimal entwickeln können, dass ihre Bedürfnisse und Anliegen ernst genommen werden und dass sie eine persönliche Beziehung zu dem Hotelbetrieb oder Hotelmitarbeitern haben können, die sie individuell betreuen. Ebenso positive Auswirkungen sind für Hotelmitarbeiter auszumachen, indem eine gästebetreuende Professionalisierung ein berufliches Alleinstellungsmerkmal gegenüber anderen Dienstleistungsberufen und ungelernten Arbeitskräften darstellt und zur Attraktivität von Hotelberufen beiträgt. Der professionelle Umgang mit individuellen Betreuungsintensitäten von Hotelgästen würde somit auch zu einer höheren Akzeptanz der hotelspezifischen Berufsbilder bei den Hotelgästen führen, könnte aufenthaltsspezifische Unsicherheiten abbauen und zum Wohlbefinden dieser beitragen. Die Experteninterviews bestätigen damit auch, dass die Individualisierung der Betreuungsintensität für Hotelgäste letztlich nicht nur zu einer anderen betrieblichen Betrachtung von Kosten und Ressourcen führen kann, sondern auch Chancen birgt, neue hotelspezifische Unternehmenswerte wie den „Return on Emotion“ zu beachten und Standardisierungsprozesse so zu innovieren, dass diese im Kontext von „Guest Care“ und „Guest Centricity“ tatsächlich im Einklang mit Bedürfnissen und Erwartungen der Hotelgäste sowie den Unternehmenszielen und -ressourcen einhergehen, was auch Brigitte Küng in ihrer Zukunftsprognose bestätigt:

> *„Die authentische Atmosphäre und die Gastlichkeit dürfen bei der Digitalisierung und Automatisierung nicht verloren gehen. Überall wo es um die Willkommenskultur geht, beispielsweise im Restaurant oder bei der Gästeberatung, erhalten die Mitarbeitenden ein höheres Gewicht.“* (Küng, 2023, S. 18)

5.5.8.3 Bedeutung der individuellen Betreuungsintensität

> *„Gastgewerblich Beschäftigte sind im Kundenkontakt in Erwartungen, Aushandlungsprozesse, Formen der Kontrolle, Unterordnung und Anerkennung eingebunden, die sich nicht allein aus ihrem Angestelltenstatus im Betrieb, sondern auch aus ihrer Interaktion mit den Gästen ergeben. Diese treten als ‚dritte Partei‘ in den Leistungsprozess*

ein. Zwischen den Dienstleistenden, dem Dienstleistungsunternehmen und den Kundinnen/Kunden entsteht eine triadische Beziehung, in der sich formale und informelle Rollen sowie unterschiedliche Entscheidungs- und Handlungslogiken überlagern.“ (Goedicke & Beerheide, 2018, S. 20)

Die Experteninterviews lassen erkennen, dass Hotelmitarbeiter die Ermittlung der individuellen Betreuungsintensität dezentral an verschiedenen betrieblichen Standorten durchführen, womit deutlich wird, dass auch die damit verbundene Gästebetreuung dezentral und abteilungsspezifisch mit unterschiedlichen Betreuungsschwerpunkten angeboten und operativ ausgeführt wird. Die dazugehörigen Interaktionsorte, die Touchpoints, haben dabei jeweils einen anderen Charakter und sind einmal mehr als ausgeprägte Points of Sales mit geringeren individuellen und ein anderes Mal mehr als ausgeprägte Points of Care mit umfangreicheren Betreuungsanteilen aufzufassen. Es bestehen somit grundsätzlich für alle operativen Abteilungen hinreichende Betreuungspotenziale, weswegen die Bedeutung der individuellen Betreuungsintensität von Hotelgästen zunächst abteilungsspezifisch aufzufassen ist, in der Wirkung jedoch eine summarische Gesamtleistung darstellt.

Aus den Experteninterviews konnte herausgearbeitet werden, dass sich Hotelmitarbeiter unterschiedlicher Gästeanlässe und Gästebedürfnisse sehr wohl bewusst sind, diese jedoch hauptsächlich situativ und monokausal bearbeiten, da ihnen – je nach Ausbildungs- und Erfahrungswissensstand – ein ganzheitlicher und mehrdimensionaler Betrachtungshorizont nahezu fremd ist.

„Ich würde sagen beraten und begleiten, ja. Zu Beschwerden soll es ja eigentlich nicht kommen, aber wenn, dann muss man sie natürlich auch dementsprechend abfangen und eine Lösung finden. Aber beraten und begleiten, das ist, was ein Gast sehen will, der zu uns kommt, ja, der das erste Mal in München ist, der einfach auf unsere Hilfe, auf unsere persönliche Hilfe angewiesen ist. Ja, der holt sich die dementsprechende Beratung. Aus der Beratung machen wir dann die Begleitung, also setzen seine ganzen Tage auf, erzählen ihm, was er sehen soll, was er sehen muss, schauen, an was er interessiert ist, um eben dementsprechend gestalten zu können, und dann ist man für den Gast eben während seines Aufenthalts da.“ (I1; Abs. 126)

Dies liegt nicht nur an den bereits bezeichneten fehlenden Ausbildungsinhalten, sondern auch an kategorie- bzw. betriebsspezifischen Unternehmensphilosophien. So zeigen die Experteninterviews deutlich, wie auch Goedecke und Beerheide feststellen, dass sich gästebetreuende Hotelmitarbeiter ständig in einem latenten Konflikt zwischen Verkaufs- und Effizienzorientierung auf der einen Seite sowie Professionalität und Gästeorientierung auf der anderen Seite befinden und nicht gästezentriert agieren können (Goedicke & Beerheide, 2018).

> *„Wie solche potenziell widersprüchlichen Handlungsorientierungen in der Praxis ausbalanciert werden sollen, regeln Dienstleistungskonzepte der Unternehmen, die in vielen Betrieben allerdings informell bleiben. Diese Konzepte können funktionalistisch auf Selbstbedienung setzen, oder sie können interaktionsbezogen eine einheitliche Behandlung der Gäste durch festgelegte Verfahren vorgeben, oder sie können interaktionsbezogen das subjektivierte, situative Handeln der Beschäftigten unterstützen."* (Goedicke & Beerheide, 2018, S. 21–22)

In Anbetracht dieser Annahmen lassen sich auch Untersuchung von Marek Korczynski und Stefan Voswinkel bestätigen und auf die Gästebetreuung adaptieren. Wie in den Experteninterviews verorten die Autoren eine Differenz zwischen Service (hier die Gästebetreuung) und Verkauf. Sie betonen, dass Service (hier Gästebetreuung) in der Dienstleistungsarbeit die Entwicklung von Kundenempathie (als Fähigkeit, zeitweise die Perspektive des Kunden sich zur eigenen zu machen), während Verkauf nur eine rein instrumentelle Beziehung abdecken könne (Marek Korczynski, 2002; Voswinkel, 2006). Vergleicht man diese Feststellungen mit den Ergebnissen aus den Experteninterviews, so zeigen sich deutlich die Dilemmata der Hotelmitarbeiter, indem diese beziehungsorientiert agieren, in einem Arbeitsumfeld, das nahezu monopolistisch verkaufsorientiert ausgerichtet ist. Dieser Konflikt prägt der Gästebeziehung eine grundsätzliche Ambivalenz ein, mit der die Hotelmitarbeiter nur dann umgehen können, wenn sie professionell in Gästebetreuung ausgebildet würden und Hotelbetriebe anerkennen, dass der erarbeitete Return on Invest materiell als auch emotional zu betrachten und zu verwerten ist:

> *„(...), dass wir in einem so emotionalen Bereich tätig sind, wo es halt eben wirklich um Gefühle geht, wo es um menschliche Eigenschaften geht, wo es um Charaktereigenschaften geht, wo es um Bedürfnisse geht, (...)."* (I4; Abs. 148)

Dies zeigt sich auch in der erkennbaren Logik von Hotelmitarbeitern, die in den Experteninterviews deutlich hervortritt: Hotelgäste sollten eine individuelle Betreuung bekommen, wenn sie einerseits entsprechend dafür bezahlen und andererseits ihre Anerkennung dafür auch entsprechend zeigen:

> *„Es stecken natürlich gewisse Kosten dahinter. Ich denke, in jedem Kategorien-Bereich gibt es verschiedene Ansprüche und Betreuungsbedürfnisse, aber die persönliche Betreuung braucht eigentlich jedes Hotel, ja, und dann sagen wir mal, je nach Kategorie dementsprechend ausgeprägt, ja wie weit sie gehen kann."* (I1; Abs. 132)

Der Sinnspruch „Time is Money" ist deswegen im Hotelgewerbe wörtlich zu sehen und begründet die Bedeutung der Betreuungsintensität für die persönliche Dienstleistung aus drei Perspektiven, in die jeweils alle Akteure, also Hotelmitarbeiter, Hotelgäste und Hotelbetrieb in unterschiedlichen Kombinationen eingebunden sind: Zeit[19], finanzieller Aufwand und Individualität. Darum suchen und finden Hotelmitarbeiter, je nach Erfahrungswissen, auch oft Mittel und Wege, den Grad der Individualisierung der Betreuungsleistungen mit betrieblichen und außerbetrieblichen Mitteln so zu erhöhen, dass involvierte Hotelgäste ihr Wohlbefinden sowohl emotional als auch finanziell ausdrücken:

> *„Also ich würde gerne mehr Trinkgeld bekommen, ja, es ist zu bedauern, weil also teilweise ist es ja doch relativ viel, was wir geleistet haben, und was der Gast dann leider als selbstverständlich sieht oder wirklich nicht als Extra-Service wahrnimmt, und das ist halt schon schade, aber ich bin jetzt auch sieben Jahre im Hotel. Das ist kein Grund gewesen, für mich zu gehen, in ein anderes, wo es vermeintlich dann mehr Trinkgeld gibt für einen Concierge."* (I7; Abs. 168)

Dass Dienstleistungsbeziehungen wie die hotelspezifische Gästebeziehung als Triade zu betrachten sind, bestätigt auch Voswinkel und verweist darauf, dass die triadische Beziehung der Dienstleistungsproduktion (hier der Gästebetreuung) in der Interaktion in mehrere konkurrierenden Dyaden zerfallen würde. Wie auch die Experteninterviews bestätigen, ist in der Hotelmitarbeiter-Hotelgästebeziehung die Beziehung zum Hotelbetrieb nur als Rahmenbedingung und Verhaltensvorgabe existent, während sich die Beziehung Hotelbetrieb-Hotelgast oft ohne Beteiligung der Hotelmitarbeiter abspielt, wenn z. B. Gästezufriedenheitsbefragungen durchgeführt werden oder sich Hotelgäste über Fehlverhalten oder Schlechtleistungen der Hotelmitarbeiter beschweren. Ebenso wenig sind Hotelgäste dabei, wenn Hotelbetriebe und Hotelmitarbeiter interagieren und sich zum Beispiel über Standards der Gästebetreuung und die möglichen Wünsche von Hotelgästen oder aber über mögliche Probleme, die sie bereiten könnten, verständigen. Damit lässt sich klar herausarbeiten, dass auch für die Hotelbetriebe die Betreuungsintensität einerseits eine strategische Bedeutung hat und für die

[19] Der von Hotelgästen eingeforderte und für sie eingesetzte zeitliche Aufwand wird von allen beteiligten Akteuren als mehr oder weniger intensive Betreuung aufgefasst, die durch die individuelle Ausgestaltung noch intensiviert und nahezu unmittelbar durch verbales und monetäres Feedback (Trinkgeld) belohnt bzw. sanktioniert wird. Hotelspezifisch fällt dabei auf, dass insbesondere bei Beschwerden oder Reklamationen der zeitliche Aufwand im Umgang mit Hotelgästen oft großzügiger bemessen wird, worauf in nahezu allen Fachbüchern hingewiesen wird (Bock et al., 2017; Brandes et al., 2022).

Gästeloyalität sowie für die Gästebindung relevant ist und andererseits eine operative Bedeutung besitzt, indem Dienstleistungsprozesse so ausgestaltet werden müssen, dass sie gästezentriert **und** effizient und effektiv zum Wohlbefinden der Hotelgäste beitragen, ohne überbordende Kosten zu produzieren. Ohne entsprechende Ausbildung der Hotelmitarbeiter in Gästebetreuung sind diese Ziele jedoch kaum zu realisieren und verstärken eher noch Standardisierungs- und Automatisierungsbemühungen.

Die Experteninterviews zeigen schließlich, dass Hotelmitarbeiter Betreuungsleistungen als selbstständige Dienstleistungen und kategorie- und betriebsspezifische USPs ansehen, die zur Identität des Hotelbetriebs, zur Identifikation der Hotelmitarbeiter und zur Intimität der Hotelgäste beitragen und deswegen aus einem erweiterten Arbeitsbegriff zu betrachten sind. Dies wird erkennbar darin, dass die Bereitstellung dieser durch tatsächliche Inanspruchnahme durch Hotelgäste abteilungsspezifisch gekennzeichnet ist:

> *„Also Betreuung, Service, Vertrauen, also da ist alles so mit drin."* (I10; Abs. 240)

Die Bedeutung der Betreuungsintensität erschließt sich deswegen nach Voswinkel in der Gästebetreuung als einer Dienstleistungsarbeit, die zweckrationale, dramaturgische und kommunikative Handlungsdimensionen verbindet und damit nicht zuletzt auch die theoretische Trennung von Arbeit und Kommunikation zurückweist. Die Experteninterviews bestätigen diese Sichtweise und zeigen deutlich, dass insbesondere die interaktive Dienstleistungsarbeit wie die Gästebetreuung subjektivierte bzw. intersubjektivierte Arbeit ist, bei der es sich nicht um eine emotional neutrale, sachlich-distanzierte Arbeit handelt (Voswinkel, 2006). Deshalb müssen so auch Voswinkel Empathie, Perspektivenübernahme, Personalität und emotionale Involvierung ebenso wie Emotionsmanagement wichtige Aspekte einer solchen Dienstleistungsarbeit sein – und zwar als „belastende Anforderungen wie auch als ermächtigende Kompetenzen":

> *„Ein solcher Blick auf Arbeit zeigt nicht nur zusätzliche Potenziale der Belastung einerseits, der Kompetenz andererseits auf. Er macht auch ein erweitertes Konzept von Entfremdung erforderlich, dass die kommunikativen und emotionalen Aspekte der Arbeit mit einbeziehen müsste. Sie beziehen sich nicht nur auf die Kooperation und Kommunikation innerhalb der Organisation, sondern auch auf diejenige mit den Kunden."* (Voswinkel, 2006, S. 3684)

5.6 Befragung von Hotelbesitzern und/oder Hotelbetreibern mittels Online-Fragebogen

Nachdem in Abschnitt 5.5 Hotelmitarbeiter zu ihrem Verhältnis zur individuellen Betreuungsintensität am Beispiel der Gästebetreuung befragt wurden, sollen nun Hotelbesitzer und/oder Betreiber als Arbeitgeber dieselbe Thematik aus der Perspektive der zwei strategischen als auch der zwei operativen Gästedimensionen tun, indem sie, dem Mixed-Methods-Ansatz folgend, mittels Online-Fragebogen zu relevanten Aspekten der Bedeutung der Betreuungsintensität von Hotelgästen als auch zur Gästebetreuung an sich befragt wurden.

5.6.1 Onlinebefragungen als Typus der standardisierten Befragung

Eine standardisierte Befragung wird zumeist mittels Fragebogen durchgeführt. Der Fragebogen setzt sich in erster Linie aus geschlossenen Fragen zusammen, woher sich die Bezeichnung „standardisiert" ableiten lässt (Reinecke, 2014). Daraus resultierend existieren für die Fragen vorgegebene kontextual gestaltete Antwortmöglichkeiten, aus denen zu Befragende auswählen können. Standardisierte Befragungen können auch vereinzelt offene Fragen beinhalten, insbesondere dann, wenn die Befürchtung bei der Auswahl der Fragen aufkommt, dass die notwendigen geschlossene Fragen die Antworten zu stark einschränken (Züll & Menold, 2014). In dieser Arbeit wird deshalb ein Online-Fragebogen eingesetzt, indem ausgewogen beide Fragentypen zum Einsatz kommen sollen. Da der Fragebogen auf einem Server abgelegt ist und von den Befragten online ausgefüllt wird, handelt es sich um eine Onlinebefragung (Pötschke, 2009).

5.6.1.1 Charakteristika von Onlinebefragungen

Grundsätzlich gelten für Onlinefragebogen meist ähnliche Vorteile und Nachteile wie für schriftliche Fragebögen. Vorteilhaft an einer schriftlichen Befragung ist, dass zu Befragende selbst bestimmen können, wann sie den Fragebogen ausfüllen, insofern keine Terminierung vorgegeben ist (Pötschke, 2009). Es kann darum vermutet werden, dass zu Befragende sich für das Ausfüllen Zeit nehmen und dafür Ruhe haben, mit dem Effekt, dass Antworten abgewogen werden und damit eine gewisse Fundierung haben (Couper & Miller, 2008; Treiblmaier, 2011). Darüber hinaus besteht bei Onlinebefragungen die zusätzliche Möglichkeit, die Befragung motivierend interaktiv zu gestalten, indem potenziellen Respondenten sofort Rückmeldung auf ihre Eingaben gegeben werden kann bzw. die verbleibende Ausfülldauer visualisiert wird. Dies erlaubt aber auch den Hinweis auf unplausible oder vergessene Antworten und die sofortige Korrektur durch den Befragungsteilnehmer. Eine weitere, vor allem für den wissenschaftlichen Bereich interessante Option liegt im kreativeren Umgang mit klassischen Skalenformen und dem Einsatz von Schiebereglern, die auf spielerische Weise motivieren oder selbst wesentlicher Bestandteil der Untersuchung sein können (Treiblmaier, 2011). Schließlich bieten Onlinebefragungen in der einfachen Überführung der bereits digital vorliegenden Daten in ein Auswertungsprogramm arbeitserleichternde Vorteile. Damit entfällt die Dateneingabe in eine zu entwickelnde Maske per Hand sowie die damit verbundenen Übertragungs- oder Flüchtigkeitsfehler.

Gegen Onlinebefragungen spricht neben technischen Einwänden, dass Antwortinhalte nicht spontan bzw. impulsiv geäußert werden und Begleitumstände wie körpersprachliche Reaktionen nicht berücksichtigt werden können (Treiblmaier, 2011). Vor dem Hintergrund des sozial erwünschten Antwortverhaltens spielt jedoch beobachtbare Spontanität eine bedeutsame Rolle, um möglichst ganzheitliche Betrachtungen zu ermöglichen. Ebenso muss in Betracht gezogen werden, dass zu Befragende die Fragen nicht chronologisch beantworten wollen oder können und sich zunächst einen Überblick über den gesamten Fragebogen verschaffen wollen, um die Fragen in ihrer Gesamtheit bzw. im Gesamtkontext möglichst widerspruchsfrei zu beantworten (Treiblmaier, 2011).

Ebenso problematisch sind neben technischen Problemen (z. B. veraltete Hardware oder Internetgeschwindigkeit) Ausfälle von Probanden, die wegen der scheinbaren Unverbindlichkeit einer schriftlichen Befragung vergleichsweise hoch sein können – bei einer Onlinebefragung durch die fehlende persönliche Ansprache oder durch die Kategorisierung der Einladung als „Spam" möglicherweise noch höher –, sodass die Rücklaufquote unter Umständen unbefriedigend bleibt bzw. gering bleibt (R. Schnell et al., 2005).

5.6.1.2 Die Onlinebefragung als thematisches Instrument dieser Arbeit

Der entwickelte Onlinefragebogen konkretisiert sich in seinen Inhalten ausgehend von den leitfadengestützten Experteninterviews dahingehend, dass die angesprochenen Studienteilnehmer in ihrer Funktion den dritten Akteur in der triadischen Dienstleistungsbeziehung abbilden und den Hotelbetrieb, repräsentiert durch Hotelbesitzer bzw. verantwortliche Direktor oder Geschäftsführer, manifestieren. Dies ist für das Anliegen dieser Arbeit notwendig, da auch in der Gästebetreuung als persönliche Dienstleistung oft widersprüchliche und dilemmatische Anforderungen bestehen (Voswinkel, 2006). Ebenso stellen die Ermittlung der individuellen Betreuungsintensität von Hotelgästen für Hotelbetriebe relevante Unsicherheitszonen dar, weshalb sie oft erhebliches Misstrauen auf sich ziehen (Crozier & Friedberg, 1993). Während Hotelgäste befürchten, nicht individuell genug betreut und damit im Organisationsinteresse über den Tisch gezogen zu werden, fürchtet der Hotelbetrieb, dass Hotelmitarbeiter mit Hotelgästen „zu gut" umgehen und so die Effizienz- oder die Gewinninteressen der Organisation außer Acht lassen. Schließlich müssen auch die Hotelmitarbeiter Kooperationen von Organisation und Hotelgästen auf ihre Kosten befürchten, wenn diese sich von der Organisation als Instrument der Überwachung und Kontrolle instrumentalisieren lassen. Voswinkel verwendet dafür den Begriff der „unterschiedlichen Bündnisse" und deren Abhängigkeit von den Macht- und Statusressourcen der Kunden (hier der Hotelgäste) (Voswinkel, 2006). Um die Onlinebefragung und die Ergebnisse der Studie nicht mit dieser Problematik zu überlagern, wurde bei der Auswahl der Studienteilnehmer penibel darauf geachtet, dass beide Samplings in keiner Weise – also weder arbeitsplatzbezogen noch hotelkategoriespezifisch – in Verbindung stehen bzw. gebracht werden können. Implizit kann damit wiederum größtmögliche Nähe zu den detaillierten Forschungsfragen und Anliegen dieser Arbeit erreicht werden. Allerdings beruhen Wahl und Formulierung einiger Fragen für die Onlinebefragung auf Erkenntnissen aus den Interviews bzw. entwickeln deren Inhalte weiter. Es handelt sich somit um für das Instrument ausgewählte und für das Instrument angepasste Fragenkomplexe.

5.6.2 Die Befragungskomplexe der Onlinebefragung

Zunächst fallen in der Onlinebefragung einige Aspekte weg, da deren nähere Betrachtung aufgrund der Ergebnisse der Experteninterviews nicht mehr sinnvoll erscheint. Ebenso wird auf Fragen verzichtet, bei deren Beantwortung in den Expertengesprächen ausschließlich die Arbeitnehmerseite bzw. -perspektive thematisiert wurde. Dieser Entscheid beruhte auf der Annahme, dass die online zu befragenden Experten als Akteur der hotelspezifischen Dienstleistungstriade (Hotelgast, Hotelmitarbeiter, Hotelbetrieb) andere Dimensionen bzw. Perspektiven repräsentieren bzw. deren fundiertes Wissen andere bisher unbekannte Nuancen enthält. So verweist beispielsweise Voswinkel diesbezüglich darauf, dass Dienstleistungsorganisationen ein nicht von der Hand zu weisendes Interesse an einer bürokratischen Effizienzorientierung haben würden, indem sie Dienstleistungsabläufe zeitsparend, kostengünstig, routiniert und zuverlässig zu gestalten versuchen, um nicht nur die organisatorischen Abläufe zu effektivieren, sondern auch die Kunden (hier die Hotelgäste) zielgerichtet steuern zu können (Voswinkel, 2006). Die darin erkennbare Standardisierung von Hoteldienstleistungen wurde bereits in den Experteninterviews angesprochen und bildet eines der Spannungsfelder, in denen sich die Bedeutung der individuellen Betreuungsintensität bewegt und Hotelmitarbeiter mehr Handlungsfreiräume benötigen. Um auch solche Nuancen erschließen zu können, wurden die geschlossenen Fragenkomplexe kontextual um offene Antwortmöglichkeiten ergänzt, sodass sich das gesamte Erhebungsinstrument aus insgesamt 34 eigens konzipierten Items zusammensetzt. Diese werden im folgenden Abschnitt der Arbeit inhaltlich sowie hinsichtlich ihrer Skalenniveaus dargestellt.

5.6.2.1 Relevanz der vier Dimensionen des Gästequadranten

Im ersten Abschnitt des Online-Fragebogens sollten die Hotelbesitzer und/oder -betreiber als Studienteilnehmer zunächst die Relevanz des Gästequadranten als ganzheitliches Betrachtungsmodell abbilden, weswegen die im Theorieteil ausführlich beschriebenen strategischen und operativen Dimensionen der Gästepersönlichkeit, Gästebedürfnisse, Gästeanlässe und des Gästewertes als einzelne Items eingebettet wurden. Diese sollten hinsichtlich ihrer Relevanz auf einer zehnstufigen Skala von „Unwichtig" bis „Äußerst wichtig" erfasst werden.

Jede Dimension wurde mit einer zusätzlichen illustrierenden Fragestellung in Form einer Behauptung umrandet, die von den Studienteilnehmern offen kommentiert werden konnte. Im Kontext der Gästebedürfnisse wurde dabei nach einer Verbindung zwischen Aufenthaltsdauer Betreuungsintensität und Gästebedürfnissen gefragt. Ein ähnliches Konstrukt wurde bei den Gästeanlässen verwendet. Bei der Dimension der Gästepersönlichkeit hingegen sollte herausgestellt werden, inwieweit darin enthaltene Merkmale grundsätzlichen Einfluss auf die individuelle Gästebetreuung haben. Bei der Dimension des Gästewertes hingegen wurde die Behauptung aufgestellt, dass die Beachtung von Gästepotenzialen im Kontext der Betreuungsintensität noch zu gering sei.

5.6.2.2 Vertrautheit mit den Indikatoren der Gästedimensionen

Im zweiten Abschnitt des Online-Fragebogens sollten die Studienteilnehmer sodann ihren Umgang mit der Einordnung der Relevanz der vier Dimensionen der Betreuungsintensität auf einer fünfstufigen Likertskala reflektieren. Die Ausprägungen der ordinalen Skala reichten von „Einfach" bis „Sehr schwierig". Die entsprechenden Items erfassten wiederum alle vier Dimensionen des Gästebetreuungsquadraten (vgl. Kapitel 3). Diese Perspektive wurde dann auch auf die Vertrautheit mit den Indikatoren der vier Gästedimensionen angewendet, indem die Studienteilnehmer nicht nur ihre eigene Vertrautheit im Umgang mit den vier dargestellten Dimensionen bzw. deren Merkmalen hinterfragen, sondern diese auch in Bezug auf ihre angestellten Hotelmitarbeiter einschätzen sollten.

5.6.2.3 Beurteilung diagnostischer Kompetenzen

Im gleichen Abschnitt des Online-Fragebogens sollten die Studienteilnehmer auch ihre Diagnosefähigkeiten einschätzen, die zur Ermittlung der individuellen Betreuungsintensität im Kontext der vier Gästedimensionen notwendig erscheinen. Ebenso wurden die Studienteilnehmer aufgefordert, selbige Kompetenzen ihrer angestellten Hotelmitarbeiter entsprechend zu bestimmen.

5.6.2.4 Arbeitsumfeld der Gästebetreuung

Die abschließende Dokumentation betriebsspezifischer Angaben diente zum einen der Erfassung von Arbeitsbedingungen im Kontext der betriebsspezifischen Gästebetreuung und damit auch im Kontext der Ermittlung der individuellen Betreuungsintensität von Hotelgästen. Zum anderen sollte die Stichprobe im Verhältnis zur Gesamtpopulation genauer umrandet werden. Zur Beschreibung der Stichprobe wurden deshalb einige kategoriale Variablen konzipiert:

1. Zur Erfassung des Hoteltypus wurde ein Item mit den Ausprägungen „Stadthotel“, „Ferienhotel“ und „Beides (Mischform)“ herangezogen.
2. Um die Mitarbeiteranzahl der jeweiligen Hotelbetriebe zu erfassen, wurde ein Item mit drei Ausprägungen konzipiert: „Unter 50 Hotelmitarbeiter“, „50 bis 100 Hotelmitarbeiter“ und „Über 100 Hotelmitarbeiter“
3. Die Studienteilnehmer sollten weiterhin die Anzahl der Abteilungen nennen, die mit individuellen Betreuungsaufgaben betraut sind. Auch zu diesem Zweck wurde ein kategoriales Item herangezogen, indem numerisch von einer Abteilung bis hin zu mehr als fünf Abteilungen anzugeben waren.
4. Zur Einordnung der Arbeitsbelastung der Hotelmitarbeiter sollte fortführend die durchschnittliche Hotelauslastung der letzten drei Geschäftsjahre eingeordnet werden, indem die Items „Unter 10 Prozent“, „11 bis 20 Prozent“, 3 „21 bis 40 Prozent“, „41 bis 60 Prozent“, „61 bis 80 Prozent“, bis hin zu „81 bis 100 Prozent“ deklariert werden sollten.
5. Abschließend wurde die durchschnittliche Anzahl von Hotelgästen erfasst, die pro Aufenthaltstag eine individuelle Betreuung wünschen. Daraus ergaben sich die Kategorien: „Null bis fünf Prozent“, „Sechs bis neun Prozent“, „Zehn bis 15 Prozent“, „16 bis 25 Prozent“, „26 bis 50 Prozent“ und „Über 50 Prozent“.

5.6.3 Auswahl der Studienteilnehmer

Als Studienteilnehmer für die Onlinebefragung konnte die Hotelkooperation[20] der Romantik Hotels & Restaurants gewonnen werden. Romantik Hotels & Restaurants ist eine Hotel- und Restaurantkooperation mit über 200 unabhängigen Mitgliedern in Europa. Die Kooperation wurde zwischen 1971 und 1972 gegründet, um eine privatgeführte Alternative zu den in den deutschen Markt drängenden uniformierten Kettenbetrieben amerikanischer Hotelkonzerne zu schaffen. Die Mitglieder sind vor allem kleine und mittelständische Stadt- und Ferienbetriebe, die sich nicht nur durch ihre Individualität, Geschichte und besondere Atmosphäre auszeichnen, sondern auch die wechselvolle deutsche Hotelgeschichte abbilden, indem die Mehrheit dieser Betriebe in historischen Gebäuden oder kulturhistorischen Landschaften liegen und oft älter als viele etablierte Hotelketten sind. Für das Anliegen dieser Arbeit ist zudem die Philosophie von Romantik Hotels & Restaurants ausschlaggebend, da sich diese auf die Idee einer persönlichen, wertegeleiteten und authentischen Gastfreundschaft begründet und damit ideal für die Bedeutung der individuellen Betreuungsintensität, am Beispiel der Gästebetreuung erscheint:

> *„Romantik Hoteliers sind leidenschaftliche Gastgeber. Jedes der über 200 Häuser ist durch die Handschrift der Eigentümer geprägt. Meist seit Generationen in Familienbesitz stehen die Hotels für Tradition, Regionalität, Genuss, familiäre Atmosphäre, Qualität und zeitgemäße Gastfreundschaft. Erfolgreiche Familienunternehmen und persönlich geführte Hotels bieten, was Reisende von heute wünschen: einzigartige Hotelkonzepte, die sich von der Masse abheben und auf individuelle Anforderungen und Wünsche eingehen. Romantik Hoteliers sind für ihre Gäste da und heißen Reisende herzlich willkommen.“* (Romantik Hotels, 2023)

Im Kontrast zu den Experten der Interviewreihe begründet sich die Auswahl der Studienteilnehmer auch aus dem Umstand, dass Romantik Hotels kaum im

---

[20] Eine Hotelkooperation ist ein Zusammenschluss von unabhängigen Hotels, die gemeinsam unter einer Dachmarke oder einem gemeinsamen Konzept arbeiten, um ihre Marketing- und Vertriebsaktivitäten zu bündeln und ihre Position am Markt zu stärken. Die Mitglieder einer Hotelkooperation bleiben eigenständige Unternehmen und behalten ihre individuelle Identität und Unabhängigkeit, jedoch profitieren sie von den Vorteilen der Zusammenarbeit. Dazu gehören unter anderem eine gemeinsame Webseite, die Bündelung von Einkaufsaktivitäten und Marketingmaßnahmen sowie die Möglichkeit, den Gästen ein breiteres Angebotsspektrum zu präsentieren. Die Hotelkooperationen reichen von nationalen bis zu internationalen Organisationen und können verschiedene Marken, Zielgruppen und Konzepte umfassen.

Luxussegment angesiedelt sind, womit die These der in der Interviewreihe befragten Experten, dass alle Hotelgäste eine persönliche Gästebetreuung wünschen, parallel zum Forschungsanliegen dieser Arbeit mit überprüft werden kann. Im positiven Fall wäre individuelle Gästebetreuung dann kein reines Luxusphänomen mehr, sondern ein Ernst zunehmendes Bedürfnis von Hotelgästen (aller Kategorien), deren Nachfrage den Charakter als hotelspezifische Dienstleistung bestätigen könnte. Insofern dies der Fall ist, kann sodann auch betrachtet werden, wer in diesen privat geführten mittelständischen Betrieben für die Ermittlung der individuellen Betreuungsintensität und die persönliche Gästebetreuung eingesetzt ist und letztlich auch welche Bedeutung diese für die Gästebetreuung als hotelspezifische Dienstleistung haben. Zum Befragungszeitraum existierten in Deutschland 95 Romantik-Hotels, verteilt auf nahezu alle west- und ostdeutschen Bundesländer, wobei hervorzuheben ist, dass die Konzentration, historisch bedingt, in den westlichen Bundesländern höher ist wie in den östlichen.

5.6.4 Durchführung der Onlinebefragung und Rücklauf

Nicht nur Wissenschaftler verwenden (Online)Befragungen, um ihre Forschungsfragen zu beantworten. Auch Regierungen, Unternehmen wie z. B. Hotels, Privatleute, Medien und andere Wirtschaftszweige bedienen sich dieser Methodik (Zerback et al., 2009). Für die Durchführung gibt es darum ebenso zahlreiche Möglichkeiten, indem neben spezialisierten Anbietern auch eine große Anzahl mehr oder weniger kostengünstiger Softwaretools auf dem Markt sind, mit denen Online-Befragungen schnell und einfach erstell- und durchführbar sind. Die Auswahl des Softwareanbieters „Soscisurvey" für die Onlinebefragung dieser Arbeit beruft sich auf die folgenden Überlegungen, die von zahlreichen Autoren bestätigt werden (Gansser & Krol, 2017; Theobald, 2017; Weinreich & Lindern, 2008):

1. Zielsetzung: Die Software sollte über bestimmte Funktionen verfügen wie beispielsweise verschiedene Frageformate, Antwortvalidierung, Integration mit anderen Tools oder Social-Media-Sharing als auch eine automatische Datenauswertung und -analyse ermöglichen.
2. Budget: Die Software sollte ausgewogen über kostenlose als auch kostenpflichtige Optionen verfügen.
3. Bewertungen: Über die Software sollten ausreichende Bewertungen und Erfahrungsberichte von anderen Nutzern vorhanden sein, um zu erfahren, wie gut die Software funktioniert und ob sie den Anforderungen entspricht.

4 Benutzerfreundlichkeit: Die Software sollte einfach zu bedienen sein und eine klare Benutzeroberfläche anbieten, um die Teilnahme an der Befragung zu erleichtern und zu motivieren. Dabei wurde auch die mobile Nutzbarkeit des Fragebogens mit einbezogen.
5 Sicherheit und Datenschutz: Die Software sollte Sicherheitsmaßnahmen wie SSL-Verschlüsselung, Datenschutzbestimmungen und Daten-Backups anbieten.

Um die Onlinebefragung optimal einleiten zu können, wurde der Vorstand der Romantik Hotel & Restaurant Kooperation um Unterstützung gebeten, indem über das firmeneigene Intranet nach freiwilligen Teilnehmern gesucht wurden. Dabei wurde insbesondere darauf geachtet, wesentliche Informationen zur Forschungsfrage so aufzubereiten, dass diese motivierend erscheinen und die Freiwilligkeit der Teilnahme unterstützen (Theobald, 2017). Trotz zweier Nachfasswellen konnten nicht genug freiwillige Teilnehmer requiriert werden, sodass letztlich der Teilnahmelink an alle deutschen Romantik-Hotel-Besitzer/-betreiber als Grundgesamtheit per E-Mail verschickt wurde. Somit erhielten alle Mitglieder der Grundgesamtheit eine E-Mail mit persönlicher Ansprache und der Bitte, dem Link zur Befragung, die auf einem Server liegt, zu folgen. Um die Bereitschaft hierzu zu erhöhen, enthielt die E-Mail auch Informationen über den Absender und seine Beziehung zu Romantik Hotels & Restaurants (Ausbildung zum Hotelfachmann in einem Gründungsmitglied von Romantik Hotels & Restaurants). Neben der Freiwilligkeit der Teilnahme wurden auch die Bearbeitungsdauer von etwa zehn Minuten und der Zweck der Befragung adressiert. Darüber hinaus findet sich in der E-Mail eine Zusicherung, dass die erhobenen Daten vertraulich behandelt werden. Abschließend wurden den Befragten die zentralen Ergebnisse nach Auswertung der Daten als eine Art von Incentive angeboten (Welker et al., 2005). Insgesamt wurden somit 95 Studienteilnehmer (Mitgliederanzahl zum Zeitpunkt der Befragung) per E-Mail zur Befragung eingeladen. Mit 90 Aufrufen (einschließlich versehentlicher doppelter Klicks, Aufrufe durch Suchmaschinen etc.) und 22 ausgefüllten Fragebögen liegt der Rücklauf bei 23,2 Prozent. Dabei enthält dieser „Complete Responder" und „Item Non-Responder", während „Lurker" sowie „Answering Drop-out" nicht berücksichtigt werden (Welker et al., 2005) (Abbildung 5.1).

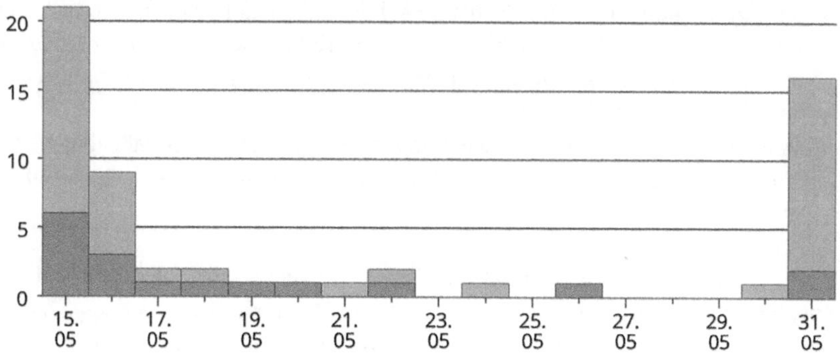

Abbildung 5.1 Befragungsrücklauf im Zeitverlauf

Bernad Batinic bedeutet diesbezüglich, dass die Rücklaufquote in Papier-Bleistift-Befragungen zumeist höher ist als die Rücklaufquote bei Online-Befragungen, die Höhe der Reliabilität bzw. Validität jedoch vergleichbar erscheint (Batinic, 2001). Marcus Maurer und Olaf Jandura merken deswegen auch kritisch an, dass die Repräsentativität und die Validität von Onlinebefragungen nicht von der Masse, sondern von der Klasse der Daten abhängig gemacht werden solle (Maurer & Jandura, 2009). Christian Homburg und Bettina sprechen im Kontext von Befragungen von Erfahrungen mit Antwortquoten, die zwischen 10 % sowie in Einzelfällen 60 % und mehr liegen, womit der in dieser Arbeit erzielte Wert von 23,2 % aller deutschen Romantik-Hotels als akzeptabel für die Frage nach der Bedeutung der Betreuungsintensität für die persönliche Dienstleistung zu bezeichnen ist (Homburg & Rudolph, 1997).

5.6.5 Ergebnisse und Auswertung I (Multivariate Statistik)

Die Auswertung der vorwiegend quantitativen Daten aus den ausgefüllten Fragebögen erfolgte softwarebasiert zum Zweck der zur statistischen Datenanalyse[21]. Die um „Lurker“ und „Answering Drop-out“ bereinigten Datensätze wurden

[21] Die Durchführung statistischer Auswertungen wird in zahlreichen Veröffentlichungen zu empirischen Arbeiten mit SPSS vermittelt. SPSS steht als Abkürzung für Statistical Package für Social Sciences und kennzeichnet ein praktikables Analyse-Tool zur Gestaltung und Durchführung von Umfragen und statistischen Auswertungen (Eckstein, 2012; George & Mallery, 2019).

zur Auswertung aus der Befragungssoftware in die Analysesoftware (SPSS) exportiert. Aus methodischen Gründen, insbesondere um die Besonderheiten der Stichprobe hervorheben zu können, wird mit dem Arbeitsumfeld der betriebsspezifischen Gästebetreuung begonnen, anschließend werden die Fragenkomplexe wieder chronologisch abgebildet.

Um die Forschungsfrage und dazugehörige Sachverhalte adäquat analysieren zu können, erscheint es für diese Arbeit sinnvoll, deskriptive und multivariate statistische Verfahren zu kombinieren. Dadurch soll eine möglichst umfassende und durchdringende Beschreibung der Daten sowie eine detaillierte Analyse der Zusammenhänge ermöglicht werden (Benning-haus, 2007; Rasch et al., 2014; Schäfer, 2016). Zur Prüfung der konstruierten Fragebogen-Items erfolgt zunächst eine Reliabilitätsanalyse. Anschließend werden prozentuale Verteilungen berechnet und dargestellt. Dies dient dazu, einen Überblick über die erzeugten Daten zu erhalten und erste Zusammenhänge zu erkennen.

5.6.5.1 Reliabilitätsanalyse

Eine Reliabilitätsanalyse ist ein statistisches Verfahren zur Bewertung der Konsistenz und Genauigkeit einer Messmethode oder eines Tests. Ziel einer Reliabilitätsanalyse ist es festzustellen, ob eine Messmethode reproduzierbare Ergebnisse liefert (Eckstein, 2012). Wenn eine Messmethode nicht reliabel ist, besteht nach Peter P. Eckstein das latente Risiko, dass Ergebnisse unzuverlässig oder fehlerhaft sind. Eine Reliabilitätsanalyse kann folglich dabei helfen, die Qualität einer Messmethode zu verbessern, indem sie Schwachstellen aufdeckt und dazu beiträgt, die Messungen präziser und zuverlässiger zu gestalten. Die Zuverlässigkeit ist dabei relevant, um objektive und aussagekräftige Ergebnisse zu erhalten, insbesondere in wissenschaftlichen Studien, bei denen die Genauigkeit und Zuverlässigkeit der Daten von entscheidender Bedeutung sind.

Das Cronbach's Alpha bezeichnet in einer Reliabilitätsanalyse schließlich die Kennziffer, welche die innere Konsistenz einer Skala oder eines Tests bewertet. Es gibt an, inwieweit mehrere Items, die dasselbe Konstrukt messen sollen, miteinander zusammenhängen und tatsächlich das Konstrukt erfassen. Das Cronbach's Alpha liegt zwischen 0 und 1: Ein Wert von 1 ist ein Indikator dafür, dass alle Items eine perfekte innere Konsistenz aufweisen, während ein Wert von 0 darauf hinweist, dass die Items keine gemeinsame Varianz teilen (Eckstein, 2012).

Die Ergebnisse der Reliabilitätsanalyse lassen sich der nachfolgenden Darstellung entnehmen, die dabei zwei verschiedene Messgrößen abbildet: Cronbach's Alpha und die durchschnittliche Inter-Item-Korrelation. Es wurden bewusst zwei Messgrößen gewählt, welche sich jedoch in ihren spezifischen Berechnungen und Interpretationen unterscheiden, um die interne Konsistenzreliabilität ermitteln zu können. Während Cronbach's Alpha ein spezifischeres Maß für die interne Konsistenzreliabilität darstellt, garantiert die durchschnittliche Inter-Item-Korrelation ein breiteres Maß für die Gesamtähnlichkeit der untersuchten Items (Döring & Bortz, 2016; Rammstedt, 2004) (Tabelle 5.4).

Tabelle 5.4 Reliabilitätsanalyse der Online-Umfrage. (Eigene Datenreihen)

Reliabilitätsanalyse	
Durchschnittliche Inter-Item-Korrelation:	0.1803
Anzahl der Items in der Skala:	34
Reliabilitätskoeffizient der Skala (α):	0.8820

Cronbach's Alpha (α) ist nach Eckstein ein Indikator dafür, wie stark eine Gruppe von Items miteinander verbunden ist und gibt Auskunft darüber, inwieweit die Items in einem Test oder einer Bewertung dasselbe zugrunde liegende Konstrukt messen (Eckstein, 2012). Es wird berechnet, indem alle möglichen Split-Half-Korrelationen gemittelt werden. Deren Ergebnisse reichen von 0 bis 1, wobei höhere Werte eine höhere interne Konsistenz anzeigen. Im vorliegenden Fall ergibt sich ein Wert von $\alpha = 0.88$, was eine hohe interne Konsistenz der 34 Items im Erhebungsinstrument symbolisiert. Im Gegensatz dazu stellt sich die durchschnittliche Zwischenitem-Korrelation (r) lediglich als Mittelwert der Korrelation zwischen allen Item-Paaren in einem Datensatz dar. Es stellt zwar kein direktes Maß für die Zuverlässigkeit dar, gibt jedoch dafür Auskunft über die Ähnlichkeit der Items untereinander. Eine höhere durchschnittliche Zwischenitem-Korrelation deutet auf eine größere Konsistenz oder Homogenität der Items hin und kann darauf hinweisen, dass der Test ein einziges Konstrukt misst. Im vorliegenden Fall liegt der Wert der Zwischenitem-Korrelation bei $r = 0.18$, was ein Indikator dafür ist, dass das Erhebungsinstrument mehrere Konstrukte zugleich erfasst.

5.6.5.2 Ermittlung von Korrelationskoeffizienten

Der Korrelationskoeffizient ist ein statistisches Maß dafür, wie stark zwei Variablen miteinander zusammenhängen. Ein positiver Korrelationskoeffizient zeigt eine positive Beziehung zwischen den beiden Variablen an, während ein negativer Korrelationskoeffizient auf eine negative Beziehung hinweist. Der Korrelationskoeffizient kann dabei Werte zwischen –1 und + 1 annehmen. Ein Koeffizient von –1 bedeutet eine perfekte negative Korrelation, ein Koeffizient von + 1 hingegen eine perfekte positive Korrelation und ein Koeffizient von 0 lässt keinen Zusammenhang zwischen den Variablen zu (Taylor, 1990).

Abhängig vom Skalenniveau der Variablen werden allgemeinhin unterschiedliche Korrelationskoeffizienten verwendet. So nutzt die Pearsons Korrelation einen linearen Zusammenhang zwischen den Variablen und misst, wie gut die Beziehung durch eine Gerade beschrieben werden kann. Sie ist daher für intervall- und verhältnisskalierte Daten wie auch für den Einsatz bei normalverteilten Daten geeignet (David & Sutton, 2004).

Zusammenhänge zwischen ordinalskalierten Variablen können auch mithilfe von linearen Regressionsanalysen (OLS) berechnet werden. Dabei wird angenommen, dass eine lineare Beziehung zwischen der abhängigen Variable (auch Zielvariable genannt) und einer oder mehrerer unabhängiger Variablen (auch Prädiktoren genannt) besteht. Die lineare Regression quantifiziert diese Beziehung, indem sie eine Gerade durch diejenigen Punkte im Streudiagramm legt, welche den Wert der abhängigen Variablen in Abhängigkeit von der unabhängigen Variable darstellen (Zou et al., 2003). Ein Vorteil in diesem Verfahren besteht darin, dass nicht nur ein Zusammenhang zwischen zwei Variablen, sondern auch ein möglicher Einfluss dritter Variablen auf diesen Zusammenhang gemessen werden kann. Um eine lineare Regression durchzuführen, müssen die Variablen allerdings mindestens intervallskaliert sein und es muss zwingend eine lineare Beziehung zwischen ihnen vorliegen. Da diese sowie weitere Kriterien linearer Regressionsanalysen (Unabhängigkeit der Fälle, Homoskedastizität, keine Multikollinearität und keine Autokorrelation) in der vorliegenden Studie aufgrund der Stichprobengröße nicht gegeben sind (Mayer, 2002), beschränken sich die multivariaten Analysen auf den Korrelationskoeffizienten nach Spearman.

Der Spearmans Rangkorrelationskoeffizient basiert auf dem Pearsonschen Produkt-Moment-Korrelationskoeffizienten r. Dieser verlangt jedoch Intervallskalenniveau der korrelierten Variablen und die Normalverteilung der untersuchten Variablen. Der Spearmansche Rangkorrelationskoeffizient umgeht dieses Problem, indem er anstelle der Werte der Variablen die Rangplätze der Fälle bezüglich dieser Variablen verwendet. Daher müssen die korrelierenden Variablen beim Spearmanschen Rangkorrelationskoeffizienten nur ordinal skaliert sein (Janssen & Laatz, 2017).

Für die Beobachtungen eines Merkmals (X, Y) sind zunächst für jede Komponente die Ränge zu vergeben. Dabei bezeichne RiX = R(xi) den Rang der X-Komponente der i-ten Beobachtung und RiY = R(yi) den Rang der Y-Komponente. Haben zwei oder mehr Beobachtungen die gleiche Ausprägung des Merkmals X oder Y, so liegt eine sogenannte Bindung vor (Field, 2018). Als Rang der einzelnen Beobachtungen wird sodann der Mittelwert der zu vergebenen Ränge verwendet. Der Rangkorrelationskoeffizient von Spearman vergleicht nun die jeweiligen X- und Y-Ränge. Da aufgrund des ordinalen Skalenniveaus keine Abstände definiert sind, basiert der Rangkorrelationskoeffizient von Spearman somit nur auf der Differenz di = R(xi) − R(yi) der X- bzw. Y-Rangordnung. Liegen keine Bindungen vor, so ist der Rangkorrelationskoeffizient definiert als (Toutenburg & Heumann, 2008):

Formel 5.1: Rangkorrelationskoeffizient

$$R = 1 - \frac{6\sum_{i=1}^{n} d_i^2}{n(n^2 - 1)}$$

Der Wertebereich von R liegt zwischen − 1 und + 1, wobei bei R = + 1 zwei identische Rangreihen vorliegen. Bei positiven Korrelationen (R größer als 0) gehen hohe Ausprägungen der einen Variablen mit hohen Variablen der zweiten Variablen einher. Umgekehrt kann auch behauptet werden, dass bei positiven Korrelationen tiefe Ausprägungen der einen Variablen mit tiefen Ausprägungen der zweiten Variablen einhergehen. Wenn also R = − 1 ist, liegen zwei gegenläufige Rangreihen vor. Wenn R < 0 ist, liegt folglich eine negative Korrelation vor. Es ist damit anzuerkennen, dass hohe Werte, der einen Variablen in diesem Fall mit tiefen Werten der anderen Variablen einhergehen. Aus dem Vorzeichen von R lassen sich also Aussagen über die Richtung des Zusammenhangs ableiten (Janssen & Laatz, 2017). In den nachfolgenden Unterkapiteln werden darum nun neun Hypothesen formuliert und mit dem Spearman Rangkorrelationskoeffizienten ausgewertet.

5.6.5.2.1 Hypothese 1

Für die **Variable 9a** „Wie schwierig ist die Bewertung der einzelnen Betreuungsintensitätsdimensionen im Kontext der gästebedürfnisbezogenen Betreuungsintensität“ und die **Variable 10a** „Wie vertraut sind mir die einzelnen Indikatoren der vier Dimensionen der Betreuungsintensität im Kontext der Gästebedürfnisse“ wird angenommen, dass sie entweder **keinen** statistisch signifikanten Zusammenhang haben (H0) oder dass sie **einen** statistisch signifikanten Zusammenhang haben (H1). Dabei gilt, dass H0 abgelehnt wird, wenn p < oder = (kleiner gleich) 0,05 ist, womit H1 sodann angenommen wird. H0 wird jedoch beibehalten, wenn p > 0,05 ist, womit automatisch H1 abzulehnen ist. In der nachfolgenden Tabelle wird nun der mit SPSS ermittelte Output dargestellt (Tabelle 5.5).

Tabelle 5.5 Berechnungen der Korrelationen der Variablen 9a und 10a. (Eigene Datenreihen)

Korrelationen				
			Variable 9a	Variable 10a
Spearman-Rho	Variable 9a	Korrelationskoeffizient	1,000	–,139
		Sig. (2-seitig)	.	,539
		N	22	22
	Variable 10a	Korrelationskoeffizient	–,139	1,000
		Sig. (2-seitig)	,539	.
		N	22	22

Um die Bedeutsamkeit eines Ergebnisses beurteilen zu können, müssen schließlich noch Effektstärken berechnet werden, da der Korrelationskoeffizient von Spearman ein Maß für Effektstärke ist. Um zu bestimmen, wie groß der gefundene Zusammenhang ist, kann man sich dabei an der Einteilung von Cohen orientieren (Cohen, 1992):

- $R = 0{,}1$ entspricht einem **schwachen** Effekt
- $R = 0{,}30$ entspricht einem **mittleren** Effekt
- $R = 0{,}5$ entspricht einem **starken** Effekt

Aus der Tabelle 5.6 wird darum ersichtlich, dass die Korrelation zwischen der Variable 9a und der Variable 10a. = –0,139 beträgt. Der p-Wert beträgt 0,539 und ist somit > 0,05. Daher wird H0 nicht abgelehnt, sondern angenommen. Die Variablen 9a und 10a haben somit keinen signifikanten Zusammenhang ($r = -0{,}139$, $p = 0{,}539$, $n = 22$), was auch im nachfolgenden Streudiagramm visuell sichtbar wird (Abbildung 5.2).

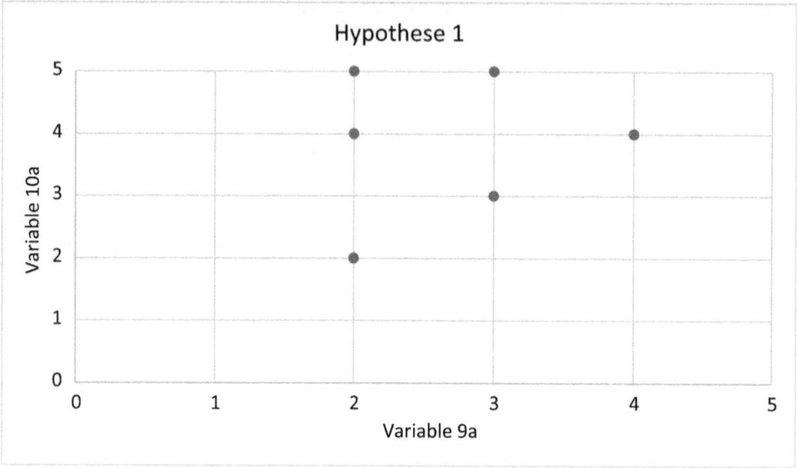

Abbildung 5.2 Signifikanz der Zusammenhänge der Variablen 9a und 10a. (Eigene Datenreihen)

Es muss daher festgehalten werden, dass kein statistisch signifikanter Zusammenhang zwischen den Variablen 9a und 10a besteht (r = 0,026, p = 0,808, n = 87).

5.6.5.2.2 Hypothese 2

Für die Variable 9b „Wie schwierig ist die Bewertung der einzelnen Betreuungsintensitätsdimensionen im Kontext der gästeanlassbezogenen Betreuungsintensität" und die Variable 10b „Wie vertraut sind mir die einzelnen Indikatoren der vier Dimensionen der Betreuungsintensität im Kontext der Gästeanlässe" wird angenommen, dass sie entweder **keinen** statistisch signifikanten Zusammenhang haben (H0) oder dass sie **einen** statistisch signifikanten Zusammenhang haben (H1). Dabei gilt, dass H0 abgelehnt wird, wenn p < oder = (kleiner gleich) 0,05 ist, womit H1 sodann angenommen wird. H0 wird jedoch beibehalten, wenn p > 0,05 ist, womit automatisch H1 abzulehnen ist. In der nachfolgenden Tabelle wird nun der mit SPSS ermittelte Output dargestellt.

Aus der Tabelle wird ersichtlich, dass die Korrelation zwischen den Variablen 9b und 10b = –0,530 beträgt. Der p-Wert beträgt 0,011 und ist somit < 0,05. Daher wird H0 abgelehnt und H1 angenommen. Die zwei untersuchten Variablen haben einen statistisch signifikanten Zusammenhang. Dieser Zusammenhang ist

Tabelle 5.6 Berechnungen der Korrelationen der Variablen 9b und 10b. (Eigene Datenreihen)

Korrelationen

			Variable 9b	Variable 10b
Spearman-Rho	Variable 9b	Korrelationskoeffizient	1,000	–,530*
		Sig. (2-seitig)	.	,011
		N	22	22
	Variable 10b	Korrelationskoeffizient	–,530*	1,000
		Sig. (2-seitig)	,011	.
		N	22	22

* Die Korrelation ist auf dem 0,05-Niveau signifikant (zweiseitig).

negativ, da r = –0,530 beträgt und somit < 0 (negativ) ist. Laut Cohen handelt es sich in dem Fall um einen starken Zusammenhang. Die Variablen 9b und 10b haben den Ergebnissen zufolge somit einen statistisch signifikanten, negativen Zusammenhang (r = –0,530, p = 0,011, n = 22). Der negative Zusammenhang wird auch im nachfolgenden Streudiagramm grafisch dargestellt (Abbildung 5.3).

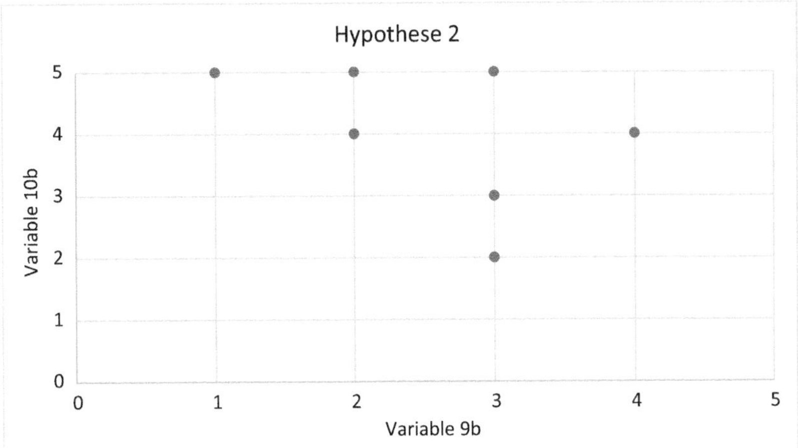

Abbildung 5.3 Signifikanz der Zusammenhänge der Variablen 9b und 10b. (Eigene Datenreihen)

Es kann darum bekräftigt werden, dass die Variablen 9b und 10b einen statistisch signifikanten, negativen Zusammenhang ($r = -0{,}530$, $p = 0{,}011$, $n = 22$) haben, woraus folgt:

Personen, die die gästeanlassbezogene Betreuungsintensität als sehr einfach oder einfach bewerten, geben überwiegend an, dass sie vertraut sind mit der dargestellten Dimension des Gästeanlasses. Auch umgekehrt gilt: Personen, welche die gästeanlassbezogene Betreuungsintensität als schwer oder sehr schwer bewerten, geben überwiegend an, dass Sie mit der dargestellten Dimension des Gästeanlasses weniger vertraut sind.

5.6.5.2.3 Hypothese 3

Für die Variable 9c „Wie schwierig ist die Bewertung der einzelnen Betreuungsintensitätsdimensionen im Kontext der gästepersönlichkeitsbezogenen Betreuungsintensität" und die Variable 10c „Wie vertraut sind mir die einzelnen Indikatoren der vier Dimensionen der Betreuungsintensität im Kontext der Gästepersönlichkeit" wird angenommen, dass sie entweder keinen statistisch signifikanten Zusammenhang haben (H0) oder dass sie einen statistisch signifikanten Zusammenhang haben (H1). Dabei gilt, dass H0 abgelehnt wird, wenn p < oder = (kleiner gleich) 0,05 ist, womit H1 sodann angenommen wird. H0 wird jedoch beibehalten, wenn p > 0,05 ist, womit automatisch H1 abzulehnen ist. In der nachfolgenden Tabelle wird darum auch der mit SPSS ermittelte Output dargestellt (Tabelle 5.7).

Tabelle 5.7 Berechnungen der Korrelationen der Variablen 9c und 10c. (Eigene Datenreihen)

Korrelationen				
			Variable 9c	Variable 10c
Spearman-Rho	Variable 9c	Korrelationskoeffizient	1,000	–,416
		Sig. (2-seitig)	.	,054
		N	22	22
	Variable 10c	Korrelationskoeffizient	–,416	1,000
		Sig. (2-seitig)	,054	.
		N	22	22

Aus der Tabelle wird ersichtlich, dass die Korrelation zwischen den Variablen 9c und 10c = –0,416 beträgt. Der p-Wert beträgt 0,054 und ist somit > 0,05. Daher wird H0 nicht abgelehnt, sondern angenommen. Die Variablen 9c und 10c haben den Ergebnissen zufolge keinen statistisch signifikanten Zusammenhang ($r = -0{,}416$, $p = 0{,}054$, $n = 22$). Dieser Sachverhalt wird im nachfolgenden Streudiagramm auch visuell dargestellt (Abbildung 5.4).

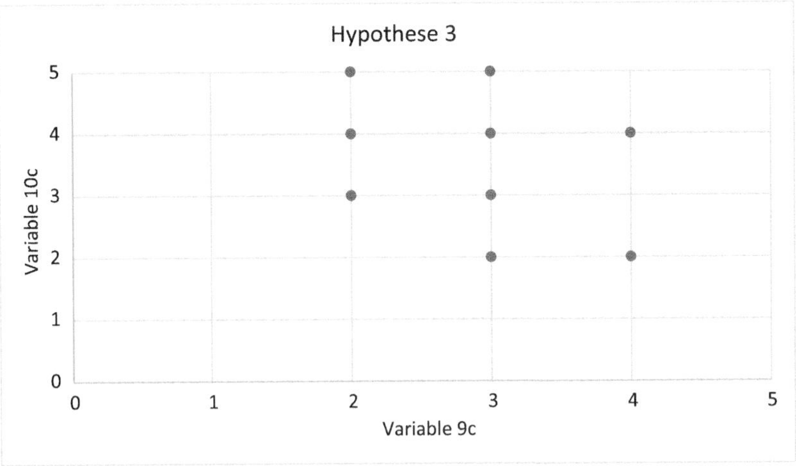

Abbildung 5.4 Signifikanz der Zusammenhänge der Variablen 9c und 10c. (Eigene Datenreihen)

Wie ersichtlich ist, existiert somit kein statistisch signifikanter Zusammenhang zwischen den Variablen 9c und 10c ($r = -0{,}416$, $p = 0{,}054$, $n = 22$).

5.6.5.2.4 Hypothese 4

Für die Variable 9d „Wie schwierig ist die Bewertung der einzelnen Betreuungsintensitätsdimensionen im Kontext der gästewertbezogenen Betreuungsintensität" und die Variable 10d „Wie vertraut sind mir die einzelnen Indikatoren der vier Dimensionen der Betreuungsintensität im Kontext des Gästewertes" wird angenommen, dass sie entweder keinen statistisch signifikanten Zusammenhang haben (H0) oder dass sie einen statistisch signifikanten Zusammenhang haben (H1). Dabei gilt, dass H0 abgelehnt wird, wenn p < oder = (kleiner gleich) 0,05 ist, womit H1 sodann angenommen wird. H0 wird jedoch beibehalten, wenn p > 0,05 ist, womit automatisch H1 abzulehnen ist. In der nachfolgenden Tabelle wird darum auch der mit SPSS ermittelte Output dargestellt (Tabelle 5.8).

Tabelle 5.8 Berechnungen der Korrelationen der Variablen 9d und 10d. (Eigene Datenreihen)

Korrelationen				
			Variable 9d	Variable 10d
Spearman-Rho	Variable 9d	Korrelationskoeffizient	1,000	–,440*
		Sig. (2-seitig)	.	,040
		N	22	22
	Variable 10d	Korrelationskoeffizient	–,440*	1,000
		Sig. (2-seitig)	,040	.
		N	22	22

* Die Korrelation ist auf dem 0,05-Niveau signifikant (zweiseitig).

Aus der Tabelle wird ersichtlich, dass die Korrelation zwischen den Variablen 9d und 10d = –0,440 beträgt. Der p-Wert beträgt 0,040 und ist somit < 0,05. Daher wird H0 abgelehnt und H1 angenommen. Die zwei untersuchten Variablen haben einen statistisch signifikanten Zusammenhang. Dieser Zusammenhang ist negativ, da r = –0,440 beträgt und somit < 0 (negativ) ist. Laut Cohen handelt es sich in dem Fall um einen mittelstarken Zusammenhang. Der negative Zusammenhang wird auch im nachfolgenden Streudiagramm grafisch dargestellt (Abbildung 5.5).

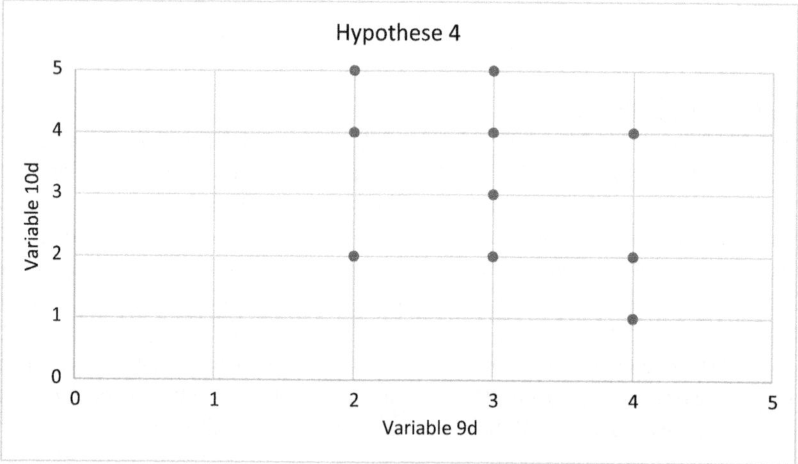

Abbildung 5.5 Signifikanz der Zusammenhänge der Variablen 9d und 10d. (Eigene Datenreihen)

Wie ersichtlich ist, haben die Variablen 9d und 10d einen statistisch signifikanten, negativen Zusammenhang (r = –440, p = 0,040, n = 22). Dies bedeutet, dass Personen, welche die gästewertbezogene Betreuungsintensität als sehr einfach oder einfach bewerten, überwiegend angeben, dass sie mit der Dimension des Gästewertes vertraut sind. Auch umgekehrt gilt: Personen, welche die gästewertbezogene Betreuungsintensität als schwer oder sehr schwer bewerten, geben überwiegend an, dass Sie mit der Gästewertdimension weniger vertraut sind.

5.6.5.2.5 Hypothese 5

Für die Variable 10 „Wie vertraut sind mir die einzelnen Indikatoren der vier Dimensionen der Betreuungsintensität" und die Variable 20: „Durchschnittliche Anzahl von Gästen, die pro Aufenthaltstag eine individuelle Betreuung wünschen" wird angenommen, dass sie entweder keinen statistisch signifikanten Zusammenhang haben (H0) oder dass sie einen statistisch signifikanten Zusammenhang haben (H1). Dabei gilt, dass H0 abgelehnt wird, wenn p < oder = (kleiner gleich) 0,05 ist, womit H1 sodann angenommen wird. H0 wird jedoch beibehalten, wenn p > 0,05 ist, womit automatisch H1 abzulehnen ist. In der nachfolgenden Tabelle wird nachfolgend der mit SPSS ermittelte Output dargestellt (Tabelle 5.9).

Tabelle 5.9 Berechnungen der Korrelationen der Variablen 10c und 20. (Eigene Datenreihen)

Korrelationen				
			Variable 10c	Variable 20
Spearman-Rho	Variable 10c	Korrelationskoeffizient	1,000	,472*
		Sig. (2-seitig)	.	,041
		N	22	19
	Variable 20	Korrelationskoeffizient	,472*	1,000
		Sig. (2-seitig)	,041	.
		N	19	19

* Die Korrelation ist auf dem 0,05-Niveau signifikant (zweiseitig).

Aus der Tabelle wird ersichtlich, dass die Korrelation zwischen der Variable 10c und der Variable 20 = 0,472 beträgt. Der p-Wert beträgt 0,041 und ist somit < 0,05. Daher wird H0 abgelehnt und H1 angenommen. Die zwei untersuchten Variablen haben einen statistisch signifikanten Zusammenhang. Dieser Zusammenhang ist positiv, da r = –0,472 beträgt und somit > 0 (positiv) ist. Laut

Cohen handelt es sich auch in diesem Fall um einen mittleren Zusammenhang. Der positive Zusammenhang wird schließlich im nachfolgenden Streudiagramm grafisch dargestellt (Abbildung 5.6).

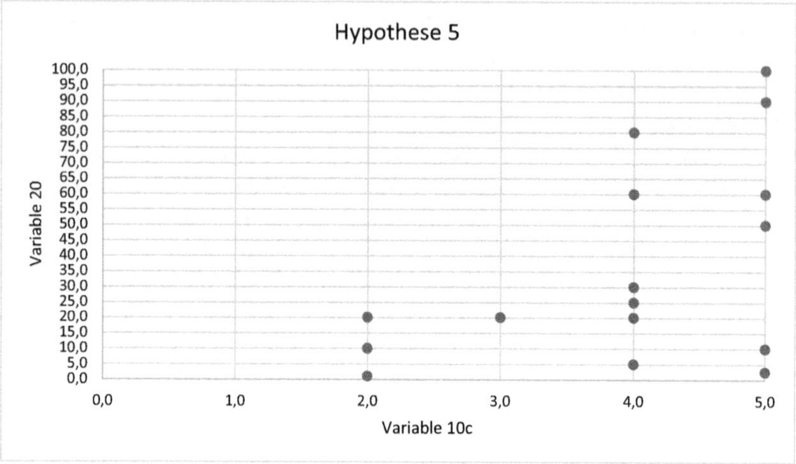

Abbildung 5.6 Signifikanz der Zusammenhänge der Variablen 10c und 20. (Eigene Datenreihen)

Auch die Variable 10c und die Variable 20 haben einen statistisch signifikanten, positiven Zusammenhang. Daraus kann geschlossen werden, dass Personen, die eher weniger vertraut sind mit der Betreuungsintensität von Gästepersönlichkeiten, in Ihrem Betrieb überwiegend eine geringere Anzahl von Gästen angeben, die pro Aufenthaltstag eine individuelle Betreuung wünschen. Personen, die eher mehr vertraut sind mit der Betreuungsintensität von Gästepersönlichkeiten, geben in Ihrem Betrieb überwiegend eine höhere Anzahl von Gästen an, die pro Aufenthaltstag eine individuelle Betreuung wünschen.

5.6.5.2.6 Hypothese 6

Zur Analyse der sechsten Hypothese wird eine paarweise Korrelation zwischen der durchschnittlichen Auslastung der Hotelbetriebe in den letzten drei Geschäftsjahren sowie den vier Variablen berechnet, welche die Vertrautheit der Studienteilnehmer zu den vier Dimensionen der Betreuungsintensität abbilden. Dafür werden die nachfolgenden Hypothesen gebildet (Tabelle 5.10).

H0: Die durchschnittliche Auslastung der Hotels korreliert jeweils nicht negativ mit der Vertrautheit der Studienteilnehmer zur jeweiligen Dimension der Betreuungsintensität (Gästebedürfnisse, Gästeanlässe, Gästepersönlichkeit und Gästewert).

H1: Die durchschnittliche Auslastung der Hotels korreliert jeweils negativ mit der Vertrautheit der Studienteilnehmer zur jeweiligen Dimension der Betreuungsintensität (Gästebedürfnisse, Gästeanlässe, Gästepersönlichkeit und Gästewert).

Tabelle 5.10 Berechnungen der Korrelationen der Variablen Auslastung und Gästedimension. (Eigene Datenreihen)

Korrelationen					
Variablen	(1)	(2)	(3)	(4)	(5)
(1) Auslastung	1.000				
(2) Gästebedürfnisse	–0.130	1.000			
	(0.573)				
(3) Gästeanlässe	–0.234	0.578	1.000		
	(0.307)	(0.005)			
(4) Gästepersönlichkeit	–0.322	0.519	0.538	1.000	
	(0.154)	(0.013)	(0.010)		
(5) Gästewert	–0.157	0.570	0.348	0.667	1.000
	(0.497)	(0.006)	(0.113)	(0.001)	

* In den Klammern ist der errechnete p-Wert des Koeffizienten dargestellt.

Entgegen der postulierten Hypothese verzeichnen sich jedoch negative Korrelationen zwischen der Auslastung und allen vier Variablen, auch wenn diese nicht statistisch signifikant sind ($p > 0.05$). Hypothese 6 wird damit verworfen.

5.6.5.2.7 Hypothese 7

Für die siebte Hypothese soll angenommen werden, dass es eine Korrelation zwischen der Häufigkeit des Betreuungswunsches von Hotelgästen und den Bewertungsschwierigkeiten der Betreuungsintensität der jeweiligen Gästedimension (Gästebedürfnisse, Gästeanlässe, Gästepersönlichkeit und Gästewert) gibt. Basierend auf der Auswertung der Hypothese 6 scheint es, als habe die durchschnittliche Anzahl von Hotelgästen mit individuellem Betreuungswunsch eine relevante Rolle inne. Dies soll im Zuge der Hypothese 7 aus einem weiteren Blickwinkel analysiert werden. Es erscheint sachlogisch und inhaltlich sinnstiftend, dass Studienteilnehmer, deren Hotelbetrieb eine große Anzahl an Hotelgästen mit individuellem Betreuungswunsch verbucht, die jeweiligen Betreuungsintensitätsdimensionen als weniger schwierig bewerten. Die Hypothese lautet deshalb (Tabelle 5.11):

H0: Die Anzahl von Hotelgästen mit individuellem Betreuungswunsch korreliert nicht mit der jeweiligen Bewertung der Schwierigkeit der Betreuungsintensität der jeweiligen Gästedimension.

H1: Die Anzahl von Hotelgästen mit individuellem Betreuungswunsch korreliert mit der jeweiligen Bewertung der Schwierigkeit der Betreuungsintensität der jeweiligen Gästedimensionen.

Tabelle 5.11 Berechnungen der Korrelationen der Variablen Gästeanzahl und Schwierigkeit der Bewertung der Betreuungsintensität. (Eigene Datenreihen)

Korrelationen					
Variablen	(1)	(2)	(3)	(4)	(5)
(1) Gästeanzahl	1.000				
(2) Gästebedürfnisbezogene Betreuungsintensität	0.328	1.000			
	(0.146)				
(3) Gästeanlassbezogene Betreuungsintensität	0.323	0.180	1.000		
	(0.153)	(0.422)			
(4) Gästepersönlichkeitsbezogen Betreuungsintensität	–0.245	0.204	0.490	1.000	
	(0.285)	(0.363)	(0.021)		
(5) Gästewertbezogene Betreuungsintensität	–0.214	–0.299	0.196	0.371	1.00

* In den Klammern ist der errechnete p-Wert des Koeffizienten dargestellt.

Eine Korrelation zeichnet sich jedoch nur in zwei von vier Fällen ab: Die gästepersönlichkeitsbezogene ($r = -0.24$) und die gästewertbezogene ($r = -0.21$) Betreuungsintensitäten korrelieren jeweils mit der durchschnittlichen Anzahl an Hotelgästen mit individuellem Betreuungswunsch. In anderen Worten: Je mehr

Hotelgäste einen individuellen Betreuungswunsch haben, desto weniger schwierig werden die beiden Dimensionen der Betreuungsintensität bewertet. Allerdings sind diese Effekte nicht statistisch signifikant (da $p > 0.05$), weswegen insgesamt im Grunde kein statistisch signifikanter Zusammenhang zwischen den untersuchten Variablen besteht.

5.6.5.2.8 Hypothese 8

Abschließend soll herausgearbeitet werden, ob die Vertrautheit mit den Indikatoren der vier Dimensionen der Betreuungsintensität dazu führt, dass die einzelnen Betreuungsintensitätsdimensionen weniger schwierig bewertet werden. Ein solcher Zusammenhang würde in einer negativen Korrelation zwischen den entsprechenden Items münden. Die achte Hypothese kann deswegen wie folgt formuliert werden:

H0: Die Bewertung der Schwierigkeit der einzelnen Betreuungsintensitätsdimensionen korreliert nicht negativ mit der Vertrautheit der jeweiligen Indikatoren der vier Dimensionen der Betreuungsintensität.

H1: Die Bewertung der Schwierigkeit der einzelnen Betreuungsintensitätsdimensionen korreliert negativ mit der Vertrautheit der jeweiligen Indikatoren der vier Dimensionen der Betreuungsintensität.

Den paarweisen Korrelationen sind in der Tat diverse negative Korrelationskoeffizienten zu entnehmen: Die Bewertungsschwierigkeit der „Gästebedürfnisse" korreliert beispielsweise negativ mit der gästebedürfnisbezogenen Betreuungsintensitätsdimension ($r = -0.07$). Die Bewertungsschwierigkeit der „Gästepersönlichkeit" korreliert negativ mit der gästebedürfnisbezogenen ($r = -0.27$) und der gästeanlassbezogenen Betreuungsintensitätsdimension ($r = -0.12$). Die genannten Zusammenhänge sind jeweils nicht statistisch signifikant, da $p > 0.05$. Gemessen an den p-Werten der Korrelationskoeffizienten in der Matrix verzeichnen sich im Sinne der Hypothese jedoch auch diverse negative Zusammenhänge, die statistisch signifikant sind:

1. Die Bewertungsschwierigkeit der „Gästebedürfnisse" korreliert moderat negativ mit der gästewertbezogenen Betreuungsintensitätsdimension ($r = -0.42$, $p = 0.05$).

2 Die Bewertungsschwierigkeit der „Gästeanlässe“ korreliert stark negativ mit der gästeanlassbezogenen Betreuungsintensitätsdimension ($r = -0.53$, $p < 0.05$).
3 Die Bewertungsschwierigkeit der „Gästepersönlichkeit“ korreliert stark negativ mit der gästebezogenen Betreuungsintensitätsdimension ($r = -0.52$, $p < 0.05$).
4 Die Bewertungsschwierigkeit des „Gästewertes“ korreliert moderat negativ mit der kundenbezogenen ($r = -0.45$, $p < 0.05$) und der gästewertbezogenen Betreuungsintensitätsdimension ($r = -0.46$, $p < 0.05$).

Es kann somit abschließend verdeutlicht werden, dass die Vertrautheit mit den Indikatoren der Betreuungsintensitätsdimensionen in einigen Fällen dazu führt, dass einzelne Betreuungsintensitätsdimensionen als weniger schwierig zu bewerten wahrgenommen werden.

5.6.6 Ergebnisse und Auswertungen II (Deskriptive Statistik)

Im nächsten Abschnitt sollen nun die programmierten Fragenkomplexe über den Mittelwert, die Standardabweichung als auch den Median dargestellt werden. Ebenso werden die offenen und ergänzenden Fragen inhaltlich zusammengefasst. Ziel ist es, über die Hypothesen hinaus weitere und vertiefende Erkenntnisse zur Forschungsfrage generieren zu können.

5.6.6.1 Arbeitsumfeld der Gästebetreuung

Zur Bedeutung des Arbeitsumfeldes der betriebsspezifischen Gästebetreuung als auch zur Beschreibung der Stichprobe der berücksichtigten Hotelbetriebe wurden Items zur Erfassung der Betriebsart, der Gesamtanzahl der Hotelmitarbeiter sowie der Anzahl derjenigen davon kreiert, die mit individuellen Gästebetreuungsaufgaben betraut sind. Weiterhin wurde die Anzahl der mit individuellen Betreuungsaufgaben betreuten Abteilungen, die durchschnittliche Auslastung der letzten drei Geschäftsjahre sowie die durchschnittliche Anzahl von Gästen, die pro Aufenthaltstag eine individuelle Betreuung wünschen ermittelt. Die Ergebnisse werden nachfolgend mittels einzelner Abbildungen dargestellt, aus denen die prozentuale Verteilung der Antworten hervorgeht.

1. Betriebsarten

42,86 Prozent der berücksichtigten Studienteilnehmer deklarieren sich als Stadthotels. Weitere 42,86 Prozent sehen sich Ferienhotels und die verbleibenden Hotels identifizieren sich als eine Mischform beider Hotelarten. Für Deutschland lassen sich insgesamt 28 von 98 Hotelbetrieben (Stand Mai 2023) und damit 28,57 % als reine Stadthotels konfigurieren (Romantik Hotels & Restaurants, 2023), während die Mehrheit Ferien- oder Mischbetriebe darstellt. Damit können die ermittelten Werte bedingt als repräsentativ bezeichnet werden, indem rund 1/3 aller Stadthotels der Population an der Onlineumfrage teilnahmen und ebenso, indem die Mehrheit der Studienteilnehmer sich nicht als reine Stadthotels ausgewiesen haben (57,15 %) (Abbildung 5.7).

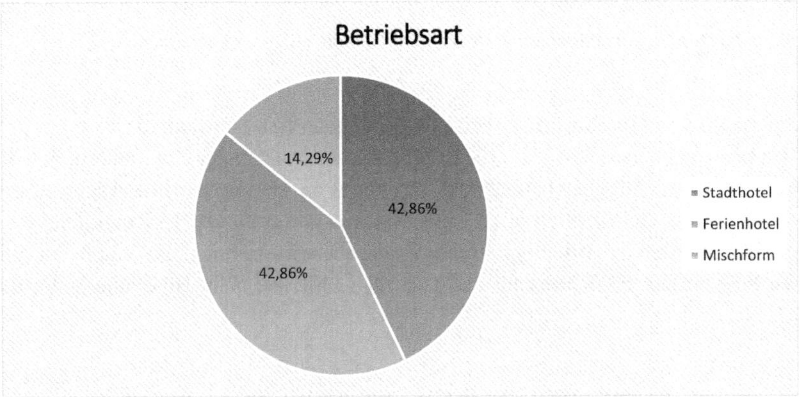

Abbildung 5.7 Prozentuale Verteilung der Studienteilnehmer nach Betriebsart. (Eigener Datensatz)

2. Mitarbeiteranzahl

Im Kontext der Mitarbeiteranzahl fällt bei den Angaben der Studienteilnehmer auf, dass die berücksichtigten Hotelbetriebe mehrheitlich unter 50 Hotelmitarbeiter (66,7 Prozent) beschäftigen, während die verbleibenden 33,3 Prozent hingegen zwischen 50 und 100 Hotelmitarbeiter beschäftigen (Abbildung 5.8).

Ältere Studien verweisen diesbezüglich noch darauf, dass die Anzahl der geringfügig Beschäftigten im Hotelgewerbe niedriger sei, da einerseits die Standardisierung vieler Bereiche dies erschwere und andererseits Leistungsbereiche mit niedriger Qualifikation (z. B. die Reinigung) eher outgesourct und nicht in die Mitarbeiterberechnung einbezogen würden (Maack et al., 2013, S. 73).

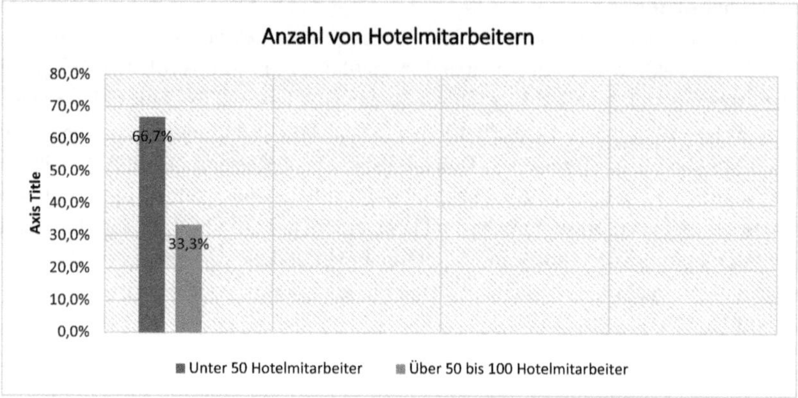

Abbildung 5.8 Anzahl Hotelmitarbeiter pro Betrieb. (Eigener Datensatz)

3. Anzahl von Hotelmitarbeitern mit Gästebetreuungsaufgaben
Von besonderer Bedeutung für diese Arbeit ist die Anzahl der Hotelmitarbeiter, die mit Betreuungsaufgaben betraut sind. Der nächsten Abbildung ist deswegen zu entnehmen, dass mehrheitlich (42,8 Prozent) zwischen zehn und 15 Hotelmitarbeiter pro Hotelbetrieb individuelle Betreuungsaufgaben übernehmen. Bei einem relevanten Prozentsatz (33,3 Prozent) sind zwischen fünf und neun Hotelmitarbeiter mit

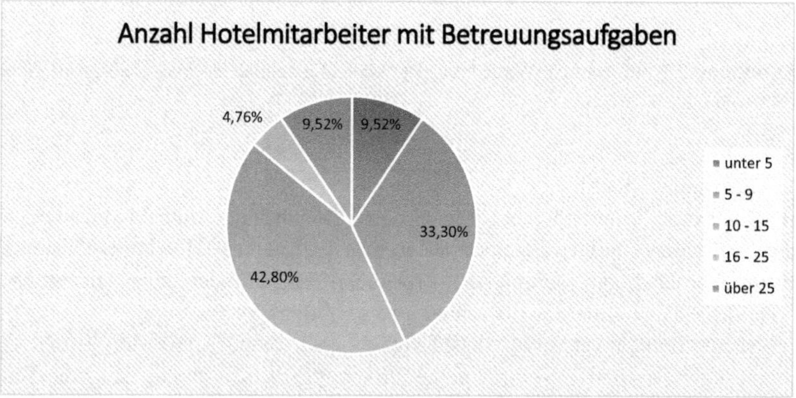

Abbildung 5.9 Anzahl Hotelmitarbeiter mit Betreuungsaufgaben. (Eigener Datensatz)

den besagten Betreuungsaufgaben betraut. Die verbleiben drei Kategorien „unter fünf Hotelmitarbeiter", „16 bis 25 Hotelmitarbeiter" und „über 25 Hotelmitarbeiter" nehmen jeweils unter zehn Prozent der Verteilung ein (Abbildung 5.9).

4. Anzahl der Abteilungen mit individuellen Gästebetreuungsaufgaben
Zu den üblichen Abteilungen mit operativen Gästebetreuungsaufgaben gehören neben der Rezeption F&B-Outlets wie Hotelbars, Cafés und Hotelrestaurants sowie die Veranstaltungsabteilung. Daneben können im erweiterten Sinne auch das Housekeeping sowie diejenigen Verkaufsabteilungen (z. B. Zimmerreservierung) mit einbezogen werden, auch wenn dort die persönliche Gästebetreuung zunehmend fernmündlich bzw. digital forciert wird. Aus den Angaben der Studienteilnehmer zeichnet sich diesbezüglich ab, dass sich in den meisten betrachteten Hotelbetrieben zwischen zwei (33,3 Prozent) und drei (38,1 Prozent) Abteilungen individuellen Betreuungsaufgaben widmen. Weitere 19,0 Prozent geben an, dass sich vier Abteilungen der Gästebetreuung widmen. Jeweils 4,8 Prozent sind der Antwortoption „fünf Abteilungen" zuzuordnen oder machten keine Angabe zur Fragestellung (Abbildung 5.10).

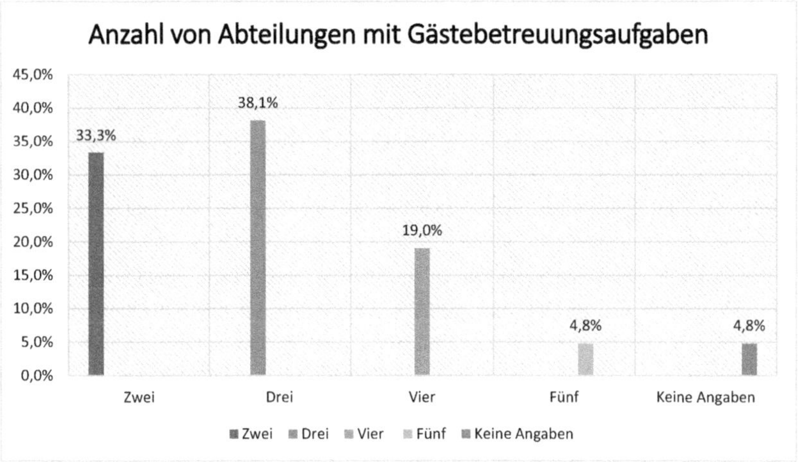

Abbildung 5.10 Anzahl von Abteilungen mit Gästebetreuungsaufgaben. (Eigene Datenreihen)

5. Durchschnittliche Auslastung von Hotelbetrieben
Der nächste Befragungspunkt widmet sich der durchschnittlichen Auslastung der befragten Hotelbetriebe. Diese freiwillige Angabe der Studienteilnehmer betrachtet ein Zeitfenster von drei Jahren und erlaubt Überlegungen, inwieweit der Geschäftsgang Einfluss auf die Gästebetreuung bzw. deren Intensivierung haben könnte. Dabei kann ebenso eine Beziehung zur Hotelmitarbeiteranzahl hergestellt werden, indem hohe Arbeitsbelastungen einen Einfluss auf die Gästebetreuung haben, indem möglicherweise eine nicht ausreichende Anzahl von Hotelmitarbeitern für die Gästebetreuung vorhanden sein könnte bzw. die vorhandenen zu wenig Zeit für die Gästebetreuung haben (Abbildung 5.11).

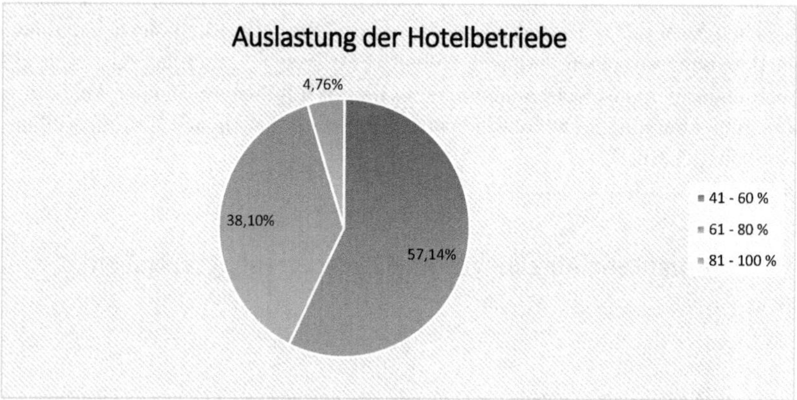

Abbildung 5.11 Durchschnittliche Auslastung der Hotelbetriebe. (Eigene Datenreihen)

Die Studienteilnehmer gaben diesbezüglich an, dass die durchschnittliche Auslastung der letzten drei Geschäftsjahre in 57,14 Prozent der Fälle bei 41 bis 60 Prozent lag. In 38,1 Prozent lag sie bei 61 bis 80 Prozent. Lediglich 4,76 Prozent der Stichprobe gaben an, dass die durchschnittliche Auslastung der letzten drei Geschäftsjahre bei 81 bis 100 Prozent lag.

6. Durchschnittliche Gästeanzahl mit Betreuungswunsch
Zuletzt sollten die Studienteilnehmer angeben, wie hoch sie durchschnittliche Anzahl von Hotelgästen einschätzen, die pro Aufenthaltstag eine individuelle Gästebetreuung wünschen. In Kombination mit der durchschnittlichen Hotelauslastung kann so eine Tendenz zwischen Auslastung, Hotelmitarbeiteranzahl und Betreuungsaufkommen abgebildet werden (Abbildung 5.12).

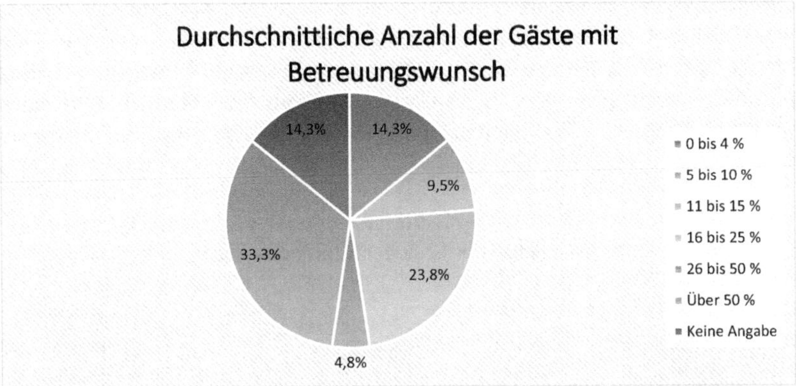

Abbildung 5.12 Durchschnittliche Gästeanzahl mit Betreuungswunsch. (Eigene Datenreihen)

Obschon einige Studienteilnehmer sich unklar äußern, kann aus 33,3 Prozent der Fälle ermittelt werden, dass die durchschnittliche Anzahl der Hotelgäste mit Betreuungswünschen bei über 50 Prozent liegt. In 23,8 Prozent der Fälle liegt sie zwischen 16 und 25 Prozent. Weitere 14,3 Prozent geben an, dass die Hotelgästeanzahl mit Betreuungswunsch zwischen null und fünf Prozent liegt. Während 4,8 % angeben, dass zwischen 26–50 Prozent ihrer Hotelgäste Betreuungswünsche haben, können 14,8 % der Befragten keine Angaben machen oder wollen dies nicht tun.

5.6.6.2 Relevanz der vier Dimensionen des Gästequadranten

Die Studienteilnehmer sollten sodann die Wichtigkeit der vier Dimensionen des Quadranten für die persönliche Gästebetreuung und damit auch für die Bedeutung der Betreuungsintensität feststellen. Damit verbunden sollten die Befragten orientierungsbezogene, organisationsbezogenen, konsumbezogene, kommunikationsbezogene und emotionsbezogene Gästebedürfnisse nach ihrer Relevanz für die individuelle Betreuungsintensität im Rahmen der persönlichen Gästebetreuung auf einer Skala von 1 (Unwichtig) bis 10 (Wichtig) taxieren.

5.6.6.2.1 Operative Dimension der Gästebedürfnisse

Mit den operativen Gästebedürfnissen werden unmittelbar interaktionsrelevante Aspekte der Gästebetreuung und für die Ermittlung der individuellen Betreuungsintensität adressiert. Je höher der Mittelwert ist, desto wichtiger werden die jeweiligen Gästebedürfnisse (orientierungsbezogene, organisationsbezogene, konsumbezogene, kommunikationsbezogene und emotionsbezogene Gästebedürfnisse) bezüglich der Betreuungsintensität durch die jeweiligen involvierten, abteilungsspezifischen Mitarbeiter eingeschätzt. Je niedriger der Mittelwert ist, desto unwichtiger werden die jeweiligen Gästebedürfnisse bezüglich der Betreuungsintensität durch die jeweiligen involvierten, abteilungsspezifischen Mitarbeiter

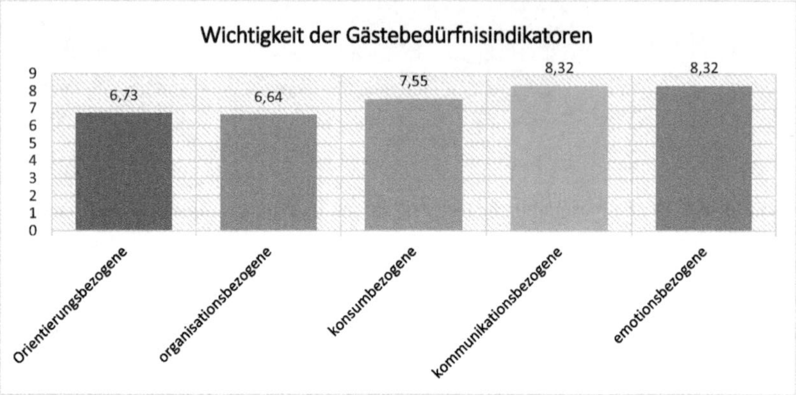

Abbildung 5.13 Mittelwerte der Wichtigkeit der Gästebedürfnisindikatoren

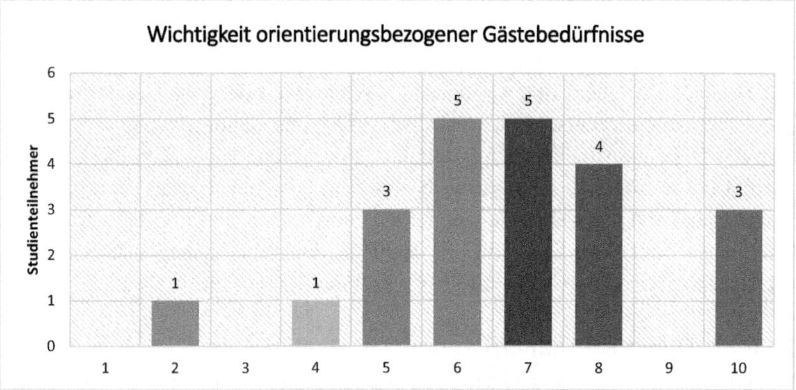

Abbildung 5.14 Wichtigkeit orientierungsbezogener Gästebedürfnisse. (Eigene Datenreihen)

eingeschätzt. Zur besseren Übersicht werden nachfolgend deswegen die Mittelwerte der einzelnen Gästebedürfnisindikatoren dargestellt und anschließend die Einzelergebnisse (Abbildung 5.13)(Abbildung 5.14).

1. Orientierungsbezogene Gästebedürfnisse

Bei den orientierungsbezogenen Bedürfnissen zeigt sich, dass eine Mehrheit der Befragten diese etwas über dem mittleren Wichtigkeitslevel einordnen. Diese Einordnung schlägt sich ebenso im Mittelwert[22] wieder, der mit ~ 6,73 Punkten angegeben werden kann (Tabelle 5.12).

Tabelle 5.12 Mittelwert und Standardabweichung orientierungsbezogener Gästebedürfnisse. (Eigene Datenreihen)

Orientierungsbezogene Gästebedürfnisse		
1e. Wie wichtig sind Ihrer Meinung nach die folgenden Bedürfnisse Ihrer Kunden (Gäste) hinsichtlich der Betreuungsintensität durch die jeweilig involvierten abteilungsspezifischen Mitarbeiter?		
N	Gültig	22
	Fehlend	0
Mittelwert		6,73
Std.-Abweichung		1,956
Minimum		2
Maximum		10

2. Organisationsbezogene Gästebedürfnisse

Zu einem ähnlichen Ergebnis kommen die Studienteilnehmer auch bei den organisationsbezogenen Gästebedürfnissen, was auch in der durchschnittlichen Wichtigkeit von ~ 6,64 sichtbar wird (Abbildung 5.15) (Tabelle 5.13).

[22] Der Median ist eine statistische Größe, die in der beschreibenden Statistik genutzt wird, um die zentrale Tendenz einer Stichprobe zu beschreiben. Er zeigt an, welche Größe den Datensatz genau in der Mitte teilt, sodass die Hälfte der Werte unterhalb des Medians und die andere Hälfte oberhalb des Medians liegen (Benninghaus, 2007). Die Standardabweichung ist eine weitere statistische Größe, die die Streuung der Daten um den Mittelwert angibt. Sie gibt an, wie weit die einzelnen Datenpunkte vom Mittelwert entfernt sind. Eine hohe Standardabweichung bedeutet, dass die Daten weit gestreut sind, während eine niedrige Standardabweichung darauf hinweist, dass die Daten sehr eng um den Mittelwert herum verteilt sind (Benninghaus, 2007).

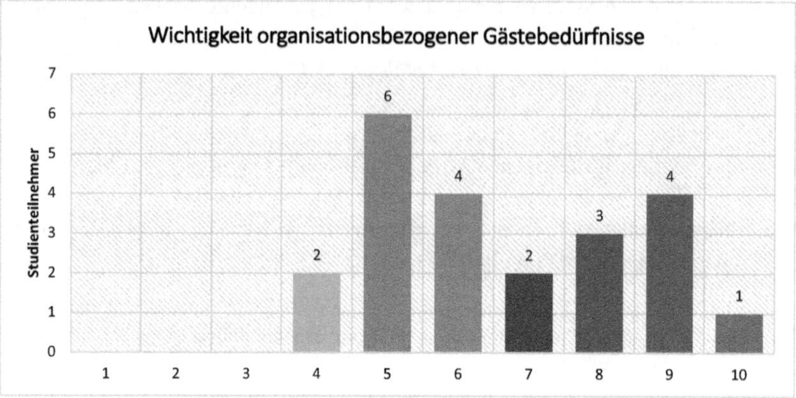

Abbildung 5.15 Wichtigkeit organisationsbezogener Gästebedürfnisse. (Eigene Datenreihen)

Tabelle 5.13 Mittelwert und Standardabweichung organisationsbezogener Gästebedürfnisse. (Eigene Datenreihen)

Organisationsbezogene Gästebedürfnisse		
1d. Wie wichtig sind Ihrer Meinung nach die folgenden Bedürfnisse Ihrer Kunden (Gäste) hinsichtlich der Betreuungsintensität durch die jeweilig involvierten abteilungsspezifischen Mitarbeiter?		
N	Gültig	22
	Fehlend	0
Mittelwert		6,64
Std.-Abweichung		1,840
Minimum		4
Maximum		10

1. Konsumbezogene Gästebedürfnisse

Interessanterweise ordnen die Studienteilnehmer konsumbezogene Gästebedürfnisse nicht im Spitzenwert ein, sondern eher verhalten mit einer durchschnittlichen Wichtigkeit von ~ 7,54 Punkten. Damit liegen konsumbezogene Gästebedürfnisse zwar um einen Punkt höher als die erstgenannten orientierungs- und organisationsbezogenen Gästebedürfnisse, sind jedoch in ihrer Wichtigkeit aus Sicht der Studienteilnehmer nicht vordringlich (Abbildung 5.16) (Tabelle 5.14).

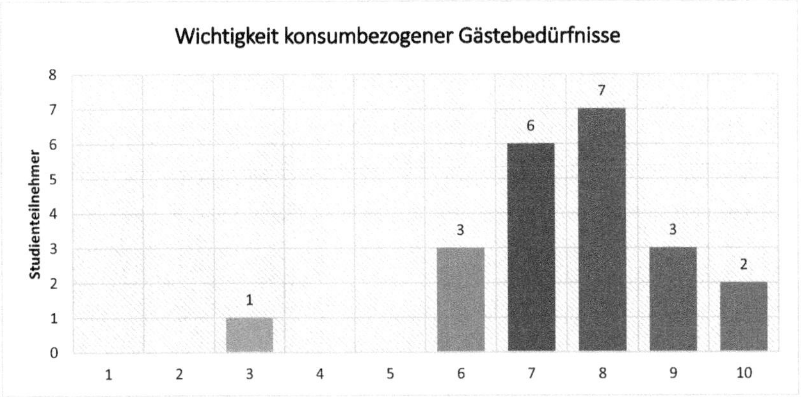

Abbildung 5.16 Wichtigkeit konsumsbezogener Gästebedürfnisse. (Eigene Datenreihen)

Tabelle 5.14 Mittelwert und Standardabweichung konsumbezogener Gästebedürfnisse. (Eigene Datenreihen)

Konsumbezogene Gästebedürfnisse		
1c. Wie wichtig sind Ihrer Meinung nach die folgenden Bedürfnisse Ihrer Kunden (Gäste) hinsichtlich der Betreuungsintensität durch die jeweilig involvierten abteilungsspezifischen Mitarbeiter?		
N	Gültig	22
	Fehlend	0
Mittelwert		7,55
Std.-Abweichung		1,535
Minimum		3
Maximum		10

2. Kommunikationsbezogene Gästebedürfnisse

Als besonders wichtig erachten die Studienteilnehmer kommunikationsbezogene Gästebedürfnisse. Der Mittelwert lässt sich deswegen mit ~ 8,32 ermitteln (Abbildung 5.17) (Tabelle 5.15).

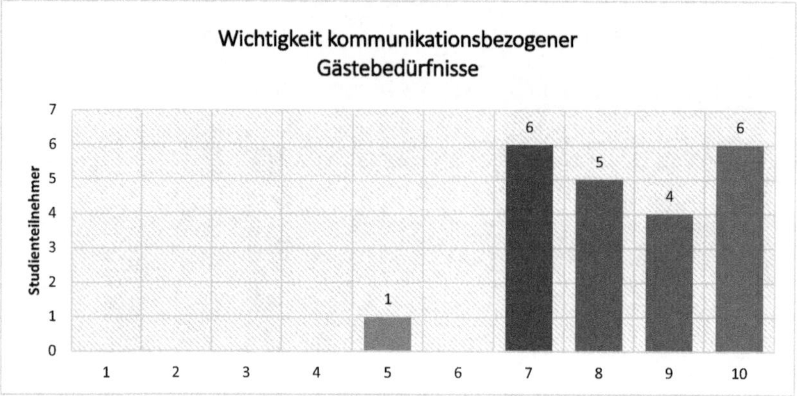

Abbildung 5.17 Wichtigkeit kommunikationsbezogener Gästebedürfnisse. (Eigene Datenreihen)

Tabelle 5.15 Mittelwert und Standardabweichung kommunikationsbezogener Gästebedürfnisse. (Eigene Datenreihen)

Kommunikationsbezogene Gästebedürfnisse		
1b. Wie wichtig sind Ihrer Meinung nach die folgenden Bedürfnisse Ihrer Kunden (Gäste) hinsichtlich der Betreuungsintensität durch die jeweilig involvierten abteilungsspezifischen Mitarbeiter?		
N	Gültig	22
	Fehlend	0
Mittelwert		8,32
Std.-Abweichung		1,393
Minimum		5
Maximum		10

3. Emotionsbezogene Gästebedürfnisse

Hotelgäste sind aus Sicht der Studienteilnehmer besonders emotional bedürftig. Dies bestätigt der durchschnittliche Mittelwert von ~ 8,32 Punkten, mit dem die Studienteilnehmer die Wichtigkeit dieser am höchsten von allen Gästebedürfnissen beziffern deutlich (Abbildung 5.18) (Tabelle 5.16).

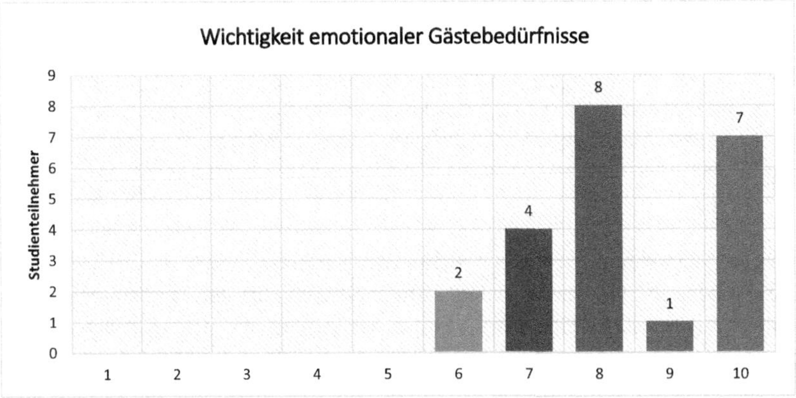

Abbildung 5.18 Wichtigkeit emotionaler Gästebedürfnisse. (Eigene Datenreihen)

Tabelle 5.16 Mittelwert und Standardabweichung emotionsbezogener Gästebedürfnisse. (Eigene Datenreihen)

Emotionsbezogene Gästebedürfnisse		
1a. Wie wichtig sind Ihrer Meinung nach die folgenden Bedürfnisse Ihrer Kunden (Gäste) hinsichtlich der Betreuungsintensität durch die jeweilig involvierten abteilungsspezifischen Mitarbeiter?		
N	Gültig	22
	Fehlend	0
Mittelwert		8,32
Std.-Abweichung		1,359
Minimum		6
Maximum		10

4. Offene Fragestellung

Die Studienteilnehmer wurden anschließend gebeten, Stellung zu nachfolgender Behauptung zu beziehen, die besagt, dass je kürzer ein Hotelaufenthalt ist, desto intensiver die individuelle Betreuung auf die individuellen Gästebedürfnisse ausgerichtet werden muss. 55 % der Befragten stimmen der Behauptung zu, 45 % hingegen bedeuten genau das Gegenteil, indem Sie die das behauptete Phänomen eher einem längeren Aufenthalt zubilligen. Diese Unentschlossenheit zeigt sich exemplarisch in nachfolgendem Wortkommentar deutlich:

„*In heutiger Zeit kommt der Gast für immer kürzere Aufenthalte und möchte trotzdem alles wahrnehmen, ohne das eigentliche Ziel der Reproduktion der Lebenskraft dabei zu erzielen. Der Gast macht einfach weiter mit der Hektik. Desto länger die Aufenthalte, desto höher der Erholungsgrad und die Entschleunigung. Der Aufwand ist für die Mitarbeiter unterschiedlich, aber niemals geringer. Der Kurzzeitgast braucht viel Input und Begleitung. Der Langzeitgast will die ganztägige Umsorgung.*" (Eigene Datenreihen)

5.6.6.2.2 Operative Dimension der Gästeanlässe

Gästeanlässe bilden zumeist den Ausgangspunkt für Interaktionen zwischen Hotelmitarbeitern und Hotelgästen und werden deswegen auch als äußere Beweggründe dieser aufgefasst. Gästeanlässe können jedoch auch durch Hotelmitarbeiter ausgelöst werden, indem diese, ihren Hotelgästen Anlass geben, sich z. B. über die unpersönliche Gästebetreuung zu beschweren (Duden, n. d.). Darum soll davon ausgegangen werden, dass je höher der erzielte Mittelwert ist, desto wichtiger die Gästeanlässe für die Betreuungsintensität durch die jeweilig involvierten abteilungsspezifischen Hotelmitarbeiter sind. Je niedriger folglich der Mittelwert ist, desto unwichtiger werden die Gästeanlässe für die Betreuungsintensität durch die jeweilig involvierten abteilungsspezifischen Mitarbeiter eingeschätzt. In der Gesamtbetrachtung zeigt sich die Wichtigkeit der Gästeanlässe deutlich über dem Mittelwert von 5 Punkten, wie in nachfolgendem Diagramm deutlich wird (Abbildung 5.19).

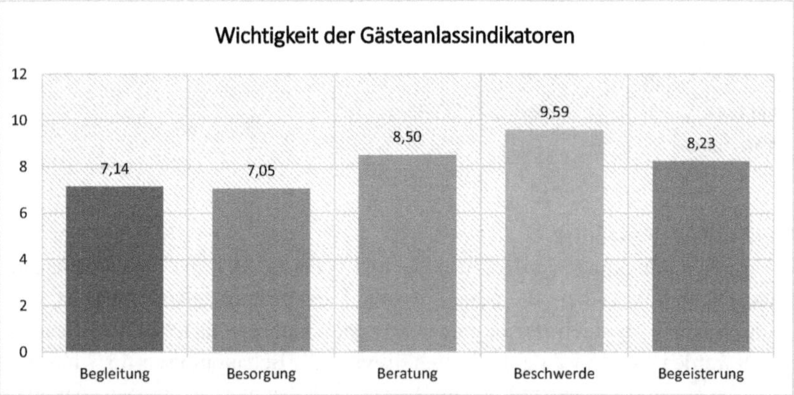

Abbildung 5.19 Mittelwerte der Wichtigkeit der Gästeanlassindikatoren. (Eigene Datenreihen)

1. Begleitung
Im Kontext der Begleitung fallen die Antworten der Studienteilnehmer breit gestreut aus. Der Mittelwert von ~ 7,14 von 10 Punkten ordnet die Begleitung als Gästeanlass eher nachrangig ein (Tabelle 5.17).

Tabelle 5.17 Relevanz anlassbezogener Gästebegleitung. (Eigene Datenreihen)

Anlassbezogene Gästebegleitung					
3e. Wie wichtig sind Ihrer Meinung nach die folgenden Anlässe Ihrer Kunden (Gäste) hinsichtlich der Betreuungsintensität durch die jeweilig involvierten abteilungsspezifischen Mitarbeiter?					
		Häufigkeit	Prozent	Gültige Prozente	Kumulierte Prozente
Gültig	1 = Unwichtig	1	4,5	4,5	4,5
	3	1	4,5	4,5	9,1
	5	2	9,1	9,1	18,2
	6	3	13,6	13,6	31,8
	7	5	22,7	22,7	54,5
	8	3	13,6	13,6	68,2
	9	4	18,2	18,2	86,4
	10 = Äußerst wichtig	3	13,6	13,6	100,0
	Gesamt	22	100,0	100,0	

2. Besorgung
Auch die anlassbezogene Besorgung zeigt eine ähnliche Streuung und rangiert mit einem Mittelwert von ~ 7,05 Punkten an letzter Stelle der Wichtigkeit der Gästeanlässe (Tabelle 5.18).

3. Beratung
Die Beratung bildet den dritten relevanten Gästebetreuungsanlass ab und wird von den Studienteilnehmern mit einem Mittelwert von ~ 8,50 Punkten als zweithöchster Gästebetreuungsanlass bewertet (Tabelle 5.19).

Tabelle 5.18 Relevanz anlassbezogener Gästebesorgung. (Eigene Datenreihen)

Anlassbezogene Gästebesorgung

3d. Wie wichtig sind Ihrer Meinung nach die folgenden Anlässe Ihrer Kunden (Gäste) hinsichtlich der Betreuungsintensität durch die jeweilig involvierten abteilungsspezifischen Mitarbeiter?

		Häufigkeit	Prozent	Gültige Prozente	Kumulierte Prozente
Gültig	3	1	4,5	4,5	4,5
	4	2	9,1	9,1	13,6
	5	3	13,6	13,6	27,3
	6	3	13,6	13,6	40,9
	7	3	13,6	13,6	54,5
	8	3	13,6	13,6	68,2
	9	4	18,2	18,2	86,4
	10 = Äußerst wichtig	3	13,6	13,6	100,0
	Gesamt	22	100,0	100,0	

Tabelle 5.19 Relevanz anlassbezogener Gästeberatung. (Eigene Datenreihen)

Anlassbezogene Gästeberatung

3c. Wie wichtig sind Ihrer Meinung nach die folgenden Anlässe Ihrer Kunden (Gäste) hinsichtlich der Betreuungsintensität durch die jeweilig involvierten abteilungsspezifischen Mitarbeiter?

		Häufigkeit	Prozent	Gültige Prozente	Kumulierte Prozente
Gültig	5	1	4,5	4,5	4,5
	6	1	4,5	4,5	9,1
	7	3	13,6	13,6	22,7
	8	6	27,3	27,3	50,0
	9	3	13,6	13,6	63,6
	10 = Äußerst wichtig	8	36,4	36,4	100,0
	Gesamt	22	100,0	100,0	

Tabelle 5.20 Relevanz anlassbezogener Gästebeschwerden. (Eigene Datenreihen)

Anlassbezogene Gästebeschwerden

3b. Wie wichtig sind Ihrer Meinung nach die folgenden Anlässe Ihrer Kunden (Gäste) hinsichtlich der Betreuungsintensität durch die jeweilig involvierten abteilungsspezifischen Mitarbeiter?

		Häufigkeit	Prozent	Gültige Prozente	Kumulierte Prozente
Gültig	8	3	13,6	13,6	13,6
	9	3	13,6	13,6	27,3
	10 = Äußerst wichtig	16	72,7	72,7	100,0
	Gesamt	22	100,0	100,0	

4. Beschwerde
Hotelgäste werden von den Studienteilnehmern als beschwerdeintensiv wahrgenommen, indem der erzielte Mittelwert von ~ 9,59 Punkten den Spitzenwert in der operativen Dimension der Gästeanlässe abbildet (Tabelle 5.20).

5. Begeisterung
Nach Auffassung der Studienteilnehmer suchen Hotelgäste Hotelmitarbeiter auf, um motiviert und emotional begeistert zu werden. Dies äußert sich in einem Mittelwert von ~ 8,23 und damit im dritthöchsten Mittelwert der Gästeanlässe (Tabelle 5.21).

Tabelle 5.21 Relevanz anlassbezogener Gästebegeisterung. (Eigene Datenreihen)

Anlassbezogene Gästebegeisterung

3a. Wie wichtig sind Ihrer Meinung nach die folgenden Anlässe Ihrer Kunden (Gäste) hinsichtlich der Betreuungsintensität durch die jeweilig involvierten abteilungsspezifischen Mitarbeiter? Begeisterung

		Häufigkeit	Prozent	Gültige Prozente	Kumulierte Prozente
Gültig	1 = Unwichtig	1	4,5	4,5	4,5
	6	1	4,5	4,5	9,1
	7	3	13,6	13,6	22,7
	8	8	36,4	36,4	59,1
	9	1	4,5	4,5	63,6
	10 = Äußerst wichtig	8	36,4	36,4	100,0
	Gesamt	22	100,0	100,0	

6. Offene Fragestellung

Auch bei den Gästeanlässen sollten die Studienteilnehmer ebenso ein gästeanlassbezogenes Statement kommentieren. Dabei wurde die Frage aufgeworfen, inwieweit die Länge des Hotelaufenthaltes Einfluss auf die mehr oder weniger anlassbezogene Gästebetreuung hat. Bei den abgegebenen Wortkommentaren halten sich Zustimmung und Ablehnung wie im vorausgehenden Fall die Waage. Interessanterweise begründen die Studienteilnehmer ihre Ausführungen beispielhaft unter Verwendung von Indikatoren der Gästepersönlichkeit. So werden neben Familien (Personenstand), Geschäftsleute (Reisemotive) und jüngere Gäste (Alter) angegeben:

> „*Je länger ein Gast im Hause ist, desto besser kann man auf ihn eingehen, da man den Gast besser und genauer kennt.*" (Eigene Datenreihen)

5.6.6.2.3 Strategische Dimension der Gästepersönlichkeit

Bei der Auswertung der Indikatoren der Gästepersönlichkeit fällt auf, dass diese Dimension des Gästequadranten im Vergleich mit den anderen Dimensionen eher niedrig bewertet wird. Dabei gilt wie in den vorangegangenen Auswertungen, dass je höher der Mittelwert ist, desto wichtiger sind die einzelnen Indikatoren bezüglich der Betreuungsintensität durch die jeweilig involvierten abteilungsspezifischen Hotelmitarbeiter. Damit gilt ebenso, dass je niedriger der Mittelwert ist, desto unwichtiger werden die Indikatoren der Gästepersönlichkeit bezüglich der Betreuungsintensität eingeschätzt.

1. Mittelwerte

In Betrachtung der Mittelwerte fällt auf, dass der Indikator Reisemotive (ø = 7,59) den höchsten Mittelwert hat und somit die höchste Wichtigkeit repräsentiert. Das Alter (ø = 6,59) hat den zweithöchsten Mittelwert und somit die zweithöchste Wichtigkeit, gefolgt von Kultur/Herkunft (ø = 6,14). Die niedrigsten Mittelwerte und somit die niedrigsten Wichtigkeiten der gästepersönlichkeitsbezogenen Indikatoren haben interessanterweise der Personenstand (ø = 5,09) und das Geschlecht (Gender) (ø = 4,50) (Abbildung 5.20).

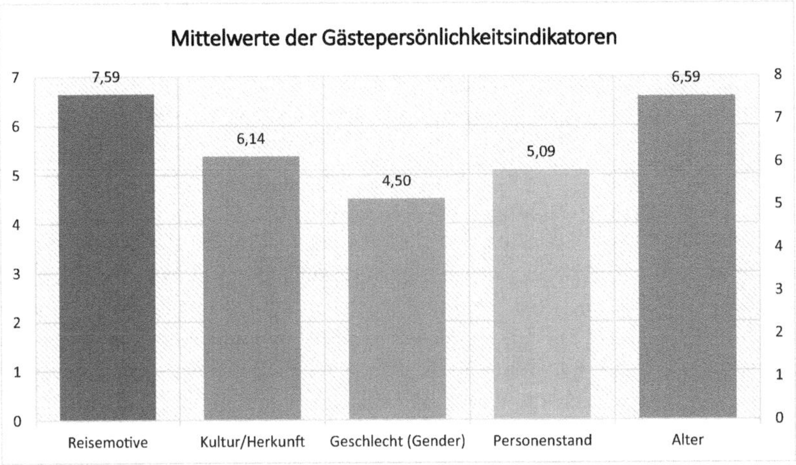

Abbildung 5.20 Mittelwerte der Gästepersönlichkeitsindikatoren. (Eigene Datenreihen)

Dies ist dahingehend überraschend, wenn berücksichtigt wird, dass einerseits relevante Zielgruppen so unterrepräsentiert bleiben und andererseits spezifische Gästebedürfnisse kaum in Verbindung mit der Gästepersönlichkeit gebracht werden, womit die Notwendigkeit der ganzheitlichen Betrachtung von Hotelgästen sowohl aus operativer als auch aus strategischer Sicht postuliert werden kann. Dass Hotelgäste individuell in ihrer Persönlichkeit sind, wird von den Studienteilnehmern eindeutig als nicht relevant betrachtet.

2. Offene Fragestellung

Im Rahmen der offenen Fragestellung zu diesem Befragungskomplex wurde die Vermutung aufgestellt, dass die Indikatoren der Gästepersönlichkeit Grundlagen für die mehr oder weniger intensive Gästebetreuung bilden würden. Dabei zeigt sich ein interessanter Widerspruch zu den ermittelten Werten der Indikatoren der Gästepersönlichkeit, indem die Studienteilnehmer in den offenen Wortkommentaren mehrheitlich der Behauptung beipflichten und bestätigen, dass die Indikatoren der Gästepersönlichkeit die Grundlage für die mehr oder weniger intensive Gästebetreuung bilden. Als Beispiele dazu werden sowohl Alter, Geschlecht als auch Herkunft und Reisemotive angeführt:

„Herkunft China/Japan möchten viel wissen über Sightseeing/andere Essgewohnheiten es muss anders darauf eingegangen werden. Familien sind anders als ein einzelner Geschäftsmann. Man kann gezielt Gäste glücklich machen, wenn man ein Gefühl für die kundenpersönlichkeitsbezogenen Merkmale hat. Wer dies besitzt, ist ‚Gold wert' in der Gastro und kann die Gäste führen und begeistern." (Eigene Datenreihen)

5.6.6.2.4 Strategische Dimension des Gästewertes

Als letzte relevante Dimension des Gästequadranten sollten die Studienteilnehmer schließlich die Relevanz des Gästewertes anhand verschiedener Indikatoren bedeuten. Obschon diese strategische Dimension konzeptionell neu ist, können die Studienteilnehmer mit den angebotenen Indikatoren umgehen, diese einordnen und bewerten. Dabei gilt weiterhin die Überlegung, dass je höher der Mittelwert ist, desto wichtiger sind die einzelnen Indikatoren bezüglich der Betreuungsintensität bzw. umso niedriger der Mittelwert ist, desto unwichtiger werden die Indikatoren des Gästewertes bezüglich der Betreuungsintensität eingeschätzt.

1. Mittelwerte

Die Ergebnisse des Mittelwertes zeigen auch bei den Indikatoren des Gästewertes unterschiedliche Ausprägungen. Während die eindeutig monetär geprägten Indikatoren hohe Mittelwerte aufweisen, fallen andere Indikatoren deutlich ab. Im vorliegenden Fall ist erkennbar, dass der Indikator Zusatzkäufer (ø = 8,29) den höchsten Mittelwert unter den gästewertbezogenen Indikatoren hatte, gefolgt vom Indikator Umsatzbringer (ø = 8,10). Als drittwichtigster gästewertbezogener Indikator haben sich die Indikatoren Meinungsführer (ø = 7,57) und Informationslieferant (ø = 7,57) herauskristallisiert. Der gästewertspezifische Indikator Innovator (ø = 7,00) hingegen wurde als unwichtigster Indikatoren in Bezug auf die Betreuungsintensität ausgewählt (Abbildung 5.21).

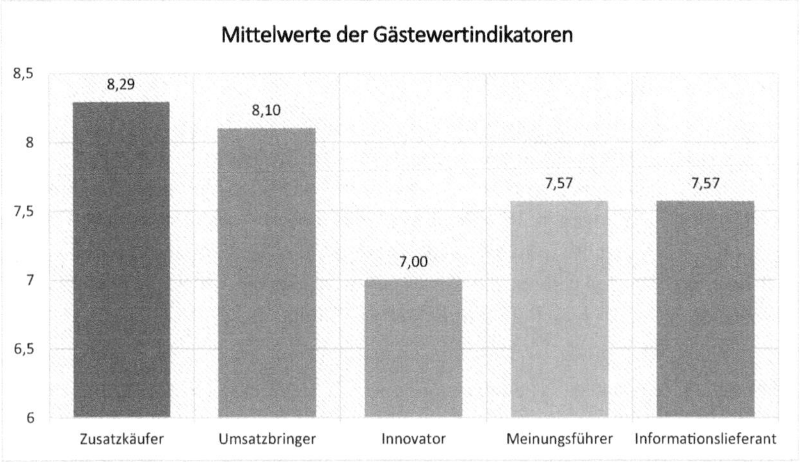

Abbildung 5.21 Relevanz gästewertbezogener Indikatoren. (Eigene Datenreihen)

2. Offene Fragestellung

Auch in der letzten offenen Fragestellung sollten die Studienteilnehmer auf eine Behauptung reagieren, dass sie selbst das Potenzial ihrer Hotelgäste noch zu wenig beachten würden. Interessanterweise verneint die überwiegende Anzahl der Befragten diese Aussage deutlich und betont, wie wichtig Ihnen das Gästepotenzial ist:

> „*Das Potenzial unserer Gäste ist uns gegenwärtig sehr wichtig und wird sehr stark beachtet.*“ (Eigene Datenreihen)

5.6.6.3 Vertrautheit mit den Indikatoren der Gästedimensionen

Obschon bislang kein ganzheitliches Gästebetrachtungs- bzw. Gästebetreuungsmodell existiert, kann dennoch davon ausgegangen werden, dass Hotelbetreiber in ihrer täglichen Arbeit bereits mit einzelnen Gästedimensionen bzw. deren Indikatoren vertraut sind und Ähnliches auch bei ihren Hotelmitarbeitern vermuten oder feststellen. Aus methodischen Gründen werden darum nachfolgend jeweils die Selbsteinschätzungen der Studienteilnehmer als auch die Einschätzungen ihrer

Hotelmitarbeiter gegenübergestellt und ausgewertet. Die jeweiligen Gästedimensionen werden dabei mit einer Lickert-Skala von „Gar nicht vertraut = 1“ bis „Sehr vertraut = 5“ bewertet, sodass eine stärkere Zustimmung einer größeren Vertrautheit entspricht.

5.6.6.3.1 Operative Dimension der Gästebedürfnisse

Der Indikator „Gästebedürfnisse“ ist der Hälfte der Stichprobe (50 Prozent) „Etwas vertraut“, wohingegen 36,4 Prozent „Sehr vertraut“ mit ihm sind. 9,1 Prozent sind „Weniger vertraut“ mit Gästebedürfnissen als Indikator der Betreuungsintensität und 4.5 Prozent wählen die Antwortoption „Weder noch“. Damit lässt sich ein Mittelwert von ~ 4,14 Punkten darstellen (Tabelle 5.22).

Tabelle 5.22 Vertrautheit der Studienteilnehmer mit den Indikatoren der Gästebedürfnisse. (Eigene Datenreihen)

Gästebedürfnisse					
10a. Wie vertraut sind mir die einzelnen Indikatoren der vier Dimensionen der Betreuungsintensität?					
		Häufigkeit	Prozent	Gültige Prozente	Kumulierte Prozente
Gültig	Weniger vertraut	2	9,1	9,1	9,1
	Weder noch	1	4,5	4,5	13,6
	Etwas vertraut	11	50,0	50,0	63,6
	Sehr vertraut	8	36,4	36,4	100,0
	Gesamt	22	100,0	100,0	

Deutlich schlechter beurteilen die Hotelbesitzer die Vertrautheit ihrer Hotelmitarbeiter mit den Gästebedürfnissen. So wurde deren Vertrautheit nur mit einem Mittelwert von ~ 3,77 Punkten eingeschätzt (Tabelle 5.23).

Tabelle 5.23 Vertrautheit der Hotelmitarbeiter mit den Indikatoren der Gästebedürfnisse. (Eigene Datenreihen)

Gästebedürfnisse					
11a. Die einzelnen Dimensionen der Betreuungsintensität sind meinen Mitarbeitern, die mit Betreuungsaufgaben betraut sind,					
		Häufigkeit	Prozent	Gültige Prozente	Kumulierte Prozente
Gültig	Gar nicht vertraut	1	4,5	4,5	4,5
	Weniger vertraut	2	9,1	9,1	13,6
	Weder noch	3	13,6	13,6	27,3
	Etwas vertraut	11	50,0	50,0	77,3
	Sehr vertraut	5	22,7	22,7	100,0
	Gesamt	22	100,0	100,0	

5.6.6.3.2 Operative Dimension der Gästeanlässe

Gästeanlässe bilden das tägliche Geschäft der Hotelbranche ab und gehören damit zur Kernkompetenz der Branche, was sich auch nicht in der Vertrautheit der Studienteilnehmer spiegelt. Mit einem Mittelwert von ~ 4,45 Punkten bilden Gästeanlässe damit sogar den Spitzenwert der vier Gästedimensionen ab (Tabelle 5.24).

Tabelle 5.24 Vertrautheit der Studienteilnehmer mit den Indikatoren der Gästeanlässe. (Eigene Datenreihen)

Gästeanlässe					
10b. Wie vertraut sind mir die einzelnen Indikatoren der vier Dimensionen der Betreuungsintensität?					
		Häufigkeit	Prozent	Gültige Prozente	Kumulierte Prozente
Gültig	Weniger vertraut	1	4,5	4,5	4,5
	Weder noch	1	4,5	4,5	9,1
	Etwas vertraut	7	31,8	31,8	40,9
	Sehr vertraut	13	59,1	59,1	100,0
	Gesamt	22	100,0	100,0	

Auch in diesem Fragenkomplex zeigt sich im direkten Vergleich mit der Vertrautheit der Hotelmitarbeiter die gleiche Tendenz wie bei den Gästebedürfnissen, indem diese mit einem Mittelwert von ~ 4,05 Punkten zwar höher bewertet werden wie die Gästebedürfnisse, dennoch hinter den Punktwerten der Studienteilnehmer zurückbleiben (Tabelle 5.25).

Tabelle 5.25 Vertrautheit der Hotelmitarbeiter mit den Indikatoren der Gästeanlässe. (Eigene Datenreihen)

Gästeanlässe

11b. Die einzelnen Dimensionen der Betreuungsintensität sind meinen Mitarbeitern, die mit Betreuungsaufgaben betraut sind,

		Häufigkeit	Prozent	Gültige Prozente	Kumulierte Prozente
Gültig	Gar nicht vertraut	1	4,5	4,5	4,5
	Weniger vertraut	1	4,5	4,5	9,1
	Weder noch	1	4,5	4,5	13,6
	Etwas vertraut	12	54,5	54,5	68,2
	Sehr vertraut	7	31,8	31,8	100,0
	Gesamt	22	100,0	100,0	

5.6.6.3.3 Strategische Dimension der Gästepersönlichkeit

Als globalisierte und internationalisierte Branche sollten Hoteliers als auch Hotelmitarbeiter besonders gut mit Gästepersönlichkeiten vertraut sein. Die Ergebnisse sind hingegen als diskrepant zu bezeichnen: Jeweils 36,40 Prozent sind „Etwas" oder „Sehr" mit ihr vertraut und je 13,6 Prozent geben an, weniger mit vertraut zu sein bzw. ihre Vertrautheit als „Weder noch" zu verorten. Die Vertrautheit mit Gästepersönlichkeiten schließt darum mit einem Mittelwert von ~ 3,95 Punkten ab und bildet damit den zweitniedrigsten Punktwert aller Gästedimensionen ab (Tabelle 5.26).

Ein ähnliches Resultat zeigt sich auch bei der eingeschätzten Vertrautheit der Hotelmitarbeiter mit Gästepersönlichkeiten, indem diese bei einem Mittelwert von ~ 3,86 Punkten rangieren (Tabelle 5.27).

Tabelle 5.26 Vertrautheit der Studienteilnehmer mit den Indikatoren der Gästepersönlichkeit. (Eigene Datenreihen)

Gästepersönlichkeit

10c. Wie vertraut sind mir die einzelnen Indikatoren der vier Dimensionen der Betreuungsintensität?

		Häufigkeit	Prozent	Gültige Prozente	Kumulierte Prozente
Gültig	Weniger vertraut	3	13,6	13,6	13,6
	Weder noch	3	13,6	13,6	27,3
	Etwas vertraut	8	36,4	36,4	63,6
	Sehr vertraut	8	36,4	36,4	100,0
	Gesamt	22	100,0	100,0	

Tabelle 5.27 Vertrautheit der Hotelmitarbeiter mit den Indikatoren der Gästepersönlichkeit. (Eigene Datenreihen)

Gästepersönlichkeit

11c. Die einzelnen Dimensionen der Betreuungsintensität sind meinen Mitarbeitern, die mit Betreuungsaufgaben betraut sind,

		Häufigkeit	Prozent	Gültige Prozente	Kumulierte Prozente
Gültig	Gar nicht vertraut	1	4,5	4,5	4,5
	Weniger vertraut	1	4,5	4,5	9,1
	Weder noch	2	9,1	9,1	18,2
	Etwas vertraut	14	63,6	63,6	81,8
	Sehr vertraut	4	18,2	18,2	100,0
	Gesamt	22	100,0	100,0	

5.6.6.3.4 Strategische Dimension des Gästewertes

Die Vertrautheit mit dem Gästewert bzw. mit deren Indikatoren bildet den Abschluss dieses Befragungskomplexes. Dabei zeigen die Studienteilnehmer ähnlich heterogene Antworten wie bei der Gästepersönlichkeit. 54,6 Prozent sind „Etwas vertraut“ mit der Dimension des Gästewertes bzw. deren Indikatoren. Je 18,2 Prozent sind „Sehr“ bzw. „Weniger vertraut“ mit dem Gästewert. Die Antwortoptionen „Gar nicht vertraut“ und „Weder noch“ wählten jeweils 4,55 Prozent der Stichprobe. Der so erzielte Mittelwert von ~ 3,63 Punkten bildet damit den schlechtesten Punktwert aller Gästedimensionen im Kontext der Vertrautheit ab (Tabelle 5.28).

Tabelle 5.28 Vertrautheit der Studienteilnehmer mit den Indikatoren des Gästewertes. (Eigene Datenreihen)

Gästewert					
10d. Wie vertraut sind mir die einzelnen Indikatoren der vier Dimensionen der Betreuungsintensität?					
		Häufigkeit	Prozent	Gültige Prozente	Kumulierte Prozente
Gültig	Gar nicht vertraut	1	4,5	4,5	4,5
	Weniger vertraut	4	18,2	18,2	22,7
	Weder noch	1	4,5	4,5	27,3
	Etwas vertraut	12	54,5	54,5	81,8
	Sehr vertraut	4	18,2	18,2	100,0
	Gesamt	22	100,0	100,0	

Zu einem ähnlich niedrigen Resultat kommen die Studienteilnehmer in der Einschätzung ihrer Hotelmitarbeiter, womit ein Mittelwert von 3,50 Punkten erreicht werden kann (Tabelle 5.29).

Tabelle 5.29 Vertrautheit der Hotelmitarbeiter mit den Indikatoren des Gästewertes. (Eigene Datenreihen)

Gästewert					
11d. Die einzelnen Dimensionen der Betreuungsintensität sind meinen Mitarbeitern, die mit Betreuungsaufgaben betraut sind,					
		Häufigkeit	Prozent	Gültige Prozente	Kumulierte Prozente
Gültig	Gar nicht vertraut	2	9,1	9,1	9,1
	Weniger vertraut	3	13,6	13,6	22,7
	Weder noch	3	13,6	13,6	36,4
	Etwas vertraut	10	45,5	45,5	81,8
	Sehr vertraut	4	18,2	18,2	100,0
	Gesamt	22	100,0	100,0	

5.6.6.4 Beurteilung diagnostischer Kompetenzen

Ein Ziel der vorliegenden Arbeit ist es nachzuweisen, dass für die Ermittlung der individuellen Betreuungsintensität von Hotelgästen im Rahmen der persönlichen Gästebetreuung diagnostische Kompetenzen benötigt werden bzw. vorhandene laiendiagnostische Kenntnisse professionalisiert werden sollten. Darum sollten die Studienteilnehmer einerseits ihre eigenen diagnostischen Kompetenzen evaluieren als auch eine Einschätzung zu ihren Hotelmitarbeitern geben, die mit Gästebetreuungsaufgaben betraut sind. Die hierzu verwendeten vier Items siedeln sich jeweils auf einer fünfstufigen Likertskala an (1 = „Sehr leicht“ bis 5 = „Sehr schwer“) und bilden die gästebedürfnisbezogene, die gästeanlassbezogene, die gästepersönlichkeitsbezogene sowie die gästewertbezogene Betreuungsintensität ab. Auch in diesem Befragungskomplex werden die entsprechenden Ergebnisse beider Parteien gegenübergestellt, um einen tieferen Zugang zur Thematik ermöglichen zu können. Dabei gilt: Je niedriger der Punktwert ist, desto leichter fällt es den Studienteilnehmern bzw. deren Hotelmitarbeitern, ihre diagnostischen Kompetenzen einzusetzen.

5.6.6.4.1 Operative Dimension der Gästebedürfnisse

Der Umgang mit Gästebedürfnissen gehört zu den zentralen Anliegen des Hotelgewerbes, weswegen die Studienteilnehmer den Einsatz ihrer diagnostischen Fähigkeiten mit einem Mittelwert von 2,32 als leicht einschätzen (Tabelle 5.30).

Tabelle 5.30 Diagnostische Kompetenzen der Studienteilnehmer im Umgang mit den Gästebedürfnissen. (Eigene Datenreihen)

Gästebedürfnisse					
12a. Die Diagnose zur Feststellung der individuellen Betreuungsintensität fällt mir					
		Häufigkeit	Prozent	Gültige Prozente	Kumulierte Prozente
Gültig	Leicht	18	81,8	81,8	81,8
	Weder noch	1	4,5	4,5	86,4
	Schwer	3	13,6	13,6	100,0
	Gesamt	22	100,0	100,0	

Auch ihren Hotelmitarbeitern billigen die Studienteilnehmer entsprechende Kompetenzen im Umgang mit Gästebedürfnissen zu, was sich im Mittelwert von 2,0 deutlich ablesen lässt (Tabelle 5.31).

Tabelle 5.31 Diagnostische Kompetenzen der Hotelmitarbeiter im Umgang mit den Gästebedürfnissen. (Eigene Datenreihen)

Gästebedürfnisse					
13a. Die Diagnose zur Feststellung der individuellen Betreuungsintensität fällt meinen Mitarbeitern, die mit Betreuungsaufgaben betraut sind,					
		Häufigkeit	Prozent	Gültige Prozente	Kumulierte Prozente
Gültig	Sehr leicht	3	13,6	13,6	13,6
	Leicht	17	77,3	77,3	90,9
	Weder noch	1	4,5	4,5	95,5
	Schwer	1	4,5	4,5	100,0
	Gesamt	22	100,0	100,0	

5.6.6.4.2 Operative Dimension der Gästeanlässe

Auch beim Umgang mit Gästeanlässen drücken die Studienteilnehmer aus, dass ihnen der Einsatz diagnostischer Kompetenzen leicht fällt, was mit einem Mittelwert von 2,14 Punkten ausgedrückt werden kann (Tabelle 5.32).

Tabelle 5.32 Diagnostische Kompetenzen der Studienteilnehmer im Umgang mit den Gästeanlässen. (Eigene Datenreihen)

Gästeanlässe					
12b. Die Diagnose zur Feststellung der individuellen Betreuungsintensität fällt mir					
		Häufigkeit	Prozent	Gültige Prozente	Kumulierte Prozente
Gültig	Sehr leicht	2	9,1	9,1	9,1
	Leicht	16	72,7	72,7	81,8
	Weder noch	3	13,6	13,6	95,5
	Schwer	1	4,5	4,5	100,0
	Gesamt	22	100,0	100,0	

Zu einer ähnlichen Einschätzung kommen die Studienteilnehmer in der Beurteilung der diagnostischen Kompetenzen ihrer Hotelmitarbeiter, was sich in einem Mittelwert von 1,73 Punkten niederschlägt (Tabelle 5.33).

Tabelle 5.33 Diagnostische Kompetenzen der Hotelmitarbeiter im Umgang mit den Gästeanlässen. (Eigene Datenreihen)

Gästeanlässe

13b. Die Diagnose zur Feststellung der individuellen Betreuungsintensität fällt meinen Mitarbeitern, die mit Betreuungsaufgaben betraut sind,

		Häufigkeit	Prozent	Gültige Prozente	Kumulierte Prozente
Gültig	Sehr leicht	7	31,8	31,8	31,8
	Leicht	14	63,6	63,6	95,5
	Weder noch	1	4,5	4,5	100,0
	Gesamt	22	100,0	100,0	

5.6.6.4.3 Strategische Dimension der Gästepersönlichkeit

Im Umgang mit Gästepersönlichkeiten müssen diagnostische Fähigkeiten eingesetzt werden. Dies bestätigen die Studienteilnehmer mit der Einschätzung ihrer diagnostischen Fähigkeiten mit einem Mittelwert von 2,55 Punkten (Tabelle 5.34).

Tabelle 5.34 Diagnostische Fähigkeiten der Studienteilnehmer im Umgang mit der Gästepersönlichkeit. (Eigene Datenreihen)

Gästepersönlichkeit

12c. Die Diagnose zur Feststellung der individuellen Betreuungsintensität fällt mir

		Häufigkeit	Prozent	Gültige Prozente	Kumulierte Prozente
Gültig	Leicht	13	59,1	59,1	59,1
	Weder noch	6	27,3	27,3	86,4
	Schwer	3	13,6	13,6	100,0
	Gesamt	22	100,0	100,0	

Die operative Nähe der Hotelmitarbeiter zu den Hotelgästen führt in der Einschätzung deren diagnostischer Kompetenzen im Umgang mit den Indikatoren der Gästepersönlichkeit zu einem Mittelwert von 2,09 Punkten und kann damit als leicht bezeichnet werden (Tabelle 5.35).

Tabelle 5.35 Diagnostische Fähigkeiten der Hotelmitarbeiter im Umgang mit der Gästepersönlichkeit. (Eigene Datenreihen)

Gästepersönlichkeit					
13c. Die Diagnose zur Feststellung der individuellen Betreuungsintensität fällt meinen Mitarbeitern, die mit Betreuungsaufgaben betraut sind,					
		Häufigkeit	Prozent	Gültige Prozente	Kumulierte Prozente
Gültig	Sehr leicht	3	13,6	13,6	13,6
	Leicht	15	68,2	68,2	81,8
	Weder noch	3	13,6	13,6	95,5
	Schwer	1	4,5	4,5	100,0
	Gesamt	22	100,0	100,0	

5.6.6.4.4 Strategische Dimension des Gästewertes

Der Gästewert bildet die letzte Dimension aus dem Gästequadranten ab, wird im Umgang mit diagnostischen Kompetenzen von den Studienteilnehmern differenzierter wahrgenommen und beurteilt, was sich auch im Mittelwert von 2,82 Punkten abzeichnet (Tabelle 5.36).

Tabelle 5.36 Diagnostische Kompetenzen im Umgang mit dem Gästewert. (Eigene Datenreihen)

Gästewert					
12d. Die Diagnose zur Feststellung der individuellen Betreuungsintensität fällt mir					
		Häufigkeit	Prozent	Gültige Prozente	Kumulierte Prozente
Gültig	Leicht	9	40,9	40,9	40,9
	Weder noch	8	36,4	36,4	77,3
	Schwer	5	22,7	22,7	100,0
	Gesamt	22	100,0	100,0	

Interessanterweise werden die diagnostischen Fähigkeiten der Hotelmitarbeiter im Umgang mit den Indikatoren des Gästewertes positiver wie diejenigen der Studienteilnehmer als deren Arbeitgeber dargestellt, was sich in einem Mittelwert von 2,32 Punkten abbilden lässt (Tabelle 5.37).

Tabelle 5.37 Diagnostische Kompetenzen der Hotelmitarbeiter im Umgang mit dem Gästewert. (Eigene Datenreihen)

Gästewert					
13d. Die Diagnose zur Feststellung der individuellen Betreuungsintensität fällt meinen Mitarbeitern, die mit Betreuungsaufgaben betraut sind,					
		Häufigkeit	Prozent	Gültige Prozente	Kumulierte Prozente
Gültig	Sehr leicht	2	9,1	9,1	9,1
	Leicht	13	59,1	59,1	68,2
	Weder noch	5	22,7	22,7	90,9
	Schwer	2	9,1	9,1	100,0
	Gesamt	22	100,0	100,0	

5.6.7 Zusammenfassung und Interpretation der Onlinebefragung

> „*Many small-scale experiments with local control and choice of measures is in many ways preferable to giant national experiments with a promised standardisation that is neither feasible nor even desirable from the standpoint of making irrelevancies heterogeneous.*" (Cook & Campbell, 1979, S. 80)

Betrachtet man die Grundgesamtheit der deutschen Romantikhotels und die Rücklaufquote der Online-Befragung, muss auf den ersten Blick das Interesse der angefragten Studienteilnehmer für die Betreuungsintensität von Hotelgästen und damit auch für die Gästebetreuung als ernüchternd bezeichnet und das gesamte Forschungsanliegen dieser Arbeit infrage gestellt werden. Argumentiert man jedoch wie die eingangs zitierten Autoren Thomas D. Cook und Donald T. Campbell, berücksichtigt die Rücklaufquote als prozentualen Anteil, der über 20 % liegt, und würdigt dazu auch die gelieferten Ergebnisse, kann die kleine Stichprobe dennoch überzeugen und interessante bzw. überraschende Einblicke in das deutsche (privatgeführte) Hotelgewerbe liefern.

Da die Verwendung des Repräsentativitätsbegriffs in der methodologischen Diskussion in hohem Maße unscharf ist und zumeist entweder aus einer prinzipienorientierten[23] oder einer relativistischen Position[24] heraus passiert, soll für die Diskussion und Interpretation der Ergebnisse dieser Arbeit die Definition von Gerald Prein, Susann Kluge und Udo Kelle geltend gemacht werden. Diese verwenden den Begriff der statistischen Repräsentativität einer Stichprobe dann, wenn sich alle Merkmale von Elementen sowie deren Kombinationen in der Stichprobe mit einer bestimmbaren Wahrscheinlichkeit wie in der Grundgesamtheit verteilen, da alle Elemente der Grundgesamtheit aufgrund des Ziehungsverfahrens die gleiche Chance haben, in die Stichprobe aufgenommen zu werden. Für die Autoren ist der Begriff der statistischen Repräsentativität damit eher ein probabilistisches Konzept, das methodische Implikationen der Stichprobenauswahl beinhaltet und dass sie von der theorieorientierten Repräsentativität dahingehend abzugrenzen versuchen, indem sie dieser zubilligen, dass eine Stichprobe bezüglich aller theoretisch relevanten Merkmale unverzerrt sein muss (Prein et al., 1994).

Die Autoren verweisen zudem auf die Gefahr der unbeobachteten Heterogenität durch (voreilige) Rückschlüsse von zu kleinen Zufallsstichproben auf Grundgesamtheiten, da in (zu) kleinen Stichproben die Wahrscheinlichkeit, alle relevanten Gruppenunterschiede zu beobachten, aus rein praktischen Gründen geringer ist als in großen Stichproben:

> *„(...) da die Wahrscheinlichkeit aus einer Population zufällig eine bestimmte Merkmalskombination zu ziehen, bei einer kleinen Stichprobe geringer ist als bei einer großen."* (Prein et al., 1994, S. 7)

Aus diesem Grunde empfehlen sie, für Fälle, bei denen nur kleine Stichproben gezogen werden können, andere Verfahren zur Sicherung der Stichprobenvalidität anzuwenden wie etwa Vergleiche mit anderen Datensätzen, was im Rahmen dieser Arbeit mit den Experteninterviews verfolgt wurde (Prein et al., 1994). Es

[23] Prinzipientreue Ansätze bezeichnen den Repräsentationsbegriff oft als eher ungenau und unnötig, da als entscheidendes Kriterium für die Beurteilung der Güte einer Stichprobe nur gelten könne, wenn diese eine Zufallsauswahl darstellt oder nicht (Schnell et al., 2005).

[24] Relativistischen Position hingegen beziehen den Begriff der Repräsentativität eher auf die Relevanz für die Forschungsfragestellung, die durch die Untersuchung der jeweiligen Stichprobe beantwortet werden soll und bedeuten, dass es keine Repräsentativität als solche gäbe, da eine Stichprobe immer nur im Hinblick auf bestimmte Merkmale oder Merkmalskombinationen repräsentativ sein könne (Kriz & Lisch, 1988).

ist darum nicht das Ziel, mit diesen Ausführungen die kleine Stichprobe dieser Arbeit zu relativieren, sondern vielmehr darauf hinzuweisen, dass bei der Auswertung Ergebnisse dennoch kritisch und selbstbewusst interpretiert werden sollen.

Zunächst ist festzuhalten, dass die multivariaten Auswertungen ein eher diffuses und teilweise diskrepantes Bild ergeben, was nicht zuletzt der Komplexität der Fragestellungen und der unterschiedlichen Variablen geschuldet ist. Dennoch kann bedeutet werden, dass einzelne Gästequadrantdimensionen bzw. deren Indikatoren besonders in solchen Hotelbetrieben leichter zu bewerten sind als auch vertrauter erscheinen, in denen mehr Hotelgäste persönliche Gästebetreuung suchen bzw. diese erfragen. Aufschlussreicher für das Anliegen dieser Arbeit erscheinen darum die Auswertungen der deskriptiven Statistik, die nachfolgend vertieft analysiert und interpretiert werden sollen.

Im ersten Schritt ist festzustellen, dass den Studienteilnehmern die Bewertung der Gästedimensionen erkennbar leicht gefallen ist, was auf die Verwendung einfacher und dennoch fachbezogener Sprache zurückzuführen ist, womit sichergestellt werden sollte, dass keine wörtlichen oder inhaltlichen Verständnisprobleme zu einem verzerrten Ergebnis führen. Die verwendete Fachsprache erscheint damit logisch und effizient eingesetzt, fachfremde Begriffe wie „Diagnose“ oder „diagnostische Fähigkeiten“ werden wörtlich als auch inhaltlich angenommen und können branchenspezifisch eingeordnet werden. Es kann daher festgestellt werden, dass die eingeführten Begriffe und Definitionen als gängig und geläufig bezeichnet werden können und zum Berufsbild des Hoteliers bzw. Hotelmitarbeiters passen. Wie in Abbildung 5.22 deutlich wird, fiel den befragten Hoteliers die Bewertung der einzelnen Gästequadrantdimensionen in Abstufungen erkennbar leicht, wobei überraschenderweise die Dimension der Gästepersönlichkeit gegenüber den Gästebedürfnissen abfällt, während die Bewertung des Gästewertes erwartungsgemäß niedrig ausgefallen ist[25].

[25] Auf diesen Sachverhalt wird aus methodischen Gründen in den der fortlaufenden Interpretation näher eingegangen.

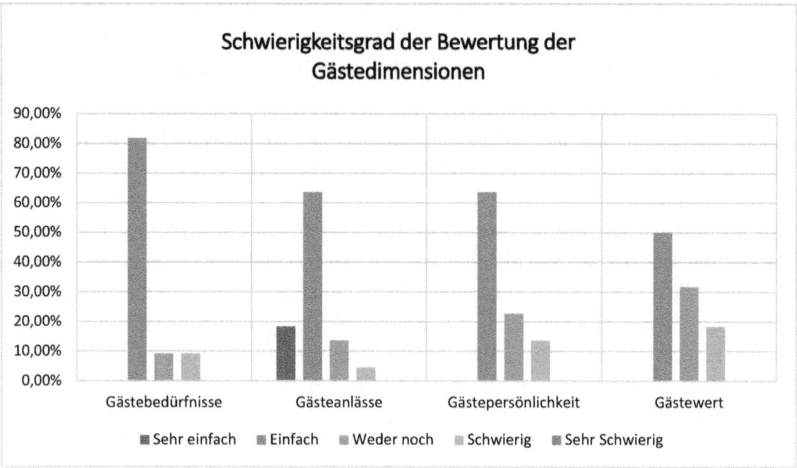

Abbildung 5.22 Schwierigkeitsgrad der Bewertung der Gästedimensionen. (Eigene Datenreihen)

Es zeigt sich fortführend, dass die befragten Hoteliers mit durchschnittlich drei Abteilungen im Mittelwert (eigene Datenreihen) für die persönliche Gästebetreuung disponieren, womit ausreichende Begegnungsflächen für die Ermittlung der individuellen Betreuungsintensität und die daraus resultierende Gästebetreuung vorhanden sind. Aus diesem Ergebnis kann gefolgert werden, dass es sinnvoll erscheint, dass Hotelbetriebe ihre operativen Abteilungen potenzialorientiert im Kontext von „Guest Centricity“ und „Guest Care“ analysieren, um festzustellen, wie die Ermittlung der individuellen Betreuungsintensität gewährleistet werden und wie die persönliche Gästebetreuung letztlich interaktiv umgesetzt werden kann. Damit kann schlussendlich auch die im Theorieteil vorgeschlagene Transformation der betriebsspezifischen Points of Sales hin zu Points of Care bekräftigt werden. Die Notwendigkeit dazu äußert sich auch dahingehend, dass die Befragten bereits jetzt eine relevante Anzahl an Hotelmitarbeitern (je nach Betriebsgröße) für die persönliche Gästebetreuung vorhalten bzw. eingeplant haben, die im Mittelwert mit ~ 13 Hotelmitarbeitern beziffert werden kann (eigene Datenreihen). Vergleicht man damit den Mittelwert der Gesamtanzahl der Hotelmitarbeiter in den befragten Betrieben, der mit ~ 38 Hotelmitarbeitern ausgewiesen wurde (eigene Datenreihen), so zeigt sich, dass nahezu 1/3 (34,21 %) der vorhandenen Hotelmitarbeiter im Mittel mit gästebetreuenden Aufgaben befasst sind. Damit erscheint auch plausibel, dass in denjenigen Hotelbetrieben, in denen eine höhere Anzahl an Hotelgästen vorzufinden ist, welche eine persönliche Gästebetreuung wünschen, einzelne Dimensionen des Gästebetreuungsquadranten einfacher zu bewerten waren bzw. die Vertrautheit mit einzelnen Indikatoren der entsprechenden Dimensionen – je nach operativem oder strategischem Charakter dieser – höher oder niedriger eingeschätzt wurden.

In jedem Fall ist erkennbar, dass auch ohne die im Theorieteil vorgeschlagenen Fähigkeitserweiterungen ein bestimmtes Potenzial an vorhandenem Fach- und Erfahrungswissen über den Umgang mit Hotelgästen lokalisiert werden kann. Wie auch in den Experteninterviews auszumachen war, stellt sich dabei die Frage, in welchem Umfang dieses implizite Wissen auch tatsächlich dem Unternehmen zur Verfügung gestellt wird bzw. gästebetreuende Merkmale tatsächlich und zielführend im Kontext von „Guest Centricity" und „Guest Care" diagnostiziert, ausgewertet und unter Berücksichtigung des Datenschutzes dokumentiert (gespeichert) werden können. Dabei zeigt sich, auch im Vergleich mit den Ergebnissen der Experteninterviews, dass die Kommunikations- und Dokumentationswege für diagnostische Prozesse zur Ermittlung der individuellen Betreuungsintensität zwar grundsätzlich eingerichtet und allen gästebetreuenden Hotelmitarbeitern grundsätzlich zugänglich sind, mit den gesammelten Datensätzen jedoch zu wenig gearbeitet wird. Deswegen kann auch nicht verwundern, dass die strategische Dimension des Gästewertes und ihre Indikatoren aus Sicht der befragten Hoteliers eher schwierig zu bewerten waren. Um diese Situation zu verbessern, stellen sich Einzelmaßnahmen jedoch eher weniger sinnvoll dar. Es bedarf vielmehr einer grundlegenden Hinwendung zur Gästezentrierung, um nicht zuletzt Stereotypen und Vorurteilen gegenüber Hotelgästen (und auch Hotelmitarbeitern) entgegenwirken zu können. Solange es im Rahmen der beruflichen hotelspezifischen Aus- und Weiterbildung keine vertiefende Auseinandersetzung mit gästespezifischem Fachwissen, mit emotionalen, interkulturellen und diagnostischen Kompetenzen gibt, erscheint es darum branchenspezifisch sinnvoll, mittels Mentoring oder Coaching der Auszubildenden und Hotelmitarbeiter implizit vorhandenes Erfahrungswissen weiterzugeben, indem sie z. B. durch ältere, ausgestiegene oder pensionierte Hotelmitarbeiter kontinuierlich beobachtet, angeleitet wie auch begleitet werden und adressatengerechtes Feedback erhalten, womit die Hotelbranche einen aktiven Beitrag zum Senioritästprinzip leisten würde und der Fachkräfteabwanderung gezielt entgegenwirken könnte (Katenkamp, 2011). Durch den Dialog zwischen Jung und Alt und durch die gezielte Reflexion gästebetreuender Prozesse ließen sich so implizite Kenntnisse zur Ermittlung der individuellen Betreuungsintensität und zur Gästebetreuung in Worte fassen, vermitteln und herausfordernde Situationen abmildern.

„*Nach Auskunft von Branchenvertreter/innen gibt es in den Betrieben des Gastgewerbes kaum Konzepte alters- und alternsgerechten Arbeitens. Außerdem gab und gibt es aufgrund der niedrigen Löhne im Gastgewerbe in der Branche keine Altersteilzeitregelungen. Andererseits sind, durch schnelle Aufstiegsmöglichkeiten in der Branche, die Führungskräfte vergleichsweise jung. Mit einer älter werdenden Belegschaft bekommt das Thema Führungsqualitäten und -fähigkeiten von z. B. sehr jungen und unerfahrenen Filialleiter/innen noch einmal zusätzliches Gewicht. Das Führungsverhalten gegenüber älteren Mitarbeiter/innen wird in Zukunft von wachsender Bedeutung im Gastgewerbe sein.*“ (Maack et al., 2013, S. 85)

Auch wenn die Bedeutung der Betreuungsintensität für die persönliche Dienstleistung im Kontext der Gästebetreuung für die Studienteilnehmer eine hohe Relevanz hat, was mit einem Mittelwert aller vier Gästedimensionen von 7,33 Punkten gut dargestellt werden kann[26], fällt jedoch auf, dass die einzelnen Dimensionen für sie eine unterschiedlich hohe strategische und operative Bedeutung haben. Darauf verweisen auch die kumulierten Mittelwerte der operativen Dimensionen der Gästebedürfnisse und der Gästeanlässe im Vergleich mit den kumulierten Mittelwerten der strategischen Gästedimensionen der Gästepersönlichkeit und des Gästewertes. Sie zeigen ausgehend von einer Skala von

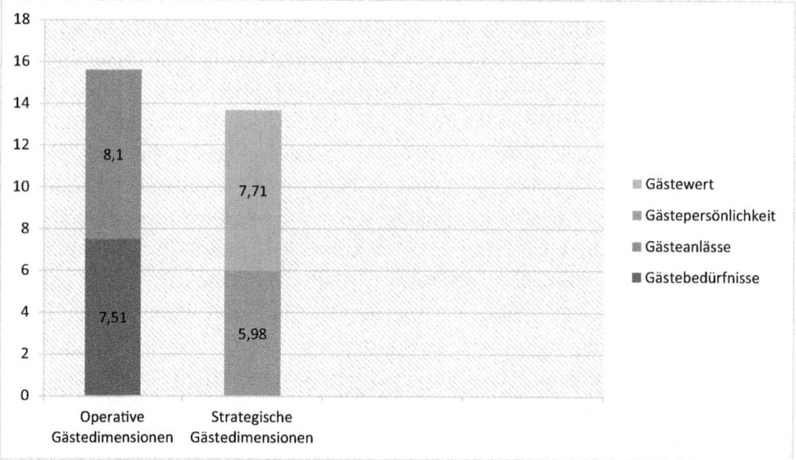

Abbildung 5.23 Relevanz der operativen und der strategischen Gästedimensionen im Vergleich. (Eigene Datenreihen)

[26] (1 = unwichtig; 10 = äußerst wichtig).

1 = „Unwichtig" bis 10 = „Sehr wichtig", dass die Studienteilnehmer den operativen Dimensionen höhere Relevanz wie den strategischen Dimensionen beimessen (Abbildung 5.23).

Dass dabei die Dimension der Gästebedürfnisse nicht den höchsten Punktwert aufwies, überrascht einerseits, begründet sich andererseits aber mit den niedrigen Punktwerten der Indikatoren „Begleitung" und „Besorgung", was wiederum vom Vorhandensein im Betreuungsangebot des jeweiligen Hotelbetriebs abhängig ist bzw. von der Nachfrage durch die Hotelgäste. Die bereits in den Experteninterviews angesprochene zunehmende Selbstständigkeit und Mobilität der Hotelgäste als auch deren direkte Einbindung in die Erbringung von Hoteldienstleistungen kann darum für diese Bewertungen geltend gemacht werden (Abbildung 5.24).

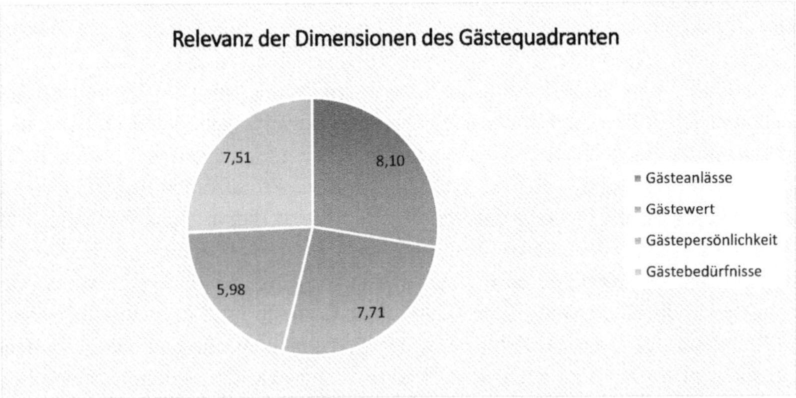

Abbildung 5.24 Mittelwerte der Dimensionen des Gästequadranten im Vergleich. (Eigene Datenreihen)

Da Hotelgäste auch in vielen (anderen) Dienstleistungsbranchen zunehmend in die Erbringung bzw. „Co-Produktion" von Dienstleistungen involviert werden, erscheinen die Einschätzungen der Hoteliers zu den genannten Indikatoren plausibel und bestätigen ebenso die Charakterisierung zum „aktiven Kunden" (hier Hotelgast) zahlreicher Wissenschaftler (Gartner & Riessman, 1978; Gershuny, 1978; Meyer et al., 2000). Interessanterweise muss in diesem Kontext darauf hingewiesen werden, dass der hotelspezifische Literaturüberblick diesbezüglich gezeigt hat, dass die emotionalen Auswirkungen von zunehmend „aktiven Hotelgästen" wie auch die der „Co-Produktion" auf die Hotelmitarbeiter bislang wenig Berücksichtigung in der Forschung gefunden haben bzw. hauptsächlich aus der

Erlebnisgenerierung thematisiert werden. Im Hinblick auf Hotelgäste ist eine weitere Forschungslücke auszumachen, indem eigentlich keine Untersuchungen existieren, die sich mit den emotionalen Determinanten als auch den Auswirkungen der „aktiven Hotelgäste" sowie der „Co-Produktion" auf Hotelgästeseite beschäftigen und in Verbindung mit der Gästebetreuung und der Gästeloyalität betrachtet werden.

Dass Hotelgäste laut Einschätzung der befragten Hoteliers vornehmlich kommunikative als auch emotionale Bedürfnisse haben, zeigen die Ergebnisse der Studie deutlich. Die Studienteilnehmer bestätigen damit auch Beobachtungen, die in den Experteninterviews angesprochen wurden, indem soziale Bedürfnisse für Hotelgästen deutlich wichtiger geworden sind. Dies wird auch von Alvin Toffler in seiner Charakterisierung des „aktiven Kunden (hier Gast)" bestätigt, indem er ab den 1970er-Jahren gesellschaftliche Veränderungsprozesse beobachtete, insbesondere den Zerfall von Kernfamilien, die frühe globale Energiekrise (Ölkrise), die Ausbreitung der Home-Medien (Kabelfernsehen), den Übergang zu gleitender bzw. sich flexibilisierenden Arbeitszeiten oder die Entstehung von separatistischen bzw. sich individualisierenden Bewegungen. Nach Toffler haben sich Kunden (hier Hotelgäste) zu gespaltenen Persönlichkeiten entwickelt, da sie zwei konkurrierende Rollen ausfüllen müssen: Produzenten und Konsumenten. Dabei sind sie in der Produzentenrolle situativ gezwungen, Vergnügen zu entsagen, sich gesellschaftskonform und kontrolliert zu verhalten sowie diszipliniert mit Einschränkungen im Freizeitverhalten umzugehen, indem sie mehr oder weniger konditioniert sind, Bedürfnisse einer Gemeinschaft unterzuordnen. Dies führt sodann dazu, dass Hotelgäste in der Konsumentenrolle das nahezu genaue Gegenteil anstreben und auf rasche Bedürfnis- und Lustbefriedigung sowie Formen von hedonistischer Lebensführung, Disziplinlosigkeit und individualistischer Vergnügung setzen würden (Toffler, 1980).

Da Unternehmen der Industriegesellschaft[27], so Toffler, Prinzipien und Wesenszügen der Standardisierung, Spezialisierung, Synchronisierung, Konzentration als auch der Maximierung und Zentralisation nacheifern, was man im Kontext dieser Arbeit in der zunehmenden Bedeutung internationaler Hotelgroßkonzerne ebenso deutlich beobachten kann, würden sich Menschen (hier Hotelgäste) zusehends auf alte Werte und Bedürfnisse zurückbesinnen und dabei Mittel und Wege suchen ein sinnstiftendes Verhältnis zwischen fremdbezogenen Leistungen und Eigenleistungen zu generieren. Appliziert man diese Einsichten

---

[27] Gesellschaftsformen werden bei Toffler auch als Wellen bezeichnet, indem die Agrargesellschaft die erste Welle, die Industriegesellschaft die zweite und eine zukünftige die dritte Welle abbilden würden.

auf das Hotelgewerbe und die Ergebnisse der Onlinebefragung, erscheinen emotionale und kommunikative bei Hotelgästen demnach defizitär und müssen in ihrer Konsumentenrolle dahingehend überbefriedigt werden, da aus Sicht der Studienteilnehmer deren Konsumbedürfnisse als eher nachrangig erscheinen und für die Rolle als Prosumer eine nicht mehr so große Rolle spielen (Toffler, 1980). Es kann deswegen für das Hotelgewerbe gefordert werden, dass sich offenbar verändernde Gästebedürfnisse tiefer gehender beobachtet und analysiert werden müssen und Hotelmitarbeiter darauf ausgerichtet bzw. ausgebildet wie auch entwickelt werden sollten. Bei Toffler kann dafür eine Bestätigung dahingehend gefunden werden, indem er den sich intensivierenden Prosum[28] dafür verantwortlich macht, dass Menschen auf lange Sicht einen neuen Lebensstil finden wollen (Toffler, 1980). Die lebenslange Betreuung von Menschen, wie sie im Theorieteil dieser Arbeit beschrieben wurde, in der die Gästebetreuung für die Hotelgäste die Vorstufe zur Altersbetreuung abbildet (vgl. Kapitel 4) und als emotionales Kapital unternehmenswichtiger wird, kann als eine solche hotelspezifische Veränderung im Lebensstil aufgefasst werden, indem emotionale und kommunikative Bedürfnisse als besonders beziehungsförderlich und damit gästebindend wirksam werden können und das Potenzial haben, über die Gästeloyalität, Auswirkungen des sich verändernden Konsumverhaltens abzufedern:

> *„Der Gast erlebt die perfekte Balance zwischen digitalen Annehmlichkeiten und Dialog auf Augenhöhe. (…) Ein pauschales Hotelerlebnis von der Stange hat endgültig ausgedient. Ecken und Kanten, echter Charakter und Mut, fernab des Mainstreams neue Pfade zu betreten, sind die Währung der Hotelzukunft.“* (Rath, 2023, S. 25)

Ausgehend von diesem Punkt, überrascht bei den Ergebnissen der Studie fortführend, dass im Vergleich der Mittelwerte aller vier Dimensionen gerade die Dimension der Gästepersönlichkeit mit einem Punktwert von 5,98 Punkten[29] am wenigsten relevant für die Bedeutung der individuellen Betreuungsintensität im Rahmen der persönlichen Gästebetreuung angesehen wird. Die Vermutung, dass insbesondere traditionsreiche und generationsübergreifend geführte Hotelbetriebe eine besondere Expertise für Gästepersönlichkeiten bzw. deren Indikatoren haben, kann somit nicht bestätigt werden. Gründe dafür können möglicherweise

[28] Toffler sieht Faktoren, die den Aufstieg des Prosums fördern, in enormen Preissteigerungen bei zahlreichen Dienstleistungen, den schrittweisen Zusammenbruch von Bürokratien, die Verfügbarkeit neuer Technologien wie KI, als auch die Verkürzung der wöchentlichen oder jährlichen Arbeitszeit und weitere konvergente Einflüsse (Toffler, 1980).

[29] (1 = Unwichtig, 10 = Äußerst wichtig).

in der branchenüblichen Neigung zur Standardisierung zu suchen sein und dem dazugehörigen Mantra der (qualitativen) Gleichbehandlung aller Hotelgäste:

> *„Der Gast muss fühlen, dass er hier willkommen ist und nicht nur als Kunde betrachtet wird, der abgefertigt werden muss. Jeder Gast muss gleich behandelt werden, es werden keine Unterschiede gemacht.“* (Bock et al., 2017, S. 135)

Dieser Eindruck kann zudem noch verstärkt werden, indem die Vertrautheit mit den Indikatoren der Gästepersönlichkeit sowohl bei den Befragten (Mittelwert ~ 3,95 Punkte) als auch bei den Hotelmitarbeitern (Mittelwert von ~ 3,86 Punkte) die niedrigsten Vertrautheitspunktwerte aller Gästedimensionen abbilden[30] (Abbildung 5.25) (Abbildung 5.26).

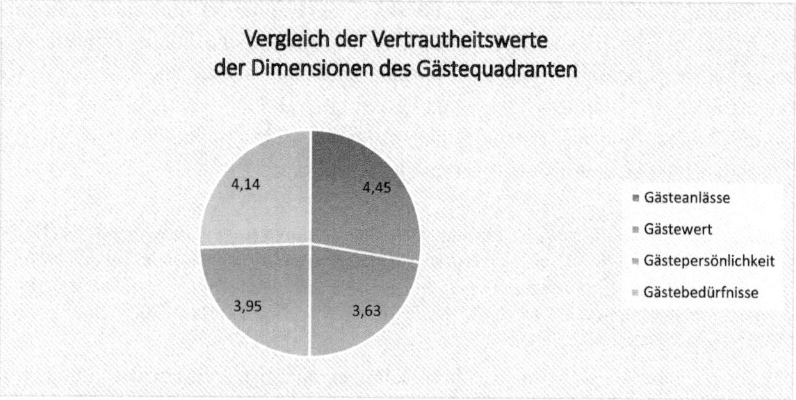

Abbildung 5.25 Mittelwerte der Vertrautheit der befragten Hoteliers mit den einzelnen Dimensionen des Gästequadranten im Vergleich. (Eigene Datenreihen)

Berücksichtigt man fortführend dazu auch die Werte der einzelnen Indikatoren der Gästepersönlichkeitsdimension und bemerkt, dass die Relevanz der Herkunft (Mittelwert 6,14 Punkte), die des Geschlechts (Gender) (Mittelwert 4,5 Punkte) und die des Personenstands (Mittelwert 5,09 Punkte) niedrig bewertet wurden, kann einerseits die Frage nach psychosozialen und interkulturellen Wissensdefiziten aufseiten der Befragten und ihrer Hotelmitarbeiter aufgeworfen werden. Andererseits kann – im Vergleich mit den Ergebnissen der Dimension des Gästewertes – die Frage gestellt werden, ob die Befragten beobachten und ausdeuten

[30] (1 = Gar nicht vertraut; 5 = Sehr vertraut).

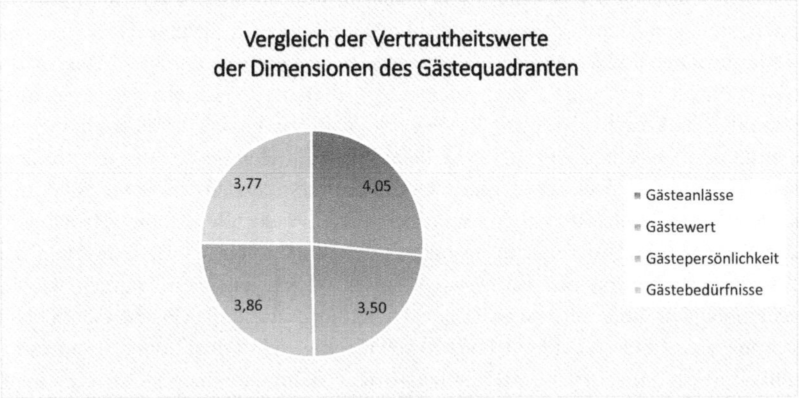

Abbildung 5.26 Mittelwerte der Vertrautheit der Hotelmitarbeiter mit den einzelnen Dimensionen des Gästequadranten im Vergleich. (Eigene Datenreihen)

können, dass „aktive Hotelgäste" sich möglicherweise immer mehr in Richtung „Konsumarbeiter" entwickelt haben.

Dieser Begriff geht auf Bernward Joerges zurück, der aus einem ähnlichen Blickwinkel wie Toffler argumentiert und beobachtet, dass tradierte Vorstellungen von Produktion und Konsum als voneinander abtrennbare Lebensbereiche nicht mehr der Realität entsprechen und damit auch gesellschaftliche Rollen wie Konsumentenrollen und Produzentenrollen zunehmend verwischen (Joerges, 1981). Betrachtet man dazu Aussagen des Branchenverbandes Dehoga, die mit dem Slogan „Wohnzimmer der Gesellschaft" werben (DEHOGA Bundesverband, 2019), kann Joerges Sichtweise in den Ergebnissen der Onlinebefragung bestätigt werden. So ist auch bei Hotelgästen eine fortschreitende Kapitalisierung und Technisierung der Haushalte zu beobachten, die mit einer fortschreitenden Professionalisierung des Verbraucherverhaltens und einer daraus resultierende Tertiärisierung der Haushaltsproduktion einhergeht. Hotelgäste verfügen heute über erhebliche finanzielle Mittel und nutzen diese auch, um hotel- und gastronomiespezifische Leistungen auch im häuslichen Kontext zu generieren. Insbesondere bei Speisen und Getränken, deren Zubereitung und deren Genuss, aber auch in anderen komfortbezogenen Bereichen wie Schlaf- und Badkultur treten Hotelgäste sehr fachkompetent und selbstbewusst auf, ohne dass sie eine explizite hotelspezifische Ausbildung gemacht haben. Bei der Interaktion mit Hotelmitarbeitern, in der emotionalen und kommunikativen Bestätigung ihres

Status möchten sich Hotelgäste somit auch als „Konsumarbeiter" legitimieren, indem sie signalisieren, dass sie in der Lage sind, ihre „Konsumtechnologien" an Marktumstände und Trends schnell anzupassen und selbstrecherchierte „Schattenpreise" kritisch mit den vorgefundenen Angeboten (Preis-Leistungs-Verhältnis) beurteilen zu können. Da auch Joerges wie Toffler von sich verändernden Sozialstrukturen ausgeht (Joerges, 1981), kann daher für Hotelgäste attestiert werden, dass sie über den „fachlichen" und emotional bestätigenden Diskurs Bestätigung als Gästepersönlichkeit suchen, was sich auch in der Bedeutung der Dimension der Gästeanlässe zeigt, insbesondere der Indikatoren der Beratung und der Beschwerde, die von den Befragten besonders hoch eingestuft wurden. Hotelgäste möchten über ihre erworbene „Fachkompetenz" als Gästepersönlichkeit wertgeschätzt und individuell betreut sowie umgekehrt über ihre Gästepersönlichkeit als kompetenter Dienstleistungspartner wahrgenommen werden. Es kann darum postuliert werden, dass die Bedeutung der Gästepersönlichkeit für die individuelle Betreuungsintensität von den Studienteilnehmern deutlich unterschätzt wird, womit nach Nicole Klinner-Möller die latente Gefahr der Gästediskriminierung besteht (Klinner-Möller, 2011). Wie sie aus zahlreichen Studien extrahieren konnte, werden Kunden und fühlen sich Kunden u. a. herkunftsbedingt, altersbedingt und geschlechtsbedingt diskriminiert, wobei dies nicht zwingend offen in Form von verbalen Angriffen oder unwürdigen körpersprachlichen Signalen erfolgt, sondern vielmehr sich in einem mehr oder weniger absichtlich verursachten, vermeidendem oder minderwertigem Dienstleistungsniveau äußert. Dabei spielt die (Un)Absichtlichkeit zunächst keine herausragende Rolle für das Gefühl des Kunden (hier des Hotelgastes) in der Dienstleistungsinteraktion, als mehr bei der anlassbedingten Beschwerde (Klinner-Möller, 2011). Auch aus diesem Blickwinkel heraus erscheint der Gästebetreuungsquadrant als relevant sowie probat, um gezielt auf einzelne Indikatoren und deren Implikationen mit anderen Gästedimensionen eingehen und Hotelmitarbeiter dafür sensibilisieren zu können.

Problematisiert man die Ergebnisse der Gästebedürfnisse und der Gästepersönlichkeit abschließend aus der Perspektive der hohen Fluktuation der Branche und der Zunahme internationaler Hotelmitarbeiter als auch internationaler Auszubildender, so wird deutlich, wie notwendig die Erweiterung der Fähigkeiten dieser ist, da die Hoteliers als Arbeitgeber sich zukünftig immer weniger auf mitgebrachtes Erfahrungswissen verlassen können. Dass dieses eine wichtige Rolle spielt, zeigt sich wie eingangs schon erwähnt darin, dass die befragten Hoteliers mehr wie eine Abteilung in Verantwortung der Gästebetreuung sehen, somit auch nahezu alle operativen Hotelmitarbeiter in irgendeiner Weise mit der Ermittlung der individuellen Betreuungsintensität befasst sind und diese in persönliche Gästebetreuung umwandeln müssen. Durch die akute Fachkräfte- und

Ausbildungssituation, die dahingehend noch erschwert wird, dass mit der Neuordnung der hotelspezifischen Berufsbilder wiederum kaum relevante Lerninhalte zu gästespezifischem Fachwissen, zu interkulturellen Kompetenzen noch zu diagnostischen Kompetenzen implementiert wurden, besteht die immense Gefahr der Festigung von Stereotypen und die Ausprägung von Vorannahmen, auch im Umgang mit Hotelmitarbeitern. Durch die sich verstetigende Internationalisierung dieser muss zudem darauf geachtet werden, dass sprachliche Diskrepanzen als auch kulturelle Passungsprobleme dazu führen, dass Hotelmitarbeiter ungewollt wieder zu reinen Befehlsempfängern mutieren und bestimmten Ressentiments ausgesetzt werden:

> *„Ein weiterer, sehr wichtiger Teil der Kunst eines tüchtigen Hotelangestellten ist Menschenkenntnis, die er sich im Lauf der Jahre durch fortgesetzte, aufmerksame Beobachtung der Gäste aneignen soll. Ist er ein guter Menschenkenner, so wird er es leicht treffen sich in alle Eigenschaften seiner Gäste hineinzufinden. Er wird seine Gäste durch individuelle Befriedigung ihrer Bedürfnisse entzücken und sich selbst manches Unangenehme ersparen. Für das Haus ist natürlich solch ein Mensch unbezahlbar.“* (Sztankovits, 1926, S. 2)

Dass Gästeanlässe und dabei die Indikatoren Beratung und Beschwerde als besonders relevant und auch als besonders vertraut bewertet wurden, passt zur jahrzehntelangen Favorisierung der Verkaufsorientierung im Hotelgewerbe als auch zur typischen Dienstleistungsinteraktion der Branche, in der Hotelgäste seit je her selbstbewusst und aktiv ihre Wünsche und Forderungen vortragen und ebenso ihren Vorstellungen von erwünschten Ergebnissen mit Nachdruck nachgehen. Auch hier zeigt sich wiederum die veränderte Rolle der Hotelgäste, einerseits hin zur emanzipierten Produktionskraft, wie Alan Gartner und Frank Riessmann thematisieren (Gartner & Riessman, 1978), andererseits hin zur zunehmenden McDonaldisierung, indem Hotelgäste „Fähigkeiten“ gewonnen haben, an Countern oder in counterähnlichen Situationen gezielt Aufträge zu verbalisieren und durchzusetzen (Ritzer, 2006). Dies wird auch von Stephan Voswinkel bestätigt, der auf Georg Ritzer aufbaut und die Aktivierung von Kunden aus Sicht eines „Big-Mac-Menues“ darstellt. Angewendet auf das Hotelgewerbe zeigt sich die Standardisierung (McService) als Reduktion von Dienstleistungen, was konsequenter Weise auch verlangt, Arbeiten auf Hotelgäste zu verlagern (Voswinkel, 2000, 2012). Voswinkel beobachtet diesen Trend zur Selbstbedienung in vielen Dienstleistungsbranchen, der sich – angewendet auf die Hotelbranche – insbesondere in der Konditionierung und Routinisierung von Hotelgästen äußert und exemplarisch im Zuge der Digitalisierung, z. B. im digitalen Self-Check-in, sichtbar wird. Hotelmitarbeiter haben daher anlassbedingt die zusätzliche Aufgabe, das Verhalten von Hotelgästen dahingehend zu routinisieren, in betriebsspezifische Arbeitsabläufe einzupassen und damit Individualisierungstendenzen entgegenzuwirken. Dass dies nicht immer ganz reibungslos gelingt bzw. Hotelgäste während ihres Aufenthaltes versuchen, aus solchen Routinen auszubrechen, genau das Gegenteil suchen und individuell wahrgenommen und betreut werden wollen, kann mit den hohen Werten der Indikatoren Beratung und Beschwerde hinreichend bestätigt werden.

Auch die eindeutige Installation schnell sichtbarer Points of Sales, wie sie z. B. in der Hotelrezeption oder in Selbstbedienungsbuffets (Frühstück) auszumachen sind, begünstigt diese Konditionierung und die effiziente Abwicklung von Gästeanlässen, wie auch Robin Leidner darstellt:

> *„For example, the entrances usually lead to the service counter, not to the dining area, making it unlikely that customers will fail to realize that they should get in line, (...).“* (Leidner, 1993, S. 74)

Dass Hotelgäste dennoch emotional angesprochen und motivational stimuliert werden wollen, bestätigt der Wert des Indikators „Begeisterung“, der an dritter Stelle nach den Indikatoren Beratung und Beschwerde rangiert und zeigt, dass Hotelgäste zwar bedingt bereit sind, sich selbst zu bedienen, in der Betreuung jedoch weiterhin auf persönliche Dienste setzen. Dass Hotelgäste bereit sind, für persönliche Betreuungsleistungen finanziellen Aufwand zu betreiben, zeigen auch die Ergebnisse der Experteninterviews deutlich und erlauben darüber nachzudenken, Betreuungsleistungen als Differenzierungsmerkmal unterschiedlicher Hotelkategorien anzuerkennen und vorhandene „Service Charges“ entsprechend zu novellieren:

> *„Gäste haben wechselnde Sehnsüchte und Bedürfnisse. Zielgruppen-Orientierung und Segmentierung (neue Konzepte und Vermarktungsideen, permanentes Benchmark) werden immer weiter zunehmen. Die Marktmacht der Ketten nimmt zu, aber die Privathotellerie ist innovativer und deren Gäste treuer. Die Menschen emanzipieren sich als Konsumenten und Gäste, und wissen genau, was sie verlangen und erwarten. Sie werden zum Prosumenten. Bei den Reisenden entsteht zunehmend die selbstreflexive ‚Destination-Ich‘, um die sich die Anbieter bemühen müssen. Wichtig ist nicht mehr, wohin die Urlauber wollen, sondern welche Erfahrung sie machen möchten. Es kommt zu einer Renaissance der Werte. Die Menschen sehnen sich nach Nähe, nach Unmittelbarkeit, nach neuer Einfachheit. Die Suche nach Schutz und Geborgenheit nimmt in einer Welt der unvorhergesehenen Katastrophen weiter zu.“* (Geson, 2012, S. 2)

In diesen Kontext kann letztlich auch die Betrachtung der strategischen Dimension des Gästewertes eingebettet werden, indem dort die eher monetäre Fokussierung der Befragten auf die Hotelgäste sichtbar wird. Dagegen werden informationsbringende und innovationsbringende Aspekte als weniger wichtig für die individuelle Betreuungsintensität und damit auch für die persönliche Gästebetreuung erachtet. Dass jedoch gerade dabei strategisch relevante Beobachtungen gemacht bzw. kommunikativ ermittelt werden können, wird von den Befragten zwar nicht komplett negiert, jedoch deutlich unterschätzt. Dies bestätigen schließlich auch die Vertrautheitswerte der Befragten wie auch ihre Einschätzung zu den Hotelmitarbeitern. Dabei sind Letztere offenbar weniger mit strategischen Thematiken im Umgang mit Hotelgästen konfrontiert bzw. existiert diesbezüglich kaum ein offener innerbetrieblicher Austausch. Daraus kann geschlossen werden, dass wenn Hotelmitarbeiter zukünftig dahingehend entwickelt werden sollen, unternehmerisch verantwortlicher zu denken und zu handeln, die Auseinandersetzung mit den strategischen Indikatoren des Gästewertes im Kontext der Gästebetreuung dafür besonders gut geeignet erscheinen:

> *„Die Offenheit, mit der sich Kunden und Gäste in Zukunft über ihre Erlebnisse äußern, wird zunehmen. Diese Transparenz ist eine Chance für Hoteliers, in einen direkten Dialog mit den Sehnsüchten der Gäste zu treten.“* (Geson, 2012, S. 10)

Die individuelle Betreuungsintensität und die daraus resultierende Gästebetreuung haben damit aus der strategischen Sicht des Gästewertes das Potenzial, durch aktive Einbeziehung der Hotelgäste positive Auswirkungen auf das Gemeinwohl zu erzeugen, da so der bewusste Verzicht auf soziale Exklusion und Monopolisierung praktiziert wird und dies für alle Beteiligten Wohlfahrtsgewinne bedeuten könnte (Baldwin & Hippel, 2011).

In Anbetracht der Ausführungen und in summativer Betrachtung der dargelegten Sachverhalte könnte die Einschätzung der befragten Hoteliers widersprüchlich aufgefasst werden, dass sowohl sie als auch ihre Hotelmitarbeiter über ausreichende diagnostische Fähigkeiten verfügen würden. So bedeuten die Befragten, dass ihnen die Diagnose der Betreuungsintensität (mit ~ 2,5 Punkten im Mittelwert aller vier Dimensionen) eher leichtfällt[31] und attestieren ihren Hotelmitarbeitern noch bessere Werte, womit diese– bedingt durch die operative Gastnähe – als diagnosekompetent eingeschätzt werden (Mittelwert von ~ 2,0 Punkten). In diesen Einschätzungen zeigen sich einerseits die Wertschätzung der Befragten gegenüber ihren Hotelmitarbeitern und andererseits die Bedeutung der Gastnähe und

---

[31] (1 = sehr einfach; 5 = sehr schwer).

damit auch die Chancen, die mit der individuellen Betreuung von Hotelgästen strategisch als auch operativ einhergehen können. Dass die eingeschätzten diagnostischen Fähigkeiten außerhalb von verkaufsorientierten Fragetechniken und direkten Aufträgen und/oder Befehlen von Hotelgästen hauptsächlich auf anekdotisches Erfahrungswissen sowie laientheoretische Backgrounds zurückzuführen sind, wurde bereits im theoretischen Teil der Arbeit problematisiert. Dies zeigt erneut, wie wichtig eine Erweiterung des gästespezifischen Fachwissens sowie emotionaler, interkultureller und diagnostischer Kompetenzen wäre, insofern man „Guest Centricity" und „Guest Care" als gästebindende Notwendigkeiten akzeptiert und implementiert. Dies liegt nicht zuletzt daran, dass sowohl Hotelbesitzer als auch Hotelmitarbeiter ähnliche Ziele verfolgen, indem allen Akteuren Gästebindung und damit auch Gästeloyalität wichtig erscheinen:

> *„So wie sich die demografische Entwicklung präsentiert, werden wir in ein paar Jahren schlicht nicht mehr so viele Arbeitskräfte haben. Gute Unternehmer überlegen sich also heute, wie sie Prozesse umgestalten können, sodass sie mit weniger Personal den gleichen Output erzielen. Es ist eine Kunst abzuschätzen, wo der persönliche Kontakt nötig ist und wo man allenfalls darauf verzichten kann."* (Küng, 2023, S. 18)

6 Bestätigung der Bedeutung der Betreuungsintensität für die persönliche Dienstleistung

In diesem abschließenden Kapitel sollen zunächst die zentralen Erkenntnisse in Bezug auf die Forschungsziele dieser Arbeit zusammengefasst werden. Anschließend wird herausgearbeitet, welche Implikationen sich daraus für die hotelspezifische Ausbildung, für die branchenspezifische Unternehmenspraxis und weiterführende Forschungsansätze ergeben.

Aufbauend auf der Fragestellung der vorliegenden Arbeit zur Bedeutung der individuellen Betreuungsintensität für die persönliche Dienstleistung konnte diese Arbeit, am Beispiel der persönlichen Gästebetreuung folgende Forschungsbeiträge leisten:

1. Ziel: Die Bedeutung der individuellen Betreuungsintensität im Kontext der persönlichen Gästebetreuung als kulturelles Gut darstellen

Menschen werden in jeder Phase ihres Lebens in irgendeiner Form betreut. Dabei ist ihr Grad der Hilflosigkeit einmal größer (Babys, Kinder, Behinderte, Kranke, Senioren), einmal kleiner (Kunde, Hotelgast). Alle Betreuungsphasen sind durch gespeicherte Erfahrungen miteinander verwoben, sodass Menschen kulturell unterschiedlich und individuell auf Betreuungsangebote reagieren. Damit existieren in jedem Menschen Wertvorstellungen zur persönlichen Betreuung und individuellen Behandlung, die in spezialisierten Betreuungsorten relevant werden. Durch die häusliche Prägung von Hotelbetrieben repräsentieren diese symbolhafte Orte, in denen Reisende als Hotelgäste individuelle Betreuungsleistungen erfahren und dafür auch bezahlen. Damit ist eine Professionalisierung des Gastgebertums und damit auch der Gästebetreuung mit besonderen Fähigkeiten notwendig und führt zu einer wettbewerbsorientierten touristischen Kultur mit eigenen Praktiken, Ritualen und Paradoxien, indem durch Standardisierungen

H.-P. Sattler, *Die Bedeutung der Betreuungsintensität für die persönliche Dienstleistung*, https://doi.org/10.1007/978-3-658-46380-9_6

von persönlichen Dienstleistungen kulturelle Unterschiede nivelliert werden und den Wunsch nach Individualität eher noch verstärken.

2. Ziel: Die Bedeutung der individuellen Betreuungsintensität im Kontext der persönlichen Gästebetreuung im historischen und gesellschaftspolitischen Kontext abbilden

Das Ethos der Gastfreundschaft und seine mythenhaften Bedeutungen sind seit der Frühzeit mit der Betreuung von Gästen verbunden. Die entgegengebrachte Großzügigkeit in der Gästebetreuung beinhaltete jedoch schon immer auch Erwartungen an die Gäste, egal ob diese als Bekannte, als Fremde oder als Geflüchtete aufgenommen wurden, als Freunde oder Nachbarn ausdrücklich eingeladen worden waren oder nicht. Gastgeber erwarteten von ihren Gästen mindestens eine friedliche Kooperation im eigenen Einflussbereich und zudem (überlebensnotwendige) Informationen als auch Wissens- und Fähigkeitsaustausch. Der Gästewert ist damit als historisches Gut zu betrachten und begründet indirekt auch die Professionalisierung des Gastgewerbes ab dem frühen Mittelalter, indem Reisende nach ihrem (sichtbaren) Wert zunächst räumlich und schließlich betrieblich getrennt wurden, womit die Spezialisierung der beherbergenden Betriebsformen aufgezeigt werden konnte.

Am Beispiel der Internationalisierung des deutschen Hotelgewerbes konnte fortführend aufgezeigt werden, dass das deutsche Hotelgewerbe einerseits zu den früh globalisierten Branchen gehörte und andererseits ebenso früh wettbewerbsorientiert internationale Unternehmenskonzepte, Managementstrategien und Führungskonzepte adaptierte. Dabei entwickelte sich das Hotel als „outgesourcte" nicht öffentliche Haushaltung vermögender Reisender hin zum öffentlichen Ort der Zurschaustellung.

Dass die professionelle Gästebetreuung und die Individualisierung der Behandlung finanziell beeinflussbar sind, konnte am Beispiel der Grand und Palasthotels exemplarisch dargestellt werden, indem dort die Individualisierung zur Separierung der „Hotelgemeinschaft" führte und die Bedienung daher zwangsläufig um Betreuung ergänzt werden musste, als Ausdruck von Status einerseits, als Mittel zum Zweck andererseits und nicht zuletzt als Ausdruck sozialer Bedürftigkeit. Dass der Anspruch und die Forderung an Hotelmitarbeiter, Hotelgäste individuell zu betreuen dabei sogar gesellschaftliche und politische Umbrüche überdauert haben, konnte aus zahlreichen historischen und zeitgenössischen Quellen dargestellt und aufgezeigt werden. Es wird dargestellt, dass die evolutionäre berufliche Entwicklung der Hotelmitarbeiter verkaufsorientiert in Richtung Produktspezialistentum tendierte, während das Gästespezialistentum kaum weiterentwickelt wurde, womit das Anliegen dieser Arbeit hinreichend begründet werden konnte. Es konnte schließlich bedeutet werden, dass der Mangel an gastspezifischem psychologischen und soziologischen Wissen, die mangelhafte emotionale, die lückenhafte interkulturelle und die nicht vorhandene diagnostische Ausbildung Gründe für die hohe Fluktuation und den Abbruch von Erwerbskarrieren bedeuten und das deutsche Hotelgewerbe es verpasst hat, im Zuge der fortschreitenden Digitalisierung und der „Entmenschlichung" zahlreicher Dienstleistungsbereiche seine Hotelmitarbeiter zukunftsorientiert in Gästebetreuungsspezialisten zu entwickeln. Diese „Entmenschlichung" konnte letztlich auch an angebotsspezifischen Veränderungen der Branche, vom Full Service zum Selfservice als auch vom Vollhotel hin zum Serviced Appartement exemplarisch abgebildet und in Zusammenhang gebracht werden:

> *„Hotels können geradezu ideal auf diese Sehnsucht der Konsumenten reagieren, indem sie ihr ganzes Programm darauf abstimmen. Dabei bleibt der Begriff ‚Streaming Places' zunächst tatsächlich viel an Präzision schuldig. Er ist nicht wirklich objektivierbar, da er mehr ein subjektives Erleben spiegelt. Es geht nicht so sehr um ein Konzept, dem man einfach nur folgen muss, als vielmehr um das Gespür eines Hoteliers, sein Haus zu einem ‚strömenden' Ort zu machen. Zu einem Ort, an dem möglich ist, was in unserem Alltag kaum mehr funktioniert: Konzentration und die Möglichkeit, sich selbst in einer angenehmen Atmosphäre erleben zu können: nicht nur als die Ehefrau oder die Richterin, nicht nur als der Vater oder der Geschäftsführer – oder welche Rollen auch immer wir im Alltag perfekt erfüllen (müssen). Es geht damit in Zukunft mehr denn je darum, ein Hotel als einen Ort zu definieren, an dem Menschen im tieferen Verständnis ankommen können. An dem sie sich zur Ruhe legen, Gedanken nachhängen, miteinander reden oder einfach nur nichts tun."* (Gatterer, 2014, S. 94)

3. Ziel: Bedeutung der individuellen Betreuungsintensität aus der Mehrdimensionalität von Hotelgästen ableiten zu können

Ein weiteres Anliegen dieser Arbeit konnte mit der ganzheitlichen und mehrdimensionalen Betrachtung von Hotelgästen mithilfe des Gästebetreuungsquadranten initiiert werden. Dabei konnte die Relevanz eines mehrdimensionalen strategischen als auch operativen Blickes verdeutlicht und für die Bedeutung der Betreuungsintensität in Zusammenhang gebracht werden. Anhand der Komplexität der unterschiedlichen Indikatoren und der Abhängigkeit der strategischen als auch der operativen Dimensionen und Indikatoren voneinander konnte verdeutlicht werden, wie notwendig eine gezielte Ausbildung in Gästebetreuung für die Zukunft der Hotelberufe ist:

„Das Wort ‚Dienen' gefällt mir nicht so. Wir managen eher den Lifestyle des Gastes. Wir sind zuvorkommend, fühlen uns in den Gast hinein, erkennen seine Bedürfnisse und Erwartungen, bevor er sie äußert. Wir sind immer zwei Schritte voraus." (Winteler, 2023)

4. Ziel: Die Bedeutung der individuellen Betreuungsintensität im Kontext von „Guest Centricity" und „Guest Care" abbilden zu können

Mit der erweiterten Guest Journey konnte ein prozessuales Sequenzierungskonzept vorgestellt werden, mit dem Hotelbetriebe die Inszenierung der Gästebetreuung vornehmen und individuelle digitale und persönliche Gästebetreuungsansätze erarbeiten können. Für die dafür notwendige Unternehmensphilosophie im Kontext von „Guest Centricity", die optimalerweise in Verbindung mit dem Gästebetreuungsquadranten zu betrachten ist, konnten zudem Ansätze für die Operationalisierung aus Sicht von „Guest Care" abgebildet und die Bedeutung des „Care-Ansatzes" für das Hotelgewerbe veranschaulicht werden. Dabei konnte zudem aufgezeigt werden, dass das strukturell existierende Spannungsverhältnis zwischen digitalisierbaren, automatisierbaren und hochproduktiven Arbeitsbereichen und arbeitsintensiven, körperlichen, aber im Verhältnis weniger produktiven Arbeitsbereichen im Hotelgewerbe nur dann aufgelöst werden kann, wenn Hotelmitarbeiter einerseits zu „Care-Spezialisten" für Hotelgäste entwickelt werden und andererseits die Gästebetreuung als eigentliche Hoteldienstleistung etabliert werden kann.

5. Ziel: Das Verständnis für ein hotelspezifisches Gästebetreuungskompetenzprofil zu entwickeln

Persönliche Dienstleistungen wie die Gästebetreuung im Hotel müssen individuell an den Hotelgast angepasst und ausgeführt werden. Für die Ermittlung der individuellen Betreuungsintensität konnte anhand verschiedener Betreuungsberufe dargelegt werden, dass Betreuende bestimmte berufsspezifische Fähigkeiten in Form von Fachwissen sowie emotionalen, interkulturellen und diagnostischen Kompetenzen benötigen, um eine individuelle und persönliche Betreuung in allen Lebensphasen gewährleisten zu können.

6. Ziel: Eine definitorische Bedeutung der hotelspezifischen Betreuungsintensität aufzuzeigen

Anhand verschiedener lebensphasenbezogener Betreuungsberufe konnte schließlich ein Verständnis für eine hotelspezifische Definition der individuellen Betreuungsintensität als Gegenentwurf zur Standardisierung erarbeitet und deren Einordnung in unternehmensrelevante Planungsgrößen vorgenommen werden. Dabei konnte festgestellt werden, dass einzelne Maßnahmen kontraproduktiv sind und die Gästebetreuung als ganzheitliches Konzept aufzufassen ist, bei dem die Diagnose der Betreuungsintensität von Hotelgästen als (Leistungs-)Fähigkeitsausweis zur nachhaltigen Gästebindung zu betrachten ist.

7. Ziel: Die Bedeutung der Betreuungsintensität und der Gästebetreuung aus der Perspektive von Hotelmitarbeitern als Arbeitnehmer und von Hotelbesitzern als Arbeitgeber einzuordnen

Mithilfe unterschiedlicher wissenschaftlicher Methoden sollten letztlich die theoretisch erarbeiteten Sachverhalte vertieft, ergänzt und verifiziert werden können. Dabei bestätigt sich einerseits die Einigkeit von Arbeitnehmern und Arbeitgebern unterschiedlicher Hotelkategorien darin, Hotelgäste als Mittelpunkt zu sehen und andererseits der Wunsch diese individuell betreuen zu können. Dabei konnte zudem ermittelt werden, dass die persönliche Gästebetreuung als abteilungsübergreifende Aufgabe zu bewerten ist und sowohl strategische als auch operative Belange dabei tangiert werden. Mit ihren Aussagen und Einschätzungen konnten schließlich die zentralen Anliegen dieser Arbeit mehrheitlich bestätigt werden, sodass die Bedeutung der individuellen Betreuungsintensität am Beispiel der persönlichen Gästebetreuung als persönliche Dienstleistung hoch und zukunftsweisend für die Branche einzustufen ist.

6.1 Implikationen für die Aus- und Weiterbildung

Mit der Neuordnung der hotelspezifischen Ausbildung zum Sommer 2022 wurde trotz zehnjähriger Vorbereitung die Chance verpasst, die Grundausbildung gästezentrierter aufzufassen und entsprechend zu entwickeln. Da es über 20 Jahre gedauert hat, bis eine Neuordnung letztlich beschlossen und umgesetzt wurde, ist pessimistischer Weise zu bedeuten, dass das vorgeschlagene Ziel von „Guest Centricity“ und „Guest Care“ in eher weitere Ferne als Nähe gerückt und durch die anhaltend hohe Fluktuation, die Fachkräfteabwanderung und die zunehmende

Internationalisierung als eher schwierig umsetzbar zu betrachten ist. Hotelbesitzer und/oder Hotelbetreiber müssen deswegen in entsprechende Weiterbildungen und Trainingsprogramme investieren, in denen sowohl die angesprochenen gästepsychologischen und gästesoziologischen Inhalte als auch emotionale, interkulturelle und diagnostische Kompetenzen vermittelt werden:

> *„Affective Hospitality bedeutet also, dass sich das Hotelmanagement auf jeden Gast individuell einstellt, sich quasi in den Gast hineinversetzt. Dieses Verständnis setzt jedoch eine Vielzahl von Soft Skills voraus, deren richtige Anwendung ein kompetenzorientierter Lernprozess ist. Die Hotelmitarbeiter der Zukunft werden in Zeiten von Digitalisierung und Automatisierung soziale und emotionale Intelligenz benötigen, um sich zu differenzieren. Sie werden lernen müssen, ihre Kreativität, kollaboratives Handeln, abstraktes und systemisches Denken sowie komplexe Kommunikationsfähigkeiten zu kultivieren."* (Tophotel, 2020)

Dies erscheint umso dringlicher, als dass die fortschreitende Digitalisierung und die Nutzung von KI in zahlreichen Hotelkategorien, nach Wellen der Zentralisierung und des Clusterings, Hotelmitarbeiter verschwinden lassen wird, in Reservierungs- und Empfangsabteilungen genauso wie in Serviceabteilungen, wo zunehmend Serviceroboter Einzug halten.

Ebenso muss die berufliche Bildung innovativer werden, insbesondere in der dualen Ausbildung. Es kann nicht sein, dass die Berufsschulen diejenigen Ausbildungsinhalte, die praktisch im Ausbildungsbetrieb besser vermittelt werden, auch noch anbieten. Sie sollten sich vielmehr auf diejenigen Fähigkeiten (gästespezifisches Fachwissen, emotionale, interkulturelle und diagnostische Kompetenzen) fokussieren, die es (internationalen) Auszubildenden erleichtern, mit Hotelgästen aller Art umzugehen. Damit wäre die duale Ausbildung keinesfalls infrage gestellt, sondern vielmehr durch Lastenverteilung zukunftsfähiger ausgerichtet.

6.2 Implikationen für Hotelgäste

Hotelgäste, welche die Gästebetreuung heute als selbstverständlich und als Supportleistung für die gebuchte Übernachtung auffassen, müssen sich in naher Zukunft noch verstärkter mit der Digitalisierung des Hotelgewerbes und der „Entmenschlichung" verschiedener hotelspezifischer Dienstleistungsbereiche auseinandersetzen. Self-Check-In und Serviceroboter sowie der branchenspezifische Fachkräftemangel weisen darauf hin, dass in Zukunft die persönliche Gästebetreuung noch mehr eine Preisfrage sein wird und in vielen Hotelkategorien die Einbeziehung der Hotelgäste in die Dienstleistungserbringung noch intensiver ausgestaltet werden wird, insofern die Hotelbranche die Besonderheiten der Gästebetreuung als Alleinstellungsmerkmal nicht kultiviert und entsprechende Fähigkeiten dafür konsequent entwickelt:

> *„Reisen ist immer weniger Garant für Glückserlebnisse – weder für Gäste noch für Gastgeber*innen. Als brummende Branche mit stabiler Basis und breitem Massenmarkt hat der Tourismus zwar keine Wachstumssorgen, dafür aber zunehmend Qualitätsprobleme: Der individualisierte Massentourismus schadet der Umwelt, stresst die Reisenden, belastet Mitarbeiter*innen und Locals und mutiert damit immer öfter zu einer negativen Erfahrung. Vor diesem Hintergrundentwickeln die Menschen neue Grundbedürfnisse. Sie suchen immer mehr nach Verbundenheit, Zugehörigkeit, Resonanz. Die Beziehungen zu anderen Menschen, zu Natur und Umgebung werden wichtiger. Statt Selbstoptimierung wird echter Austausch angestrebt, durch authentisches Erleben der Umwelt. Eine neue Wir-Kultur entsteht, in der Verbindungen und Zugehörigkeit wichtiger sind als Abgrenzung. Und das gilt auch für den Reisesektor."*
> (Bayern Tourismus, 2023)

Hotelgäste sollten sich zudem selbst intensiver mit dem Wunsch nach Betreuung auseinandersetzen und der Frage nach der erwünschten individuellen Betreuungsintensität offen und kooperativ begegnen. Nur so hat das deutsche Hotelgewerbe eine Chance, sich zukunftsorientiert und gästezentriert weiterzuentwickeln.

6.3 Implikationen für Hotelmitarbeiter

Angehende Hotelmitarbeiter, namentlich Auszubildende, sollten sich bei der Auswahl ihres Ausbildungsbetriebes die Frage stellen, ob sie Zimmervermieter oder Gästebetreuer werden wollen, indem sie im Vorstellungsgespräch selbstbewusst diesen Sachverhalt abtasten. Dahingehend sollten sich bestehende Hotelmitarbeiter sicher sein, dass aus der historischen Perspektive heraus Hotelbesitzer und/oder -betreiber die Strategie verfolgt haben, Technik und Maschinen rationalisierend einzusetzen, um damit Einsparungen vornehmen zu können. Serviceroboter, Digital Concierges und Reservierungs-Chatbots sprechen eine Sprache, die Hotelmitarbeiter verstehen und zukunftsorientiert interpretieren müssen. Insofern ist es höchste Zeit, sich solchen gästebetreuenden Fähigkeiten zuzuwenden, die für „Guest Centricity" und „Guest Care" stehen: gästespezifisches Fachwissen, emotionale, interkulturelle und diagnostische Gästebetreuungskompetenzen.

6.4 Implikationen für Hotelbesitzer und/oder -betreiber

Da der Praxissicht in der vorliegenden Arbeit besondere Aufmerksamkeit zuteilwurde, lassen sich aus den Ergebnissen folgende Empfehlungen für Hotelbesitzer und/oder -betreiber ableiten:

1. Hotelbetriebe sollten ihre Unternehmensleitbilder analysieren und untersuchen, ob sie „Guest Centricity“ und „Guest Care“ leben können oder ob sie ihre bisher verfolgte Strategie weiterfahren wollen. Insbesondere für das deutsche Hotelgewerbe wäre es an der Zeit, einen Impact zu liefern, der weltweit beachtet wird und ähnlich einflussreich aufgegriffen wird wie einstmals französische, schweizerische, englische und nicht zuletzt amerikanische Hotelinnovationen. Dafür müssen jedoch zahlreiche tradierte Glaubenssätze überwunden und mutige Managementschritte gemacht werden, um Mitarbeiterpotenziale bewusster einsetzen und ausnutzen zu können.
2. Strategische als auch operative Ziele sollte trotz begrenzter Ressourcen und Daten auf Anstrengungen ausgerichtet werden, mehrdimensionale Gästedaten zu generieren, diese zu verbinden und ganzheitlich zu betrachten. Digitale Gästedatenbanken müssen dafür konsequenter genutzt und dahingehend ausgebaut werden, dass gästebetreuende Hotelmitarbeiter zu jeder Zeit, an jedem Point of Care als Interaktionsort Zugriff haben und niederschwellig ihre diagnostischen Ergebnisse einheitlich und nicht stereotypisierend einpflegen können. Diese Herangehensweise bietet eine konzeptionell validere Entscheidungsgrundlage für die Angebots- als auch für die Mitarbeiterbedarfsplanung als die derzeit vorherrschenden retrospektiven Gästebefindlichkeitsauswertungen. Mit einem solchen Data Mining eröffnen sich auch Chancen, das Gästebeziehungsmanagement noch stärker gästebindend auszurichten. Dies gilt meist auch dann, wenn aus pragmatischen Gründen, durch unterschiedliche abteilungsspezifische Ausprägungen eine nicht ganz exakte Diagnose bzw. Prognose aufgestellt werden kann. Um dieses verbessern zu können, sollten Hotelbesitzer und/oder -betreiber Hotelgäste noch intensiver beteiligen und ihnen zumuten, im Rahmen von aufenthaltsspezifischen Gästebefragungen ihre eigene Betreuungsintensität einzuschätzen, um Gaps zwischen Gästeerwartungen und Gästeangeboten aufdecken und minimieren zu können.
3. Hotelbesitzer und/oder Hotelbetreiber sollten auf lange Sicht ihre Preisgestaltung dahingehend überdenken, dass die täglich wechselnden Hotelzimmerpreise weder die Gästebindung noch die Gästeloyalität fördern und auf lange Sicht die persönliche Gästebetreuung eher erschweren, wenn man den

aktuellen Ausbildungsstand der Hotelmitarbeiter diesbezüglich berücksichtigt. Dem Phänomen des hybriden Gastes, der von Misstrauen und Übererwartungen gegenüber der Preisbildung geprägt ist, kann nur dann adäquat begegnet werden, wenn eine klare und transparente Angebots- und Betreuungsstrategie gelebt wird.

4. In diesem Kontext könnte schließlich der Begriff Bedienung abgeschafft werden und durch Betreuung ersetzt werden. Damit könnte auch das inkludierte Bedienungsgeld in eine Betreuungspauschale umgewandelt werden, insbesondere in solchen Hotelbetrieben, in denen zukünftig Betreuungsleistungen tatsächlich (noch) persönlich erbracht werden können.

6.5 Implikationen für weitere Forschungen

Wie nahezu jede wissenschaftliche Untersuchung unterliegt diese Arbeit Limitationen, die perspektivisch dazu führen, dass sich weitere Ansatzpunkte für künftige Forschungen ergeben:

1. Die Ausführungen dieser Arbeit haben gezeigt, dass Hotelbetriebe nicht nur als reine Dienstleistungsbetriebe zu betrachten sind, sondern auch im Kontext von Care-Betrieben nähergehend untersucht und damit auch neu bewertet werden müssen. Die hotelspezifische Gästebetreuung und die dafür notwendigen Fachkenntnisse und Kompetenzen müssen dafür noch tiefer gehend untersucht und z. B. im Kontext von emotionalem Kapital eingeordnet werden. Ebenso müssen sich berufsbildnerische Fachleute dahingehend Gedanken machen, wie die Hotelberufe im Care-Kontext einzuordnen sind und inwieweit solche Berufe z. B. auch vorhandene Lücken im Krankenhaus- und Pflegewesen durch Arbeitsteilung schließen können, wie es beispielsweise in Schweizer Kliniken teilweise schon praktiziert wird:

   „Wir lernen den Patienten mit dem Eintritt in die Klinik kennen – und wir bleiben vor Ort, sodass wir unser Angebot immer genauer auf seine Wünsche abstimmen können. Es ist ganz wichtig, immer auch ein offenes Ohr mit in das Patientenzimmer zu nehmen. Beim Schichtwechsel informieren wir uns untereinander detailliert über die Bedürfnisse jedes einzelnen Patienten. Außerdem sprechen wir uns mit dem Pflegepersonal ab. So lernen wir jeden Patienten persönlich kennen.“ (Kliniken Hirslanden, n. d.)

Die daraus resultierenden Möglichkeiten könnten nicht nur verschiedene Branchen attraktivieren und für Synergieeffekte sorgen, sondern auch der Fluktuation und der Fachkräfteabwanderung durch entsprechende Arbeitsangebote entgegenwirken, indem der inhärente Grundwert der Hospitalitas über den Guest-Care-Gedanken operationalisiert wird.

2. Der Gästebetreuungsquadrant wurde logisch-deduktiv konzeptualisiert, aber noch nicht in die hotelspezifische Bildungspraxis implementiert. Um den praktischen Nutzen des Modells zu quantifizieren, sollte es in künftigen bildungsspezifischen Untersuchungen empirisch angewendet und mit anderen Gästeerfassungsverfahren verglichen werden.
3. Annahmegemäß wurde den verschiedenen Betreuungsintensitätsbemessungsverfahren eine gegriffene Anzahl an Hotelgästen zugebilligt, von denen angenommen wurde, dass sie persönlich betreut werden wollen. Hierbei besteht noch Bedarf an exakten und pragmatischen Erhebungen, um entsprechende Hotelgästezahlen ausweisen zu können.
4. Die neu bewertete, persönliche und individuell intensive Gästebetreuung soll die Gästebindung und die Gästeloyalität steigern. Dabei wurde ein linearer Zusammenhang zwischen Gästezufriedenheit und Gästebindungsrate unterstellt. Zukünftige Forschungsarbeiten könnten nach anderen Wegen suchen, die Bindungsrate aus praxisüblichen Daten zu schätzen oder versuchen, den funktionalen hotelspezifischen Zusammenhang zwischen Gästezufriedenheit und Gästebindungsrate genauer zu untersuchen.
5. Bisher ermöglicht es kein Modell, das emotionale Gästekapital in irgendeiner Weise zu erfassen. Deshalb wären weitere Forschungsanstrengungen wünschenswert, um den Zusammenhang zwischen möglichst leicht messbaren Indikatoren der emotionalen Wertschöpfung für den Hotelbetrieb zu bedeuten.

Die individuelle Betreuungsintensität und die daraus erfolgende persönliche Gästebetreuung stellen alles in allem ein zukunftsträchtiges, interdisziplinäres Forschungsfeld dar, das mit fortschreitender Digitalisierung weiter an Bedeutung gewinnen wird. Es ist zu hoffen, dass die vorliegende Untersuchung Hotelmitarbeitern, Hotelbesitzern und/oder -betreibern als auch hotelspezifischen Bildungsinstituten aufzeigen kann, welche Chancen „Guest Centricity" und „Guest Care" mit sich bringen und gleichzeitig einen Beitrag dazu leistet, dass künftig Hotelmitarbeiter als Gästebetreuungs- und damit als „Care-Spezialisten" ausgebildet und am Markt als solche wahrgenommen werden:

> *„Und Hotels sollten darauf reagieren. Indem sie immer mehr zu sozialen Zentren werden und nicht mehr nur Orte zum Schlafen sind, sondern zum Arbeiten, zum sich Treffen und Austauschen."* (Dubois, 2023, S. 21)

Bibliographische Beschreibung

Sattler, Hans-Peter
Die Bedeutung der Betreuungsintensität für die persönliche Dienstleistung
Die persönliche Gästebetreuung im Kontext von Guest Centricity und Guest Care
Universität Leipzig, Dissertation
549 S., 967 Lit., 64 Abb., 2 Anlagen

Referat:
Die vorliegende Arbeit untersucht die Bedeutung der individuellen Betreuungsintensität aus der Perspektive der hotelspezifischen Dienstleistung der Gästebetreuung in Hotels. Hierzu wird analysiert, wie Kultur, historische Branchenentwicklungen und ausbildungsrelevante Kompetenzen und Verhaltensweisen die Entwicklung der hotelspezifischen Dienstleistun-gen beeinflusst haben. Basierend auf der Forschungsfrage „Welche Bedeutung hat die Be-treuungsintensität für die Erbringung von persönlichen Dienstleistungen?“ ist es das Ziel, am Beispiel dieser hotelspezifischen personalisierten Dienstleistung zu verstehen, welchen Stellenwert diese für die Gästebindung und die Beziehungsqualität zwischen Hotelgästen, Hotelmitarbeitern und Hotelbetrieb haben sollte. Dafür wird einerseits die Bedeutung der hotelspezifischen Gästebetreuung als komplexe Dienstleistung umrandet und zur Ermittlung der individuellen Betreuungsintensität nicht nur ein Kompetenzprofil für Hotelmitarbeiter, sondern ebenso ein Modell zur ganzheitlichen Betrachtung von Hotelgästen vorgeschlagen. Zum Zweck dieser Arbeit werden schließlich Instrumente zur Ermittlung der persönlichen individuellen Betreuungsintensität entwickelt und vorgestellt.

H.-P. Sattler, *Die Bedeutung der Betreuungsintensität für die persönliche Dienstleistung*, https://doi.org/10.1007/978-3-658-46380-9

Literaturverzeichnis

Adam, H. K. (1959). *Zufriedene Gäste: Verkaufen will gelernt sein! Verkaufsanregungen f.d. Gastronomie*. Fachverl.-Ges.

Adam, M., Wessel, M. & Benlian, A. (2021). AI-based chatbots in customer service and their effects on user compliance. *Electronic Markets, 31*(2), 427–445. https://doi.org/10.1007/s12525-020-00414-7

Adelung, J. C. (1796). *Grammatisch-kritisches Wörterbuch der hochdeutschen Mundart, mit beständiger Vergleichung der übrigen Mundarten, besonders aber der oberdeutschen* (2. verm. u. verb. Ausg). Breitkopf.

Adelung, J. C. (2014). *Grammatisch-kritisches Wörterbuch der Hochdeutschen Mundart: Nach der Ausgabe letzter Hand 1793–1801 Band 6 von 6 T–Z* (K.-M. Guth, Hg.) (1. Auflage). Contumax; Hofenberg.

Adlwarth, W. (1983). *Formen und Bestimmungsgründe prestigegeleiteten Konsumverhaltens: Eine verhaltenstheoretisch-empirische Analyse*. Zugl.: Erlangen-Nürnberg, Univ., Diss., 1982. *Hochschulschriften zur Betriebswirtschaftslehre: Bd. 15*. Florentz.

Ahrens, W. (2022). *Grundsätze zum Beschwerdemanagement*. https://www.hotelier.de/hotellerie/hotelgewerbe/36651-beschwerdemanagement-im-hotel-wie-aus-reklamationen-gaeste-werden

Aktaş, U. & Gläßer, T. (Hrsg.). (2019). *Kulturelle Bildung in der Schule: Kulturelle Schulentwicklung, Selbstbestimmung im Unterricht und Inklusion* (1. Auflage). Beltz Juventa.

Alderfer, C. P. (1969). An empirical test of a new theory of human needs. *Organizational Behavior and Human Performance, 4*(2), 142–175. https://doi.org/10.1016/0030-5073(69)90004-X

Alderfer, C. P. (1972). *Existence, relatedness, and growth: Human needs in organizational settings*. Free Press.

Alex Rawson, Ewan Duncan & Conor Jones (2013). Touchpoints matter, but it's the full journey that really counts. *Harvard Business Review, 91*(9), 90–+. https://www.researchgate.net/publication/298361884_Touchpoints_matter_but_it's_the_full_journey_that_really_counts

Alsheimer, R., Moosmüller, A. & Roth, K. (Hrsg.). (2000). *Münchener Beiträge zur interkulturellen Kommunikation: Bd. 9. Lokale Kulturen in einer globalisierenden Welt: Perspektiven auf interkulturelle Spannungsfelder*. Waxmann.

H.-P. Sattler, *Die Bedeutung der Betreuungsintensität für die persönliche Dienstleistung*, https://doi.org/10.1007/978-3-658-46380-9

Ammon, G. (2019). *Der mehrdimensionale Mensch: Zur ganzheitlichen Schau von Mensch und Wissenschaft* (3., überarbeitete Auflage). Mattes Verlag.

Anderson, C. K. (2019, 1. Mai). *Drivers of change in hospitality*. https://sha.cornell.edu/wp-content/uploads/sites/4/2019/05/Amadeus-Drivers-of-Change-in-Hospitality.pdf

Anderson, J. R. (1982). Acquisition of cognitive skill. *Psychological Review*, *89*(4), 369–406. https://doi.org/10.1037/0033-295X.89.4.369

Arbeitsgemeinschaft Qualifikations-Entwicklungs-Management (Hrsg.). (1996). *Edition QUEM: Bd. 9. Aspekte der beruflichen Bildung in der ehemaligen DDR: Anregungen, Chancen und Widersprüche einer gesamtdeutschen Weiterbildungsdiskussion*. Waxmann.

Architekten- und Ingenieur-Verein zu Berlin. (1980). *Berlin und seine Bauten*. Verlag von Wilhelm Ernst & Sohn.

Arnade, S. (n. d.). *Ganzheitlichkeit*. Zugriff am 25. April 2022, verfügbar unter http://www.lebensnerv.de/index.php/projekte/peer-counseling/ganzheitlichkeit

Arndt, K. (Hrsg.). (1961). *König Gast: Hinweise u. Ratschläge f.d. Mitarb. im Hotel- u. Gaststättengewerbe*. Matthaes.

Arnhold, J. & Hoppe, H. (2020). *Verhaltenssüchte erfolgreich behandeln: Ein schematherapeutisches Praxisbuch* (1st ed.). Junfermann. https://elibrary.utb.de/doi/book/10.5555/9783749501205

Arnold, M. B. (1969). *Emotion and personality* (3. printing, Bd. 1). Columbia Univ. Press.

Arnold, S., Kempe, D. & Schweikart, R. (2005). *Berufliches Erfahrungswissen und gute pädagogische Praxis. Leipziger Beiträge zur sozialen Arbeit: Bd. 5*. LIT-Verl.

The ASH – Restaurant & Bar. (2021, 27. November). *Arbeiten bei The ASH: Barkeeper*. https://ash-steakhouse.de/jobs/

Assel, J. & Jäger, G. *„Uhland-Motive auf Postkarten" : eine Dokumentation ; Der Wirtin Töchterlein ; Es zogen drei Burschen wohl über den Rhein*. http://publikationen.ub.uni-frankfurt.de/opus4/frontdoor/index/index/year/2009/docId/12968

Atkinson, J. W. (Hrsg.). (1974). *A theory of achievement motivation* (Reprint). Krieger. John

Atteslander, P. (2010). *Methoden der empirischen Sozialforschung* (13., neu bearbeitete und erweiterte Auflage). *ESV basics*. Erich Schmidt Verlag.

Atteslander, P. & Kneubühler, H.-U. (1975). *Verzerrungen Im Interview: Zu Einer Fehlertheorie der Befragung. Studien Zur Sozialwissenschaft Ser: v.32*. VS Verlag fur Sozialwissenschaften GmbH. https://ebookcentral.proquest.com/lib/kxp/detail.action?docID=6586381

Aufschnaiter, C. von, Cappell, J., Dübbelde, G., Ennemoser, M., Mayer, J [Jürgen], Stiensmeier-Pelster, J., Sträßer, R. & Wolgast, A. (2015). Diagnostische Kompetenz. Theoretische Überlegungen zu einem zentralen Konstrukt der Lehrerbildung. *Zeitschrift für Pädagogik*(61), 738–758. https://doi.org/10.25656/01:15424

Auge, O., Fouquet, G., Hagen, C., Kühnle, N., Rabeler, S. & Zeilinger, G. (2016). Städtische Gemeinschaft und adlige Herrschaft. In M. Häberlein (Hrsg.), *Jahrbuch für Regionalgeschichte Band 34 (2016)* (1. Auflage, S. 15–49). Franz Steiner Verlag.

Bak, P. M. (2020). *Wahrnehmung, Gedächtnis, Sprache, Denken: Allgemeine Psychologie I – das Wichtigste, prägnant und anwendungsorientiert. Angewandte Psychologie Kompakt*. Springer. https://doi.org/10.1007/978-3-662-61775-5

Balderjahn, I. (1995). Bedürfnis, Bedarf, Nutzen. In B. Tietz (Hrsg.), *Enzyklopädie der Betriebswirtschaftslehre: Bd. 4. Handwörterbuch des Marketing* (2., völlig neu gestaltete Aufl., S. 179–190). Schäffer-Poeschel.

Balderjahn, I. & Scholderer, J. (2007). *Konsumentenverhalten und Marketing: Grundlagen für Strategien und Maßnahmen* (1. Auflage 2007). Schäffer-Poeschel. http://nbn-resolving.org/urn:nbn:de:bsz:24-epflicht-1228977

Baldwin, C. & Hippel, E. von (2011). Modeling a Paradigm Shift: From Producer Innovation to User and Open Collaborative Innovation. *Organization Science, 22*(6), 1399–1417. http://www.jstor.org/stable/41303133

Barbuto, J. E., JR. (2005). Motivation and Transactional, Charismatic, and Transformational Leadership: A Test of Antecedents. *Journal of Leadership & Organizational Studies, 11*(4), 26–40. https://doi.org/10.1177/107179190501100403

Barth, K. & Theis, H.-J. (1998). *Hotel-Marketing: Strategien, Marketing-Mix, Planung, Kontrolle* (2., überarb. und erw. Aufl.). Gabler.

Bartholomeyczik, S. (2007). Einige kritische Anmerkungen zu standardisierten Assessmentinstrumenten in der Pflege [Some critical remarks on standardised assessment instruments in nursing]. *Pflege, 20*(4), 211–217. https://doi.org/10.1024/1012-5302.20.4.211

Bartholomeyczik, S., Halek, M., Sowinski, C., Besselmann, K., Dürrmann, P., Haupt, M., Kuhn, C., Müller-Hergl, C., Perrar, K. M., Riesner, C., Rüsing, D., Schwerdt, R., van der Kooij, C. & Zegelin, A. (Januar 2007). *Rahmenempfehlungen zum Umgang mit herausforderndem Verhalten bei Menschen mit Demenz in der stationären Altenhilfe.* https://www.bundesgesundheitsministerium.de/fileadmin/Dateien/5_Publikationen/Pflege/Berichte/Bericht_Rahmenempfehlungen_zum_Umgang_mit_herausforderndem_Verhalten_bei_Menschen_mit_Demenz_in_der_stationaeren_Altenhilfe.pdf

Bartscher, T. (14. Februar 2018). Definition: Genfer Schema. *Springer Fachmedien Wiesbaden GmbH.* https://wirtschaftslexikon.gabler.de/definition/genfer-schema-32895

Basler, H. D. (2016). Diagnostik der Schmerzintensität. In M. Hasenbring, A. Becker & R. Baron (Hrsg.), *Rückenschmerzen und Nackenschmerzen: Interdisziplinäre Diagnostik und Therapie, Versorgungspfade, Patientenedukation, Begutachtung, Langzeitbetreuung* (S. 108–120). Springer Berlin / Heidelberg.

Bastian, A. (1995). *Der Heimat-Begriff: Eine begriffsgeschichtliche Untersuchung in verschiedenen Funktionsbereichen der deutschen Sprache. Reihe Germanistische Linguistik.* Niemeyer.

Batinic, B. (2001). Datenqualität bei internetbasierten Befragungen. In A. Theobald (Hrsg.), *Online-Marktforschung: Theoretische Grundlagen und Praktische Erfahrungen* (S. 115–132). Springer Gabler. in Springer Fachmedien Wiesbaden GmbH.

Baum, V. (1957). *Menschen im Hotel: Roman.* Ullstein.

Baumbach, I. (2007). *Was erwartet der Gast von morgen? Trends in Tourismus und Freizeitgestaltung und wie man sie rechtzeitig erkennt. Branchenwissen up to date.* Redline Wirtschaft.

Baumer, T. (2004). *Handbuch interkulturelle Kompetenz.* Orell Füssli.

Bausewein, C [Claudia], Simon, S. & Schulz-Quach, C. (2019). Testinstrumente in der Palliativmedizin. In M. W. Schnell & C. Schulz-Quach (Hrsg.), *Basiswissen Palliativmedizin* (3. Aufl. 2019, S. 28–32). Springer Berlin Heidelberg.

Bausinger, H. (2012). *Auf dem Wege zu einem neuen, aktiven Heimatverständnis. Begriffsgeschichte als Problemgeschichte.* Universitätsbibliothek Tübingen.

Bayerischer Hof. (n. d.). *Hotel Bayerischer Hof in München | Bayerischer Hof*. Zugriff am 6. August 2022, verfügbar unter https://www.bayerischerhof.de/de/

Bayern Tourismus. (2023, 13. April). *Resonanz-Tourismus heißt der große Trend in der Reisebranche.* https://tourismus.bayern/artikel/trend-thema-resonanz-tourismus/

BBE Handelsberatung. (2017). *Studie zum betriebswirtschaftlichen Ist-Zustand des Hotelund Gaststättengewerbes nach Betriebsarten und Betriebsgrößen mit Bewertung des zukünftigen Entwicklungs- und Investitionspotenzials im Freistaat Sachsen 2017: Grundlagenuntersuchung finanziert durch Zuwendungen des Sächsischen Staatsministeriums für Wirtschaft, Arbeit und Verkehr, der Industrie- und Handelskammer Dresden, der Industrie- und Handelskammer Chemnitz, der Industrie- und Handelskammer zu Leipzig, des DEHOGA Sachsen e.V.*

Beatis, A. de. (1905). *Die Reise des Kardinals Luigi d'Aragona durch Deutschland, die Niederlande, Frankreich u. Oberitalien, 1517–1518. Erläuterungen und Ergänzungen zur Jansses Geschichte des deutschen Volkes: Bd. 4, H. 4.* Herder.

Becker, J., Knackstedt, R., Müller, O. & Winkelmann, A. (Hrsg.). (2010). *Vertriebsinformationssysteme: Standardisierung, Individualisierung, Hybridisierung und Internetisierung.* Springer Berlin Heidelberg. http://nbn-resolving.org/urn:nbn:de:bsz:31-epflicht-1553199

Begenau, J., Schubert, C. & Vogt, W. (2010). *Die Arzt-Patient-Beziehung* (1st ed.). Kohlhammer Verlag. https://ebookcentral.proquest.com/lib/kxp/detail.action?docID=1714369

Behlendorff, J. (1920). *Der Oberkellner, Hotel-Sekretär, Geschäftsführer: Anleitg z. fachwiss. u. prakt. Führg von Hotels u. Restaurants* (3. Aufl.). Blüher.

Behrens, G [G.]. (1998). Sozialtechnologie als Rahmen der Beeinflussung. In W. Kroeber-Riel, G. Behrens & I. Dombrowski (Hrsg.), *Springer eBook Collection Business and Economics. Kommunikative Beeinflussung in der Gesellschaft: Kontrollierte und unbewußte Anwendung von Sozialtechniken* (Gabler Edition Wissenschaft, S. 2–32). Deutscher Universitätsverlag.

Behrens, G [G.] & Neumaier, M. (2018). Durch verbale Argumentation in der Kommunikation überzeugen. In T. Langner (Hrsg.), *Springer Reference Wirtschaft Ser. Handbuch Techniken der Kommunikation: Grundlagen – Innovative Ansätze – Praktische Umsetzungen* (2nd ed., S. 421–446). Gabler.

Behrens, J. & Langer, G. (2006). Das Wichtigste sind Verantwortungsübernahme und Respekt. *Die Schwester Der Pfleger, 45*(4). https://www.researchgate.net/publication/266136244_Das_Wichtigste_sind_Verantwortungsubernahme_und_Respekt

Behrens, K. (2. Januar 2023). Als Dienstleister können wir noch von Asien lernen. https://www.ahgz.de/hotellerie/news/kempinski-hotel-frankfurt-kai-behrens-als-dienstleister-koennen-wir-noch-von-asien-lernen-307618

Bein, T. (2015). Interkulturelle Kompetenz. Umgang mit Fremdheit in der Intensivmedizin [Intercultural competence. Management of foreignness in intensive care medicine]. *Der Anaesthesist, 64*(8), 562–568. https://doi.org/10.1007/s00101-015-0069-8

Beller, S. (2016). *Empirisch forschen lernen: Konzepte, Methoden, Fallbeispiele, Tipps* (3., überarbeitete und erweiterte Auflage). *Hogrefe eLibrary.* Hogrefe. https://elibrary.hogrefe.de/book/99.110005/9783456956152

Benker, G. (1974). *Der Gasthof: Von der Karawanserei zum Motel ; vom Gastfreund zum Hotelgast. Kulturgeschichte in Einzeldarstellungen.*

Benninghaus, H. (2007). *Deskriptive Statistik: Eine Einführung für Sozialwissenschaftler* (11. Auflage). *SpringerLink Bücher.* VS Verlag für Sozialwissenschaften. https://doi.org/10.1007/978-3-531-90739-0

Benrath, B., Ehrenreuther, M. & Gregori, L. V. (9. November 2019). Die Datenbank der kleinen Unterschiede. *Frankfurter Allgemeine Zeitung.* https://www.faz.net/aktuell/wirtschaft/schneller-schlau/schneller-schlau-die-datenbank-der-kleinen-unterschiede-16476048.html

Berekoven, L., Eckert, W. & Ellenrieder, P. (1993). *Marktforschung: Methodische Grundlagen und praktische Anwendung* (6., aktualisierte Aufl.). Gabler.

Berger, R. (2019). *Digitalisierungsumfrage: Ergebnisdokumentation Deutschland.* ÖHV; IHA. https://www.oehv.at/fileadmin/user_upload/MediaLibrary/Downloads/OEHV/Hotellerie4.1_Umfrageergebnisse_2019_DE.pdf

Bergner, T. (2004). Burn-out bei Ärzten: Lebensaufgabe statt Lebens-Aufgabe. *Deutsches Ärzteblatt, 101*(33), Artikel 2232–2234. https://www.aerzteblatt.de/archiv/42945/Burn-out-bei-Aerzten-Lebensaufgabe-statt-Lebens-Aufgabe

Berkemeyer, N. (2008). Schulleitung zwischen Evaluation und Organisation. In T. Brüsemeister & K.-D. Eubel (Hrsg.), *Evaluation, Wissen und Nichtwissen* (S. 35–60). VS Verlag für Sozialwissenschaften. https://doi.org/10.1007/978-3-531-90818-2_3

Berkemeyer, N. (2009). Professionalisierung im Spannungsfeld von interner und externer Evaluation. In O. Zlatkin-Troitschanskaia, K. Beck, D. Sembill, R. Nickolaus & R. H. Mulder (Hrsg.), *Beltz-Bibliothek. Lehrprofessionalität: Bedingungen, Genese, Wirkungen und ihre Messung* (S. 529–542). Beltz.

Berkemeyer, N. & Müller, S [Sabine]. (2010). Schulinterne Evaluation – nur ein Instrument zur Selbststeuerung von Schulen? In H. Altrichter & K. Maag Merki (Hrsg.), *Handbuch Neue Steuerung im Schulsystem* (S. 195–218). VS Verlag für Sozialwissenschaften. https://doi.org/10.1007/978-3-531-92245-4_8

Berry, L. L [L. L.] (1995). Relationship Marketing of Services--Growing Interest, Emerging Perspectives. *Journal of the Academy of Marketing Science, 23*(4), 236–245. https://doi.org/10.1177/009207039502300402

Berton, R. & Birr, M. C. (2013). Betreuungsintensität. In F. Studenski, R. Berton & M. C. Birr (Hrsg.), *Neues Entgeltsystem in der Psychiatrie und Psychosomatik: Daten, Analysen und Ausblicke* (S. 73–104). Springer Gabler. https://doi.org/10.1007/978-3-8349-4165-7_6

Bethke, G. (2012). *Internationales Tourismus- und Hospitality-Management: Theoretische Grundlagen.* Books on Demand.

Beushausen, U. & Walther, W. (2010). Clinical Reasoning in der Logopädie – Therapeutische Entscheidungen bewusst treffen und fundiert begründen. *Forum Logopädie, 24*(4), 30–37. https://www.skvdirect.de/forum-logopaedie/fachartikel/jahrgang/2010/ausgabe-4/

BGB. (2001). *§ 437 BGB – Rechte des Käufers bei Mängeln.* https://dejure.org/gesetze/BGB/437.html

BGB. (2022). *§ 1896.* https://www.buergerliches-gesetzbuch.info/bgb/1896.html

BIBB. (2022). *BIBB / Informationen zu Aus- und Fortbildungsberufen: Hotelfachmann/Hotelfachfrau (Ausbildung) Profil der beruflichen Handlungsfähigkeit.* https://www.bibb.de/dienst/berufesuche/de/index_berufesuche.php/profile/apprenticeship/hofa22

BIBB. (2023). *Genealogie Hotelfachmann, Hotelkaufmann.* https://www.bibb.de/dienst/berufesuche/de/index_berufesuche.php/genealogy/g561

Bieger, T. (2007). *Dienstleistungs-Management: Einführung in Strategien und Prozesse bei persönlichen Dienstleistungen* (4., überarb. Aufl.). *utb-studi-e-book: Bd. 2974.* Haupt;

UTB GmbH. https://elibrary.utb.de/doi/book/10.36198/9783838529745 https://doi.org/10.36198/9783838529745

Biesel, H. H. (2013). *Vertriebsarbeit leicht gemacht: Die besten Strategiewerkzeuge, Checklisten und Lösungsmuster* (2., überarb. Aufl.). *SpringerLink*. Springer Gabler. https://ebookcentral.proquest.com/lib/kxp/detail.action?docID=1466660

Bisani, F. (2019). Betriebliche Sozialindikatoren aus der Arbeitswirtschaft als Bestandteil der Humanvermögensrechnung. In H. Schmidt & H. Schmidt (Hrsg.), *Humanvermögensrechnung: Instrumentarium zur Ergänzung der unternehmerischen Rechnungslegung. Konzepte und Erfahrungen* (Reprint 2019, S. 577–598). De Gruyter. https://doi.org/10.1515/9783110860351-027

Blakely, W. R. & Page, G. G. (2001). Pathophysiology of Pain in Critically Ill Patients. *Critical Care Nursing Clinics of North America, 13*(2), 167–179. https://doi.org/10.1016/S0899-5885(18)30047-9

Bleicher, K. (2001). *Das Konzept integriertes Management: Visionen, Missionen, Programme* (6. Aufl.). *St. Galler Management-Konzept: Bd. 1*. Campus-Verl.

Blöbaum, B., Averbeck-Lietz, S., Ayaß, R., Drueke, R., Fraas, C., Fürst, S., Geise, S. & Hartmann, M. (2015). Erkenntnistheoretische Perspektiven auf Expertentum. In S. Averbeck-Lietz & M. Meyen (Hrsg.), *Handbuch nicht standardisierte Methoden in der Kommunikationswissenschaft* (Aufl. 2016, S. 179–181). Springer Fachmedien Wiesbaden GmbH.

Bluhm, L., Schiefer Ferrari, M. & Sesselmeier, W. (Hrsg.). (2019). *LBKS – Landauer Beiträge zur Kultur- und Sozialgeschichte: Bd. 3. „Bist du ein Mensch, so fühle meine Not.": Menschenrechte in kultur- und sozialwissenschaftlicher Perspektive* (1. Auflage). Tectum – ein Verlag in der Nomos Verlagsgesellschaft. http://nbn-resolving.org/urn:nbn:de:bsz:31-epflicht-1688863

Bock, A., Juran, M., Müller-Lücht, R., Mutter, C., Telschow, P. & Wersien, S. (2017). *Der Gast & ich* (1. Auflage). Westermann.

Bock, K. B. & Wend, N. (2005). *Erfolgsfaktor Gästeorientierung: Eine kritische Analyse der Servicequalität unter Berücksichtigung bisheriger Erkenntnisse und angewandter Methoden sowie Erarbeitung von Kontrollmöglichkeiten und Messverfahren für die Anwendung in der Praxis/ Karl Bodo Bock; Nils Wend* (2. Aufl.). *Studien zur Tourismuswirtschaft*. Gmeiner-Verl.

Böckenholt, I. & Peter, M. (2017). Transformationsmanagement in Unternehmen: eine betriebswirtschaftliche Einordnung. In W. Jochmann, I. Böckenholt & S. Diestel (Hrsg.), *SpringerLink Bücher. HR-Exzellenz: Innovative Ansätze in Leadership und Transformation* (S. 107–123). Springer Gabler.

Bogner, A. (2014). *Interviews mit Experten: Eine praxisorientierte Einführung. Springer eBook Collection*. Springer VS. http://link.springer.com/book/10.1007/978-3-531-19416-5 https://doi.org/10.1007/978-3-531-19416-5

Bogner, A., Littig, B. & Menz, W. (Hrsg.). (2002). *Springer eBook Collection Humanities, Social Science. Das Experteninterview: Theorie, Methode, Anwendung*. VS Verlag für Sozialwissenschaften. https://doi.org/10.1007/978-3-322-93270-9

Bogner, A., Littig, B. & Menz, W. (Hrsg.). (2009). *Experteninterviews: Theorien, Methoden, Anwendungsfelder* (3., grundlegend überarb. Aufl.). Verl. für Sozialwiss.

Böhm, W. (1962). Zur Motivation junger Auslandsreisender. In Deutsche Gesellschaft für Internationalen Jugendaustausch e.V. (Hrsg.), *Jahrbuch für Jugendreisen und internationalen Austausch* (S. 112–122). Jugendforum-Verlag.

Bohner, G., Rank, S., Reinhard, M.-A., Einwiller, S. & Erb, H.-P. (1998). Motivational determinants of systematic processing: expectancy moderates effects of desired confidence on processing effort. *European Journal of Social Psychology, 28*(2), 185–206. https://doi.org/10.1002/(SICI)1099-0992(199803/04)28:2<185::AID-EJSP864>3.0.CO;2-O

Boomer, L. M. (1925). *Hotel Management: Principles and Practice.* Harper & Brothers.

Borgeest, G. (2020). *Ordnung nebenbei: Aussortieren, aufräumen, aufatmen. Test.* Stiftung Warentest.

Borner, O. (26. August 2021). Gästebindung: So wird Lauf- zur Stammkunschaft. *Gastro-Journal.* https://gastrojournal.ch/home/gastronomie/gaestebindung-so-wird-lauf-zur-stammkunschaft

Bortz, J. & Döring, N. (2002). Qualitative Methoden. In J. Bortz & N. Döring (Hrsg.), *Springer eBook Collection Life Science and Basic Disciplines. Forschungsmethoden und Evaluation* (3., überarbeitete Auflage, S. 295–353). Springer Berlin Heidelberg. https://doi.org/10.1007/978-3-662-07299-8_6

Bortz, J. & Döring, N. (2015). *Forschungsmethoden und Evaluation für Human- und Sozialwissenschaftler: Mit 87 Tabellen* (Limitierte Sonderausg., 4., überarb. Aufl.). *Springer-Lehrbuch.* Springer.

Bosshardt, D. (2022). *«Wir werden Schritt für Schritt wieder zu Höhlenmenschen».* https://www.htr.ch/story/hotellerie/wir-werden-schritt-fuer-schritt-wieder-zu-hoehlenmenschen ein-mann-der-analyse-von-trends-und-entwicklungen-unserer-zeit-33651.html

Bostelmann, A. & Textor, M. R. (2000). *Qualität in Kindertageseinrichtungen.* https://www.kindergartenpaedagogik.de/fachartikel/qualitaet-und-qualitaetssicherung/qualitaet-standards-forderungen-studien/78/

Bothe, R. (Hrsg.). (1984). *Kurstädte in Deutschland: Zur Geschichte einer Baugattung.* Frölich & Kaufmann.

Bower, G. H. (1973). *Psychology of Learning and Motivation: Advances in Research and Theory. Psychology of Learning and Motivation: Volume 7.* Elsevier. http://gbv.eblib.com/patron/FullRecord.aspx?p=405142

Brand Trust. (2022). *Personas – Definition.* https://www.brand-trust.de/de/glossar/personas.php

Brandes, F., Harten, H., Krödel, C., Voll, M. & Wolffgang, T. (2022). *Hotel & Restaurant – Grundstufe gastgewerbliche Berufe* (1. Auflage). Pfanneberg.

Brandes, U. (2011). *Frauenzimmer im Hotel: Wie Geschäftsfrauen sich Hotels wünschen.* Erich Schmidt Verlag. http://www.esvcampus.de/978-3-503-13036-8

Brandes, U. (Hrsg.). (2017). *Board of International Research in Design Ser. Gender Design: Streifzüge Zwischen Theorie und Empirie.* Walter de Gruyter GmbH. https://ebookcentral.proquest.com/lib/kxp/detail.action?docID=5157176

Brandstätter, V., Schüler, J., Puca, R. M. & Lozo, L. (2018). Intrinsische Motivation. In V. Brandstätter, J. Schüler, R. M. Puca & L. Lozo (Hrsg.), *Springer-Lehrbuch. Motivation und Emotion: Allgemeine Psychologie für Bachelor : mit 33 Abbildungen und 9 Tabellen* (2. Auflage, S. 113–127). Springer. https://doi.org/10.1007/978-3-662-56685-5_8

Brandt, D. R. (1988). How Service Marketers can identify value-enhancing Service elements. *Journal of Services Marketing, 2*(3), 35–41. https://doi.org/10.1108/eb024732

Braun, E., Gather, J., Henking, T., Vollmann, J. & Scholten, M. (2022). *Das Verständnis von Wohl im Betreuungsrecht – eine Analyse anlässlich der Streichung des Wohlbegriffs aus dem reformierten Gesetz*. Springer. https://link.springer.com/article/10.1007/s00481-022-00697-8

Brenning, S. & Ahrens, W. (2011). *Gästebefragung Hotel/Restaurant/Tourismus*. https://www.hotelier.de/hotellerie/hotelgewerbe/23679-gaestebefragung-hotelrestauranttourismus

Bricis, L. (2022). *The Digital Guest Journey Starts Before Check-in*. https://apaleo.com/blog/product/hotel-digital-guest-journey-starts-before-check-in

Brockhaus. (1838). *Bilder-Conversations-Lexikon für das deutsche Volk*. F. A. Brockhaus.

Brockhaus' Kleines Konversations-Lexikon. (2008). Hotel. In Brockhaus' Kleines Konversations-Lexikon, fünfte Auflage, Band 1. Leipzig 1911 (Hrsg.), *Digitale Bibliothek: Bd. 50. Jubiläumsausgabe Digitale Bibliothek*. Zweitausendeins.

Bromme, R. (2001). Teacher Expertise. In M. Sieverding (Hrsg.), *Gender and reproductive health* (S. 15459–15465). Elsevier. https://doi.org/10.1016/B0-08-043076-7/02447-5

Brons-Albert, R. (1995). *Verkaufsgespräche und Verkaufstrainings*. VS Verlag für Sozialwissenschaften. https://doi.org/10.1007/978-3-663-05998-1

Brosius, H.-B., Haas, A. & Koschel, F. (2009). *Methoden der empirischen Kommunikationsforschung: Eine Einführung* (5. Aufl.). *SpringerLink Bücher*. VS Verl. für Sozialwiss. https://doi.org/10.1007/978-3-531-91821-1

Bruhn, M. (1991). Qualitätssicherung im Dienstleistungsmarketing – eine Einführung in die theoretischen und praktischen Probleme. In *Dienstleistungsqualität*. Gabler, 1991.

Bruhn, M. (2006). *Qualitätsmanagement für Dienstleistungen: Grundlagen, Konzepte, Methoden* (6., überarb. und erw. Aufl.). Springer. http://gbv.eblib.com/patron/FullRecord.aspx?p=324451

Bruhn, M. (2016). *Kundenorientierung: Bausteine für ein exzellentes Customer Relationship Management (CRM)* (5., vollständig überarbeitete Auflage, Originalausgabe). *dtv Beck-Wirtschaftsberater: Bd. 50950*. dtv. https://ebookcentral.proquest.com/lib/kxp/detail.action?docID=6988655

Bruhn, M. & Homburg, C. (Hrsg.). (2003). *Handbuch Kundenbindungsmanagement: Strategien und Instrumente für ein erfolgreiches CRM* (4., überarb. und erw. Aufl.). Gabler.

Bruhn, M. & Stauss, B. (Hrsg.). (1995). *Dienstleistungsqualität: Konzepte -- Methoden -- Erfahrungen* (2., überarbeitete und erweiterte Auflage). Gabler Verlag. https://doi.org/10.1007/978-3-322-99411-0

Bryson, B. (2011). *Eine kurze Geschichte der alltäglichen Dinge* (S. Ruschmeier, Übers.) (3. Aufl.). Goldmann.

Buck, R. (1980). Nonverbal behavior and the theory of emotion: The facial feedback hypothesis. *Journal of Personality and Social Psychology*. https://www.academia.edu/868727/Nonverbal_behavior_and_the_theory_of_emotion_The_facial_feedback_hypothesis

Buer, C. (2007). Kennziffern und Besonderheiten von Hotelimmobilien. In J. Frehse & K. Weiermair (Hrsg.), *Hotel Real Estate Management: Grundlagen, Spezialbereiche, Fallbeispiele* (S. 37–56). Erich Schmidt Verlag.

Bullinger, H.-J. (1995). Arbeitsbewertung. In H.-J. Bullinger & M. Gommel (Hrsg.), *Technologiemanagement. Arbeitsgestaltung: Personalorientierte Gestaltung marktgerechter Arbeitssysteme* (S. 227–264). Teubner. https://doi.org/10.1007/978-3-663-07797-8_5

Bundesamt für Justiz & Bundesministerium der Justiz. (2022a). *Betreuungsorganisationsgesetz (BtOG): § 23 Registrierungsvoraussetzungen; Verordnungsermächtigung*. https://www.gesetze-im-internet.de/btog/__23.html

Bundesamt für Justiz & Bundesministerium der Justiz. (2022b). *Bürgerliches Gesetzbuch (BGB) § 1816 Eignung und Auswahl des Betreuers; Berücksichtigung der Wünsche des Volljährigen.* https://www.gesetze-im-internet.de/bgb/__1816.html

Bundesinstitut für Berufsbildung. (2021). *Rahmenlehrplan für die Ausbildungsberufe: Hotelfachmann und Hotelfachfrau sowie Kaufmann für Hotelmanagement und Kauffrau für Hotelmanagement (Beschluss der Kultusministerkonferenz vom 17.12.2021).* Bundesinstitut für Berufsbildung. https://www.kmk.org/themen/berufliche-schulen/duale-berufsausbildung/downloadbereich-rahmenlehrplaene.html?tx_fedownloads_pi3%5Bcontroller%5D=Downloads

Bundesministerium der Justiz. (2023). *Betreuungsrecht: Mit ausführlichen Informationen zur Vorsorgevollmacht.*

Bundesministerium der Justiz & Bundesamt für Justiz. (2022a). *Verordnung über die Berufsausbildungen zum Hotelfachmann und zur Hotelfachfrau sowie zum Kaufmann für Hotelmanagement und zur Kauffrau für Hotelmanagement* https://www.gesetze-im-internet.de/hotelausbv/BJNR031410022.html

Bundesministerium der Justiz & Bundesamt für Justiz. (2022b). *Verordnung über die Berufsausbildungen zum Hotelfachmann und zur Hotelfachfrau sowie zum Kaufmann für Hotelmanagement und zur Kauffrau für Hotelmanagement*: (Hotelberufeausbildungsverordnung – HotelAusbV).* https://www.gesetze-im-internet.de/hotelausbv/BJNR031410022.html

Bundesministerium der Justiz & Bundesamt für Justiz. (2023). *Betreuungsorganisationsgesetz (BtOG).* https://www.gesetze-im-internet.de/btog/__23.html

Bundesministerium der Justiz und für Verbraucherschutz. (2021). *Betreuungsrecht: Mit ausführlichen Informationen zur Vorsorgevollmacht.* https://www.bmj.de/SharedDocs/Publikationen/DE/Betreuungsrecht.pdf?__blob=publicationFile&v=41

Bundesministerium des Innern und für Heimat (25. September 2017). Personenstandsrecht. *Bundesministerium des Innern und für Heimat.* https://www.bmi.bund.de/DE/themen/moderne-verwaltung/verwaltungsrecht/personenstandsrecht/personenstandsrecht-node.html

Bundesregierung. (1997). *Deutschland – weltoffener Gastgeber und moderner Standort – Rede des Bundeskanzlers in Berlin.* https://www.bundesregierung.de/breg-de/service/bulletin/deutschland-weltoffener-gastgeber-und-moderner-standort-rede-des-bundeskanzlers-in-berlin-804220

Bundesverband der Berufsbetreuer/innen e.V. (2012). *Eignungskriterien für beruflich tätige Betreuer*innen: Bundesverband der Berufsbetreuer/innen e.V.* https://www.berufsbetreuung.de/berufsbetreuung/qualitaetssicherung-berufsentwicklung/ausbildung-und-qualifikation/eignungskriterien-fuer-beruflich-taetige-betreuerinnen-und-betreuer/

Bundesverband der Berufsbetreuer/innen e.V. (2022). *Was ist rechtliche Betreuung?* https://www.berufsbetreuung.de/berufsbetreuung/was-ist-rechtliche-betreuung/

Bundesverband der Berufsbetreuer/innen e.V. (2023, 15. Januar). *Studiengänge und Zertifikatsausbildungen Betreuung.* https://www.berufsbetreuung.de/berufsbetreuung/betreuerin-werden/

Bundeszentrale für politische Bildung. (2012). *Erlebnisgesellschaft.* Bundeszentrale für politische Bildung. https://www.bpb.de/shop/zeitschriften/apuz/25678/erlebnisgesellschaft

Bunge, M. (1967). *The search for truth. Studies in the foundations, methodology and philosophy of science: Bd. 3,2.* Springer.

Burmann, C., Halaszovich, T., Schade, M. & Hemmann, F. (2015). *Identitätsbasierte Markenführung: Grundlagen – Strategie – Umsetzung – Controlling* (2., vollst. überarb. u. erw. Aufl. 2015). *SpringerLink Bücher*. Springer Gabler. https://doi.org/10.1007/978-3-658-07506-4

Burr, W. & Stephan, M. (2019). *Dienstleistungsmanagement: Innovative Wertschöpfungskonzepte im Dienstleistungssektor* (2., überarbeitete Auflage). Kohlhammer.

Busch, F. W. & Nave-Herz, R. (Hrsg.). (2005). *Familie und Gesellschaft: Beiträge zur Familienforschung*. Bis Bibliotheks- und Informationssystem der Univ. Oldenburg.

Büttner, T. & Horn, G. A. (1993). *Wie gut sind Prognosen? Eine Überprüfung der Vorhersagen der Gemeinschaftsdiagnose und des DIW am Beispiel des BSP. DIW Discussion Papers*. Berlin : Deutsches Institut für Wirtschaftsforschung (DIW). https://www.econstor.eu/bitstream/10419/95836/1/772063273.pdf

Camehl, G. F. & Peter, F. H. (2017). *Je höher die Kita-Qualität, desto prosozialer das Verhalten von Kindern* (Vol. 84, 51/52). https://www.semanticscholar.org/paper/Je-h%C3%B6her-die-Kita-Qualit%C3%A4t%2C-desto-prosozialer-das-Camehl-Peter/cf3a8fbf46da21a0a8f3aa1992fa5eca515dfeee

Caquard, S. & Griffin, A. (2019). Mapping Emotional Cartography. *Cartographic Perspectives*. Vorab-Onlinepublikation. https://doi.org/10.14714/CP91.1551

Carr, N. (2002). THE TOURISM–LEISURE BEHAVIOURAL CONTINUUM. *Annals of Tourism Research*, *29*(4), 972–986. https://doi.org/10.1016/S0160-7383(02)00002-6 (Annals of Tourism Research, 29(4), 972–986).

Carter, M. A. & Klugman, C. M. (2001). Cultural engagement in clinical ethics: a model for ethics consultation. *Cambridge quarterly of healthcare ethics : CQ : the international journal of healthcare ethics committees*, *10*(1), 16–33. https://doi.org/10.1017/s0963180101001049

Cefai, C. (2021). *CARES: Die relationalen und emotionalen Kompetenzen der Lehrkraft*. https://www.schooleducationgateway.eu/de/pub/viewpoints/experts/cares-emotional-competences.htm

Chester, A. (2018). *Why Repeat Hotel Customers Are Better Than New Ones | By Chester Avey*. https://www.hospitalitynet.org/opinion/4091173.html

Chodowiecki, D. (1994). *Die Reise von Berlin nach Danzig*. Nicolai.

Clade, H. (1996). Bonner Sparpaket/Rehabilitation vor drastischen Einschnitten. *Deutsches Ärzteblatt*, *93*(39), Artikel A-2453. https://www.aerzteblatt.de/archiv/2840/Bonner-Sparpaket-Rehabilitation-Vor-drastischen-Einschnitten

Cohen, J. (1992). Statistical Power Analysis. *Current Directions in Psychological Science*, *1*(3), 98–101. http://www.jstor.org/stable/20182143

Cohn, R. C. (2018). *Von der Psychoanalyse zur themenzentrierten Interaktion: Von der Behandlung einzelner zu einer Pädagogik für alle* (19. Auflage). *Fachbuch Klett-Cotta*. Klett-Cotta.

Collins Wörterbuch. (2022, 2. September). *To go the extra mile Definition und Bedeutung | Collins Wörterbuch*. https://www.collinsdictionary.com/de/worterbuch/englisch/to-go-the-extra-mile

Cook, S. (2008). *Customer care excellence: How to create an effective customer focus* (5. ed.). Kogan Page. http://www.loc.gov/catdir/enhancements/fy0835/2007038701-b.html

Cook, T. D. & Campbell, D. T. (1979). *Quasi-experimentation: Design & analysis issues for field settings*. Houghton Mifflin.

Cornelsen, J. (2006). Kundenbewertung mit Referenzwerten. In *Kundenwert*. Gabler, 2006.

Cottam, S. (28. Juli 2022). Hospitality vs customer service: what is the difference? *Les Roches International School of Hotel Management*. https://lesroches.edu/blog/hospitality-vs-customer-service-what-is-the-difference/

Couper, M. P. & Miller, P. V. (2008). Web Survey Methods: Introduction. *Public Opinion Quarterly*, *72*(5), 831–835. https://doi.org/10.1093/poq/nfn066

Crompton, J. L. (1979). Motivations for pleasure vacation. *Annals of Tourism Research*, *6*(4), 408–424. https://doi.org/10.1016/0160-7383(79)90004-5

Crozier, M. & Friedberg, E. (1993). *Die Zwänge kollektiven Handelns: Über Macht und Organisation* (Neuausg). *Neue Wissenschaftliche Bibliothek*. Hain.

Czeschlik, T. (2008). Umgang mit ängstlichen Schülern. In M. K. W. Schweer (Hrsg.), *Lehrer-Schüler-Interaktion* (S. 343–360). VS Verlag für Sozialwissenschaften. https://doi.org/10.1007/978-3-531-91104-5_14

d'Almeida, F. (2007). *Hakenkreuz und Kaviar: Das mondäne Leben im Nationalsozialismus*. Patmos.

Dahrendorf, R. (1965). *Homo sociologicus: Ein Versuch zur Geschichte, Bedeutung und Kritik der Kategorie der sozialen Rolle* (5. Aufl.). Westdt. Verl.

Damm-Etienne, P. (1910). *Das Hotelwesen. Aus Natur und Geisteswelt: Bd. 331*. Teubner.

Danaher, P. J., Conroy, D. M. & McColl-Kennedy, J. R. (2008). Who Wants a Relationship Anyway? *Journal of Service Research*, *11*(1), 43–62. https://doi.org/10.1177/1094670508319095

Darby, M. R. & Karni, E. (1973). Free Competition and the Optimal Amount of Fraud. *The Journal of Law & Economics*, *16*(1), 67–88. http://www.jstor.org/stable/724826

Dauenheimer, D., Stahlberg, D., Frey, D. & Petersen, L.-E. (2002). Die Theorie des Selbstwertschutzes und der Selbstwerterhöhung. In D. Frey & M. Irle (Hrsg.), *Psychologie-Lehrtexte: Bd. 3. Motivations-, Selbst- und Informationsverarbeitungstheorien* (S. 159–190). Huber.

David, M. & Sutton, C. D. (2004). *Social research: The basics*. SAGE. http://www.loc.gov/catdir/enhancements/fy0657/2004275383-d.html

Deardorff, D. K. (2006). Interkulturelle Kompetenz – Schlüsselkompetenz des 21. Jahrhunderts? https://www.bertelsmann-stiftung.de/fileadmin/files/BSt/Presse/imported/downloads/xcms_bst_dms_30236_30237_2.pdf

Deges, F. (2021). *Bewertungssysteme Im E-Commerce: Mit authentischen Kundenbewertungen Reputation und Umsatz steigern*. Springer Fachmedien Wiesbaden GmbH. https://ebookcentral.proquest.com/lib/kxp/detail.action?docID=6717830

Dehmel, L. (2015). *Emotionsarbeit in Serviceberufen: Einflussfaktoren, Bewältigungsstrategien und Auswirkungen auf das arbeitsbezogene und psychische Wohlbefinden von Servicekräften, Trinkgeld und die Bewertung der Servicequalität* [Masterarbeit]. Leopold Franzens Universität Innsbruck, Innsbruck. https://diglib.uibk.ac.at/ulbtirolhs/download/pdf/1266499?originalFilename=true

DEHOGA Bundesverband. (2019). *2019 Wirtschaftskraft & Job Motor: Gastronomie und Hotellerie*. https://www.dehoga-bundesverband.de/fileadmin/Startseite/06_Presse/Publikationen/DEHOGA_Z_F-2019_Druckversion_f.pdf

Dengler-Voss, C. & Voss, R. (2014). Patientennutzen und -wünsche verstehen: Eine Befragung zeigte: Patienten erwarten von ihrem Hausarzt vor allem Fachwissen, Kommunikationskompetenz und Freundlichkeit. Eine grundlegende Rolle spielt der Aufbau von

Vertrauen. *Schweizerische Ärztezeitung*(95), S. 1747. https://www.zora.uzh.ch/id/eprint/102531/

Dennerlein, B. (15. Februar 2018). Definition: immaterielles Wirtschaftsgut. *Springer Fachmedien Wiesbaden GmbH*. https://wirtschaftslexikon.gabler.de/definition/immaterielles-wirtschaftsgut-34541

Dettmer, H. (Hrsg.). (2000). *Systemgastronomie in Theorie und Praxis: Spezielle berufliche Fachbildung*. Verl. Handwerk u. Technik.

Deutsche Welle. (n. d.). *In der Wirtschaft | DW | 28.11.2012*. Zugriff am 14. Dezember 2021, verfügbar unter https://www.dw.com/de/in-der-wirtschaft/a-16265361

Deutscher, T. (2012). Bedeutsamkeit der Feststellung von Lernständen. In T. Deutscher (Hrsg.), *Dortmunder Beiträge Zur Entwicklung und Erforschung des Mathematikunterrichts Ser: v.3. Arithmetische und Geometrische Fähigkeiten Von Schulanfängern: Eine Empirische Untersuchung Unter Besonderer Berücksichtigung des Bereichs Muster und Strukturen* (S. 5–35). Springer Vieweg. in Springer Fachmedien Wiesbaden GmbH. https://doi.org/10.1007/978-3-8348-8334-6_2

Diefendorff, J. M., Croyle, M. H. & Gosserand, R. H. (2005). The dimensionality and antecedents of emotional labor strategies. *Journal of Vocational Behavior*, *66*(2), 339–357. https://doi.org/10.1016/j.jvb.2004.02.001

Diez, I. (17. August 2022). Studie: Digitalisierung: Das erwarten Gäste in der Gastro. *AHGZ*. https://www.ahgz.de/hotellerie/news/studie-digitalisierung-das-erwarten-gaeste-in-der-gastro-306351

Digitales Wörterbuch der deutschen Sprache. (n. d.). *Begleitung*. Zugriff am 18. Dezember 2022, verfügbar unter https://www.dwds.de/wb/Begleitung

Dilts, R. B. (2013). *NLP II – die neue Generation: Strukturen subjektiver Erfahrung – die Erforschung geht weiter* (I. Seidel, M. H. Koulen & S. Koulen, Übers.) (1st ed.). Junfermann. https://elibrary.utb.de/doi/book/10.5555/9783955712433

Dincklage, F. von (2018). Schmerztherapie bei Intensivpatienten – setzen wir auch um, was wir können? [Pain therapy for intensive care patients-are we doing everything we can?]. *Der Anaesthesist*, *67*(6), 397–398. https://doi.org/10.1007/s00101-018-0457-y

Doehler-Behzadi, M. & Cârstean, A. (2013). *Baukultur in ländlichen Räumen.*

Doering-Manteuffel, A. (2011). *Amerikanisierung und Westernisierung*. https://doi.org/10.14765/zzf.dok.2.311.v1

Doleski, O. D. (2014). *Integriertes Geschäftsmodell: Anwendung des St. Galler Management-Konzepts im Geschäftsmodellkontext. essentials*. Springer Gabler.

Dölken, M. (2006). Clinical Reasoning – Untersuchen und Behandeln als Prozess. *Manuelle Medizin*, *44*(3), 198–203. https://doi.org/10.1007/s00337-006-0424-6

Döring, N. & Bortz, J. (2016). *Forschungsmethoden und Evaluation in den Sozial- und Humanwissenschaften* (5. vollständig überarbeitete, aktualisierte und erweiterte Auflage 2016). *SpringerLink Bücher*. Springer. http://link.springer.com/book/10.1007/978-3-642-41089-5 https://doi.org/10.1007/978-3-642-41089-5

Dreesen, F. (1937). Zum Geleit. In F. Tepel (Hrsg.), *Gastlichkeit im neuen Deutschland.* Droste-Verl.

Dreyer, A. & Dehner, C. (2003). *Kundenzufriedenheit im Tourismus: Entstehung, Messung und Sicherung mit Beispielen aus der Hotelbranche* (2., unwesentl. veränd. Aufl.). *Lehr- und Handbücher zu Tourismus, Verkehr und Freizeit*. Oldenbourg. http://www.degruyter.com/search?f_0=isbnissn&q_0=9783486700558&searchTitles=true https://doi.org/10.1524/9783486700558

Dries, F. & Metz, R [Reinhold]. (1996). *Die junge Hotelfachfrau, der junge Hotelfachmann: Lehrbuch für die Berufsausbildung (Grundstufe und Fachstufe)* (6. Aufl.). Fachbuchverl. Pfanneberg.

Droux, S. (1999). Verkaufsorintierte Mitarbeitermotivation im Gastgewerbe. In S. Gewald (Hrsg.), *Edition Dienstleistungsmanagement. Handbuch des Touristik- und Hotelmanagement.* Oldenbourg.

Dubois, A. (1. Juni 2023). Wiedererkennbarkeit und besondere Erlebnisse. *htr hotelrevue*(11), S. 21.

Duden. (n. d.). *Anlass.* Zugriff am 18. Dezember 2022, verfügbar unter https://www.duden.de/rechtschreibung/Anlass

Duden. (2018). *Besorgung.* https://www.duden.de/rechtschreibung/Besorgung

Duden. (2023, 8. Januar). *Mehrdimensionalität.* https://www.duden.de/rechtschreibung/Mehrdimensionalitaet

Dülfer, E. (2001). *Internationales Management in unterschiedlichen Kulturbereichen ; mit Tabellen* (6., erg. Aufl.). Oldenbourg.

Dunkel, W. (1988). Wenn Gefühle zum Arbeitsgegenstand werden: Gefühlsarbeit im Rahmen personenbezogener Dienstleistungstätigkeiten. *Soziale Welt, 39*(1), 66–85. http://www.jstor.org/stable/40877533

Dunkel, W. & Weihrich, M. (Hrsg.). (2012). *Interaktive Arbeit: Theorie, Praxis und Gestaltung von Dienstleistungsbeziehungen.* Springer Fachmedien Wiesbaden. https://doi.org/10.1007/978-3-531-19359-5

Dziomba, G. (2009, 19. April). *Integrales Konzept nach Ken Wilber: eine kurze Einführung von Günter Dziomba,* Düsseldorf. https://www.integrale-beratung.biz/netzwerk/guenter-dziomba/

Eberhard, K. (1999). *Einführung in die Erkenntnis- und Wissenschaftstheorie: Geschichte und Praxis der konkurrierenden Erkenntniswege* (2., durchges. und erw. Aufl.). *Urban-Taschenbücher: Bd. 386.* Kohlhammer.

Ecarius, J. & Miethe, I. (2018). *Methodentriangulation in der qualitativen Bildungsforschung* (2., überarbeitete Auflage). Verlag Barbara Budrich. http://www.jstor.org/stable/j.ctvddzffm https://doi.org/10.2307/j.ctvddzffm

Eckstein, P. P. (2012). *Angewandte Statistik mit SPSS: Praktische Einführung für Wirtschaftswissenschaftler* (7., überarb. Aufl. 2012). *SpringerLink Bücher.* Gabler Verlag. https://doi.org/10.1007/978-3-8349-3571-7

Egger, N., Gatterer, H., Kirig, A., Muntschick, V., Pfuderer, N., Schuldt, C. & Vargas, C. (Hrsg.). (2019). *Trendstudie. Der neue Resonanz-Tourismus: Herzlich willkommen!* Zukunftsinstitut.

Egli, M. J. (2009). Ken Wilber als Vordenker eines integralen Managements. In J. Egli, C. Kessel, K. Schäfer, K. Oppermann & St. Hens (Hrsg.), *Wirtschaftswissenschaftliche Ausarbeitung, Sammelband I* (S. 7–20). Books on Demand.

Ehrlacher, M. (2019). Gästebegeisterung und Höflichkeit: der Weg zum Erfolg. *Hotellerie Gastronomie Zeitung*(34). https://www.hotellerie-gastronomie.ch/de/artikel/gaestebegeisterung-und-hoeflichkeit-der-weg-zum-erfolg

Eisenstein, B. (2014). *Grundlagen des Destinationsmanagements* (2. Auflage). De Gruyter; De Gruyter Oldenbourg.

Eisl, B. (2010). Architektur als Widerspiegelung geschlechtsspezifischer Gesellschaftsrollen am Beispiel von Bürobauten. In E. Blimlinger, M. Pimminger, Schiller & Anna (Hrsg.), *Kunst Forschung Geschlecht* (S. 29–54). https://www.dieangewandte.at/jart/prj3/angewandte-2016/data/uploads/Kostelle/Publikation%20Studienjahr%200809_Leseprobe.pdf

Ekman, P. & Friesen, W. V. (1971). Constants across cultures in the face and emotion. *Journal of Personality and Social Psychology, 17*(2), 124–129. https://doi.org/10.1037/h0030377

Elbe, A. & Pohl, G. (1986). *Lernen und Handeln: Zur Verbesserung d. Arbeitsbedingungen im Gastgewerbe. Schriftenreihe Humanisierung des Arbeitslebens: Bd. 69*. Campus-Verlag.

Elfeld, M. (2002). Was besagt semantischer Holismus? Zwei Möglichkeiten der Konzeptualisierung. In G. W. Bertram (Hrsg.), *Holismus in der Philosophie: Ein zentrales Motiv der Gegenwartsphilosophie* (1. Aufl., S. 41–58). Velbrück Wiss.

Ellaway, R., Evans, P., McKillop, J., Cameron, H., Morrison, J., McKenzie, H [Hamish], Mires, G., Pippard, M., Simpson, J., Cumming, A., Harden, R. & Guild, S. (2007). Cross-referencing the Scottish Doctor and Tomorrow's Doctors learning outcome frameworks. *Medical Teacher, 29*(7), 630–635. https://doi.org/10.1080/01421590701316548

Ellermann, D. & Geserick, W. (1978). *Fremdenverkehrslehre, Psychologie. Lehrbuch für Kellner und Gaststättenfacharbeiter / Autorenkoll: Bd. 2.*

Ellermann, D. & Geserick, W. (1985). *Lehrbuch für Kellner* (3. verbesserte Aufl.). Fachbuchverl.

Elsässer, F., Keller, S., Schlote-Sautter, B. & Giegrich, R. (2018). Ausbildung im Gastgewerbe – zwischen Euphorie und Abbruch. In E. Beerheide, A. Georg, A. Goedicke, C. Nordbrock & K. Seiler (Hrsg.), *Gesundheitsgerechte Dienstleistungsarbeit* (S. 133–155). Springer Fachmedien Wiesbaden. https://doi.org/10.1007/978-3-658-15055-6_6

Engel, J. E., Blackwell, R. D. & Miniard, P. W. (1995). *Consumer behavior* (8. ed. [Nachdr.]. *The Dryden Press series in marketing*. Dryden Press. https://permalink.obvsg.at/AC01146685

Engelhardt, W. H. & Witte, P. (1990). *Direktvertrieb im Konsumgüter- und Dienstleistungsbereich: Abgrenzung und Umfang*. Poeschel.

Enzensberger, H. M. (1958). Vergebliche Brandung der Ferne. *Merkur*(126), 701–720. https://www.merkur-zeitschrift.de/hans-magnus-enzensberger-vergebliche-brandung-der-ferne/

Erikson, E. H. (1978). *Kinderspiel und politische Phantasie: Stufen in der Ritualisierung der Realität* (1. Aufl.). *Literatur der Psychoanalyse.*

Erzberger, C. (1998). *Zahlen und Wörter: Die Verbindung quantitativer und qualitativer Daten und Methoden im Forschungsprozeß*. Zugl.: Bremen, Univ., Diss., 1997. *Status passages and the life course: Bd. 11*. Dt. Studien-Verl.

Esbjörn-Hargens, S. (2009). *Eine Übersicht Integraler Theorie – ein allumfassendes Bezugssystem für das 21. Jahrhundert*. JFK University. https://www.integralesforum.org/medien/integrale-bibliothek/theorie-grundlagen/4903-x-aqal-uebersicht

Esbjörn-Hargens, S. (2010). *Integral Theory in Action: Applied, Theoretical, and Constructive Perspectives on the AQAL Model. SUNY Series in Integral Theory*. State University of New York Press. https://ebookcentral.proquest.com/lib/kxp/detail.action?docID=3407260

Esfeld, M. (2001). *Holism in philosophy of mind and philosophy of physics. Synthese library: Bd. 298*. Kluwer Academic Publishers. http://www.loc.gov/catdir/enhancements/fy0823/2001033720-d.html

Esser, H. (1984). *Datenerhebung als sozialer Prozeß: Messfehler bei der Datenerhebung und die Techniken der empirischen Sozialforschung. Fehler bei der Datenerhebung / Hartmut Esser: Bd. 3.* Fernuniversität.

Der Europäische Hof Heidelberg. (2021). *Philosophie & Vision.* https://www.europaeischerhof.com/philosophie-und-vision/

Evenson, R. (2011). *Customer service training 101* (2nd ed.). American Management Association. https://learning.oreilly.com/library/view/-/9780814416419/?ar

Exklusiv-München. (2021). *Chef Concierge: Diese Frau öffnet fast alle Türen!* https://www.exklusiv-muenchen.de/business/chef-concierge-als-tuer-oeffner-57462

Eysenck, H. J. (1971). *The structure of human personality* (3. ed., reprint). *Methuen's manuals of modern psychology.* Methuen.

FÄHRHAUS Hotel Koblenz. (2023). *Willkommen im FÄHRHAUS Hotel Koblenz.* https://faehr.haus/

Fallah, S. N., Khalili, A. & Mohamad Rasdi, M. T. (2015). PRIVACY AS A CULTURAL VALUE WITHIN TRADITIONAL IRANIAN HOUSING: Lessons for Modern Iranian High Density Vertical Development Housing. *International Journal of Architectural Research: ArchNet-IJAR, 9*(1), 198. https://doi.org/10.26687/archnet-ijar.v9i1.324

Feder, T. (2019). *Fachkraft-Kind-Relation Versus Betreuungsschluessel – Realitaet Oder Fiktion? Eine Empirische Untersuchung Im Bundesland Bayern. Aktuelle Probleme Moderner Gesellschaften / Contemporary Problems of Modern Societies Ser: v.24.* Peter Lang GmbH Internationaler Verlag der Wissenschaften. https://ebookcentral.proquest.com/lib/kxp/detail.action?docID=5731644

Fell, C. (2022). *Makler und Versicherer arbeiten gemeinsam an Customer Centricity.* https://www.asscompact.de/nachrichten/makler-und-versicherer-arbeiten-gemeinsam-customer-centricity

Fernow, H., Hauser, M. & Huber, B. (2017). *Values & Visions 2030: Was uns morgen wichtig ist.* https://www.gim-foresight.com/de/values-visions/studie.html

Field, A. (2018). *Discovering statistics using IBM SPSS statistics* (5th edition). *SAGE edge.* SAGE.

Fischer, L. (2017). *Finanzpsychologie.* Walter de Gruyter GmbH. https://ebookcentral.proquest.com/lib/gbv/detail.action?docID=5159067

Fisher, B. & Tronto, J. (1990). Toward a feminist Theorie of caring. In E. K. Abel & M. K. Nelson (Hrsg.), *SUNY series on women and work. Circles of care: Work and identity in women's lives* (S. 35–62). State University of New York Press.

Fitzsimmons, J. A. & Fitzsimmons, M. J. (1994). *Service management for competitive advantage.* McGraw-Hill.

Flake, F., Hoffmann, B. A. & Bischoff, A. (2022). *Pocket Guide Rettungsdienst* (2. Auflage, überarbeitet und ergänzt). Elsevier.

Flick, U. (2006). Standards, Kriterien, Strategien – Zur Diskussion über Qualität qualitativer Sozialforschung. *ZQF – Zeitschrift für Qualitative Forschung, 6*(2). https://www.budrich-journals.de/index.php/zqf/article/view/2037/1665

Flückiger-Seiler, R. (2015). *Berghotels zwischen Alpweide und Gipfelkreuz: Alpiner Tourismus und Hotelbau 1830–1920.*

Fluggastberatung. (2016). *Urlaub im Erwachsenenhotel – über Vorteile und Vorurteile.* https://www.fluggastberatung.de/erwachsenenhotels-der-letzte-schrei-in-sachen urlaub/

Fokken, S. (25. August 2020). Studie zu frühkindlicher Bildung: 1,7 Millionen Kinder in Kitas „nicht kindgerecht" betreut. *DER SPIEGEL*. https://www.spiegel.de/panorama/bildung/laendermonitoring-1-7-millionen-kinder-in-kitas-nicht-kindgerecht-betreut-a-1862ad62-110e-45e4-afda-71940b9777ed

Foshag, M. (Hrsg.). (2010). *Allgemeines Deutsches Kommersbuch: Taschenausgabe ; Auswahl von Liedtexten aus dem Allgemeinen Deutschen Kommersbuch* (2., völlig neu überarb. Aufl.). Morstadt.

Francucci, M. (2015). In Service through Friendship. *Falstaff* (01), 30–34.

Franken, S. (2019). *Verhaltensorientierte Führung: Handeln, Lernen und Diversity in Unternehmen* (4., vollständig überarbeitete Auflage). *Springer eBook Collection*. Springer Gabler. https://doi.org/10.1007/978-3-658-25270-0

Freyberg, B. von, Gruner, A. & Lang, M. (2012). *ErfolgReich in der Privathotellerie: Impulse für Profilierung und Profit. Edition AHGZ, Allgemeine Hotel- und Gastronomie-Zeitung*. Matthaes Verlag GmbH.

Freyberg, B. von, Zeugfang, S. & Schmidt, L. (2019). *Strategisches Hotelmanagement*. De Gruyter Oldenbourg.

Freyer, W. (1998). Anhang 2: Tourismus in der DDR. In W. Freyer (Hrsg.), *Lehrund Handbücher zu Tourismus, Verkehr und Freizeit. Tourismus: Einführung in die Fremdenverkehrsökonomie* (6., überarbeitete und aktualisierte Auflage, S. 407–424). R. Oldenbourg Verlag. https://doi.org/10.1515/9783486797527.407

Freyer, W. & Schreyer, M. (2018). Emotion, Mehrwert, Personalisierung – Neuer Innovationsmanagementansatz für Dienstleistungsinnovationen im Hotellerievertrie und -marketing. In T. Ehlen & K. Scherhag (Hrsg.), *Schriften zu Tourismus und Freizeit: Band 22. Aktuelle Herausforderungen in der Hotellerie: Innovationen und Trends* (S. 205–230). Erich Schmidt Verlag.

Friedrich, P. & Parr, R. (Hrsg.). (2009). *Gastlichkeit: Erkundungen einer Schwellensituation ; [die Beiträge dieses Bandes gehen auf eine im April 2007 im „Zentrum für Interdisziplinäre Forschung " (ZiF) der Universität Bielefeld ... veranstaltete Tagung zurück*. Synchron Wiss.-Verl. der Autoren.

Friedrichs, J. (2019). Forschungsethik. In N. Baur & J. Blasius (Hrsg.), *Springer eBook Collection. Handbuch Methoden der empirischen Sozialforschung* (2., vollständig überarbeitete und erweiterte Auflage, S. 67–76). Springer VS. https://doi.org/10.1007/978-3-658-21308-4_4

Fritsch, A. & Sigmund, H. (2013). *Hotelbewertungen richtig nutzen*. Matthaes Verl.

Fröhlich, M. (1996). Typologie der Hotelarchitektur. In R. Flückiger-Seiler (Hrsg.), *Historische Hotels erhalten und betreiben: Publikation der Fachtagung in Luzern, 14. – 16. September 1995* (S. 33–38). Kantonale Denkmalpflege.

Froschauer, U. & Lueger, M. (2003). *Das qualitative Interview* (2. Aufl.). https://permalink.obvsg.at/

Fuchs, U. (2020). *Big-Five: Was Menschen in ihrer Persönlichkeit unterscheidet*. https://www.muenchen-heilpraktiker-psychotherapie.de/blog-2/persoenlichkeit/big-five-persoenlichkeitsmodell.html#section-2-big-five-gewissenhaftigkeit-disziplin-zielstrebigkeit-und-selbstkontrolle

Fuchs, W. (2016). Der Gastronomiebereich: Standards. In K. H. Hänssler (Hrsg.), *Management in der Hotellerie und Gastronomie: Betriebswirtschaftliche Grundlagen* (9. Auflage).

Gabler, R., Körner, N., Pilz, H., Stündel, H., Uebel, H., Wenzel, K. & Zobel, M. (1984). *Lexikon für das Gaststätten- und Hotelwesen* (4., überarb. Aufl.). Verlag Die Wirtschaft.

Galbraith, J. K. (2001). The Dependence Effect. In D. Miller (Hrsg.), *Consumption: Vol. 1. Theory and issues in the study of consumption* (S. 429–434). Routledge.

Gansser, O. & Krol, B. (Hrsg.). (2017). *SpringerLink Bücher. Moderne Methoden der Marktforschung: Kunden besser verstehen.* Springer Gabler. https://doi.org/10.1007/978-3-658-09745-5

Gardini, M. A. (2009). *Marketing-Management in der Hotellerie* (2., vollst. überarb. und erw. Aufl.). Oldenbourg. http://www.degruyter.com/search?f_0=isbnissn&q_0=9783486846706&searchTitles=true https://doi.org/10.1524/9783486846706

Gardini, M. A. (2014). *Marketing-Management in der Hotellerie* (3., überarbeitete und aktualisierte Auflage). De Gruyter Oldenbourg. https://ebookcentral.proquest.com/lib/kxp/detail.action?docID=1867255

Gardini, M. A. (2018). Zur Kontextualisierung der Unternehmenskultur als Führungsgröße international operierender Hotelunternehmen: Theoretische Fundierung und empirische Erkenntnisse. *Zeitschrift für Tourismuswissenschaft, 10*(2), 185–210. https://doi.org/10.1515/tw-2018-0013

Gartner, A. & Riessman, F. (1978). *Der aktive Konsument in der Dienstleistungsgesellschaft: Zur politischen Ökonomie des tertiären Sektors* (1. Aufl.). Suhrkamp.

Gatterer, H. (2014). *Hotel der Zukunft: Die wichtigsten Trendfelder für die österreichische Hotellerie.*

Gatterer, H. & Rützler, H. (2012). *Hotel der Zukunft: Die wichtigsten Trendfelder für die Hotellerie. Edition AHGZ, Allgemeine Hotel- und Gastronomie-Zeitung.* Matthaes.

Gay, F. (Hrsg.). (2003). *DISG-Persönlichkeits-Profil: Verstehen Sie sich selbst besser ; schöpfen Sie Ihre Möglichkeiten aus ; entdecken Sie Ihre Stärken und Schwächen* (31. Aufl., 181.-185. Tsd). GABAL.

Geffroy, E. K. (2005). *Das Einzige, was stört, ist der Kunde: Clienting ersetzt Marketing* (1. Aufl.). Redline Verlag. http://gbv.eblib.com/patron/FullRecord.aspx?p=2026123

Genkova, P. (2019). *Interkulturelle Wirtschaftspsychologie* (1. Aufl. 2019). *Springer-Lehrbuch.* Springer Berlin Heidelberg. http://nbn-resolving.org/urn:nbn:de:bsz:31-epflicht-1542503

George, D. & Mallery, P. (2019). *IBM SPSS statistics 25 step by step: A simple guide and reference* (Fifteenth edition). Routledge Taylor & Francis Group. https://doi.org/10.4324/9781351033909

Georges, K. E. (1870). *Kleines lateinisch-deutsches und deutsch-lateinisches Handwörterbuch* (2. verb. u. verm. Aufl.). Hahn'sche Verlbh.

Georges, K. E. & Georges, H. (1918). *Ausführliches lateinisch-deutsches und deutsch-latinisches Handwörterbuch Band 2: Aus den Quellen zusammengetragen und mit besonderer Bezugnahme auf Synonymik und Antiquitäten unter Berücksichtigung der besten Hilfsmittel* (8., verb. und verm. Aufl.). Hahn.

Georges, Karl Ernst, Georges Heinrich. (1910). *Kleines deutsch-lateinisches Handwörterbuch.* Hahn'sche Verlagsbuchhandlung.

Gerhardt, J. (1987). *Dienstleistungsproduktion: Eine produktionstheoretische Analyse der Dienstleistungsprozesse.* Zugl.: Siegen, Univ.-Gesamthochschule, Diss., 1986. Eul.

Gershuny, J. (1978). *After industrial society? The emerging self-service economy.* Macmillan.

Geson, R. (2012). *Hotel der Zukunft – Die wichtigsten Trendfelder für die Hotellerie.* https://www.hotelimpulse.at/asset/419270/

Gewerkschaft Erziehung und Wissenschaft. (2018). *Personalschlüssel und Fachkraft-Kind-Relation in Kitas: Berechnungen anhand eines Beispiels.* https://www.gew.de/kita/qualitaet/personalschluessel-und-fachkraft-kind-relation

Gianotti, F. (2023, 21. März). *Von Service- zu Emotions-Kultur dank sozio emotionalen Kompetenzen.* https://hospitalityinsights.ehl.edu/de/service-emotions-kultur

Ginsburg, P. S. M. (2000). Virtual Communities of Transaction: The Role of Personalization in Electronic Commerce. *Electronic Markets, 10*(1), 45–55. https://doi.org/10.1080/10196780050033971

Gläser, J. & Laudel, G. (2010). *Experteninterviews und qualitative Inhaltsanalyse: Als Instrumente rekonstruierender Untersuchungen* (4. Aufl.). *Lehrbuch.* VS, Verl. f. Sozialwiss. http://media.obvsg.at/AC08098834-4002

Glotz, P. (2003). *Chatbots in der Kundenkommunikation. Xpert. press Ser.* Springer Berlin / Heidelberg. https://ebookcentral.proquest.com/lib/kxp/detail.action?docID=6284372

Glücksmann, R. (1917). *Privatwirtschaftslehre des Hotelgewerbes.* Haude & Spener.

Godau, A. (1989). Das Kur- und Bäderwesen der DDR -Bestandteil des Tourismus und des sozialistischen Gesundheitsschutzes. *The Tourist Review, 44*(4), 20–22. https://doi.org/10.1108/eb058031

Godizart, B. (2015). *Den Patienten als Gast willkommen heißen.* Spitta Verlag GmbH & Co. KG. https://www.dimagazin-aktuell.de/management/patient/story/den-patienten-als-gast-willkommen-heissen__3316.html

Goebbels, J. (1937). *Vom Kaiserhof zur Reichskanzlei: Eine historische Darstellung in Tagebuchblättern ; (vom 1. Jan. 1932 bis zum 1. Mai 1933)* (22. Aufl.). Zentralverl. d. NSDAP Eher.

Goedicke, A. & Beerheide, E. (2018). Arbeit im Gastgewerbe als Interaktionsarbeit. In E. Beerheide, A. Georg, A. Goedicke, C. Nordbrock & K. Seiler (Hrsg.), *Gesundheitsgerechte Dienstleistungsarbeit* (19–42). Springer Fachmedien Wiesbaden.

Goers, B. (7. Oktober 2016). Eine Erzieherin – wie viele Kinder? *kindergarten heute Fachmagazin, Leitungsheft & Wenn Eltern Rat suchen*, S. 20–22. https://www.herder.de/kiga-heute/fachmagazin/archiv/2009-39-jg/9-2009/eine-erzieherin-wie-viele-kinder-was-sie-ueber-die-fachkraft-kind-relation-wissen-muessen/

Goethe, J. W. von. (2016). *Maximen und Reflexionen* (M. Holzinger, Hg.) (4. Auflage). CreateSpace Independent Publishing Platform.

Goethe, J. W. von. (2021). *Reclams Universal-Bibliothek: Nr. 7827. Wilhelm Meisters Wanderjahre oder Die Entsagenden* (E. Bahr, Hg.). Reclam; Eberl & Koesel GmbH & Co. KG.

Das Goethezeitportal. (n. d.). *Reise von Berlin nach Danzig 1773.* Zugriff am 22. Januar 2021, verfügbar unter http://www.goethezeitportal.de/wissen/enzyklopaedie/chodowiecki/reise-von-berlin-nach-danzig-1773.html

Goffman, E. (2017). *Wir alle spielen Theater: Die Selbstdarstellung im Alltag* (P. Weber-Schäfer, Übers.) (Ungekürzte Taschenbuchausgabe, 17. Auflage). *Serie Piper: Bd. 3891.* Piper.

Goffmann, E. (1965). *Verhalten in sozialen Situationen* (unveränd. Nachdr. d. Originalausgabe). *Bauwelt Fundamente: Bd. 30.* Birkhäuser.

Göhner, M. & Krell, M. (2020). *Qualitative Inhaltsanalyse in naturwissenschaftsdidaktischer Forschung unter Berücksichtigung von Gütekriterien: Ein Review.* Springer. https://link.springer.com/article/10.1007/s40573-020-00111-0

Goldberg, L. R. (2013). *Personality Topics in Honor of Jerry S. Wiggins: A Special Issue of Multivariate Behavioral Research.* Taylor and Francis. http://gbv.eblib.com/patron/FullRecord.aspx?p=1517738

Die goldenen Schlüssel Deutschland e. V. (n. d.). *Philosophie und Schlüsselwerte – Verein – LCDG.org.* Zugriff am 6. August 2022, verfügbar unter https://www.lcdg.org/verein/philosophie-und-schluesselwerte/

Die goldenen Schlüssel Deutschland e. V. (2022, 1. August). *Member Locator* [Les Clefs d´or Vereinigung der Hotelportiers Deutschlands]. https://www.lcdg.org/member-locator/

Goleman, D. (2011). *Emotionale Intelligenz* (Jubiläumsed.). *Große Themen in allen Formaten.* Deutscher Taschenbuchverl.

Goleman, D. (2020). *Emotional intelligence: Why it can matter more than IQ* (25th anniversary edition, with a new introduction). Bloomsbury Publishing. https://permalink.obvsg.at/AC16553371

Görlich, C. (2009). Vom Ferienheim zum Interhotel: Formen „sozialistischen" Urlaubs in der DDR. In *Tourismusgeschichte(n).* Profil-Verl., 2009.

Gorse, C. (11. März 2019). Welche Dienstboten gab es? *planet-wissen.de.* https://www.planet-wissen.de/geschichte/adel/geschichte_des_hauspersonals/pwiewelchedienstbotengabes100.html

Gössling, S., Scott, D. & Hall, C. M. (2021). Pandemics, tourism and global change: a rapid assessment of COVID-19. *Journal of Sustainable Tourism, 29*(1), 1–20. https://doi.org/10.1080/09669582.2020.1758708

Grandey, A. A. & Diamond, J. A. (2010). Interactions with the public: Bridging job design and emotional labor perspectives. *Journal of Organizational Behavior, 31*(2–3), 338–350. https://doi.org/10.1002/job.637

Grandey, A. A. & Gabriel, A. S. (2015). Emotional Labor at a Crossroads: Where Do We Go from Here? *Annual Review of Organizational Psychology and Organizational Behavior, 2*(1), 323–349. https://doi.org/10.1146/annurev-orgpsych-032414-111400

Greverus, Ina-Maria. (1978). *Kultur und Alltagswelt: E. Einf. in kulturanthropolog. Fragestellungen* (1. Aufl.). *Beck'sche Schwarze Reihe: Bd. 182.* Beck.

Gries, A. (2020). *Klinische Akut- und Notfallmedizin: Mit den Inhalten der Zusatzweiterbildung Klinische Akut- und Notfallmedizin aus der Musterweiterbildungsordnung. Mit einem Geleitwort von Uwe Janssens und Martin Pin* (1st ed.). Medizinisch Wissenschaftliche Verlagsgesellschaft. https://livivo.idm.oclc.org/login?url=https://ebookcentral.proquest.com/lib/zbmed-ebooks/detail.action?docID=6119348

Griesser, P. (2020a). Affective Hospitality: Emotionen first. *TopHotel,* 37(362), S. 48–49.

Griesser, P. (2020b). *Affective Hospitality: Mehr Gefühl für die Gäste wagen.* https://www.tophotel.de/affective-hospitality-mehr-gefuehl-fuer-die-gaeste-wagen-51548/

Grohmann, M. & Jäger, W. (2012). *Industrielle Revolution und Moderne um 1900: Der Prozess der Industrialisierung und die Herausforderungen der Gesellschaft* (1. Auflage, 6. Druck). *Kurshefte Geschichte.* Cornelsen.

Gronau, N. (2020, 13. Mai). *Betriebliches Wissensmanagement: VL05 – Knowledge Modeling and Description Language (KMDL®) – Teil 2.* Universität Potsdam. Lehrstuhl für Wirtschaftsinformatik Prozesse und Systeme, Potsdam. lswi.de

Gross, J. J. (1998). The Emerging Field of Emotion Regulation: An Integrative Review. *Review of General Psychology, 2*(3), 271–299. https://doi.org/10.1037/1089-2680.2.3.271

Gross, J. J. (2002). Emotion regulation: affective, cognitive, and social consequences. *Psychophysiology, 39*(3), 281–291. https://doi.org/10.1017/s0048577201393198

Grüne, S. (Hrsg.). (2007). *Springer-Lehrbuch. Anamnese – Untersuchung – Diagnostik.* Springer Berlin Heidelberg. http://nbn-resolving.org/urn:nbn:de:bsz:31-epflicht-1494674

Gruner, A. (Hrsg.). (2010). *IHA Edition Hotellerie: Bd. 1. Management-Ausbildung in der Hotellerie: Fakten und Empfehlungen für Führungskräfte von morgen.* Erich Schmidt.

Grützmann, T., Rose, C. & Peters, T. (2012). Interkulturelle Kompetenz in der medizinischen Praxis. *Ethik in der Medizin, 24*(4), 323–334. https://doi.org/10.1007/s00481-012-0223-7

Guhlemann, K. & Krüger, F. (2018). Immer auf dem Sprung: Typische Erwerbsbiografen und kritische Berufsphasen im Gastgewerbe. In E. Beerheide, A. Georg, A. Goedicke, C. Nordbrock & K. Seiler (Hrsg.), *Gesundheitsgerechte Dienstleistungsarbeit* (S. 107–132). Springer Fachmedien Wiesbaden.

Gündling, C. (1997). *Maximale Kundenorientierung: Instrumente, individuelle Problemlösungen, Erfolgsstories* (2., überarb. und aktualisierte Aufl.). Schäffer-Poeschel.

Gutek, B. A., Bhappu, A. D., Liao-Troth, M. A. & Cherry, B. (1999). Distinguishing between service relationships and encounters. *Journal of Applied Psychology, 84*(2), 218–233. https://doi.org/10.1037/0021-9010.84.2.218

Gyr, U. (2010). *Geschichte des Tourismus: Strukturen auf dem Weg zur Moderne.* http://ieg-ego.eu/de/threads/europa-unterwegs/tourismus/ueli-gyr-geschichte-des-tourismus

Hack, T. (2020). *Viele Hotels haben Defizite bei Direktbuchungen.* https://www.hogapage.de/nachrichten/wirtschaft/hotellerie/viele-hotels-haben-defizite-bei-direktbuchungen/

Hagen, H. von der & Schmidbauer, J. (19. August 2017). Das deutsche Bad geht baden. *Süddeutsche Zeitung.* https://www.sueddeutsche.de/wirtschaft/kurorte-das-deutsche-bad-geht-baden-1.3632040

Hagendorf, H., Krummenacher, J., Müller, H.-J. & Schubert, T. (2011). *Allgemeine Psychologie für Bachelor: Wahrnehmung und Aufmerksamkeit. (Lehrbuch mit Online-Materialien).* Springer Berlin Heidelberg. http://nbn-resolving.org/urn:nbn:de:bsz:31-epflicht-1575943

Hager, C. (2019). *Selbstreflexion.* Pädagogische Hochschule Wien. https://www.ectaveo.ch/Mediathek/2015/01/Hager_6.-Selbstreflexion-DE.pdf

Hager, W. (Hrsg.). (2000). *Aus dem Programm Huber. Evaluation psychologischer Interventionsmaßnahmen: Standards und Kriterien: ein Handbuch* (1. Aufl.). Huber. https://d-nb.info/958110034/04

Hahmann, T. (2004). *Modellierung von Hotel-Reservierungs-Systemen.* Hasso-Plattner-Institut für Softwaresystemtechnik. http://www.cs.toronto.edu/~torsten/publications/Modellierung_Hotel-Reservierungs-Systeme.pdf https://doi.org/10.1515/9783110924992-003

Hahn, J. (2022). *6 Wege zur Behebung des Personalmangels im Hotel.* https://www.cvent.com/de/blog/hospitality/6-wege-zur-behebung-des-personalmangels-im-hotel

Hainhofer, P. (1901). *Des Augsburger Patriciers Philipp Hainhofer Reisen nach Innsbruck und Dresden.* Carl Graeser & Co.

Hajkowicz, S. (2015). *Global Megatrends: Seven Patterns of Change Shaping Our Future.* CSIRO Publishing.

Haller, S. & Wissing, C. (2020). *Dienstleistungsmanagement: Grundlagen – Konzepte – Instrumente* (8., überarbeitete und erweiterte Auflage). *Lehrbuch*. Springer Gabler. https://doi.org/10.1007/978-3-658-28509-8

Handwerker, H.-O. & Zimmermann, M. (Hrsg.). (1984). *Schmerz: Konzepte und ärztliches Handeln*. Springer Berlin / Heidelberg. https://ebookcentral.proquest.com/lib/kxp/detail.action?docID=6589493

Hänssler, K.-H. (2016). Die gastgewerbliche Leistung als Dienstleistung. In K. H. Hänssler (Hrsg.), *Management in der Hotellerie und Gastronomie: Betriebswirtschaftliche Grundlagen* (9. Auflage).

Harari, Y. N. (2019). *Eine kurze Geschichte der Menschheit* (J. Neubauer, Übers.) (31. Auflage). Pantheon.

Harden, R. M., Crosby, J. R. & Davis, M. H. (1999). AMEE Guide No. 14: Outcome-based education: Part 1 An introduction to outcome-based education. *Medical Teacher*, *21*(1), 7–14. https://www.academia.edu/38738312/AMEE_Guide_No_14_Outcome_based_education_Part_1%C3%90_An_introduction_to_outcome_based_education

Hartl, F. (2007). Die Finanzierung von Hotelimmobilien unter neuen Rahmenbedingungen. In J. Frehse & K. Weiermair (Hrsg.), *Hotel Real Estate Management: Grundlagen, Spezialbereiche, Fallbeispiele* (S. 149–164). Erich Schmidt Verlag.

Hartmann, K. D. (1979). Psychologie des Reisens. In N. Hinske & M. J. Müller (Hrsg.), *Öffentliche Ringvorlesung / Universität Trier: 1978/79. Reisen und Tourismus: Auswirkungen auf die Landschaft und den Menschen* (S. 15–21). Univ.

Hasselhorn, M. & Gold, A. (2006). *Pädagogische Psychologie: Erfolgreiches Lernen und Lehren* (1. Aufl.). *Kohlhammer Standards Psychologie*. Kohlhammer.

Hechenblaikner, L. (Hrsg.). (2021). *Keine Ostergrüße mehr! Die geheime Gästekartei des Grand Hotel Waldhaus in Vulpera* (3. Auflage). Edition Patrick Frey.

Hechler, T., Denecke, H., Hünseler, C., Schroeder, S. & Zernikow, B. (2009). Messen und Erfassen von Schmerz. In B. Zernikow (Hrsg.), *Schmerztherapie bei Kindern, Jugendlichen und jungen Erwachsenen* (4. aktualisierte Aufl. 2009, S. 50–74). Springer Berlin Heidelberg.

Heffernan Insurance Brokers. (2015). *Is your hospitality business providing "reasonable care" to your customers and your bottom line?* https://www.heffins.com/news-events/blog/your-hospitality-business-providing-reasonable-care-your-customers-and-your-bottom

Hegenbarth, E. M. (1897). *Handbuch des Hotelbetriebs: Praktisches Hilfsbuch für Hoteliers, Restaurateure, Pensionsinhaber und deren gesammtes Betriebspersonal. 2. durchges. u. verb. Aufl.* (2. durchges. u. verb.). Hartleben.

Heitzmann, N., Wershofen, B., Kühne-Eversmann, L. & Fischer, M. R. (Hrsg.) (2013). *Wie kann das Lernen von Diagnosekompetenz in der Medizin und in der Pflege unterstützt werden?* German Medical Science GMS Publishing House.

Helfferich, C. (2014). Leitfaden- und Experteninterviews. In N. Baur & J. Blasius (Hrsg.), *Handbuch. Handbuch Methoden der empirischen Sozialforschung* (S. 559–574). Springer VS. https://doi.org/10.1007/978-3-531-18939-0_39

Helke, R. (18. Januar 2008). Wie europäisch ist die kulturelle Amerikanisierung? | APuZ. *Bundeszentrale für politische Bildung*. https://www.bpb.de/apuz/31436/wie-europaeisch-ist-die-kulturelle-amerikanisierung?p=1

Heller, W. & Narr, W.-D. (2011). Heimat – zu Verwendungen dieses Begriffs. *geographische revue; Zeitschrift für Literatur und Diskussion, 13*(1 und 2), 11–28. http://geographische-revue.de/archiv/gr1-11.pdf

Hellweg, M. (2013). *Hotels mit Privatsphäre: In der Fremde zuhause* (1. Aufl.). *Lifestyle*. Lifestyle Busse Seewald.

Helm, S. & Günter, B. (2001). Kundenwert – eine Einführung in die theoretischen und praktischen Herausforderungen der Bewertung von Kundenbeziehungen. In B. Günter (Hrsg.), *Kundenwert: Grundlagen – Innovative Konzepte – Praktische Umsetzungen* (S. 3–35). Springer Gabler. in Springer Fachmedien Wiesbaden GmbH.

Helm, S., Günter, B. & Eggert, A. (Hrsg.). (2017). *Kundenwert: Grundlagen – Innovative Konzepte – Praktische Umsetzungen* (4., überarbeitete und erweiterte Auflage). Springer Gabler.

Helmke, S., Uebel, M. & Dangelmaier, W. (2013). *Effektives Customer Relationship Management: Instrumente – Einführungskonzepte – Organisation* (5., überarb. Aufl. 2013. Korr. Nachdruck 2012). *Springer eBook Collection*. Springer Gabler. https://doi.org/10.1007/978-3-8349-4176-3

HELP Akademie. (2023). *Berufsbetreuer / rechtlicher Betreuer Aufgaben und Qualifikation*. https://www.help-akademie.de/berufsbetreuer-gerichtlich-bestellter-betreuer/

Helson, H. (1964). Current trends and issues in adaptation-level theory. *American Psychologist, 19*(1), 26–38. https://doi.org/10.1037/h0040013

Henkel, G. (Hrsg.). (1983). *Wege der Forschung: Bd. 616. Die ländliche Siedlung als Forschungsgegenstand der Geographie*. Wiss. Buchges.

Hennemann, L. (2018). Die Unternehmenskultur und Merkmale von Familienunternehmen. In S. Armutat, N. Bartholomäus, S. Franken, V. Herzig & B. Helbich (Hrsg.), *Personalmanagement in Zeiten von Demografie und Digitalisierung: Herausforderungen und Bewältigungsstrategien für den Mittelstand*. Springer Gabler.

Hennig, C. (1999). *Reiselust: Touristen, Tourismus und Urlaubskultur* (1. Aufl.). *Suhrkamp-Taschenbuch: Bd. 3001*. Suhrkamp.

Henschel, K. (2008). *Hotelmanagement* (3., überarb. und aktualisierte Aufl.). *Edition Dienstleistungsmanagement*. Oldenbourg.

Henschel, K., Gruner, A. & Freyberg, B. von (Hrsg.). (2013). *Hotelmanagement* (4th ed.). De Gruyter. https://doi.org/10.1524/9783486753882

Henschel, K., Gruner, A. & Freyberg, B. von. (2018). *Hotelmanagement* (5., aktualisierte Auflage).

Henselek, H. F. (1999). *Hotelmanagement: Planung und Kontrolle* (Reprint 2017). *Lehr- und Handbücher zu Tourismus, Verkehr und Freizeit*. Oldenbourg Wissenschaftsverlag. https://doi.org/10.1515/9783486797329

Herkner, W. (1992). *Psychologie*. Springer Vienna. https://doi.org/10.1007/978-3-7091-7644-3

Herloßsohn, K. (Hrsg.). (1834). *Damen Conversations-Lexicon*. Verlags-Bureau.

Herloßsohn, K. (Hrsg.). (1836). *Damen Conversations Lexikon*. Verlags-Bureau; Friedrich Rückmann.

Hermann, U. (1983). *Knaurs etymologisches Lexikon: Herkunft und Geschichte von 10000 Wörtern unserer Gegenwartssprache* (Vollst. Taschenbuchausg). *Knaurs kompaktes Wissen über die deutsche Sprache: Bd. 82011*. Droemer Knaur.

Herrmann, F. J. (Hrsg.). (2011). *Gastgewerbe. Gastronomie: Grundstufe* (7. Auflage). Handwerk und Technik. http://www.handwerk-technik.de

Herrmann, F. J. & Hecker, W. (2015). *Gastronomie: Grundstufe* (8., überarb. und erw. Aufl.). Büchner Handwerk und Technik.

Herrmann, H.-P. (2019). *Psychologisches Tourismusmarketing: Thesen zu ausgewählten Aspekten. SpringerLink Bücher*. Springer. https://doi.org/10.1007/978-3-658-23680-9

Herrmann, J. F. (Hrsg.). (2005). *Gastgewerbe: Hotelfachleute, Fachstufen 1 und 2*. Handwerk und Technik.

Herrmann, N. (1991). *Kreativität und Kompetenz: Das einmalige Gehirn ; mit dem Originalfragebogen*. Paidia-Verl.

Herstatt, C., Lüthje, C. & Lettl, C. (2002). Wie fortschrittliche Kunden zu Innovationen stimulieren. *Harvard-Business-Manager : das Wissen der Besten, 24*(1). http://www.gbi.de/cgi-bin/volltext?HBM_0006200200010006000&GW=zbw

Herzig, S. & Koerfer, A. (2018). Ärztliche Schlüsselkompetenzen. In A. Koerfer & C. Albus (Hrsg.), *Kommunikative Kompetenz in der Medizin: Ein Lehrbuch zur Theorie, Didaktik, Praxis und Evaluation der ärztlichen Gesprächsführung* (S. 229–261). Verlag für Gesprächsforschung.

Heuschmann, P. U., Kolominsky-Rabas, P. L., Nolte, C. H., Hünermund, G., Ruf, H.-U., Laumeier, I., Meyrer, R., Alberti, T., Rahmann, A., Kurth, T. & Berger, K. (2005). Untersuchung der Reliabilität der deutschen Version des Barthel-Index sowie Entwicklung einer postalischen und telefonischen Fassung für den Einsatz bei Schlaganfall-Patienten [The reliability of the german version of the barthel-index and the development of a postal and telephone version for the application on stroke patients]. *Fortschritte der Neurologie-Psychiatrie, 73*(2), 74–82. https://doi.org/10.1055/s-2004-830172

Higgins, E. T. (1989). Self-Discrepancy Theory: What Patterns of Self-Beliefs Cause People to Suffer? In L. Berkowitz (Hrsg.), *Advances in Experimental Social Psychology. Advances in Experimental Social Psychology Volume 22* (Bd. 22, S. 93–136). Elsevier. https://doi.org/10.1016/S0065-2601(08)60306-8

Hinterhuber, H. H. (2004). *Kundenorientierte Unternehmensführung: Kundenorientierung – Kundenzufriedenheit – Kundenbindung* (4th ed.). Springer Gabler. in Springer Fachmedien Wiesbaden GmbH. https://ebookcentral.proquest.com/lib/kxp/detail.action?docID=6285642

Hinterhuber, H. H. & Matzler, K. (Hrsg.). (2009a). *SpringerLink Bücher. Kundenorientierte Unternehmensführung: Kundenorientierung – Kundenzufriedenheit – Kundenbindung* (6., überarbeitete Auflage). Gabler. https://doi.org/10.1007/978-3-8349-8051-9

Hinterhuber, H. H. & Matzler, K. (Hrsg.). (2009b). *SpringerLink Bücher. Kundenorientierte Unternehmensführung: Kundenorientierung – Kundenzufriedenheit – Kundenbindung* (6., überarbeitete Auflage). Gabler. https://doi.org/10.1007/978-3-8349-8051-9

Hinton, T. (2022, 20. Dezember). *Online-Hotelbewertungen für Verbraucher wichtiger als Sterne-Klassifizierung*. https://de.statista.com/infografik/28993/einflussfaktoren-bei-der-online-buchung-von-unterkuenften/

Hippel, E. von (1986). Lead users: A source of novel product concepts. *Management science*.

Historic Hotels of The World. (n.d.). *Hotel Château Gütsch (1859), Lucerne | Historic Hotels of the World-Then&Now*. Zugriff am 12. September 2021, verfügbar unter https://www.historichotelsthenandnow.com/chateaugutschlucerne.html

Hobsbawm, E. J. & Wrigley, C. (1999). *Industry and empire: From 1750 to the present day* [New] ed.). Distributed by W.W. Norton.

Hochschild, A. R. (1979). Emotion work, feeling rules, and social structure. *The American journal of sociology*. http://www.jstor.org/stable/2778583

Hochschild, A. R. (1990). *Das gekaufte Herz: Zur Kommerzialisierung der Gefühle. Theorie und Gesellschaft: Bd. 13.* Campus-Verl.

Hochschild, A. R. (2006). *Das gekaufte Herz: Die Kommerzialisierung der Gefühle* (Erw. Neuausg). *Campus-Bibliothek*. Campus-Verl.

Hodiamont, F [F.], Hock, H., Ellis-Smith, C., Evans, C., Diehl-Schmid, J., Wolf-Linder, S. de, Burner-Fritsch, I. & Bausewein, C [C.] (2020). Was uns eine kognitive Interviewstudie über die Umsetzung der Palliative Care in anderen Versorgungskulturen lehrt: Kulturelle Anpassung und Bestimmung der Inhaltsvalidität der Integrated Palliative care Outcome Scale für Menschen mit Demenz (IPOS-Dem) [61]. In *Zeitschrift für Palliativmedizin, 13. Kongress der Deutschen Gesellschaft für Palliativmedizin.* © Georg Thieme Verlag KG. https://doi.org/10.1055/s-0040-1714789

Hoffman, M. (1961). *Geschichte des deutschen Hotels: Vom Mittelalter bis zur Gegenwart.* Dr. Alfred Hüthig Verlag GmbH.

Hoffmann, A. (2012). Interaktive Arbeit in der Hotellerie: zwischen Offenheit und Standardisierung. In W. Dunkel & M. Weihrich (Hrsg.), *Interaktive Arbeit: Theorie, Praxis und Gestaltung von Dienstleistungsbeziehungen* (S. 219–258). Springer Fachmedien Wiesbaden.

Hoffmann, A., Menz, W., Hausen, A., Schill, S. & Schröder, M. (2012). Interaktive Arbeit in der Hotellerie: zwischen Offenheit und Standardisierung. In W. Dunkel & M. Weihrich (Hrsg.), *Interaktive Arbeit: Theorie, Praxis und Gestaltung von Dienstleistungsbeziehungen* (S. 219–257). Springer VS. https://doi.org/10.1007/978-3-531-19359-5_10

Hoffmann, A. & Weihrich, M. (2011). *„Wissen Sie, wo hier Schließfächer sind?" „Das trifft sich gut! Wir machen ein Forschungsprojekt und würden Sie gern bei der Suche begleiten": die Begleitung als interaktive Methode in der Arbeitssoziologie.* https://doi.org/10.21241/ssoar.64754

Hoffmann, M. (1952). Lage und Aufbau des westdeutschen Hotelgewerbes. *Wirtschaftsdienst, 33*(3), 187–190. https://www.econstor.eu/bitstream/10419/131492/1/wd_v32_i03_pp187-190.pdf

Hoffmann, M. (Hrsg.). (1961). *Geschichte des deutschen Hotels*. Dr. Alfred Hüthig Verlag GmbH.

Hoffmeyer-Zlotnik, J. H. P. (Hrsg.). (1992). *ZUMA-Publikationen. Analyse verbaler Daten: Über den Umgang mit qualitativen Daten.* Westdeutscher Verlag.

Hofstede, G. (2001). *Culture's consequences comparing values, behaviors, institutions, and organizations across nations* (Second Edition). Sage Publications.

Hofstede, G. & Hofstede, G. J. (2012). *Lokales Denken, globales Handeln: Interkulturelle Zusammenarbeit und globales Management* (5. Aufl.). *Beck-Wirtschaftsberater im dtv – Band 50807*. C. H. Beck Verlag. http://search.ebscohost.com/login.aspx?direct=true&scope=site&db=nlebk&db=nlabk&AN=678631

Hofte-Fankhauser, K. t. (2012). *Marktforschung: Grundlagen mit zahlreichen Beispielen, Repetitionsfragen mit Antworten und Glossar* (4., überarb. Aufl.). *Betriebswirtschaftslehre.* Compendio Bildungsmedien.

Homburg, C. (Hrsg.). (2003). *Wissenschaft & Praxis. Kundenzufriedenheit: Konzepte – Methoden – Erfahrungen* (5., überarb. Aufl.). Gabler.
Homburg, C. (2020). *Marketingmanagement: Strategie – Instrumente – Umsetzung – Unternehmensführung* (7., überarbeitete und erweiterte Auflage). *Springer eBook Collection.* Springer Gabler. https://doi.org/10.1007/978-3-658-29636-0
Homburg, C. & Krohmer, H. (2009). *Marketingmanagement: Strategie – Instrumente – Umsetzung – Unternehmensführung* (3., überarb. und erw. Aufl.). *Lehrbuch.* Gabler.
Homburg, C. & Rudolph, B. (1997). Theoretische Perspektiven zur Kundenzufriedenheit. In H. Simon & C. Homburg (Hrsg.), *Kundenzufriedenheit: Konzepte – Methoden – Erfahrungen* (2., aktualisierte und erw. Aufl., S. 31–51). Gabler. https://doi.org/10.1007/978-3-663-13219-6_2
Homburg, C. & Stock-Homburg, R. (2012). *Der kundenorientierte Mitarbeiter: Bewerten, begeistern, bewegen* (https://doi.org/10.1007/978-3-8349-3680-6).
Hopf, C. (1978). Die Pseudo-Exploration – Überlegungen zur Technik qualitativer Interviews in der Sozialforschung / Pseudo-exploration – Thoughts on the techniques of qualitative interviews in social research. *Zeitschrift für Soziologie*, *7*(2), 97–115. https://doi.org/10.1515/zfsoz-1978-0201
Hornsey, M. J. & Jetten, J. (2004). The individual within the group: balancing the need to belong with the need to be different. *Personality and social psychology review : an official journal of the Society for Personality and Social Psychology, Inc*, *8*(3), 248–264. https://doi.org/10.1207/s15327957pspr0803_2
Hospitality Industry Club. (2019). *Guest experience: how to combine technology and human touch – Hospitality Industry Club.* https://hospitalityindustry.club/en/guest-experience-how-to-combine-technology-and-human-touch/
Hotel Asset Management GmbH. (2020, 15. November). *Mystery Shopping / Mystery Guesting.* http://hotelassetmanagement.de/blog/?page_id=939
Hotel Revue. (1895, 13. Juli). *Das Trinkgeld als Bakschisch.* ETH-Bibliothek Zuerich. https://www.e-periodica.ch/digbib/view?pid=htr-001%3A1895%3A4%3A%3A125&referrer=search#125
Hotel Tech Report. (2023). *Hotel Customer Journey Map: A Step by Step Guide to Understanding Guest Behavior.* https://hoteltechreport.com/news/hotel-customer-journey-map
Hoteliers- und Gastwirteverband. (2019). *Die Kunst, Gäste zu begeistern: Gastlichkeit in Südtirol.* https://www.gastlichkeit.it/gastlichkeit-leben/servicetipps-and-trends/die-kunst-gaeste-zu-begeistern
Hoy, A. (2008). *Wintertourismus in Sachsens Mittelgebirgen: Marketingstrategien zur Anpassung an die Folgen des Klimawandels.* Diplomica-Verl. http://www.diplomica-verlag.de/
Hribek, G. (1999). *Messung der Patientenzufriedenheit mit stationärer Versorgung: Entwicklung multiattributiver Meßinstrumente für Krankenhäuser und Rehabilitationseinrichtungen.* Zugl.: Passau, Univ., Diss., 1999. *Schriftenreihe innovative betriebswirtschaftliche Forschung und Praxis: Bd. 99.* Kovač.
Huber, P. (1998). Polarität/Steigerung. In *Goethe Handbuch* (S. 863–865). J.B. Metzler, Stuttgart. https://doi.org/10.1007/978-3-476-03656-8_76
Hude, H. von der. (1885a). Gebäude für Beherbergungszwecke. In H. Wagner, H. Koch, E. Schmitt, J. Durm & H. von der Hude (Hrsg.), *Handbuch der Architektur Entwerfen, Anlage und Einrichtung der Gebäude Gebäude für Erholungs-, Beherbergungs- und Vereinszwecke: H. 1. Schankstätten und Speisewirtschaften, Kaffeehäuser und Restaurants.*

Volksküchen und Speiseanstalten für Arbeiter, Volkskaffeehäuser. Öffentliche Vergnügungsstätten. Festhallen. Gasthöfe höheren Ranges. Gasthöfe niederen Ranges, Schlaf- und Herbergshäuser. J. PH. Diehl´s Verlag.

Hude, H. von der. (1885b). Hotels. In H. Wagner, H. Koch, E. Schmitt, J. Durm & H. von der Hude (Hrsg.), *Handbuch der Architektur Entwerfen, Anlage und Einrichtung der Gebäude Gebäude für Erholungs-, Beherbergungs- und Vereinszwecke: H. 1. Schankstätten und Speisewirtschaften, Kaffeehäuser und Restaurants. Volksküchen und Speiseanstalten für Arbeiter, Volkskaffeehäuser. Öffentliche Vergnügungsstätten. Festhallen. Gasthöfe höheren Ranges. Gasthöfe niederen Ranges, Schlaf- und Herbergshäuser.* J. PH. Diehl´s Verlag.

Hülsheger, U. R. & Schewe, A. F. (2011). On the costs and benefits of emotional labor: a meta-analysis of three decades of research. *Journal of occupational health psychology, 16*(3), 361–389. https://doi.org/10.1037/a0022876

Hurrelmann, K. (2002). *Einführung in die Sozialisationstheorie* (8., vollständig überarb. Aufl.). *Beltz Studium*. Beltz.

Hurrelmann, K. & Geulen, D. (1980). *Handbuch der Sozialisationsforschung*. Beltz.

Hütter, H. W. (Hrsg.). (1996). *Endlich Urlaub! Die Deutschen reisen ; [Begleitbuch zur Ausstellung im Haus der Geschichte der Bundesrepublik Deutschland, Bonn, 6. Juni bis 13. Oktober 1996*. DuMont.

Hyun, I. (2008). Clinical cultural competence and the threat of ethical relativism. *Cambridge quarterly of healthcare ethics : CQ : the international journal of healthcare ethics committees, 17*(2), 154–163. https://doi.org/10.1017/S0963180108080183

Inbakaran, R. & Jackson, M. (2005). Understanding Resort Visitors through Segmentation. *Tourism and Hospitality Research, 6*(1), 53–71. https://doi.org/10.1057/palgrave.thr.6040044

Innerhofer, E. (2012). *Strategische Innovationen in der Hotellerie: Eine ressourcenorientierte Fallstudienanalyse touristischer Dienstleistungsunternehmen*. Zugl.: Eichstätt-Ingolstadt, Katholische Univ., Diss., 2012. *Springer Gabler Research Entrepreneurial Management und Standortentwicklung – Perspektiven für Unternehmen und Destinationen*. Springer Gabler.

International Hotel Consulting Services. (2018). *Gastfreundschaft Als Basis Für Ihr Hotelprojekt*. https://www.ihcshotelconsulting.com/de/blog/gastfreundschaft-als-basis-fuer-ihr-hotelprojekt/

Internationaler Bund. (n. d.). *Genderspezifische Leitlinien des IB*. https://www.internationaler-bund.de/ib-gruppe/publikationen

Inversini, A., Carlo, M. de & Masiero, L. (2020). The effects of customer-centricity in hospitality. *International Journal of Hospitality Management, 86*, 1–9. https://doi.org/10.1016/j.ijhm.2019.102436

ISB – Staatsinstitut für Schulqualität und Bildungsforschung. (2022). *Hotelfachmann/-frau: (aufsteigend umzusetzen ab Schuljahr 2022/23)*. https://www.isb.bayern.de/berufsschule/lehrplan/berufsschule/lehrplan-lehrplanrichtlinie/1795/

Izard, C. E. (1999). *Die Emotionen des Menschen: Eine Einführung in die Grundlagen der Emotionspsychologie* (B. Murakami, Übers.) (4., neu ausgestattete Aufl.). Beltz Psychologie Verlags Union.

J.T. (2019). *schönes Hotel mit zweifelhafter Gästebetreuung.* https://www.tripadvisor.de/Hotel_Review-g1187912-d324473-Reviews-Hotel_Jardin_Tecina-Playa_de_Santiago_La_Gomera_Canary_Islands.html

Jackson, M. S. & Inbakaran, R. J. (2006). Evaluating residents' attitudes and intentions to act towards tourism development in regional Victoria, Australia. *International Journal of Tourism Research, 8*(5), 355–366. https://doi.org/10.1002/jtr.584

Jacob, R., Heinz, A. & Décieux, J. P. (2019). 3. Der Forschungsprozess: Die Planungsphase. In R. Jacob, A. Heinz & J. P. Décieux (Hrsg.), *Umfrage: Einführung in die Methoden der Umfrageforschung* (4., überarbeitete und ergänzte Auflage, S. 58–104). De Gruyter Oldenbourg. https://doi.org/10.1515/9783110597387-003

Jahnke, J. (1982). *Sozialpsychologie der Schule. Grundlagen der Psychologie: Bd. 1168.* VS Verlag für Sozialwissenschaften. https://doi.org/10.1007/978-3-322-87362-0

Jancke, G. (2013). *Gastfreundschaft in der frühneuzeitlichen Gesellschaft: Praktiken, Normen und Perspektiven von Gelehrten.* Zugl.: Berlin, Freie Univ., Habil.-Schr., 2012. *Berliner Mittelalter- und Frühneuzeitforschung: Bd. 15.* V & R Unipress.

Janssen, J. & Laatz, W. (2017). *Statistische Datenanalyse mit SPSS: Eine anwendungsorientierte Einführung in das Basissystem und das Modul Exakte Tests* (9. Aufl. 2017). *SpringerLink Bücher.* Springer Gabler. https://doi.org/10.1007/978-3-662-53477-9

Joecker, T. (2022). *Das neue Betreuungsrecht: Einführung – Erläuterungen – Materialien – Schnellüberblick* (2. Auflage). Reguvis. https://ebookcentral.proquest.com/lib/kxp/detail.action?docID=7099992

Joerges, B. (1981). Berufsarbeit, Konsumarbeit, Freizeit: Zur Sozial-und Umweltverträglichkeit einiger struktureller Veränderungen in Produktion und Konsum. *Soziale Welt, 32*(2), 168–195. http://www.jstor.org/stable/40877313

Jones, A. H. (1948). The Future of the Hotel Industry. In W. B. Capper (Hrsg.), *Practical hotel management* (9. ed., completely rev. and reset, S. 1–6). Practical Press.

Jung, H. (2011). *Personalwirtschaft.* Oldenbourg Wissenschaftsverlag. http://lib.myilibrary.com/detail.asp?id=610396

Jurt, L. & Roulin, C. (2016). Begleitung und Betreuung von unbegleiteten minderjährigen Asylsuchenden: die Wahrnehmung von Care-Arbeit aus Sicht der Klientinnen und Klienten. *Diskurs Kindheits- und Jugendforschung / Discourse. Journal of Childhood and Adolescence Research, 11*(1), 99–111. https://www.ssoar.info/ssoar/bitstream/document/46571/1/Diskurs_1_2016_Jurt-Roulin.pdf

Kachel, J. (1924). *Herberge und Gastwirtschaft in Deutschland bis zum 17. Jahrhundert.* Kohlhammer.

Kahlenbach, C. (2013). *Interkulturelle Begegnungen im Tourismus als Impuls für ein verbessertes interkulturelles Verständnis: Untersuchung unter besonderer Hervorhebung der Rolle der ReiseleiterInnen und der Theorie des Narrativen* [Masterarbeit]. Fachhochschule Kufstein Tirol Bildungs GmbH, Kufstein.

Kamm, F. & Güdemann, S. (1954). *Gastgewerbliche Betriebslehre: Ein Lern- u. Nachschlagebuch f.d. Lehrlinge im Hotel- u. Gaststättengewerbe.* Matthaes.

Kampmann, B. (2012). *Die Alten und das Netz: Angebote und Nutzung jenseits des Jugendkults. SpringerLink Bücher.* Gabler Verlag. https://doi.org/10.1007/978-3-8349-6921-7

Kandel, E. R. (Hrsg.). (2012). *McGraw-Hill medical. Principles of neural science* (5. ed.). McGraw-Hill Medical. https://ebookcentral.proquest.com/lib/kxp/detail.action?docID=4959346

Kano, N., Seraku, N., Takahashi, F. & Tsuji, S. (1984). Attractive Quality and Must-Be Quality. *undefined.* https://www.semanticscholar.org/paper/Attractive-Quality-and-Must-Be-Quality-Kano-Seraku/b87d1ccf62791b914e2d1950729f2171369be429

Karl Ernst Georges: Ausführliches lateinisch-deutsches Handwörterbuch. (1913). *delego.* Hahnsche Verlags-Buchhandlung.

Karst, K. & Förster, N. (2017). Ansätze zur Modellierung diagnostischer Kompetenz. In A. Südkamp & A.-K. Praetorius (Hrsg.), *Diagnostische Kompetenz von Lehrkräften: Theoretische und methodische Weiterentwicklungen* (1. Auflage, S. 19–20). Waxmann Verlag GmbH.

Kasselmann, S. & Willeke, S. (2017). *4.0 Ready: Technologie Kompendium Interaktive Assistenzsysteme.* Internationale Performance Research Institute; Institut für Integrierte Produktion Hannover. https://www.iph-hannover.de/_media/files/downloads/Projekt_40-Ready_Technologie-Kompendium.pdf

Kästner, E. (2011). Der Zauberlehrling: Ein Fragment. In *Die Romane.* Haffmans, 2011.

Katenkamp, O. (2011). *Implizites Wissen in Organisationen: Konzepte, Methoden und Ansätze im Wissensmanagement. SpringerLink Bücher.* VS Verlag für Sozialwissenschaften. https://doi.org/10.1007/978-3-531-93194-4

Kell, T. (2012). *Die Kunst der Führung: Verhalten entwickeln, Führungspotenzial erweitern* (Softcover reprint of the original 1st edition 2005). Betriebswirtschaftlicher Verlag Gabler.

Kelle, U [Udo] & Tempel, G. (2020). Verstehen durch qualitative Methoden – der Beitrag der interpretativen Sozialforschung zur Gesundheitsberichterstattung [Understanding through qualitative methods – the contribution of interpretative social research to health reporting]. *Bundesgesundheitsblatt – Gesundheitsforschung – Gesundheitsschutz, 63*(9), 1126–1133. https://doi.org/10.1007/s00103-020-03209-5

Kelle, U [Uwe] & Erzberger, C. (2019). Quantitative und qualitative Methoden – kein Gegensatz. In U. Flick, E. von Kardorff & I. Steinke (Hrsg.), *Rororo Rowohlts Enzyklopädie: Bd. 55628. Qualitative Forschung: Ein Handbuch* (13. Auflage, Originalausgabe, 299–309). rowohlts enzyklopädie im Rowohlt Taschenbuch Verlag.

Keller, T. (2002). *Beziehungsmanagement Im Arzt-Patient-Verhältnis: Der Einfluss der Qualität ärztlicher Dienstleistung Auf Die Patientenbindung. Gabler Edition Wissenschaft Ser.* Deutscher Universitäts Verlag. https://ebookcentral.proquest.com/lib/kxp/detail.action?docID=6296195

Kellermann, I. (2012). Emotionen – Formen – Gesten. *Zeitschrift für Erziehungswissenschaft, 15*(S1), 97–114. https://doi.org/10.1007/s11618-012-0295-7

Keltner, D., Kogan, A., Piff, P. K. & Saturn, S. R. (2014). The Sociocultural Appraisals, Values, and Emotions (SAVE) Framework of Prosociality: Core Processes from Gene to Meme. *Annual Review of Psychology, 65*(1), 425–460. https://doi.org/10.1146/annurev-psych-010213-115054

Kempinski. (n. d.). *Kempinski feiert Lady in Red.* Zugriff am 6. August 2022, verfügbar unter https://www.kempinski.com/de/hotels/presseraum/geburtstag-einer-ikone-kempinski-feiert-lady-in-red/

Kenngott, E.-M. (2012). *Perspektivenübernahme: Zwischen Moralphilosophie und Moralpädagogik.* Zugl.: Potsdam, Univ., Diss., 2010. *SpringerLink Bücher.* VS Verl. für Sozialwiss. https://doi.org/10.1007/978-3-531-93489-1

Kesper, B. (1987). Die neue Rolle der Gästebetreuung in Heilbädern, Kur- und Erholungsorten. In W. Grümme (Hrsg.), *IFKA-Schriftenreihe: Bd. 3. Gästebetreuung in Kur- und Erholungsorten: Theoretische Grundlagen und Praxismodelle* (S. 7–8). IFKA.

Kessler, H. (2015). *Kurzlehrbuch Medizinische Psychologie und Soziologie* (3., überarbeitete Auflage). *Thieme eRef*. Georg Thieme Verlag. https://eref.thieme.de/ebooks/1111887 https://doi.org/10.1055/b-003-104356

Kettemann, W. (2008). *Subsidia Anianensia: Überlieferungs- und textgeschichtliche Untersuchungen zur Geschichte Witiza-Benedikts, seines Klosters Aniane und zur sogenannten „anianischen Reform"*. https://duepublico2.uni-due.de/receive/duepublico_mods_00018245

Keuneke, S. (2017). Qualitatives Interview. In L. Mikos & C. Wegener (Hrsg.), *Qualitative Medienforschung* (S. 254–267). UVK Verlagsgesellschaft mbH, 2017.

Kiefl, W. & Klörs, U. (1999). Grenzenlos braucht Grenzen Ent- und Begrenzung im modernen Tourismus. In H. Schwengel & B. Höpken (Hrsg.), *Grenzenlose Gesellschaft? Band II/2 Ad-hoc-Gruppen Foren*. Centaurus Verlag & Media; Imprint.

Kiel, E. & Weiß, S. (Hrsg.). (2016). *Schulentwicklung gestalten: Theorie und Praxis von Schulinnovation* (1. Auflage). Verlag W. Kohlhammer.

Kieserling, A. (2020a, 20. August). *Soziale Systeme: Spielgeld*. Frankfurter Allgemeine Zeitung GmbH. https://www.faz.net/aktuell/wissen/geist-soziales/gespielte-und-reale-klassengesellschaft-im-restaurant-16679446.html

Kieserling, A. (29. August 2020b). Spielgeld. *Frankfurter Allgemeine Zeitung*. https://www.faz.net/aktuell/wissen/geist-soziales/gespielte-und-reale-klassengesellschaft-im-restaurant-16679446.html

Kindergarten heute (2007). Berufliche Kompetenz von ErzieherInnen: Erwartungen & Anforderungen. *kindergarten heute, 37*(3), 6–13. https://www.herder.de/kiga-heute/fachmagazin/archiv/2007-37-jg/3-2007/ein-bisschen-hexen-koennen-waer-nicht-schlecht-erwartungen-und-anforderungen-an-die-berufliche-handlungskompetenz-von-erzieherinnen/

Kinnert, D. & Bielefeld, M. (2022). *Die neue Einsamkeit: Und wie wir sie als Gesellschaft überwinden können* (1. Auflage, Taschenbuchausgabe). Hoffmann und Campe.

Kirchgeorg, M. (15. Februar 2018a). Definition: Meinungsführer. *Springer Fachmedien Wiesbaden GmbH*. https://wirtschaftslexikon.gabler.de/definition/meinungsfuehrer-38313

Kirchgeorg, M. (19. Februar 2018b). Definition: Spillover-Effekt. *Springer Fachmedien Wiesbaden GmbH*. https://wirtschaftslexikon.gabler.de/definition/spillover-effekt-43401

Kirchmair, R. (2022). *Qualitative Forschungsmethoden: Anwendungsorientiert: vom Insider aus der Marktforschung lernen* (1st ed. 2022). *Angewandte Psychologie Kompakt*. Springer Berlin Heidelberg; Imprint: Springer. https://permalink.obvsg.at/

Kisabaka, L. (2017). *Marketing für Luxusprodukte* (4. Auflage). epubli.

Klammer, B. (2005a). *Empirische Sozialforschung* (1. Aufl.). UTB GmbH; UVK. Bernd

Klammer, B. (2005b). *Empirische Sozialforschung: Eine Einführung für Kommunikationswissenschaftler und Journalisten* (1. Aufl.). *utb-studi-e-book: Bd. 2642*. UVK; UVK Verl.-Ges. https://elibrary.utb.de/doi/book/10.36198/9783838526423

Klauer, K. J. (Hrsg.). (1982). *Schwann-Studienbücher. Handbuch der pädagogischen Diagnostik* (Studienausg). Schwann.

Kleemaier-Wetl, R. (2015). *Baukulturelles Erbe versus Klimaschutz und Modernität: Am Beispiel des Welterbegebietes Fertö – Neusiedler See* (1st ed.). vdf Hochschulverlag. https://elibrary.utb.de/doi/book/10.5555/9783728137296

Kleinaltenkamp, M. (1993). Investitionsgüter-Marketing als Beschaffung externer Faktoren. In E. M. Thelen (Hrsg.), *Dienstleistungsmarketing: Eine Bestandsaufnahme ; Tagungsband zum 2. Workshop für Dienstleistungsmarketing, Innsbruck, Februar 1993* (S. 101–126). Lang.

Kleinaltenkamp, M. (2017). Der Wert des Kunden als Informant. In S. Helm, B. Günter & A. Eggert (Hrsg.), *Kundenwert: Grundlagen – Innovative Konzepte – Praktische Umsetzungen* (4., überarbeitete und erweiterte Auflage, S. 189–210). Springer Gabler.

Klemmer, P. (1999). *Ökoeffiziente Dienstleistungen: Dokumentation Einer Workshopreihe Zur Intensivierung der Branchenkommunikation. Wuppertal Texte Ser*. Springer Basel AG. https://ebookcentral.proquest.com/lib/kxp/detail.action?docID=6584219

Klieme, E., Avenarius, H., Blum, W., Döbrich, P., Gruber, H., Prenzel, M., Reiss, K., Riquarts, K., Rost, J., Tenorth, H.-E. & Vollmer, H. J. (2003). *Zur Entwicklung nationaler Bildungsstandards: Eine Expertise*. DIPF. http://www.ak-mathe.muc.kobis.de/Download/Arbeitskreis/expertise_bildungsstandards.pdf

Kliniken Hirslanden. (n. d.). *Hotellerie*. Zugriff am 30. Mai 2023, verfügbar unter https://www.hirslanden.ch/de/corporate/leistungsuebersicht-stationaer/hirslanden-preference/leistungsvorteile/hotellerie.html

Klinner-Möller, N. (2011). *Die Messung von Kundendiskriminierung in Dienstleistungsunternehmungen – Eine Analyse von Determinanten und kundenbezogenen Konsequenzen* [Dissertation]. Universität Koblenz Landau, Koblenz. https://kola.opus.hbz-nrw.de/frontdoor/deliver/index/docId/512/file/Dissertation_Nicole_Klinner_MAller.pdf

Klusemann, S., Rosenkranz, L., Schütz, J. & Bertelsmann Stiftung. (2020). *Professionelles Handeln im System*. https://doi.org/10.11586/2020040

Knapp, K. & Knapp-Potthoff, A. (1990). Interkulturelle Kommunikation. *Zeitschrift für Fremdsprachenforschung*,, S. 62–93.

Knoch, H. (2016). *Grandhotels: Luxusräume und Gesellschaftswandel in New York, London und Berlin um 1900*. Wallstein Verlag.

Kobjoll, K. (1994). Inszenieren Sie Ihre Vorstellung. In C. Lentz & H. Fritz (Hrsg.), *Gastgewerbliche Berufe: Organisation und Marketing ; Restaurantfachmann/-fachfrau, Hotelfachmann/-fachfrau* (Dr. A, 1). Gehlen.

Koch, A. (1951). *Hotels, Restaurants, Café- und Barräume*. Koch.

Koch, M., Vargas, C. & Gatterer, H. (Januar 2016). *Hotel der Zukunft: Das empathische Hotel*.

Kodden, S. (2016). *Begeisterung: Erwecke den inneren Helden : wie Begeisterung, Vitalität und Hingabe den Unterschied machen* (Zweite Ausgabe). Bernard Daniel Press.

Kolland, F. (2006). Tourismus im gesellschaftlichen Wandel: Entwicklungslinien und Erklärungsversuche. In *Sozialwissenschaftliche Rundschau* (S. 245–270). https://www.sws-rundschau.at/ (Erstveröffentlichung 2006)

Kölling, A. (1968). *Fachbuch für Kellner: Theorie u. Praxis im Kellnerberuf* (8., verb. Aufl.). Fachbuchverl. VEB.

Kompetenzzentrum Tourismus des Bundes. (20120). *Der neue Resonanz-Tourismus*. https://www.kompetenzzentrum-tourismus.de/wissen/studien/345-der-neue-resonanz-tourismus

König, J. & Hofmann, B. (2013). *Professionalität von Lehrkräften: Was sollen Lehrkräfte im Lese- und Schreibunterricht wissen und können?* (2. Aufl.). *DGLS-Beiträge: Bd. 11.* Deutsche Ges. für Lesen und Schreiben.

König, W. D. (2016). Kommunikationsbedürfnisse, Ausdrucksadäquatheit, Sprachveränderung. In C. Habel & S. Kanngießer (Hrsg.), *Konzepte der Sprach- und Literaturwissenschaft Ser: v.25. Sprachdynamik und Sprachstruktur: Ansätze zur Sprachtheorie* (S. 57–80). De Gruyter Inc. https://doi.org/10.1515/9783110944457-004

Kos, W. (1987). Die Zeit kommt durch die Schwingtüre. Hotelbauten und Unterhaltungsarchitektur. *Bauwelt,* 78(48), S. 1792–1797.

Kotler, P., Armstrong, G., Harris, L. C. & Piercy, N. (2019). *Grundlagen des Marketing* (7., aktualisierte Auflage). *Studium Economic BWL.* Pearson. https://elibrary.pearson.de/book/99.150005/9783863268503

Kramer, D. (Hrsg.). (1992). *Kulturanthropologie-Notizen: Bd. 39. Reisen und Alltag: Beiträge zur kulturwissenschaftlichen Tourismusforschung.* Inst. für Kulturanthropologie und Europ. Ethnologie.

Kraus & Partner. (n. d.). *Innovator: Innovatoren in Unternehmen; Innovator Prozesse, Kultur.* Zugriff am 24. Februar 2022, verfügbar unter https://www.kraus-und-partner.de/wissen-und-co/wiki/innovator-innovatoren-in-unternehmen

Krausler, K., Ruetz, C., Schneider, J., Weissensteiner-Wiessler, I. & Wolfschluckner, R. (2020). *Rezeption in Perfektion + digitales Zusatzpaket* (2. Auflage 2020). Trauner Verlag.

Krenzer, J. (19. Februar 2011). Krenzers Tipp: Qualität, abermenschlich! *AHGZ.* https://www.ahgz.de/hotellerie/news/qualitaet-abermenschlich-198193

Kretschmann, K. von. (2002). *geneonleadership: Geneon-Gespräch mit Dr. Karoline von Kretschmann Geschäftsführende Gesellschafterin Europäischer Hof Heidelberg ...ein Gesprächsformat zu Führung in Familienunternehmen.* https://www.europaeischerhof.com/wp-content/uploads/2022/07/2022-02-18-Geneon-Gespräch-Caroline-von-Kretschmann.pdf

Kreutzer, R. T. (2018). *Praxisorientiertes Online-Marketing: Konzepte – Instrumente – Checklisten* (3., vollständig überarbeitete und erweiterte Auflage). Springer Gabler. https://doi.org/10.1007/978-3-658-17912-0

Kreuzeder, H. P. (2023). *Aida Software.* https://www.aida.software/pms_screenshots.html

Kriener, A. (1950a). *Betriebskunde für das Hotel- und Gaststättengewerbe: Ein Lehr- u. Nachschlagebuch f. Personal u. Leitung d. Hotel- u. Gaststättenbetriebe. Mit zahlr. Übers., Tabellen u. Diagrammen. Schriftenreihe für Fremdenverkehrsbetriebe: Bd. 2.* Pfanneberg.

Kriener, A. (1950b). *Betriebskunde für das Hotel- und Gaststättengewerbe: Ein Lehr- und Nachschlagbuch für Personal und Leitung der Hotel- und Gaststättenbetriebe. Schriftenreihe für Fremdenverkehrsbetriebe.*

Krippendorf, J. (1986). *Die Ferienmenschen: Für ein neues Verständnis von Freizeit und Reisen* (Im Text ungekürzte, vom Autor aktualisierte Ausg). *Dtv.*

Kriz, J. & Lisch, R. (1988). *Methoden-Lexikon für Mediziner, Psychologen, Soziologen.* Psychologie-Verl.-Union.

Kroeber, A. L. & Kluckhohn, C. (1952). *Culture: A critical review of concepts and definitions. Papers of the Peabody Museum of American Archaeology and Ethnology, Harvard University: Bd. 47,1.*

Kroeber-Riel, W. (2011). *Konsumentenverhalten* (9th ed (Online-Ausg.). *EBL-Schweitzer*. Franz Vahlen. http://swb.eblib.com/patron/FullRecord.aspx?p=806541

Kroeber-Riel, W. & Gröppel-Klein, A. (2019). *Konsumentenverhalten* (11. vollständig überarbeitete, aktualisierte und ergänzte Auflage). Verlag Franz Vahlen.

Kroll, R. (2002). *Metzler Lexikon Gender Studies-Geschlechterforschung: Ansätze, Personen, Grundbegriffe*. J. B. Metzler'sche Verlagsbuchhandlung & Carl Ernst Poeschel GmbH. https://ebookcentral.proquest.com/lib/kxp/detail.action?docID=6288019

Kromrey, H. (2002). *Empirische Sozialforschung: Modelle und Methoden der standardisierten Datenerhebung und Datenauswertung* (10., Aufl.). VS Verlag für Sozialwissenschaften.

Krone Ulm. (n. d.). *Geschichte der Krone*. Zugriff am 8. Mai 2021, verfügbar unter https://www.krone-ulm.de/unser-restaurant.html

Kruse, J [Jan]. (2015). *Qualitative Interviewforschung: Ein integrativer Ansatz* (2., überarbeitete und ergänzte Aufl.). *Grundlagentexte Methoden*. Beltz Verlagsgruppe. http://www.content-select.com/index.php?id=bib_view&ean=9783779941620

Kuckartz, U. (2010). *Einführung in die computergestützte Analyse qualitativer Daten* (3., aktualisierte Aufl.). *Lehrbuch*. VS, Verl. für Sozialwiss.

Kuhlmann, E. (1998). Besonderheiten des Nachfragerverhaltens bei Dienstleistungen. In M. Bruhn & H. Meffert (Hrsg.), *Springer eBook Collection Business and Economics. Handbuch Dienstleistungsmanagement: Von der strategischen Konzeption zur praktischen Umsetzung* (S. 165–195). Gabler Verlag.

Kumbruck, C. & Derboven, W. (2016). *Interkulturelles Training: Trainingsmanual zur Förderung interkultureller Kompetenzen in der Arbeit* (3. Aufl. 2015). Springer Berlin Heidelberg. http://nbn-resolving.org/urn:nbn:de:bsz:31-epflicht-1585688

Küng, B. (20. April 2023). Das Gespräch. *htr hotelrevue*(8), S. 17–19. htr.ch

Kunschert, M. (2019). *Der Kundenwert Im Industriegütermarketing. Edition KWV Ser.* Gabler. https://ebookcentral.proquest.com/lib/kxp/detail.action?docID=5667400

Kuo, C.-M., Chen, L.-C. & Lu, C. Y. (2012). Factorial validation of hospitality service attitude. *International Journal of Hospitality Management, 31*(3), 944–951. https://doi.org/10.1016/j.ijhm.2011.11.002

Kurt Luger (1995). Kulturen im Veränderungsstreß. *Verreiste Berge – Kultur und Tourismus im Hochgebirge*, 19–42. https://uni-salzburg.elsevierpure.com/en/publications/kulturen-im-ver%C3%A4nderungsstre%C3%9F

Lange, C. (1936). *Handbuch für das Hotel- und Gaststätten-Gewerbe: Lehr- u. Nachschlage-Buch f. Meister, Gehilfen u. Lehrlinge. Illustrierte Handwerker-Bibliothek: Bd. 21*. Moritz; [F. Wagner].

Lapidus, A. H. (1976). Planning Hotels that Work. In J. M. Davern (Hrsg.), *Architectural record books. Places for people: Hotels, motels, restaurants, bars, clubs, community recreation facilities, camps, parks, plazas, playgrounds ; examples for outstanding achievement*. McGraw-Hill.

Lashley, C., Lynch, P. & Morrison, A. J. (Hrsg.). (2007). *Advances in tourism research. Hospitality: A social lens* (1st ed.). Elsevier. http://www.sciencedirect.com/science/book/9780080450933

Laube, P., Gudmundsson, J. & Wolle, T. (2016). Computer-gestützte Bewegungsanalyse. In W. Freeden & R. Hummel (Hrsg.), *Handbuch der Geodäsie* (S. 1–28). Springer Spektrum, Berlin, Heidelberg. https://doi.org/10.1007/978-3-662-46900-2_68-1

Leed, E. J. (1991). *The mind of the traveler: From Gilgamesh to global tourism.* Basic Books.

Leenen, W. R., Groß, A. & Grosch, H. (2003). Interkulturelle Kompetenz in der Sozialen Arbeit. In G. Auernheimer (Hrsg.), *Interkulturelle Studien Ser: v.13. Interkulturelle Kompetenz und Pädagogische Professionalität* (S. 81–102). VS Verlag fur Sozialwissenschaften GmbH.

Lehmkuhl, U. (11. Oktober 2008). Die Reagan-Jahre: Zurück zum „alten Glanz". *Bundeszentrale für politische Bildung.* https://www.bpb.de/internationales/amerika/usa/10625/reagan-jahre

Leibfried, A. (22. Oktober 2007). Umfrage: Hoteliers sind guter Stimmung. *AHGZ.* https://www.ahgz.de/hotellerie/news/hoteliers-sind-guter-stimmung-170007

Leichtle, V. A. (2009). *Handbuch für atmosphärische Gestaltung im Hotel: Ambiente schaffen, Sinne berühren, Gäste begeistern.* Schmidt.

Leidner, R. (1993). *Fast food, fast talk: Service work and the routinization of everyday life.* Univ. of California Press. http://www.loc.gov/catdir/bios/ucal051/92038004.html

Lemke, H. (2011). Philosophie der Gastlichkeit. In A. Wierlacher (Hrsg.), *Wissenschaftsforum Kulinaristik: Bd. 3. Gastlichkeit: Rahmenthema der Kulinaristik* (82 ff.). LIT.

Lemmer, G. & Gollwitzer, M. (2018). Quantitative Forschung. In O. Decker (Hrsg.), *Sozialpsychologie und Sozialtheorie: Band 1: Zugänge* (1st ed. 2018, S. 245–279). Springer Fachmedien Wiesbaden; Imprint: Springer VS.

Lemon, K. N. & Verhoef, P. C. (2016). Understanding Customer Experience Throughout the Customer Journey. *Journal of Marketing, 80*(6), 69–96. https://doi.org/10.1509/jm.15.0420

Lenbet, A. (2014). *Kita, Krippe, Tagesmutter: Die beste Betreuung für glückliche Kinder und entspannte Eltern* (1. Aufl.). TRIAS.

Lenger, H., Lenger, R., Gutmayer, W., Stickler, H. & Wolfschlucker, W. (2006). *Servieren und Gästeberatung: BS, LWFS, LWBS* (7., überarb. Aufl.). Trauner.

Lennartz, W. (2017). *Kundenwert im wertorientierten Management: Messung und praktische Anwendung.* Springer Fachmedien Wiesbaden. https://doi.org/10.1007/978-3-658-16643-4

Lentz, C. & Fritz, H. (1994). *Gastgewerbliche Berufe* (Dr. A, 1). Gehlen.

Leschnik, A. (2020a). *Aufmerksamkeit: Grundlagen, Clinical Reasoning und Intervention Im Kindes- und Jugendalter. essentials.* Springer Fachmedien Wiesbaden GmbH. https://livivo.idm.oclc.org/login?url=https://ebookcentral.proquest.com/lib/zbmed-ebooks/detail.action?docID=6407555

Leschnik, A. (2020b). *Visuelle Wahrnehmung: Grundlagen, Clinical Reasoning und Intervention Im Kindes- und Jugendalter. essentials.* Springer Fachmedien Wiesbaden GmbH. https://livivo.idm.oclc.org/login?url=https://ebookcentral.proquest.com/lib/zbmed-ebooks/detail.action?docID=6273220

Leuders, T., Nückles, M., Mikelskis-Seifert, S. & Philipp, K. (Hrsg.). (2019). *ProQuest Ebook Central. Pädagogische Professionalität in Mathematik und Naturwissenschaften.* Springer Spektrum. https://ebookcentral.proquest.com/lib/kxp/detail.action?docID=5622489

Liebenau, T. von. (1891). *Das Gasthof- und Wirthshauswesen der Schweiz in älterer Zeit.* J.A. Preuss.

Ligl, E. (2018). *Gastgeber sein im Jahr 2025 – die Service Dienstleistung im Zeichen der Qualität.* https://www.hotelier.de/lieferanten/dienstleistungen/gastgeber-sein-im-jahr-2025-die-service-dienstleistung-im-zeichen-der-qualitaet

Lindner-Lohmann, D., Lohmann, F. & Schirmer, U. (2016). *Personalmanagement* (3., akualisierte Aufl. 2016). *BA KOMPAKT*. Springer Berlin Heidelberg. http://nbn-resolving.org/urn:nbn:de:bsz:31-epflicht-1489563

Linke, A. & Tanner, J. (Hrsg.). (2006). *Alltag & Kultur: Bd. 11. Attraktion und Abwehr: Die Amerikanisierung der Alltagskultur in Europa.* Böhlau. http://www.h-net.org/reviews/showrev.php?id=20981

Lippe, P. von der & Kladroba, A. (2002). Repräsentativität von Stichproben. *Marketing ZFP, 24*(2), 139–146. https://doi.org/10.15358/0344-1369-2002-2-139

Lippold, D. (Hrsg.). (2019). *essentials. Theoretische Ansätze der Personalwirtschaft: Ein Überblick* (2., überarbeitete Auflage). Springer Gabler. https://doi.org/10.1007/978-3-658-26089-7

Lischka, B. (2012). *Emotionale Intelligenz im Unternehmen: Chancen und Herausforderungen für den Mittelstand. Schriftenreihe des ESB Research Institute: v.35.* Ibidem Verlag. https://ebookcentral.proquest.com/lib/kxp/detail.action?docID=5782060

Lodewijk Klosse (2018). Mapping a Customer Journey Across Multiple Online Channels: An Explorative Study in an Online Hotel Booking Setting. https://www.semanticscholar.org/paper/Mapping-a-Customer-Journey-Across-Multiple-Online-Klosse/370fc9f6a048bc392b29176bc9b5a285748886d1

Lotter, W. (3. April 2022). Persönlicher Service. *brand eins*(07), S. 32–38. https://www.brandeins.de/magazine/brand-eins-wirtschaftsmagazin/2018/service/wolf-lotter-persoenlicher-service

Lübke, N. (2022). *Hamburger Manual zur Einstufung nach dem Barthel-Index.* https://www.bfarm.de/SharedDocs/Downloads/DE/Kodiersysteme/hamburger-manual.html

Lübke, N., Meinck, M. & Renteln-Kruse, W. von (2004). Der Barthel-Index in der Geriatrie. Eine Kontextanalyse zum Hamburger Einstufungsmanual [The Barthel Index in geriatrics. A context analysis for the Hamburg Classification Manual]. *Zeitschrift fur Gerontologie und Geriatrie, 37*(4), 316–326. https://doi.org/10.1007/s00391-004-0233-2

Lynch, J. (1992). *The Psychology of Customer Care: A Revolutionary Approach.* Palgrave Macmillan UK. https://ebookcentral.proquest.com/lib/kxp/detail.action?docID=6580290

Maack, K., Haves Jakob, Homann, B. & Schmid, K [Katrin]. (2013). *Die Zukunft des Gastgewerbes – Beschäftigungsperspektiven im deutschen Gastgewerbe. Personalarbeit im Betrieb: Bd. 188.* Hans-Böckler-Stiftung.

Maas, R. (2019). *Generation Z für Personaler, Führungskräfte und jeden der die Jungen verstehen muss: Ergebnisse der Generation-Thinking-Studie. Hanser eLibrary.* Hanser. https://www.hanser-elibrary.com/doi/10.3139/9783446462397 https://doi.org/10.3139/97834464623974801

Maaßen, A. & Pufhan, B. (2003). Angehörige als Betreuer: Kompetenzen und Grenzen. In K.-E. Brill (Hrsg.), *Betrifft: Betreuung: Bd. 5. „Zum Wohl des Betreuten": Zehn Jahre nach einer Jahrhundertreform: Schutzgarantien und Qualität im Betreuungswesen* (Bd. 5, S. 167–170). Vormundschaftsgerichtstag.

Mader, F. H. & Rieder, B. (2018). *Allgemeinmedizin und Praxis: Facharztwissen, Facharztprüfung. Anleitung in Diagnostik, Therapie und Betreuung* (8th ed.). Springer Berlin

/ Heidelberg. https://livivo.idm.oclc.org/login?url=https://ebookcentral.proquest.com/lib/zbmed-ebooks/detail.action?docID=5439433

Maderthaner, R. (2017). *Psychologie. basics: Bd. 2772.* facultas.

Mahoney, F. I. & Barthel, D. W. (1965). Functional Evaluation: The Barthel Index. *Maryland state medical journal, 14*, 61–65. https://pubmed.ncbi.nlm.nih.gov/14258950/

Maier, J. (2015). In Service through friendship. *Falstaff* (01), 30–34.

Majeed, R., Faust, I., Hüppe, M. & Hermann, C. (2021). Messung von schmerzbezogener Erlebensvermeidung: Analyse des Acceptance and Action Questionnaire-II-Pain bei Patienten mit chronischem Schmerz [Measurement of pain-related experiential avoidance: analysis of the Acceptance and Action Questionnaire-II-Pain in patients with chronic pain]. *Schmerz (Berlin, Germany), 35*(6), 401–411. https://doi.org/10.1007/s00482-021-00537-6

Majer, H. (1984). *Qualitatives Wachstum: Einführung in Konzeptionen der Lebensqualität.* Campus Verl.

Mandl, H. & Huber, G. L. (Hrsg.). (1983). *U-&-S-Psychologie. Emotion und Kognition.* Urban & Schwarzenberg.

Manhas, P. S. & Tukamushaba, E. K. (2015). Understanding service experience and its impact on brand image in hospitality sector. *International Journal of Hospitality Management, 45*, 77–87. https://doi.org/10.1016/j.ijhm.2014.11.010

Marek Korczynski. (2002). *Human Resource Management in Service Work.* Basingstoke. https://www.researchgate.net/publication/238395364_Human_Resource_Management_in_Service_Work

Maria. (n. d.). *Hotel Experience: 5 Stages of Guest Journey.* Zugriff am 31. Januar 2023, verfügbar unter https://cothm.ae/hotel-experience-5-stages-of-guest-journey/

Marques, M. (2018). *Why is customer care in the hospitality industry a chaos?* Medium. https://medium.com/hijiffy/why-is-customer-care-in-the-hospitality-industry-a-chaos-3c52480cf2f4

Marx, N. (2006). *Interkulturelle Kompetenz als Schlüsselqualifikation für die Fachkräfte der Sozialen Arbeit.* GRIN Verlag GmbH. https://www.grin.com/document/60776

Maslow, A. H. (1977). *Motivation und Persönlichkeit.* Walter.

Matzler, K. (1997). *Kundenzufriedenheit und Involvement.* Zugl.: Innsbruck, Univ., Diss., 1997. *Gabler Edition Wissenschaft.* Gabler; Dt. Univ.-Verl.

Matzler, K. & Stahl, H. K. (2000). Kundenzufriedenheit und Unternehmenswertsteigerung. *Die Betriebswirtschaft : DBW, 60*(5). http://www.gbi.de/cgi-bin/volltext?DBW_050001005_0&GW=zbw

Matzler, K., Stahl, H. K. & Hinterhuber, H. H. (2009). Die Customer-based View der Unternehmung. In H. H. Hinterhuber & K. Matzler (Hrsg.), *SpringerLink Bücher. Kundenorientierte Unternehmensführung: Kundenorientierung – Kundenzufriedenheit – Kundenbindung* (6., überarbeitete Auflage, S. 3–32). Gabler.

Maurer, M. & Jandura, O. (2009). Masse statt Klasse? Einige kritische Anmerkungen zu Repräsentativität und Validität von Online-Befragungen. In N. Jackob, H. Schoen & T. Zerback (Hrsg.), *SpringerLink Bücher. Sozialforschung im Internet: Methodologie und Praxis der Online-Befragung* (S. 61–73). VS Verlag für Sozialwissenschaften.

Maußhardt, P. (2017). *Glosse – Deutsche Gastfreundschaft – Garstig statt gastlich?* Deutschlandfunk Kultur. https://www.deutschlandfunkkultur.de/glosse-deutsche-gastfreundschaft-garstig-statt-gastlich.1001.de.html?dram:article_id=394788

Mayer, H. O. (2002). *Interview und schriftliche Befragung: Entwicklung, Durchführung und Auswertung*. Oldenbourg.

Mayer, R. E. (2010). Applying the science of learning to medical education. *Medical education, 44*(6), 543–549. https://doi.org/10.1111/j.1365-2923.2010.03624.x

Mayring, P. (1996). *Einführung in die qualitative Sozialforschung: Eine Anleitung zu qualitativem Denken* (3., überarb. Aufl.). Beltz, PsychologieVerlagsUnion.

Mayring, P. (2015). *Qualitative Inhaltsanalyse: Grundlagen und Techniken* (12., vollständig überarbeitete und aktualisierte Aufl.). *Beltz Pädagogik*. Beltz. http://nbn-resolving.org/urn:nbn:de:bsz:31-epflicht-1136370

Mayring, P. (2019). Qualitative Inhaltsanalyse – Abgrenzungen, Spielarten, Weiterentwicklungen. Vorab-Onlinepublikation. https://doi.org/10.17169/FQS-20.3.3343 (Forum Qualitative Sozialforschung / Forum: Qualitative Social Research, Vol 20, No 3 (2019): Qualitative Content Analysis I).

McCollough, M. A. (1995). *The recovery paradox: a conceptual model and empirical investigation of customer satisfaction and service quality attitudes after service failure and recovery* [Dissertation, Texas A&M University]. RIS. https://search.proquest.com/openview/19b6fcd02a2d733ee7338de424714617/1?pq-origsite=gscholar&cbl=18750&diss=y

McRae, K. & Gross, J. J. (2010). Emotion Regulation. In I. B. Weiner (Hrsg.), *Wiley Online library. The Corsini encyclopedia of psychology.* Wiley. https://doi.org/10.1002/9780470479216.corpsy0301

Mees, U. (1991). *Die Struktur der Emotionen.* Hogrefe Verl. für Psychologie.

Meffert, H. (2000). *Marketing: Grundlagen marktorientierter Unternehmensführung. Konzepte – Instrumente – Praxisbeispiele. Mit neuer Fallstudie VW Golf* (9., überarbeitete und erweiterte Auflage). Gabler Verlag. https://doi.org/10.1007/978-3-322-93168-9

Meffert, H. & Bruhn, M. (1995). *Dienstleistungsmarketing: Grundlagen – Konzepte – Methoden : mit Fallbeispielen* (2., überarb. und erw. Aufl.). *Meffert-Marketing-Edition.* Th. Gabler.

Meffert, H. & Bruhn, M. (2003). *Dienstleistungsmarketing: Grundlagen – Konzepte – Methoden Mit Fallstudien* (4., vollständig überarbeitete und erweiterte Auflage). *Springer eBook Collection Business and Economics.* Gabler Verlag. https://doi.org/10.1007/978-3-322-93195-5

Meffert, H. & Bruhn, M. (2012). *Dienstleistungsmarketing: Grundlagen, Konzepte, Methoden* (7., überarb. und erw. Aufl.). *Meffert-Marketing-Edition.* Springer Gabler.

Meffert, H., Bruhn, M. & Hadwich, K. (2019). *Dienstleistungsmarketing: Grundlagen – Konzepte – Methoden* (10. Aufl. 2019). *SpringerLink Bücher*. Springer Gabler. https://doi.org/10.1007/978-3-658-19176-4

Meier, D. E., Back, A. L. & Morrison, R. S. (2001). The inner life of physicians and care of the seriously ill. *JAMA, 286*(23), 3007–3014. https://doi.org/10.1001/jama.286.23.3007

Meinzer, D. C. (2019). *Die Arzt-Patient-Beziehung in einer digitalisierten Welt: Zur kommunikativen Konstruktion einer mediatisierten Beziehung* [Dissertation, Springer VS, Bremen]. GBV Gemeinsamer Bibliotheksverbund.

Meiren, T. (2007). Konzeption der Studie und Ableitung einer Typologie zu Unternehmenskultur. In W. Ganz (Hrsg.), *Performanz-Leitbilder: Ergebnisse einer Breitenerhebung zu Leitbildern in der betrieblichen Praxis* (S. 8–17). Fraunhofer IRB-Verl.

Menges, J., Ebersbach, L. & Welling, C. (2008). Emotionales Kapital: Einführung und Überblick. In J. Menges (Hrsg.), *Erfolgsfaktor emotionales Kapital: Menschen begeistern,*

Ziele erreichen ; Tagungsband zum 6. DocNet Management Symposium [am 7. November 2008 (1. Aufl., S. 13–20). Haupt.

Mennicken, C. (2000). *Interkulturelles Marketing: Wirkungszusammenhänge Zwischen Kultur, Konsumverhalten und Marketing. DUV Wirtschaftswissenschaft Ser.* Deutscher Universitäts Verlag. https://ebookcentral.proquest.com/lib/kxp/detail.action?docID=6301707

Menthe, T. & Sieg, M. (2018). *Kundennutzen – Schlüssel zum Verkaufserfolg: Wie Sie Mehrwert bieten, Preise leichter durchsetzen und Profitabilität sichern. SpringerLink Bücher.* Springer Gabler. https://doi.org/10.1007/978-3-658-17453-8

Menz, W. (2012). Grundorientierungen interaktiver Arbeit – Dienstleistungsfachkräfte in der Hotellerie. In W. Dunkel & M. Weihrich (Hrsg.), *Interaktive Arbeit: Theorie, Praxis und Gestaltung von Dienstleistungsbeziehungen* (S. 119–138). Springer VS.

Le Méridien Hotels & Resorts. (n. d.). *Modern Hotels | Le Méridien Hotels & Resorts.* Zugriff am 6. August 2022, verfügbar unter https://le-meridien.marriott.com/

Mesnaric, F. (2020). *Prosoziales Ausgabeverhalten und Spenderwohlbefinden: Der Einfluss Von Perspektivenübernahme. Beiträge Zur Empirischen Marketing- und Vertriebsforschung Ser.* Springer Fachmedien Wiesbaden GmbH. https://ebookcentral.proquest.com/lib/kxp/detail.action?docID=6141317

Metz, R [R.], Beer, A., Grüner, H., Kessler, T. & Krödel, C. (2013). *Hotel & Gast* (13. Aufl., 1. Dr). Pfanneberg.

Metz, R [Reinhold], Grüner, H. & Kessler, T. (2008). *Restaurant & Gast* (10. Aufl., 1. Dr). *Fachwissen Hotel, Restaurant, Küche.* Pfanneberg.

Metzger, W. (1975). *Psychologie: Die Entwicklung ihrer Grundannahmen seit der Einführung des Experiments* (5. Aufl.). *Wissenschaftliche Forschungsberichte Reihe I, Grundlagenforschung u. grundlegende Methodik Abteilung C, Psychologie: Bd. 52.* Steinkopff.

Meuser, M. & Nagel, U. (1991). *Qualitativ-empirische Sozialforschung : Konzepte, Methoden, Analysen. ExpertInneninterviews – vielfach erprobt, wenig bedacht: ein Beitrag zur qualitativen Methodendiskussion* (D. Garz & K. Kraimer, Hg.). Westdt. Verl. 2402

Meuser, M. & Nagel, U. (2009). *Methoden der vergleichenden Politik- und Sozialwissenschaft: Neue Entwicklungen und Anwendungen* (Lehrbuch). VS Verlag für Sozialwissenschaften.

Meyer, A., Blümelhuber, C. & Pfeiffer, M. (2000). Der Kunde als Co-Produzent und Co-Designer – oder: die Bedeutung der Kundenintegration für die Qualitätspolitik von Dienstleistungsanbietern. In M. Bruhn & B. Stauss (Hrsg.), *Dienstleistungsqualität* (S. 49–70). Gabler Verlag. https://doi.org/10.1007/978-3-322-91158-2_2

Meyer, A. & Mattmüller, R. (1987). Qualität von Dienstleistungen : Entwurf e. praxisorientierten Qualitätsmodells. *Marketing : ZFP ; journal of research and management, 034413697173489919873187195*(3), 187–195.

Meyer, J. (1907). *Meyers Großes Konversations-Lexikon: Ein Nachschlagewerk des allgemeinen Wissens* (6., gänzlich neubearb. und verm. Aufl., neuer Abdr, Bd. 7). Bibliogr. Inst.

Meyers Großes Konversations-Lexikon. (1906a). *Cura* (Bd. 4). Bibliograph. Institut.

Meyers Großes Konversations-Lexikon. (1906b). *Hŏtel* (Bd. 9). Bibliographisches Institut.

Mijinke, F. (2022). *Unlocking guest-centricity and adaptability for the future of hospitality: 4 organisational and talent actions for hospitality leaders.* https://www2.deloitte.com/nl/nl/pages/consumer/articles/unlocking-guest-centricity-and-adaptability-for-the-future-of-hospitality.html

MINGA VIP. (2021, 18. Februar). *Heidi Velz – MINGA VIP*. https://www.minga-vip.com/heidi-velz/

Minkman, M. M. N. (2017). Longing for Integrated Care: The Importance of Effective Governance. *International journal of integrated care*, *17*(4), 10. https://doi.org/10.5334/ijic.3510

Mischke, R. (2018). *Familienbetriebene Hotels in Deutschland: Hier ist der Gast König – WELT*. https://www.welt.de/reise/deutschland/article175308874/Familienbetriebene-Hotels-in-Deutschland-Hier-ist-der-Gast-Koenig.html

Misoch, S. (2015). 7 Samplingverfahren in qualitativer Forschung und der Zugang zum Feld. In S. Misoch (Hrsg.), *De Gruyter eBook-Paket Sozialwissenschaften. Qualitative Interviews* (S. 185–198). De Gruyter. https://doi.org/10.1515/9783110354614.185

Misoch, S. (2019). *Qualitative Interviews* (2., erweiterte und aktualisierte Auflage). *De Gruyter Studium*. De Gruyter Oldenbourg. https://doi.org/10.1515/9783110545982

Mitzscherlich, J. (2011). *Multi-Channel Management im CRM: Strukturen, Strategien und Kommunikationspolitik*. Diplomica Verlag. http://www.diplomica-verlag.de/

Mona. (2014). *„Der 5. Stern ist die deutsche Gästebetreuung": Hotel Mercure Hurghada (Hurghada) • HolidayCheck | Hurghada/Safaga Ägypten*. https://www.holidaycheck.at/hrd/hotel-mercure-hurghada-der-5-stern-ist-die-deutsche-gaestebetreuung/54489e74-1752-39e0-b260-b4d829a04001

Montaigne, M. E. de & Flake, O. (1921). *Reisetagebuch*. Müller.

Moosbrugger, H. & Kelava, A. (2020). Qualitätsanforderungen an Tests und Fragebogen („Gütekriterien"). In H. Moosbrugger & A. Kelava (Hrsg.), *Testtheorie und Fragebogenkonstruktion* (S. 13–38). Springer Berlin Heidelberg. https://doi.org/10.1007/978-3-662-61532-4_2

Morris, J. A. & Feldman, D. C. (1996). The Dimensions, Antecedents, and Consequences of Emotional Labor. *The Academy of Management Review*, *21*(4), 986. https://doi.org/10.2307/259161

Mörth, I. (2004). Kulturtourismus – Kultur des Tourismus: eine Verbindung von Kulturen? *TRANS; Internet-Zeitschrift für Kulturwissenschaften*(15).

Moser, K. (Hrsg.). (2007). *Springer-Lehrbuch. Wirtschaftspsychologie*. Springer Berlin Heidelberg. http://nbn-resolving.org/urn:nbn:de:bsz:31-epflicht-1528020

Motsch, E. & Rohrmoser, S. (2014). *Meine Gäste – meine Fans: Von der Servicewüste zur Gästebegeisterung. Gastronomie*. Trauner.

Müchler, G. (2019). *Napoleon: Revolutionär auf dem Kaiserthron*. wbg Theiss.

Müller, H. & Scheurer, R. (2003). *Angebotsinszenierung in Tourismus-Destinationen*. Jahrbuch der Schweizerischen Tourismuswirtschaft. https://www.researchgate.net/profile/Pietro_Beritelli/publication/36384148_Informationsquellen_fur_Reiseentscheidungen_-_ein_prozessorientierter_Ansatz/links/004635194859875091000000/Informationsquellen-fuer-Reiseentscheidungen-ein-prozessorientierter-Ansatz.pdf#page=71

Müller, H. & Scheurer, R. (Hrsg.). (2007). *Tourismus-Destination als Erlebniswelt: Ein Leitfaden zur Angebots-Inszenierung* (2. Aufl.). FIF, Univ.

Müller, J. & Hajak, G. (Hrsg.). (2005). *SpringerLink Bücher. Willensbestimmung zwischen Recht und Psychiatrie: Krankheit, Behinderung, Berentung, Betreuung*. Springer Berlin Heidelberg. https://doi.org/10.1007/3-540-28050-2

Müller, S [Stefan]. (2021). *Interkulturelles Konsumentenverhalten* (1st ed.). *Vahlens Handbücher der Wirtschafts- und Sozialwissenschaften*. Franz Vahlen. https://ebookcentral.proquest.com/lib/kxp/detail.action?docID=6991314

Müller-Commichau, W. (2005). *Fühlen lernen oder emotionale Kompetenz als Schlüsselqualifikation. Edition Psychologie und Pädagogik*. Matthias-Grünewald-Verl. http://www.socialnet.de/rezensionen/isbn.php?isbn=978-3-7867-2554-1

Müller-Roterberg, C. (2018). *Praxishandbuch Design Thinking: Tipps & Tools*. BoD – Books on Demand.

Münch, T. (1930). *Das Hotelunternehmen: Im Lichte betriebswirtschaftlicher Lehre und Praxis*. Orell Füssli.

Mundt, J. W. (2013). *Tourismus* (4., überarbeitete und ergänzte Auflage). De Gruyter; De Gruyter Oldenbourg.

Murtagh, F. E [Fliss Em], Ramsenthaler, C [Christina], Firth, A., Groeneveld, E. I., Lovell, N., Simon, S. T., Denzel, J., Guo, P., Bernhardt, F., Schildmann, E., van Oorschot, B., Hodiamont, F [Farina], Streitwieser, S., Higginson, I. J. & Bausewein, C [Claudia] (2019). A brief, patient- and proxy-reported outcome measure in advanced illness: Validity, reliability and responsiveness of the Integrated Palliative care Outcome Scale (IPOS). *Palliative medicine*, *33*(8), 1045–1057. https://doi.org/10.1177/0269216319854264

Nahrstedt, W. (1987). Gästebetreuung als ein neues Aufgabengebiet für Freizeitpädagogik und Kulturarbeit. In W. Grümme (Hrsg.), *IFKA-Schriftenreihe: Bd. 3. Gästebetreuung in Kur- und Erholungsorten: Theoretische Grundlagen und Praxismodelle*. IFKA.

Nazarian, A., Atkinson, P. & Foroudi, P. (2017). Influence of national culture and balanced organizational culture on the hotel industry's performance. *International Journal of Hospitality Management*, *63 (2017)*, 22–32.

Nelson, P. (1970). Information and Consumer Behavior. *Journal of Political Economy*, *78*(2), 311–329. http://www.jstor.org/stable/1830691

Nenninger, M. & Seidel, M. (2021). *Praxisleitfaden Customer Centricity: Mit Kundendaten und Customer Experience Die Digitale Transformation Erfolgreich Meistern – Mit Strategie-Framework und Umsetzungsplan*. Springer Fachmedien Wiesbaden GmbH. https://ebookcentral.proquest.com/lib/kxp/detail.action?docID=6637082

Nerdinger, F. W. (2012). Emotionsarbeit im Dienstleistungsbereich. *Report Psychologie*(37), S. 9–18.

Nerdinger, F. W., Blickle, G. & Schaper, N. (2019). *Arbeits- und Organisationspsychologie* (4., vollständig überarbeitete Auflage). *SpringerLink Bücher*. Springer. https://doi.org/10.1007/978-3-662-56666-4

Nestmeyer, R. (2015). *Hotelwelten: Luxus, Liftboys, Literaten*. Reclam.

Neustein, A. (2013). *Mobile Speech and Advanced Natural Language Solutions* (1st ed.). Springer New York. https://ebookcentral.proquest.com/lib/kxp/detail.action?docID=1082060

Neyer, F. J. & Asendorpf, J. (2018a). *Psychologie der Persönlichkeit* (6., vollständig überarbeitete Auflage, Online-Ausgabe). *SpringerLink Bücher*. Springer. https://doi.org/10.1007/978-3-662-54942-1

Neyer, F. J. & Asendorpf, J. (2018b). *Psychologie der Persönlichkeit: Mit 136 Abbildungen und 114 Tabellen* (6., vollständig überarbeitete Auflage). *SpringerLink Bücher*. Springer. https://doi.org/10.1007/978-3-662-54942-1

Nicolau, J. L. (2016). Activity. In J. Jafari & H. Xiao (Hrsg.), *Encyclopedia of Tourism.* Springer International Publishing.

Nicole. (2016). *Diskriminierung als Alleinreisender? Schluss mit Besenkammer!* https://www.unterwegsunddaheim.de/2016/09/diskriminierung-als-alleinreisender-einzelzimmerzuschlag/

Niederberghaus, T. (14. April 2005). Stadt der leeren Betten. *Die Zeit.* https://www.zeit.de/2005/16/Berlinhotels_3?utm_referrer=https%3A%2F%2Fwww.google.com%2F

Niefind, F. & Wiegran, A. (2010). Was sind Beschwerden? In O. Ratajczak (Hrsg.), *Erfolgreiches Beschwerdemanagement: Wege Zu Prozessverbesserungen und Kundenzufriedenheit* (S. 19–33). Springer Fachmedien Wiesbaden GmbH.

Niekisch, S. (2002). *Kolonisation und Konsum: Kulturkonzepte in Ethnologie und Cultural Studies. Kultur und soziale Praxis.* transcript Verlag. https://www.degruyter.com/isbn/9783839401019 https://doi.org/10.14361/9783839401019

Nierhaus, P. (9. April 2021). Pierre Nierhaus Trendreport: Gastro kommt gestärkt zurück! *PRestaurant.* https://www.presstaurant.de/nierhaus-trendreport-gestaerkt

Nierhaus, P. (2022). *Pierre Nierhaus Gastro-Trendreport 2022/23.* https://nierhaus.com/

Niethammer, L. (1983). „Die Jahre weiß man nicht, wo man die heute hinsetzen soll": Faschismuserfahrungen im Ruhrgebiet. *Lebensgeschichte und Sozialkultur im Ruhrgebiet 1930–1960.*

Nikolaus, T. & Pientka, L. (1999). *Funktionelle Diagnostik: Assessment bei älteren Menschen. Gerontologie, Geriatrie.* Quelle und Meyer.

Nünning, A. (2012). *Vielfalt der Kulturbegriffe – Dossier Kulturelle Bildung.* Bundeszentrale für politische Bildung. https://www.bpb.de/gesellschaft/bildung/kulturelle-bildung/59917/kulturbegriffe

Oechler, M. (2009). Soziale Arbeit als Dienstleistung. In M. Oechler (Hrsg.), *Dienstleistungsqualität in der Sozialen Arbeit* (S. 47–76). VS Verlag für Sozialwissenschaften. https://doi.org/10.1007/978-3-531-91603-3_3

Oidtmann, B. (2010). Controlling im Schloss Elmau. In B. von Freyberg (Hrsg.), *Hospitality Controlling: Erfolgreiche Konzepte für die Hotellerie* (S. 197–206). Schmidt Erich.

Olk, T. (1986). *Abschied vom Experten: Sozialarbeit auf dem Weg zu einer alternativen Professionalität. Edition soziale Arbeit.* Juventa-Verl.

Opaschowski, H. W. (1989). *Tourismusforschung. Freizeit- und Tourismusstudien.* Leske + Budrich.

Opaschowski, H. W. (1994). *Einführung in die Freizeitwissenschaft* (2., völlig neubearb. Aufl.). *Freizeit- und Tourismusstudien.*

Opaschowski, H. W. (1998). Vom Versorgungs- zum Erlebniskonsum : die Folgen des Wertewandels. In O. Nickel (Hrsg.), *Eventmarketing: Grundlagen und Erfolgsbeispiele.* Vahlen.

Opaschowski, H. W. (2002). *Tourismus: Eine systematische Einführung Analysen und Prognosen* (3., aktualisierte und erweiterte Auflage). *Freizeit- und Tourismusstudien: Bd. 3.* VS Verlag für Sozialwissenschaften. https://doi.org/10.1007/978-3-322-94948-6

Ott, C. (2017). *Identität geht durch den Magen: Mythen der Esskultur* (1. Auflage). FISCHER E-Books.

Paasche-Orlow, M. (2004). The ethics of cultural competence. *Academic medicine : journal of the Association of American Medical Colleges, 79*(4), 347–350. https://doi.org/10.1097/00001888-200404000-00012

Pagel, H. S. (1985). *Zeitgemässe Gästebetreuung im Hotel und Kurhaus: Animation – sales promotion management*. Gerber.

Pagenstecher, C. (2003). *Der bundesdeutsche Tourismus: Ansätze zu einer Visual History: Urlaubsprospekte, Reiseführer, Fotoalben 1950 – 1990*. Zugl.: Berlin, Freie Univ., Diss., 2003. *Studien zur Zeitgeschichte: Bd. 34*. Kovač.

Panoramic Hotel. (2013). *Leitbild & Werte*. https://www.panoramic-hotel.de/leitbild-werte/

Parasuraman, A., Zeithaml, V. A [Valarie A.] & Berry, L. L [Leonard L.] (1985). A Conceptual Model of Service Quality and Its Implications for Future Research. *Journal of Marketing*, *49*(4), 41–50. https://doi.org/10.1177/002224298504900403

Parasuraman, A., Zeithaml, V. A [Valarie A.] & Berry, L. L [Leonard L.] (1994). Reassessment of Expectations as a Comparison Standard in Measuring Service Quality: Implications for Further Research. *Journal of Marketing*, *58*(1), 111–124. https://doi.org/10.1177/002224299405800109

Parfit, D. & Broome, J. (1997). Reasons and Motivation. *Proceedings of the Aristotelian Society, Supplementary Volumes*, *71*, 99–146. http://www.jstor.org/stable/4106956

Paris, S. G., Lipson, M. Y. & Wixson, K. K. (1983). Becoming a strategic reader. *Contemporary Educational Psychology*, *8*(3), 293–316. https://doi.org/10.1016/0361-476X(83)90018-8

Parsons, T. (2016). *Sozialstruktur und Persönlichkeit* (9., unveränderte Auflage). Klotz.

Pechlaner, H. (Hrsg.). (2007). *Gastfreundschaft und Gastlichkeit im Tourismus: Kundenzufriedenheit und -bindung mit Hospitality-Management*. Erich Schmidt.

Pepels, W. & Bieberstein, I. (Hrsg.). (2008). *Vertriebsleiterhandbuch: Erfolge im Verkauf planen und steuern* (2., überarb. Aufl.). Symposion Publishing.

Pestalozzi, H. (1987, 12. Mai). *Kultur: Freiraum oder Alibi?* Vortrag in der Reihe „Aua, wie leben!“, Bern.

Peters, T. J. (2014). *The little big things: 163 Wege zur Spitzenleistung* (N. Bertheau, Übers.) (3. Auflage). GABAL.

Peyer, H. C. (1983). *Gastfreundschaft und kommerzielle Gastlichkeit im Mittelalter. Schriften des Historischen Kollegs : Vorträge*. Oldenbourg.

Pförtner, T.-K. & Pfaff, H. (2020). 3.3.2. Arztrolle. In *Online Lehrbuch der Medizinischen Psychologie und Medizinischen Soziologie*. https://doi.org/10.5680/olmps000021

Pierce, J. L. & van Dyne, L. (2004). *Psychological ownership: A conceptual and operational exploration* (Nr. 25). https://www.researchgate.net/publication/281361506_Psychological_ownership_A_conceptual_and_operational_exploration

Pierer, H. A. (Hrsg.). (1862). *Universal-Lexikon der Gegenwart und Vergangenheit oder neuestes encyclopädisches Wörterbuch der Wissenschaften, Künste und Gewerbe* (2., völlig umgearb. Aufl. (3. Ausg.). Pierer.

Pierer's Universal-Lexikon. (1857). *Bediente* (Bd. 2). Haake-Leppich.

Pikkemaat, B. (2004). Wie wird die Qualität wahrgenommen und wie kommt das Qualitätsurteil zustande? In K. Weiermair (Hrsg.), *Schriften zu Tourismus und Freizeit: Bd. 3. Qualitätszeichen im Tourismus: Vermarktung und Wahrnehmung von Leistungen*. Schmidt.

Piller, F. T. (2006). *User Innovation: Der Kunde als Initiator und Beteiligter im Innovationsprozess*. https://www.researchgate.net/publication/250281562_User_Innovation_Der_Kunde_als_Initiator_und_Beteiligter_im_Innovationsprozess

Pine, B. J. & Gilmore, J. H. (2000). *Erlebniskauf: Konsum als Erlebnis, Business als Bühne, Arbeit als Theater*. Econ.

Pizam, A. (Hrsg.). (1993). *The international hospitality industry: Organizational and operational issues*. Wiley.

Ploner, J.-G. & Müller-Meinke, F. (2016). *Mensch verkauf doch!* [1. Auflage]. Matthaes Verlag GmbH.

Poetzsch, H. (1928). *Geschichte des Zentralverbandes der Hotel-, Restaurant- und Caféangestellten*. Vorwärts.

Poggendorf, A. (1991). *Gäste bewirten, Lebensgeister restaurieren: Eine grundlegende Systematik der gastronomischen Dienstleistung*. Behr.

Pohl, M. (2023). *The Westin, Leipzig: Wo die Stasi mithörte*. https://www.umdieecke.de/westin-leipzig-stasi/

Pollack, D. (2016). Religiöser und gesellschaftlicher Wandel in den 1960er Jahren. In C. Lepp, H. Oelke & D. P. Pollack (Hrsg.), *Arbeiten zur Kirchlichen Zeitgeschichte. Reihe B: Band 065. Religion und Lebensführung im Umbruch der langen 1960er Jahre* (1. Auflage, S. 31–63). Vandenhoeck & Ruprecht.

Popper, K. R. (1989). *Logik der Forschung* (9., verb. Aufl.). *Die Einheit der Gesellschaftswissenschaften: Bd. 4*. Mohr. https://permalink.obvsg.at/AC00058065

Portal für Medizinische Datenmodelle. (2019). *Integrated Palliative care Outcome Scale (IPOS)*. Institute of Medical Informatics Münster. https://medical-data-models.org/help#cite

Pötschke, M. (2009). Potentiale von Online-Befragungen: Erfahrungen aus der Hochschulforschung. In N. Jackob, H. Schoen & T. Zerback (Hrsg.), *SpringerLink Bücher. Sozialforschung im Internet: Methodologie und Praxis der Online-Befragung* (S. 75–89). VS Verlag für Sozialwissenschaften.

Pott, A. (2007). *Orte des Tourismus: Eine raum- und gesellschaftstheoretische Untersuchung*. transcript Verlag. https://directory.doabooks.org/handle/20.500.12854/32836

Potthoff, O. D. & Kossenhaschen, G. (1932). *Kulturgeschichte der deutschen Gaststätte, umfassend Deutschland, Österreich, Schweiz und Deutschböhmen*.

Prack, R.-P. (2010). *Beeinflussung im Verkaufsgespräch: Wie Sie beim Kunden den Schalter auf „Kauf" stellen* (2., ergänzte Auflage). *Springer eBook Collection Business and Economics*. Gabler. https://doi.org/10.1007/978-3-8349-6326-0

Prahl, H.-W. & Steinecke, A. (1989). *Der Millionen-Urlaub: Von der Bildungsreise zur totalen Freizeit* [Faks.-Nachdr. d. Ausg.] Darmstadt, Neuwied, Luchterhand, 1979). *IFKA-Faksimile*. IFKA.

Prein, G., Kluge, S. & Kelle, U [Udo]. (1994). *Strategien zur Sicherung von Repräsentativität und Stichprobenvalidität bei kleinen Samples: Arbeitspapier Nr. 18*. Universität Bremen; Sonderforschungsbereich 186; Bereich Methoden und EDV. https://www.sfb186.uni-bremen.de/download/paper18.pdf

Prekop, J. & Schweizer, C. (2014). *Kinder sind Gäste, die nach dem Weg fragen: Ein Elternbuch*. E-Books der Verlagsgruppe Random House GmbH.

Preuß, T. (1990). *Der Koch im Sozialismus*. https://taz.de/Der-Koch-im-Sozialismus/!1760790/

Proner, H. (2011). *Ist keine Antwort auch eine Antwort? Die Teilnahme an politischen Umfragen*. *SpringerLink Bücher*. VS Verlag für Sozialwissenschaften. https://doi.org/10.1007/978-3-531-92721-3

Raddao, N. (2009). *Potenzialorientierte Kundensegmentierung zur Optimierung des Leistungsportfolios in der Firmenkundenbank: Konzeption und Implementierung einer Efficient Customization am Beispiel von Genossenschaftsbanken. Beiträge zum Controlling: Band 13.* Lang. http://hdl.handle.net/10419/182684

Rafaeli, A. & Sutton, R. I. (1987). Expression of Emotion as Part of the Work Role. *The Academy of Management Review*, *12*(1), 23. https://doi.org/10.2307/257991

Raithel, J. (2008). *Quantitative Forschung: Ein Praxiskurs* (2nd ed. 2008). VS Verlag für Sozialwissenschaften; Imprint: VS Verlag für Sozialwissenschaften. https://permalink.obvsg.at/

Rammstedt, B. (2004). *Zur Bestimmung der Güte von Multi-Item-Skalen: eine Einführung.* Zentrum für Umfragen, Methoden und Analysen -ZUMA-. https://nbn-resolving.org/urn:nbn:de:0168-ssoar-201443

Ramsenthaler, C [C.] & Bausewein, C [C.] (2017). Palliativmedizin: Outcome-Messung in Palliative Care – wieso, weshalb, warum? *Zeitschrift für Palliativmedizin*, *18*(01), 11–12. https://doi.org/10.1055/s-0042-122847

Rasch, B., Friese, M., Hofmann, W. & Naumann, E. (2014). *Quantitative Methoden 2: Einführung in die Statistik für Psychologen und Sozialwissenschaftler* (4., überarb. Aufl. 2014). *Springer-Lehrbuch.* Springer Berlin Heidelberg. http://nbn-resolving.org/urn:nbn:de:bsz:31-epflicht-1497814

Rastetter, D. (2008). *Zum Lächeln verpflichtet: Emotionsarbeit im Dienstleistungsbereich.* Campus-Verl. http://sub-hh.ciando.com/book/?bok_id=19966

Rath, C. K. (2014). Service Excellence. *Management und Qualität*, *44*(4), 4–5.

Rath, C. K. (2017). *Ohne Freiheit ist Führung nur ein F-Wort: Mitarbeiter entfesseln – Kunden begeistern – Erfolge feiern. Dein Business: v.452.* GABAL Verlag. https://ebookcentral.proquest.com/lib/gbv/detail.action?docID=4831341

Rath, C. K. (2018a). *Für Herzlichkeit gibt's keine App: Service-Excellence in digitalen Zeiten.* GABAL.

Rath, C. K. (30. Juni 2018b). Wandel der Gästebedürfnisse: Was heißt schon Luxus? *AHGZ.* https://www.ahgz.de/hotellerie/news/was-heisst-schon-luxus--261791

Rath, C. K. (8. November 2020). Neun Faktoren, an denen Sie ein wirklich gutes Hotel erkennen. *Handelsblatt.* https://www.handelsblatt.com/arts_und_style/lifestyle/rath-checkt-ein-qualitaetsfaktoren-neun-faktoren-an-denen-sie-ein-wirklich-gutes-hotel-erkennen/26585882.html

Rath, C. K. (2022). *Erlebnis-Manufaktur oder Fließband-Service?* https://www.travelgrand.ch/blog/4247-erlebnis-manufaktur-oder-fliessband-service/

Rath, C. K. (2023). Luxushotels. In Harisch Hotels (Hrsg.), *Harisch Hotels Magazin* (S. 24–25). Selfpublished.

Rauers, F. (1941). *Kulturgeschichte der Gaststätte. Teil 1. Schriftenreihe der Hermann Esser Forschungsgemeinschaft für Fremdenverkehr: Bd. 2.* Metzner.

Reckendrees, A. (2012). Zur Funktion der Aktiengesellschaften in der frühen Industrialisierung. *Jahrbuch für Wirtschaftsgeschichte / Economic History Yearbook*, *53*(2), 137–174. https://doi.org/10.1524/jbwg.2012.0018

Redaktion (13. Juli 2021). Mit 50 zu alt fürs Gastgewerbe? *Hotellerie Gastronomie Zeitung.* https://www.hotellerie-gastronomie.ch/de/article/mit-50-zu-alt-fuers-gastgewerbe

Redaktion AHGZ. (2016). *ÖHV-Umfrage: Roboter halten Einzug in die Hotellerie.* https://www.ahgz.de/hotellerie/news/roboter-halten-einzug-in-die-hotellerie-246302

Redaktion AHGZ (3. März 2020). Messegeschäft: IAA kommt nach München. *AHGZ*. https://www.ahgz.de/hotellerie/news/iaa-kommt-nach-muenchen-274238
Redaktion AHGZ (27. Dezember 2022). Studie: Verbraucher setzen auf Online-Hotelbewertungen. *AHGZ*. https://www.ahgz.de/hotellerie/news/studie-verbraucher-setzen-auf-online-hotelbewertungen-307665?crefresh=1
Redaktion Rolling Pin (13. November 2015). Blick in die Zukunft. *Rolling Pin*. https://www.rollingpin.at/business/blick-in-die-zukunft
Reese, J. (1994). Erster Abschnitt. Praktische Entscheidungsgrundlagen. In J. Reese (Hrsg.), *Theorie der Organisationsbewertung* (2., durchgesehene Auflage. Reprint 2015, S. 8–20). De Gruyter Oldenbourg. https://doi.org/10.1515/9783486786989-004
Reichart, S. (2002). *Kundenorientierung Im Innovationsprozess: Die Erfolgreiche Integration Von Kunden in Den Frühen Phasen der Produktentwicklung*. Deutscher Universitäts Verlag. https://ebookcentral.proquest.com/lib/kxp/detail.action?docID=6296983
Reinecke, J. (1991). Intervieweffekte und soziale Erwünschtheit: Theorie, Modell und empirische Ergebnisse. *Journal für Sozialforschung, 31*(3). https://pub.uni-bielefeld.de/record/1780856
Reinecke, J. (1992). *Interviewer- und Befragtenverhalten: Theoretische Ansätze und methodische Konzepte. Springer eBook Collection: Bd. 106*. VS Verlag für Sozialwissenschaften. https://doi.org/10.1007/978-3-322-94163-3
Reinecke, J. (2014). Grundlagen der standardisierten Befragung. In N. Baur & J. Blasius (Hrsg.), *Handbuch. Handbuch Methoden der empirischen Sozialforschung* (S. 601–617). Springer VS. https://doi.org/10.1007/978-3-531-18939-0_44
Reinecke, S., Sipötz, E. & Wiemann, E.-M. (1998). *Total Customer Care: Kundenorientierung auf dem Prüfstand*. Verlag Thexis des Forschungsinstituts für Absatz und Handel an der Universität St. Gallen; C. Ueberreuter.
Reinhardt, M. (2017). *Gründungsgeschichte des Internationalen Bundes: Themen, Akteure, Strukturen*. Wochenschau Verlag. https://elibrary.utb.de/doi/book/10.46499/9783734404160
Reyhing, Y., Frei, D., Burkhardt Bossi, C. & Perren, S. (2019). Die Bedeutung situativer Charakteristiken und struktureller Rahmenbedingungen für die Qualität der unterstützenden Fachkraft-Kind-Interaktion in Kindertagesstätten. *Zeitschrift für Pädagogische Psychologie, 33*(1), 33–47. https://doi.org/10.1024/1010-0652/a000233
Richter, P. G. (2004). *Architekturpsychologie: Eine Einführung*. Pabst Science Publ.
Richter, S. (5. November 2021). Hotels in der Corona-Pandemie: Das Ende des Wachstums. *Süddeutsche Zeitung*. https://www.sueddeutsche.de/wirtschaft/corona-hotel-krise-preise-1.5454657
Riederer, M. & Reisenzahn, T. (2022). *Wie entsteht Gästebegeisterung?* https://smarthotelkey.at/wie-entsteht-gaestebegeisterung/
Rieger, M. O., Wang, M. & Hens, T. (2021). Universal time preference. *PloS one, 16*(2), e0245692. https://doi.org/10.1371/journal.pone.0245692
Riewoldt, O. (1994). *Internationales Hotel Design. Innenarchitektur der Gegenwart*. Bangert.
Riewoldt, O. (1998). *Hotel Design*. Laurence King.
Rifkin, J. (1990). *Uhrwerk Universum: Die Zeit als Grundkonflikt des Menschen* (Vollst. Taschenbuchausg). *Knaur Sachbuch: Bd. 4081*. Droemer Knaur.
Ritz, M. L. (1938). *César Ritz, host to the world*. G.H. Harrap & Co.

The Ritz-Carlton. (n. d.). *Luxushotels und Resorts | The Ritz-Carlton.* Zugriff am 6. August 2022, verfügbar unter https://www.ritzcarlton.com/de

Ritzer, G. (2006). *Die McDonaldisierung der Gesellschaft* (4., völlig neue Aufl.). UVK-Verl.-Ges.

Robbert, T., Straus, L. & Roth, S. (2019). Customer Participation in the Specification of Services: The Role of Psychological Ownership and Participation Enjoyment. *Marketing ZFP, 41*(1), 39–49. https://doi.org/10.15358/0344-1369-2019-1-39

Robier, J. (2016). *Das Einfache und Emotionale Kauferlebnis: Mit Usability, User Experience und Customer Experience Anspruchsvolle Kunden Gewinnen.* Springer Fachmedien Wiesbaden GmbH. https://ebookcentral.proquest.com/lib/kxp/detail.action?docID=4098016

Röbken, H. & Wetzel, K. (2016). *Qualitative und quantitative Forschungsmethoden.* Center für lebenslanges Lernen.

Rocco Forte Hotels. (n. d.). *Forte Escapes | Rocco Forte Hotels.* Zugriff am 6. August 2022, verfügbar unter https://www.roccofortehotels.com/offers/forte-escapes/?gclid=Cj0KCQjworiXBhDJARIsAMuzAuzP-PiMkaCFk5pYsKqRmIJiYwWRnNnP39fltyJto2Vu4O7PtZ86eZoaAjzmEALw_wcB

Rödiger, K. (2017). *Empathie im Kundenkontakt.* Springer Fachmedien Wiesbaden. https://doi.org/10.1007/978-3-658-18158-1

Romantik Hotels. (2023, 29. April). *Deutschlands Romantik Hotels – immer eine Reise wert.* https://www.romantikhotels.com/de/hotels/deutschland/

Romantik Hotels & Restaurants. (2023). *Schönste Hotels Deutschlands | Romantik Hotels & Restaurants.* https://www.romantikhotels.com/de/unsere-destinationen/europa/deutschland/#e4228

Rosen, K. von. (1903). *Zur Dienstbotenfrage: Eine Erwiderung an Dr. Oskar Stillich* (2. Aufl.).

Rösener, W. (1993). *Die Bauern in der europäischen Geschichte. Europa bauen.* Beck.

Rosenstiel, L. von, Molt, W. & Rüttinger, B. (2005). *Organisationspsychologie* (9. vollständig überarbeitete und erweiterte Auflage). Kohlhammer Verlag. http://nbn-resolving.org/urn:nbn:de:bsz:24-epflicht-1296343

Rosner, K. (3. Februar 2014). Kundenbeschwerden: Ärgernis oder Chance? *SUXXEED Sales for your Success GmbH.* https://vertriebszeitung.de/kundenbeschwerden-aergernis-oder-chance-2/

Rosques, V. von. (1986). *»Sie sollen nicht nur Dekoration sein«.* https://www.spiegel.de/kultur/sie-sollen-nicht-nur-dekoration-sein-a-d0b06f82-0002-0001-0000-000013518869

Rossi, P. H., Freeman, H. E. & Lipsey, M. W. (2001). *Evaluation: A systematic approach* (6. ed. [4. print.]. SAGE.

Roth, G. & Grün, K.-J. (Hrsg.). (2009). *Das Gehirn und seine Freiheit: Beiträge zur neurowissenschaftlichen Grundlegung der Philosophie* (3. Aufl.). Vandenhoeck & Ruprecht.

Roth, J. (1983). *Panoptikum: Gestalten und Kulissen. KiWi: Bd. 35.* Kiepenheuer & Witsch.

Roth, J. (2016). Schlaflos in Paris. In E. Rautenstrauch (Hrsg.), *Mainzer Historische Kulturwissenschaften: Bd. 35. Berlin im Feuilleton der Weimarer Republik: Zur Kulturkritik in den Kurzessays von Joseph Roth, Bernard von Brentano und Siegfried Kracauer* (1st ed., S. 156). transcript Verlag. https://doi.org/10.1515/9783839435939-005

Roth, M., Schönefeld, V. & Altmann, T. (Hrsg.). (2016). *Springer eBook Collection. Trainings- und Interventionsprogramme zur Förderung von Empathie: Ein praxisorientiertes Kompendium* (1. Aufl. 2016). Springer. https://doi.org/10.1007/978-3-662-48199-8

Rothermund, K. & Eder, A. B. (2011). *Allgemeine Psychologie: Motivation und Emotion* (1. Aufl.). *Basiswissen Psychologie*. VS-Verl.

Rothgangel, S. & Schüler, J. (2010). *Kurzlehrbuch Medizinische Psychologie und Soziologie: Mit Faktentrainer* (2., überarb. Aufl.). Thieme.

Rothstein, B., Stark, L., Betz, A. & Schuttkowski, C. (2022). *Wissenschaftliches Arbeiten in der Linguistik* (2., vollständig überarbeitete und aktualisierte Auflage). *Narr Studienbücher*. Narr Francke Attempto. https://permalink.obvsg.at/AC16463023

Rotterdam, E. von. (1927). In Christlicher Bund für Gasthausangestellte (Hrsg.), *Berufsspiegel. Ein gastgewerbliches Handbuch*. Der Bote.

Rudolf-Sipötz, E. (2001). *Kundenwert: Konzeption – Determinanten – Management*. Zugl.: Sankt Gallen, Univ., Diss., 2001. Verlag Thexis.

Ruetz, D. & Aeberhard, M. (2018). Zwischen Bling-Bling und Bambushain: Die internationale Luxus-Hotellerie – Wahrnehmung, Entwicklung, Perspektiven. Ergebnisse einer explorativen Studie auf der ITB Berlin. In T. Ehlen & K. Scherhag (Hrsg.), *Schriften zu Tourismus und Freizeit: Band 22. Aktuelle Herausforderungen in der Hotellerie: Innovationen und Trends* (S. 133–147). Erich Schmidt Verlag.

Rungaldier, M. (2021). *Wie Frauen die Zukunft (der Hotellerie) verändern*. https://www.htr.ch/story/hotellerie/wie-frauen-die-zukunft-der-hotellerie-veraendern-32340.html

Rupp, N. (2017, 13. Mai). *Betreuungskonzept: Vollstationäre Pflegeeinrichtung*. http://www.seniorenheimsttherese.de/wp-content/uploads/2018/08/Betreuungskonzept.pdf

Rusnjak, A. & Schallmo, D. R. A. (Hrsg.). (2018). *SpringerLink Bücher. Customer Experience im Zeitalter des Kunden: Best Practices, Lessons Learned und Forschungsergebnisse*. Springer Gabler. https://doi.org/10.1007/978-3-658-18961-7

Russell, J. A. (1980). A circumplex model of affect. *Journal of Personality and Social Psychology*, *39*(6), 1161–1178. https://doi.org/10.1037/h0077714

Saab, S. (2007). *Commitment in Geschäftsbeziehungen* [Zugl.: Berlin, Freie Univ., Diss., 2007, Dt. Univ.-Verl, Wiesbaden]. Deutsche Nationalbibliothek.

Saldern, M. von (1992). Qualitative Forschung – quantitative Forschung: Nekrolog auf einen Gegensatz. *Empirische Pädagogik*, *6*(4), 377–399. https://www.fachportal-paedagogik.de/literatur/vollanzeige.html?FId=125969

Sander, B., Friedrichs, K. & Hunfeld, S. (2009). *Markenaustauschbarkeit Die Brand Parity Studie 2009*. https://www.batten-company.com/wp-content/uploads/2022/06/markenaustauschbarkeit-die_brand_parity_studie_2009.pdf

Sathit, P. (2017). *Competitive Advantage of Customer Centricity. Springer eBook Collection Business and Management*. Springer. https://doi.org/10.1007/978-981-10-4442-7

Sauer, F. H. (2020). *Begeisterung*. https://www.values-academy.de/begeisterung/

Schaetzing, E. E. (1990). *Qualitätsorientierte Marketingpraxis in Hotellerie und Gastronomie* (2., durchges. Aufl.). *Schriftenreihe der Fachhochschule München, Fachbereich Betriebswirtschaft, Studienschwerpunkt: Hotel- und Restaurant-Management: Bd. 2*. Matthaes.

Schaetzing, E. E. (1995). *Lean Management in Hotellerie und Gastronomie: Rationalisierungs- und Marketingideen für die tägliche Praxis*. Dt. Fachverl.

Schäfer, T. (2016). *Methodenlehre und Statistik: Einführung in Datenerhebung, deskriptive Statistik und Inferenzstatistik* (1. Aufl. 2016). *Basiswissen Psychologie*. Springer Fachmedien Wiesbaden. http://nbn-resolving.org/urn:nbn:de:bsz:31-epflicht-1617201

Schaller, C., Piller, F. T. & Reichwald, R. (2004). Collaboration in CRM: potentials and challenges of an individualization based approach. In *Collaborative customer relationship management*. Springer, 2004.

Scharfetter, C. (2002). *Allgemeine Psychopathologie: Eine Einführung* (5., neu bearbeitete Auflage). Georg Thieme Verlag. https://doi.org/10.1055/b-002-46961

Schaufeli, W. B. & Bakker, A. (2001). Werk en welbevinden: Naar een positieve benadering in de Arbeids- en Gezondheidspsychologie. *Gedrag en Organisatie*, *14*, 229–253. https://pure.eur.nl/en/publications/werk-en-welbevinden-naar-een-positieve-benadering-in-de-arbeids-e

Schenk, M. (2012). *Medienwirkungsforschung* (3rd ed.). Mohr Siebeck. http://gbv.eblib.com/patron/FullRecord.aspx?p=873261

Scherer, H. (2013). *Ganz einfach verkaufen: Die 12 Phasen des professionellen Verkaufsgesprächs* (5. Aufl.). GABAL.

Schiepek, G. & Tschacher, W. (Hrsg.). (1997). *Springer eBook Collection: Bd. 43. Selbstorganisation in Psychologie und Psychiatrie*. Vieweg+Teubner Verlag. https://doi.org/10.1007/978-3-322-91596-2

Schierl, T. (2017). *Text und Bild in der Werbung: Bedingungen, Wirkungen und Anwendungen bei Anzeigen und Plakaten* (2., leicht überarbeitete Auflage). Herbert von Halem Verlag. https://ebookcentral.proquest.com/lib/kxp/detail.action?docID=4902448

Schimany, P. (1997). *Soziokulturelle Auswirkungen des Tourismus* (1. Aufl.). *Passauer Papiere zur Sozialwissenschaft: H. 16*. Lehrstuhl für Soziologie, Univ.

Schimany, P. (1999). Grenzenlose Gesellschaft – Grenzenloser Tourismus? In H. Schwengel & B. Höpken (Hrsg.), *Grenzenlose Gesellschaft? Band II/2 Ad-hoc-Gruppen Foren*. Centaurus Verlag & Media; Imprint.

Schimany, P. & Seifert, M. (1997). *Globale Gesellschaft? Perspektiven der Kultur- und Sozialwissenschaften*. P. Lang.

Schlupp, O. (2020, 5. Juli). *Kunde oder Gast – Customer Lifetime Value*. https://g-wie-gastro.de/marketing/kundenbindung/kunde-oder-gast/index.html

Schlupp, O. (2021, 23. Dezember). *Under promise and over deliver*. https://g-wie-gastro.de/mehr/ideen-und-tipps/tipps-der-woche-archiv/32-under-promise-and-over-deliver.html

Schmahl, E. (1834). *Ueber Gastwirtschaft: Bemerkungen und Vorschläge, nebst Anweisung zur gastwirthschaftlichen Buchführung*.

Schmeer-Sturm & Marie-Louise. (1998). Definition und Begriffsabgrenzung. In K. Schmid (Hrsg.), *Das Gästeführungswesen im Wandel: Analyse von Angebotsformen und Organisationsstrukturen in deutschen Städten und Gemeinden* (1. Auflage, S. 7–8). Diplom.de.

Schmidt, K. H. (1996). Wahrgenommenes Vorgesetztenverhalten, Fehlzeiten und Fluktuation. *Zeitschrift für Arbeits- und Organisationspsychologie : A & O ; in Kooperation mit der Sektion Wirtschaftspsychologie im Berufsverband Deutscher Psychologen (BDP) ; Organ der Schweizerischen Gesellschaft für Arbeits- und Organisationspsychologie*, *09324089622958401996254 62*(2).

Schmidt, M. (2008). *Zufriedenheitsorientierte Steuerung des Customer Care* (1. Aufl.). Gabler Verlag. http://gbv.eblib.com/patron/FullRecord.aspx?p=751263

Schmitt, M [M.]. (2015). Innovationskultur – Grundlage einer zukunftsfähigen Arbeitskultur. In W. Widuckel (Hrsg.), *Think Simple. Arbeitskultur 2020: Herausforderungen und Best Practices der Arbeitswelt der Zukunft* (S. 73–88). Springer Gabler. https://doi.org/10.1007/978-3-658-06092-3_5

Schmitt, M [Michael]. (1982). *Palast-Hotels: Architektur u. Anspruch e. Bautyps 1870–1920.* Mann.

Schmitter, M., List, T. & Wirz, S. (2013). Erfassung der Schmerzintensität mit eindimensionalen Skalen [The assessment of pain intensity using one-dimensional scales]. *Zeitschrift fur Evidenz, Fortbildung und Qualitat im Gesundheitswesen, 107*(4–5), 279–284. https://doi.org/10.1016/j.zefq.2013.05.008

Schmoll, A. (2006). *Vertriebsoptimierung im Firmenkundengeschäft: Lösungen für nachhaltige Ertragssteigerung* (1. Aufl., Lizenzausg). Gabler.

Schnall, S. (2011). Affect, mood and emotions. In S. Järvelä (Hrsg.), *Social and emotional aspects of learning* (S. 59–63). Academic Press.

Schneider, A. (20. Juli 2020). Corona-Exit: Vier Tipps für erfolgreiches Empfehlungsmarketing. *AHGZ*. https://www.ahgz.de/hotellerie/news/vier-tipps-fuer-erfolgreiches-empfehlungsmarketing-276237

Schneiderheinze, W. (2009). *Ganz einfach überzeugen: So nutzen Sie Ihre emotionale Kompetenz in schwierigen Verkaufssituationen. Springer eBook Collection Business and Economics.* Gabler. https://doi.org/10.1007/978-3-8349-8520-0

Schnell, R., Hill, P. B. & Esser, E. (2005). *Methoden der empirischen Sozialforschung* (7., völlig überarb. und erw. Aufl.). Oldenbourg.

Schnell, R., Hill, P. B. & Esser, E. (2011). *Methoden der empirischen Sozialforschung* (9., aktualisierte Aufl.). Oldenbourg. https://swbplus.bsz-bw.de/bsz348063369ref.htm

Schnetzer, S. (2021). *Generation Z verstehen – wie tickt Sie und warum?* https://simon-schnetzer.com/generation-z/

Schober, R. (1993). (Urlaubs-)Erleben, (Urlaubs-)Erlebnis. In H. Hahn & H. J. Kagelmann (Hrsg.), *Quintessenz Tourismuswissenschaft. Tourismuspsychologie und Tourismussoziologie: Ein Handbuch zur Tourismuswissenschaft* (S. 137–140). Quintessenz.

Schönhammer, R. (2013). *Einführung in die Wahrnehmungspsychologie: Sinne, Körper, Bewegung* (2., überarb., aktualisierte und erw. Aufl.). *UTB Psychologie: Bd. 3142.* Facultas-Verl. u. Buchhandels-AG.

Schopohl, M., Wefers, H.-P., Haase, J., Hayner, D., Hummel, M., Sattler, H.-P. & Warden, S. (2016). *Hotelfach: Kompetent in Ausbildung und Beruf. Gastgewerbe Hotelfachleute.* Handwerk und Technik.

Schrader, F. W. (2011). Lehrer als Diagnostiker. In E. Terhart, H. Bennewitz & M. Rothland (Hrsg.), *Handbuch der Forschung zum Lehrerberuf* (S. 683–698). Waxmann.

Schrader, F. W. (2013). Diagnostische Kompetenz von Lehrpersonen. *Beiträge zur Lehrerinnen- und Lehrerbildung, 31*(2), 154–165. https://www.semanticscholar.org/paper/Diagnostische-Kompetenz-von-Lehrpersonen-Schrader/ed338e6f5da015b7f0e11ea82c187ab0d65db6f4

Schreyer, M. (2016). *Innovationsmanagement in der Hotellerie* [Dissertation, De Gruyter Oldenbourg]. GBV Gemeinsamer Bibliotheksverbund.

Schreyögg, G. & Geiger, D. (2004). Kann man implizites in explizites Wissen konvertieren? Die Wissensspirale auf dem Prüfstand. In U. Frank (Hrsg.), *Wirtschaftswissenschaft.*

Wissenschaftstheorie in Ökonomie und Wirtschaftsinformatik: Theoriebildung und -bewertung, Ontologien, Wissensmanagement (1. Aufl., S. 269–288). Dt. Univ.-Verl.

Schrutka-Rechtenstamm, A. (1999). Begrenzt: Interkulturelle Beziehungen im Tourismus. In R. Bachleitner (Hrsg.), *Reihe tourismuswissenschaftliche Manuskripte: Bd. 5. Grenzenlose Gesellschaft – grenzenloser Tourismus?*. Profil.

Schuler, K., Bamberger, G. & Bischoff, G. (1983). *Grundstufe gastgewerbliche Berufe* (Dr. A,1). Schroedel-Schulbuchverlag.

Schuler, K., Fürst, W. & Bamberger, G. (1984). *Fachstufe gastgewerbliche Berufe: Fachgehilfe/Fachgehilfin im Gastgewerbe, Restaurantfachmann/-fachfrau, Hotelfachmann/-fachfrau*. Schroedel.

Schuler, K. & Fürst, Werner, Bamberger, Gerhard (Hrsg.). (1991). *Gastgewerbliche Berufe: Fachbildung ; Fachgehilfe/Fachgehilfin im Gastgewerbe ; Restaurantfachmann/-fachfrau ; Hotelfachmann/-fachfrau* (Dr. A, 1). Schroedel.

Schüller, A. M. (2007). *Come back! Wie Sie verlorene Kunden zurückgewinnen. Management*. Orell Füssli.

Schulze, G. (1993). *Die Erlebnis-Gesellschaft: Kultursoziologie der Gegenwart* (3., durchges. Aufl.). Campus-Verl.

Schulze, G. (2000). *Die Erlebnisgesellschaft: Kultursoziologie der Gegenwart* (8. Aufl., Studienausg). Campus-Verl.

Schulze, G. (2004). *Die beste aller Welten: Wohin bewegt sich die Gesellschaft im 21. Jahrhundert? Fischer Taschenbücher: Bd. 16385*. Fischer-Taschenbuch-Verl.

Schumann, S. (2018). *Quantitative und qualitative empirische Forschung: Ein Diskussionsbeitrag* (1st ed. 2018). Springer Fachmedien Wiesbaden; Imprint: Springer VS. https://permalink.obvsg.at/

Schuster, M. (1996). Ethnische Fremdheit, ethnische Identität. In *Die Begegnung mit dem Fremden*. Teubner, 1996.

Schwartz, S. H. (2012). An Overview of the Schwartz Theory of Basic Values. *Online Readings in Psychology and Culture*, *2*(1). https://doi.org/10.9707/2307-0919.1116

Schwarz, G. (2014). *Konfliktmanagement: Konflikte erkennen, analysieren, lösen* (9. Aufl.). Springer-Gabler. https://doi.org/10.1007/978-3-8349-4598-3

Schwass, J. (2007). *Wachstumsstrategien für Familienunternehmen: In der Praxis getestete Langfriststrategien* (1. Aufl.). FinanzBuch.

Searle, J. R. (1971). *Sprechakte: Ein sprachphilosophischer Essay* (R. Wiggershaus & R. Wiggershaus, Übers.) (13. Auflage). *Suhrkamp-Taschenbuch Wissenschaft: Bd. 458*. Suhrkamp.

Seidl, B. (2009). *NLP: Mentale Ressourcen nutzen* (2. aktualisierte Auflage). *Taschenguide*. Haufe Verlag. https://www.wiso-net.de/document/HAUF,AHAU__9783448100648127

Seitz, G. (1997). *Hotelmanagement*. Springer. http://site.ebrary.com/lib/alltitles/docDetail.action?docID=10645098 https://doi.org/10.1007/978-3-642-59098-6

Seiwert, L. & Gay, F. (2018). *Das 1x1 der Persönlichkeit* (32., aktualisierte Auflage 2018). Gräfe und Unzer Verlag.

Sell, S. (2010). *Fachkraft-Kind-Relation und Personalschlüssel als zentrale Stellschrauben einer qualitätsorientierten Weiterentwicklung der Kindertageseinrichtungen: Expertise zu den Vorschlägen der Gewerkschaft ver.di im Entwurf eines „Gesetzes zur Erziehung und Bildung in Tageseinrichtungen für Kinder" (GEBT)" für Nordrhein- Westfalen*. Fachhochschule Koblenz. http://www.stefan-sell.com/KuJ2010-03.pdf

Siebenlist Tobias. (2013). Emotionale Suche – Emotionales Information-Retrieval. In D. Lewandowski (Hrsg.), *Handbuch Internet-Suchmaschinen / Herausgeber Dirk Lewandowski: Bd. 3. Suchmaschinen zwischen Technik und Gesellschaft: Handbuch Internet-Suchmaschinen 3* (S. 299–327). AKA.

Siepermann, M. (2018). *Definition: Information.* https://wirtschaftslexikon.gabler.de/definition/information-40528

Silbereisen, R. K. (2008). Soziale Kognition: Entwicklung von sozialem Wissen und Verstehen. In R. Oerter & L. Montada (Hrsg.), *Grundlagen Psychologie. Entwicklungspsychologie: Lehrbuch* (6., vollst. überarb. Aufl., S. 23–861). Beltz.

Simon, H. (Hrsg.). (1998). *Wissenschaft & Praxis. Kundenzufriedenheit: Konzepte – Methoden – Erfahrungen* (3., aktualisierte und erw. Aufl.). Gabler.

Simpson, J. G., Furnace, J., Crosby, J., Cumming, A. D., Evans, P. A., Friedman Ben David, M., Harden, R. M., Lloyd, D., McKenzie, H [H.], McLachlan, J. C., McPhate, G. F., Percy-Robb, I. W. & MacPherson, S. G. (2002). The Scottish doctor-learning outcomes for the medical undergraduate in Scotland: a foundation for competent and reflective practitioners. *Medical Teacher, 24*(2), 136–143. https://doi.org/10.1080/01421590220120713

Singer, T. (2020). Lässt sich Empathie lernen? *Spektrum der Mediation*(79), 24 ff.

SiteMinder. (2020a). *Hotels und das Gästeerlebnis: So erreichen Sie vollständige Kundenzufriedenheit (inklusive Tipps für COVID-19).* https://www.siteminder.com/de/r/trends/hotel-kundenzufriedenheit/hotels-und-das-gasteerlebnis/

SiteMinder. (2020b). *Hotels und das Gästeerlebnis: So erreichen Sie vollständige Kundenzufriedenheit (inklusive Tipps für COVID-19).* https://www.siteminder.com/de/r/trends/hotel-kundenzufriedenheit/hotels-und-das-gasteerlebnis/

Smith, D. R. & Snell, W. E. (1996). Goldberg's bipolar measure of the Big-Five personality dimensions: reliability and validity. *European Journal of Personality, 10*(4), 283–299. https://doi.org/10.1002/(SICI)1099-0984(199611)10:4<283::AID-PER264>3.0.CO;2-W

Solga, H., Berger, P. A. & Powell, J. J. W. (2009). Soziale Ungleichheit – Kein Schnee von gerstern! Eine Einführung. In H. Solga, J. J. W. Powell & P. A. Berger (Hrsg.), *Campus Reader. Soziale Ungleichheit: Klassische Texte zur Sozialstrukturanalyse.* Campus Verlag.

Soller, J. (Hrsg.). (2012). *Erfolgsfaktor Kooperation im Tourismus: Wettbewerbsvorteile durch effektives Stakeholdermanagement.* Erich Schmidt.

Speiser, D. (1950). *Servierlehre und Getränkekunde für das Hotel- und Gaststättengewerbe: Ein Lehrb. u. Ratgeber f. d. Bedienungspersonal.* Fachbuchverl. Lucullus.

Spencer-Oatey, H. (Hrsg.). (2000). *Open linguistics series. Culturally speaking: Managing rapport through talk across cultures.* Continuum.

Spencer-Oatey, H. (2008). *Culturally speaking: Culture, communication and politeness theory* (2. Aufl.).

Der Spiegel (3. März 1964). HOTELS / HILTON: Sei groß. *DER SPIEGEL.* https://www.spiegel.de/politik/sei-gross-a-030d960e-0002-0001-0000-000046163345

Spitzer, L. (2012). Denk- und Entscheidungsprozesse in der Logopädie am Beispiel des Scientific Reasoning. *Neurologie und Rehabilitation, 18*(3), 157–162. https://www.researchgate.net/publication/289753580_Denk-_und_Entscheidungsprozesse_in_der_Logopadie_am_Beispiel_des_Scientific_Reasoning

Spode, H. (Hrsg.). (1997). *Berichte und Materialien / Institut für Tourismus, FU Berlin: Bd. 15. Goldstrand und Teutonengrill: Kultur- und Sozialgeschichte des Tourismus in Deutschland 1945 bis 1989* (1. Aufl.). Moser Verlag für Universitäre Kommunikation.

Sporrie, B. (2021). Ein Wiedersehen mit alten Bekannten. In L. Hechenblaikner (Hrsg.), *Keine Ostergrüße mehr! Die geheime Gästekartei des Grand Hotel Waldhaus in Vulpera* (3. Auflage, S. 374–376). Edition Patrick Frey.

Spreiter, M. (Hrsg.). (2000). *Springer eBook Collection Business and Economics. Vertriebsoptimierung in Banken: Konzepte und Praxisbeispiele.* Springer Gabler. in Springer Fachmedien Wiesbaden GmbH. https://doi.org/10.1007/978-3-322-90965-7

Staatsinstitut für Schulqualität und Bildungsforschung. (2008). *Pädagogisch diagnostizieren im Schulalltag.* Staatsinstitut für Schulqualität und Bildungsforschung. http://www.isb.bayern.de/download/7409/paedagogisch_diagnostizieren.pdf

Stadler, M., Kruse, P. & Strüber, D. (1997). Struktur und Bedeutung in kognitiven Systemen. In G. Schiepek & W. Tschacher (Hrsg.), *Springer eBook Collection: Bd. 43. Selbstorganisation in Psychologie und Psychiatrie* (S. 33–56). Vieweg+Teubner Verlag.

Stahl, H. K. (2008). Kundenloyalität kritisch betrachtet. In H. H. Hinterhuber (Hrsg.), *Kundenorientierte Unternehmensführung: Kundenorientierung – Kundenzufriedenheit – Kundenbindung* (6., überarb. Aufl., S. 87–107). Gabler.

Stampfl, N. S. (Hrsg.). (2011). *Die Zukunft der Dienstleistungsökonomie: Momentaufnahme und Perspektiven.* Springer. https://doi.org/10.1007/978-3-642-20689-4

Standera, M. (2013). *Fremden Schutz, Gastrecht und Solidarität gewährleisten.* https://www.caritas.de/magazin/zeitschriften/sozialcourage/goerlitz/fremden-schutz-gastrecht-und-solidaritae

Stanglwirt. (n. d.). *Und manchmal ein echter Star.* Zugriff am 22. Februar 2022, verfügbar unter https://www.stanglwirt.com/de/hotel/unsere-prominenten-gaeste.html

Statistisches Bundesamt. (2017). *Inlandstourismus 2016: Neuer Rekord mit 447,3 Millionen Gästeübernachtungen.* https://www.destatis.de/DE/Presse/Pressemitteilungen/2017/02/PD17_047_45412.html

Statistisches Bundesamt. (2020). *Der Personalschlüssel in Kindertageseinrichtungen: Methodische Grundlagen und aktuelle Ergebnisse.* https://www.destatis.de/DE/Themen/Gesellschaft-Umwelt/Soziales/Kindertagesbetreuung/Tabellen/personal-kind-schluessel-2021.html

Staudacher, J. (2021). *Kundenorientierung: Grundlagen, Modelle und Best Practices Für eine Erfolgreiche Transformation.* Springer Fachmedien Wiesbaden GmbH. https://ebookcentral.proquest.com/lib/kxp/detail.action?docID=6566385

Stauss, B. (1999). Kundenzufriedenheit. *Marketing ZFP, 21*(1), 5–24. https://www.beck-elibrary.de/10.15358/0344-1369-1999-1/marketing-zfp-jahrgang-21-1999-heft-1?page=1

Stauss, B. & Seidel, W. (2014). *Beschwerdemanagement: Unzufriedene Kunden als profitable Zielgruppe* (5., vollst. überarb. Auflage). Hanser Verl. http://www.hanser-elibrary.com/doi/book/10.3139/9783446436633 https://doi.org/10.3139/9783446436633

Stauss, B. & Seidel, W. (2023). *Beschwerdemanagement: Unzufriedene Kunden als profitable Zielgruppe* (6., aktualisierte Auflage). Hanser.

Stefanie Rathje (2015). Interkulturelle Kompetenz—Zustand und Zukunft eines umstrittenen Konzepts. *1205–6545, 11*(3). https://www.researchgate.net/publication/237349080_Interkulturelle_Kompetenz-Zustand_und_Zukunft_eines_umstrittenen_Konzepts

Stehle, J. (1937). *Der Hotel-, Gaststätten- und Kaffeehausbetrieb.* Heinrich Killinger Verlagsgesellschaft m. b. H.

Steinbüchel-Rheinwall, R. von, Nagel, S. & Linke, S. (1970). *Hotel- und Restaurantbauten. DBZ-Baufachbücher: Bd. 8.* Bertelsmann.

Steinecke, A. (1999). Tourismus und neue Konsumkultur: Orientierungen – Schauplätze – Werthaltungen. In A. Steinecke (Hrsg.), *Erlebnis- und Konsumwelten* (S. 11–27). De Gruyter Oldenbourg. https://doi.org/10.1515/9783486800968.11

Steinecke, A. (2013). *Destinationsmanagement* (1. Aufl.). *utb-studi-e-book.* http://www.utb-studi-e-book.de/9783838539720

Steinecke, A. & Brittner-Widmann, A. (Hrsg.). (2000). *Erlebnis- und Konsumwelten.* Oldenbourg.

Steiner, I. & Pippir, J. (2007). *AG 5 Wohl und Kompetenz des Betreuers.* /https://www.bgt-ev.de/fileadmin/Mediendatenbank/Tagungen/Württembergischer_BGT/07/AG5_Bericht.pdf

Stenglin, A. von. (2008). *Commitment in der Dienstleistungsbeziehung* [Zugl.: Rostock, Univ., Diss., 2007, Universität Rostock, Rostock]. Deutsche Nationalbibliothek.

Sternberger, D., Storz, G. & Süskind, W. E. (1989). *Aus dem Wörterbuch des Unmenschen* (Ungekürzte Ausg. (nach d. erw. Ausg. 1967, 3. Aufl. 1968) – 9. – 11. Tsd). *Ullstein-Bücher Ullstein-Sachbuch: Bd. 34335.* Ullstein.

Stiftung für Zukunftsfragen. (2021). *Reisen nach Corona – Die Urlaubswelt von morgen* [Forschung aktuell]. 42. Jg. https://www.stiftungfuerzukunftsfragen.de/newsletter-forschung-aktuell/292/

Stock-Homburg, R. (2010). *Personalmanagement: Theorien – Konzepte – Instrumente* (2. Aufl.). *Lehrbuch.* Gabler.

Stokburger-Sauer, N. & Hammerschmidt, M. (2007). Die Relevanz verhaltensorientierter Größen zur Prognose des CLV:: Eine empirische Analyse im Automobilmarkt. In T. Bayón, A. Herrmann & F. Huber (Hrsg.), *SpringerLink Bücher. Vielfalt und Einheit in der Marketingwissenschaft: Ein Spannungsverhältnis* (S. 347–374). Gabler.

Strauss, A. L. (2018). *Creating Sociological Awareness: Collective Images and Symbolic Representations* (First edition). Taylor and Francis.

Streitler-Kastberger, N. (2013). Vicki Baum und die Kunst des Selbstzitats. In S. Blumesberger & J. Mikota (Hrsg.), *BiografiA: Bd. 13. Lifestyle – Mode – Unterhaltung oder doch etwas mehr? Die andere Seite der Schriftstellerin Vicki Baum (1888 – 1960)* (S. 112–127). Praesens Verlag.

Suleri, J., Meijer, R. & Tarus, E. (2021). Exploring hotel identity by focusing on customer experience analysis. *Research in Hospitality Management, 11*(2), 113–120. https://doi.org/10.1080/22243534.2021.1917178

Sztankovits, K. (1926). *Organisation u. Betrieb von Hotels, Restaurants, Cafés, Bars* (2., neub. und bed. erw. Aufl.). Sallmayer.

Tageskarte. (2023, 22. Januar). *Entertainment in der Gastronomie.* https://www.tageskarte.io/gastronomie/detail/entertainment-in-der-gastronomie.html

Tahedl, C. (19. Februar 2019). Potenzial künstlicher Intelligenz im Kredit- und Forderungsmanagement erhöht Wettbewerbsfähigkeit. *IT Finanzmagazin.* https://www.it-finanzmagazin.de/ki-forderungsmanagement-85509/

Tappert Herrera, L. (2020). *‚Beschwerdemanagement' ein Erfolgsfaktor in der Hotellerie? : eine Analyse am Fallbeispiel des Hotel Zhero in Kappl – Ischgl, Österreich: Bachelorthesis* [, Hochschule Mittweida, Mittweida]. monami.hs-mittweida.de. https://monami.hs-mittweida.de/frontdoor/index/index/year/2021/docId/12661

Taylor, R. (1990). Interpretation of the Correlation Coefficient: A Basic Review. *Journal of Diagnostic Medical Sonography*, *6*(1), 35–39. https://doi.org/10.1177/875647939000600106

Tepel, F. (Hrsg.). (1937). *Gastlichkeit im neuen Deutschland*. Droste-Verl.

Terzioglu, P., Jonitz, B., Schwantes, U. & Burger, W. (2003). Kommunikative und soziale Kompetenzen: Vermittlung muss im Medizinstudium beginnen. *Deutsches Ärzteblatt*, *100*(36), Artikel 2277–2279, 458. https://www.aerzteblatt.de/archiv/38762/Kommunikative-und-soziale-Kompetenzen-Vermittlung-muss-im-Medizinstudium-beginnen

Tewes, M. (2003). *Der Kundenwert im Marketing: Theoretische Hintergründe und Umsetzungsmöglichkeiten einer wert- und marktorientierten Unternehmensführung. ebs Forschung, Schriftenreihe der EUROPEAN BUSINESS SCHOOL Schloß Reichartshausen*. Deutscher Universitätsverlag. https://doi.org/10.1007/978-3-663-09615-3

Theobald, A. (2017). *Praxis Online-Marktforschung: Grundlagen – Anwendungsbereiche – Durchführung. SpringerLink Bücher*. Springer Gabler. https://doi.org/10.1007/978-3-658-10203-6

Thiem, M. (1994). *Tourismus und kulturelle Identität: Die Bedeutung des Tourismus für die Kultur touristischer Ziel- und Quellgebiete. Berner Studien zu Freizeit und Tourismus.*

Thiem, M. (2011a). *Tourismus und kulturelle Identität | APuZ*. Bundeszentrale für politische Bildung. https://www.bpb.de/apuz/25889/tourismus-und-kulturelle-identitaet?p=all

Thiem, M. (2011b). *Tourismus und kulturelle Identität | APuZ*. Bundeszentrale für politische Bildung. https://www.bpb.de/apuz/25889/tourismus-und-kulturelle-identitaet?p=1

Thoms, W. (1952). *Handbuch für Fremdenverkehrsbetriebe: Großes Nachschlagewerk für alle Angehörigen des Hotel- u. Gaststättengewerbes*. Pfanneberg.

Tiffert, A. (2021). Konkrete Anleitung für ein Mitarbeitercoaching im persönlichen Verkauf. In *Coaching von Mitarbeitern im persönlichen Verkauf* (S. 23–29). Springer Gabler, Wiesbaden. https://doi.org/10.1007/978-3-658-34300-2_4

Toedt, M. (1. Juli 2019). Wissen ist Macht! *HOGAPAGE*. https://www.hogapage.de/magazin/management-marketing/wissen-ist-macht

Toedt, M. & Selke, R. (2020). *E-Mail Marketing und DSGVO: Auch ohne Einwilligung möglich!* (2. Aufl.). Independently published.

Toffler, A. (1980). *The third wave*. Morrow.

Tophotel, R. (2020). *Mehr Gefühl für die Gäste wagen*. https://www.tophotel.de/affective-hospitality-mehr-gefuehl-fuer-die-gaeste-wagen-51548/

Toutenburg, H. & Heumann, C. (2008). *Deskriptive Statistik: Eine Einführung in Methoden und Anwendungen mit R und SPSS* (6., aktualisierte und erw. Aufl.). *Springer-Lehrbuch*. Springer. https://doi.org/10.1007/978-3-540-77788-5

Treiblmaier, H. (2011). Datenqualität und Validität bei Online-Befragungen. *der markt*, *50*(1), 3–18. https://doi.org/10.1007/s12642-010-0030-y

Treumann, K. P. (2002). *Medienkompetenz Im Digitalen Zeitalter: Wie Die Neuen Medien das Leben und Lernen Erwachsener Verändern. Schriftenreihe Medienforschung der Landesanstalt Für Medien in NRW Ser: v.39*. VS Verlag fur Sozialwissenschaften GmbH. https://ebookcentral.proquest.com/lib/kxp/detail.action?docID=6301766

Tripadvisor. (2023). *Suchergebnisse: Gästebetreuung.* https://www.tripadvisor.de/Search?q=G%C3%A4stebetreuung&searchSessionId=000da8fcfbc963cc.ssid&sid=A6D8AFF57752453194ADF7CD513C5486168069636817 1&blockRedirect=true&ssrc=a&isSingleSearch=true&geo=1

Trotter, M. (2001). The future of technology in Call Centers and Customer Care Centers. In W. Engelbach & R. Meier (Hrsg.), *Springer eBook Collection Business and Economics. Customer Care Management: Lernen von den Besten aus den USA und Deutschland* (S. 65–75). Gabler Verlag.

Tunder, R. & Irion, T. (2007). Flow-Erleben bei persönlich erbrachten Dienstleistungen. *Zeitschrift für Management, 2*(4), 352–372. https://doi.org/10.1007/s12354-007-0016-y

Ulrich, S. (2020). Interhotels der DDR: Einrichtung zwischen historischer Wahrheit und Dichtung. Ein Forschungsbericht. *Otago German Studies – ISSN:2463–5855 vol. 30, pp.241–269.* https://www.academia.edu/44755840/Interhotels_der_DDR_Einrichtung_zwischen_historischer_Wahrheit_und_Dichtung_Ein_Forschungsbericht

Unbekannt. (n. d.). *Gast – Zitate, Sprüche und Aphorismen 1 – 19.* Zugriff am 14. Dezember 2021, verfügbar unter https://www.gutzitiert.de/zitate_sprueche-gast.html

Urry, J. (1990). *The tourist gaze: Leisure and travel in contemporary societies* (1. publ). *Theory, culture & society.*

van Doorn, J. (2004). *Zufriedenheitsdynamik: Eine Panelanalyse bei industriellen Dienstleistungen. Business-To-Business-Marketing Ser.* Deutscher Universitäts Verlag. https://ebookcentral.proquest.com/lib/kxp/detail.action?docID=6298235

van Ophuysen, S. & Lintorf, K. (2013). Pädagogische Diagnostik im Schulalltag. In S.-I. Beutel, R. Porsch & W. Bos (Hrsg.), *Lernen in Vielfalt: Chance und Herausforderung für Schul- und Unterrichtsentwicklung* (S. 55–76). Waxmann. https://www.researchgate.net/publication/311323037_Padagogische_Diagnostik_im_Schulalltag

van Roon, J. J. (2017). *Guest Centricity: Know Your Guests and Improve Their Experience.* https://www.achiga.io/blog/guest-centricity-know-your-guests-and-improve-their-experience/

VdA (2014). Preußische Gesindeordnung. https://www.euskirchen.de/fileadmin/user_upload/PDF/historie/frauengeschichte/kreis_gesindeordnung.pdf

Veblen, T. (1931). *The theory of the leisure class: An economic study of institutions* (Repr). *The modern library of the world's best books.*

Veblen, T. (2000). *Theorie der feinen Leute: Eine ökonomische Untersuchung der Institutionen* (6. Aufl., ungekürzte Ausg). *Fischer-Taschenbücher Fischer-Wissenschaft: Bd. 7362.* Fischer-Taschenbuch-Verl.

Velten, A.-K. (2018). *Altersgruppen-Marketing: Best Ager brauchen einen neuen Namen.* https://www.absatzwirtschaft.de/altersgruppen-marketing-best-ager-brauchen-einen-neuen-namen-144763/

Veres, S., Raich, M. & Blank, C. (2018). Bedürfnisse und Ansprüche der Silver Ager in der gehobenen Hotellerie am Beispiel Tirols. In J. Müller-Seeger & M. Raich (Hrsg.), *Research: Band 33. Die Zukunft der Qualitativen Forschung: Herausforderungen für die Wirtschafts-, Gesundheits- und Sozialwissenschaften* (S. 121–140). Springer Gabler. https://doi.org/10.1007/978-3-658-23504-8_7

Viernickel, S. & Fuchs-Rechlin, K. (2015). Fachkraft- Kind-Relationen und Gruppengrößen in Kindertageseinrichtungen. Grundlagen, Analysen und Berechnungsmodell. In S. Viernickel & K. Fuchs-Rechlin (Hrsg.), *Qualität für alle: Wissenschaftlich begründete Standards für die Kindertagesbetreuung* (1. Auflage, S. 11–130). Verlag Herder.

Voigt, J. (2017). *Der Geschmack des Ostens: Vom Essen, Trinken und Leben in der DDR*. Aufbau Digital.

Vollrath, M. (2015). *Ingenieurpsychologie: Psychologische Grundlagen und Anwendungsgebiete* (B. Leplow & M. von Salisch, Hg.) (1. Auflage). Kohlhammer Verlag.

Voswinkel, S. (2000). Das mcdonaldistische Produktionsmodell – Schnittstellenmanagement interaktiver Dienstleistungsarbeit. In H. Minssen (Hrsg.), *Begrenzte Entgrenzungen: Wandlungen von Organisation und Arbeit.* Ed. Sigma.

Voswinkel, S. (2006). Logiken und Dilemmata der Dienstleistungsarbeit und -organisation. In K.-S. Rehberg (Hrsg.), *Soziale Ungleichheit, kulturelle Unterschiede: Verhandlungen des 32. Kongresses der Deutschen Gesellschaft für Soziologie in München 2004* (S. 3677–3685). Campus. https://nbn-resolving.org/urn:nbn:de:0168-ssoar-142639

Voswinkel, S. (2012). Selbstbedienung: Die gesteuerte Kundensouveränität. In K.-U. Hellmann & D. Schrage (Hrsg.), *Konsumsoziologie und Massenkultur. Das Management der Kunden: Studien zur Soziologie des Shopping* (1. Aufl., S. 89–109). VS Verlag für Sozialwissenschaften (GWV).

Wagner, V. (2018). *Get in touch: Professionelle & digitale Gästekommunikation in der Hotellerie.* https://www.valerie-wagner.de/get-in-touch-professionelle-digitale-gaestekommunikation-in-der-hotellerie/

Walling, M. (1847). *Die gut unterrichtete Wirtschafts, Mamsell- u. Haushälterin.* Fürst.

Wallner, E. M. (1968). *Von der Herberge zum Grandhotel. Wirtshäuser und Gastlichkeit: Geschichte, Wirtshausnamen. Wirtshausschilder*. Rosgarten.

Walterspiel, G. (1969). *Einführung in die Betriebswirtschaftslehre des Hotels.* Gabler.

Walterspiel, O. & Skudlik, S. (2012). *Ein offenes Haus: Meine Kindheit im Hotel Vier Jahreszeiten* (Orig.-Ausg). Ehrenwirth.

Weber, C. (2022). *Der Mensch wird als ganzheitliches Wesen angesehen.* https://www.oberhavel-kliniken.de/standort-hennigsdorf/fachabteilungen/psychosomatische-medizin-und-psychotherapie/der-mensch-wird-als-ganzheitliches-wesen-angesehen

Weber, S. T. & Wernitz, F. (2021). *Die Inhaltsanalyse nach Mayring als Auswertungsmethode für wissenschaftliche Interviews* (IUBH Discussion Papers – Business & Management 6/2021). Erfurt: IU Internationale Hochschule. https://www.econstor.eu/handle/10419/235486

Wehrli, H.-P. (2016, 23. März). *Nicht jeder Kunde ist ein Schnäppchenjäger.* https://dievolkswirtschaft.ch/de/2016/03/wehrli-04-2016/

Weiber, R. & Jacob, F. (2000). Kundenbezogene Informationsgewinnung. In M. Kleinaltenkamp & W. Plinke (Hrsg.), *Springer eBook Collection Computer Science and Engineering. Technischer Vertrieb: Grundlagen des Business-to-Business Marketing* (2., neubearbeitete und erweiterte Auflage, S. 523–612). Springer Berlin Heidelberg. https://doi.org/10.1007/978-3-642-57165-7_7

Weidemann, A. (2011). *Die Erforschung und Lehre interkultureller Kommunikation und Kompetenz* [Dissertation]. Technische Universität Chemnitz, Chemnitz.

Weinreich, U. & Lindern, E. von. (2008). *Praxisbuch Kundenbefragungen: Repräsentative Stichproben auswählen, relevante Fragen stellen, Ergebnisse richtig interpretieren*. mi-Wirtschaftsbuch FinanzBuch Verlag GmbH. https://ebookcentral.proquest.com/lib/kxp/detail.action?docID=2027954

Weiß, Y. (2022). Die Zukunft ist digital und human. *elevatr, 2022* (2), 68–72.

Weisskamp, H. (1968). *Hotels: An internat. survey. (Transl. into Engl.: Herbert Weisskamp)*. Praeger.

Weitz, B. A. & Bradford, K. D. (1999). Personal Selling and Sales Management: A Relationship Marketing Perspective. *Journal of the Academy of Marketing Science, 27*(2), 241–254. https://doi.org/10.1177/0092070399272008

Weixler, M. & Oberlerchner, H. (2018). Objektophilie – Die Liebe zu Dingen. *psychopraxis. neuropraxis, 21*(5), 210–213. https://doi.org/10.1007/s00739-018-0481-3

Welker, M., Werner, A. & Scholz, J. (2005). *Online-Research: Markt- und Sozialforschung mit dem Internet* (1. Auflage). dpunkt.verlag.

Wellington, P. (2010a). *Effective customer care. The Sunday Times creating success*. Kogan Page.

Wellington, P. (2010b). *Effective customer care. The Sunday Times creating success*. Kogan Page.

Wellnitz, F., Liebeskind, A., Kaiser, R., Klemisch, J., Lorenz, R. & Illert, W. (2016). *Baudenkmale der Nachkriegsmoderne: Bauklimatische Ertüchtigung und nachhaltige Instandsetzung*. Fraunhofer IRB Verlag.

Welskopp, T. (2021). Feine Unterschiede oder scharfe Differenzen: Klassen, Milieus und Konsum im Kapitalismus. In C. Kleinschmidt & J. Logemann (Hrsg.), *Handbücher zur Wirtschaftsgeschichte. Konsum im 19. und 20. Jahrhundert* (S. 59–86). De Gruyter Oldenbourg.

Wendorff, R. & van Dohrn-Rossum, G. (Hrsg.). (1989). *Edition Universitas. Im Netz der Zeit: Menschliches Zeiterleben interdisziplinär*. Hirzel; Wiss. Verl.-Ges.

Wenzel. (1991). *Palasthotels in Deutschland: Untersuchungen zu einer Bauaufgabe im 19. und frühen 20. Jahrhundert. Studien zur Kunstgeschichte.*

Werth, L., Seibt, B. & Mayer, J [Jennifer]. (2019). *Sozialpsychologie – Der Mensch in sozialen Beziehungen: Interpersonale und Intergruppenprozesse* (2. Aufl. 2020). Springer Berlin Heidelberg. http://nbn-resolving.org/urn:nbn:de:bsz:31-epflicht-1485676

Wharton, A. J. (2001). *Building the Cold War: Hilton International Hotels and modern architecture*. University of Chicago Press. http://www.loc.gov/catdir/description/uchi051/00048409.html

Wichmann, A. (2019). *Quantitative und Qualitative Forschung im Vergleich: Denkweisen, Zielsetzungen und Arbeitsprozesse* (1st ed. 2019). *Psychologie für Studium und Beruf*. Springer Berlin Heidelberg; Imprint: Springer. https://permalink.obvsg.at/

Wierling, D. (2020). Stolz, Scham und Wut: DDR-Erzählungen durch die Zeiten. In T. Schanetzky (Hrsg.), *Demokratisierung der Deutschen*. Wallstein Verlag, 2020.

Wiggins, J. S. (1982). Circumplex models of interpersonal behavior in clinical psychology. In P. C. Kendall & J. N. Butcher (Hrsg.), *Wiley-Interscience publication. Handbook of research methods in clinical psychology* (S. 183–221). Wiley.

Wilber, K. (2006). *Ganzheitlich handeln: Eine integrale Vision für Wirtschaft, Politik, Wissenschaft und Spiritualität* (3. Aufl.). Arbor Verl.

Wilber, K. (2011). *Eros, Kosmos, Logos: Eine Jahrtausend-Vision* (5. Aufl., Lizenzausg). *Fischer-Taschenbücher Spirit: Bd. 14974*. Fischer-Taschenbuch-Verl.

Wilber, K. (2012). *Integrale Psychologie: Geist, Bewußtsein, Psychologie, Therapie* (4., korr. Aufl., 1. brosch. Ausg). Arbor-Verl.

Wilhelm, U. (1993). Gast-Gastgeber-Beziehungen. In H. Hahn & H. J. Kagelmann (Hrsg.), *Quintessenz Tourismuswissenschaft. Tourismuspsychologie und Tourismussoziologie: Ein Handbuch zur Tourismuswissenschaft* (S. 263–267). Quintessenz.

Willms, J. (2019). *Napoleon* (1. Auflage). *Beck'sche Reihe: Bd. 2893*. C.H.Beck.

Wimmer, K., Eberl, M. & Kratzer, C. (1997). *Integriertes Managementkonzept. Management: Bd. 177*. Dt. Sparkassen-Verl.

Winteler, C. (27. Mai 2023). Chef-Butler im Dolder Grand: «Auf Wünsche reagiere ich innert Sekunden». *Tagesanzeiger*. https://www.tagesanzeiger.ch/gaeste-aus-der-arabischen-welt-wuenschen-sich-einen-weiblichen-butler-707990707314

Winter, J. (2016). *Der Kunde ist Gast: Engagiertes Verkaufen im kundenorientierten Buchhandel. Basisleistungen, Kundengespräche, Zusatzverkäufe, Umgang mit Reklamationen, Telefonkunden, Erfolgsfaktoren* (2nd ed.). *Edition Buchhandel: v.10*. Bramann Verlag. https://ebookcentral.proquest.com/lib/kxp/detail.action?docID=6663156

Winter, K. (2016). Die Aufbauorganisation von Hotelbetrieben. In K. H. Hänssler (Hrsg.), *Management in der Hotellerie und Gastronomie: Betriebswirtschaftliche Grundlagen* (9. Auflage, S. 93–99).

Winter, K. & Baier, M. (2016). Planung und Budgetierung im Personalwesen. In K. H. Hänssler (Hrsg.), *Management in der Hotellerie und Gastronomie: Betriebswirtschaftliche Grundlagen* (9. Auflage, S. 181–186).

Wirtschaftskammer Österreich. (2017). *Ratgeber andere Länder, andere Sitten*. https://www.wko.at/site/hotelsterne/Ratgeber_Andere_Laender_Andere_Sitten_2.pdf

Wirtschaftslexikon Gabler (19. Februar 2018). Definition: Prestige. *Springer Fachmedien Wiesbaden GmbH*. https://wirtschaftslexikon.gabler.de/definition/prestige-42248

Wittig, K. (2007). Der Einfluss des Selbst auf das Beschwerde-Paradoxon. In E. Greipl & S. Müller (Hrsg.), *Dresdner Beiträge zu Wettbewerb und Unternehmensführung. Zukunft der Innenstadt: Herausforderungen für ein erfolgreiches Stadtmarketing ; 7. Kolloquium an der Fakultät Wirtschaftswissenschaften der Technischen Universität Dresden* (1. Aufl., S. 196–203). Dt. Univ.-Verl. https://doi.org/10.1007/978-3-8350-9458-1_19

wmp consult. (2022). *„Die Gastro muss total umdenken": Ergebnisse der bundesweiten Beschäftigtenbefragung im Gastgewerbe 2022*.

Wöber, K. (1993). Kritische Würdigung der Portfolio Ansätze. In A. Zins (Hrsg.), *Strategisches Management im Tourismus: Planungsinstrumente für Tourismusorganisationen* (S. 78–94). Springer Vienna.

Wöhler, K. (2011). *Touristifizierung von Räumen: Kulturwissenschaftliche und soziologische Studien zur Konstruktion von Räumen* (1. Aufl.).

Wolf-Linder, S. de, Ellis-Smith, C., Reisinger, M., Gohles, E., Hodiamont, F [F.], Murtagh, F. E [F. E.] & Schubert, M. (2021). *Kulturelle Adaption der Integrierten Palliative Care Outcome Skala Demenz an die Primärversorgung*. https://de.palliative-kongresse.ch/2021/abstracts/presentation/74

Wolfs, A. (2022). *Systemisch-Konstruktivistisches Clinical Reasoning: Im Präsenz- und Telesetting Für Mediziner und Therapeuten. essentials.* Springer Berlin / Heidelberg. https://livivo.idm.oclc.org/login?url=https://ebookcentral.proquest.com/lib/zbmed-ebooks/detail.action?docID=6904278

Wöller, W. & Kruse, J [Johannes] (Hrsg.). (2018). *Tiefenpsychologisch fundierte Psychotherapie: Basisbuch und Praxisleitfaden* (5., aktualisierte Auflage). Schattauer.

Wolter, H. (2009a). *„Ich harre aus im Land und geh, ihm fremd": Die Geschichte des Tourismus in der DDR. Beiträge zur Historischen Verkehrsforschung des Deutschen Museums: Bd. 10.* Campus Verlag GmbH. http://search.ebscohost.com/login.aspx?direct=true&scope=site&db=nlebk&db=nlabk&AN=837547

Wolter, H. (2009b). *„Ich harre aus im Land und geh, ihm fremd": Die Geschichte des Tourismus in der DDR. Beiträge zur historischen Verkehrsforschung: Bd. 10.* Campus-Verl. http://swb.eblib.com/patron/FullRecord.aspx?p=660151

Wolter, H. (2014). *Reisen in der DDR* (3. ergänzte Auflage). Landeszentrale für Politische Bildung Thüringen.

Wolter, H. (2018). *„Visafrei bis nach Hawaii" – Urlaubsträume, Trends und Reiseziele in der DDR | bpb.* Bundeszentrale für politische Bildung. https://www.bpb.de/geschichte/zeitgeschichte/deutschlandarchiv/269663/visafrei-bis-nach-hawaii

Wood, R. C. (1994). Hotel culture and social control. *Annals of Tourism Research, 21*(1), 65–80. https://doi.org/10.1016/0160-7383(94)90005-1

Wordelmann, P., Kristensen, S. & Veit, S. (2006). *Internationalität und interkulturelle Kompetenz in der Gastronomie und verwandten Berufsfeldern – eine Transferstudie.* XENOS-Projekt. https://www.jugendpolitikineuropa.de/downloads/4-20-2301/Studie%20Internationalit%C3%A4t_InterkultKompetenz.pdf

Wustmann, C. (2004). *Resilienz: Widerstandsfähigkeit von Kindern in Tageseinrichtungen fördern* (1. Aufl.). *Beiträge zur Bildungsqualität.* Beltz. http://www.socialnet.de/rezensionen/isbn.php?isbn=978-3-407-56243-2

Zacharaki, I. (2013). Interkulturelle Kompetenz als Bildungsaufgabe im System sozialer Hilfen. In I. Zacharaki, T. Eppenstein & M. Krummacher (Hrsg.), *Praxishandbuch interkulturelle Kompetenz* (S. 15–28). debus Pädagogik.

Zander, E. (1962). Entwicklung der Arbeitsbewertung in Theorie und Praxis. *Mensch und Arbeit, 14*(6), 281–284. http://www.jstor.org/stable/24375094

Zeithaml, V. A [V. A.], Berry, L. L [L. L.] & Parasuraman, A. (1993). The Nature and Determinants of Customer Expectations of Service. *Journal of the Academy of Marketing Science, 21*(1), 1–12. https://doi.org/10.1177/0092070393211001

Zerback, T. von, Schoen, H., Jackob, N. & Schlereth, S. (2009). *Sozialforschung im Internet: Methodologie und Praxis der Online-Befragung* (1. Aufl.). *Lehrbuch.* VS Verl. für Sozialwiss. https://www.researchgate.net/publication/251106839_Zehn_Jahre_Sozialforschung_mit_dem_Internet_-_eine_Analyse_zur_Nutzung_von_Online-Befragungen_in_den_Sozialwissenschaften https://doi.org/10.1007/978-3-531-91791-7_1

Zerfaß, A. & Viertmann, C. (2016). Strategische Aufgaben des Kommunikationsmanagements in der digitalen Gesellschaft. In L. Rolke (Hrsg.), *Kommunikationssteuerung: Wie Unternehmenskommunikation in der digitalen Gesellschaft ihre Ziele erreicht* (S. 67–78). De Gruyter Oldenbourg. https://doi.org/10.1515/9783110432046-005

Zernott, C. (2004). *Kundenintegration in die Produktentwicklung* [Dissertation, Technische Universität, München]. Deutsche Nationalbibliothek.

Zezelj, G. (2000). Das ClV-Management-Konzept. In M. Hofmann (Hrsg.), *Springer eBook Collection Business and Economics. Customer-Lifetime-Value-Management: Kundenwert Schaffen und Erhöhen: Konzepte, Strategien, Praxisbeispiele* (S. 9–30). Springer Gabler. in Springer Fachmedien Wiesbaden GmbH.

Ziltz, N. (28. Januar 2016). Konzept: Women only: Männer müssen draußen bleiben. *AHGZ*. https://www.ahgz.de/zulieferer/news/women-only-maenner-muessen-draussen-bleiben-241493?crefresh=1

Zinganel, M. (2005). Tourismus Kultur Theorie. *Kurswechsel*, *2*, 39–47. http://www.beigewum.at/wordpress/wp-content/uploads/039_michael_zinganel.pdf

Zinkann, R. & Mahadevan, J. (2018). Zukünftige Customer Journeys und deren Implikationen für die Unternehmenspraxis. In M. Bruhn & M. Kirchgeorg (Hrsg.), *SpringerLink Bücher. Marketing Weiterdenken: Zukunftspfade für eine marktorientierte Unternehmensführung* (S. 157–169). Springer Gabler.

Zischka, U., Ottomeyer, H. & Bäumler, S. (Hrsg.). (1994). *Die anständige Lust – von Eßkultur und Tafelsitten: Katalog*. Droemersche Verlagsanstalt Th. Knaur Nachf.

Zitzmann, G. (1987). *Investitionszulagengesetz: Zonenrandförderung, Forschungs- und Entwicklungsinvestitionen, Energieerzeugung und -verteilung, Verfahrensrecht* (4., neubearb. u. erg. Aufl.). *NWB-Ratgeber Steuerrecht*. Verlag Neue Wirtschafts-Briefe.

Zou, K. H., Tuncali, K. & Silverman, S. G. (2003). Correlation and simple linear regression. *Radiology*, *227*(3), 617–622. https://doi.org/10.1148/radiol.2273011499

Zschocke, M. (10. Dezember 2021). Warum Reisen? *Bundeszentrale für politische Bildung*. https://www.bpb.de/shop/zeitschriften/apuz/344459/warum-reisen/

Zukunftsinstitut. (2021). *Forever Youngsters: Die jungen Alten*. https://www.zukunftsinstitut.de/artikel/forever-youngsters-die-jungen-alten/

Züll, C. & Menold, N. (2014). Offene Fragen. In N. Baur & J. Blasius (Hrsg.), *Handbuch. Handbuch Methoden der empirischen Sozialforschung* (S. 713–719). Springer VS. https://doi.org/10.1007/978-3-531-18939-0_52